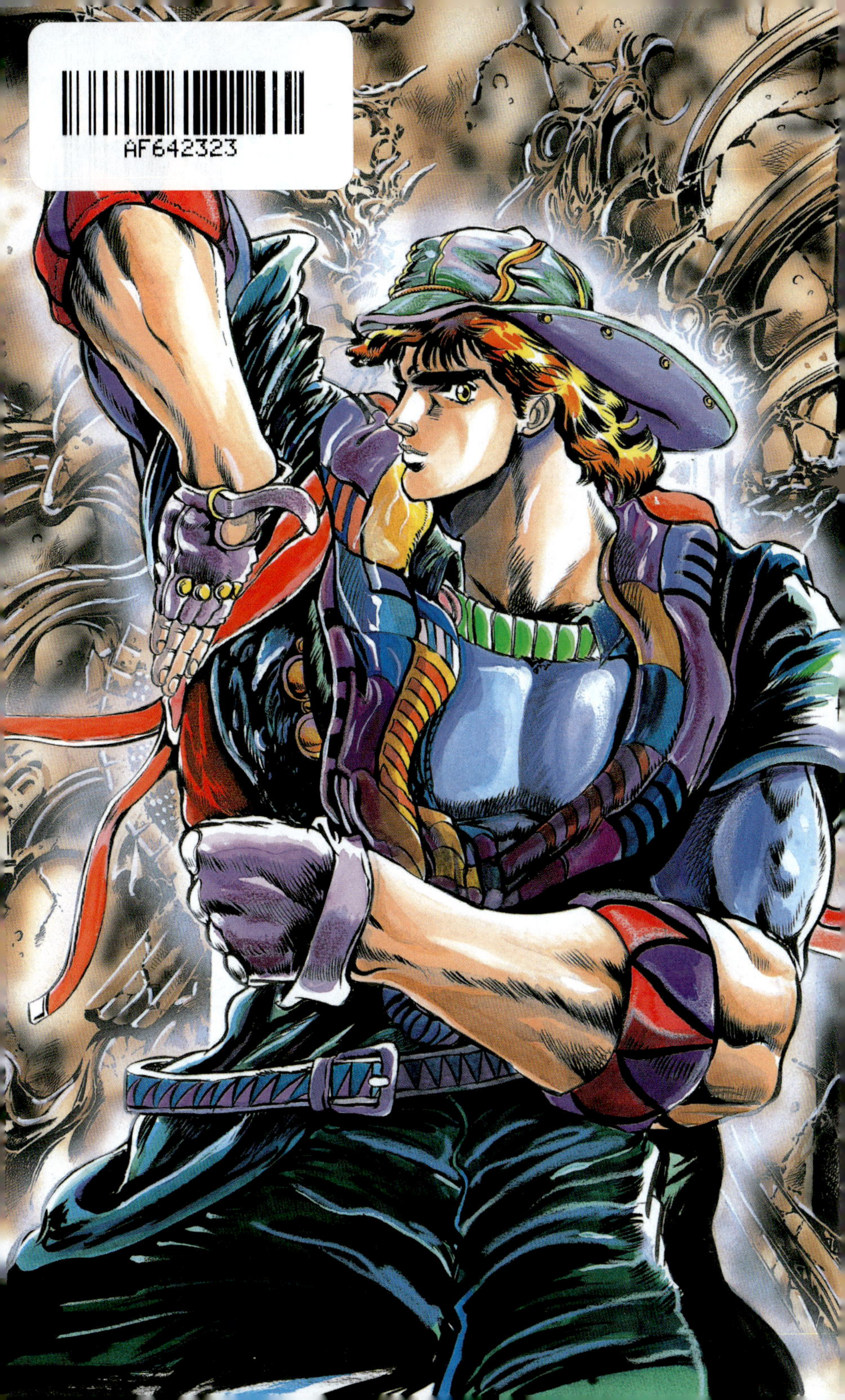

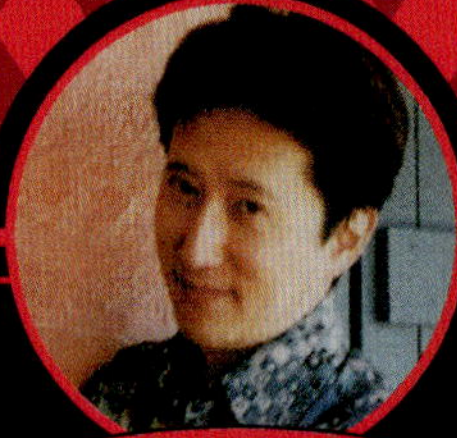

HIROHIKO ARAKI

Araki wurde am 7. Juni 1960 in der Stadt Sendai, Präfektur Miyagi, Japan geboren. Er ist Sternzeichen Zwillinge und hat Blutgruppe B.

1980 nahm er am Nachwuchswettbewerb des Weekly Shonen Jump teil und gewann mit dem One-Shot „Buso Poker" (Poker Under Arms) den 20. Tezuka-Preis in der 2. Kategorie (die 1. Kategorie war in dem Jahr wie so oft unbesetzt).

In der ersten Ausgabe von Shonen Jump 1981 feierte er dann mit demselben Werk sein Debüt als Mangaka. In Ausgabe 42 des Jahres 1983 startete seine erste Serie „Mashonen Bi Ti" (COOL SHOCK B.T.). Ab Ausgabe 45 des Jahres 1984 erschien seine zweite Serie „Bao Raihosha" (Baoh), und ab Doppelausgabe 1/2 des Jahres 1987 schließlich „JoJo no Kimyou na Bouken" (JoJo's Bizarre Adventure), das schnell eine riesige Fangemeinde um sich scharen konnte. Aktuell veröffentlicht er im Ultra Jump Magazin „JoJo's Bizarre Adventure Part 8: JoJolion".

JOJO'S BIZARRE ADVENTURE

PART 1

PHANTOM BLOOD

01

JoJo's Bizarre Adventure

Part 1

Phantom Blood

01

Inhalt

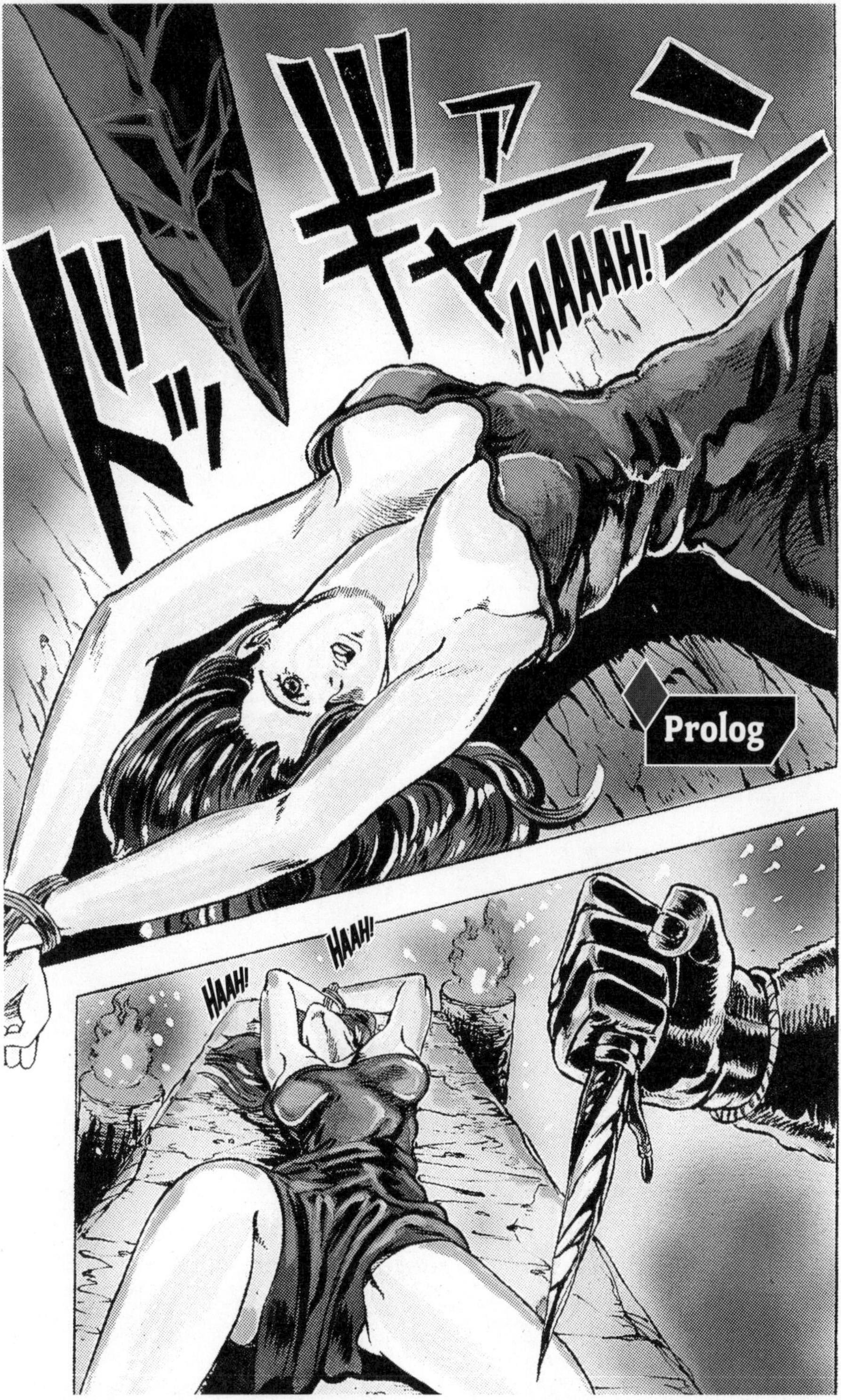

ドッ
ギャァーン
AAAAAH!
Prolog
HAAH!
HAAH!

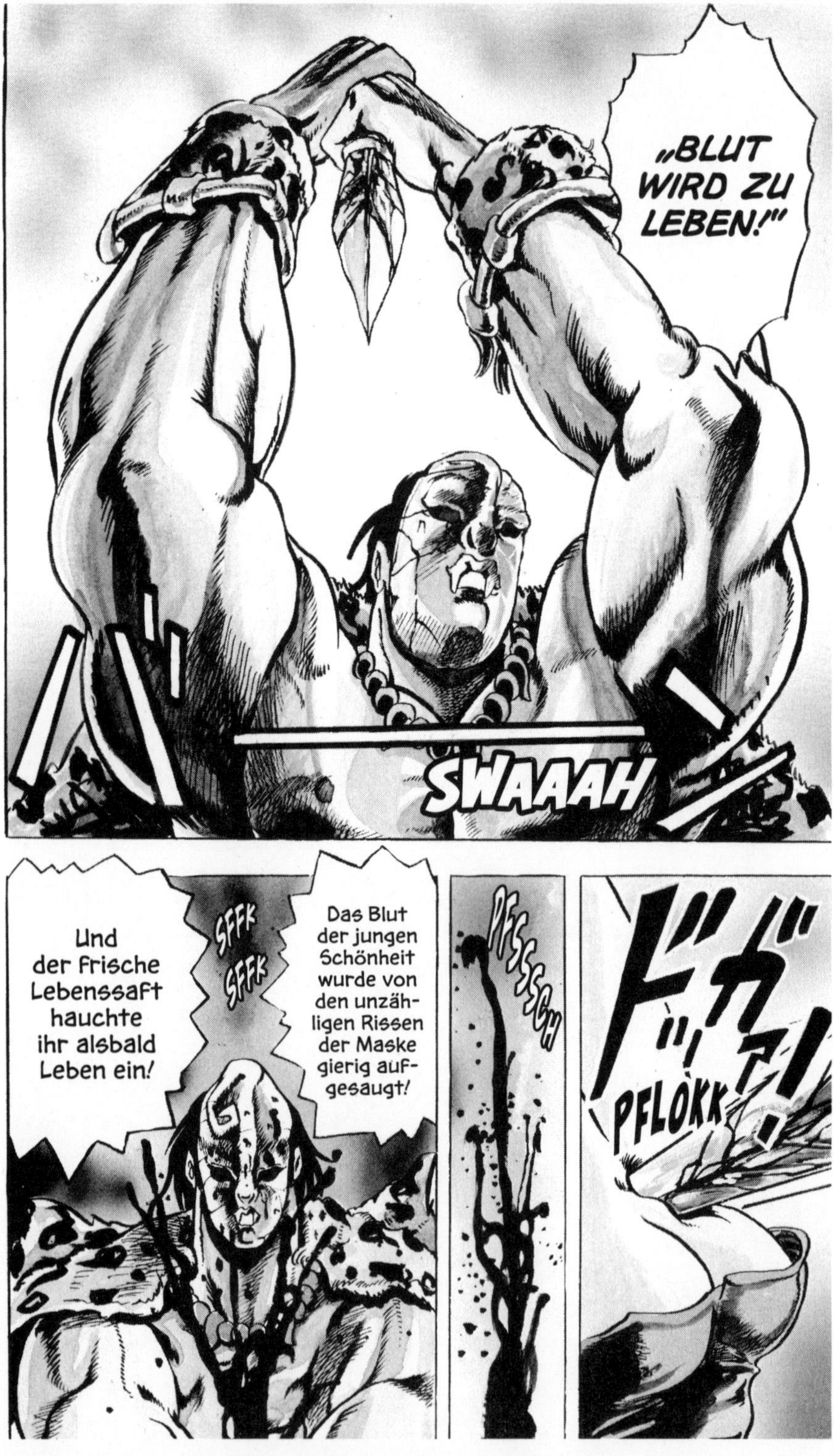
„BLUT WIRD ZU LEBEN!"
SWAAAH
ドカァ!
PFLOKK
PFSSSSCH
Das Blut der jungen Schönheit wurde von den unzähligen Rissen der Maske gierig aufgesaugt!
SFFK SFFK
Und der frische Lebenssaft hauchte ihr alsbald Leben ein!

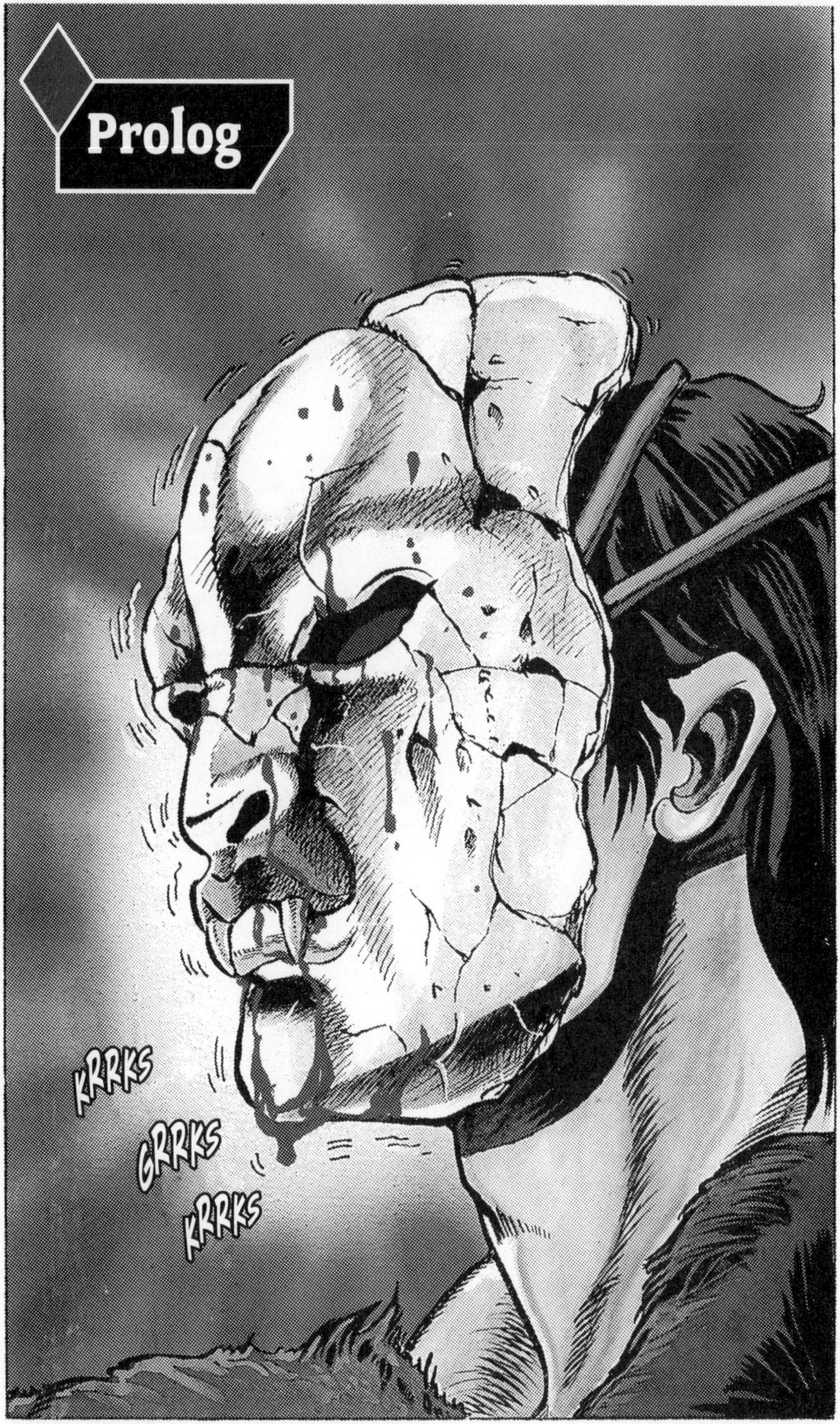
Prolog
KRRKS
GRRKS
KRRKS

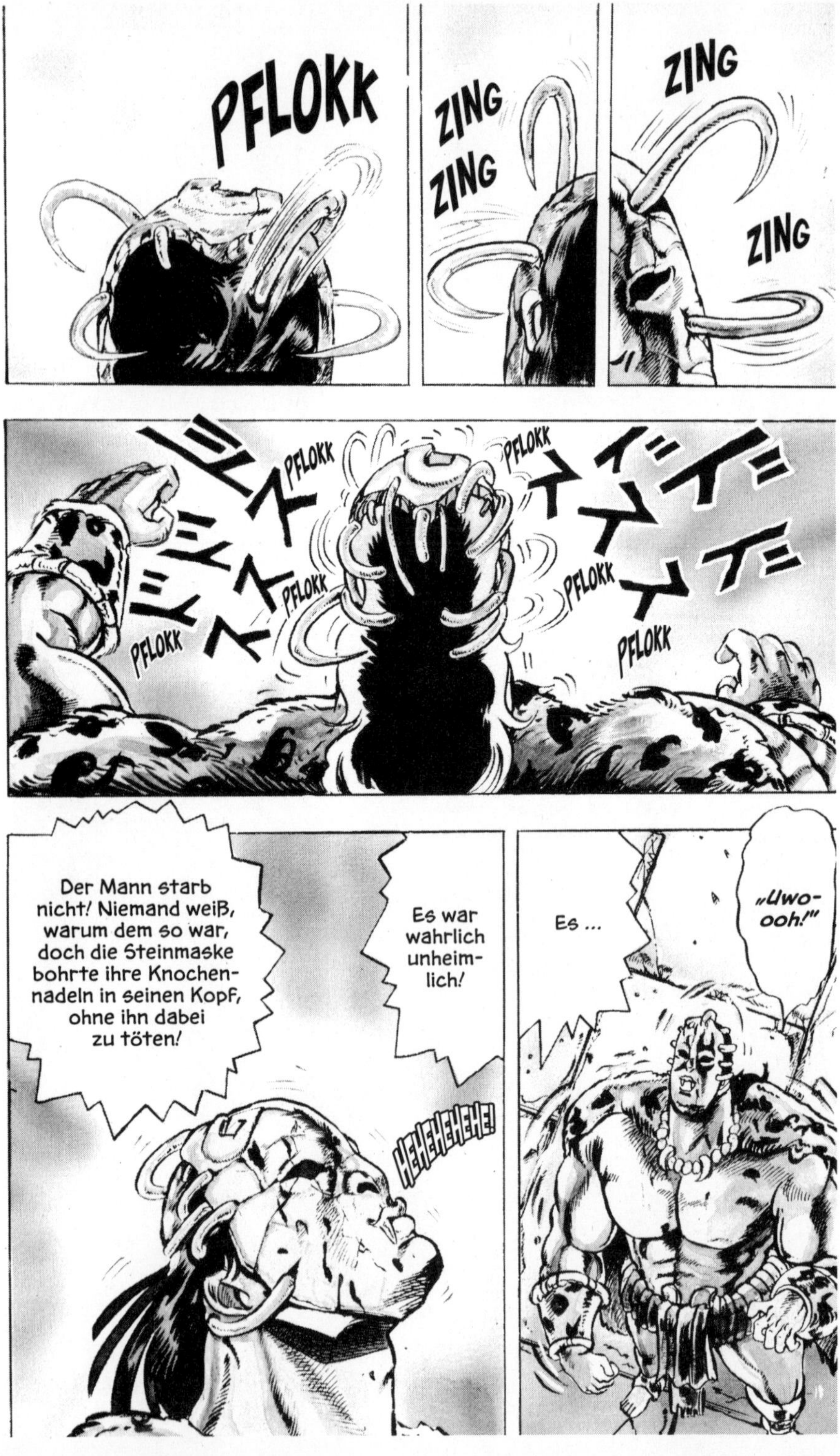
ZING
ZING
ZING
ZING
PFLOKK
PFLOKK
PFLOKK
PFLOKK
PFLOKK
PFLOKK
„Uwo-ooh!"
Es ...
Es war wahrlich unheimlich!
Der Mann starb nicht! Niemand weiß, warum dem so war, doch die Steinmaske bohrte ihre Knochennadeln in seinen Kopf, ohne ihn dabei zu töten!
HEHEHEHEHE!

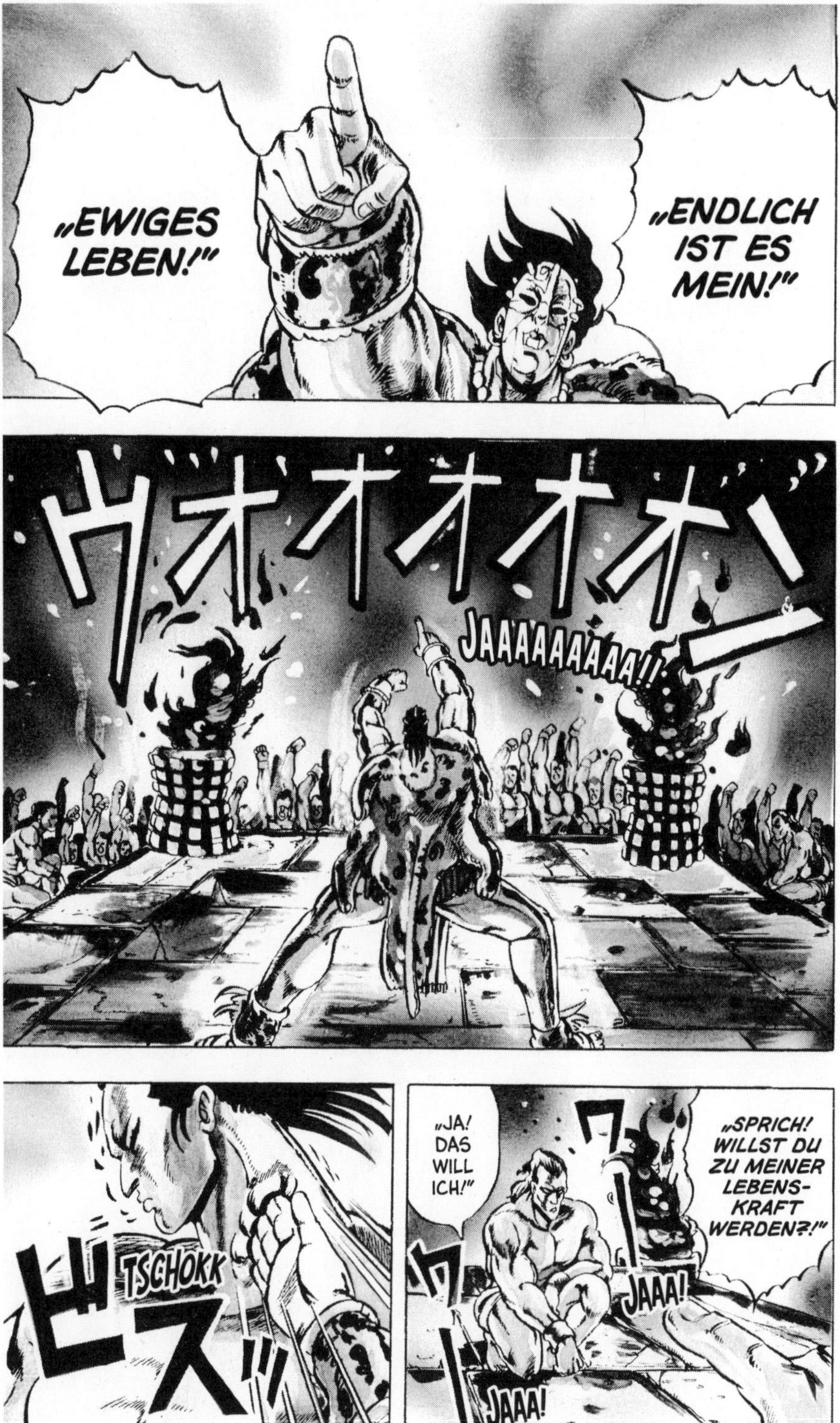
„ENDLICH IST ES MEIN!“
„EWIGES LEBEN!“
ヴオオオオオーン
JAAAAAAAAAA!!
„SPRICH! WILLST DU ZU MEINER LEBENSKRAFT WERDEN?!“
„JA! DAS WILL ICH!“
JAAA!
JAAA!
ワ
ワ
TSCHOKK
ビス

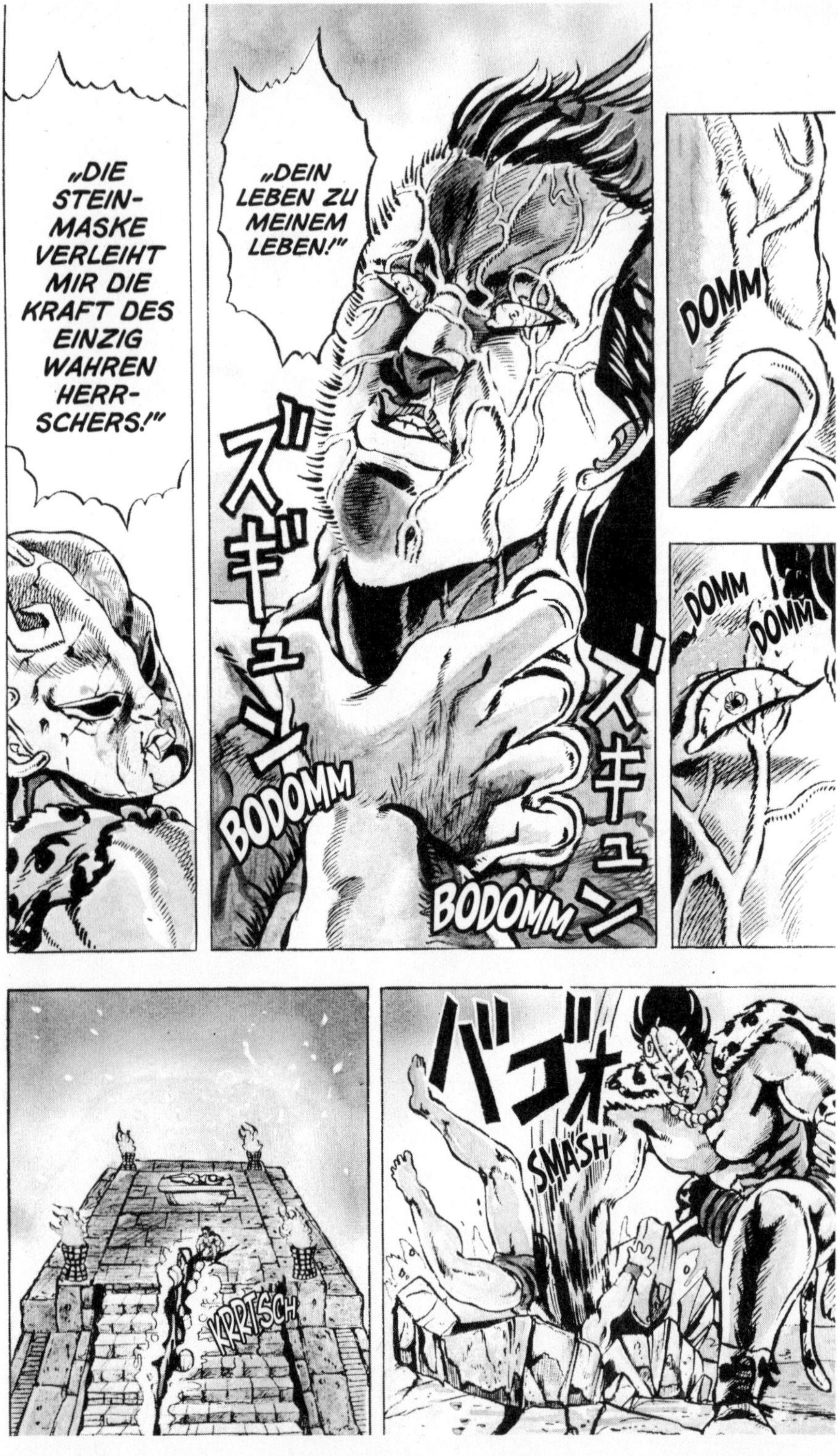
DOMM
DOMM
DOMM
„DEIN LEBEN ZU MEINEM LEBEN!"
ズギュン
BODOMM
ズキュン
BODOMM
„DIE STEIN-MASKE VERLEIHT MIR DIE KRAFT DES EINZIG WAHREN HERR-SCHERS!"
バゴオ
SMASH
KRRTSCH

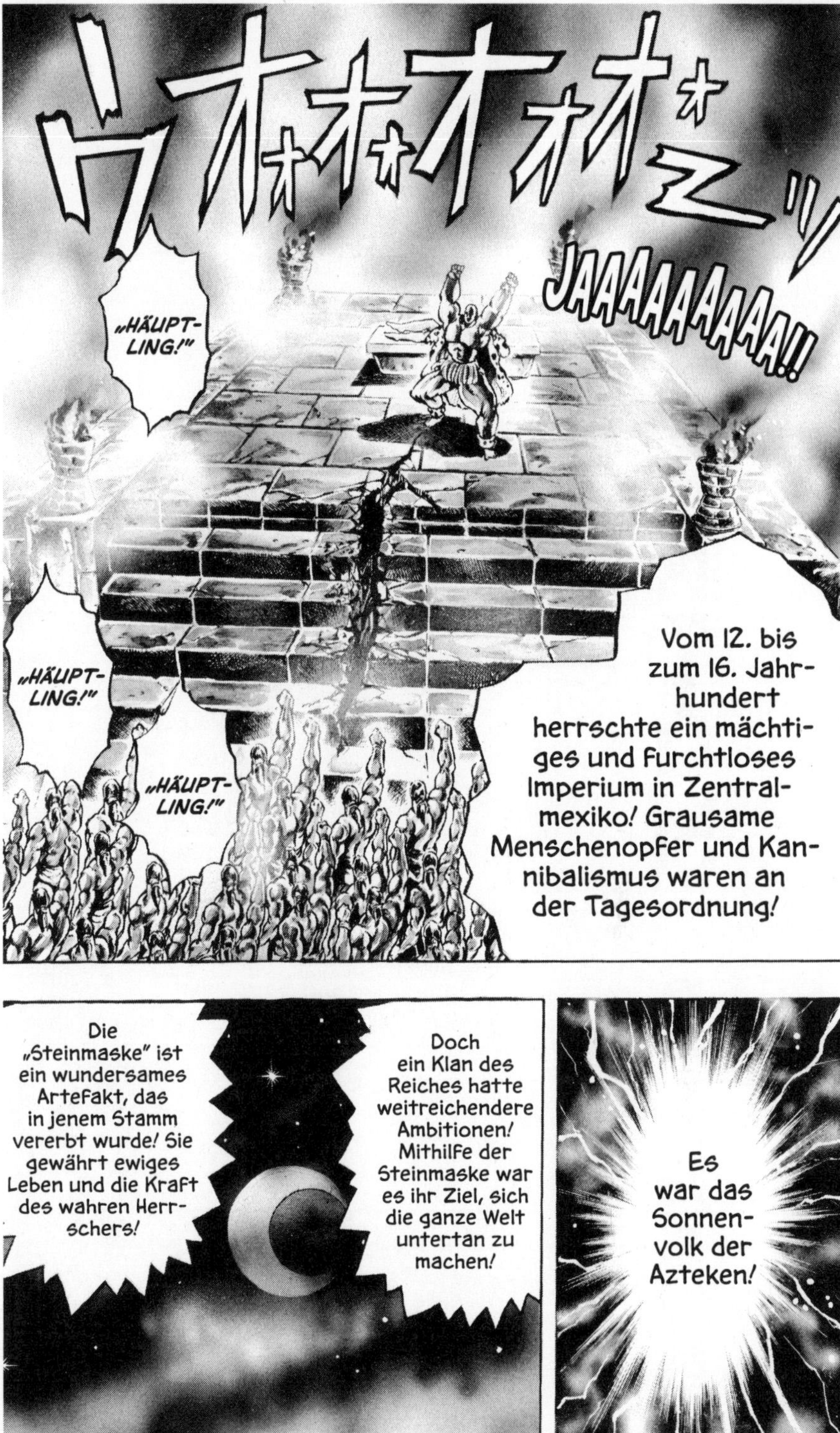

ウオォオォオォオォーッ
JAAAAAAAAA!!
„HÄUPTLING!"
„HÄUPTLING!"
„HÄUPTLING!"
Vom 12. bis zum 16. Jahrhundert herrschte ein mächtiges und furchtloses Imperium in Zentralmexiko! Grausame Menschenopfer und Kannibalismus waren an der Tagesordnung!
Es war das Sonnenvolk der Azteken!
Doch ein Klan des Reiches hatte weitreichendere Ambitionen! Mithilfe der Steinmaske war es ihr Ziel, sich die ganze Welt untertan zu machen!
Die „Steinmaske" ist ein wundersames Artefakt, das in jenem Stamm vererbt wurde! Sie gewährt ewiges Leben und die Kraft des wahren Herrschers!

PART 1

PHANTOM BLOOD

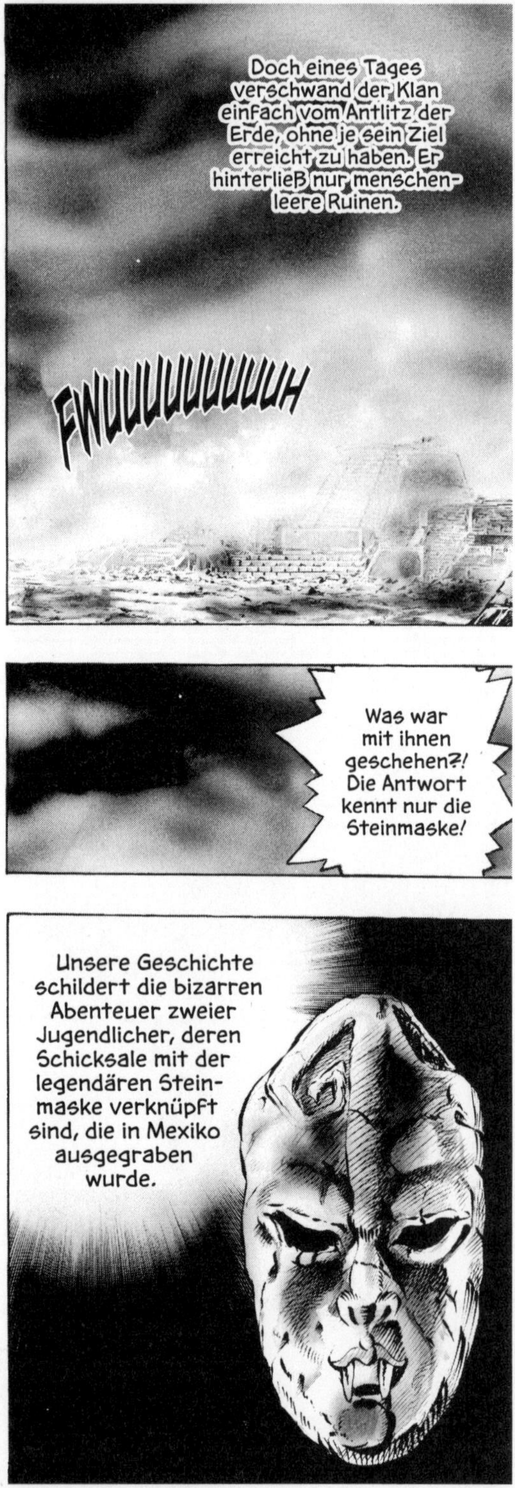

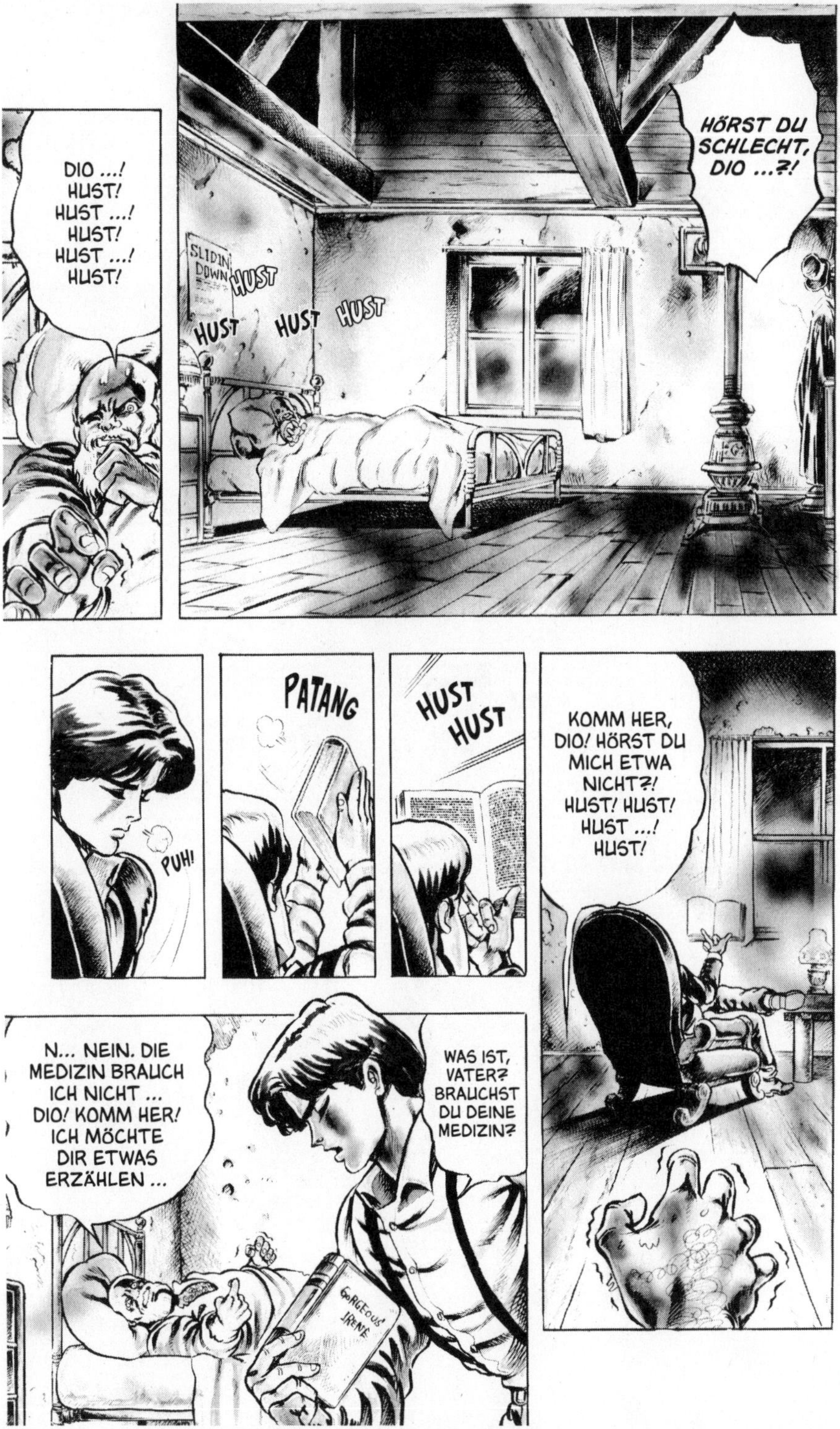
HÖRST DU SCHLECHT, DIO ...?!
SLIDIN DOWN
HUST
HUST
HUST
HUST
DIO ...! HUST! HUST ...! HUST! HUST ...! HUST!
KOMM HER, DIO! HÖRST DU MICH ETWA NICHT?! HUST! HUST! HUST ...! HUST!
HUST HUST
PATANG
PUH!
WAS IST, VATER? BRAUCHST DU DEINE MEDIZIN?
N... NEIN. DIE MEDIZIN BRAUCH ICH NICHT ... DIO! KOMM HER! ICH MÖCHTE DIR ETWAS ERZÄHLEN ...
GORGEOUS IRENE

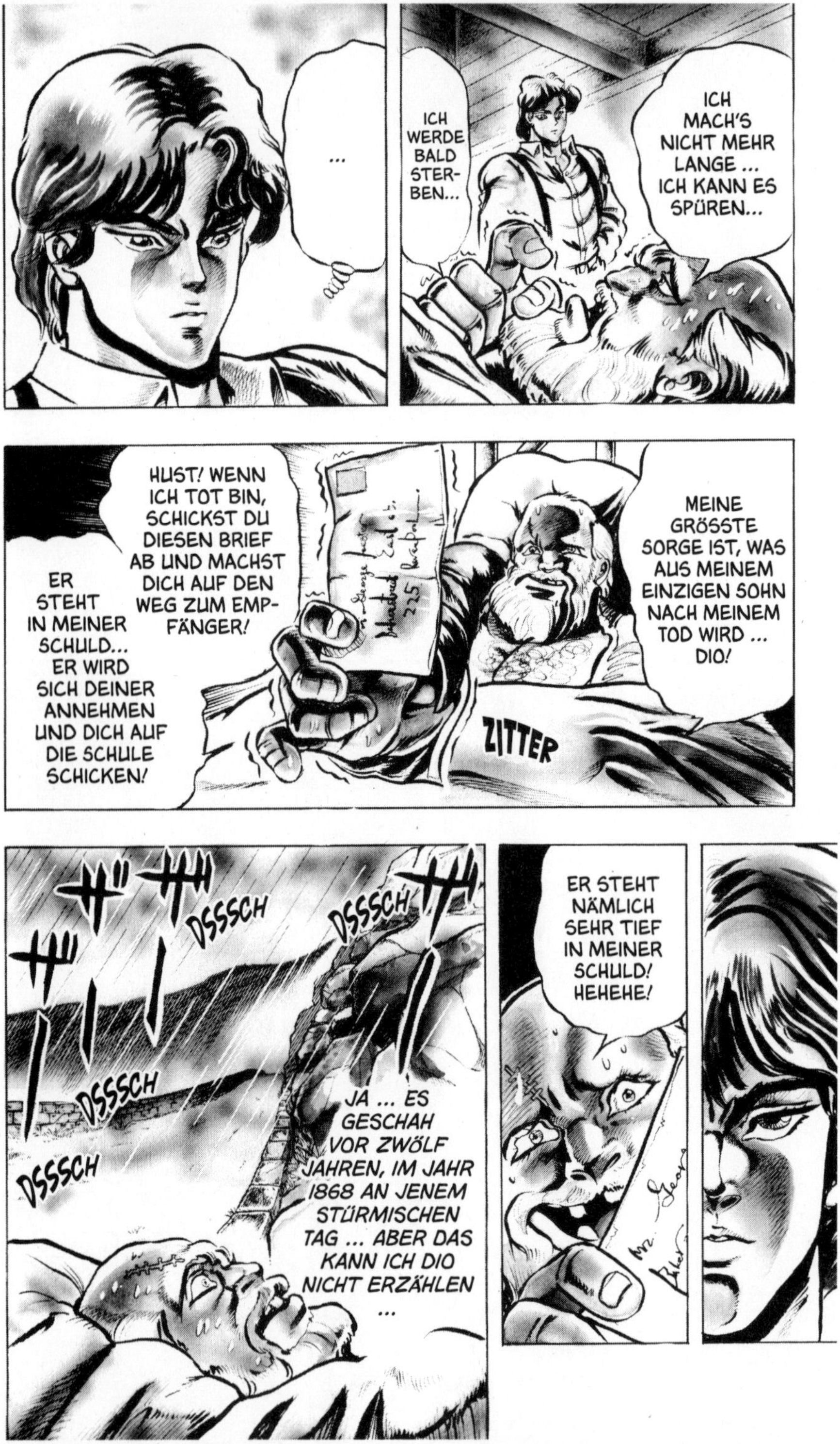

ICH MACH'S NICHT MEHR LANGE ... ICH KANN ES SPÜREN...
ICH WERDE BALD STER-BEN...
...
MEINE GRÖSSTE SORGE IST, WAS AUS MEINEM EINZIGEN SOHN NACH MEINEM TOD WIRD ... DIO!
HUST! WENN ICH TOT BIN, SCHICKST DU DIESEN BRIEF AB UND MACHST DICH AUF DEN WEG ZUM EMP-FÄNGER!
ER STEHT IN MEINER SCHULD... ER WIRD SICH DEINER ANNEHMEN UND DICH AUF DIE SCHULE SCHICKEN!
ZITTER
ER STEHT NÄMLICH SEHR TIEF IN MEINER SCHULD! HEHEHE!
DSSSCH
DSSSCH
DSSSCH
DSSSCH
JA ... ES GESCHAH VOR ZWÖLF JAHREN, IM JAHR 1868 AN JENEM STÜRMISCHEN TAG ... ABER DAS KANN ICH DIO NICHT ERZÄHLEN ...

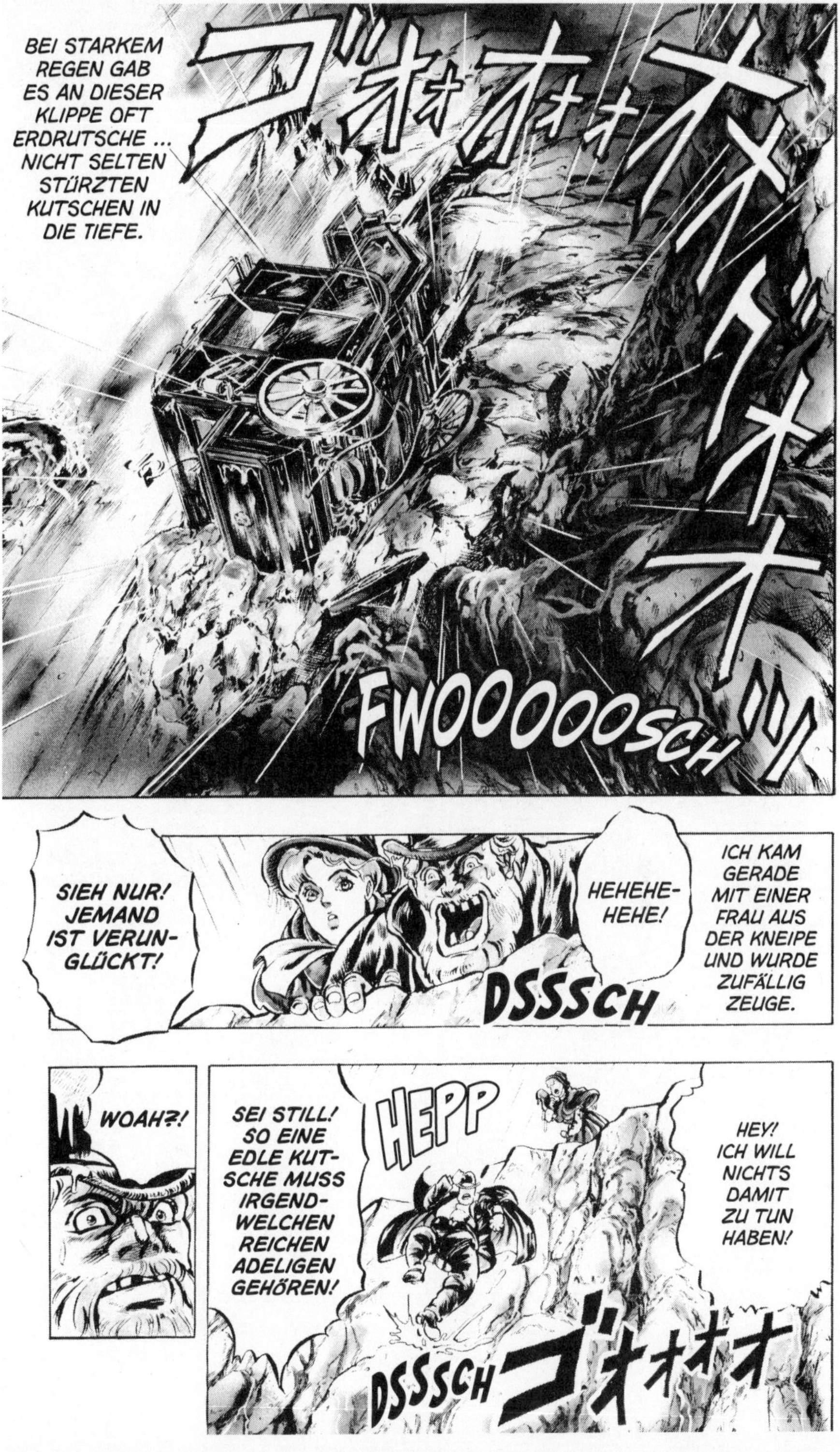
BEI STARKEM REGEN GAB ES AN DIESER KLIPPE OFT ERDRUTSCHE ... NICHT SELTEN STÜRZTEN KUTSCHEN IN DIE TIEFE.
FWOOOOOSCH
ICH KAM GERADE MIT EINER FRAU AUS DER KNEIPE UND WURDE ZUFÄLLIG ZEUGE.
HEHEHE-HEHE!
DSSSCH
SIEH NUR! JEMAND IST VERUN-GLÜCKT!
HEY! ICH WILL NICHTS DAMIT ZU TUN HABEN!
HEPP
SEI STILL! SO EINE EDLE KUT-SCHE MUSS IRGEND-WELCHEN REICHEN ADELIGEN GEHÖREN!
DSSSCH
WOAH?!

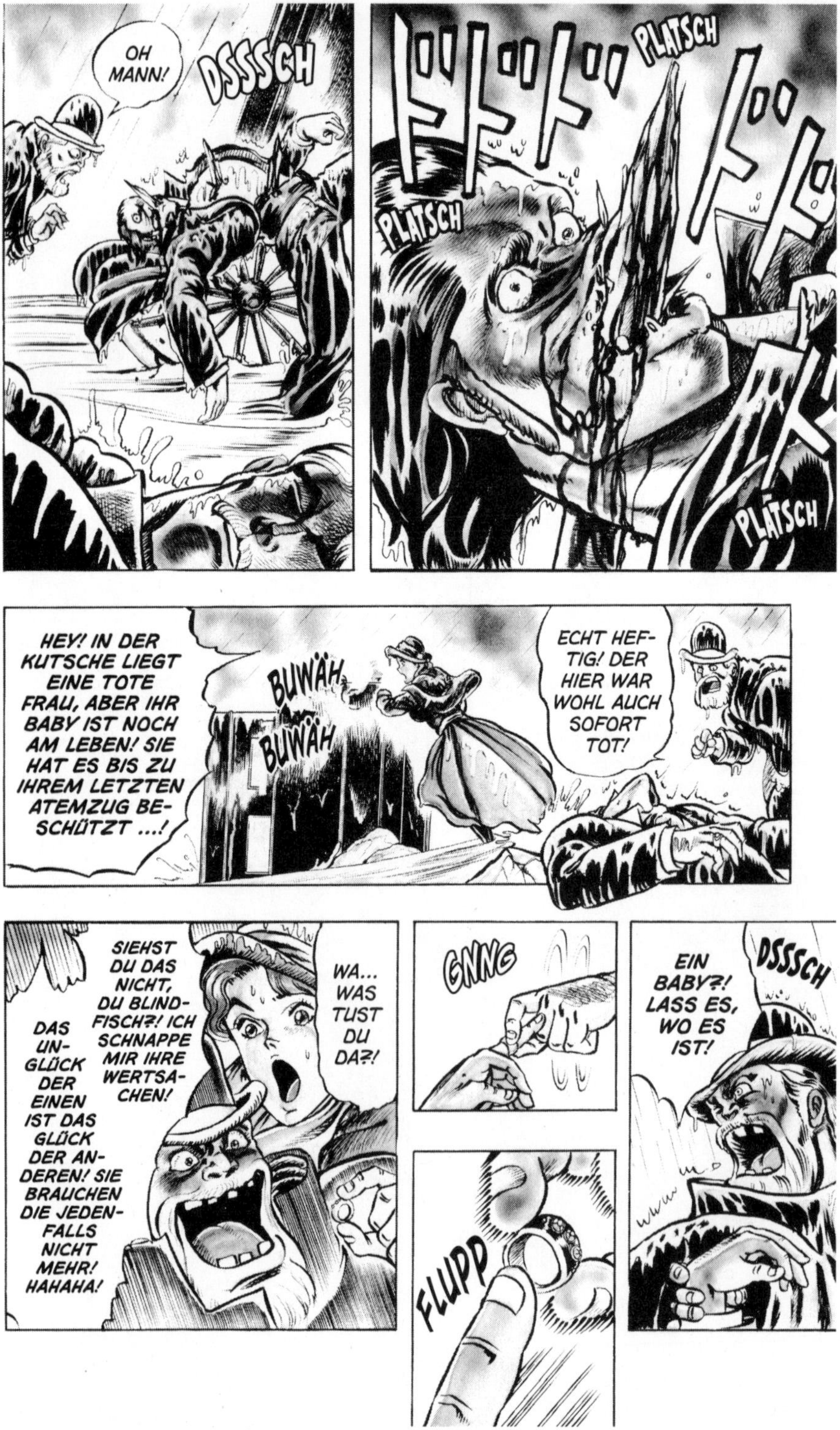
PLATSCH
PLATSCH
PLATSCH
OH MANN!
DSSSCH
ECHT HEF-TIG! DER HIER WAR WOHL AUCH SOFORT TOT!
BUWÄH BUWÄH
HEY! IN DER KUTSCHE LIEGT EINE TOTE FRAU, ABER IHR BABY IST NOCH AM LEBEN! SIE HAT ES BIS ZU IHREM LETZTEN ATEMZUG BE-SCHÜTZT ...!
DSSSCH
EIN BABY?! LASS ES, WO ES IST!
GNNG
FLUPP
WA... WAS TUST DU DA?!
SIEHST DU DAS NICHT, DU BLIND-FISCH?! ICH SCHNAPPE MIR IHRE WERTSA-CHEN!
DAS UN-GLÜCK DER EINEN IST DAS GLÜCK DER AN-DEREN! SIE BRAUCHEN DIE JEDEN-FALLS NICHT MEHR! HAHAHA!

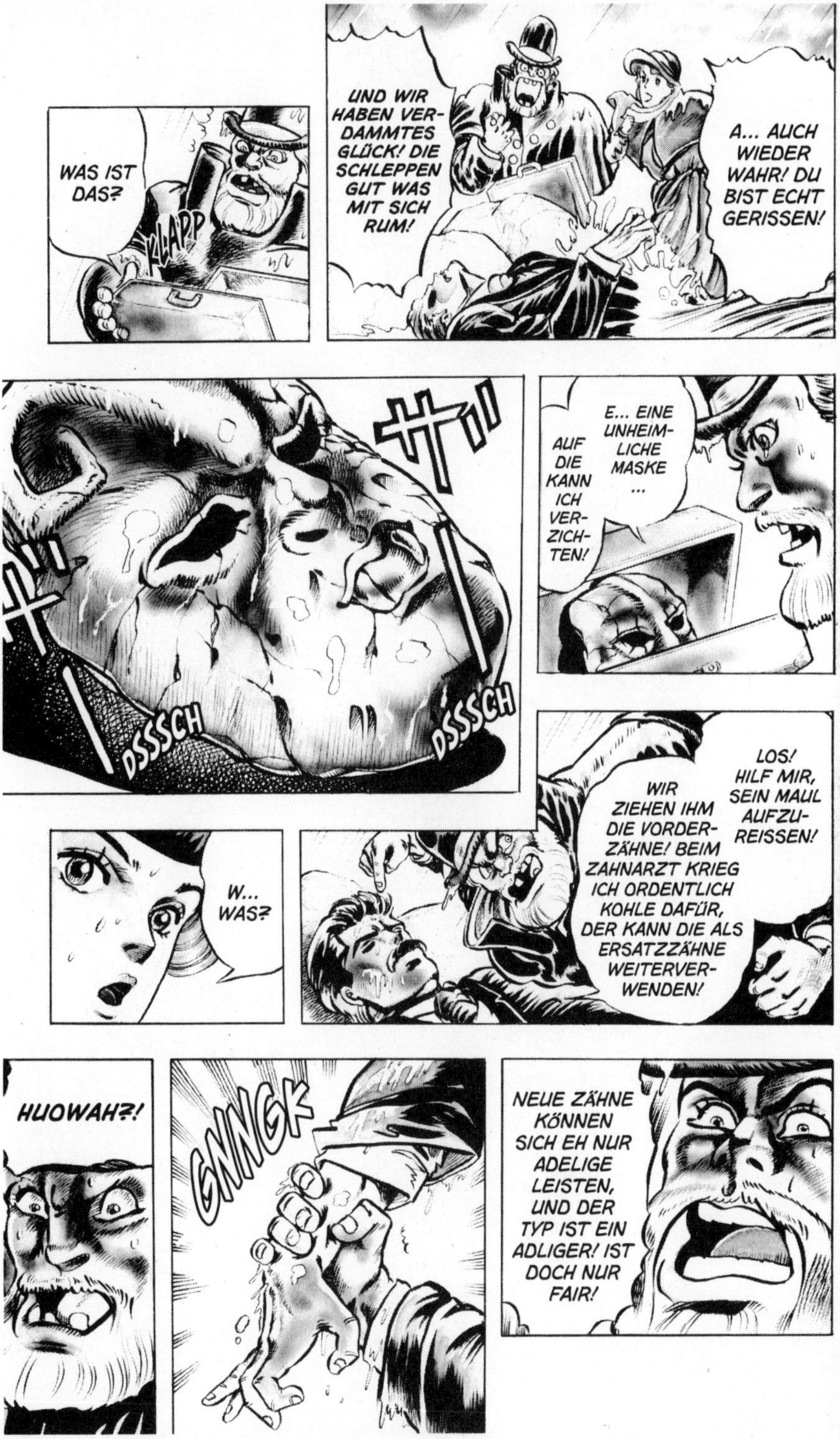
UND WIR HABEN VERDAMMTES GLÜCK! DIE SCHLEPPEN GUT WAS MIT SICH RUM!
A... AUCH WIEDER WAHR! DU BIST ECHT GERISSEN!
WAS IST DAS?
KLAPP
E... EINE UNHEIMLICHE MASKE ...
AUF DIE KANN ICH VERZICHTEN!
DSSSCH
DSSSCH
LOS! HILF MIR, SEIN MAUL AUFZUREISSEN!
WIR ZIEHEN IHM DIE VORDERZÄHNE! BEIM ZAHNARZT KRIEG ICH ORDENTLICH KOHLE DAFÜR, DER KANN DIE ALS ERSATZZÄHNE WEITERVERWENDEN!
W... WAS?
NEUE ZÄHNE KÖNNEN SICH EH NUR ADELIGE LEISTEN, UND DER TYP IST EIN ADLIGER! IST DOCH NUR FAIR!
GNNGK
HUOWAH?!

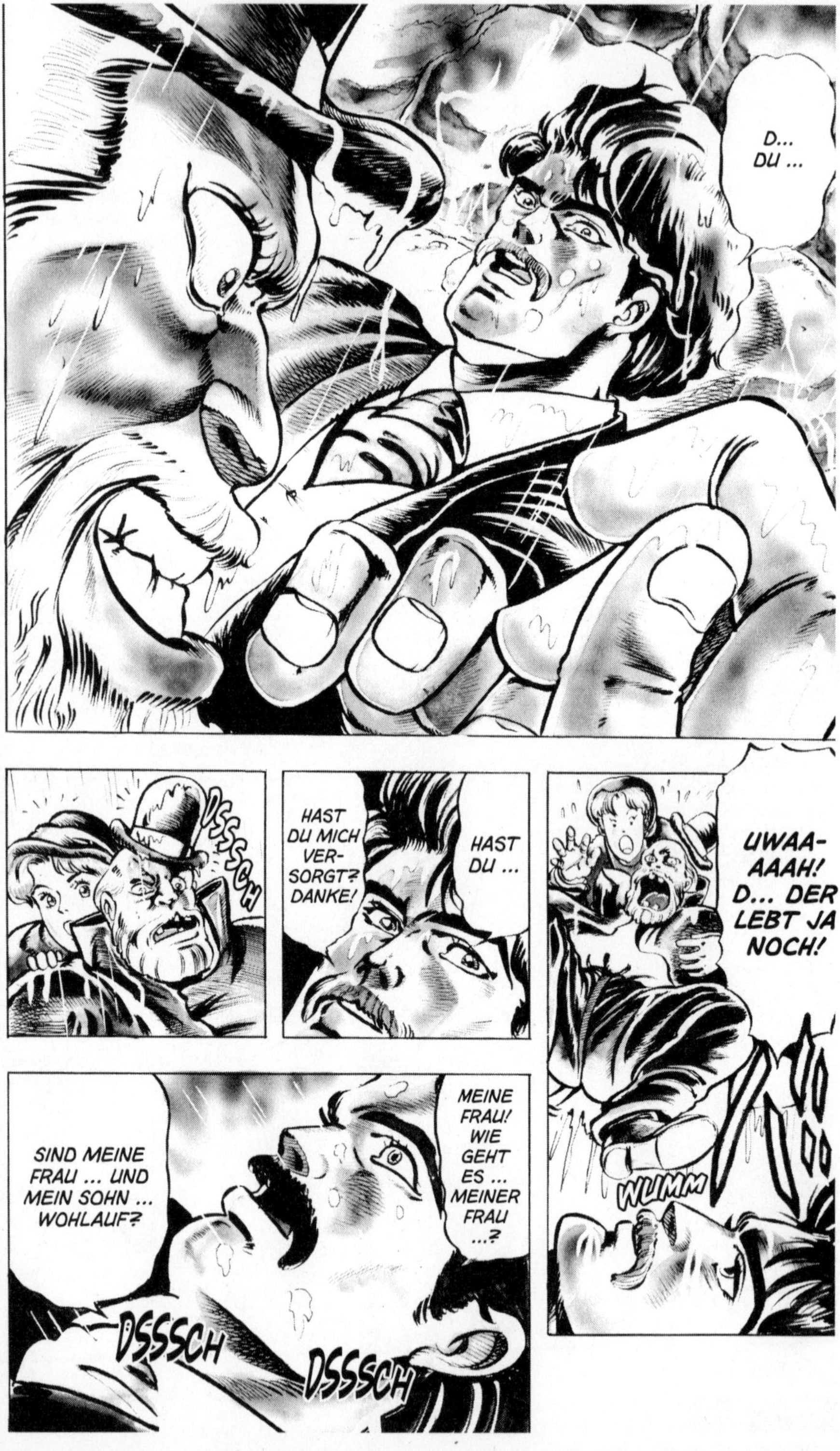
D... DU ...
UWAA-AAAH! D... DER LEBT JA NOCH!
WUMM
HAST DU ...
HAST DU MICH VERSORGT? DANKE!
DSSSCH
MEINE FRAU! WIE GEHT ES ... MEINER FRAU ...?
SIND MEINE FRAU ... UND MEIN SOHN ... WOHLAUF?
DSSSCH
DSSSCH

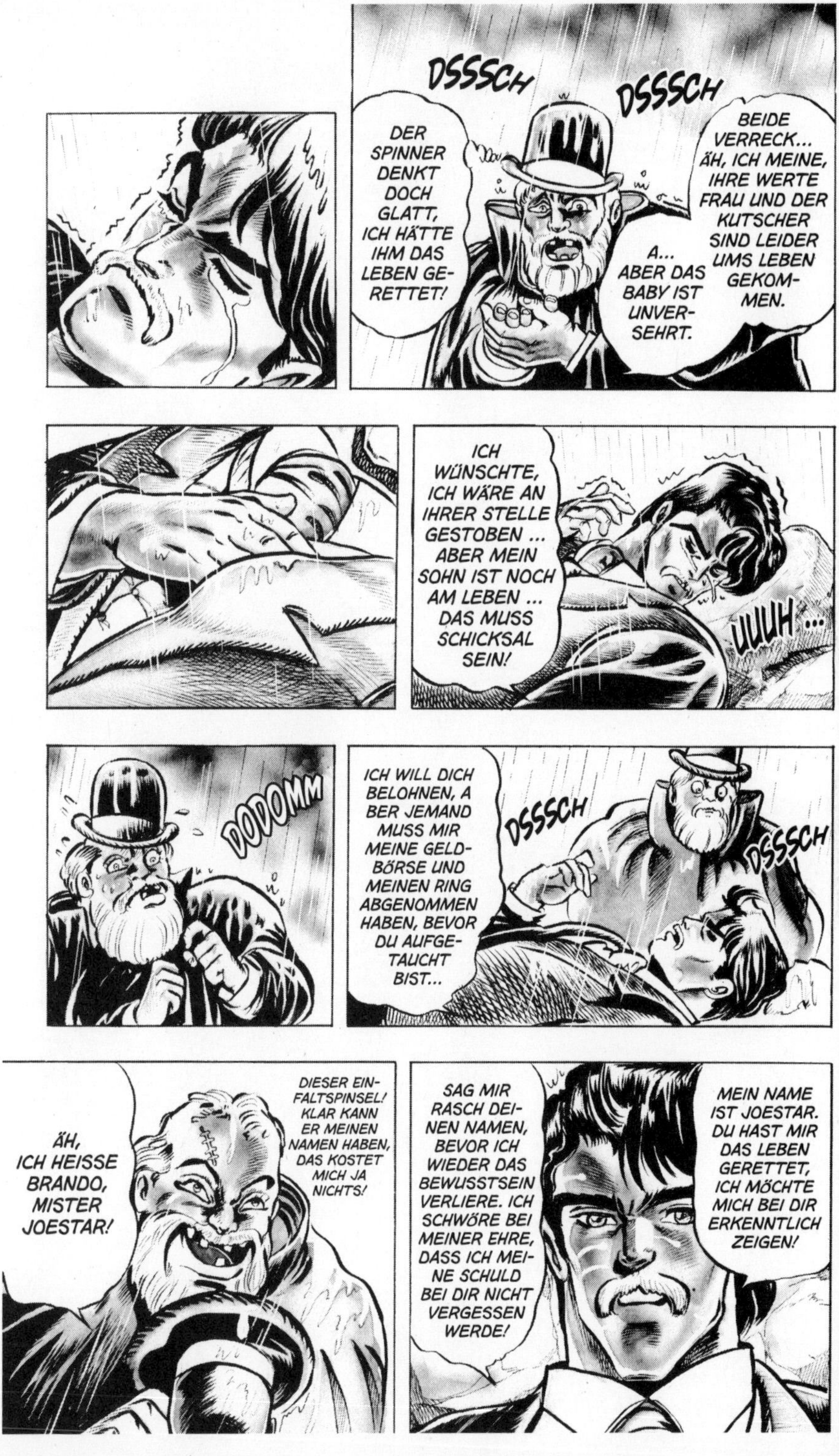
DSSSCH
DSSSCH
BEIDE VERRECK... ÄH, ICH MEINE, IHRE WERTE FRAU UND DER KUTSCHER SIND LEIDER UMS LEBEN GEKOMMEN.
A... ABER DAS BABY IST UNVERSEHRT.
DER SPINNER DENKT DOCH GLATT, ICH HÄTTE IHM DAS LEBEN GERETTET!
ICH WÜNSCHTE, ICH WÄRE AN IHRER STELLE GESTOBEN ... ABER MEIN SOHN IST NOCH AM LEBEN ... DAS MUSS SCHICKSAL SEIN!
UUUH ...
DSSSCH
DSSSCH
ICH WILL DICH BELOHNEN, A BER JEMAND MUSS MIR MEINE GELDBÖRSE UND MEINEN RING ABGENOMMEN HABEN, BEVOR DU AUFGETAUCHT BIST...
DODOMM
MEIN NAME IST JOESTAR. DU HAST MIR DAS LEBEN GERETTET, ICH MÖCHTE MICH BEI DIR ERKENNTLICH ZEIGEN!
SAG MIR RASCH DEINEN NAMEN, BEVOR ICH WIEDER DAS BEWUSSTSEIN VERLIERE. ICH SCHWÖRE BEI MEINER EHRE, DASS ICH MEINE SCHULD BEI DIR NICHT VERGESSEN WERDE!
DIESER EINFALTSPINSEL! KLAR KANN ER MEINEN NAMEN HABEN, DAS KOSTET MICH JA NICHTS!
ÄH, ICH HEISSE BRANDO, MISTER JOESTAR!

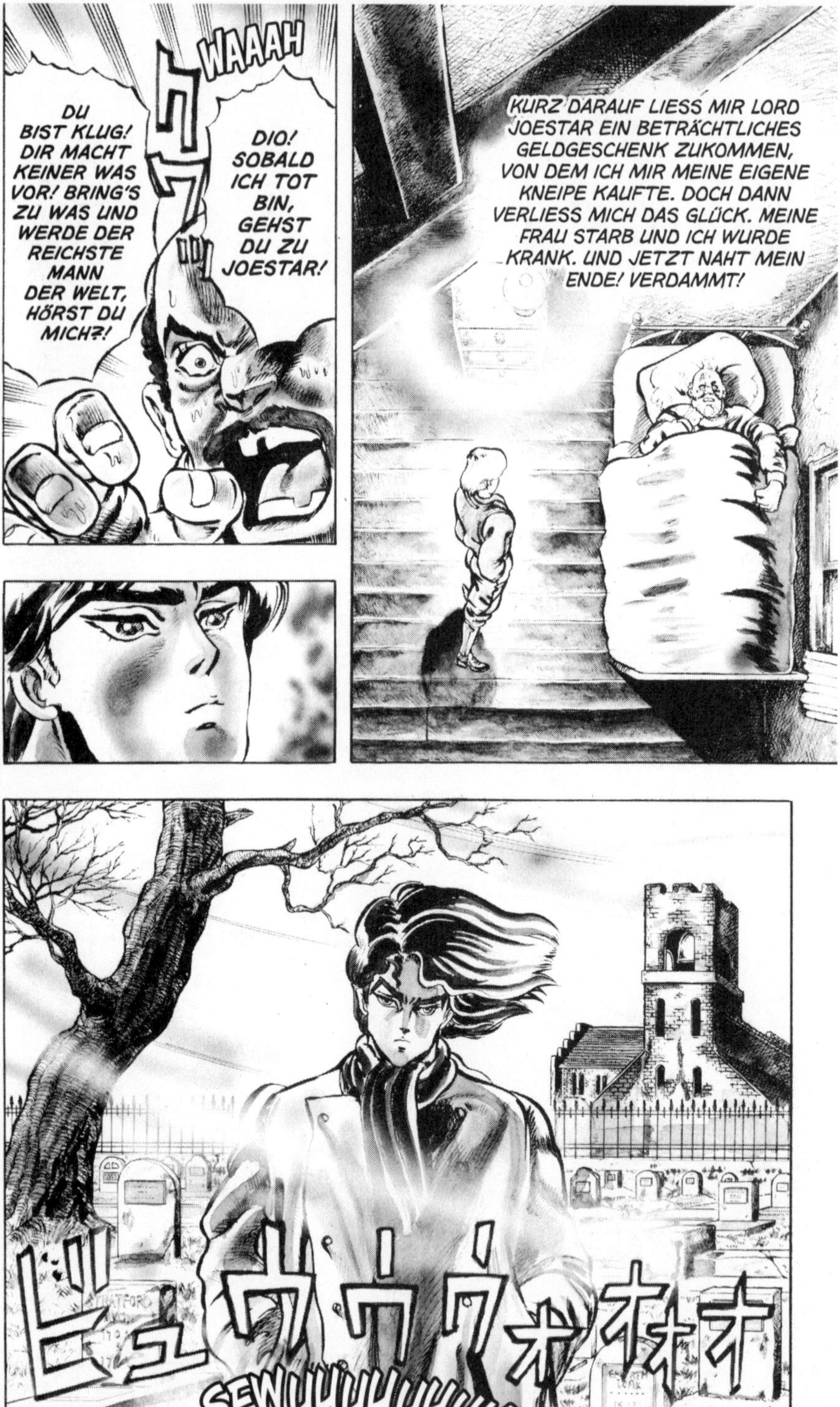
KURZ DARAUF LIESS MIR LORD JOESTAR EIN BETRÄCHTLICHES GELDGESCHENK ZUKOMMEN, VON DEM ICH MIR MEINE EIGENE KNEIPE KAUFTE. DOCH DANN VERLIESS MICH DAS GLÜCK. MEINE FRAU STARB UND ICH WURDE KRANK. UND JETZT NAHT MEIN ENDE! VERDAMMT!
WAAAH
DIO! SOBALD ICH TOT BIN, GEHST DU ZU JOESTAR!
DU BIST KLUG! DIR MACHT KEINER WAS VOR! BRING'S ZU WAS UND WERDE DER REICHSTE MANN DER WELT, HÖRST DU MICH?!
ヒュウウウォオォオ
SFWUUUUUUUUH

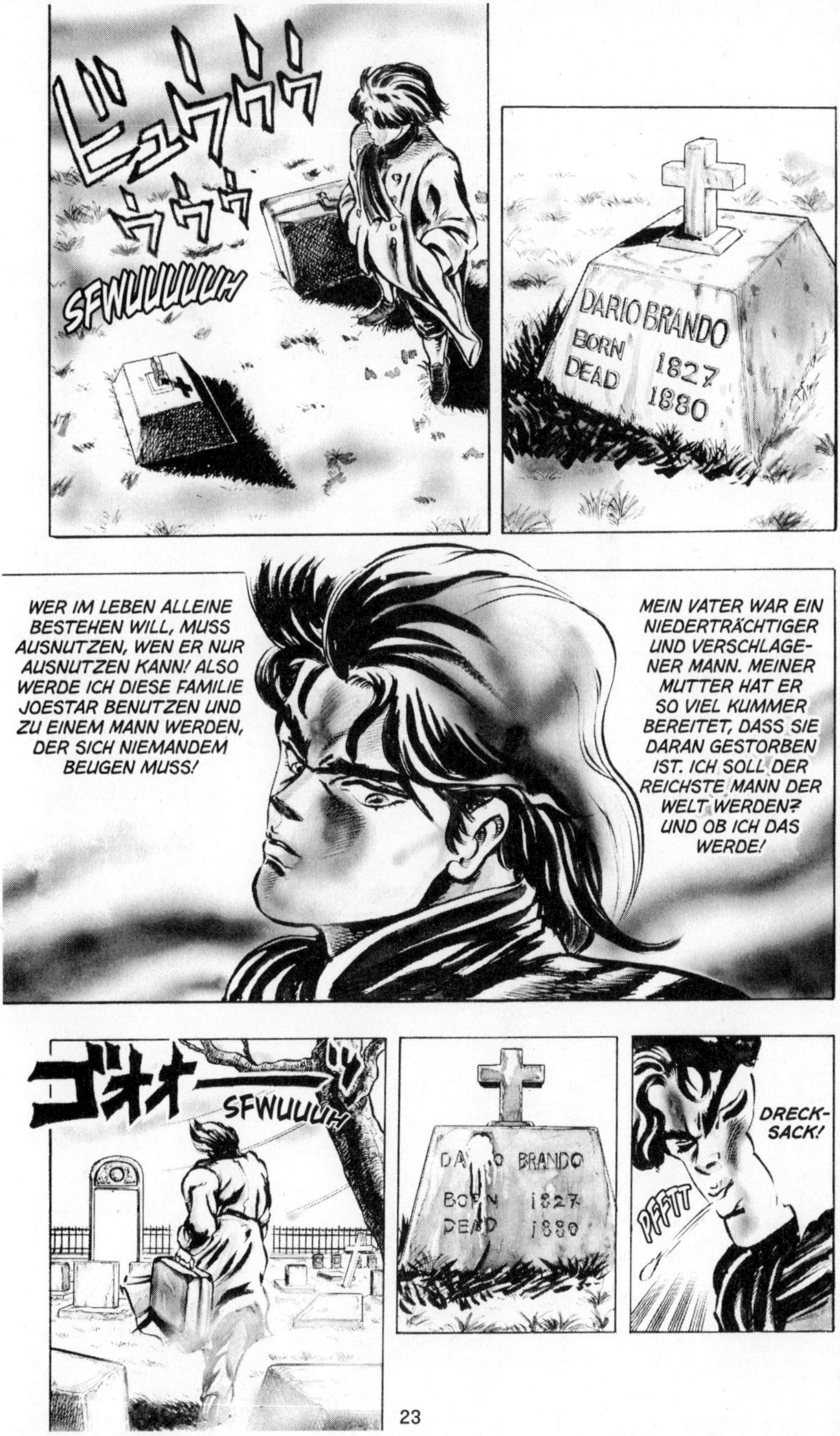
DARIO BRANDO
BORN 1827
DEAD 1880
ビュウウウウウウウ
SFWUUUUUH
MEIN VATER WAR EIN NIEDERTRÄCHTIGER UND VERSCHLAGENER MANN. MEINER MUTTER HAT ER SO VIEL KUMMER BEREITET, DASS SIE DARAN GESTORBEN IST. ICH SOLL DER REICHSTE MANN DER WELT WERDEN? UND OB ICH DAS WERDE!
WER IM LEBEN ALLEINE BESTEHEN WILL, MUSS AUSNUTZEN, WEN ER NUR AUSNUTZEN KANN! ALSO WERDE ICH DIESE FAMILIE JOESTAR BENUTZEN UND ZU EINEM MANN WERDEN, DER SICH NIEMANDEM BEUGEN MUSS!
DRECK-SACK!
PFFTT
DA O BRANDO
BORN 1827
DEAD 1880
ゴオオー
SFWUUUH

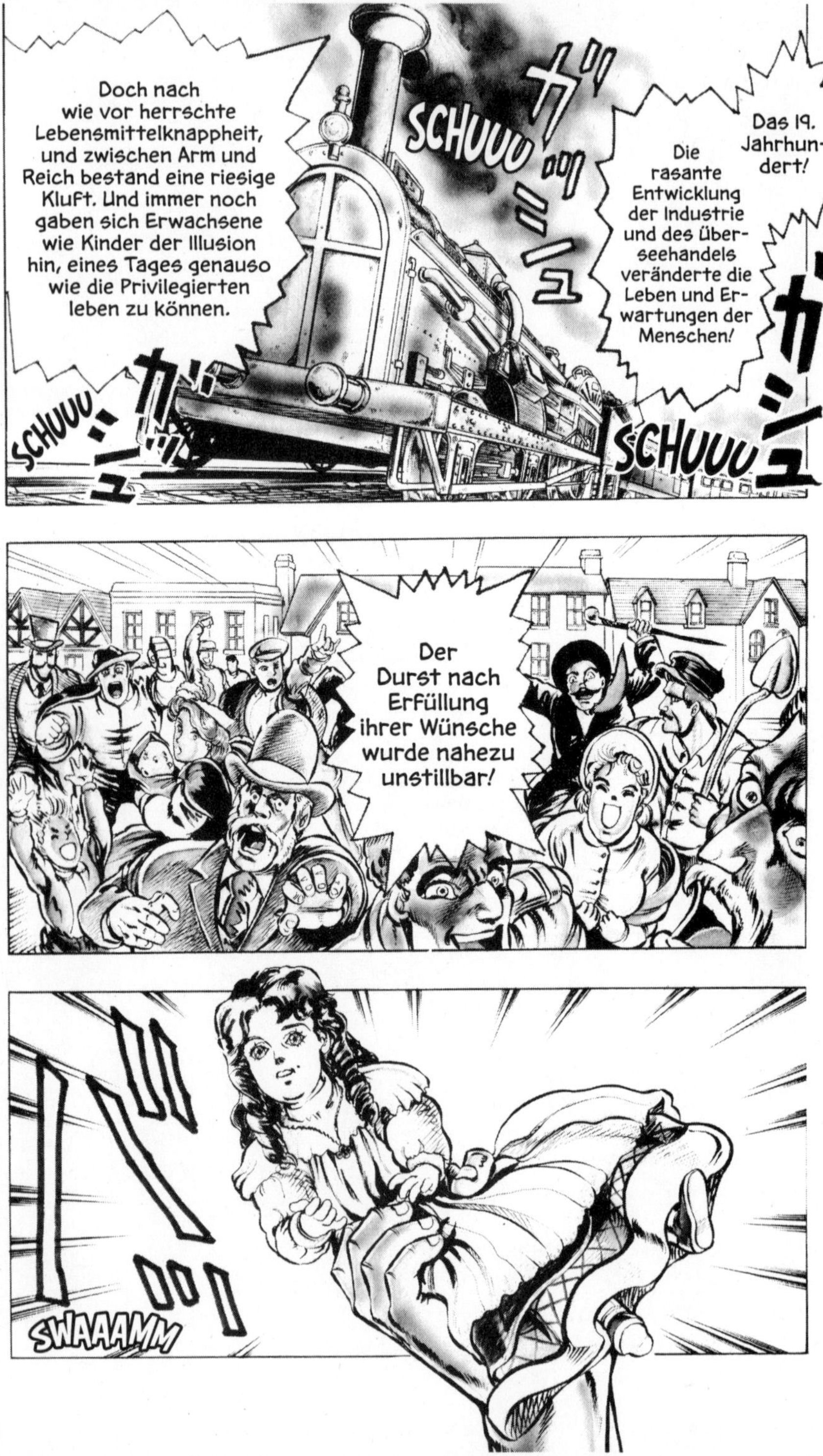
Das 19. Jahrhundert!
Die rasante Entwicklung der Industrie und des Überseehandels veränderte die Leben und Erwartungen der Menschen!
SCHUUU
SCHUUU
Doch nach wie vor herrschte Lebensmittelknappheit, und zwischen Arm und Reich bestand eine riesige Kluft. Und immer noch gaben sich Erwachsene wie Kinder der Illusion hin, eines Tages genauso wie die Privilegierten leben zu können.
SCHUUU
Der Durst nach Erfüllung ihrer Wünsche wurde nahezu unstillbar!
SWAAAMM

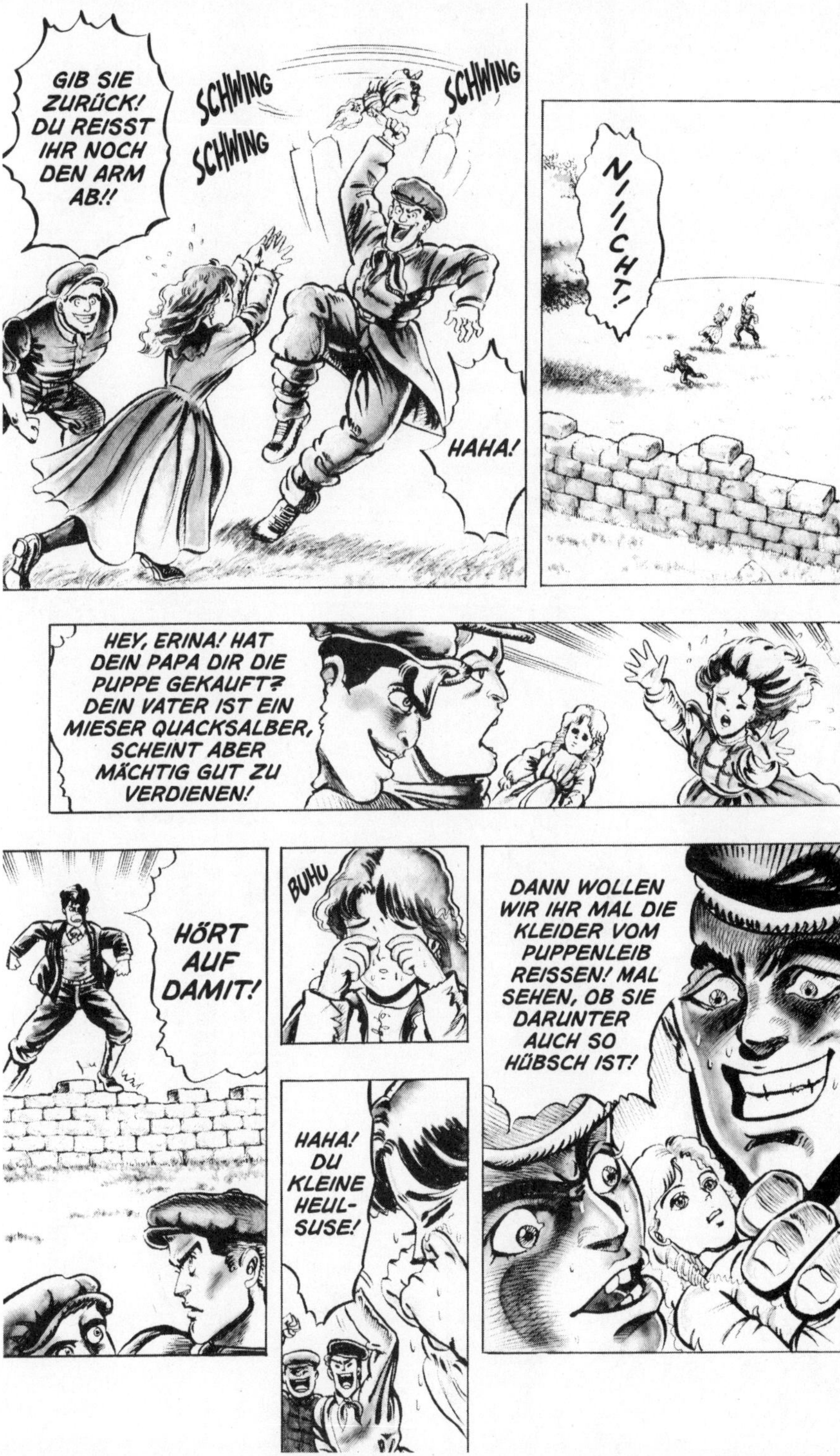
NIIICHT!
GIB SIE ZURÜCK! DU REISST IHR NOCH DEN ARM AB!!
SCHWING
SCHWING
SCHWING
HAHA!
HEY, ERINA! HAT DEIN PAPA DIR DIE PUPPE GEKAUFT? DEIN VATER IST EIN MIESER QUACKSALBER, SCHEINT ABER MÄCHTIG GUT ZU VERDIENEN!
DANN WOLLEN WIR IHR MAL DIE KLEIDER VOM PUPPENLEIB REISSEN! MAL SEHEN, OB SIE DARUNTER AUCH SO HÜBSCH IST!
BUHU
HAHA! DU KLEINE HEUL-SUSE!
HÖRT AUF DAMIT!

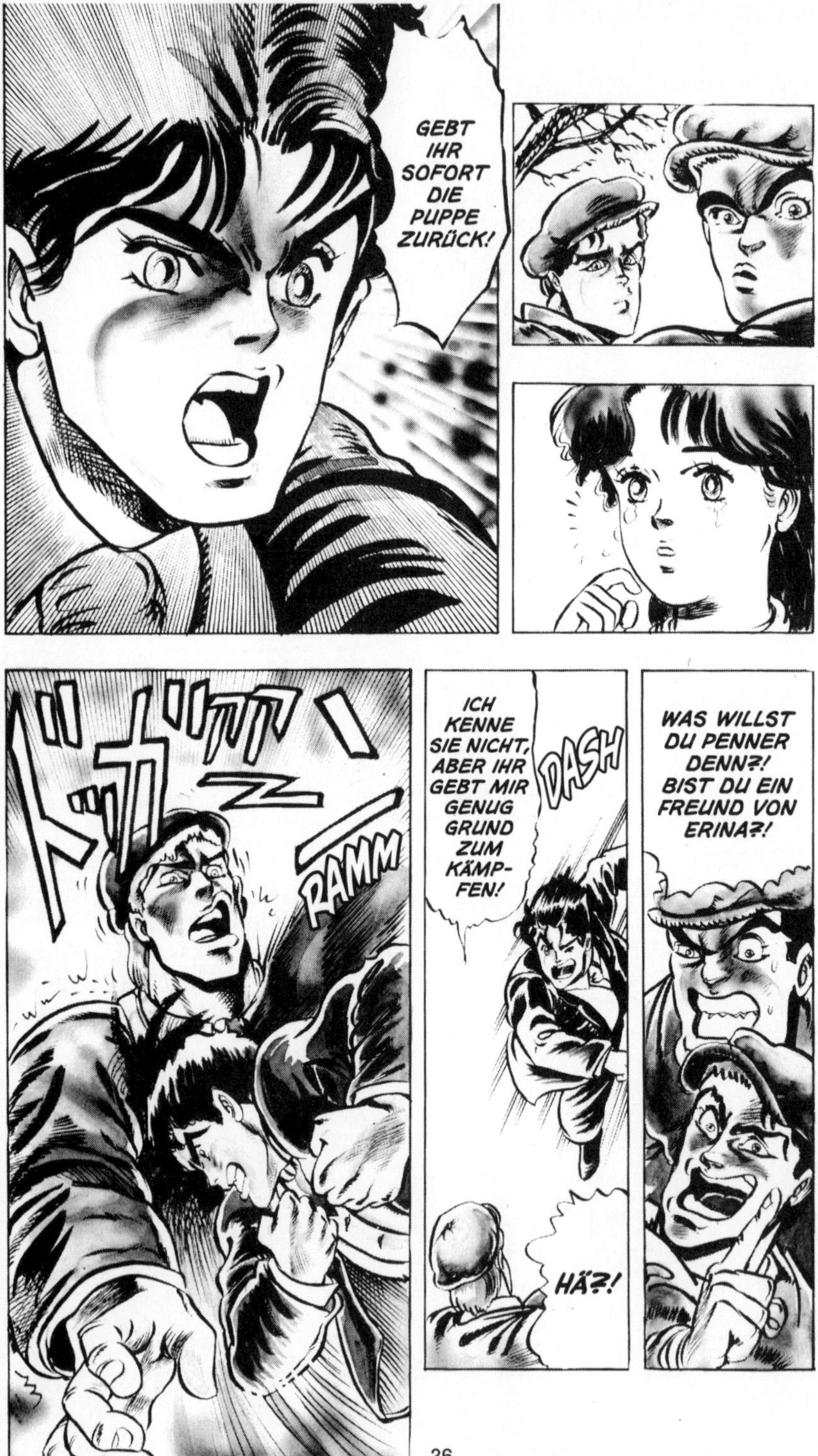
GEBT IHR SOFORT DIE PUPPE ZURÜCK!
WAS WILLST DU PENNER DENN?! BIST DU EIN FREUND VON ERINA?!
HÄ?!
DASH
ICH KENNE SIE NICHT, ABER IHR GEBT MIR GENUG GRUND ZUM KÄMPFEN!
RAMM

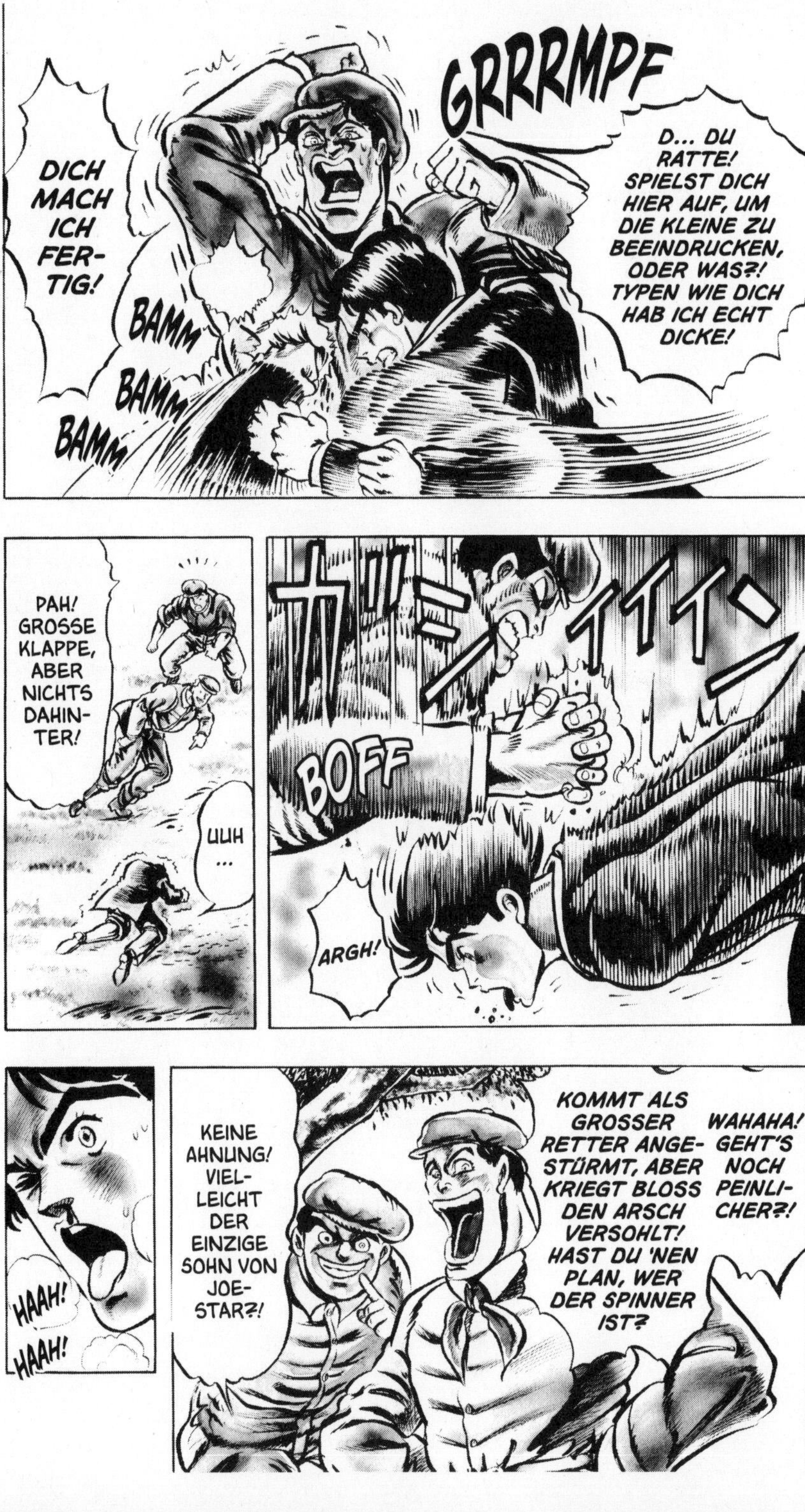
GRRRMPF
D... DU RATTE! SPIELST DICH HIER AUF, UM DIE KLEINE ZU BEEINDRUCKEN, ODER WAS?! TYPEN WIE DICH HAB ICH ECHT DICKE!
DICH MACH ICH FER-TIG!
BAMM
BAMM
BAMM
BOFF
ARGH!
PAH! GROSSE KLAPPE, ABER NICHTS DAHIN-TER!
UUH ...
WAHAHA! GEHT'S NOCH PEINLI-CHER?!
KOMMT ALS GROSSER RETTER ANGE-STÜRMT, ABER KRIEGT BLOSS DEN ARSCH VERSOHLT! HAST DU 'NEN PLAN, WER DER SPINNER IST?
KEINE AHNUNG! VIEL-LEICHT DER EINZIGE SOHN VON JOE-STAR?!
HAAH!
HAAH!

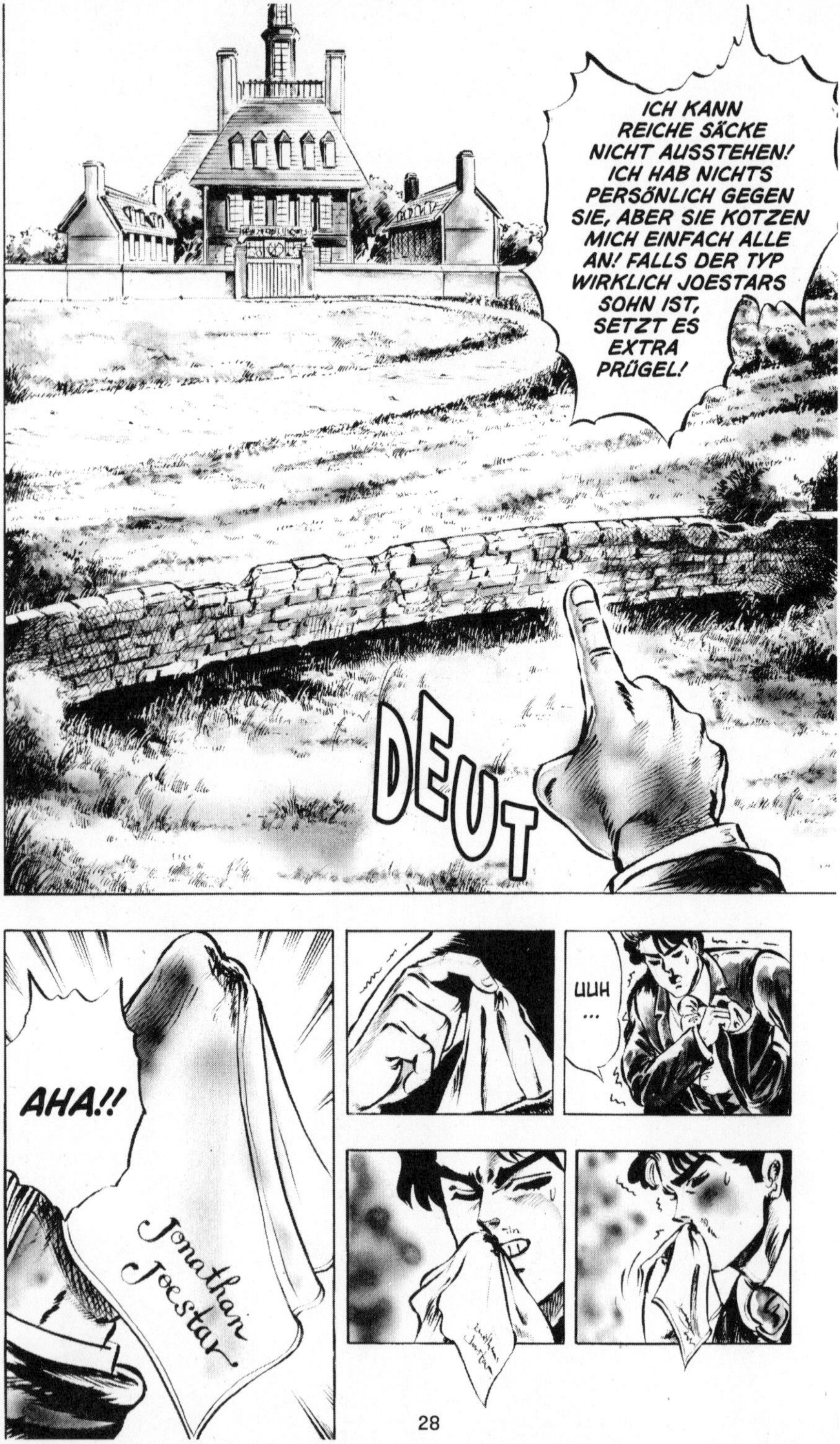
ICH KANN REICHE SÄCKE NICHT AUSSTEHEN! ICH HAB NICHTS PERSÖNLICH GEGEN SIE, ABER SIE KOTZEN MICH EINFACH ALLE AN! FALLS DER TYP WIRKLICH JOESTARS SOHN IST, SETZT ES EXTRA PRÜGEL!
DEUT
UUH ...
AHA!!
Jonathan Joestar

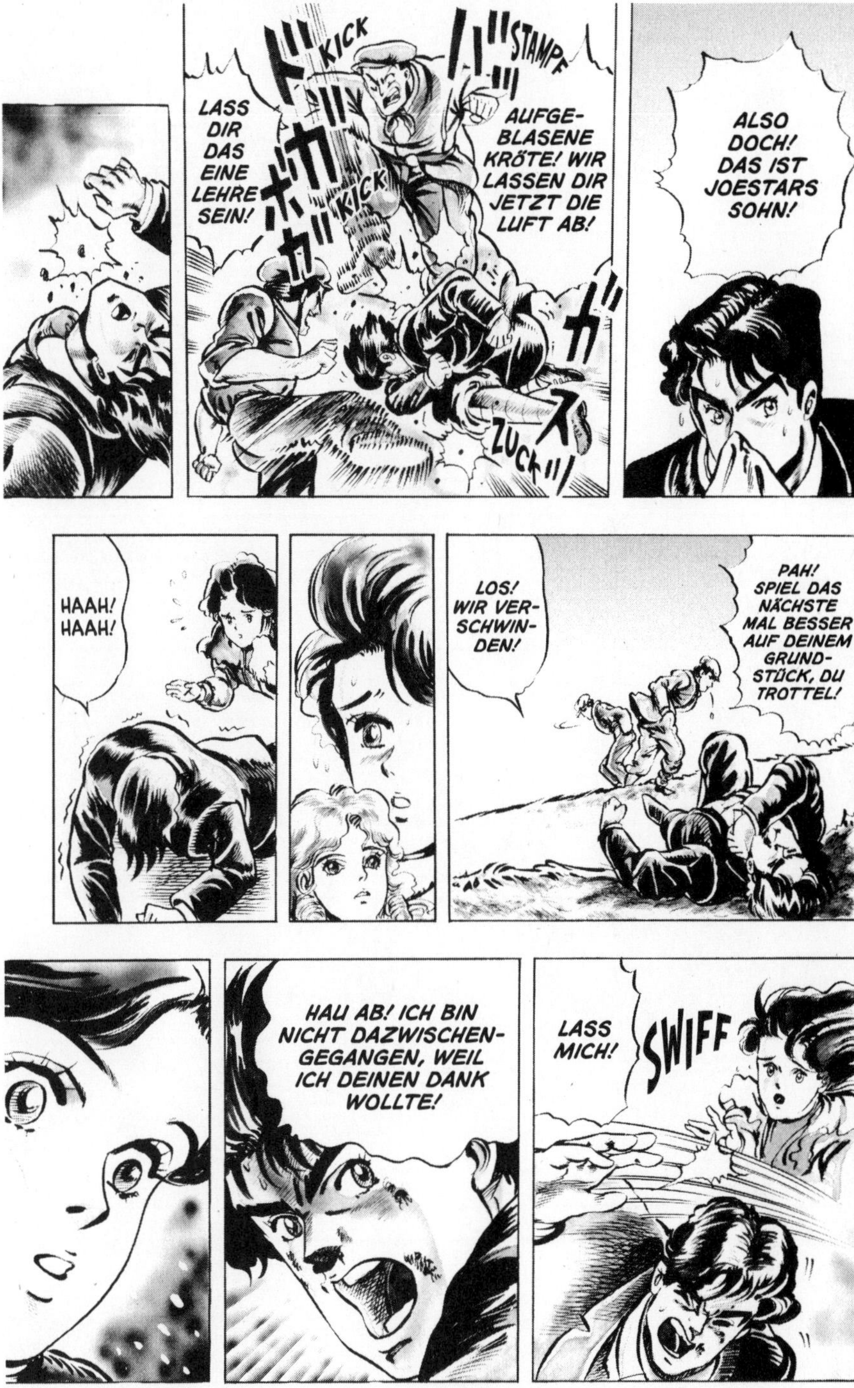
ALSO DOCH! DAS IST JOESTARS SOHN!
STAMPF
AUFGE-BLASENE KRÖTE! WIR LASSEN DIR JETZT DIE LUFT AB!
KICK
KICK
LASS DIR DAS EINE LEHRE SEIN!
ZUCK
PAH! SPIEL DAS NÄCHSTE MAL BESSER AUF DEINEM GRUND-STÜCK, DU TROTTEL!
LOS! WIR VER-SCHWIN-DEN!
HAAH! HAAH!
LASS MICH!
SWIFF
HAU AB! ICH BIN NICHT DAZWISCHEN-GEGANGEN, WEIL ICH DEINEN DANK WOLLTE!

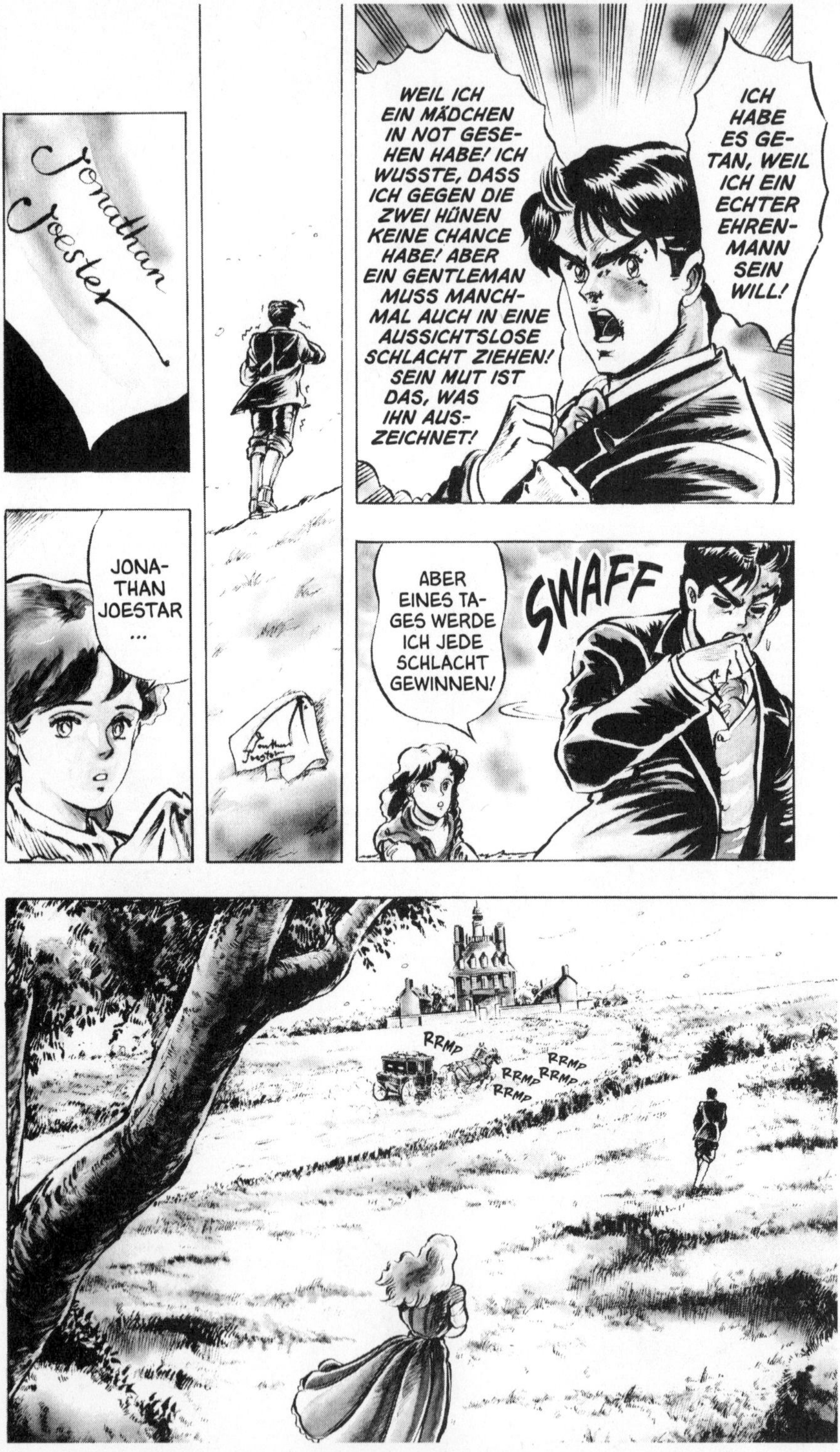
ICH HABE ES GETAN, WEIL ICH EIN ECHTER EHRENMANN SEIN WILL!
WEIL ICH EIN MÄDCHEN IN NOT GESEHEN HABE! ICH WUSSTE, DASS ICH GEGEN DIE ZWEI HÜNEN KEINE CHANCE HABE! ABER EIN GENTLEMAN MUSS MANCHMAL AUCH IN EINE AUSSICHTSLOSE SCHLACHT ZIEHEN! SEIN MUT IST DAS, WAS IHN AUSZEICHNET!
Jonathan Joester
SWAFF
ABER EINES TAGES WERDE ICH JEDE SCHLACHT GEWINNEN!
JONATHAN JOESTAR ...
RRMP
RRMP
RRMP
RRMP
RRMP

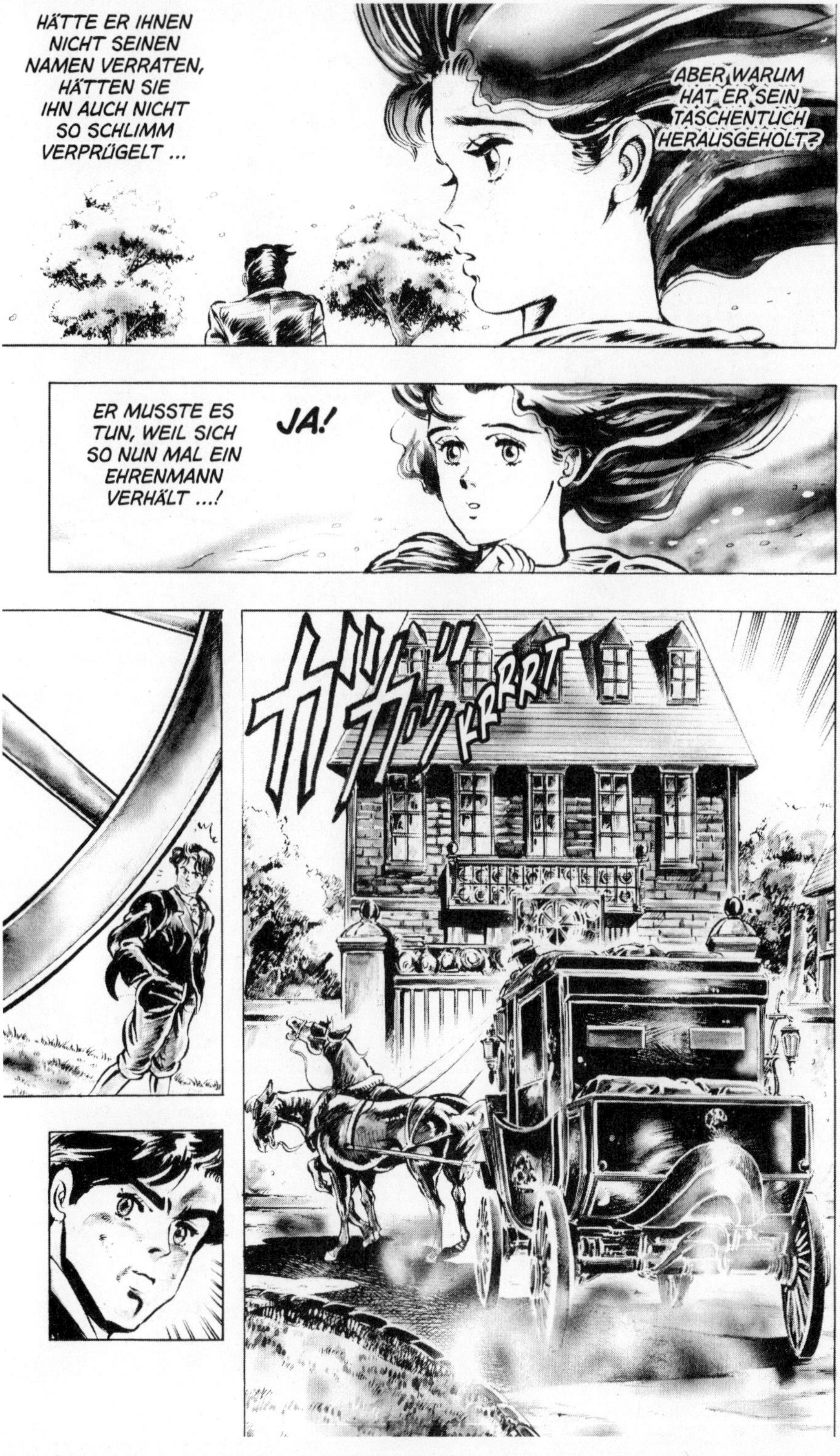
HÄTTE ER IHNEN NICHT SEINEN NAMEN VERRATEN, HÄTTEN SIE IHN AUCH NICHT SO SCHLIMM VERPRÜGELT ...
ABER WARUM HAT ER SEIN TASCHENTUCH HERAUSGEHOLT?
JA!
ER MUSSTE ES TUN, WEIL SICH SO NUN MAL EIN EHRENMANN VERHÄLT ...!
KRRRT

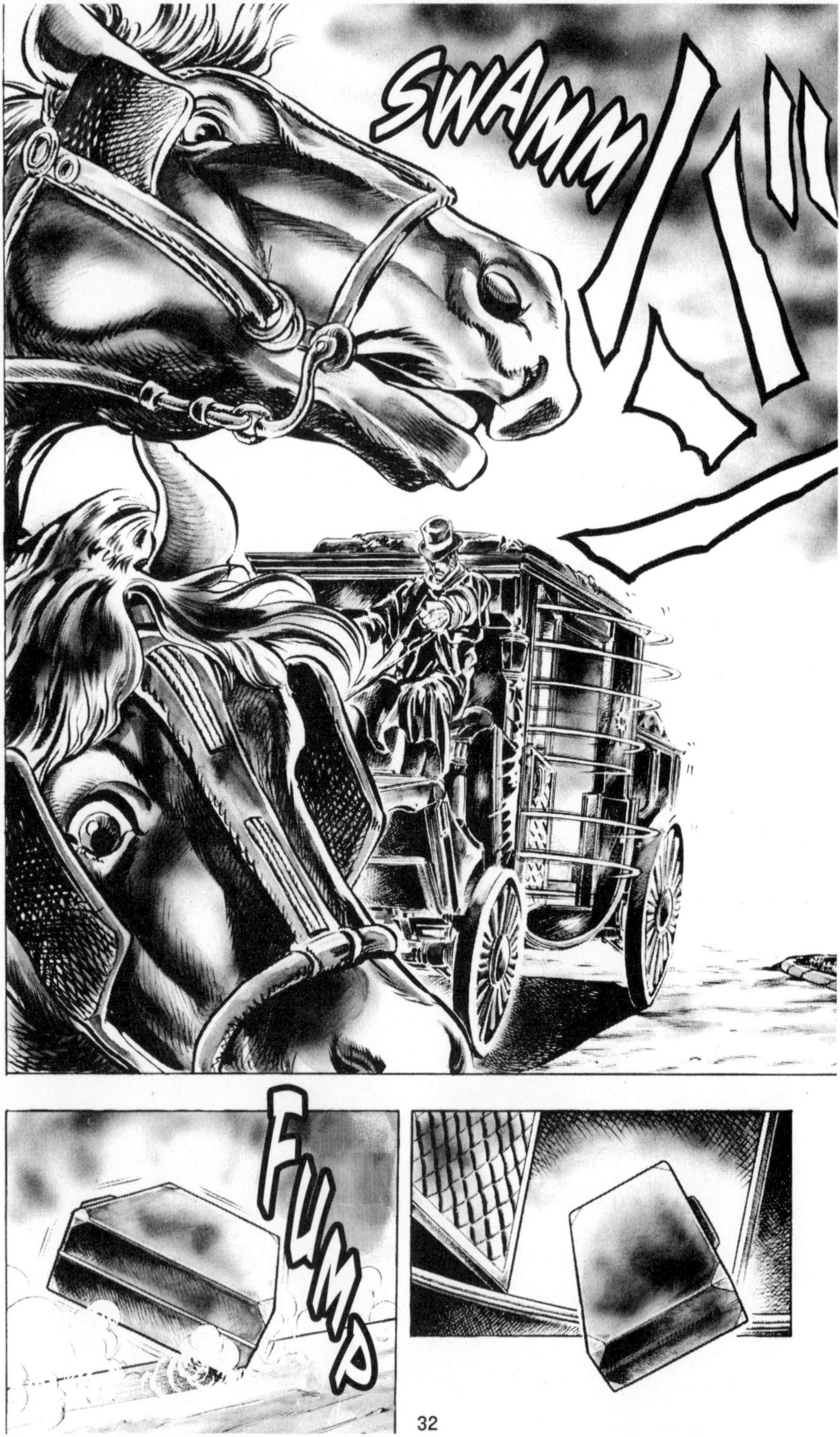
SWAMM
FUMP

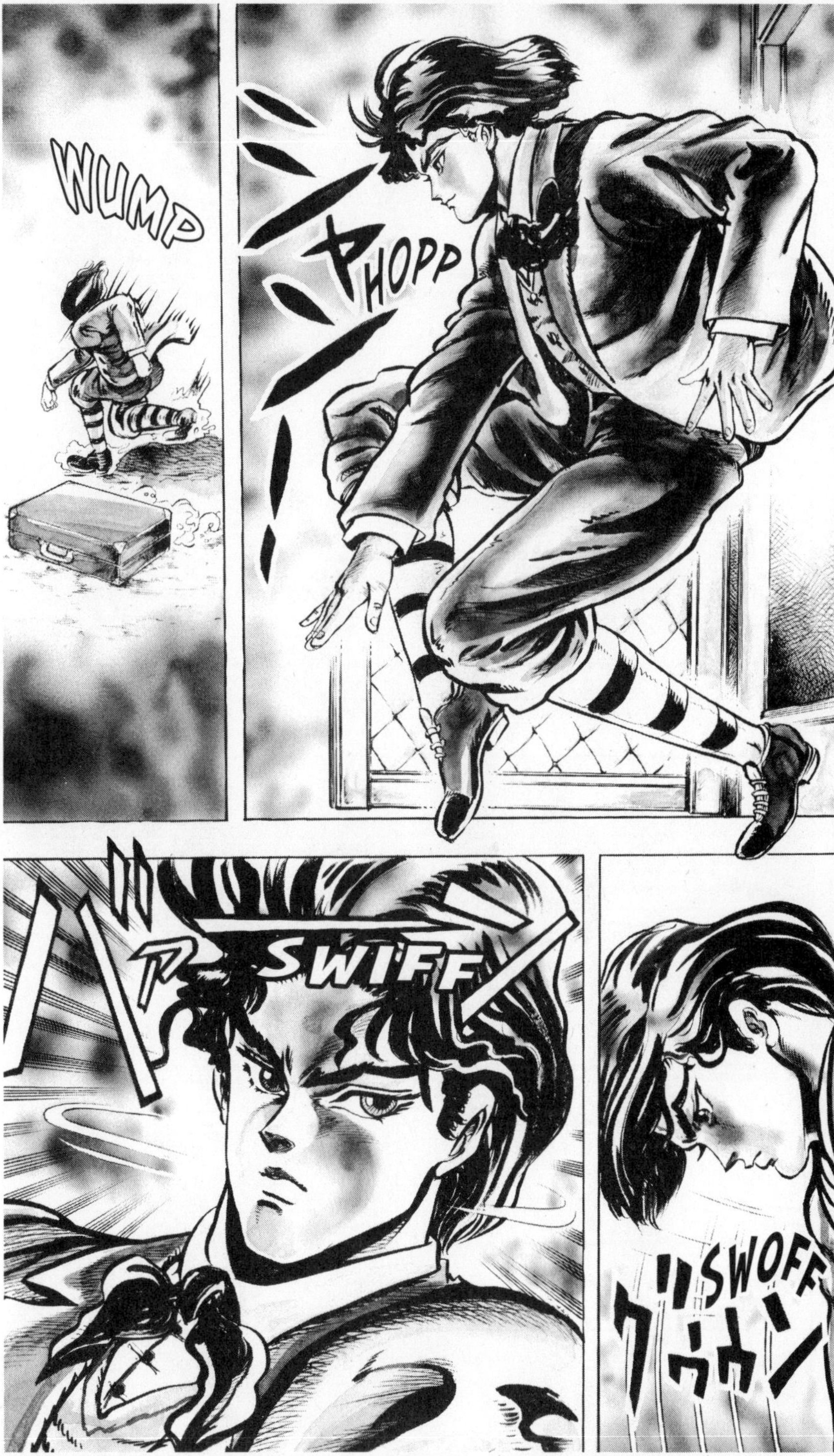

WUMP
PHOPP
SWIFF
SWOFF

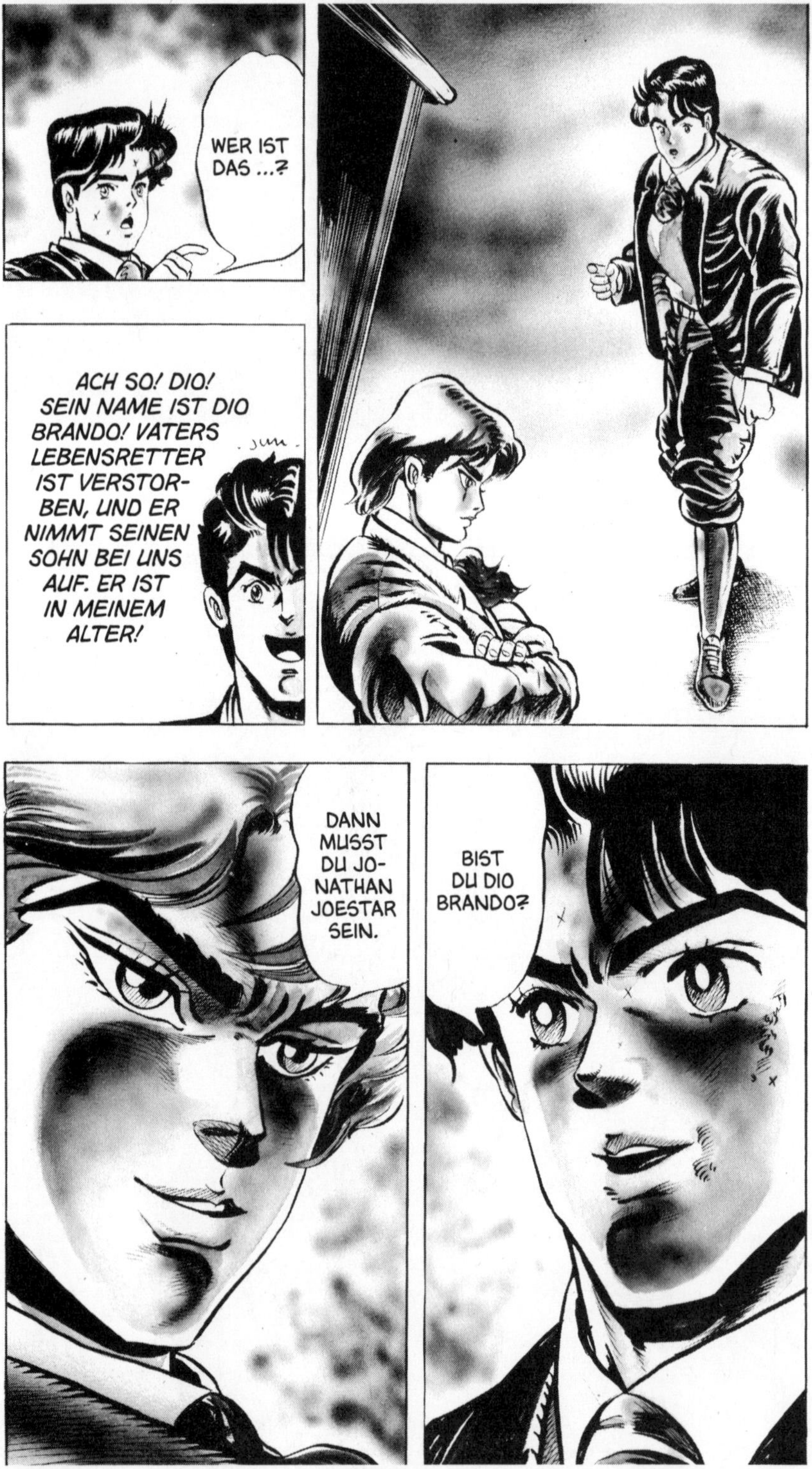
WER IST DAS ...?
ACH SO! DIO! SEIN NAME IST DIO BRANDO! VATERS LEBENSRETTER IST VERSTORBEN, UND ER NIMMT SEINEN SOHN BEI UNS AUF. ER IST IN MEINEM ALTER!
BIST DU DIO BRANDO?
DANN MUSST DU JONATHAN JOESTAR SEIN.

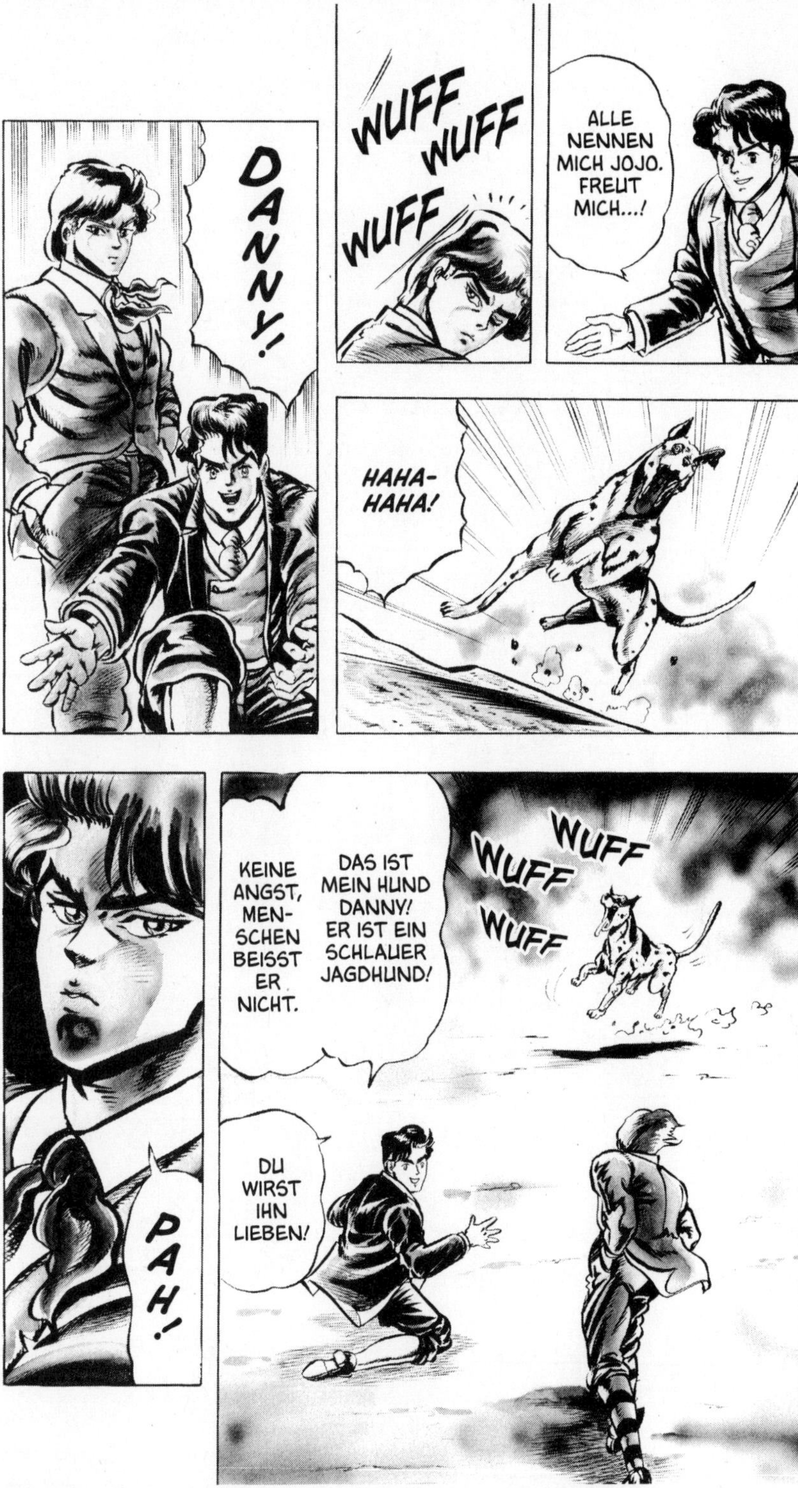
ALLE NENNEN MICH JOJO. FREUT MICH...!
WUFF WUFF WUFF
HAHA-HAHA!
DANNY!
WUFF WUFF WUFF
DAS IST MEIN HUND DANNY! ER IST EIN SCHLAUER JAGDHUND!
KEINE ANGST, MEN-SCHEN BEISST ER NICHT.
DU WIRST IHN LIEBEN!
PAH!

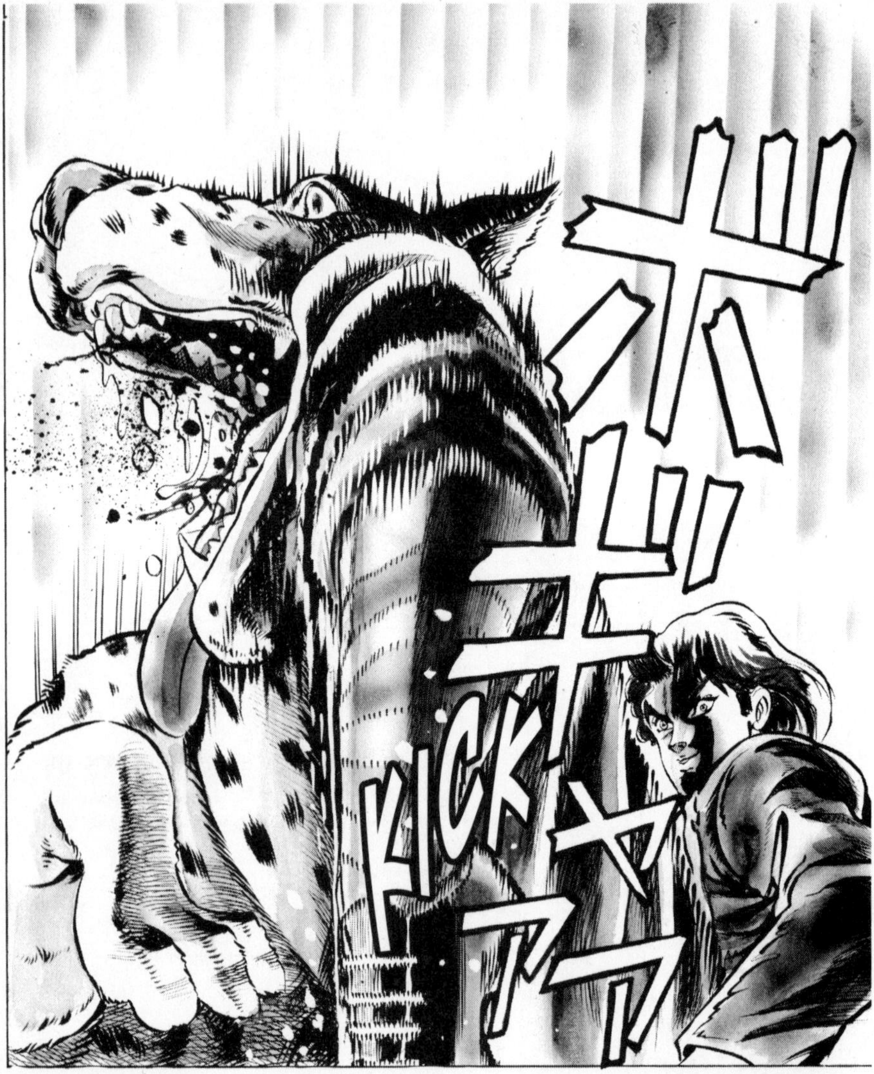
KICK
FUMP
DANNY!
WAS?!

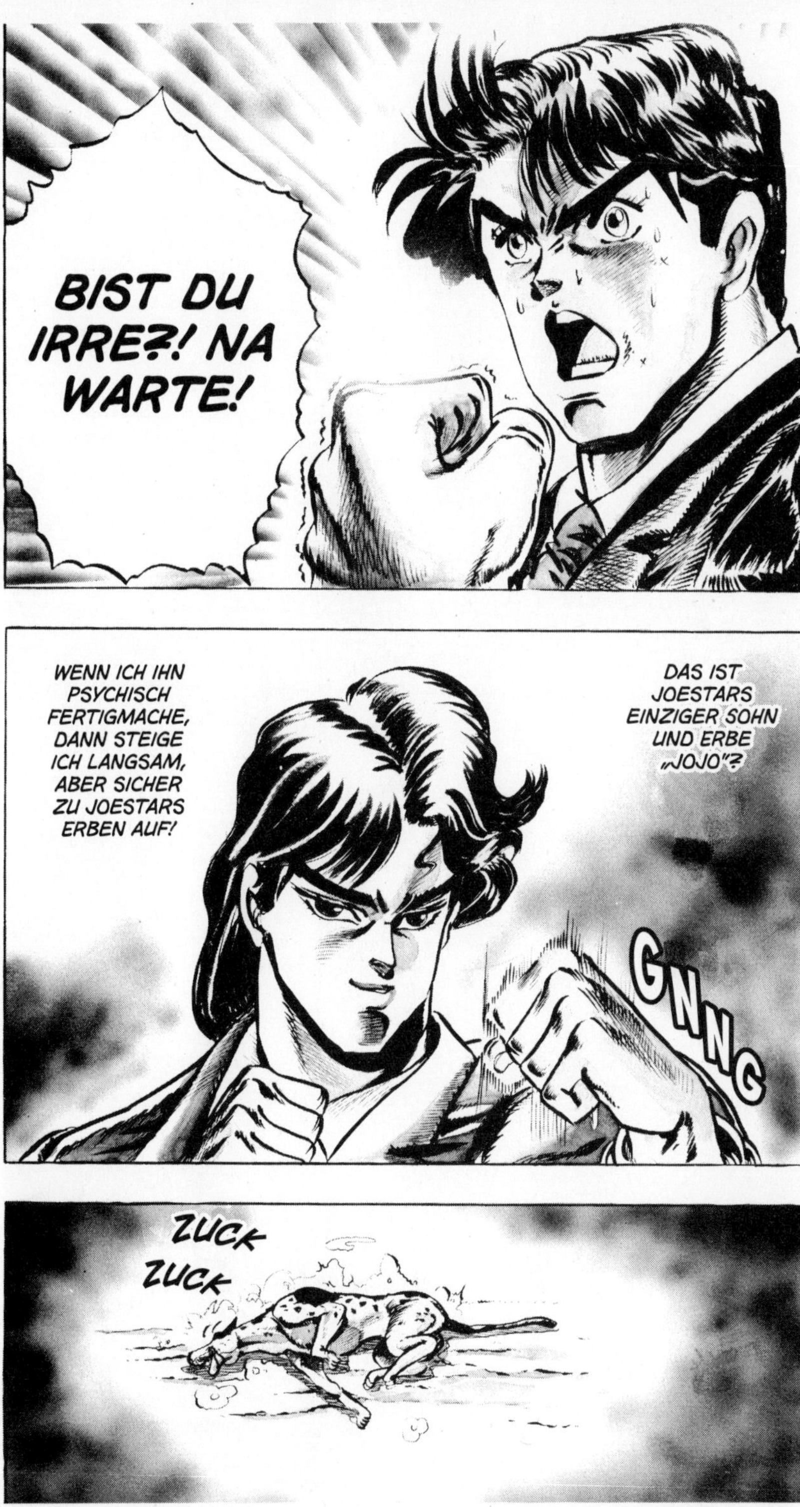
BIST DU IRRE?! NA WARTE!
DAS IST JOESTARS EINZIGER SOHN UND ERBE „JOJO"?
WENN ICH IHN PSYCHISCH FERTIGMACHE, DANN STEIGE ICH LANGSAM, ABER SICHER ZU JOESTARS ERBEN AUF!
GNNG
ZUCK ZUCK

JOJO'S BIZARRE ADVENTURE

PART 1

PHANTOM BLOOD

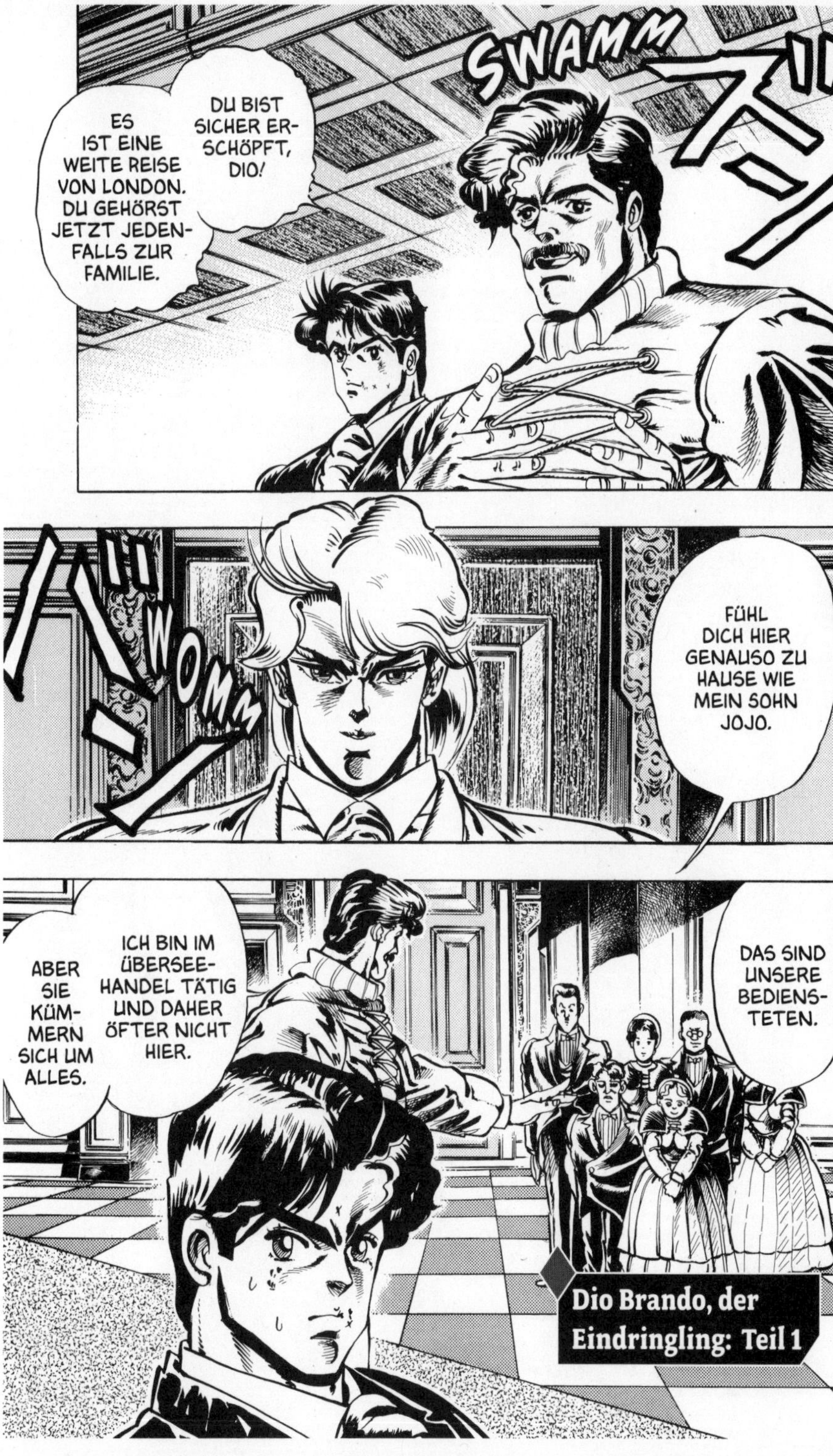
SWAMM
DU BIST SICHER ERSCHÖPFT, DIO!
ES IST EINE WEITE REISE VON LONDON. DU GEHÖRST JETZT JEDENFALLS ZUR FAMILIE.
FÜHL DICH HIER GENAUSO ZU HAUSE WIE MEIN SOHN JOJO.
WOMM
DAS SIND UNSERE BEDIENSTETEN.
ICH BIN IM ÜBERSEE-HANDEL TÄTIG UND DAHER ÖFTER NICHT HIER.
ABER SIE KÜMMERN SICH UM ALLES.
Dio Brando, der Eindringling: Teil 1

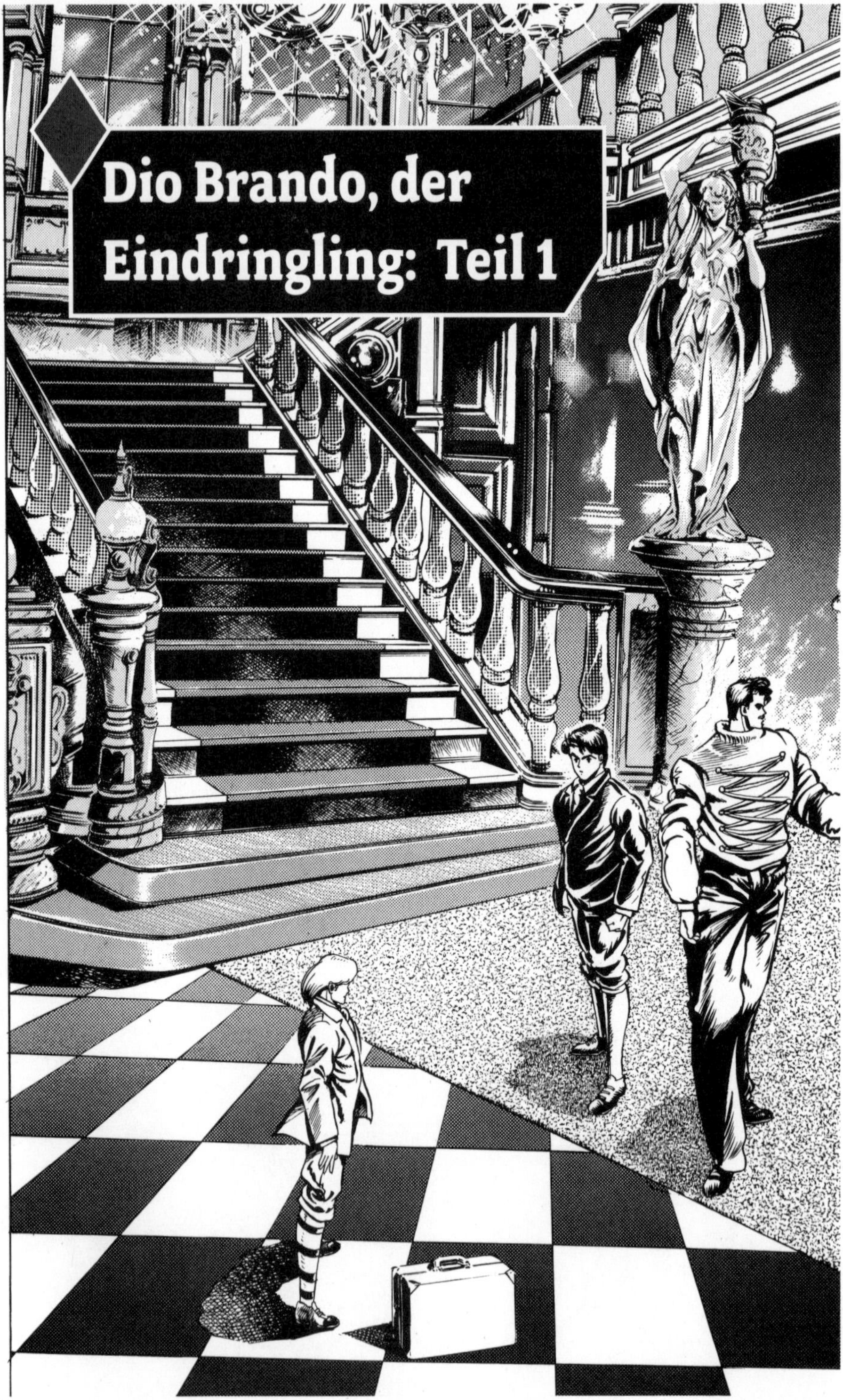
Dio Brando, der
Eindringling: Teil 1

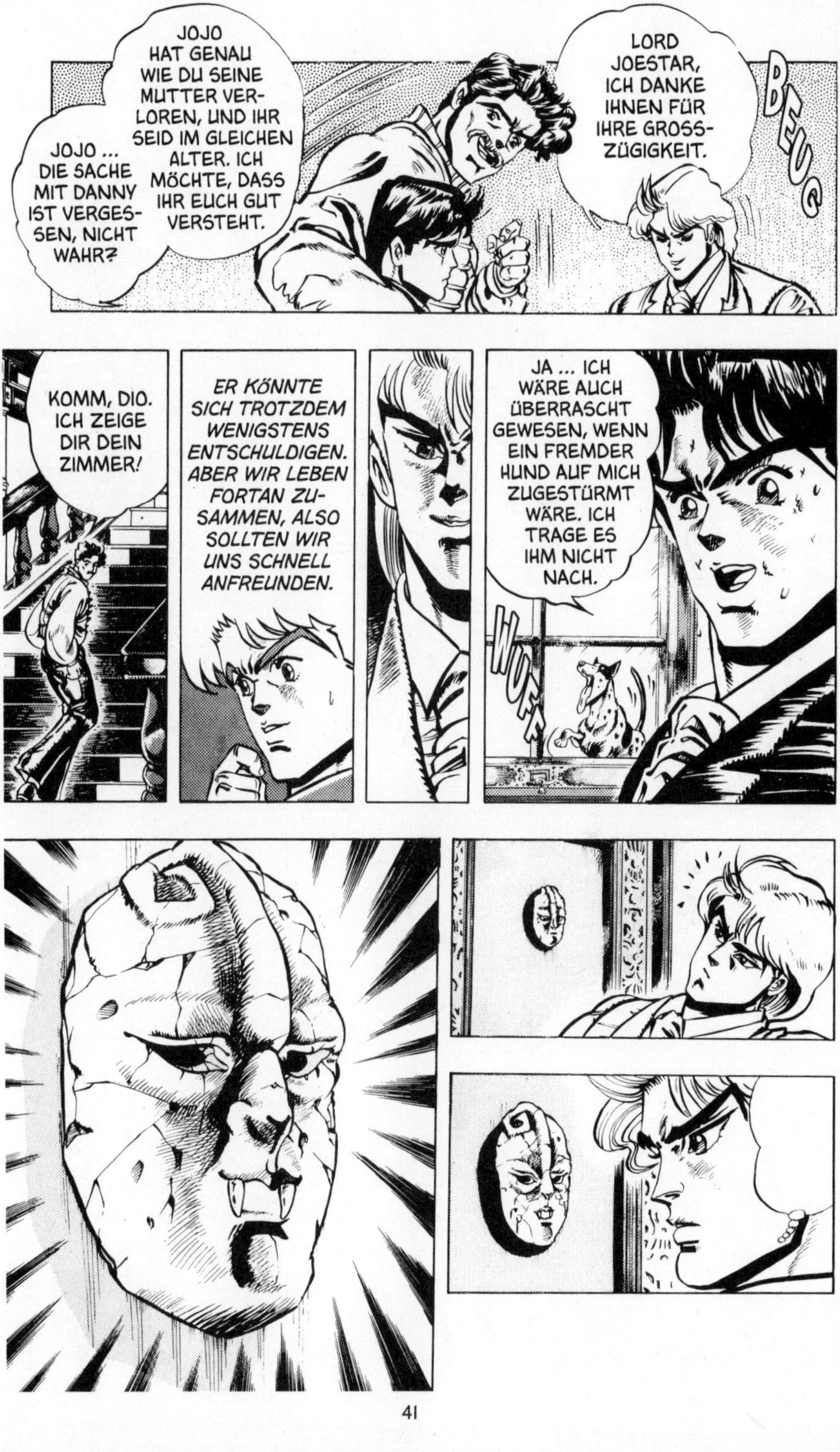
LORD JOESTAR, ICH DANKE IHNEN FÜR IHRE GROSS-ZÜGIGKEIT.
BEUG
JOJO HAT GENAU WIE DU SEINE MUTTER VER-LOREN, UND IHR SEID IM GLEICHEN ALTER. ICH MÖCHTE, DASS IHR EUCH GUT VERSTEHT.
JOJO ... DIE SACHE MIT DANNY IST VERGES-SEN, NICHT WAHR?
JA ... ICH WÄRE AUCH ÜBERRASCHT GEWESEN, WENN EIN FREMDER HUND AUF MICH ZUGESTÜRMT WÄRE. ICH TRAGE ES IHM NICHT NACH.
WUFF
ER KÖNNTE SICH TROTZDEM WENIGSTENS ENTSCHULDIGEN. ABER WIR LEBEN FORTAN ZU-SAMMEN, ALSO SOLLTEN WIR UNS SCHNELL ANFREUNDEN.
KOMM, DIO. ICH ZEIGE DIR DEIN ZIMMER!

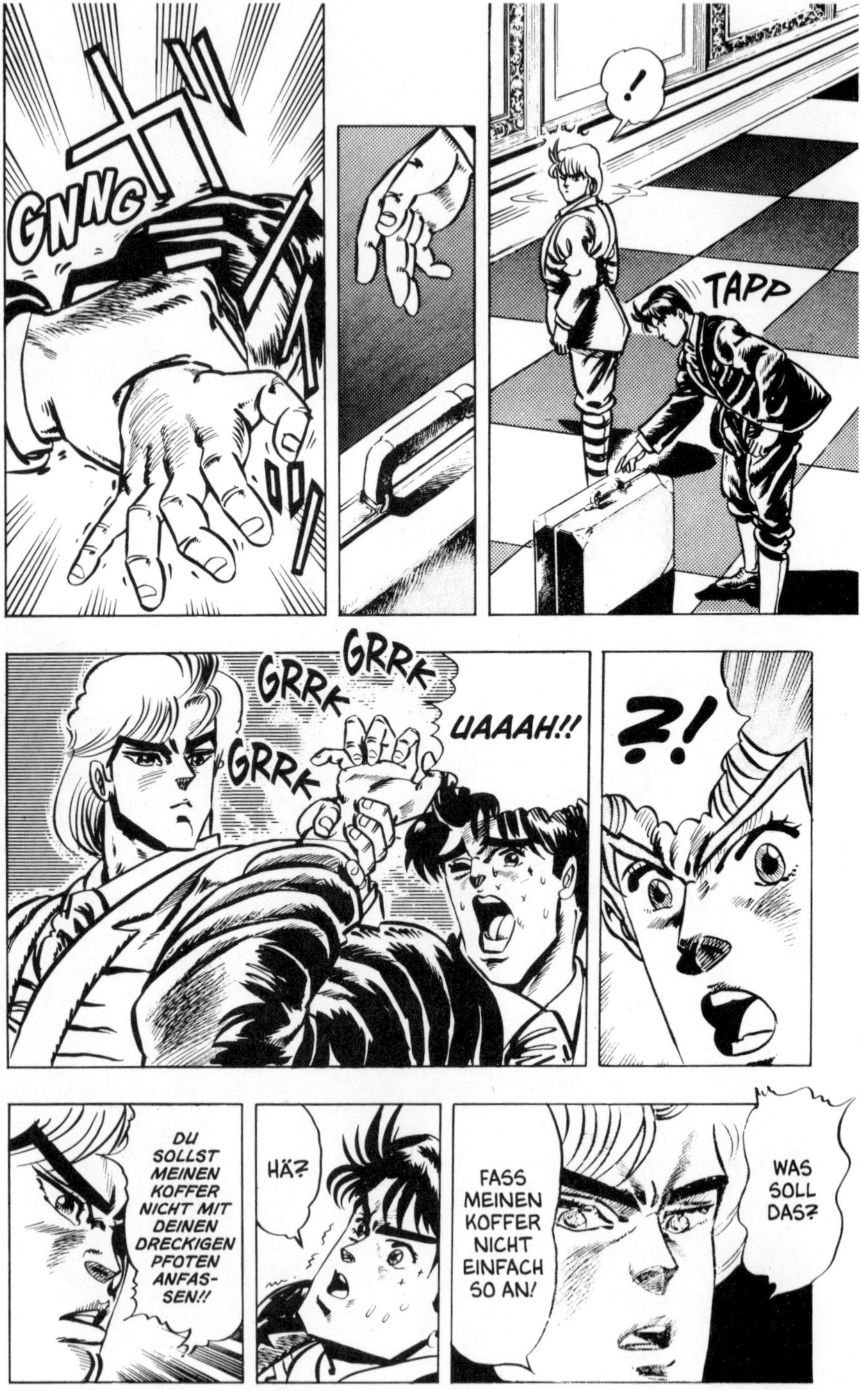
!
TAPP
GNNG
?!
GRRK
GRRK
GRRK
UAAAH!!
WAS SOLL DAS?
FASS MEINEN KOFFER NICHT EINFACH SO AN!
HÄ?
DU SOLLST MEINEN KOFFER NICHT MIT DEINEN DRECKIGEN PFOTEN ANFAS-SEN!!

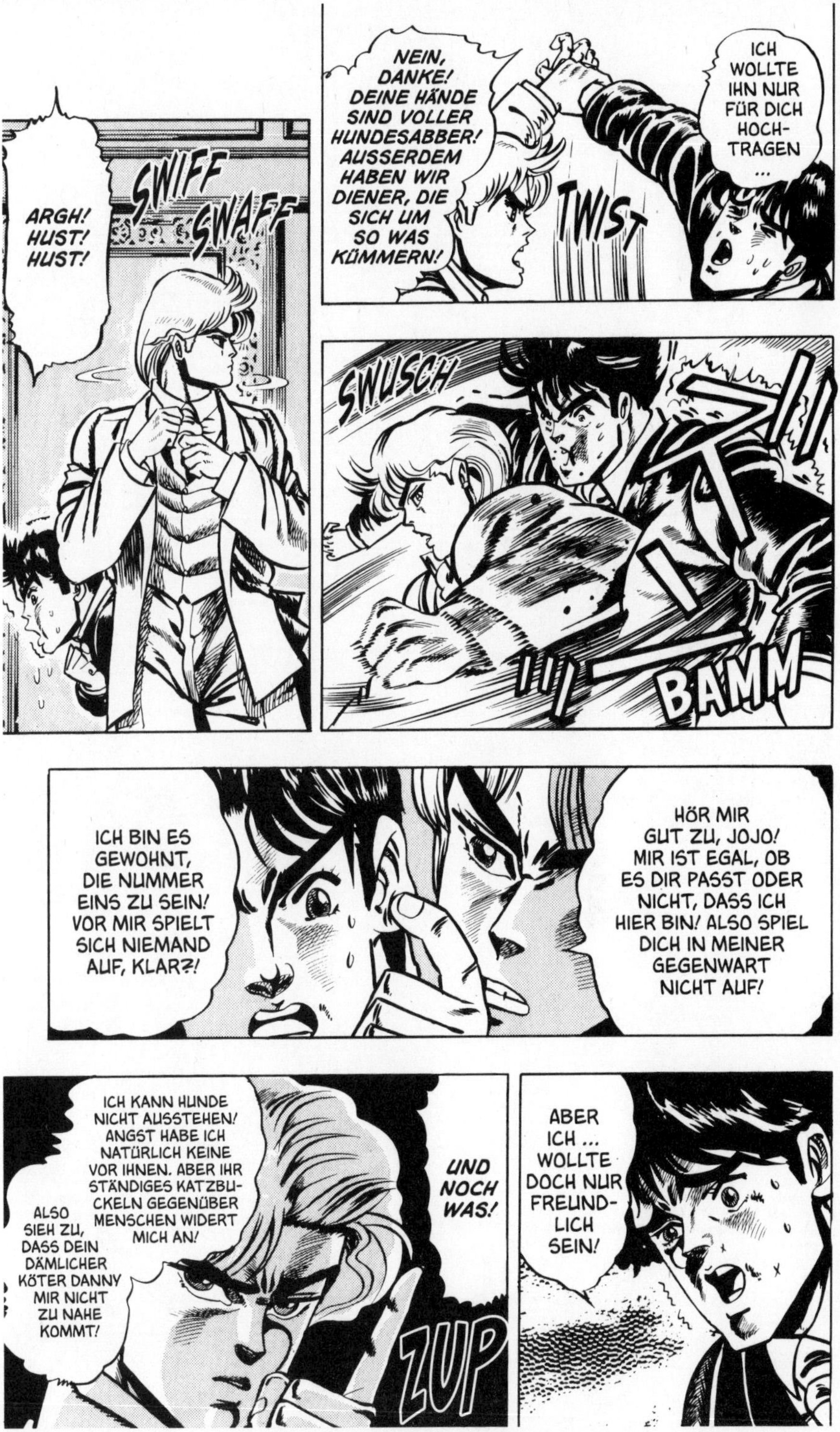
ICH WOLLTE IHN NUR FÜR DICH HOCH-TRAGEN ...
TWIST
NEIN, DANKE! DEINE HÄNDE SIND VOLLER HUNDESABBER! AUSSERDEM HABEN WIR DIENER, DIE SICH UM SO WAS KÜMMERN!
SWIFF SWAFF
ARGH! HUST! HUST!
SWUSCH
BAMM
HÖR MIR GUT ZU, JOJO! MIR IST EGAL, OB ES DIR PASST ODER NICHT, DASS ICH HIER BIN! ALSO SPIEL DICH IN MEINER GEGENWART NICHT AUF!
ICH BIN ES GEWOHNT, DIE NUMMER EINS ZU SEIN! VOR MIR SPIELT SICH NIEMAND AUF, KLAR?!
ABER ICH ... WOLLTE DOCH NUR FREUND-LICH SEIN!
UND NOCH WAS!
ICH KANN HUNDE NICHT AUSSTEHEN! ANGST HABE ICH NATÜRLICH KEINE VOR IHNEN. ABER IHR STÄNDIGES KATZBU-CKELN GEGENÜBER MENSCHEN WIDERT MICH AN!
ALSO SIEH ZU, DASS DEIN DÄMLICHER KÖTER DANNY MIR NICHT ZU NAHE KOMMT!
ZUP

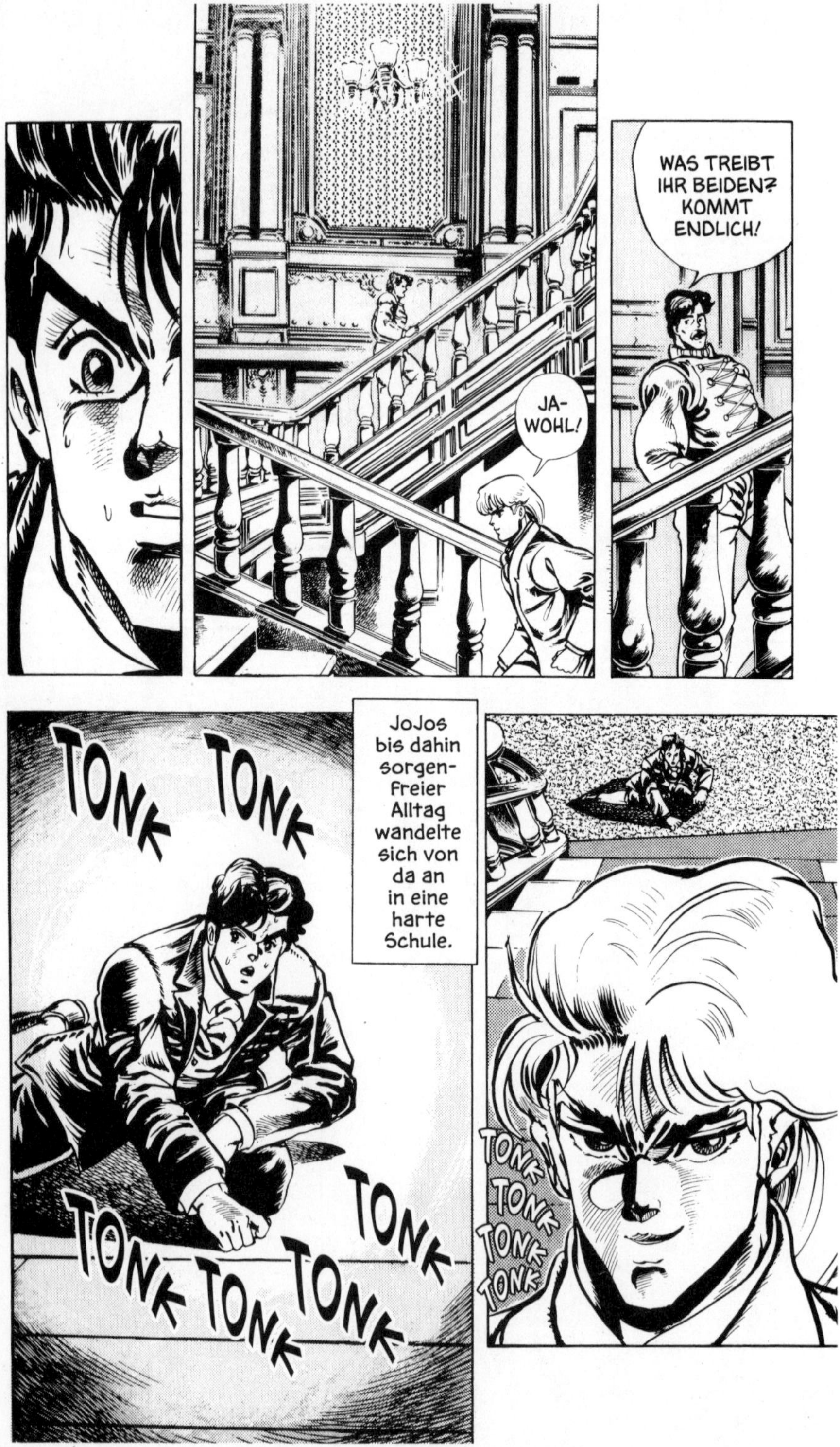
WAS TREIBT IHR BEIDEN? KOMMT ENDLICH!
JA-WOHL!
JoJos bis dahin sorgen-freier Alltag wandelte sich von da an in eine harte Schule.
TONK TONK TONK TONK
TONK TONK TONK TONK TONK TONK

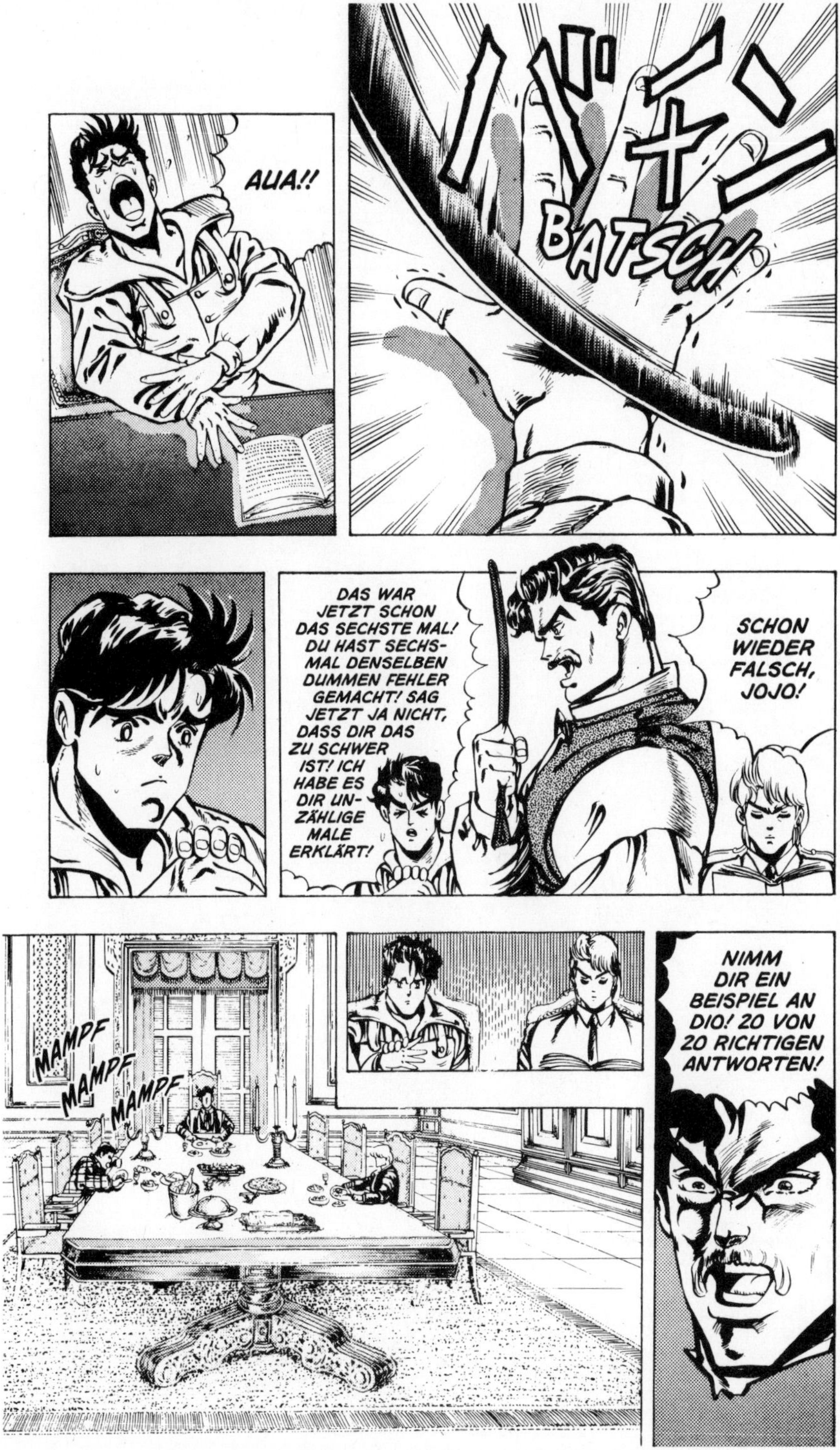
BATSCH
AUA!!
SCHON WIEDER FALSCH, JOJO!
DAS WAR JETZT SCHON DAS SECHSTE MAL! DU HAST SECHS-MAL DENSELBEN DUMMEN FEHLER GEMACHT! SAG JETZT JA NICHT, DASS DIR DAS ZU SCHWER IST! ICH HABE ES DIR UN-ZÄHLIGE MALE ERKLÄRT!
NIMM DIR EIN BEISPIEL AN DIO! 20 VON 20 RICHTIGEN ANTWORTEN!
MAMPF
MAMPF
MAMPF

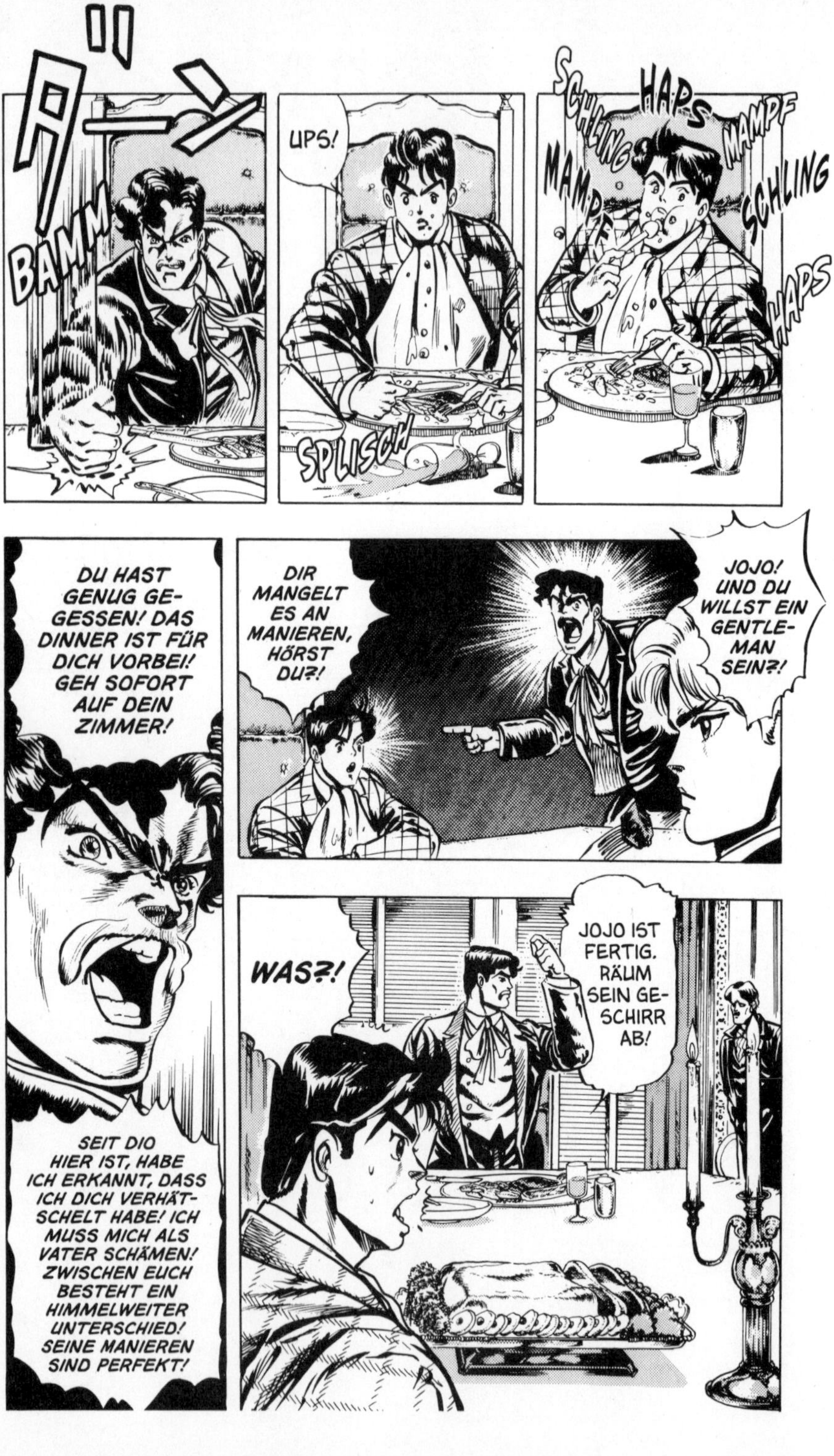
SCHLING
HAPS
MAMPF
MAMPF
SCHLING
HAPS
UPS!
SPLISCH
BAMM
JOJO! UND DU WILLST EIN GENTLEMAN SEIN?!
DIR MANGELT ES AN MANIEREN, HÖRST DU?!
JOJO IST FERTIG. RÄUM SEIN GESCHIRR AB!
WAS?!
DU HAST GENUG GEGESSEN! DAS DINNER IST FÜR DICH VORBEI! GEH SOFORT AUF DEIN ZIMMER!
SEIT DIO HIER IST, HABE ICH ERKANNT, DASS ICH DICH VERHÄTSCHELT HABE! ICH MUSS MICH ALS VATER SCHÄMEN! ZWISCHEN EUCH BESTEHT EIN HIMMELWEITER UNTERSCHIED! SEINE MANIEREN SIND PERFEKT!

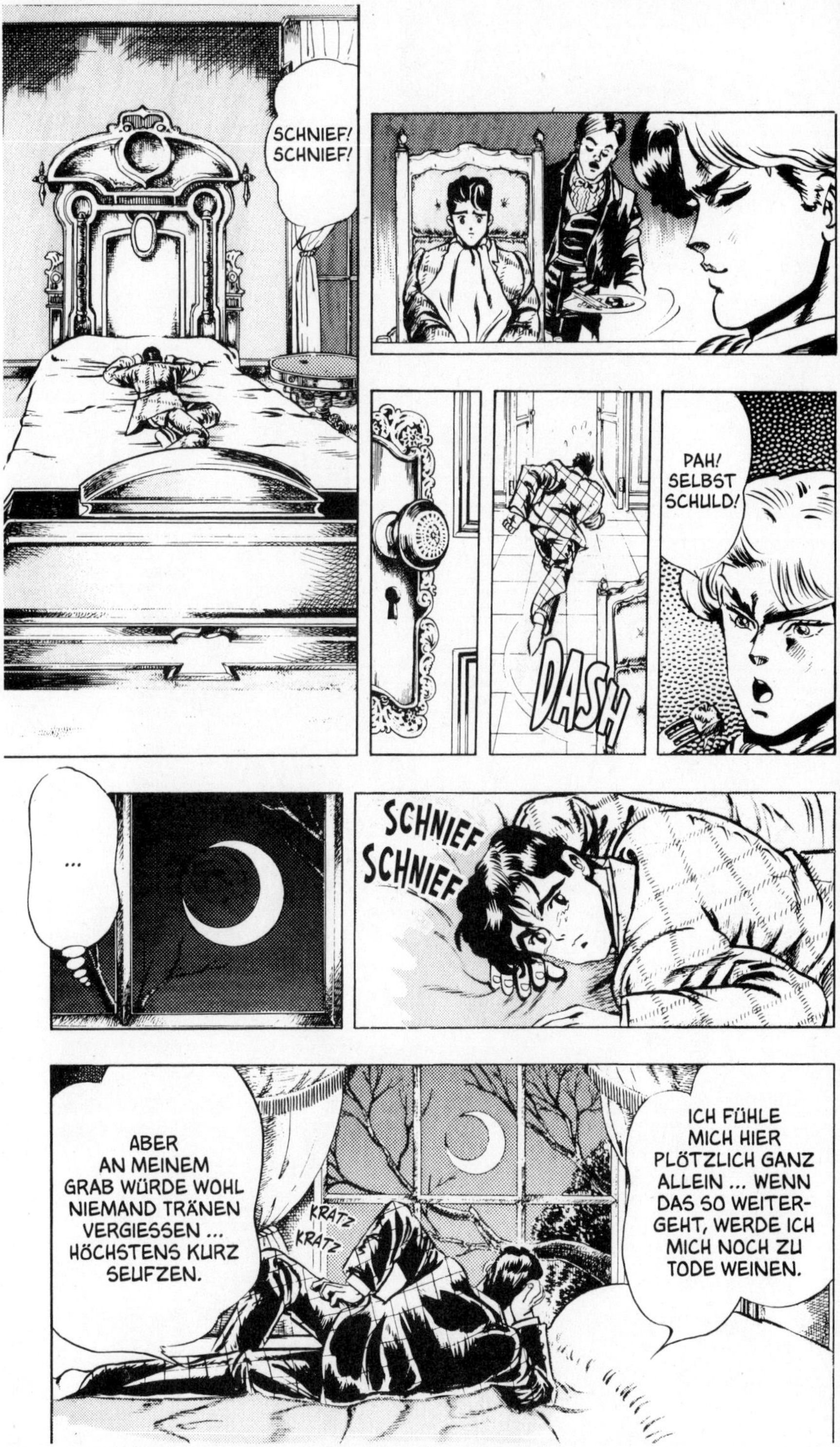
SCHNIEF!
SCHNIEF!
PAH!
SELBST
SCHULD!
DASH
SCHNIEF
SCHNIEF
...
ICH FÜHLE MICH HIER PLÖTZLICH GANZ ALLEIN ... WENN DAS SO WEITERGEHT, WERDE ICH MICH NOCH ZU TODE WEINEN.
KRATZ
KRATZ
ABER AN MEINEM GRAB WÜRDE WOHL NIEMAND TRÄNEN VERGIESSEN ... HÖCHSTENS KURZ SEUFZEN.

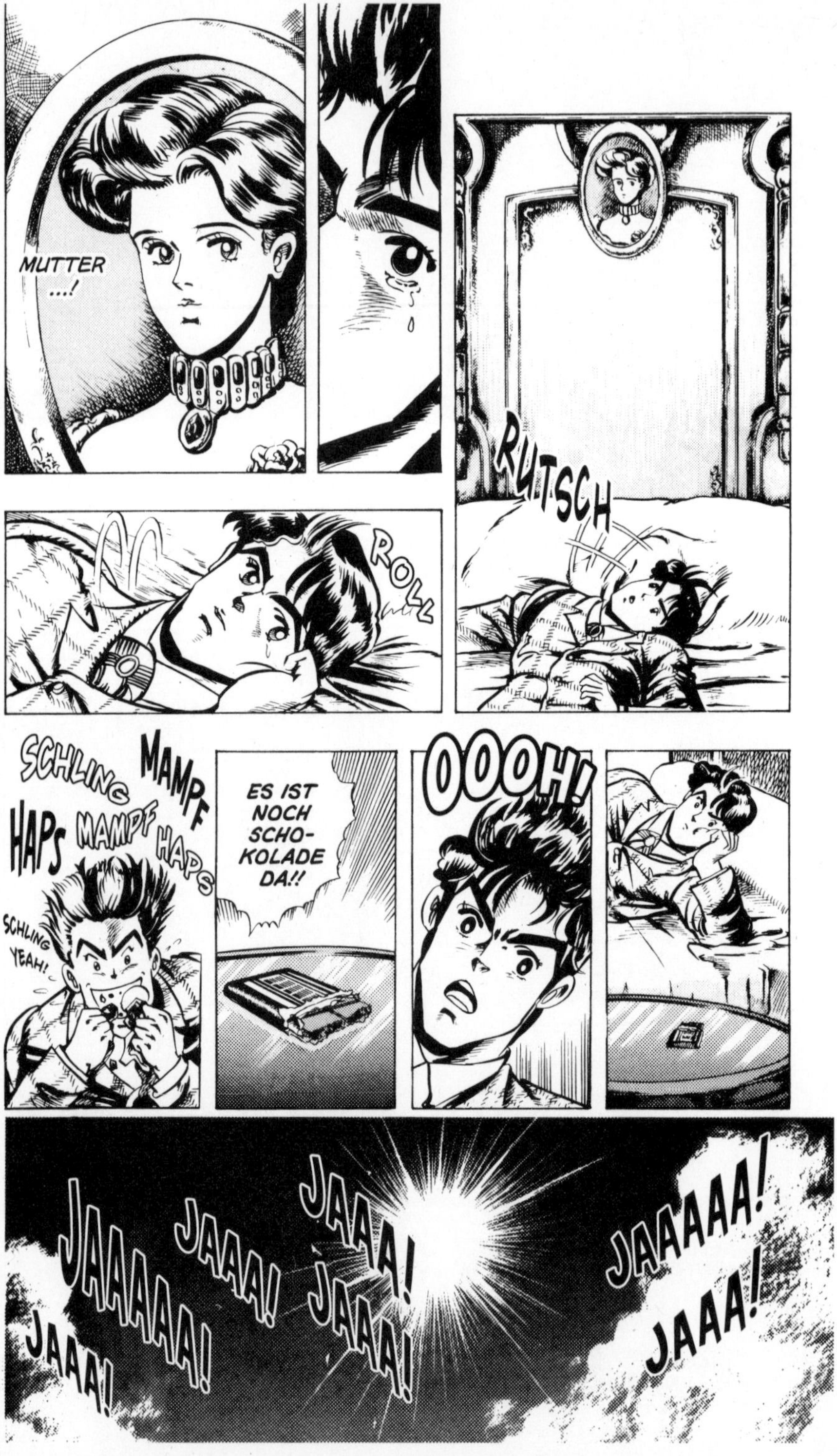
MUTTER ...!
RUTSCH
ROLL
SCHLING
MAMPF
HAPS
MAMPF
HAPS
SCHLING
YEAH!
ES IST NOCH SCHO-KOLADE DA!!
OOOH!
JAAAAA!
JAAA!
JAAA!
JAAA!
JAAAAA!
JAAA!
JAAAAA!
JAAA!

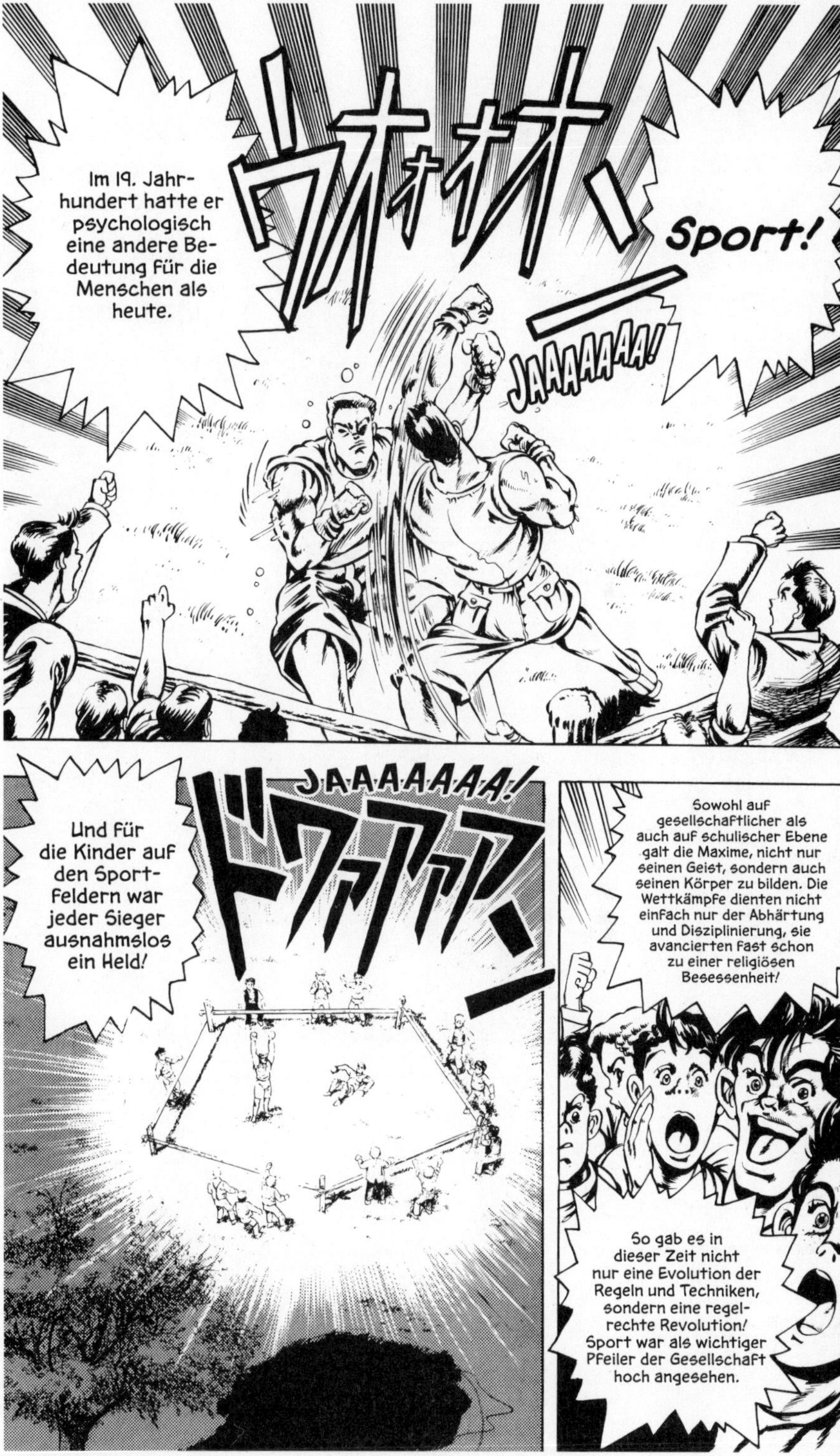
Sport!
JAAAAAAA!
Im 19. Jahrhundert hatte er psychologisch eine andere Bedeutung für die Menschen als heute.
JAAAAAAA!
Sowohl auf gesellschaftlicher als auch auf schulischer Ebene galt die Maxime, nicht nur seinen Geist, sondern auch seinen Körper zu bilden. Die Wettkämpfe dienten nicht einfach nur der Abhärtung und Disziplinierung, sie avancierten fast schon zu einer religiösen Besessenheit!
So gab es in dieser Zeit nicht nur eine Evolution der Regeln und Techniken, sondern eine regelrechte Revolution! Sport war als wichtiger Pfeiler der Gesellschaft hoch angesehen.
Und für die Kinder auf den Sportfeldern war jeder Sieger ausnahmslos ein Held!

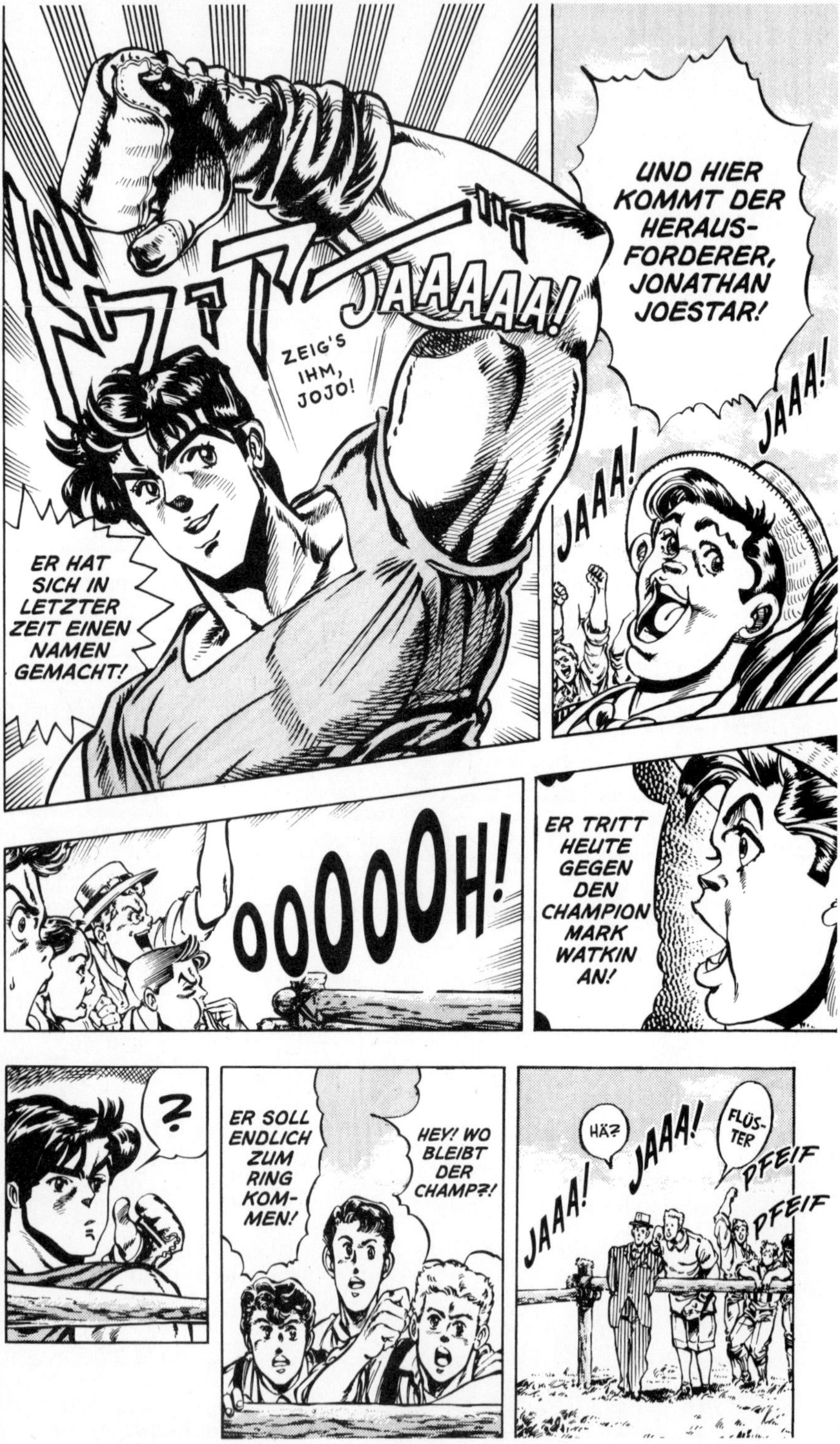
UND HIER KOMMT DER HERAUSFORDERER, JONATHAN JOESTAR!
JAAA!
JAAA!
JAAAAAA!
ZEIG'S IHM, JOJO!
ER HAT SICH IN LETZTER ZEIT EINEN NAMEN GEMACHT!
ER TRITT HEUTE GEGEN DEN CHAMPION MARK WATKIN AN!
OOOOOH!
FLÜSTER
PFEIF
PFEIF
JAAA!
HÄ?
JAAA!
HEY! WO BLEIBT DER CHAMP?!
ER SOLL ENDLICH ZUM RING KOMMEN!
?

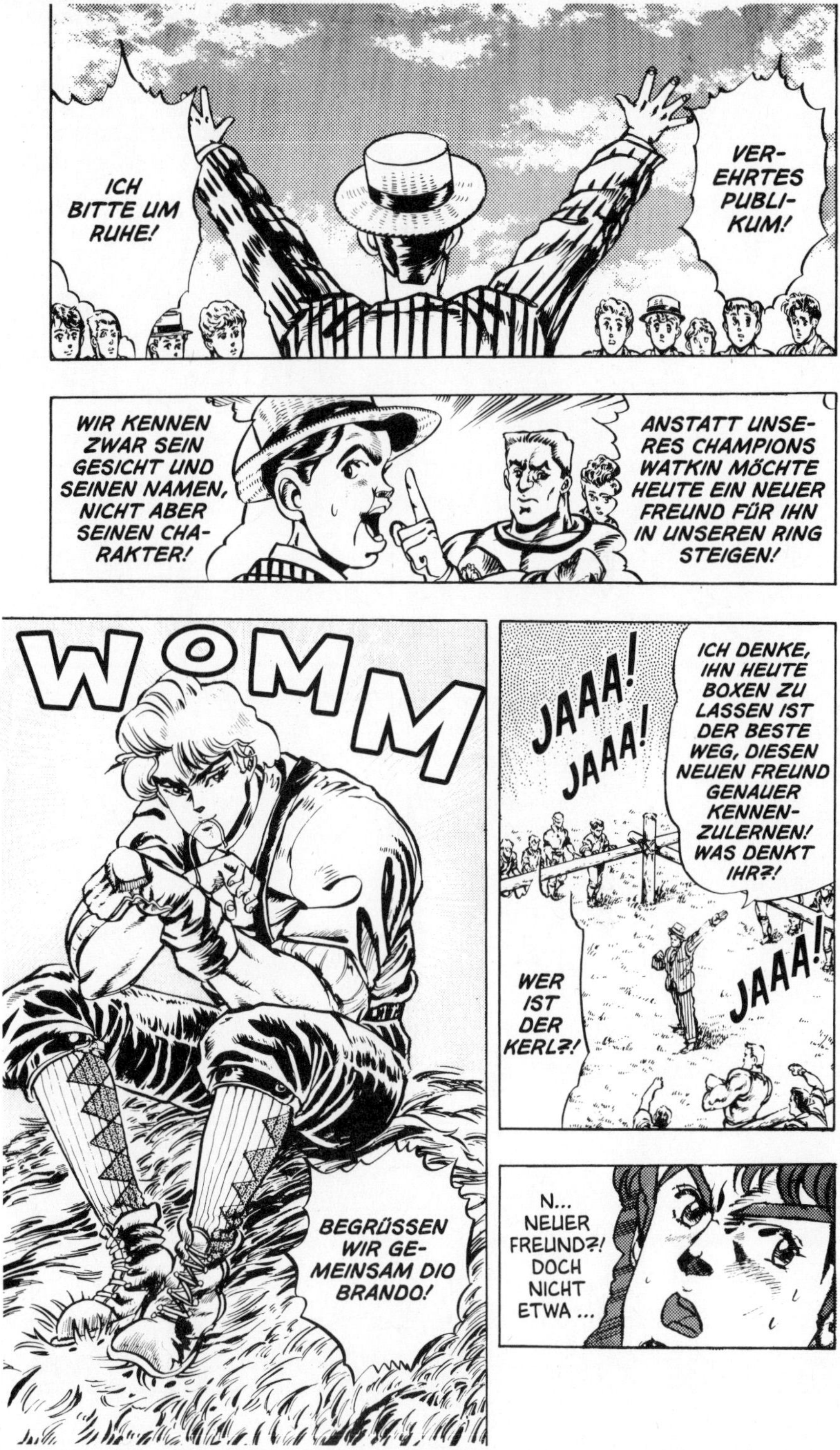
VER-EHRTES PUBLI-KUM!
ICH BITTE UM RUHE!
ANSTATT UNSE-RES CHAMPIONS WATKIN MÖCHTE HEUTE EIN NEUER FREUND FÜR IHN IN UNSEREN RING STEIGEN!
WIR KENNEN ZWAR SEIN GESICHT UND SEINEN NAMEN, NICHT ABER SEINEN CHA-RAKTER!
ICH DENKE, IHN HEUTE BOXEN ZU LASSEN IST DER BESTE WEG, DIESEN NEUEN FREUND GENAUER KENNEN-ZULERNEN! WAS DENKT IHR?!
JAAA! JAAA!
JAAA!
WER IST DER KERL?!
N... NEUER FREUND?! DOCH NICHT ETWA ...
WOMM
BEGRÜSSEN WIR GE-MEINSAM DIO BRANDO!

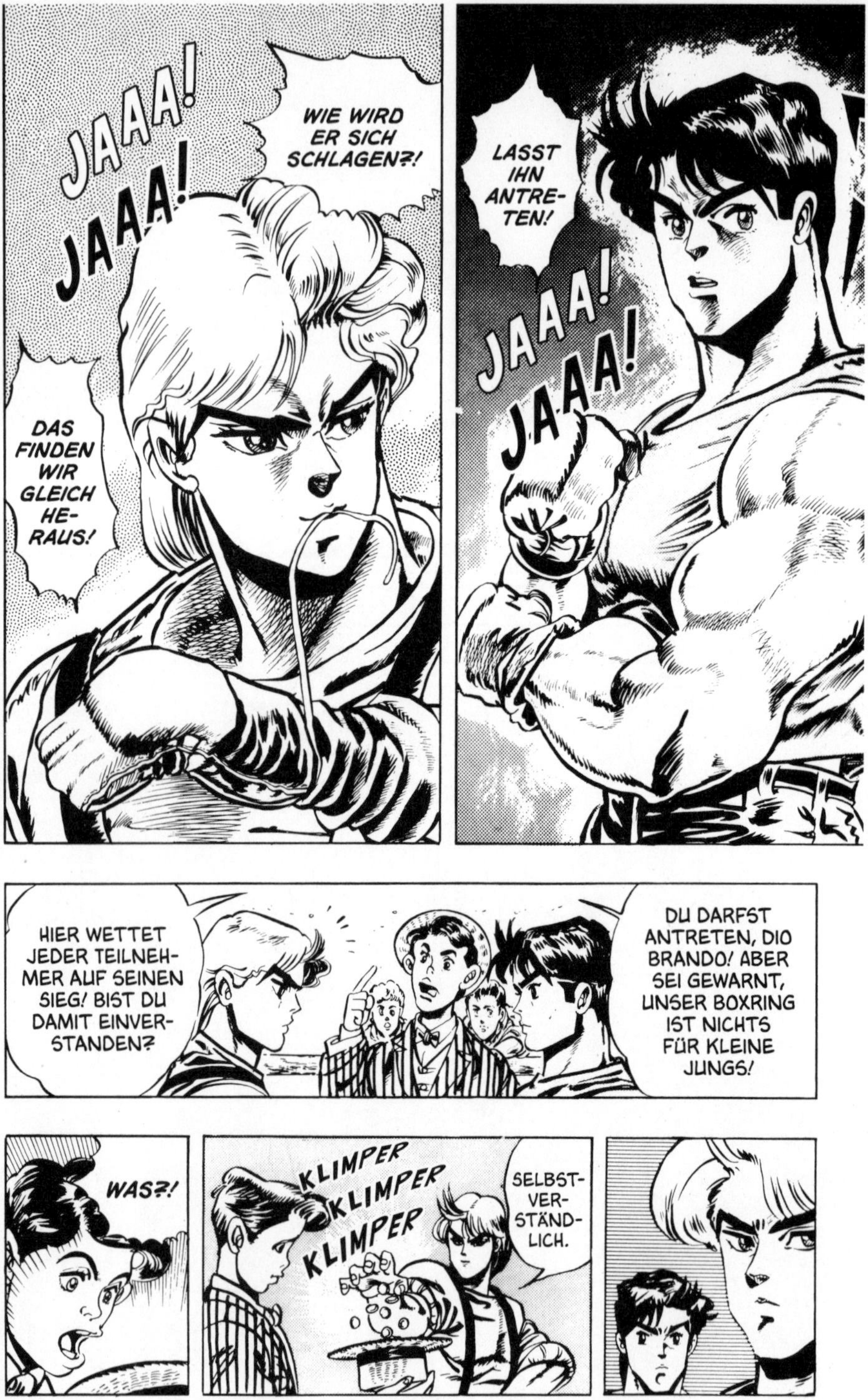
LASST IHN ANTRE-TEN!
JAAA! JAAA!
WIE WIRD ER SICH SCHLAGEN?!
JAAA! JAAA!
DAS FINDEN WIR GLEICH HE-RAUS!
DU DARFST ANTRETEN, DIO BRANDO! ABER SEI GEWARNT, UNSER BOXRING IST NICHTS FÜR KLEINE JUNGS!
HIER WETTET JEDER TEILNEH-MER AUF SEINEN SIEG! BIST DU DAMIT EINVER-STANDEN?
SELBST-VER-STÄND-LICH.
KLIMPER KLIMPER KLIMPER
WAS?!

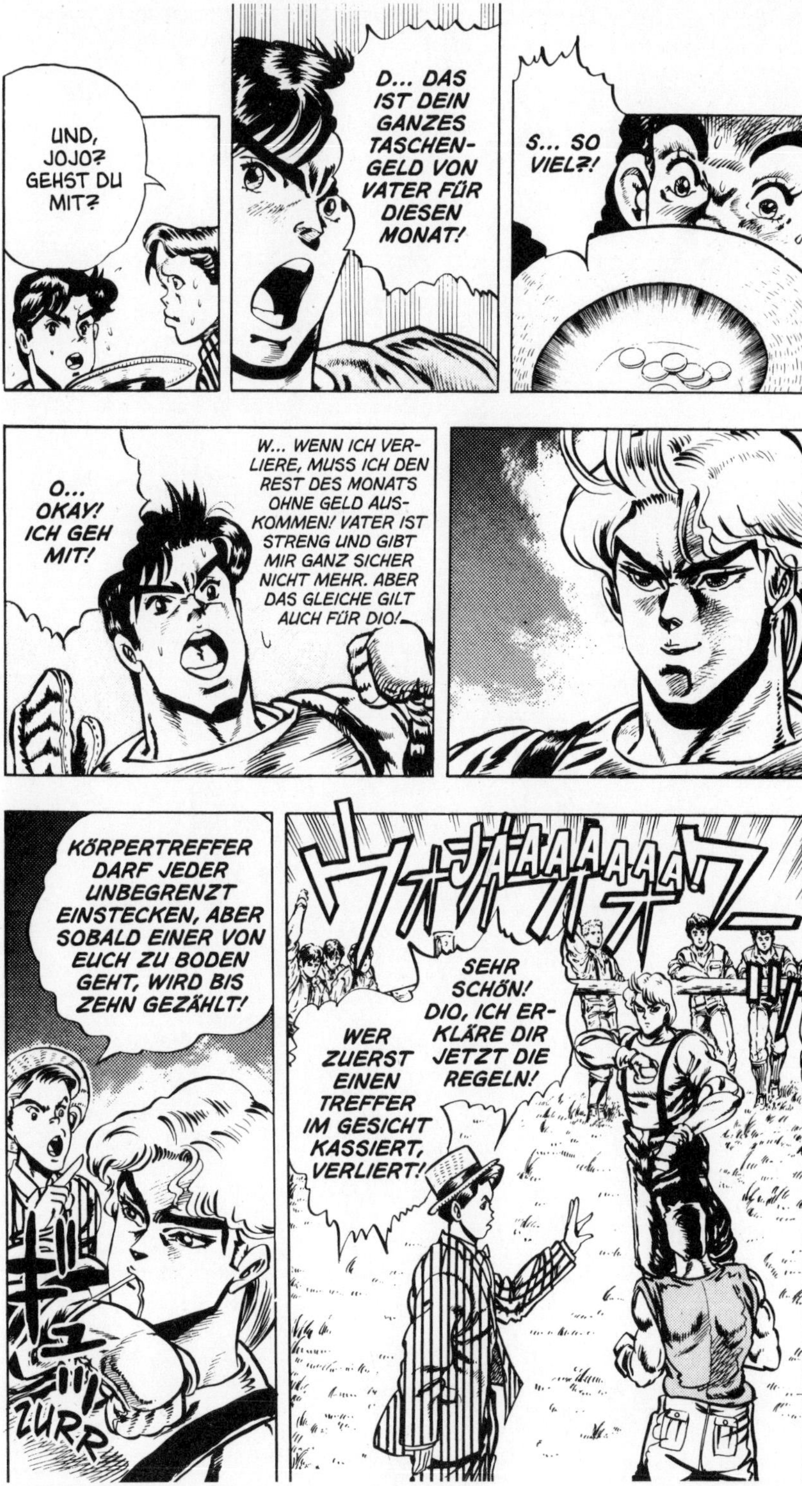
UND, JOJO? GEHST DU MIT?
D... DAS IST DEIN GANZES TASCHEN-GELD VON VATER FÜR DIESEN MONAT!
S... SO VIEL?!
O... OKAY! ICH GEH MIT!
W... WENN ICH VER-LIERE, MUSS ICH DEN REST DES MONATS OHNE GELD AUS-KOMMEN! VATER IST STRENG UND GIBT MIR GANZ SICHER NICHT MEHR. ABER DAS GLEICHE GILT AUCH FÜR DIO!
KÖRPERTREFFER DARF JEDER UNBEGRENZT EINSTECKEN, ABER SOBALD EINER VON EUCH ZU BODEN GEHT, WIRD BIS ZEHN GEZÄHLT!
ZURR
JAAAAAAAA!
SEHR SCHÖN! DIO, ICH ER-KLÄRE DIR JETZT DIE REGELN!
WER ZUERST EINEN TREFFER IM GESICHT KASSIERT, VERLIERT!

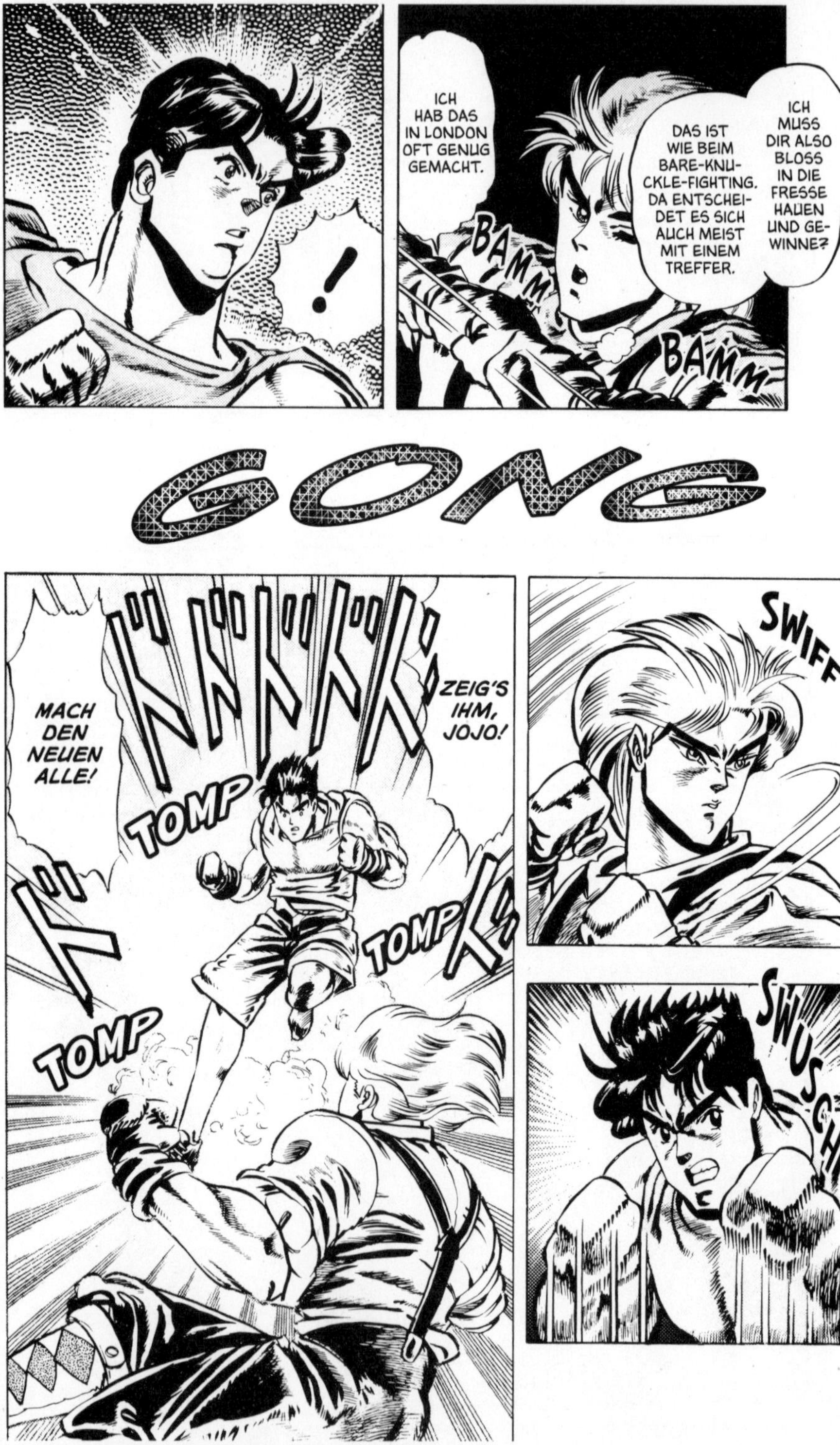
ICH MUSS DIR ALSO BLOSS IN DIE FRESSE HAUEN UND GEWINNE?
DAS IST WIE BEIM BARE-KNUCKLE-FIGHTING. DA ENTSCHEIDET ES SICH AUCH MEIST MIT EINEM TREFFER.
ICH HAB DAS IN LONDON OFT GENUG GEMACHT.
BAMM
BAMM
!
GONG
SWIFF
SWUSCH
ZEIG'S IHM, JOJO!
MACH DEN NEUEN ALLE!
TOMP
TOMP
TOMP

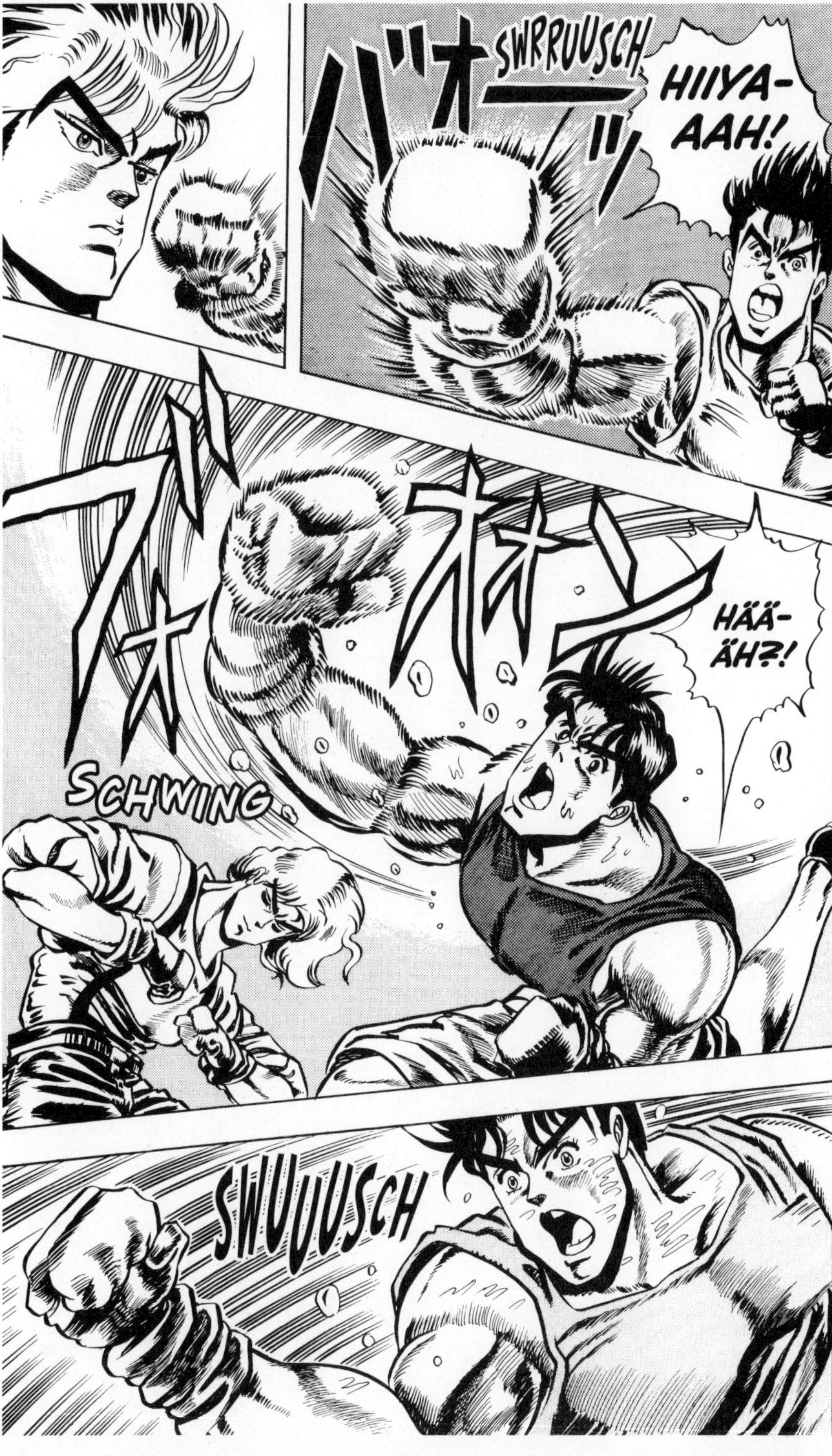
SWRRUUSCH
HIIYA-AAH!
HÄÄ-ÄH?!
SCHWING
SWUUUSCH

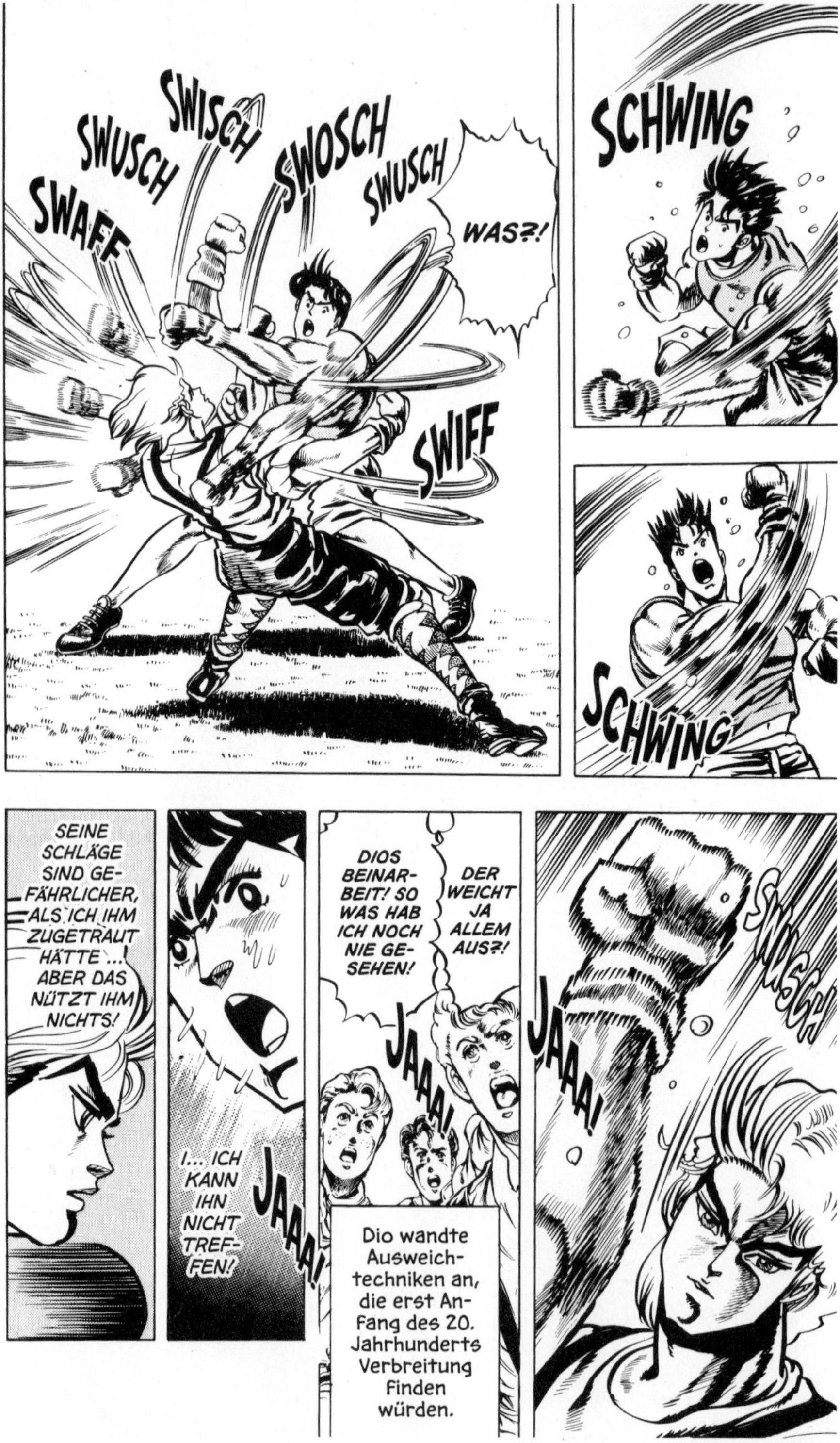
SCHWING
SCHWING
WAS?!
SWUSCH
SWOSCH
SWISCH
SWUSCH
SWAFF
SWIFF
JAAAA!
Dio wandte Ausweich-techniken an, die erst Anfang des 20. Jahrhunderts Verbreitung finden würden.
DER WEICHT JA ALLEM AUS?!
DIOS BEINARBEIT! SO WAS HAB ICH NOCH NIE GESEHEN!
JAAAA!
I... ICH KANN IHN NICHT TREFFEN!
JAAAA!
SEINE SCHLÄGE SIND GEFÄHRLICHER, ALS ICH IHM ZUGETRAUT HÄTTE ... ABER DAS NÜTZT IHM NICHTS!

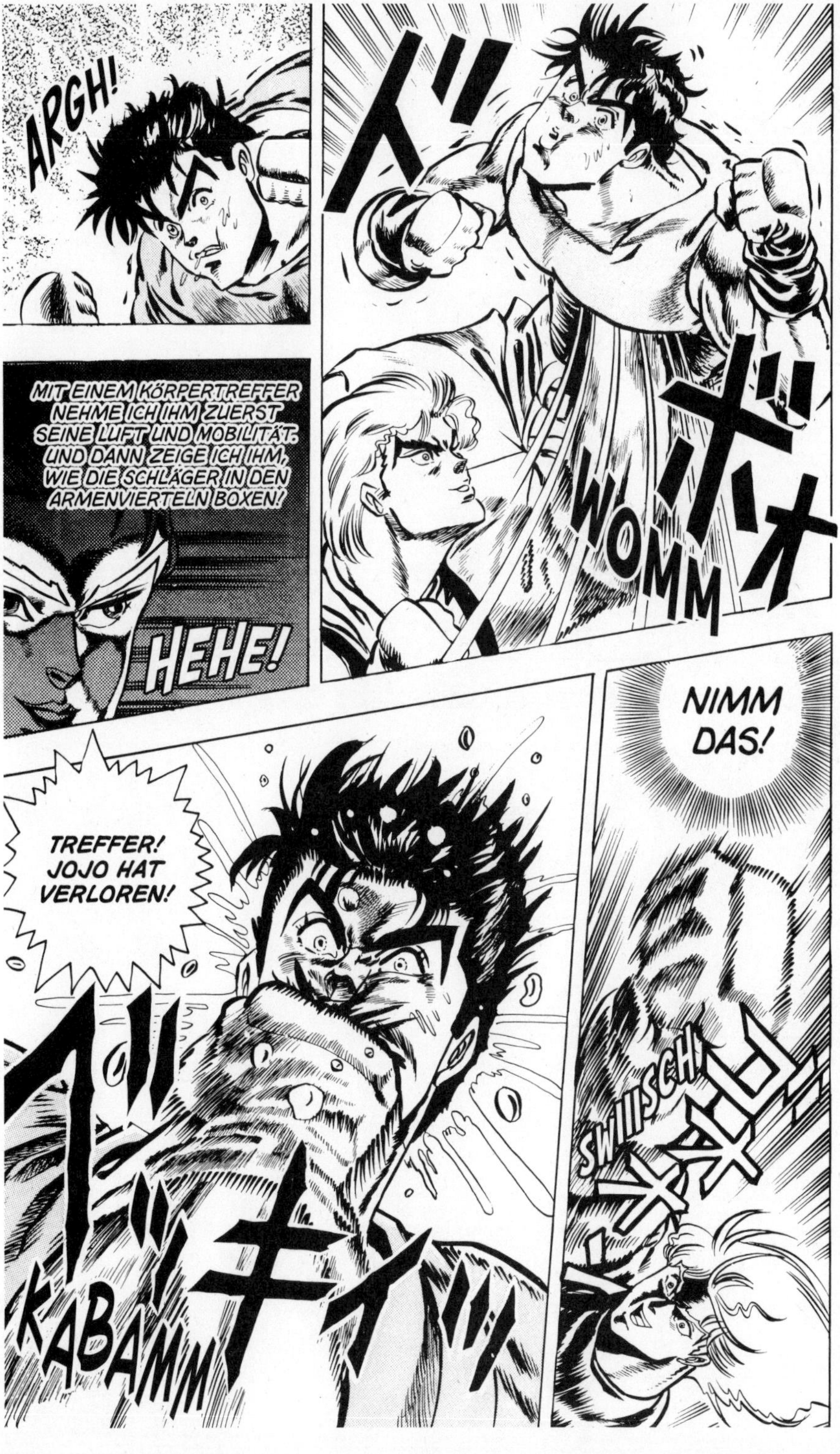

ARGH!
WOMM
MIT EINEM KÖRPERTREFFER NEHME ICH IHM ZUERST SEINE LUFT UND MOBILITÄT. UND DANN ZEIGE ICH IHM, WIE DIE SCHLÄGER IN DEN ARMENVIERTELN BOXEN!
HEHE!
NIMM DAS!
SWIIISCH!
TREFFER! JOJO HAT VERLOREN!
KABAMM

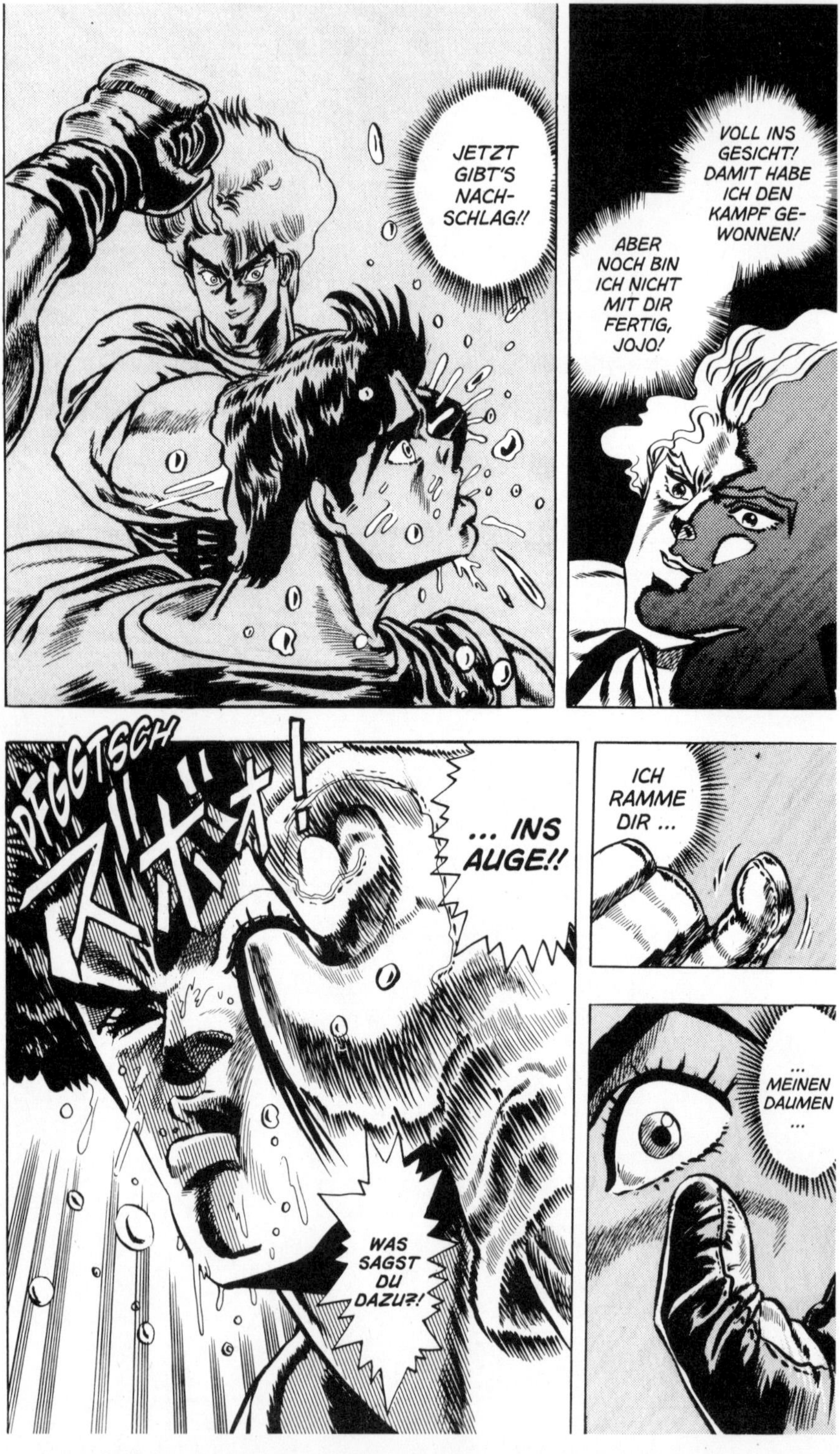
VOLL INS GESICHT! DAMIT HABE ICH DEN KAMPF GEWONNEN!
ABER NOCH BIN ICH NICHT MIT DIR FERTIG, JOJO!
JETZT GIBT'S NACHSCHLAG!!
ICH RAMME DIR ...
... MEINEN DAUMEN ...
... INS AUGE!!
DFGGTSCH
ズボオ!
WAS SAGST DU DAZU?!

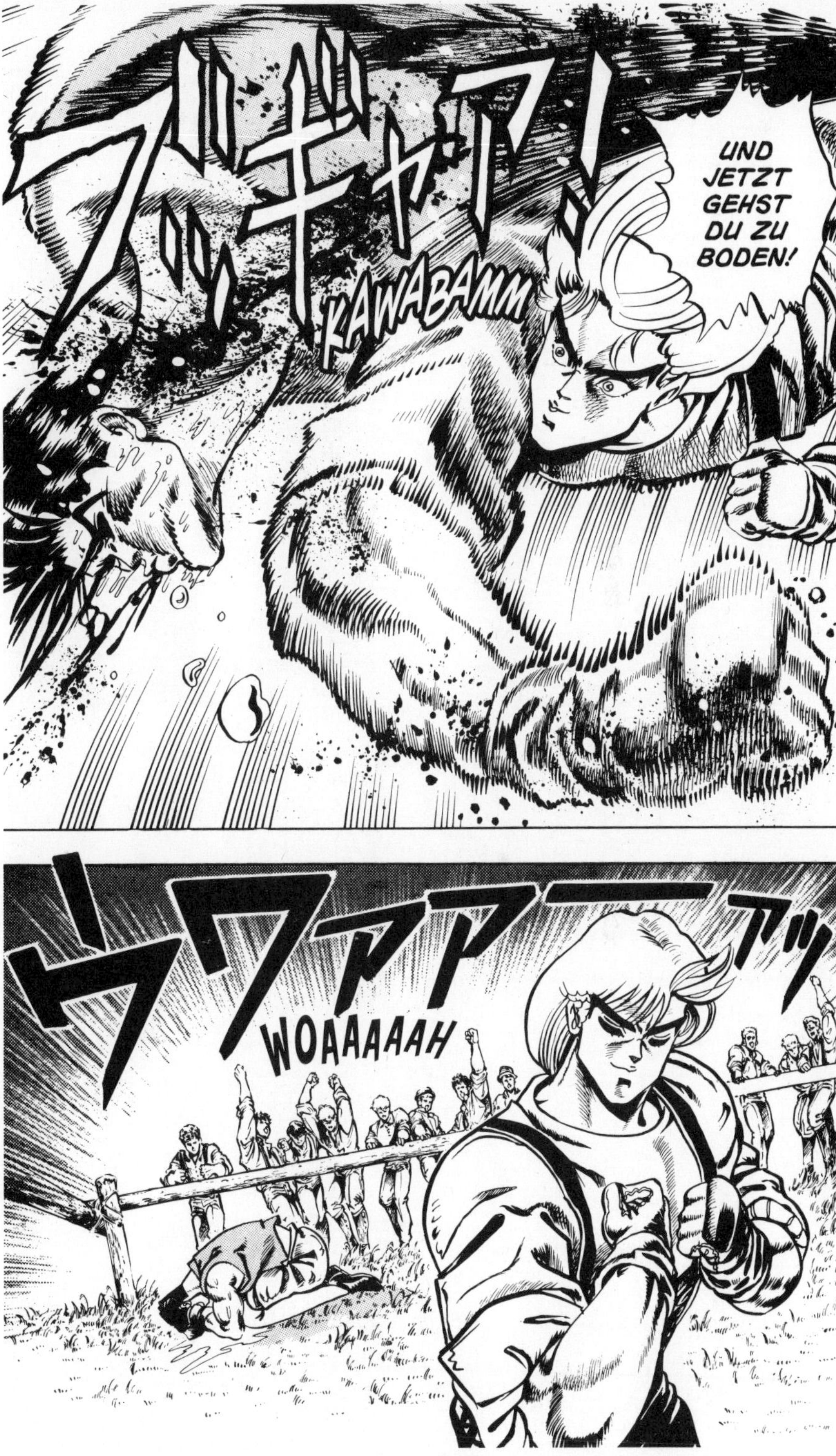
UND JETZT GEHST DU ZU BODEN!
KAWABAMM
WOAAAAAH

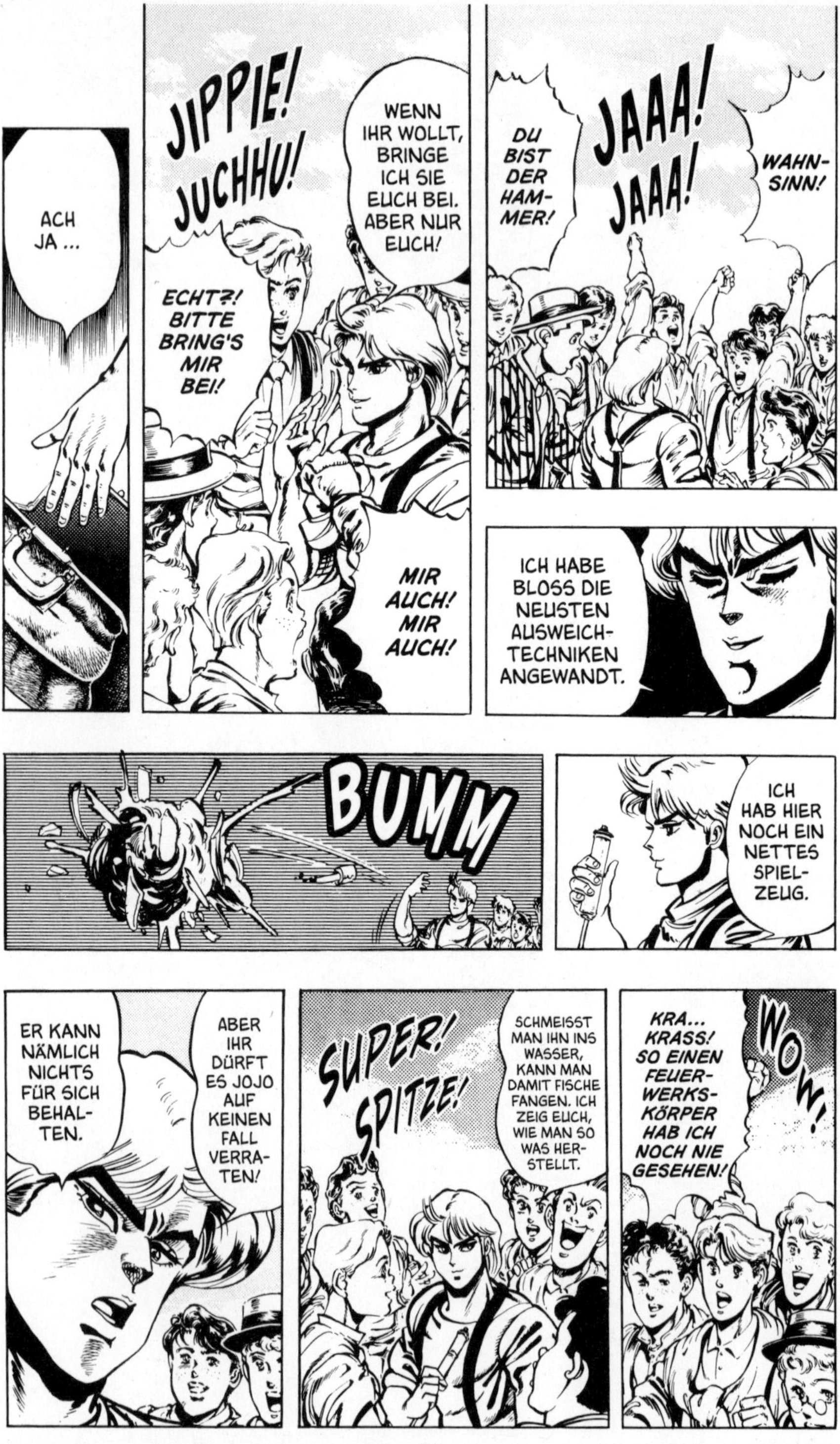
JIPPIE! JUCHHU!
WENN IHR WOLLT, BRINGE ICH SIE EUCH BEI. ABER NUR EUCH!
ECHT?! BITTE BRING'S MIR BEI!
MIR AUCH! MIR AUCH!
ACH JA ...
JAAA! JAAA!
DU BIST DER HAMMER!
WAHNSINN!
ICH HABE BLOSS DIE NEUSTEN AUSWEICH-TECHNIKEN ANGEWANDT.
ICH HAB HIER NOCH EIN NETTES SPIEL-ZEUG.
BUMM
SCHMEISST MAN IHN INS WASSER, KANN MAN DAMIT FISCHE FANGEN. ICH ZEIG EUCH, WIE MAN SO WAS HER-STELLT.
SUPER! SPITZE!
WOW!
KRA... KRASS! SO EINEN FEUER-WERKS-KÖRPER HAB ICH NOCH NIE GESEHEN!
ABER IHR DÜRFT ES JOJO AUF KEINEN FALL VERRA-TEN!
ER KANN NÄMLICH NICHTS FÜR SICH BEHAL-TEN.

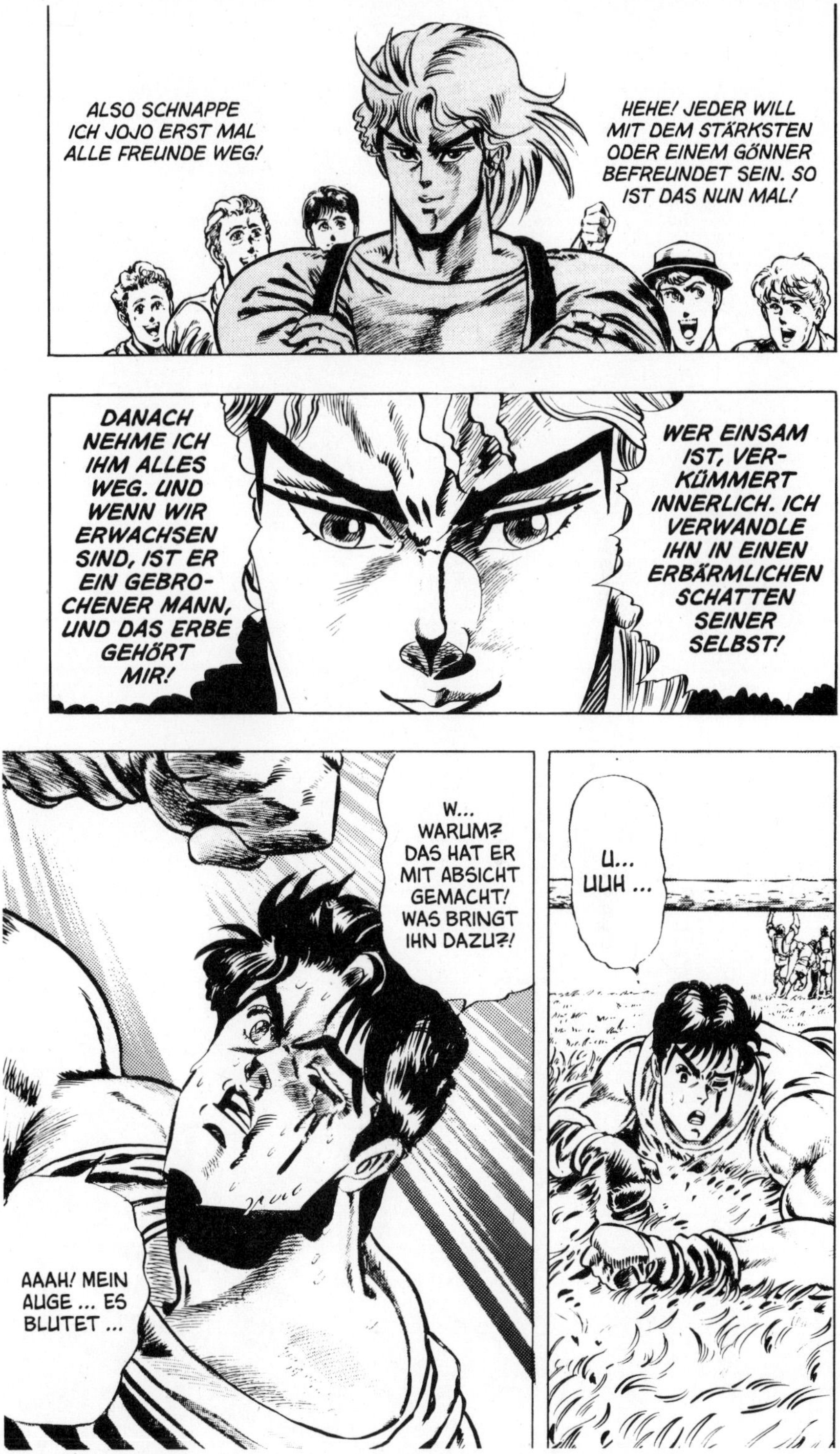
ALSO SCHNAPPE ICH JOJO ERST MAL ALLE FREUNDE WEG!
HEHE! JEDER WILL MIT DEM STÄRKSTEN ODER EINEM GÖNNER BEFREUNDET SEIN. SO IST DAS NUN MAL!
DANACH NEHME ICH IHM ALLES WEG. UND WENN WIR ERWACHSEN SIND, IST ER EIN GEBRO-CHENER MANN, UND DAS ERBE GEHÖRT MIR!
WER EINSAM IST, VER-KÜMMERT INNERLICH. ICH VERWANDLE IHN IN EINEN ERBÄRMLICHEN SCHATTEN SEINER SELBST!
W... WARUM? DAS HAT ER MIT ABSICHT GEMACHT! WAS BRINGT IHN DAZU?!
AAAH! MEIN AUGE ... ES BLUTET ...
U... UUH ...

JoJo's Bizarre Adventure
Part 1
Phantom Blood

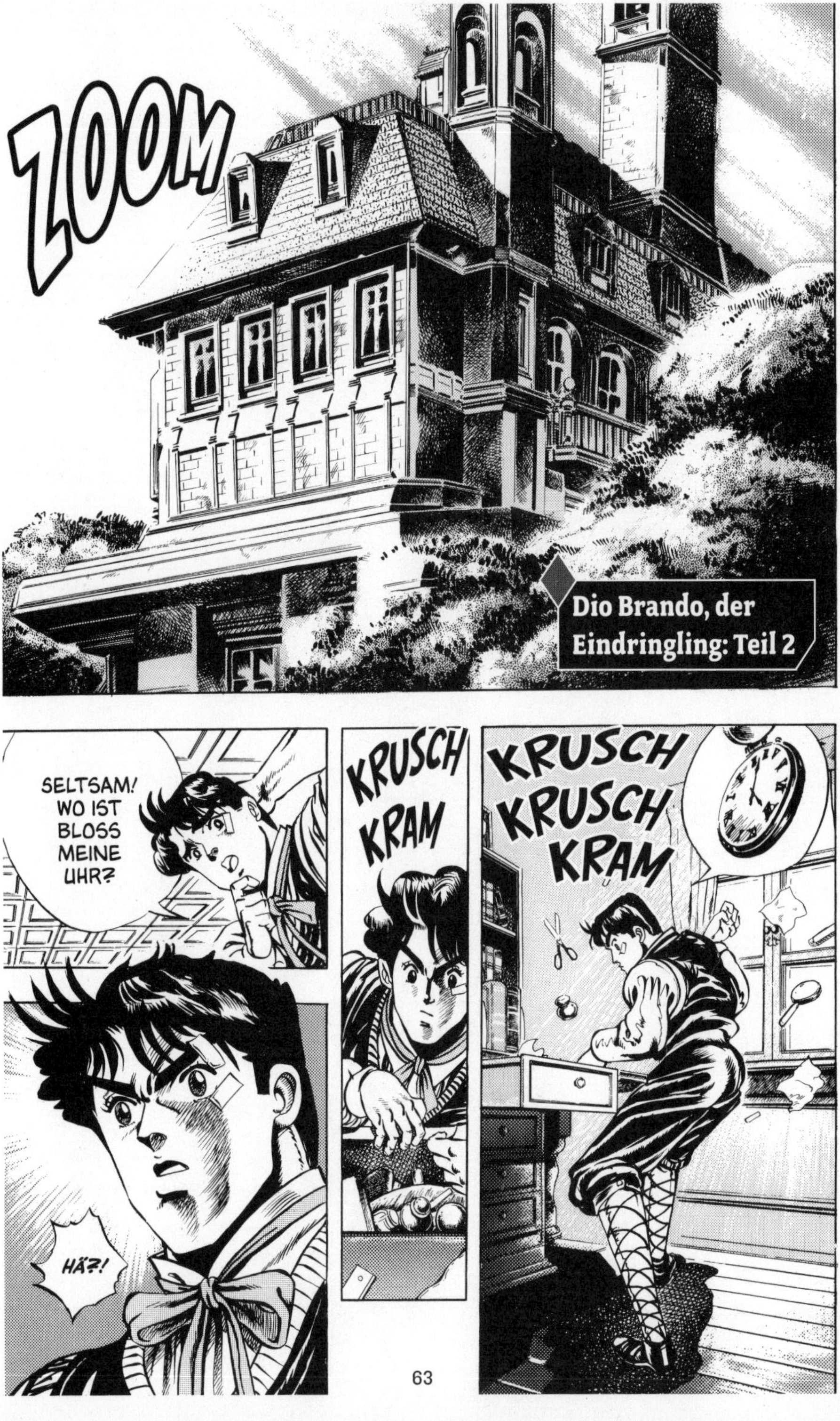
ZOOM
Dio Brando, der
Eindringling: Teil 2
SELTSAM! WO IST BLOSS MEINE UHR?
KRUSCH KRAM
KRUSCH KRUSCH KRAM
HÄ?!

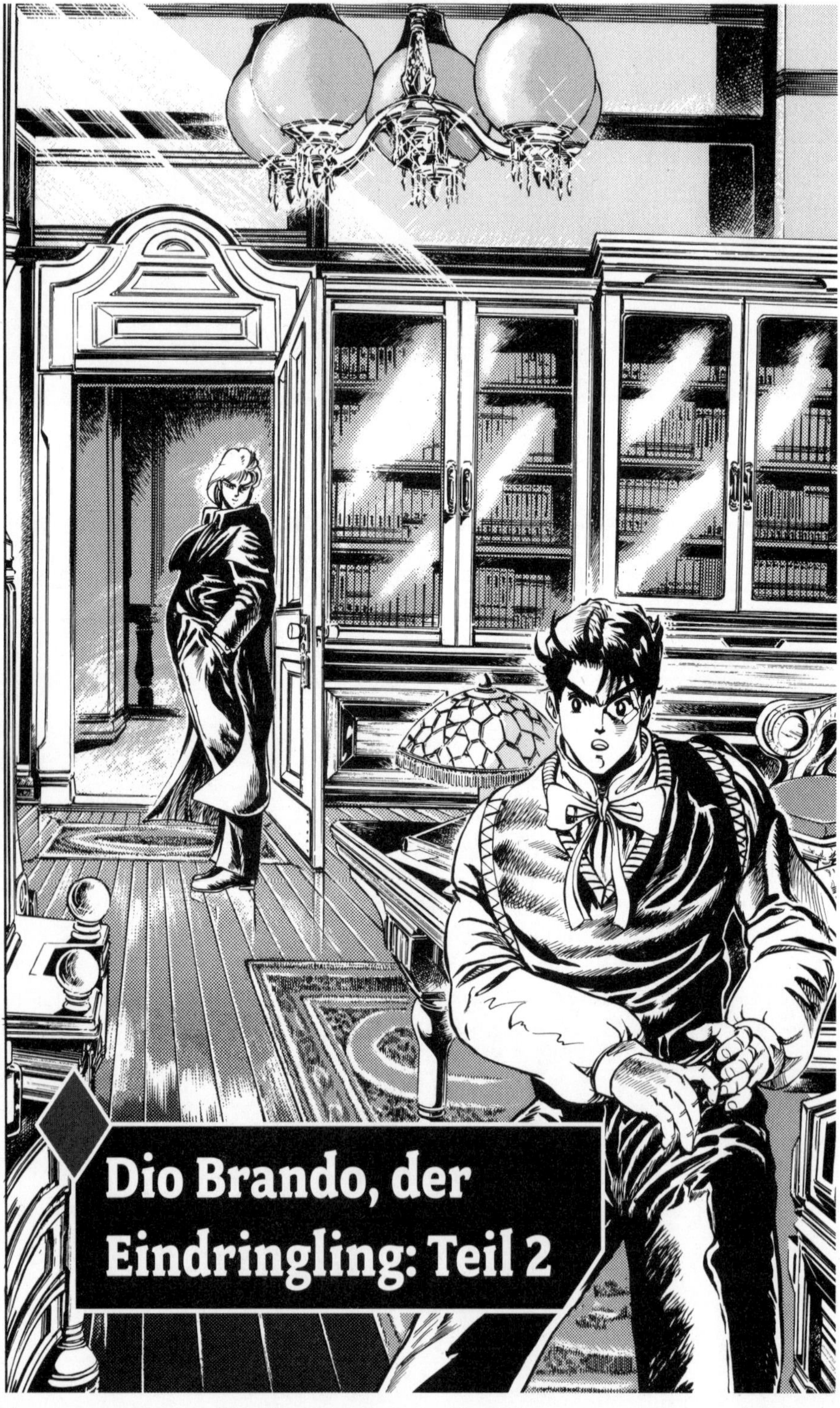
Dio Brando, der Eindringling: Teil 2

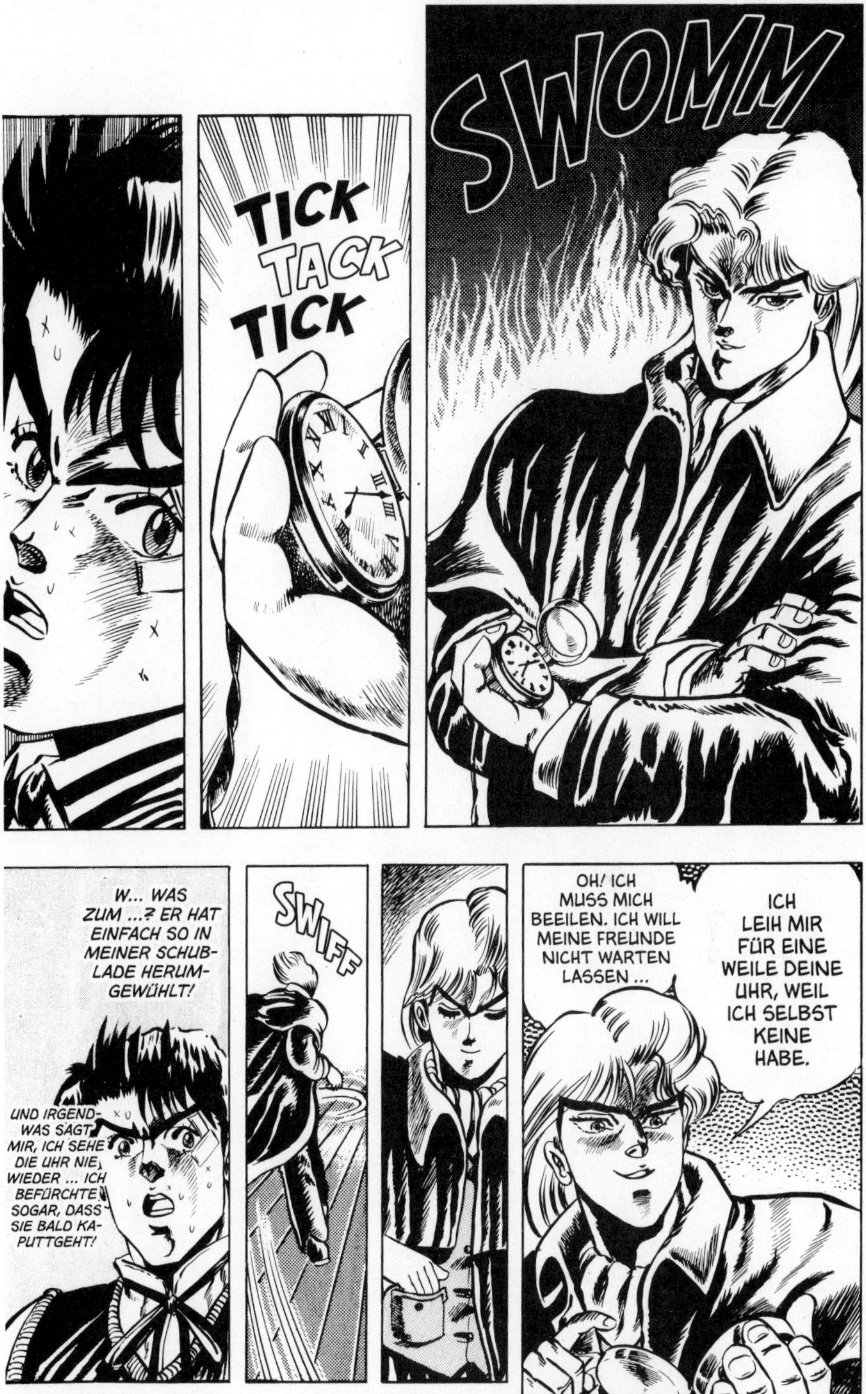
SWOMM
TICK TACK TICK
ICH LEIH MIR FÜR EINE WEILE DEINE UHR, WEIL ICH SELBST KEINE HABE.
OH! ICH MUSS MICH BEEILEN. ICH WILL MEINE FREUNDE NICHT WARTEN LASSEN ...
SWIFF
W... WAS ZUM ...? ER HAT EINFACH SO IN MEINER SCHUBLADE HERUMGEWÜHLT!
UND IRGENDWAS SAGT MIR, ICH SEHE DIE UHR NIE WIEDER ... ICH BEFÜRCHTE SOGAR, DASS SIE BALD KAPUTTGEHT!

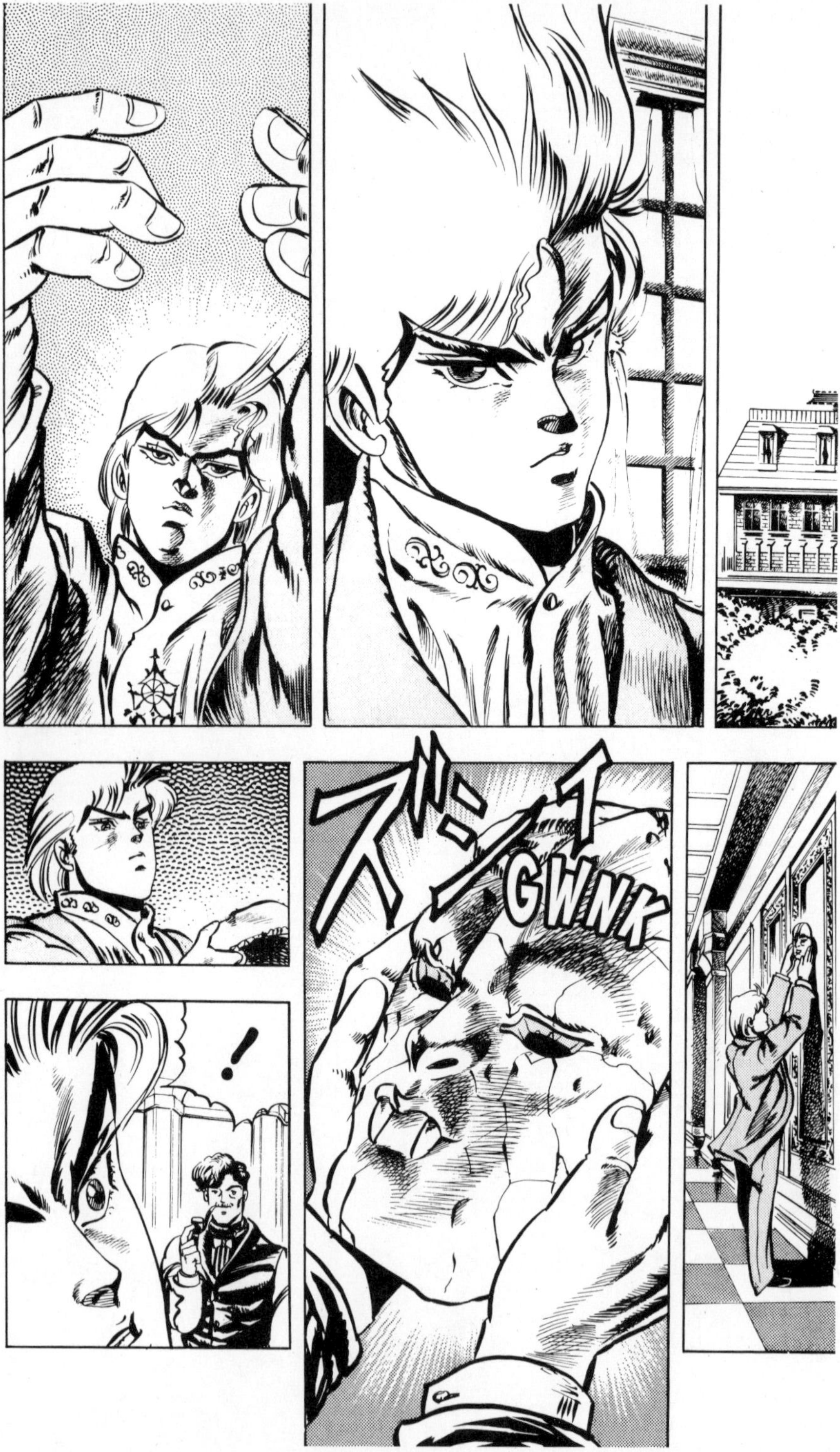
GWNK
!

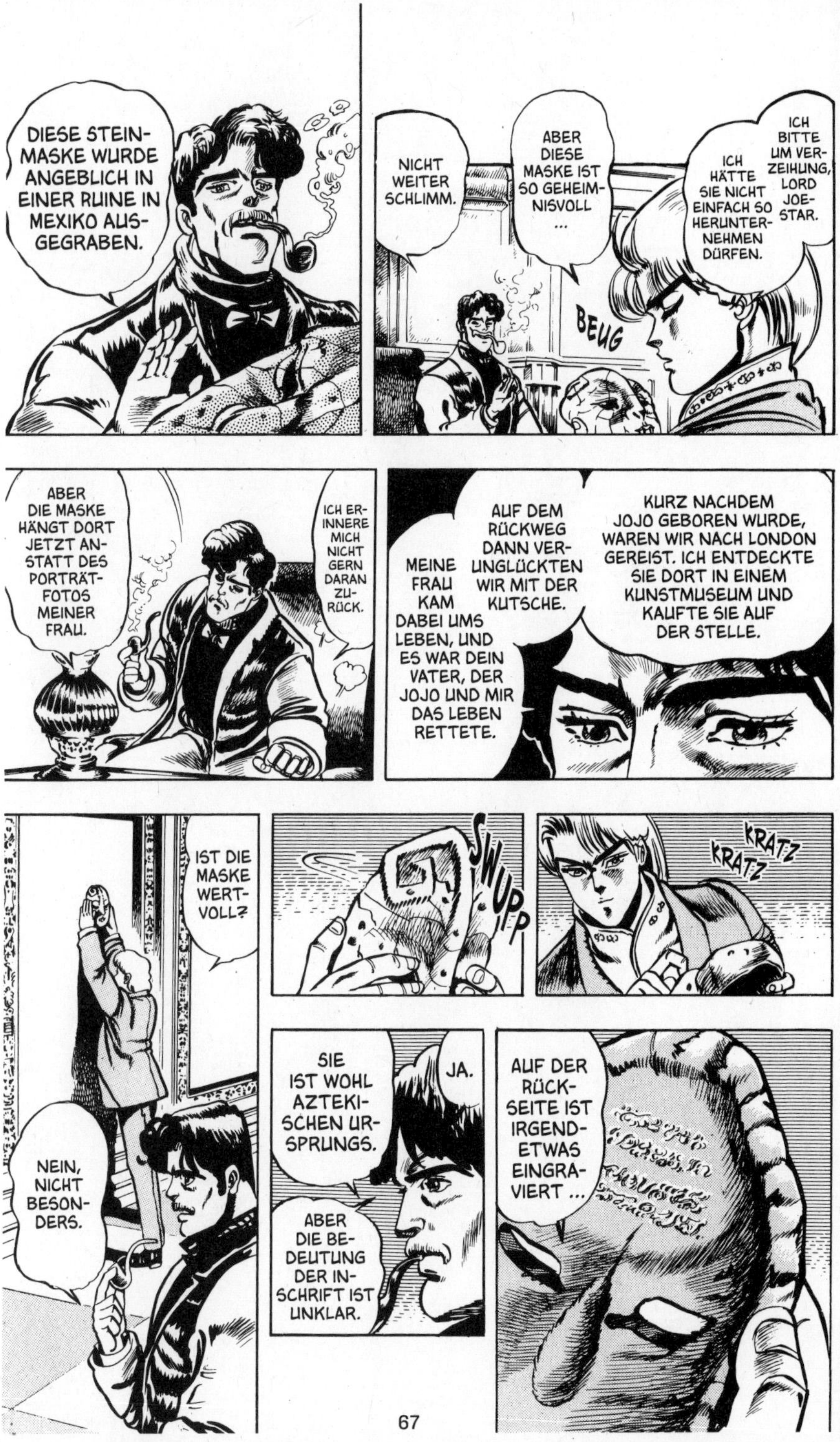
ICH BITTE UM VERZEIHUNG, LORD JOESTAR.
ICH HÄTTE SIE NICHT EINFACH SO HERUNTERNEHMEN DÜRFEN.
BEUG
ABER DIESE MASKE IST SO GEHEIMNISVOLL ...
NICHT WEITER SCHLIMM.
DIESE STEINMASKE WURDE ANGEBLICH IN EINER RUINE IN MEXIKO AUSGEGRABEN.
KURZ NACHDEM JOJO GEBOREN WURDE, WAREN WIR NACH LONDON GEREIST. ICH ENTDECKTE SIE DORT IN EINEM KUNSTMUSEUM UND KAUFTE SIE AUF DER STELLE.
AUF DEM RÜCKWEG DANN VERUNGLÜCKTEN WIR MIT DER KUTSCHE.
MEINE FRAU KAM DABEI UMS LEBEN, UND ES WAR DEIN VATER, DER JOJO UND MIR DAS LEBEN RETTETE.
ICH ERINNERE MICH NICHT GERN DARAN ZURÜCK.
ABER DIE MASKE HÄNGT DORT JETZT ANSTATT DES PORTRÄTFOTOS MEINER FRAU.
KRATZ KRATZ
SWUPP
AUF DER RÜCKSEITE IST IRGENDETWAS EINGRAVIERT ...
JA.
SIE IST WOHL AZTEKISCHEN URSPRUNGS.
ABER DIE BEDEUTUNG DER INSCHRIFT IST UNKLAR.
IST DIE MASKE WERTVOLL?
NEIN, NICHT BESONDERS.

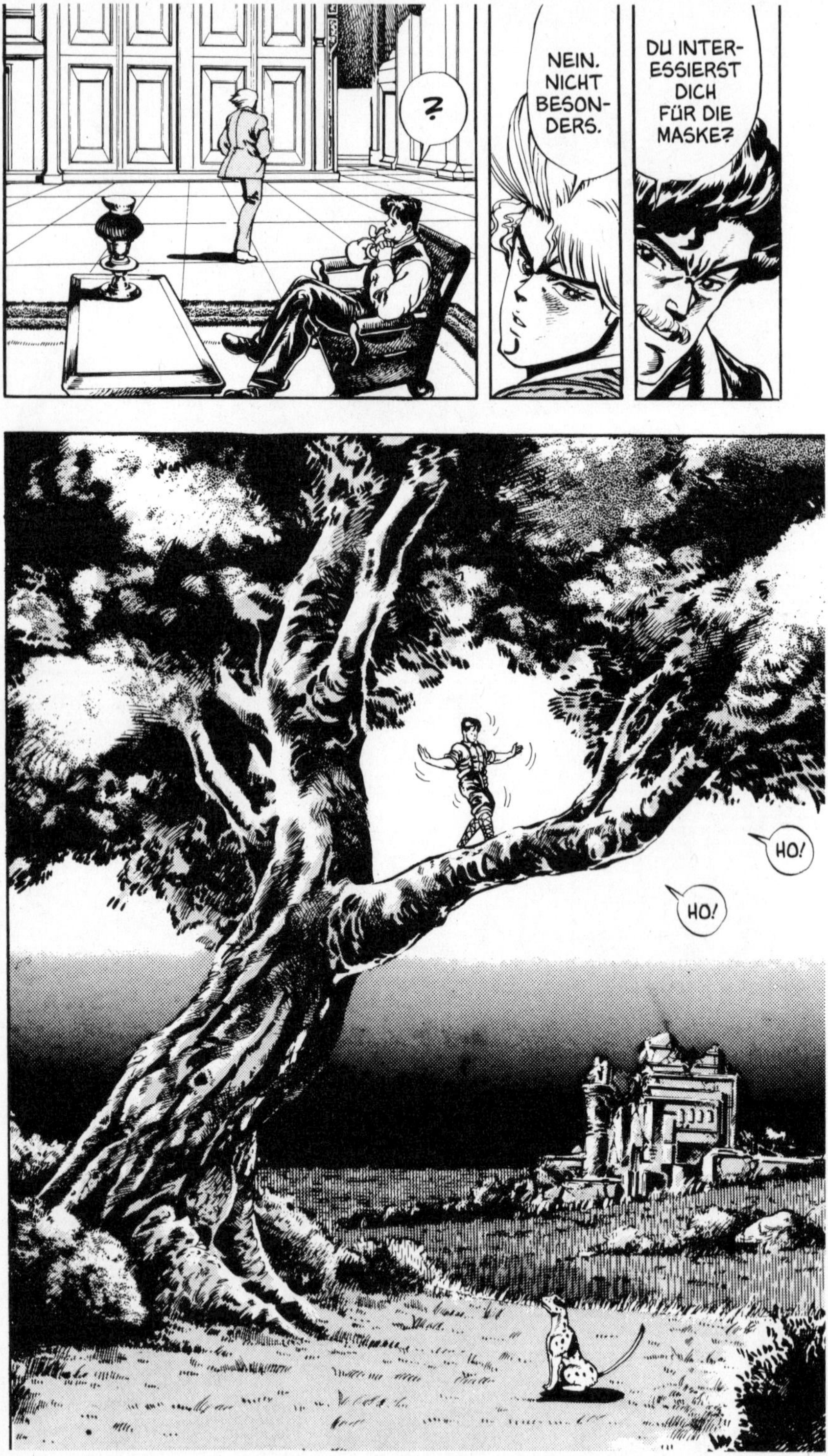
DU INTERESSIERST DICH FÜR DIE MASKE?
NEIN. NICHT BESONDERS.
?
HO!
HO!

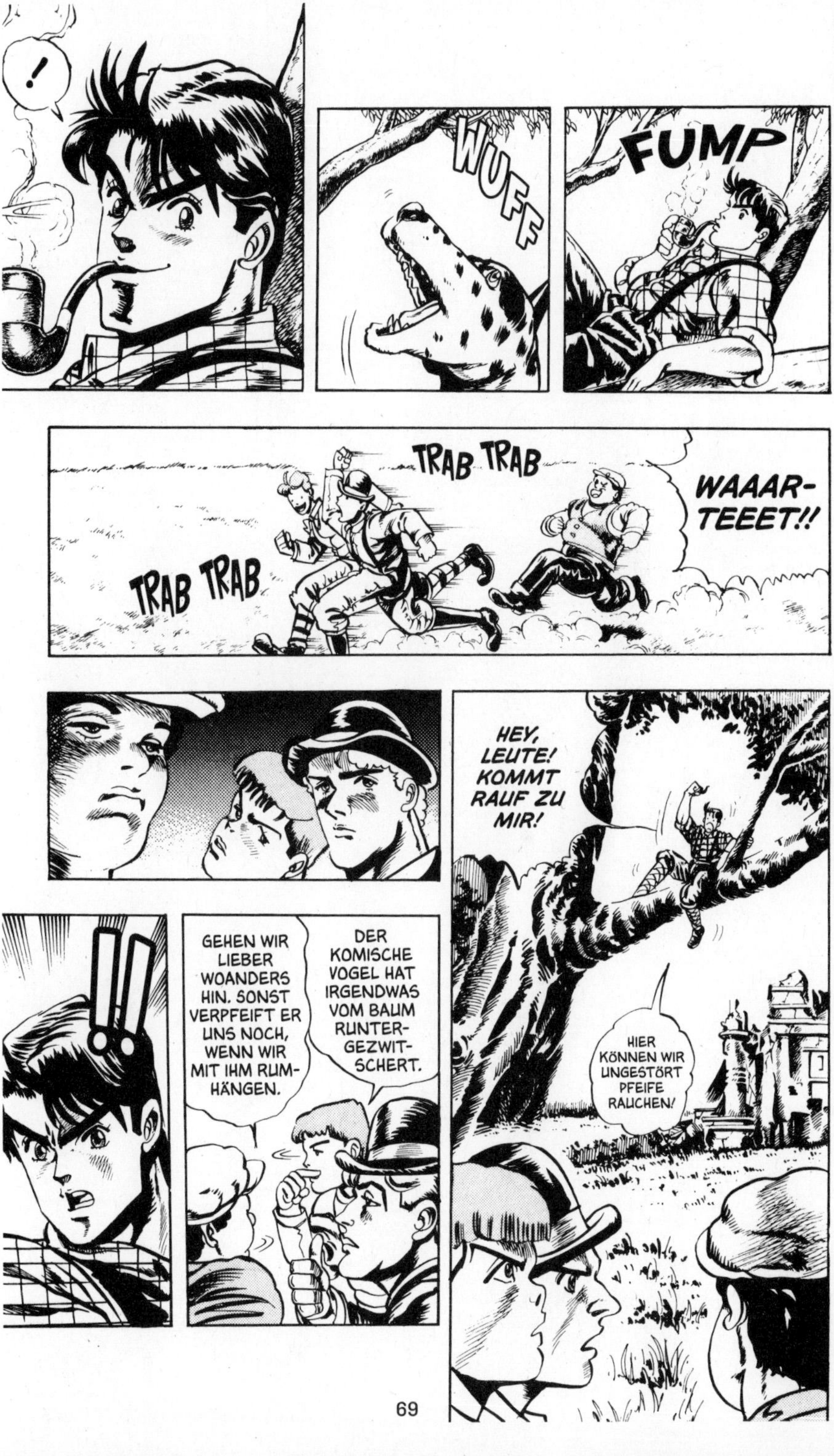
!
WUFF
FUMP
TRAB TRAB
TRAB TRAB
WAAAR-TEEET!!
HEY, LEUTE! KOMMT RAUF ZU MIR!
HIER KÖNNEN WIR UNGESTÖRT PFEIFE RAUCHEN!
DER KOMISCHE VOGEL HAT IRGENDWAS VOM BAUM RUNTER-GEZWIT-SCHERT.
GEHEN WIR LIEBER WOANDERS HIN. SONST VERPFEIFT ER UNS NOCH, WENN WIR MIT IHM RUM-HÄNGEN.

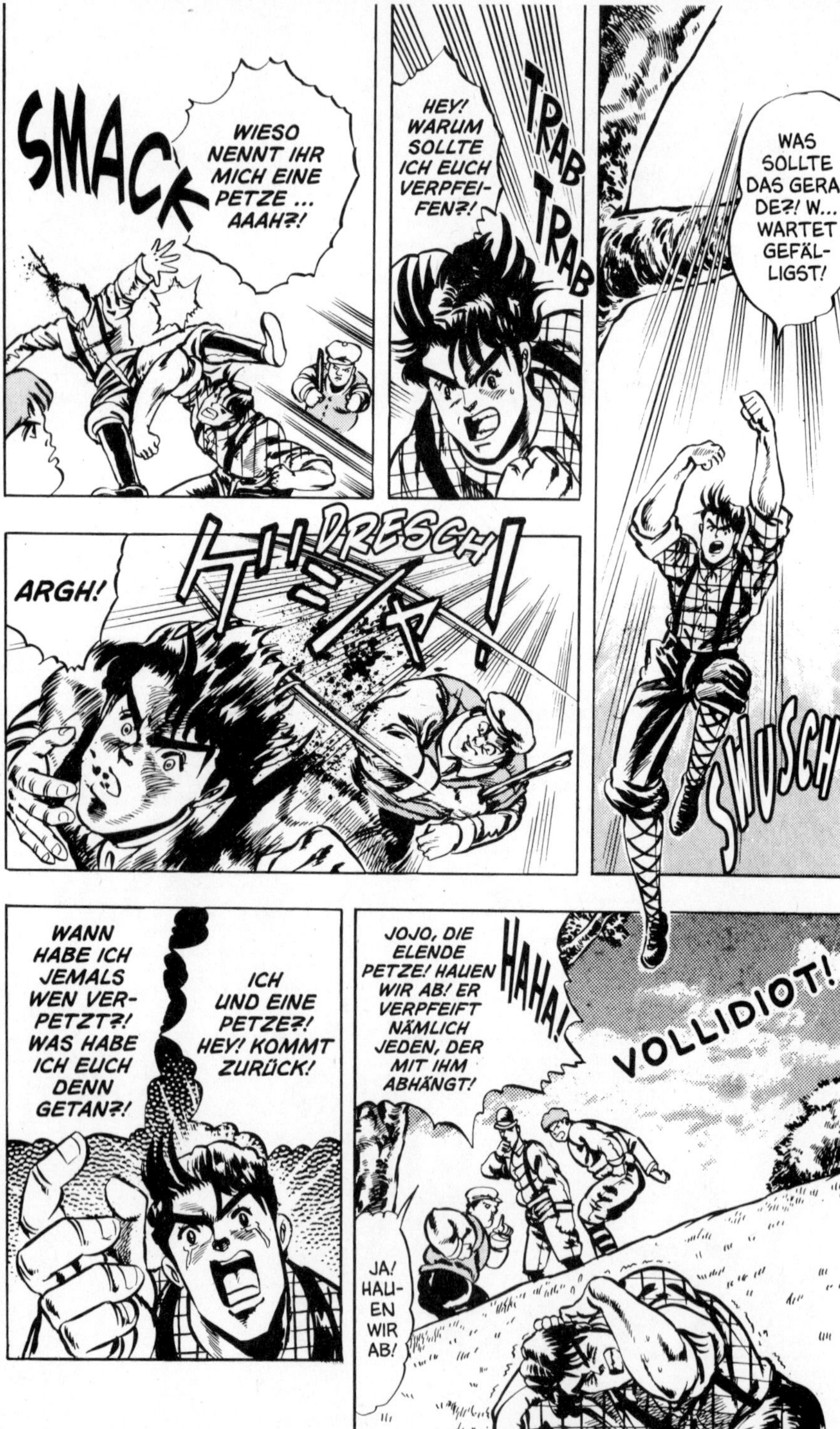
WAS SOLLTE DAS GERADE?! W... WARTET GEFÄLLIGST!
SWUSCH
HEY! WARUM SOLLTE ICH EUCH VERPFEIFEN?!
TRAB TRAB
SMACK
WIESO NENNT IHR MICH EINE PETZE ... AAAH?!
DRESCH!
ARGH!
JOJO, DIE ELENDE PETZE! HAUEN WIR AB! ER VERPFEIFT NÄMLICH JEDEN, DER MIT IHM ABHÄNGT!
HAHA!
VOLLIDIOT!
JA! HAUEN WIR AB!
ICH UND EINE PETZE?! HEY! KOMMT ZURÜCK!
WANN HABE ICH JEMALS WEN VERPETZT?! WAS HABE ICH EUCH DENN GETAN?!

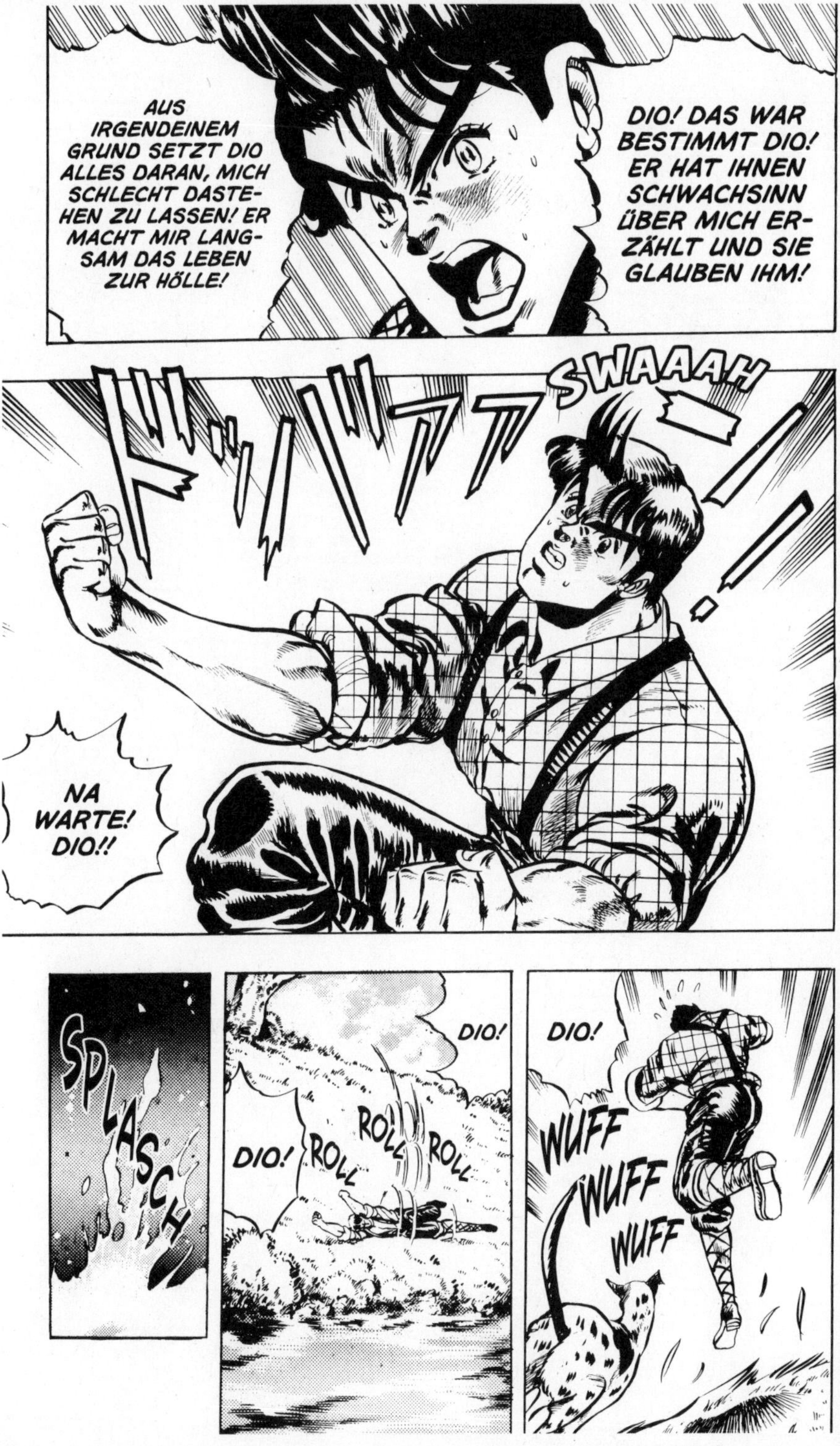
DIO! DAS WAR BESTIMMT DIO! ER HAT IHNEN SCHWACHSINN ÜBER MICH ERZÄHLT UND SIE GLAUBEN IHM!
AUS IRGENDEINEM GRUND SETZT DIO ALLES DARAN, MICH SCHLECHT DASTEHEN ZU LASSEN! ER MACHT MIR LANGSAM DAS LEBEN ZUR HÖLLE!
SWAAAH
NA WARTE! DIO!!
DIO!
WUFF
WUFF
WUFF
DIO!
ROLL
ROLL
ROLL
DIO!
SPLASCH

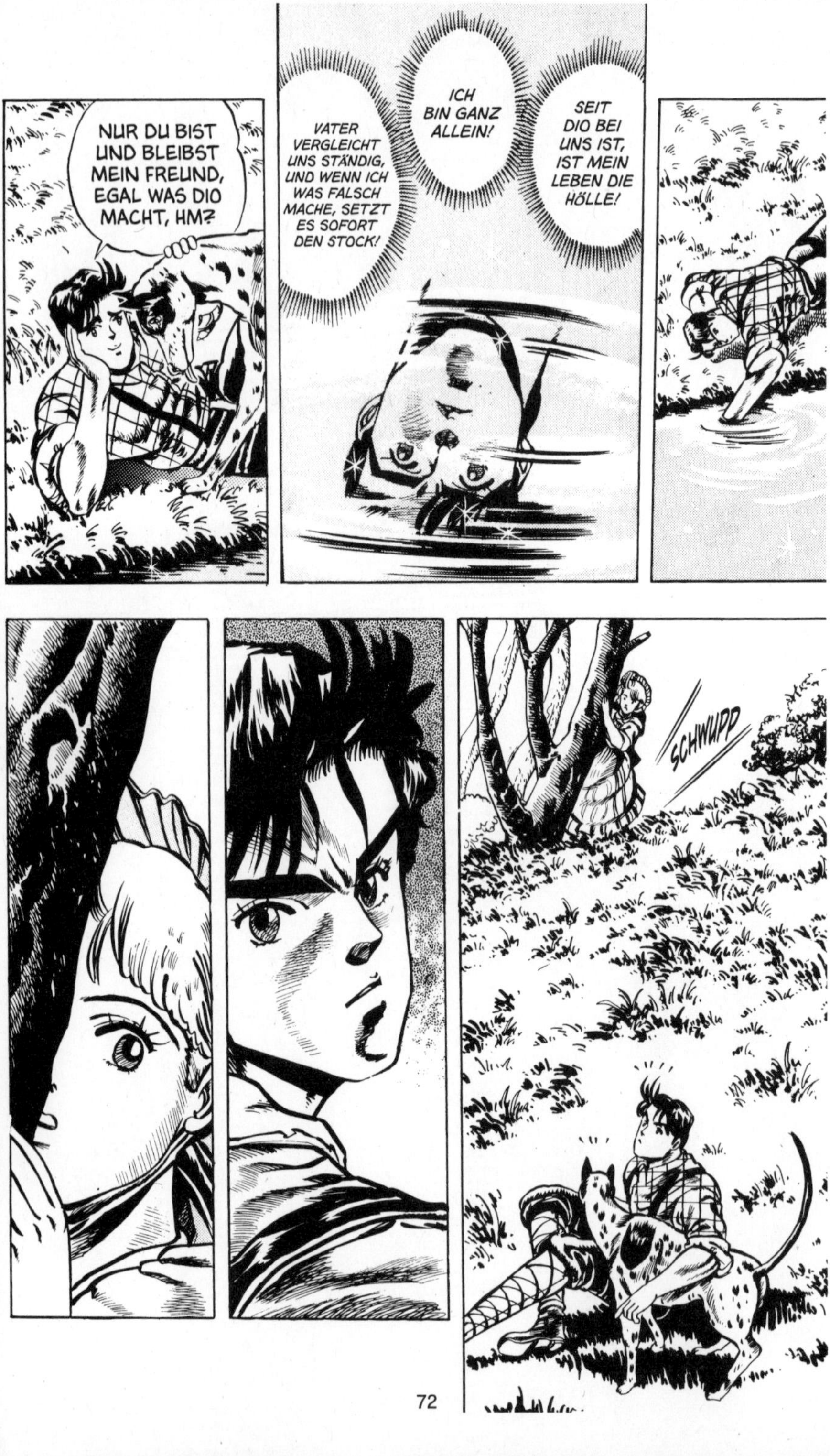
SEIT DIO BEI UNS IST, IST MEIN LEBEN DIE HÖLLE!
ICH BIN GANZ ALLEIN!
VATER VERGLEICHT UNS STÄNDIG, UND WENN ICH WAS FALSCH MACHE, SETZT ES SOFORT DEN STOCK!
NUR DU BIST UND BLEIBST MEIN FREUND, EGAL WAS DIO MACHT, HM?
SCHWUPP

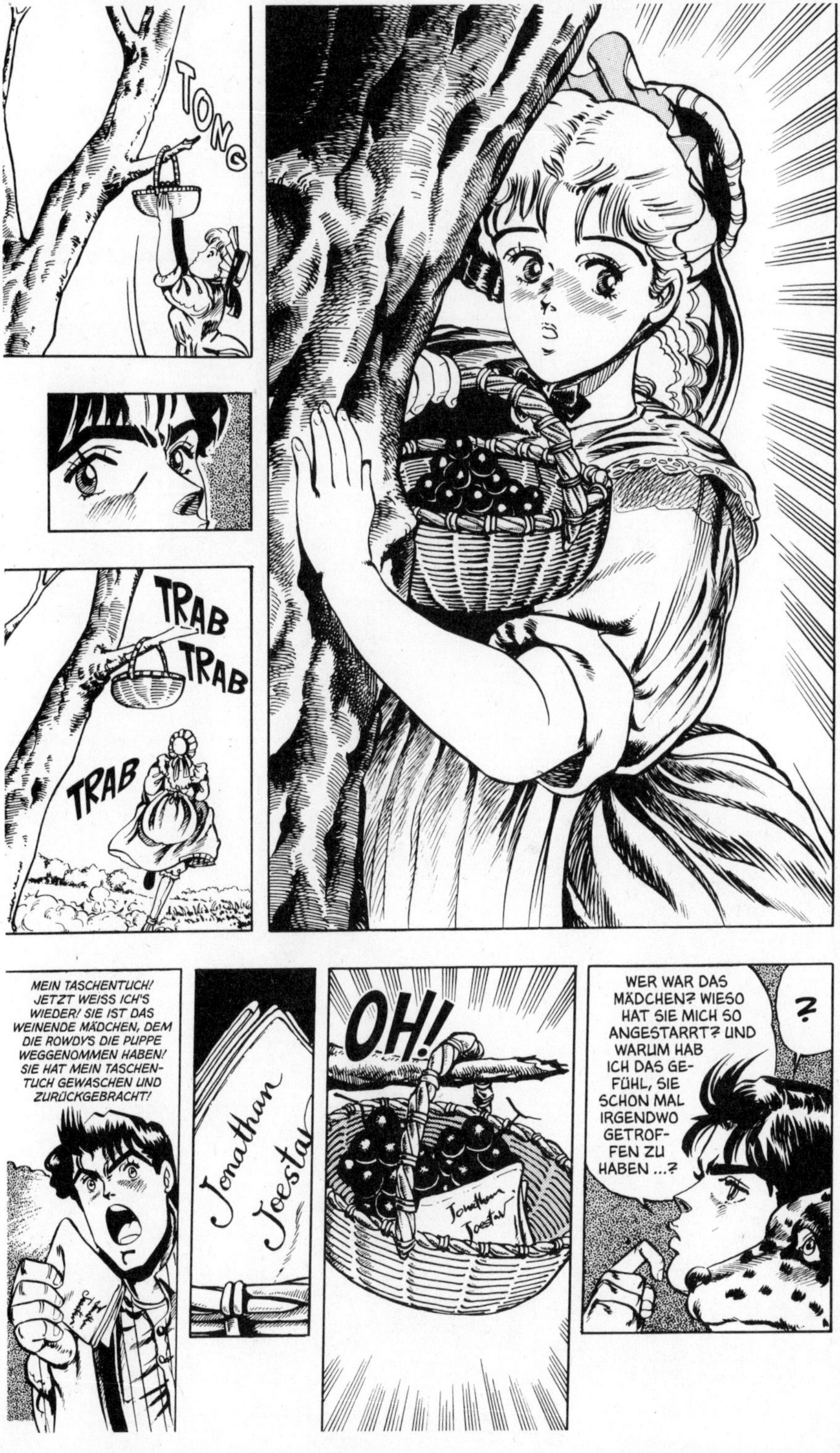
TONG
TRAB
TRAB
TRAB
WER WAR DAS MÄDCHEN? WIESO HAT SIE MICH SO ANGESTARRT? UND WARUM HAB ICH DAS GEFÜHL, SIE SCHON MAL IRGENDWO GETROFFEN ZU HABEN ...?
?
OH!
Jonathan Joestar
Jonathan Joestar
MEIN TASCHENTUCH! JETZT WEISS ICH'S WIEDER! SIE IST DAS WEINENDE MÄDCHEN, DEM DIE ROWDYS DIE PUPPE WEGGENOMMEN HABEN! SIE HAT MEIN TASCHENTUCH GEWASCHEN UND ZURÜCKGEBRACHT!

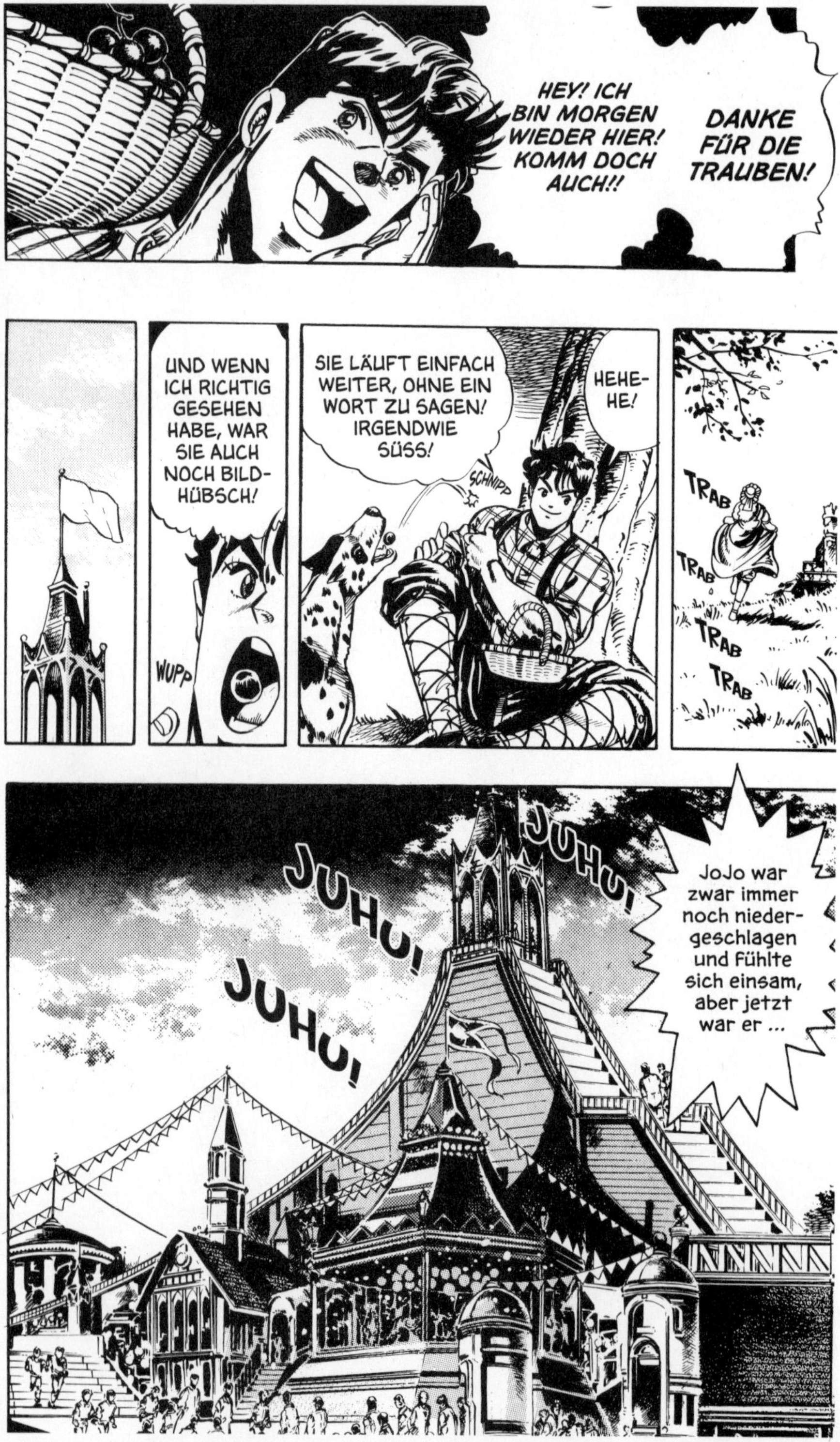
DANKE FÜR DIE TRAUBEN!
HEY! ICH BIN MORGEN WIEDER HIER! KOMM DOCH AUCH!!
TRAB
TRAB
TRAB
TRAB
HEHE-HE!
SCHNIPP
SIE LÄUFT EINFACH WEITER, OHNE EIN WORT ZU SAGEN! IRGENDWIE SÜSS!
UND WENN ICH RICHTIG GESEHEN HABE, WAR SIE AUCH NOCH BILD-HÜBSCH!
WUPP
JoJo war zwar immer noch nieder-geschlagen und fühlte sich einsam, aber jetzt war er ...
JUHU!
JUHU!
JUHU!

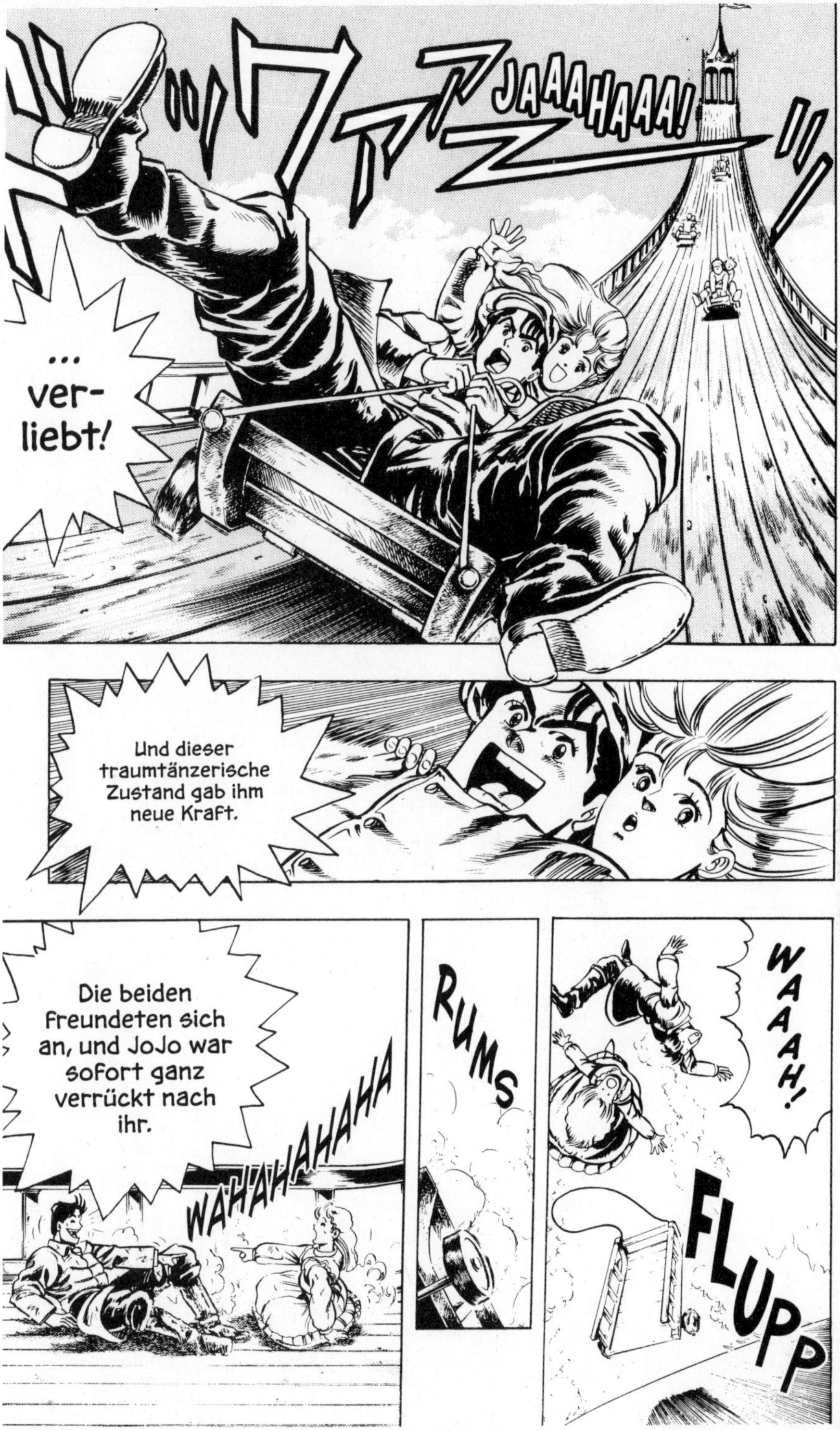
JAAAHAAA!
... ver-liebt!
Und dieser traumtänzerische Zustand gab ihm neue Kraft.
WAAAH!
FLUPP
RUMS
Die beiden freundeten sich an, und JoJo war sofort ganz verrückt nach ihr.
WAHAHAHAHA

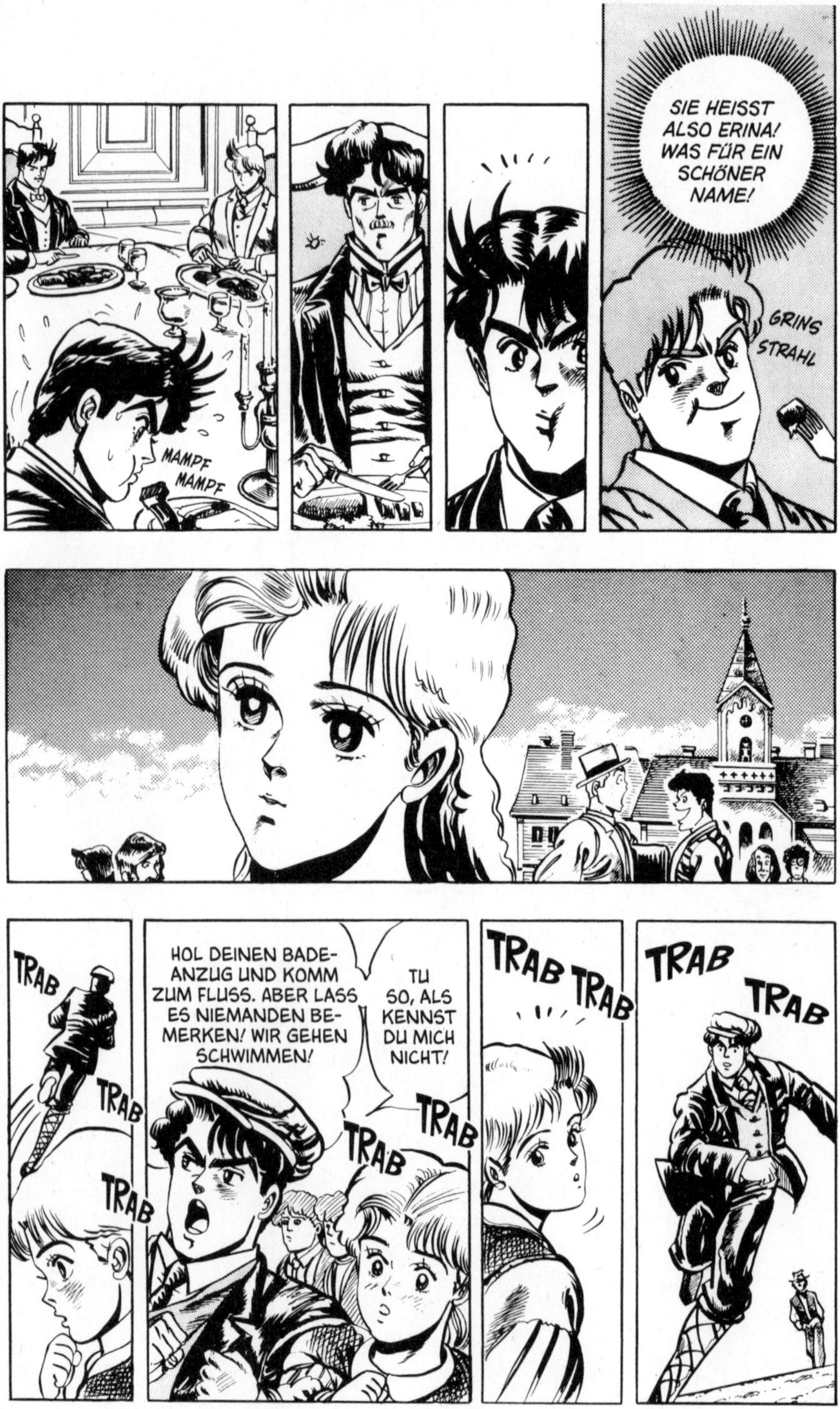
MAMPF MAMPF
SIE HEISST ALSO ERINA! WAS FÜR EIN SCHÖNER NAME!
GRINS STRAHL
TRAB
TRAB
TRAB
HOL DEINEN BADE-ANZUG UND KOMM ZUM FLUSS. ABER LASS ES NIEMANDEN BE-MERKEN! WIR GEHEN SCHWIMMEN!
TU SO, ALS KENNST DU MICH NICHT!
TRAB
TRAB
TRAB TRAB
TRAB TRAB

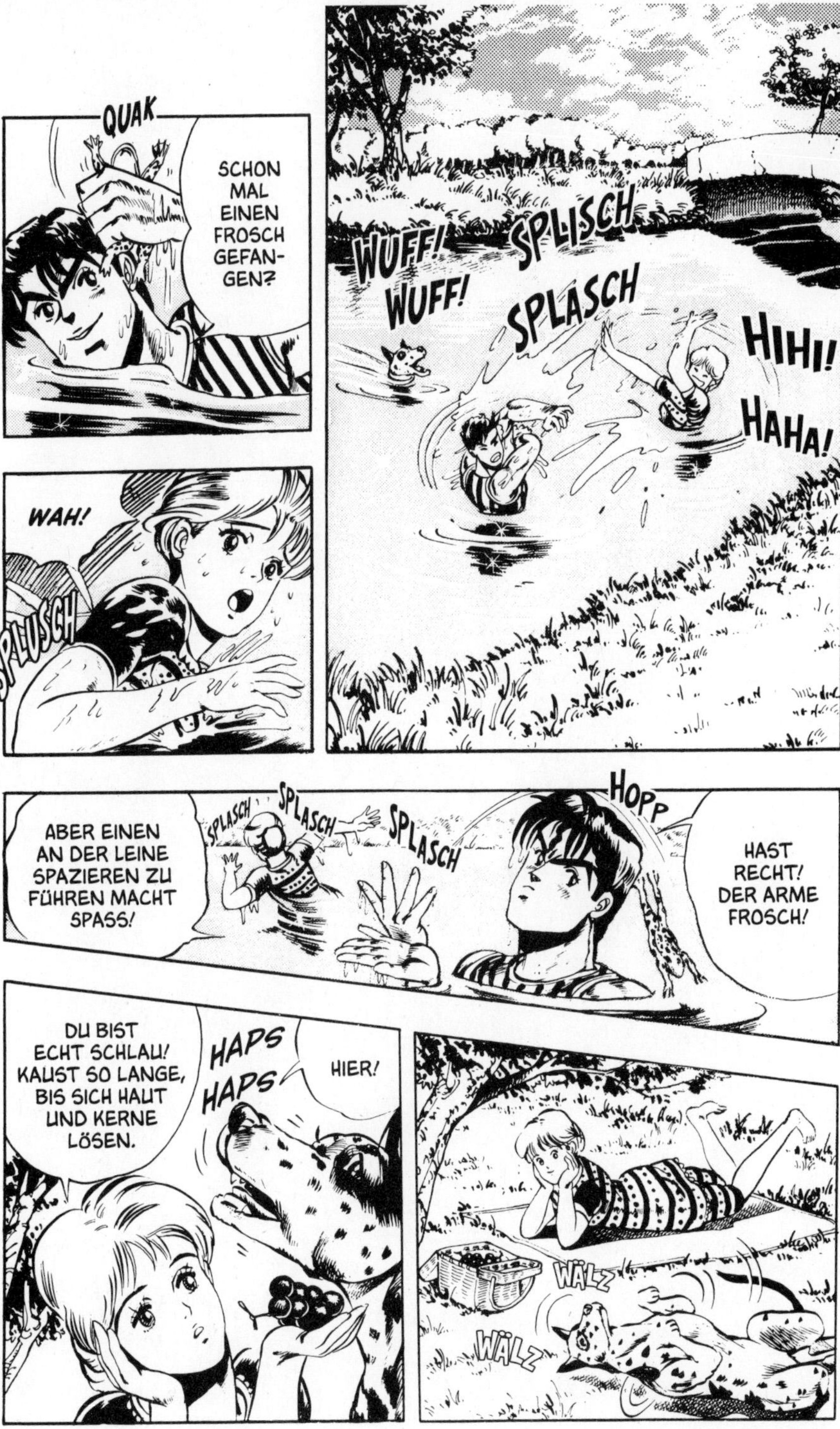
QUAK
SCHON MAL EINEN FROSCH GEFANGEN?
WAH!
SPLUSCH
WUFF! WUFF!
SPLISCH
SPLASCH
HIHI!
HAHA!
ABER EINEN AN DER LEINE SPAZIEREN ZU FÜHREN MACHT SPASS!
SPLASCH
SPLASCH
SPLASCH
HOPP
HAST RECHT! DER ARME FROSCH!
DU BIST ECHT SCHLAU! KAUST SO LANGE, BIS SICH HAUT UND KERNE LÖSEN.
HAPS HAPS
HIER!
WÄLZ
WÄLZ

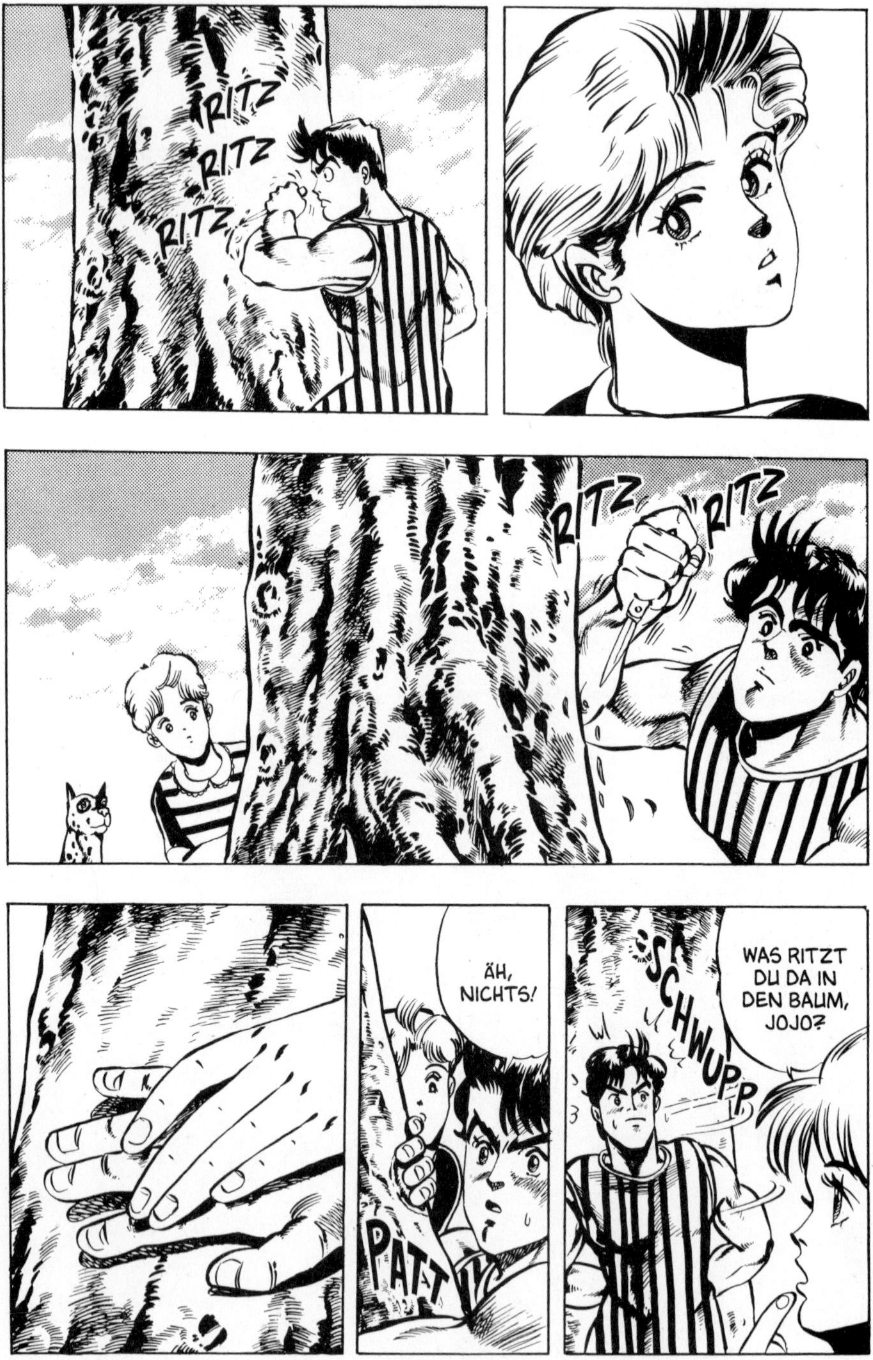
RITZ
RITZ
RITZ
RITZ
RITZ
SCHWUPP
WAS RITZT DU DA IN DEN BAUM, JOJO?
ÄH, NICHTS!
PATT

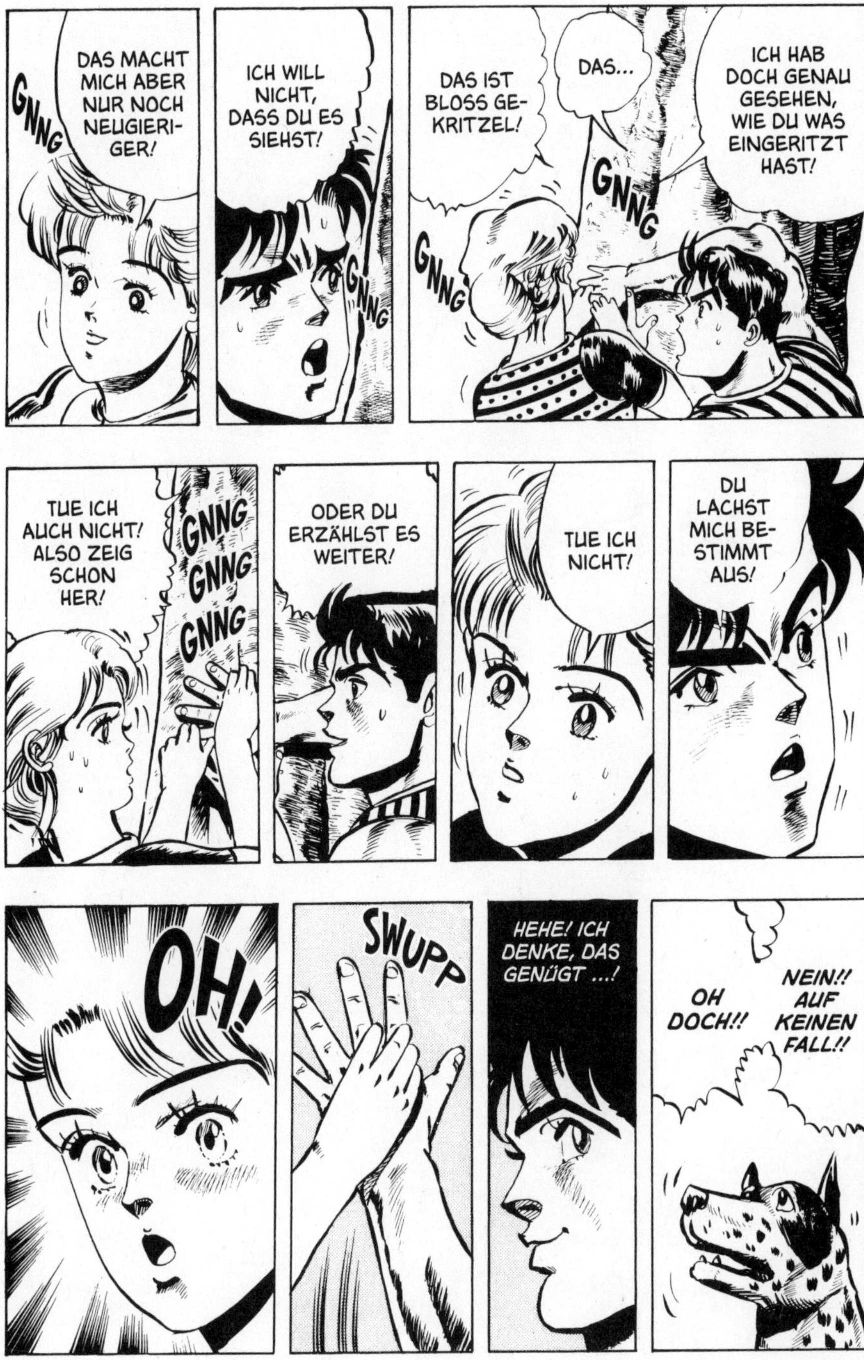
ICH HAB DOCH GENAU GESEHEN, WIE DU WAS EINGERITZT HAST!
DAS...
DAS IST BLOSS GE-KRITZEL!
GNNG
GNNG
ICH WILL NICHT, DASS DU ES SIEHST!
GNNG
DAS MACHT MICH ABER NUR NOCH NEUGIERI-GER!
GNNG
DU LACHST MICH BE-STIMMT AUS!
TUE ICH NICHT!
ODER DU ERZÄHLST ES WEITER!
TUE ICH AUCH NICHT! ALSO ZEIG SCHON HER!
GNNG
GNNG
GNNG
NEIN!! AUF KEINEN FALL!!
OH DOCH!!
HEHE! ICH DENKE, DAS GENÜGT ...!
SWUPP
OH!

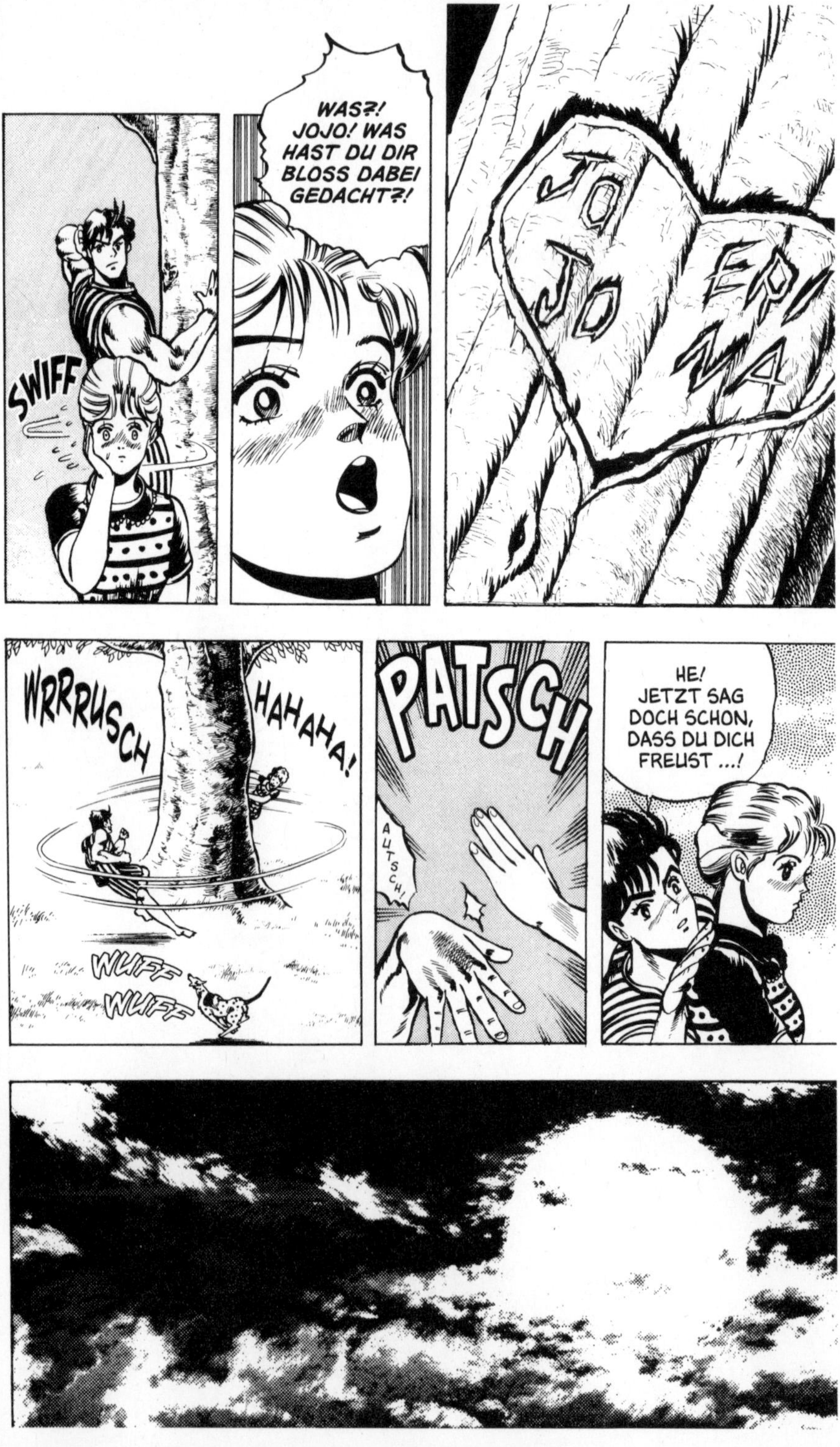
WAS?!
JOJO! WAS
HAST DU DIR
BLOSS DABEI
GEDACHT?!
JOJO
ERINA
SWIFF
WRRRUSCH
HAHAHA!
WUFF
WUFF
PATSCH
AUTSCH!
HE!
JETZT SAG
DOCH SCHON,
DASS DU DICH
FREUST ...!

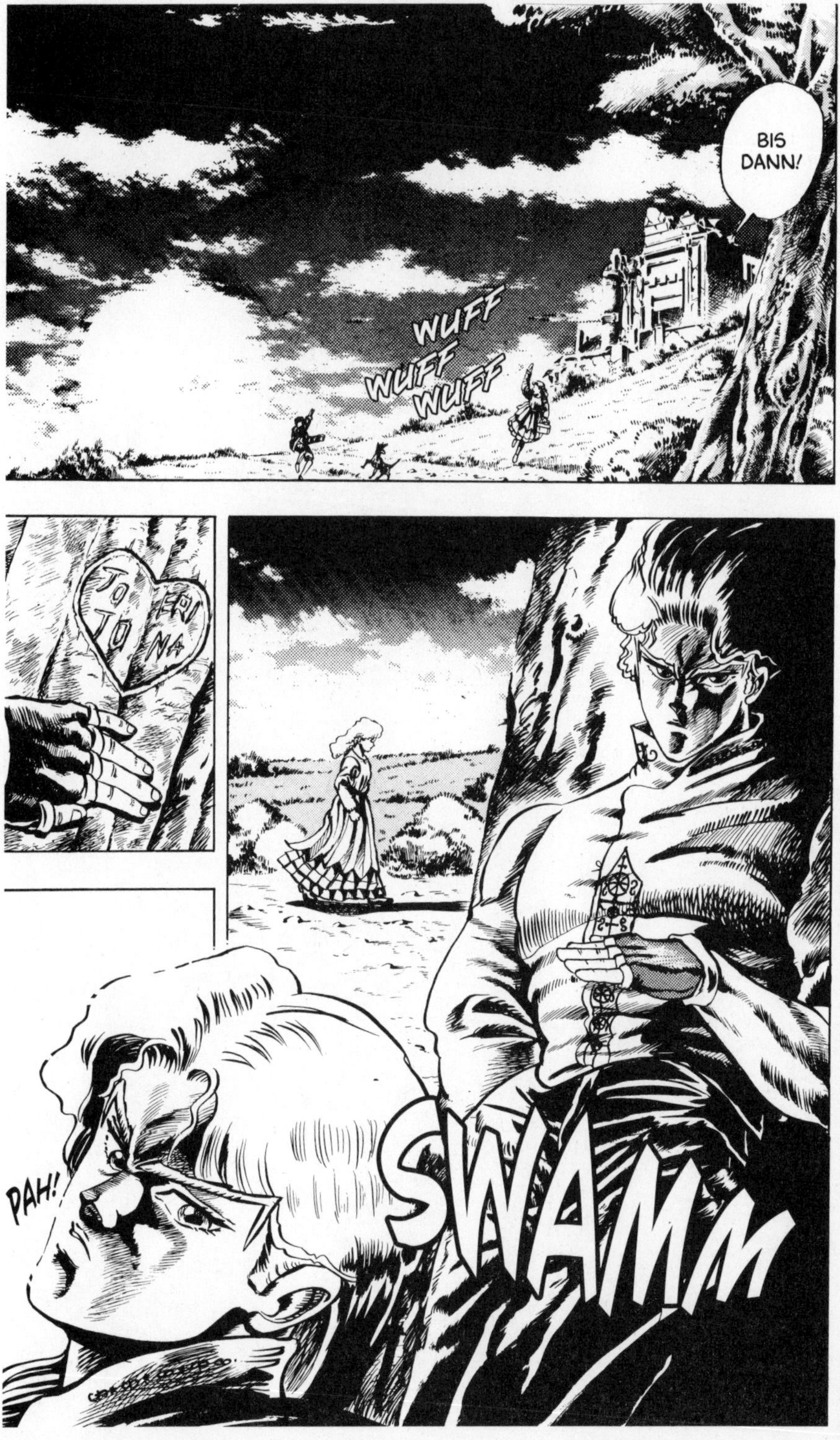
BIS DANN!
WUFF WUFF WUFF
JO JO
ERI NA
PAH!
SWAMM

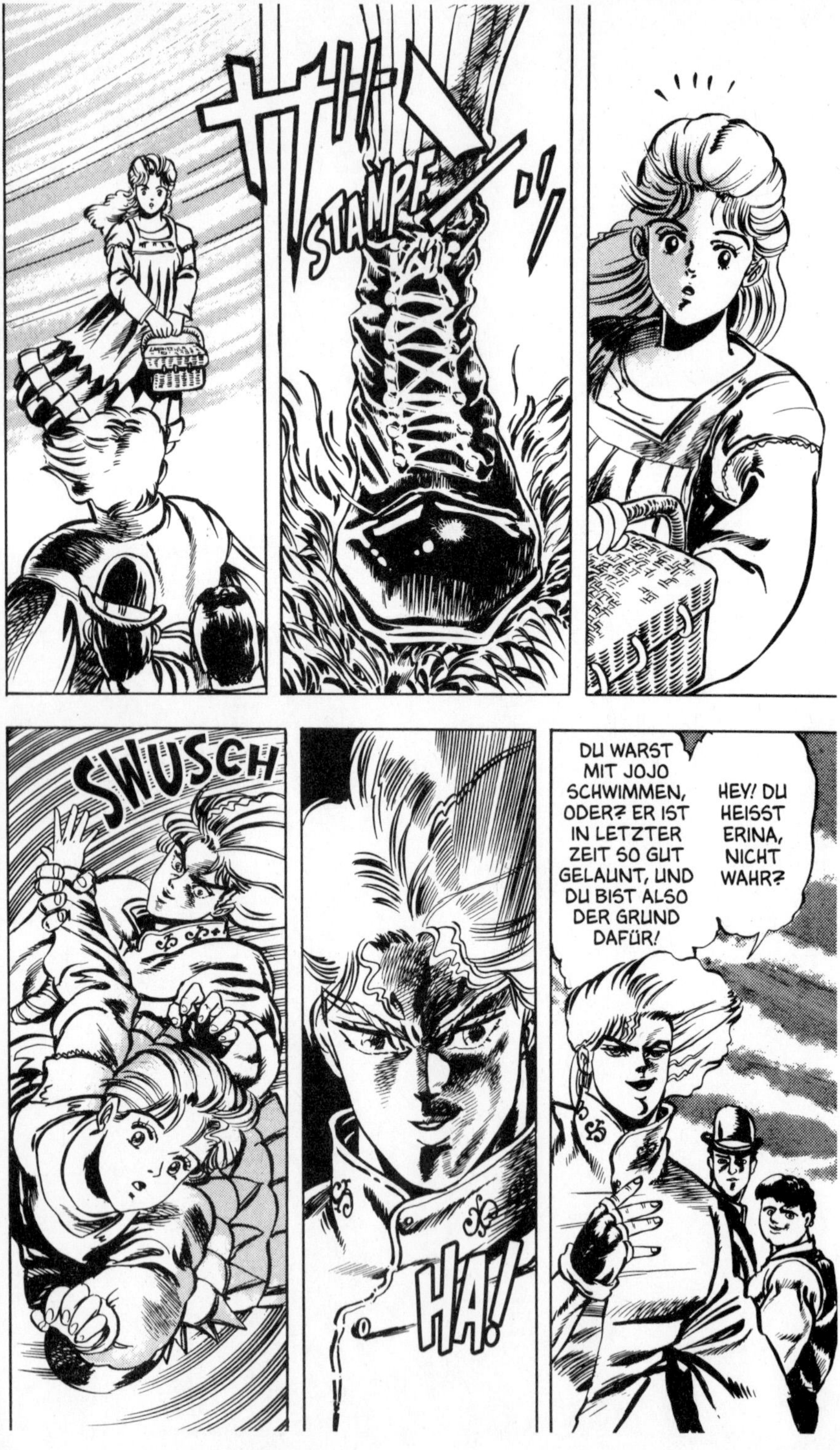
STAMPF
SWUSCH
HA!
DU WARST MIT JOJO SCHWIMMEN, ODER? ER IST IN LETZTER ZEIT SO GUT GELAUNT, UND DU BIST ALSO DER GRUND DAFÜR!
HEY! DU HEISST ERINA, NICHT WAHR?

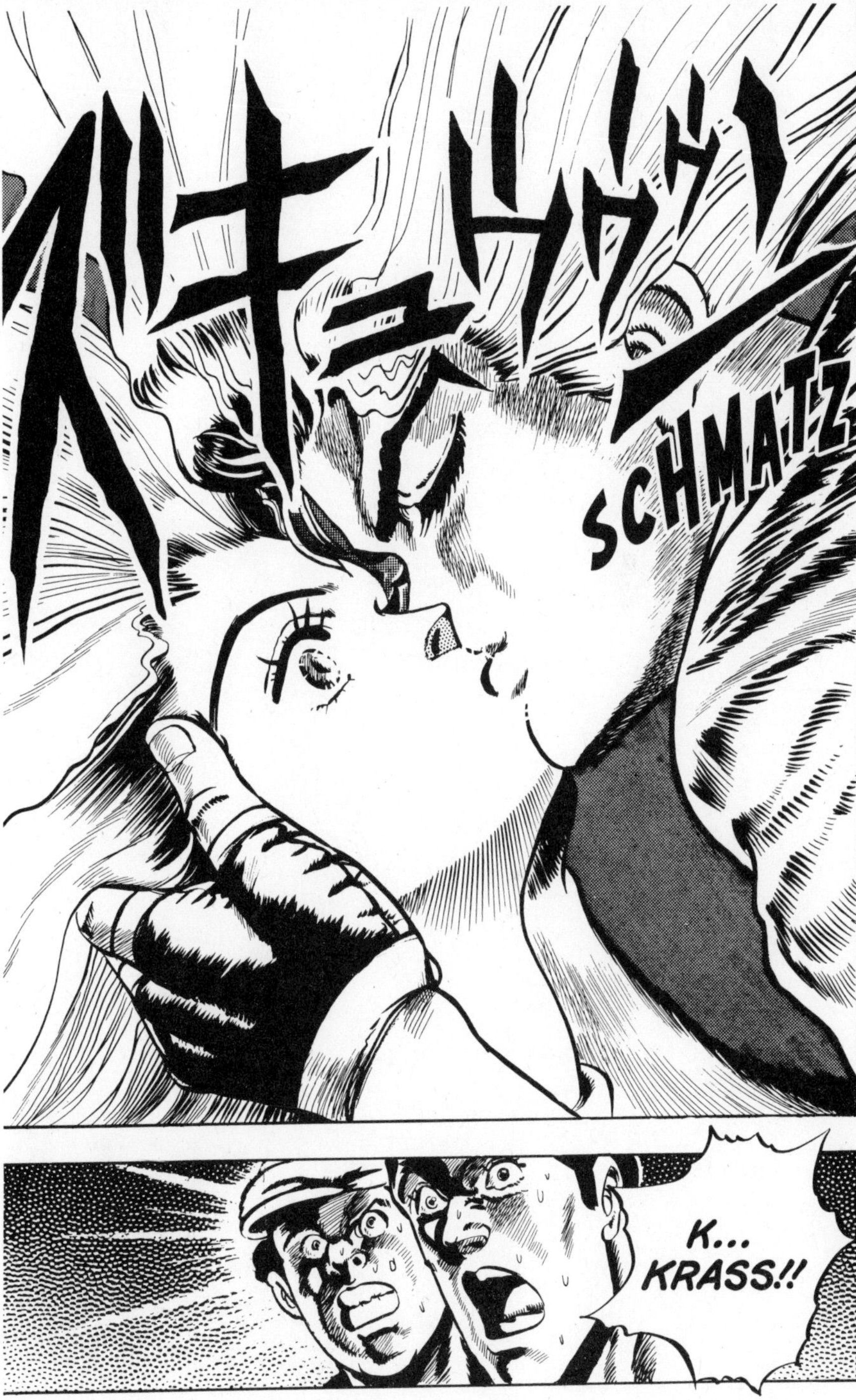
SCHMATZ
K...
KRASS!!

JoJo's Bizarre Adventure

Part 1

Phantom Blood

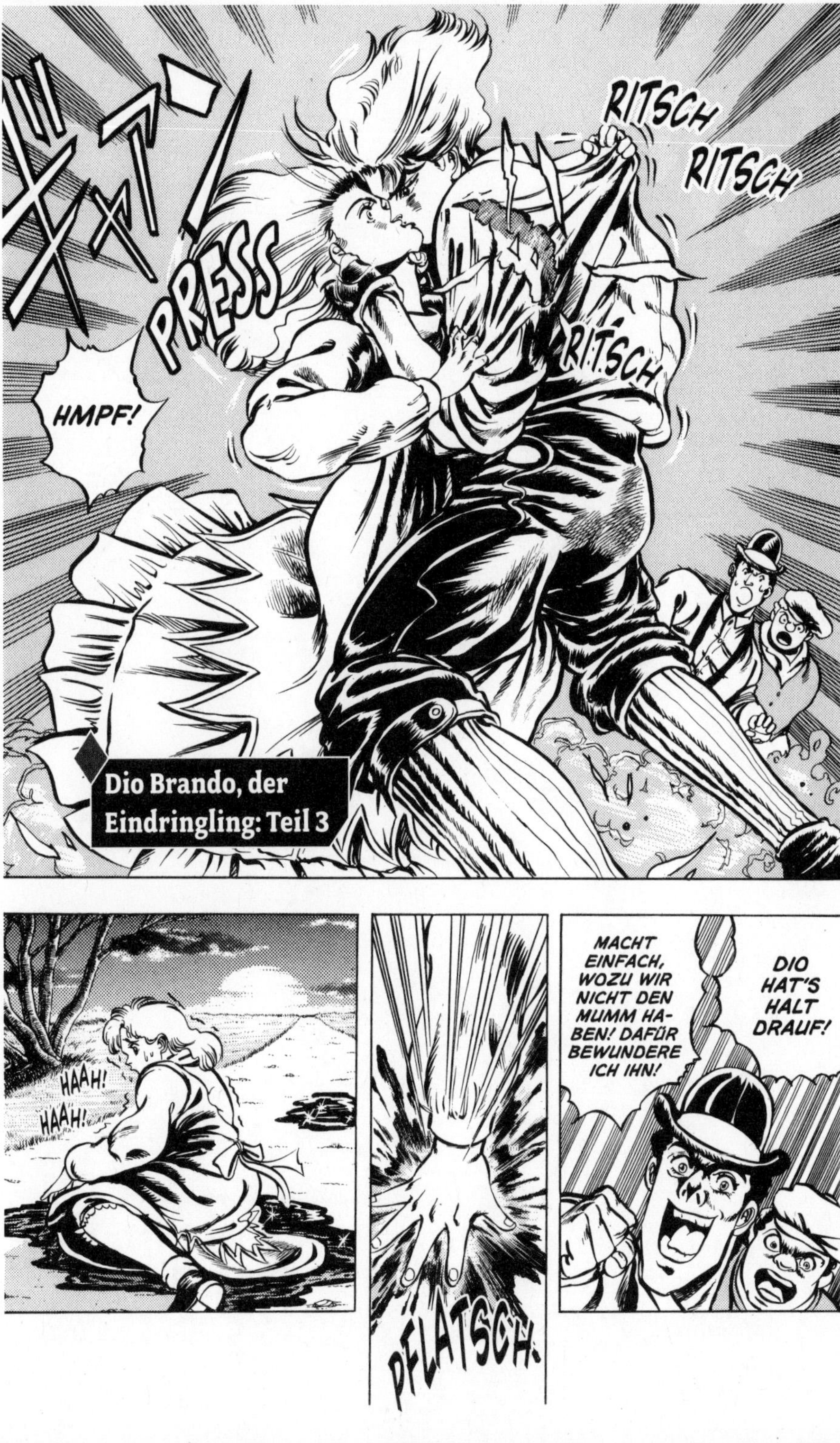
RITSCH
RITSCH
PRESS
RITSCH
HMPF!
Dio Brando, der Eindringling: Teil 3
DIO HAT'S HALT DRAUF!
MACHT EINFACH, WOZU WIR NICHT DEN MUMM HABEN! DAFÜR BEWUNDERE ICH IHN!
PFLATSCH
HAAH! HAAH!

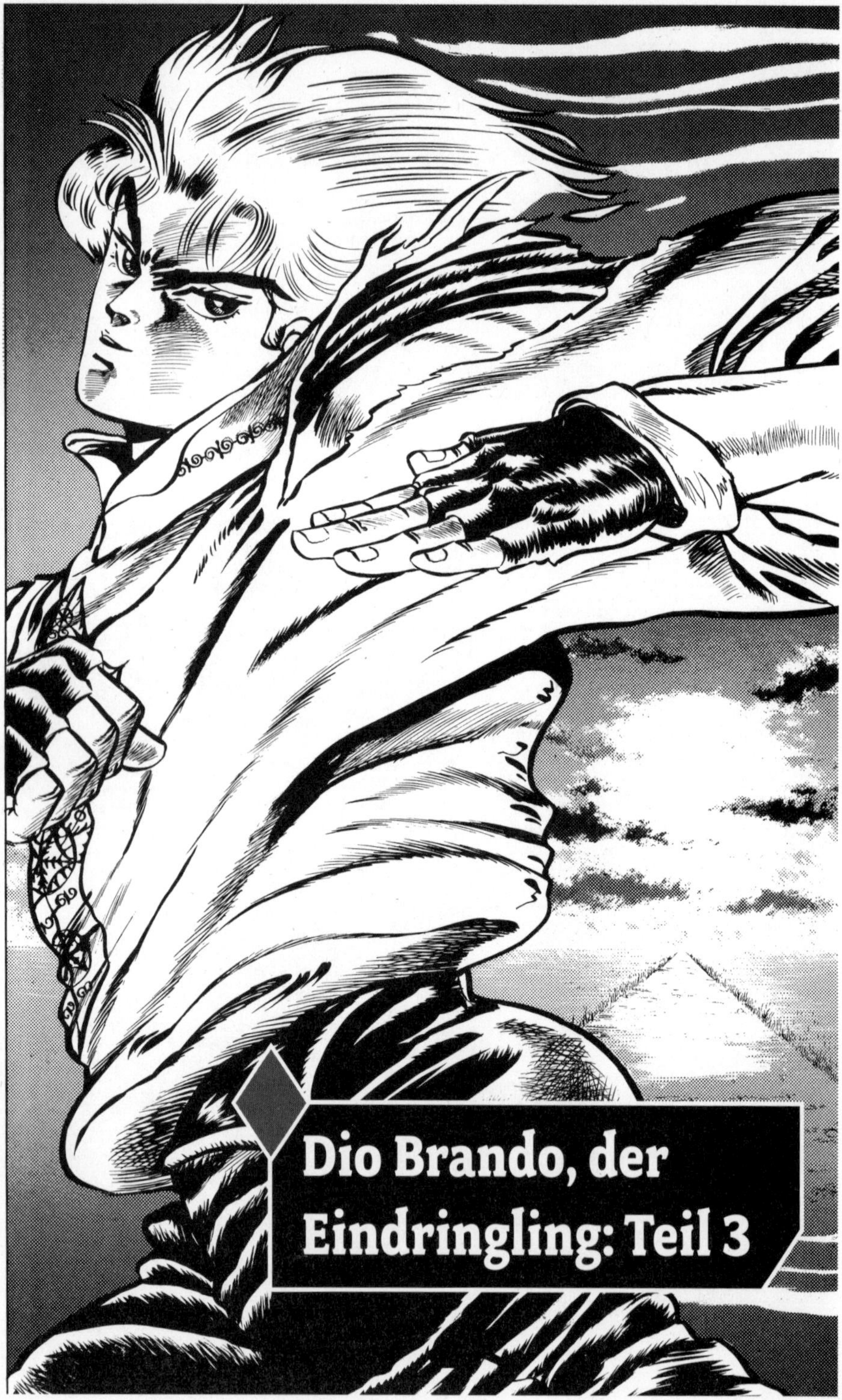
Dio Brando, der
Eindringling: Teil 3

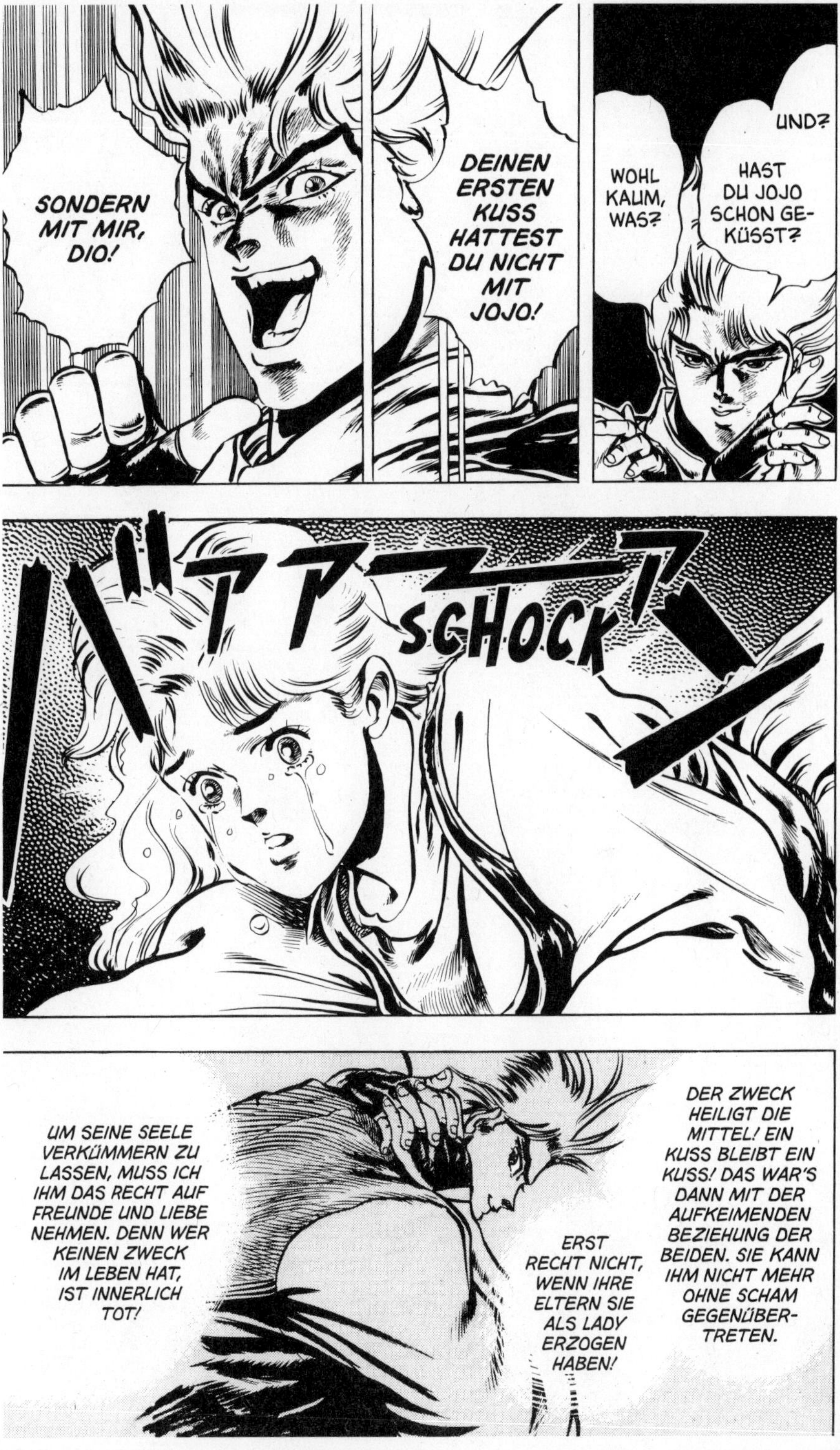
UND?
HAST DU JOJO SCHON GEKÜSST?
WOHL KAUM, WAS?
DEINEN ERSTEN KUSS HATTEST DU NICHT MIT JOJO!
SONDERN MIT MIR, DIO!
SCHOCK
DER ZWECK HEILIGT DIE MITTEL! EIN KUSS BLEIBT EIN KUSS! DAS WAR'S DANN MIT DER AUFKEIMENDEN BEZIEHUNG DER BEIDEN. SIE KANN IHM NICHT MEHR OHNE SCHAM GEGENÜBERTRETEN.
ERST RECHT NICHT, WENN IHRE ELTERN SIE ALS LADY ERZOGEN HABEN!
UM SEINE SEELE VERKÜMMERN ZU LASSEN, MUSS ICH IHM DAS RECHT AUF FREUNDE UND LIEBE NEHMEN. DENN WER KEINEN ZWECK IM LEBEN HAT, IST INNERLICH TOT!

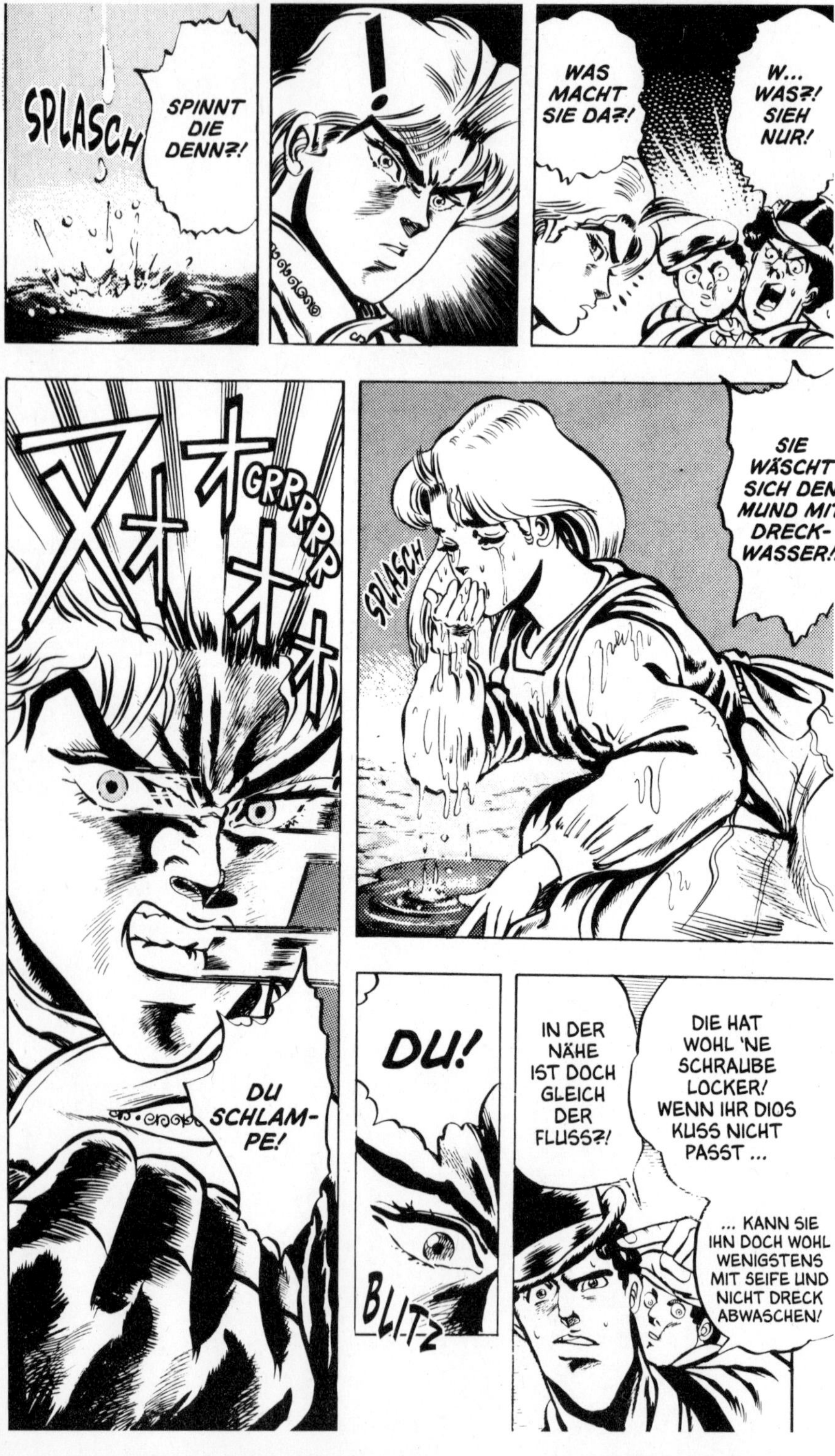
W... WAS?! SIEH NUR!
WAS MACHT SIE DA?!
!
SPINNT DIE DENN?!
SPLASCH
SIE WÄSCHT SICH DEN MUND MIT DRECK-WASSER!!
SPLASCH
GRRRRRR
DU SCHLAM-PE!
DIE HAT WOHL 'NE SCHRAUBE LOCKER! WENN IHR DIOS KUSS NICHT PASST ...
IN DER NÄHE IST DOCH GLEICH DER FLUSS?!
... KANN SIE IHN DOCH WOHL WENIGSTENS MIT SEIFE UND NICHT DRECK ABWASCHEN!
DU!
BLITZ

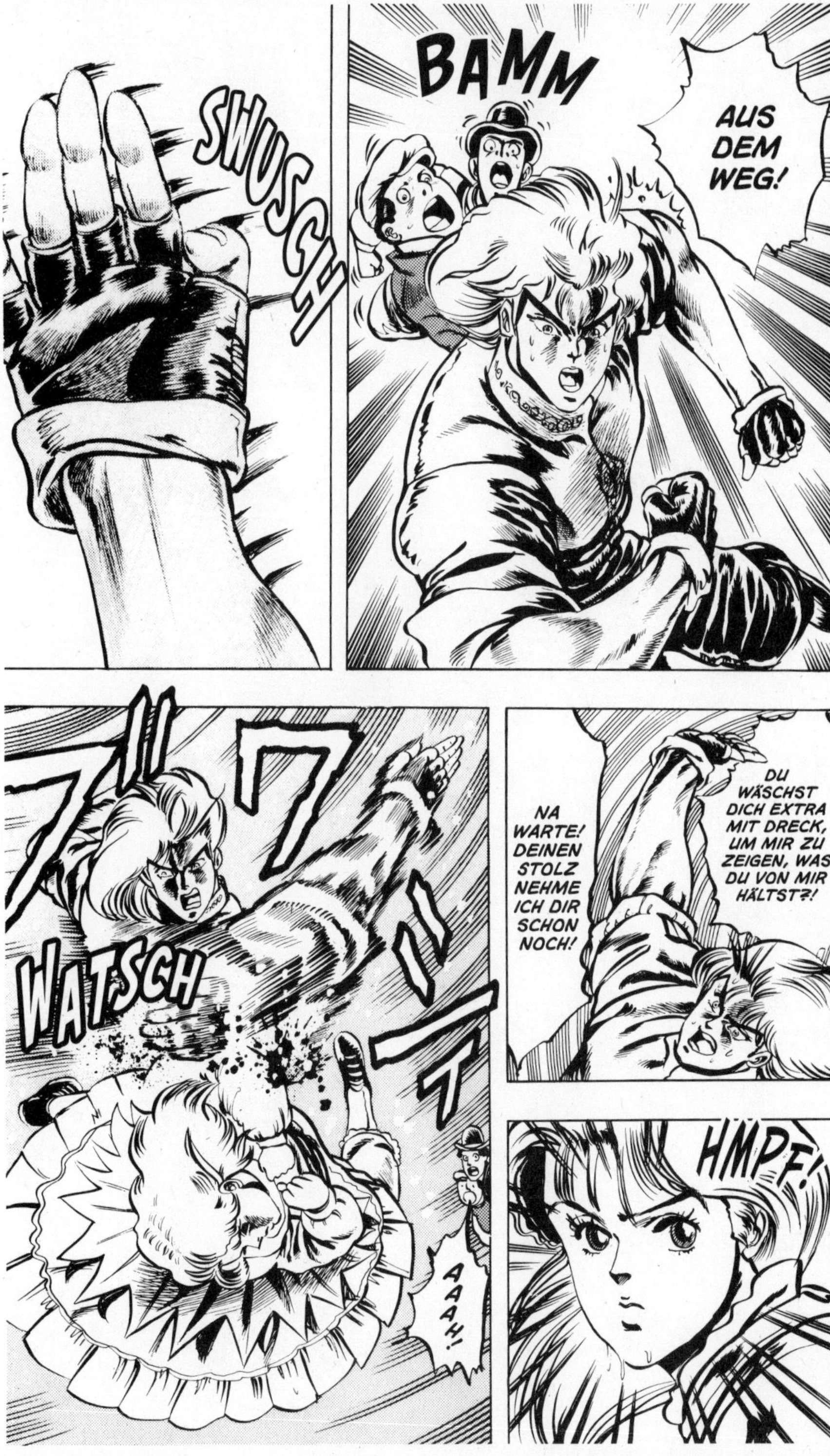

AUS DEM WEG!
BAMM
SWUSCH
DU WÄSCHST DICH EXTRA MIT DRECK, UM MIR ZU ZEIGEN, WAS DU VON MIR HÄLTST?!
NA WARTE! DEINEN STOLZ NEHME ICH DIR SCHON NOCH!
HMPF!
WATSCH
AAAH!

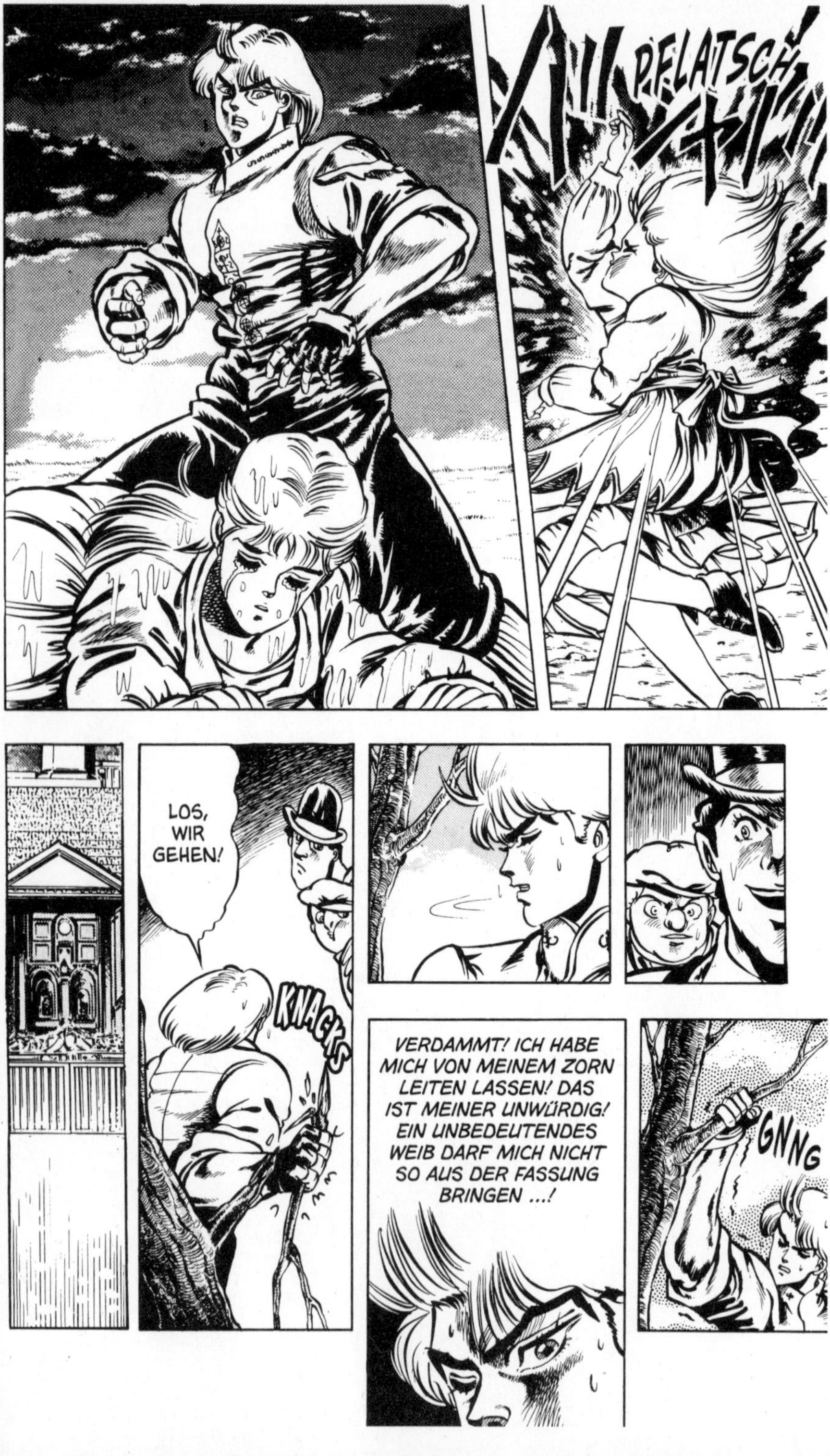
PFLATSCH!
LOS, WIR GEHEN!
KNACKS
GNNG
VERDAMMT! ICH HABE MICH VON MEINEM ZORN LEITEN LASSEN! DAS IST MEINER UNWÜRDIG! EIN UNBEDEUTENDES WEIB DARF MICH NICHT SO AUS DER FASSUNG BRINGEN ...!

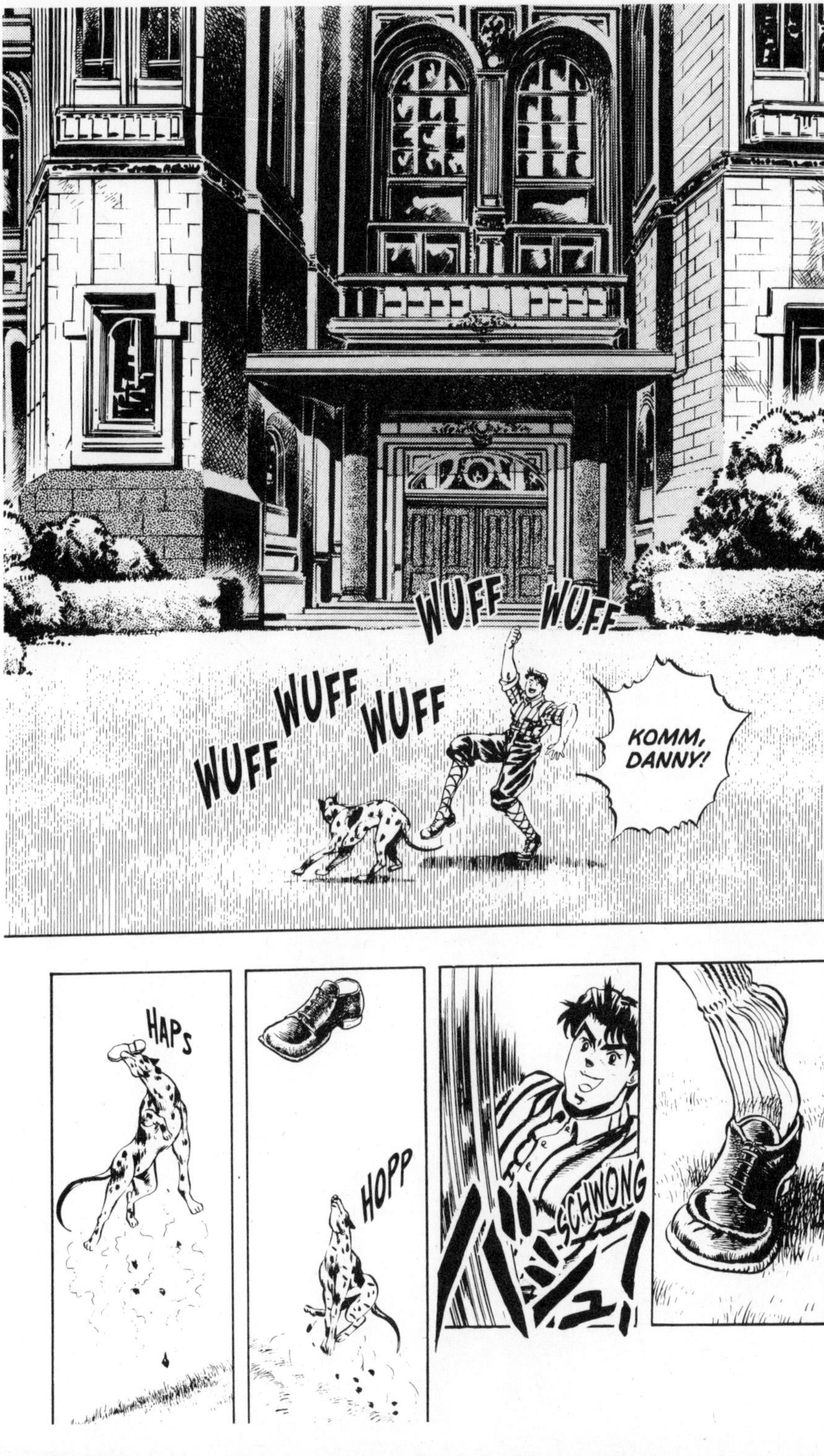
KOMM, DANNY!
WUFF WUFF
WUFF WUFF WUFF
SCHWONG
HOPP
HAPS

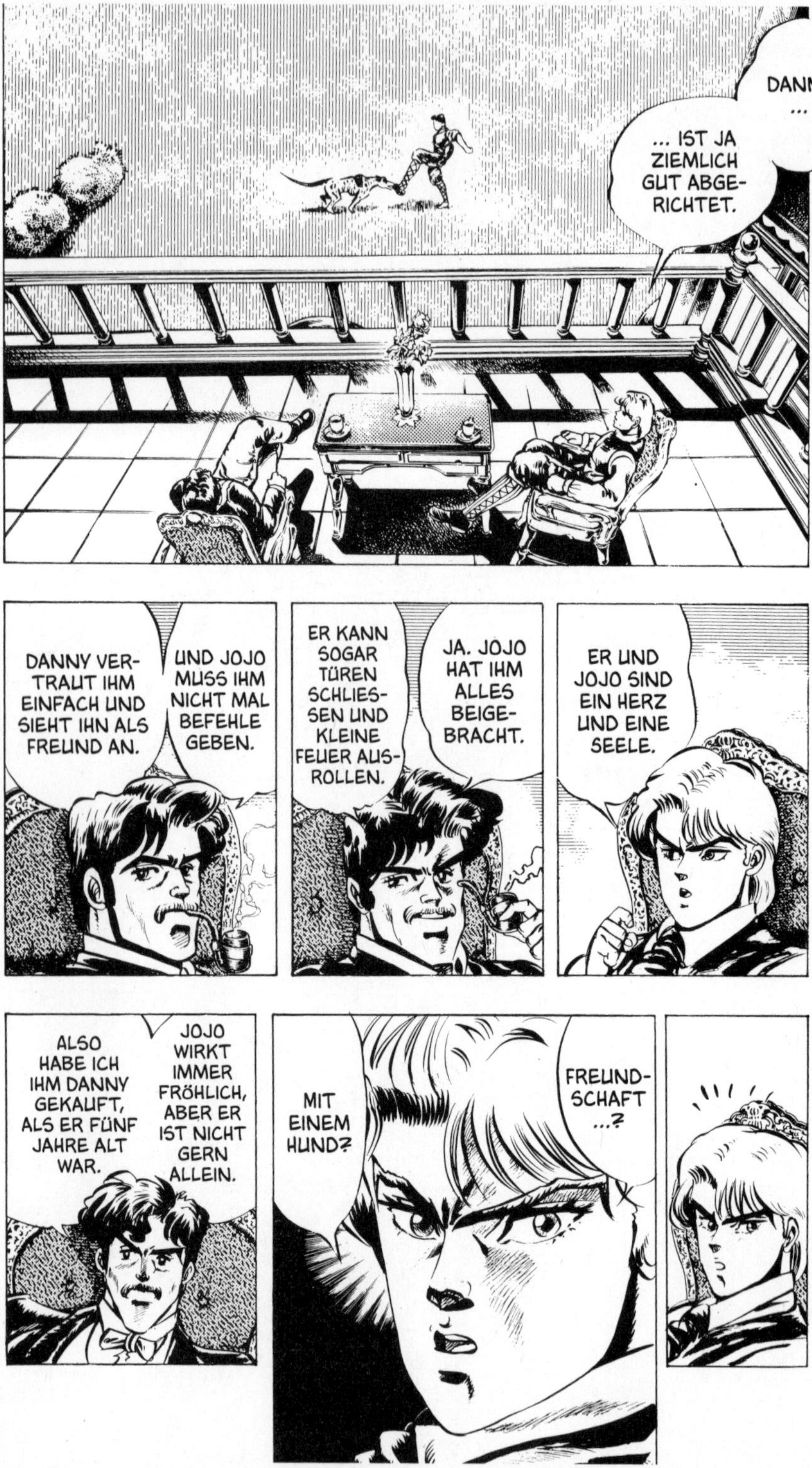
DANNY ...
... IST JA ZIEMLICH GUT ABGERICHTET.
ER UND JOJO SIND EIN HERZ UND EINE SEELE.
JA. JOJO HAT IHM ALLES BEIGEBRACHT.
ER KANN SOGAR TÜREN SCHLIESSEN UND KLEINE FEUER AUSROLLEN.
UND JOJO MUSS IHM NICHT MAL BEFEHLE GEBEN.
DANNY VERTRAUT IHM EINFACH UND SIEHT IHN ALS FREUND AN.
FREUNDSCHAFT ...?
MIT EINEM HUND?
JOJO WIRKT IMMER FRÖHLICH, ABER ER IST NICHT GERN ALLEIN.
ALSO HABE ICH IHM DANNY GEKAUFT, ALS ER FÜNF JAHRE ALT WAR.

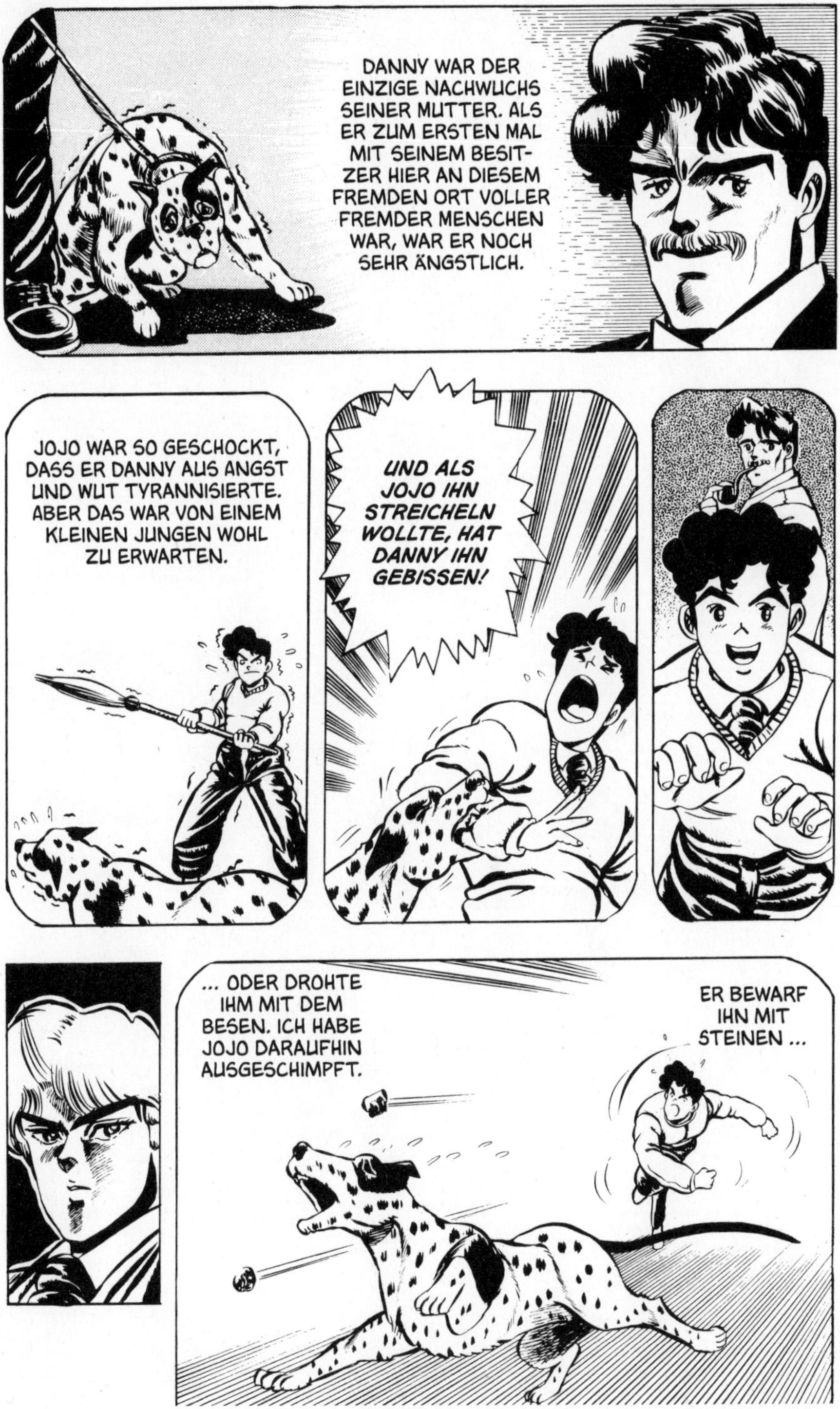
DANNY WAR DER EINZIGE NACHWUCHS SEINER MUTTER. ALS ER ZUM ERSTEN MAL MIT SEINEM BESIT-ZER HIER AN DIESEM FREMDEN ORT VOLLER FREMDER MENSCHEN WAR, WAR ER NOCH SEHR ÄNGSTLICH.
JOJO WAR SO GESCHOCKT, DASS ER DANNY AUS ANGST UND WUT TYRANNISIERTE. ABER DAS WAR VON EINEM KLEINEN JUNGEN WOHL ZU ERWARTEN.
UND ALS JOJO IHN STREICHELN WOLLTE, HAT DANNY IHN GEBISSEN!
ER BEWARF IHN MIT STEINEN ...
... ODER DROHTE IHM MIT DEM BESEN. ICH HABE JOJO DARAUFHIN AUSGESCHIMPFT.

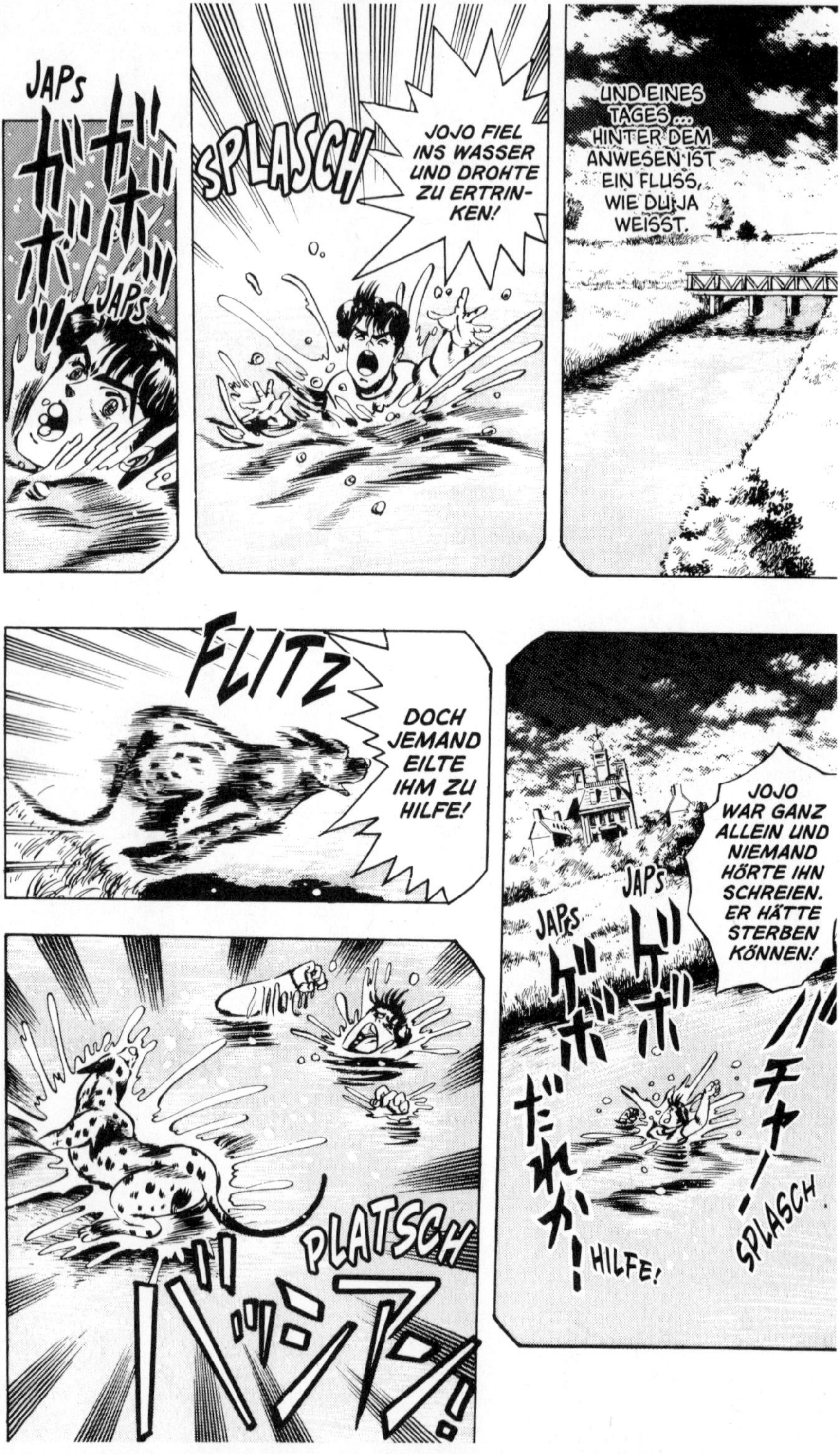
UND EINES TAGES ... HINTER DEM ANWESEN IST EIN FLUSS, WIE DU JA WEISST.
JOJO FIEL INS WASSER UND DROHTE ZU ERTRINKEN!
SPLASCH
JAPS
JAPS
JOJO WAR GANZ ALLEIN UND NIEMAND HÖRTE IHN SCHREIEN. ER HÄTTE STERBEN KÖNNEN!
JAPS
JAPS
HILFE!
SPLASCH
DOCH JEMAND EILTE IHM ZU HILFE!
FLITZ
PLATSCH

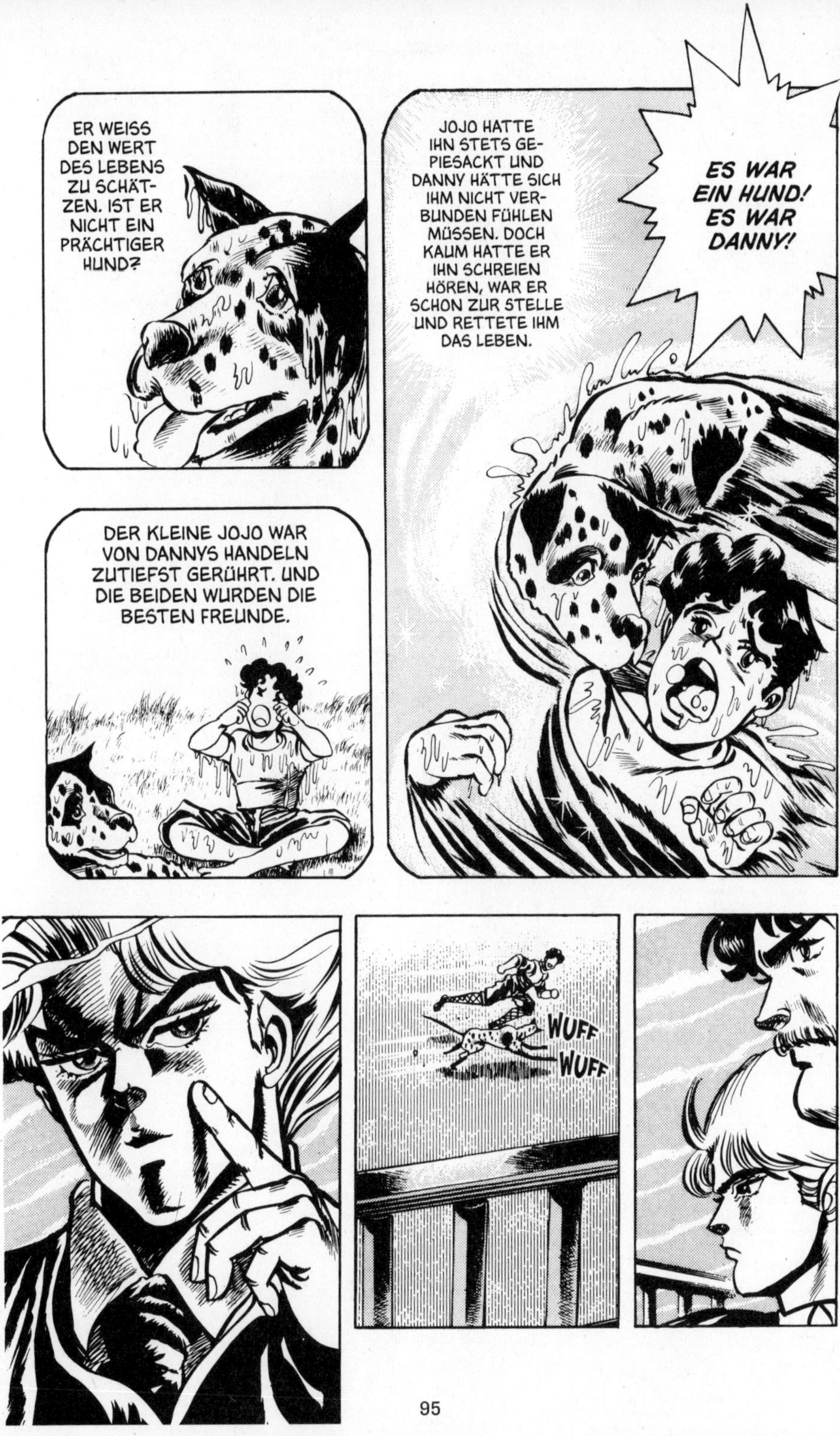

ER WEISS DEN WERT DES LEBENS ZU SCHÄTZEN. IST ER NICHT EIN PRÄCHTIGER HUND?
JOJO HATTE IHN STETS GEPIESACKT UND DANNY HÄTTE SICH IHM NICHT VERBUNDEN FÜHLEN MÜSSEN. DOCH KAUM HATTE ER IHN SCHREIEN HÖREN, WAR ER SCHON ZUR STELLE UND RETTETE IHM DAS LEBEN.
ES WAR EIN HUND! ES WAR DANNY!
DER KLEINE JOJO WAR VON DANNYS HANDELN ZUTIEFST GERÜHRT. UND DIE BEIDEN WURDEN DIE BESTEN FREUNDE.
WUFF
WUFF

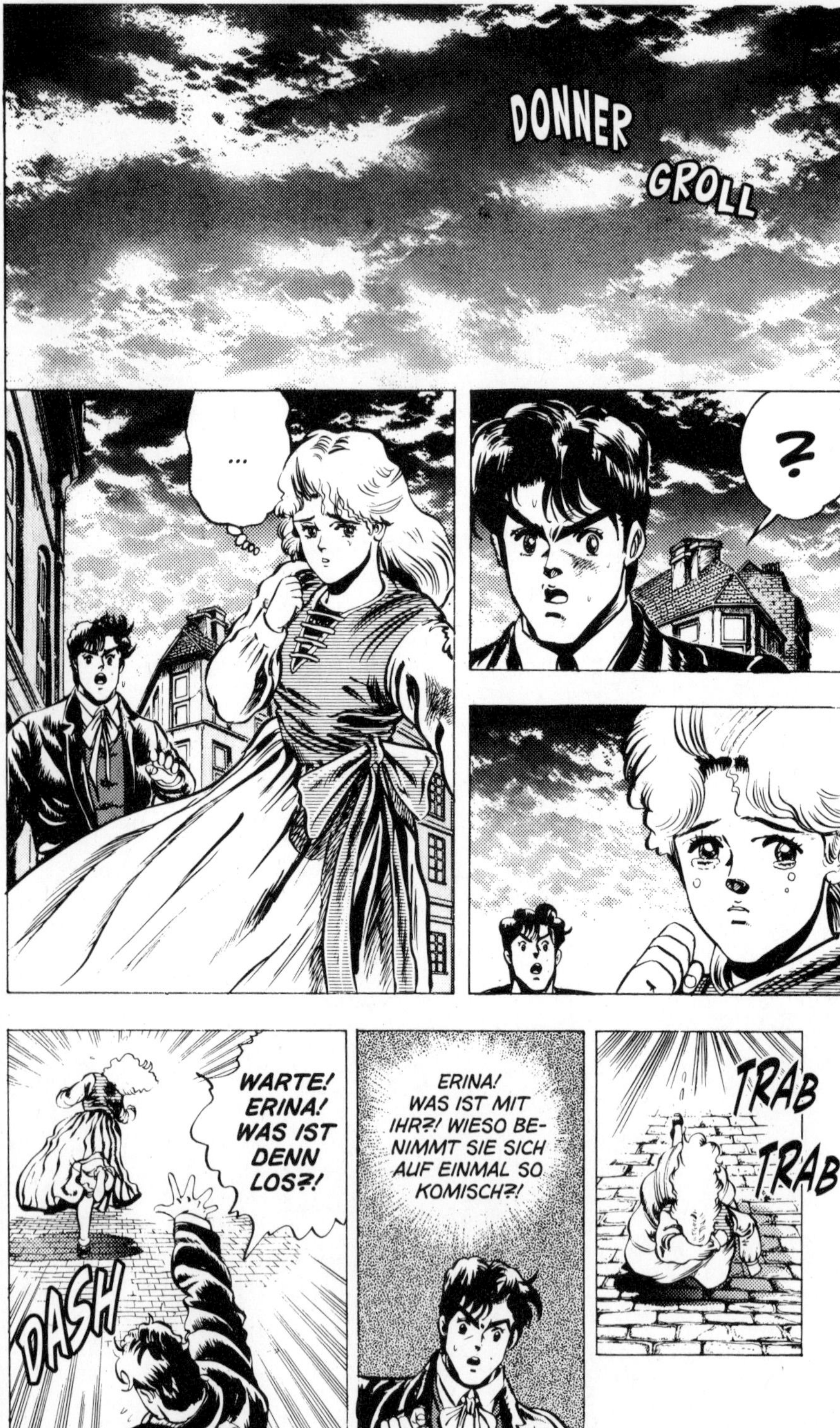
DONNER
GROLL
...
?
WARTE! ERINA! WAS IST DENN LOS?!
DASH
ERINA! WAS IST MIT IHR?! WIESO BENIMMT SIE SICH AUF EINMAL SO KOMISCH?!
TRAB
TRAB

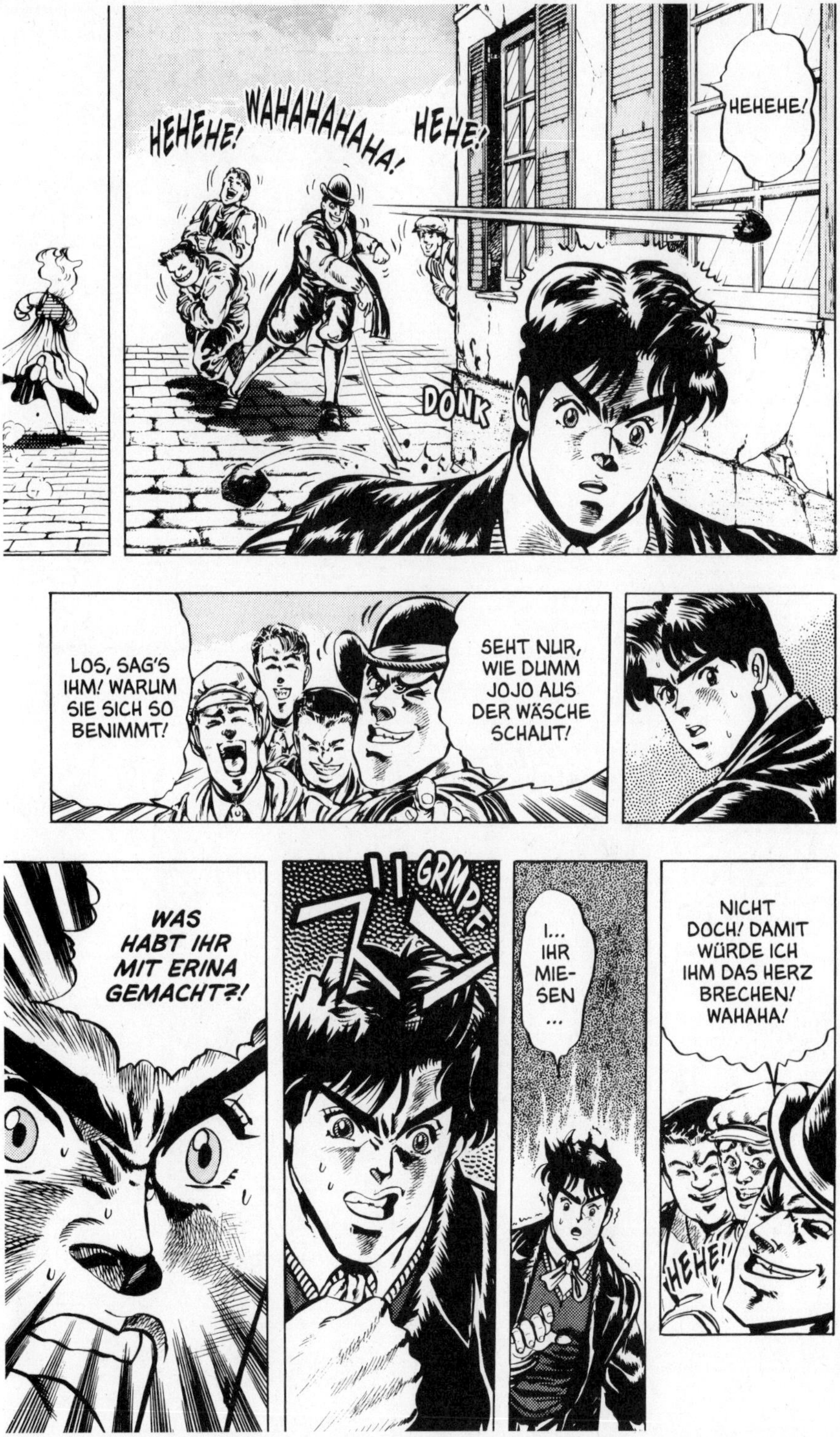
HEHEHE!
HEHE!
WAHAHAHAHA!
HEHEHE!
DONK
SEHT NUR, WIE DUMM JOJO AUS DER WÄSCHE SCHAUT!
LOS, SAG'S IHM! WARUM SIE SICH SO BENIMMT!
NICHT DOCH! DAMIT WÜRDE ICH IHM DAS HERZ BRECHEN! WAHAHA!
HEHE!
I... IHR MIE-SEN ...
GRMPF
WAS HABT IHR MIT ERINA GEMACHT?!

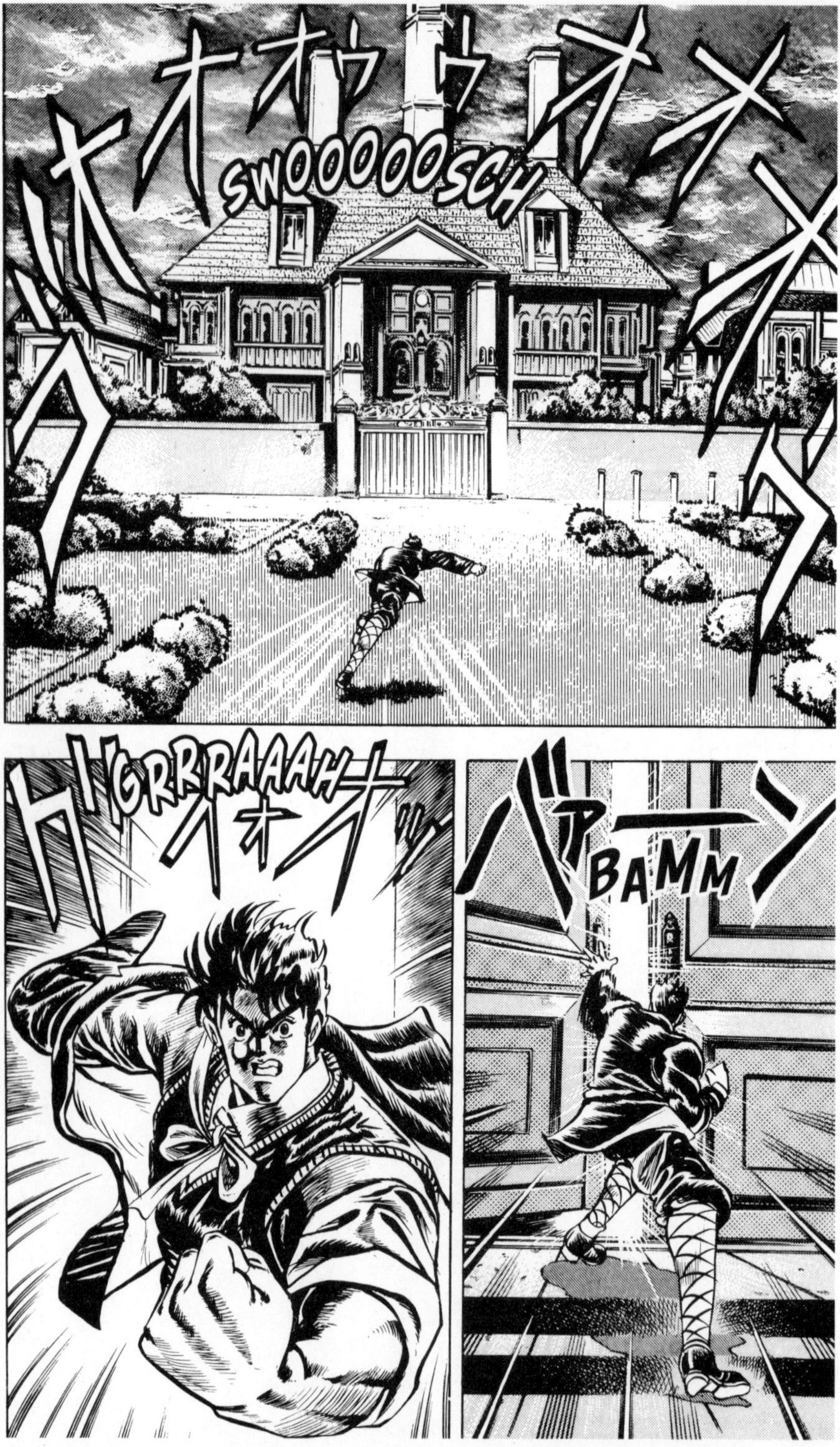
SWOOOOOSCH
GRRRAAAH
BAMM

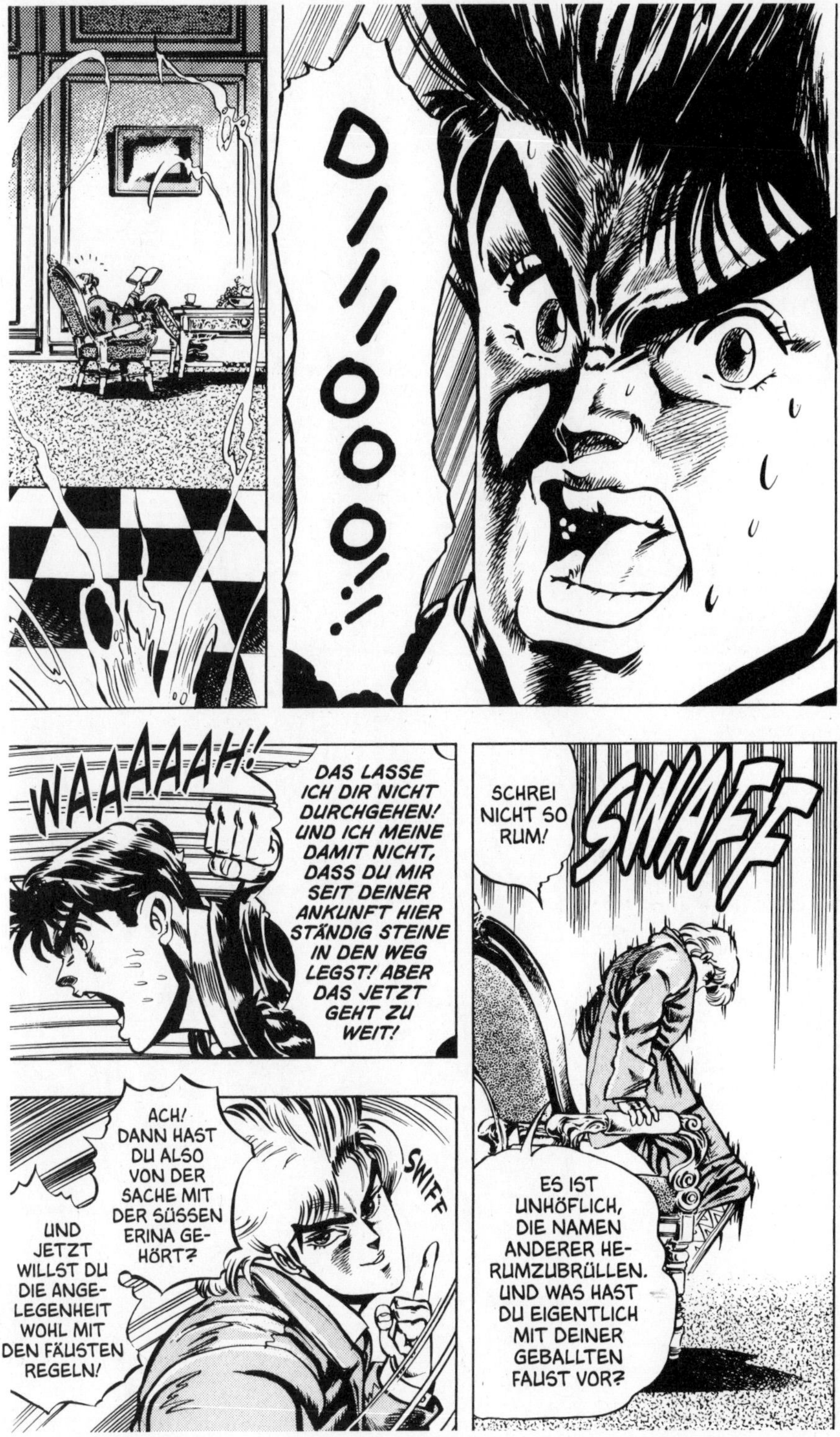
DIIIOOO!!
SCHREI NICHT SO RUM!
SWAFF
ES IST UNHÖFLICH, DIE NAMEN ANDERER HE-RUMZUBRÜLLEN. UND WAS HAST DU EIGENTLICH MIT DEINER GEBALLTEN FAUST VOR?
WAAAAAH!
DAS LASSE ICH DIR NICHT DURCHGEHEN! UND ICH MEINE DAMIT NICHT, DASS DU MIR SEIT DEINER ANKUNFT HIER STÄNDIG STEINE IN DEN WEG LEGST! ABER DAS JETZT GEHT ZU WEIT!
ACH! DANN HAST DU ALSO VON DER SACHE MIT DER SÜSSEN ERINA GE-HÖRT?
SWIFF
UND JETZT WILLST DU DIE ANGE-LEGENHEIT WOHL MIT DEN FÄUSTEN REGELN!

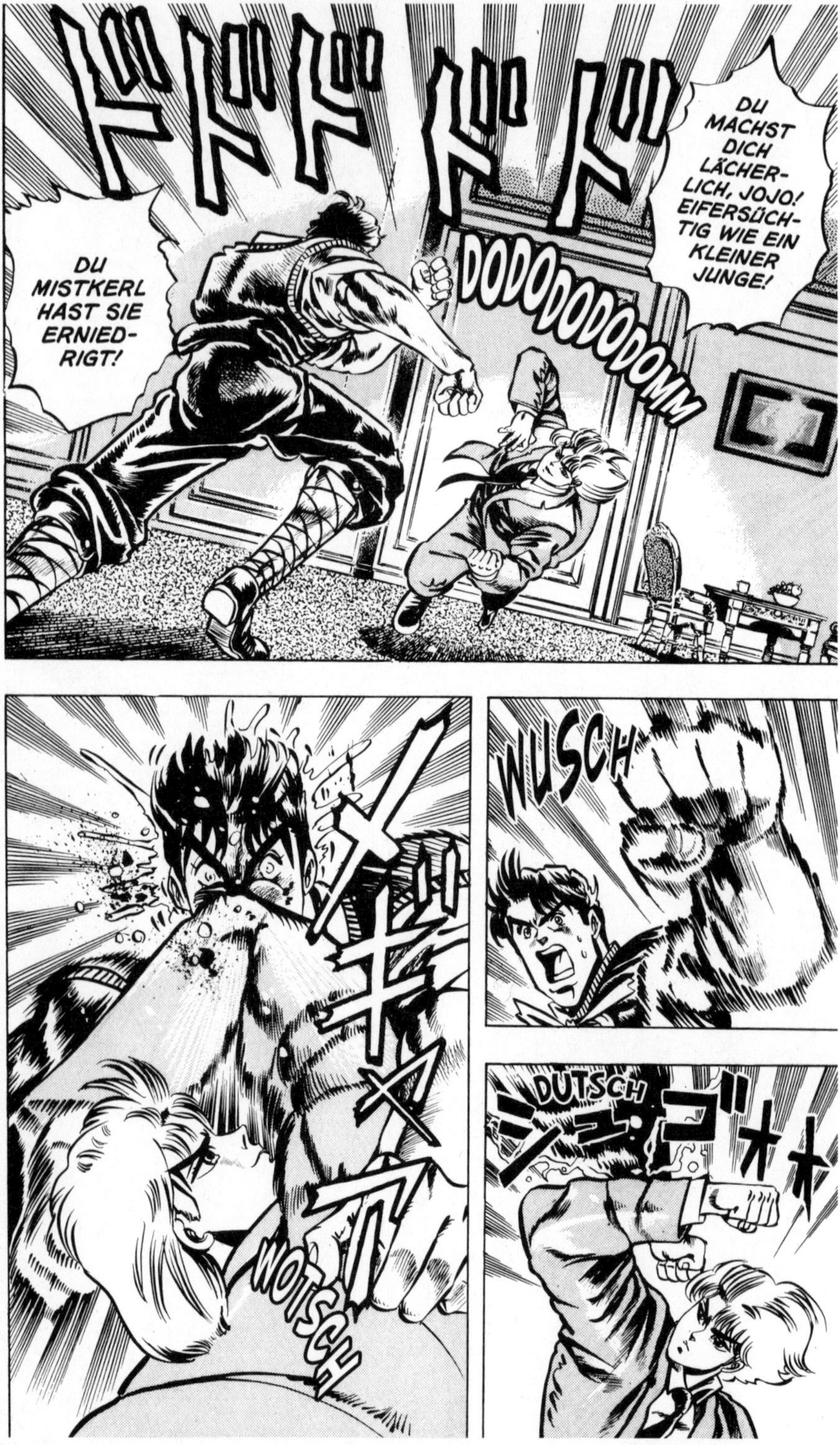

ドドドドド
DU MACHST DICH LÄCHER-LICH, JOJO! EIFERSÜCH-TIG WIE EIN KLEINER JUNGE!
DU MISTKERL HAST SIE ERNIED-RIGT!
DODODODODODOMM
WUSCH
DUTSCH
WOTSCH

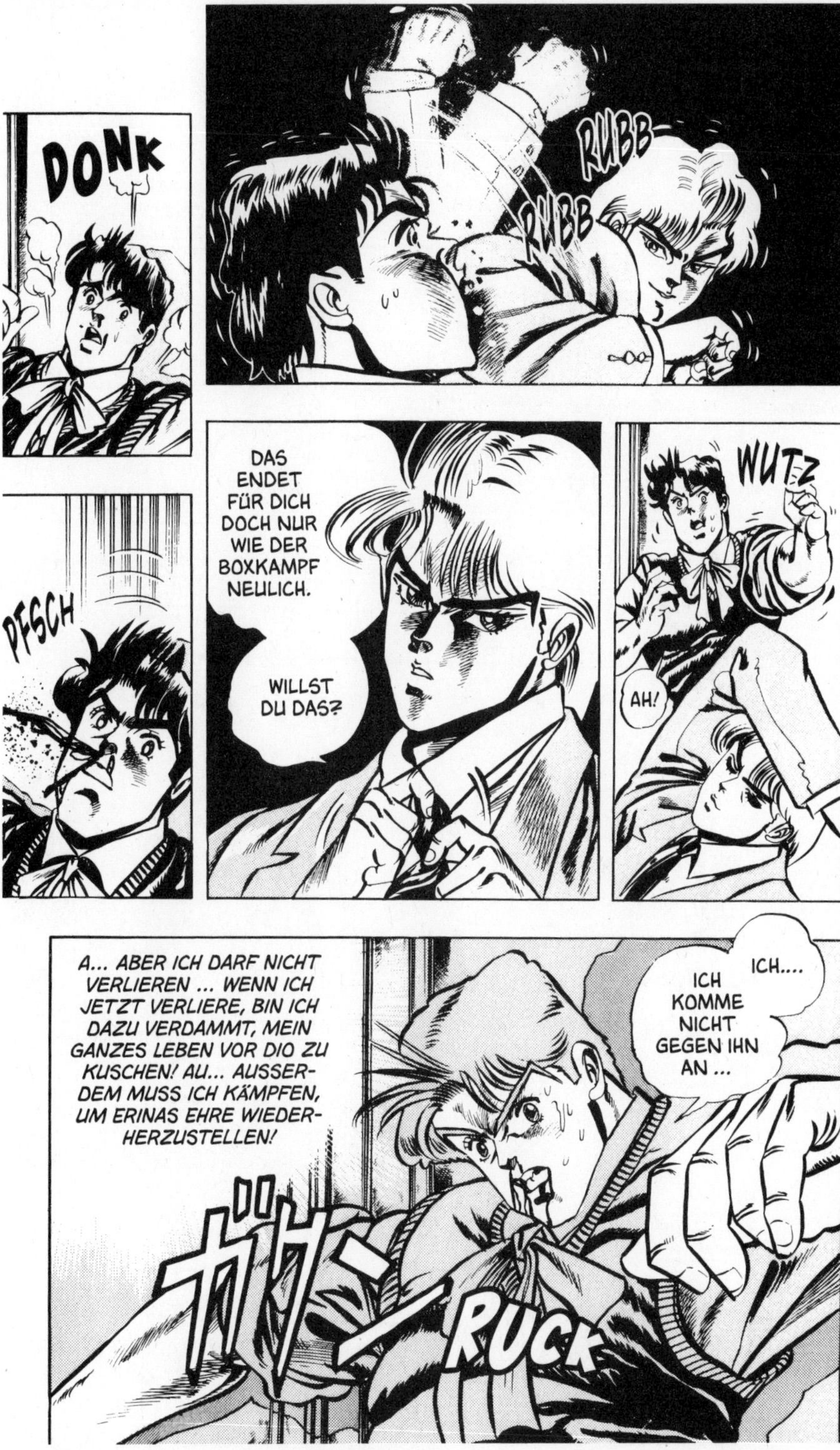
RUBB
RUBB
DONK
WUTZ
AH!
DAS ENDET FÜR DICH DOCH NUR WIE DER BOXKAMPF NEULICH.
WILLST DU DAS?
PFSCH
ICH....
ICH KOMME NICHT GEGEN IHN AN ...
A... ABER ICH DARF NICHT VERLIEREN ... WENN ICH JETZT VERLIERE, BIN ICH DAZU VERDAMMT, MEIN GANZES LEBEN VOR DIO ZU KUSCHEN! AU... AUSSER-DEM MUSS ICH KÄMPFEN, UM ERINAS EHRE WIEDER-HERZUSTELLEN!
ガザー
RUCK

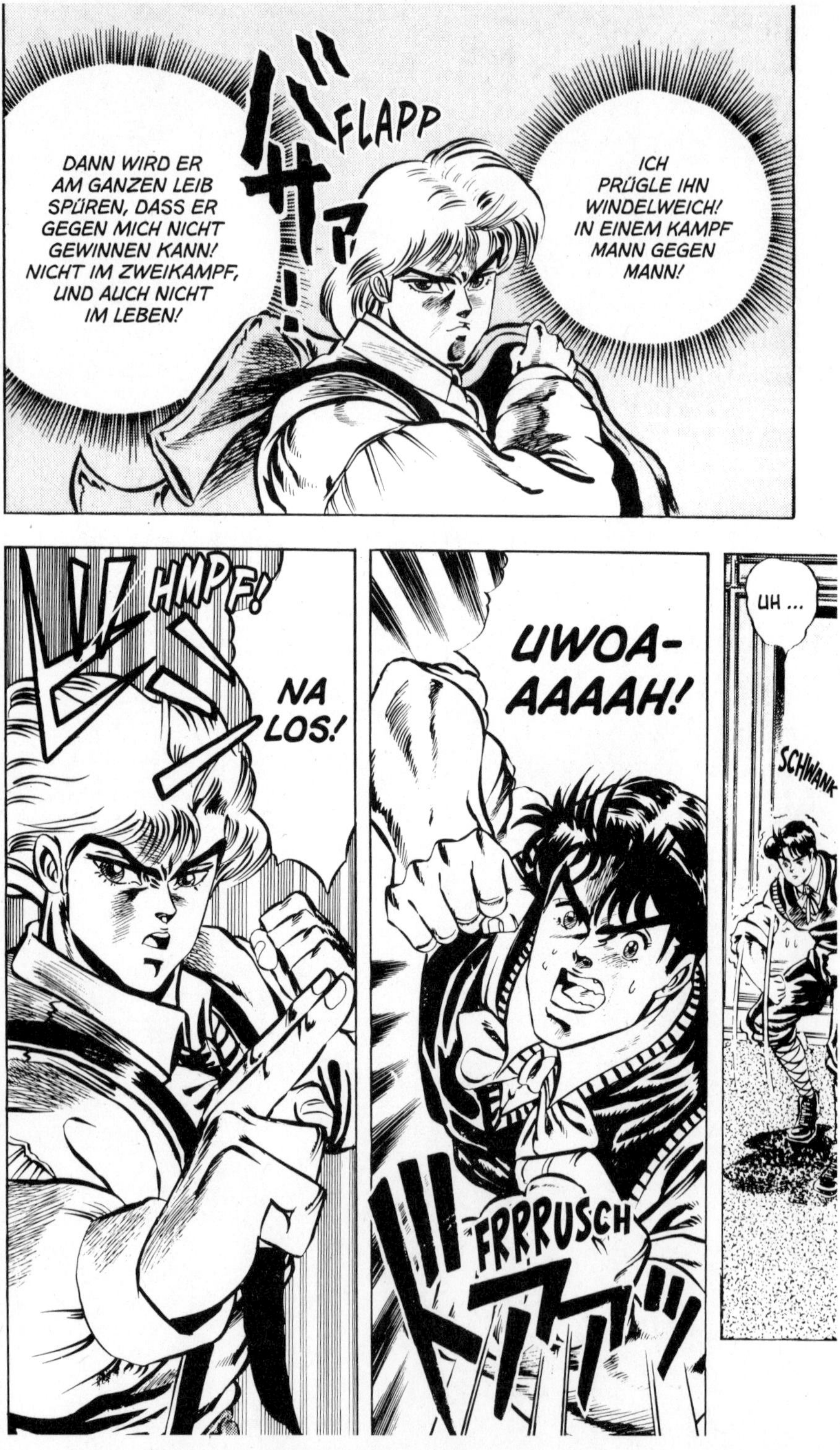
ICH PRÜGLE IHN WINDELWEICH! IN EINEM KAMPF MANN GEGEN MANN!
FLAPP
DANN WIRD ER AM GANZEN LEIB SPÜREN, DASS ER GEGEN MICH NICHT GEWINNEN KANN! NICHT IM ZWEIKAMPF, UND AUCH NICHT IM LEBEN!
UH ...
SCHWANK
UWOA-AAAAH!
FRRRUSCH
HMPF!
NA LOS!

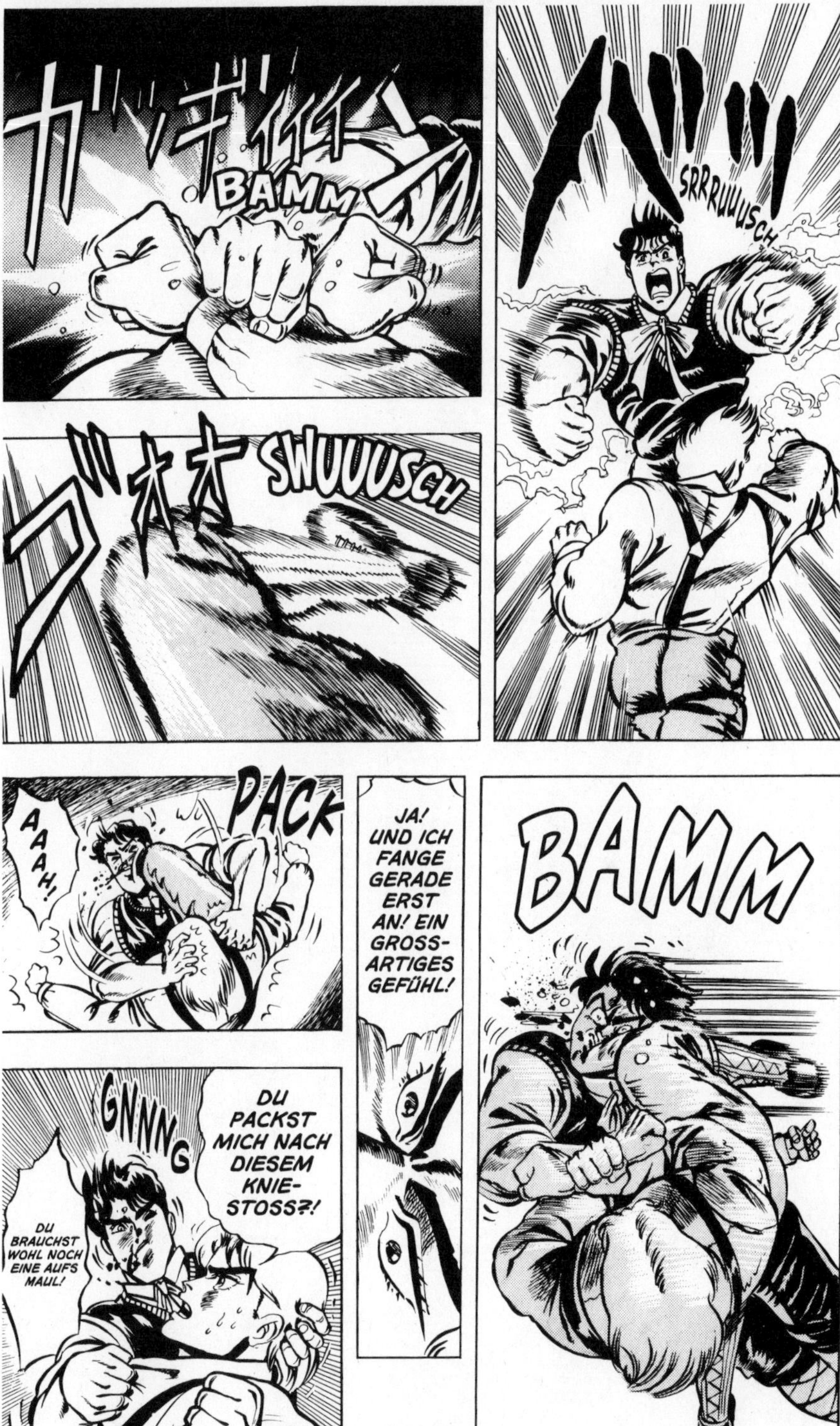
SRRRUUUSCH
BAMM
SWUUUSCH
BAMM
JA! UND ICH FANGE GERADE ERST AN! EIN GROSS-ARTIGES GEFÜHL!
PACK
AAAH!
GNNNG
DU PACKST MICH NACH DIESEM KNIE-STOSS?!
DU BRAUCHST WOHL NOCH EINE AUFS MAUL!

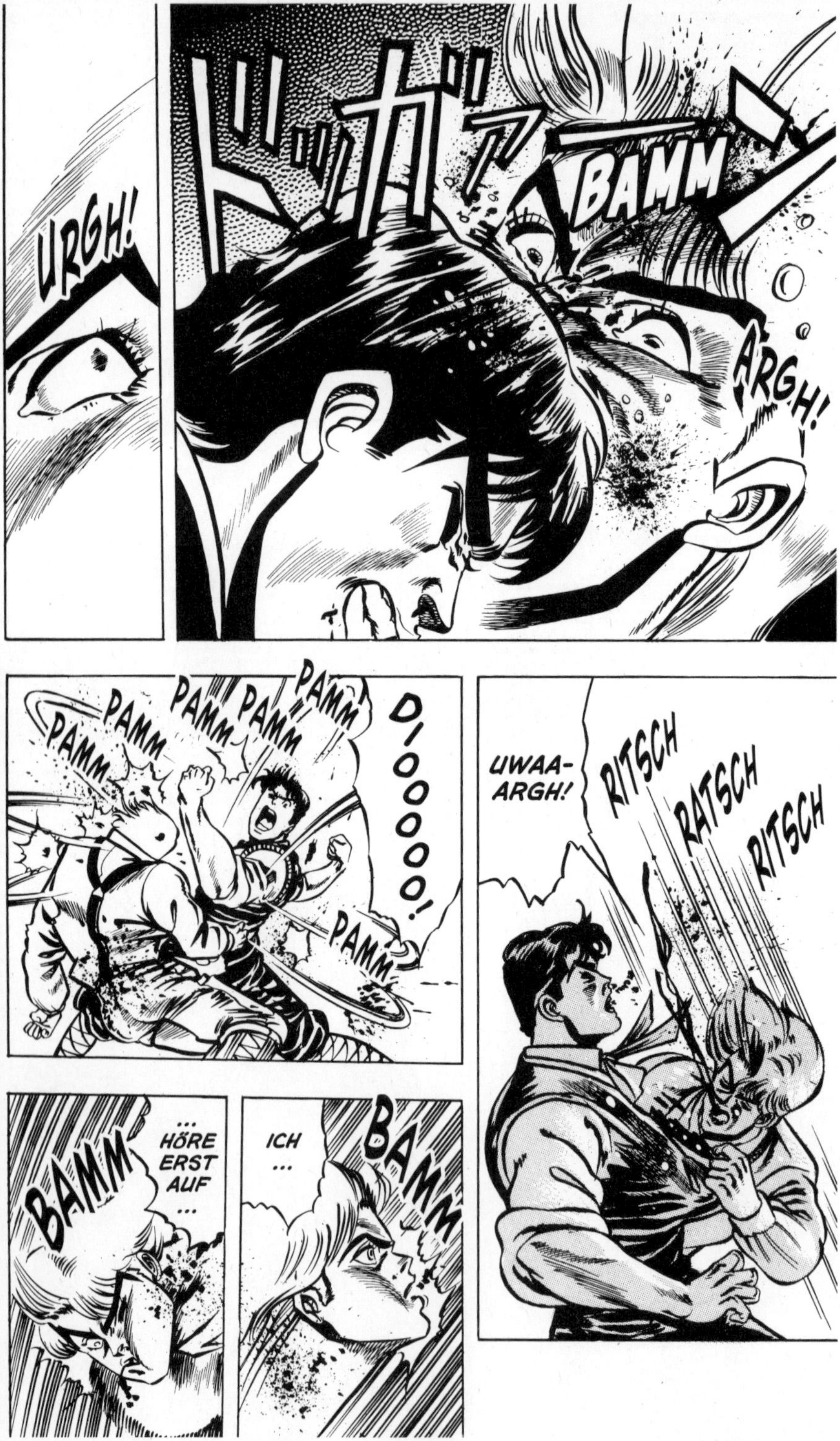
ドッガァ
BAMM
ARGH!
URGH!
UWAA-ARGH!
RITSCH
RATSCH
RITSCH
PAMM
PAMM
PAMM
PAMM
PAMM
PAMM
DIOOOOOO!
PAMM
ICH ...
BAMM
... HÖRE ERST AUF ...
BAMM

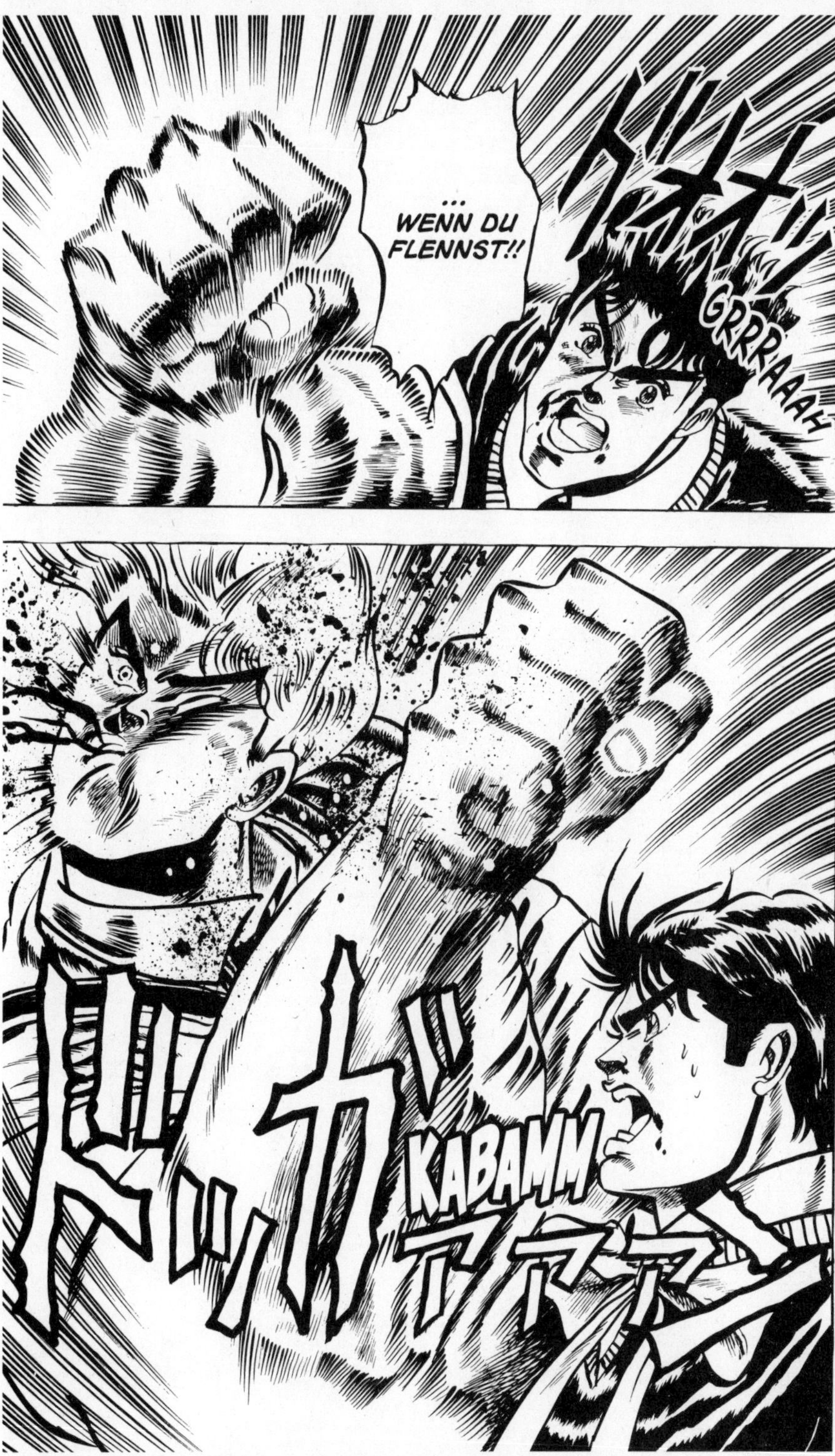
... WENN DU FLENNST!!
GRRRAAAH
KABAMM

JOJO'S BIZARRE ADVENTURE

PART 1

PHANTOM BLOOD

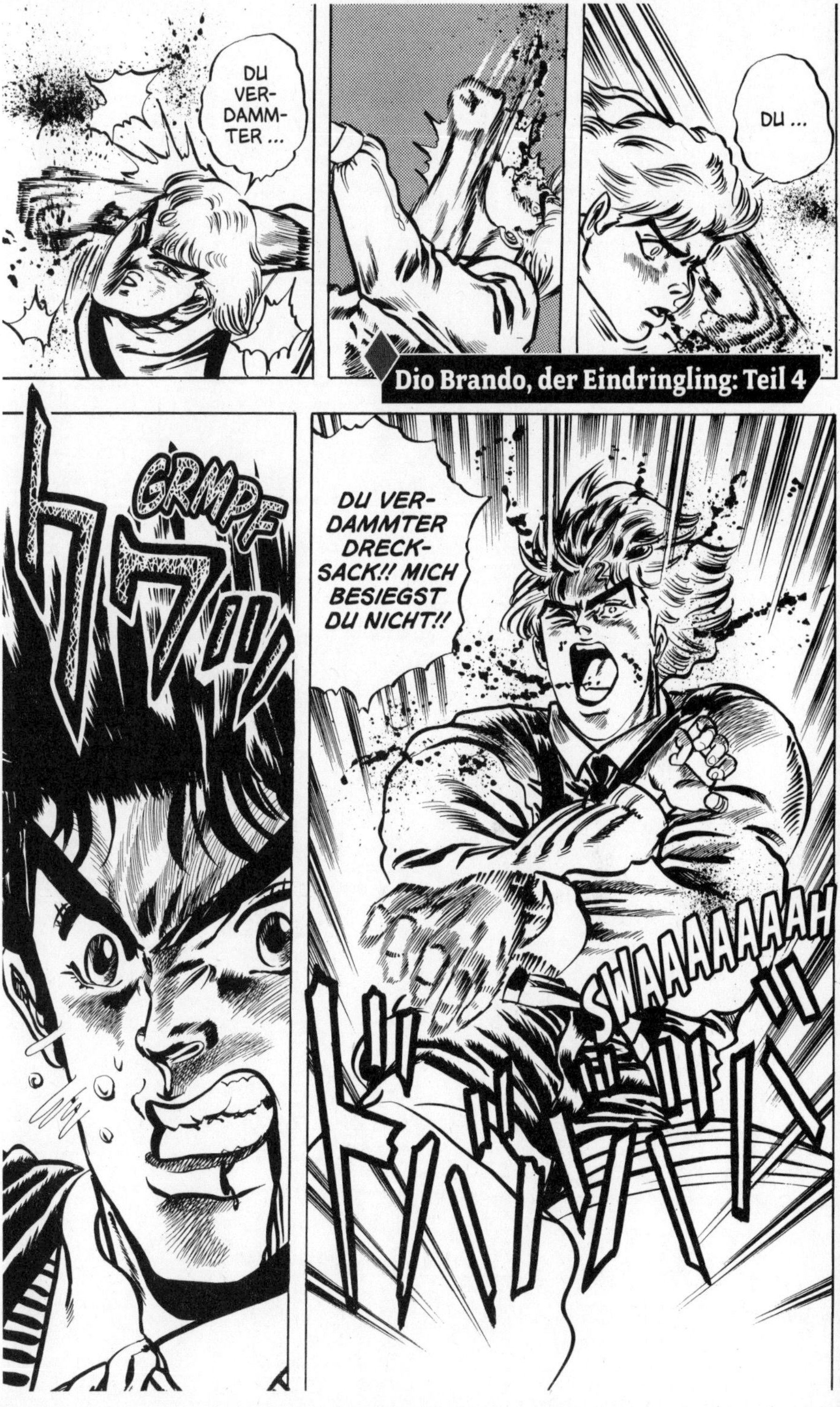
DU ...
DU VER-DAMM-TER ...
Dio Brando, der Eindringling: Teil 4
DU VER-DAMMTER DRECK-SACK!! MICH BESIEGST DU NICHT!!
SWAAAAAAAH
GRMPF

Dio Brando, der Eindringling: Teil 4

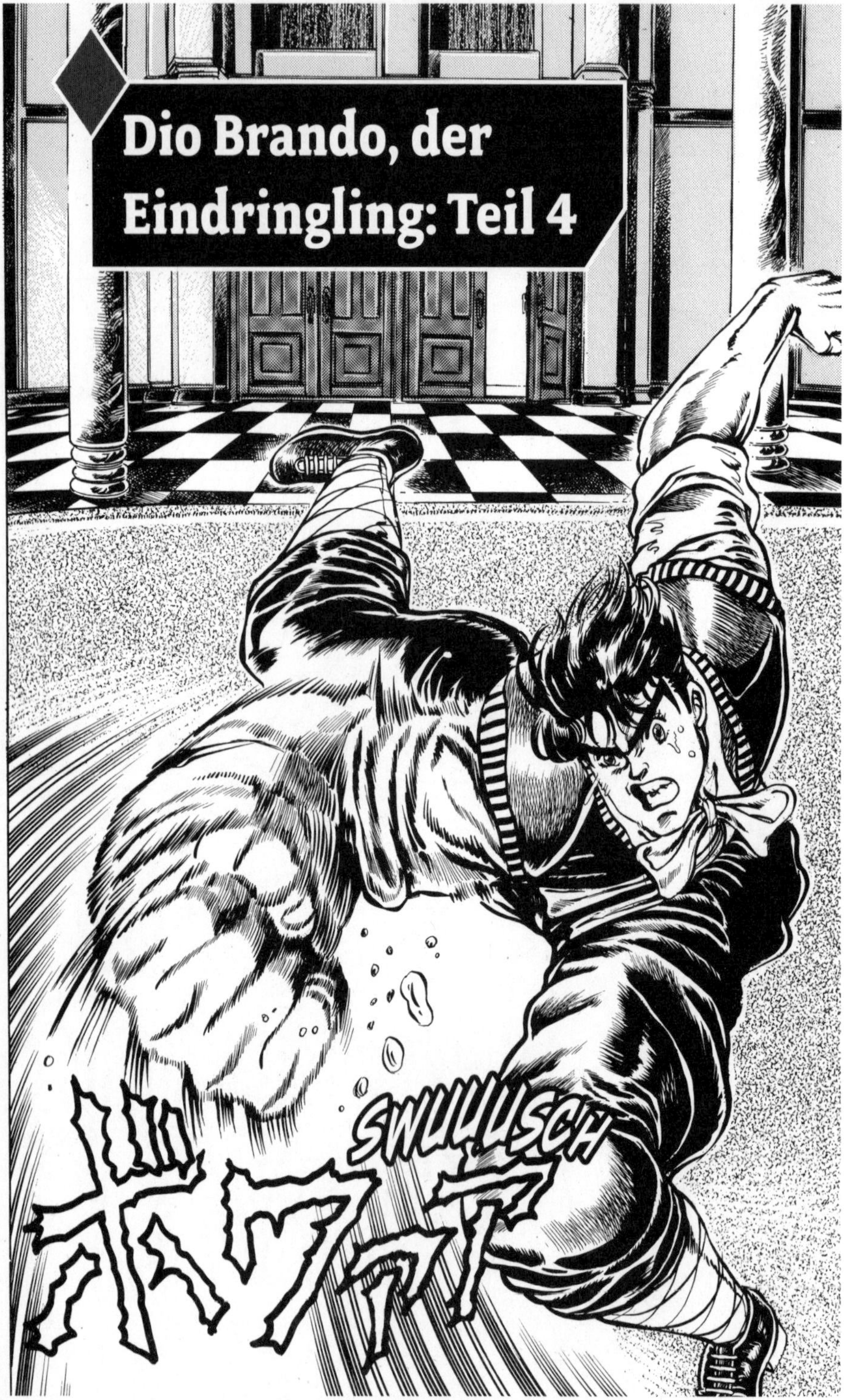

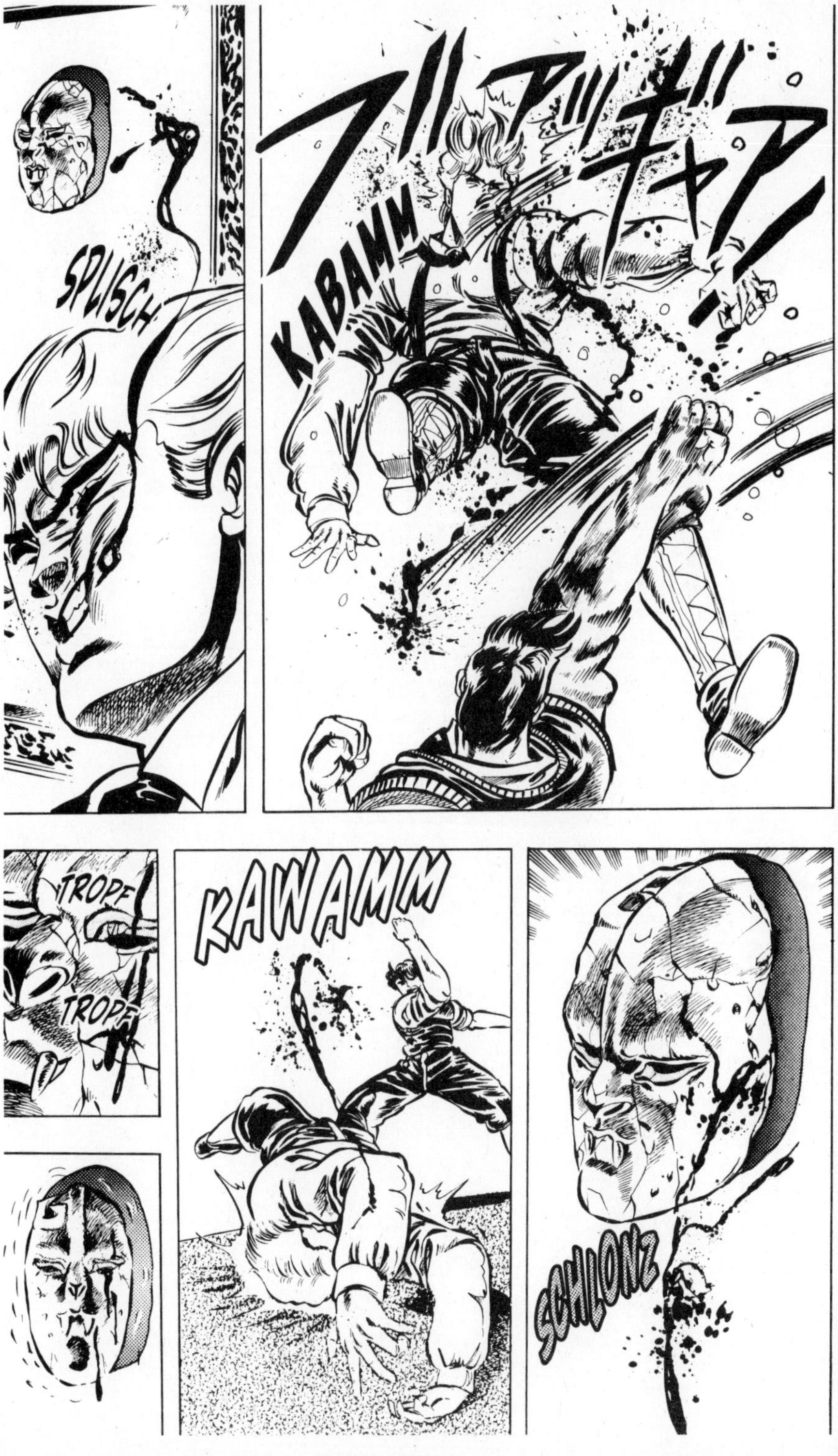
KABAMM
SPLISCH
SCHLONZ
KAWAMM
TROPF
TROPF

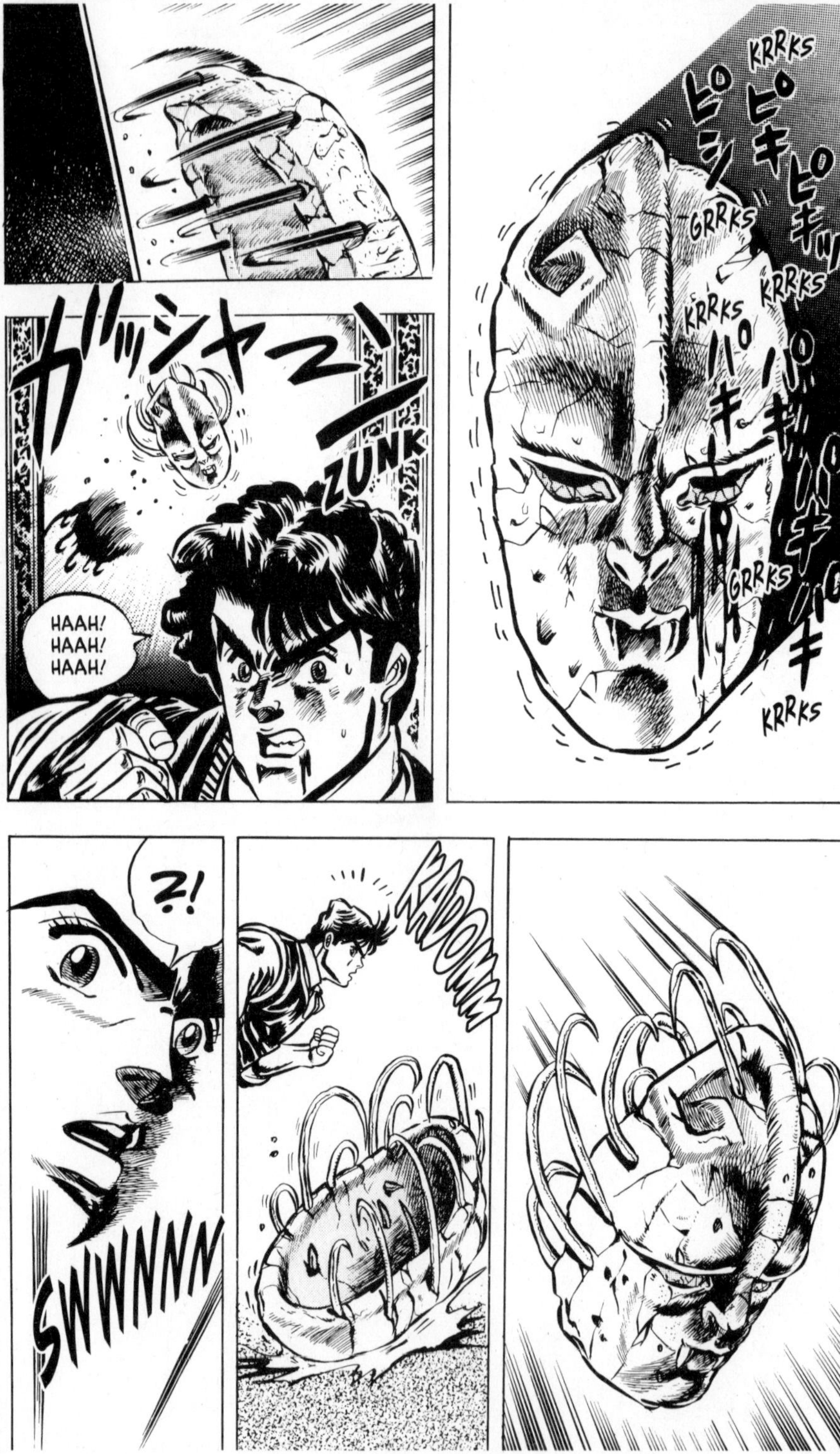

ZUNK
HAAH! HAAH! HAAH!
KRRKS
GRRKS
KRRKS
KRRKS
GRRKS
KRRKS
?!
SWWNNN
KADOOM

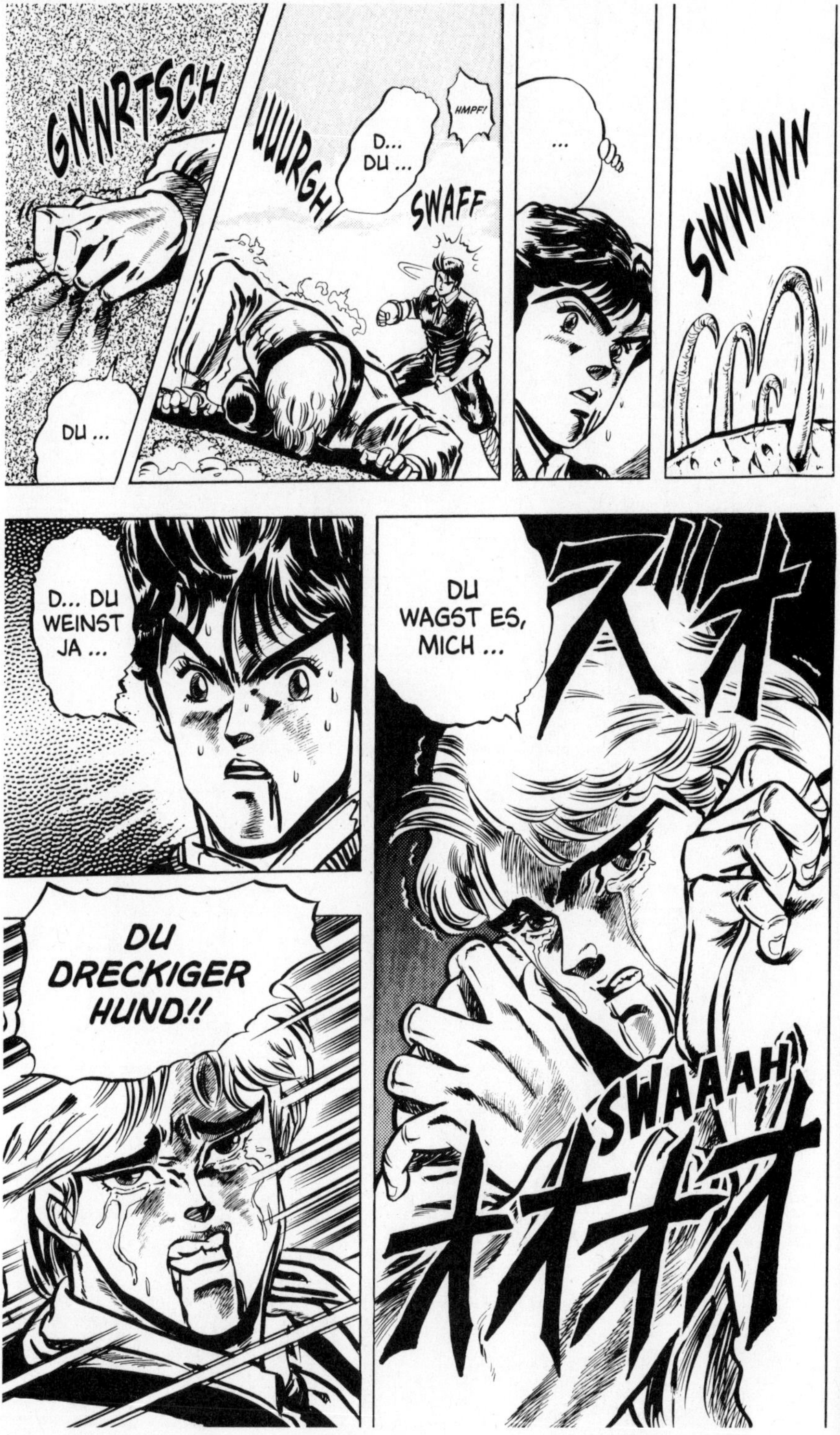

GNNRTSCH
DU ...
UUURGH
D... DU ...
HMPF!
SWAFF
...
SWWNNN
D... DU WEINST JA ...
DU WAGST ES, MICH ...
DU DRECKIGER HUND!!
SWAAAH

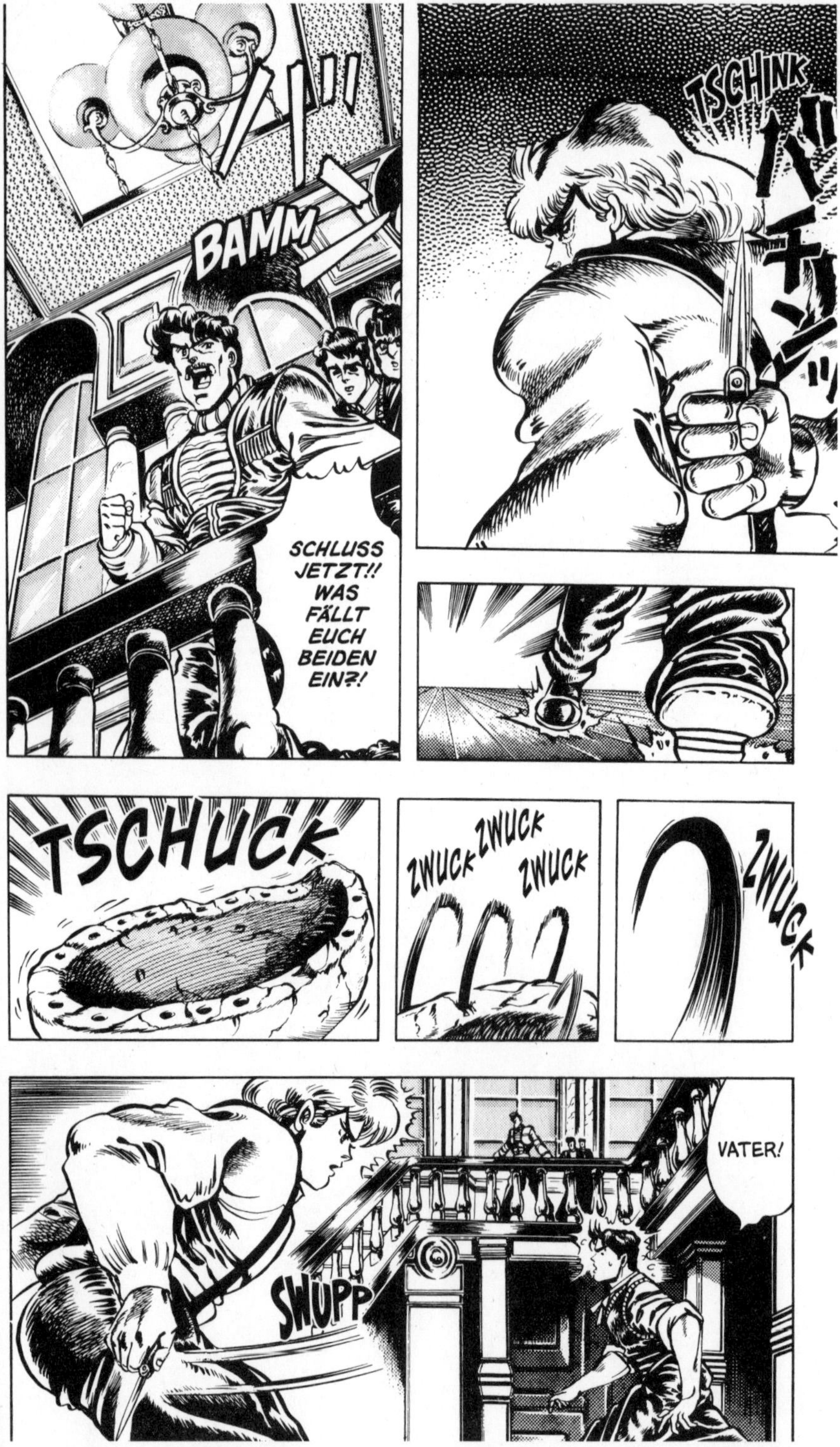
TSCHINK
バチーンッ
BAMM
SCHLUSS JETZT!! WAS FÄLLT EUCH BEIDEN EIN?!
ZWUCK
ZWUCK ZWUCK ZWUCK
TSCHUCK
VATER!
SWUPP

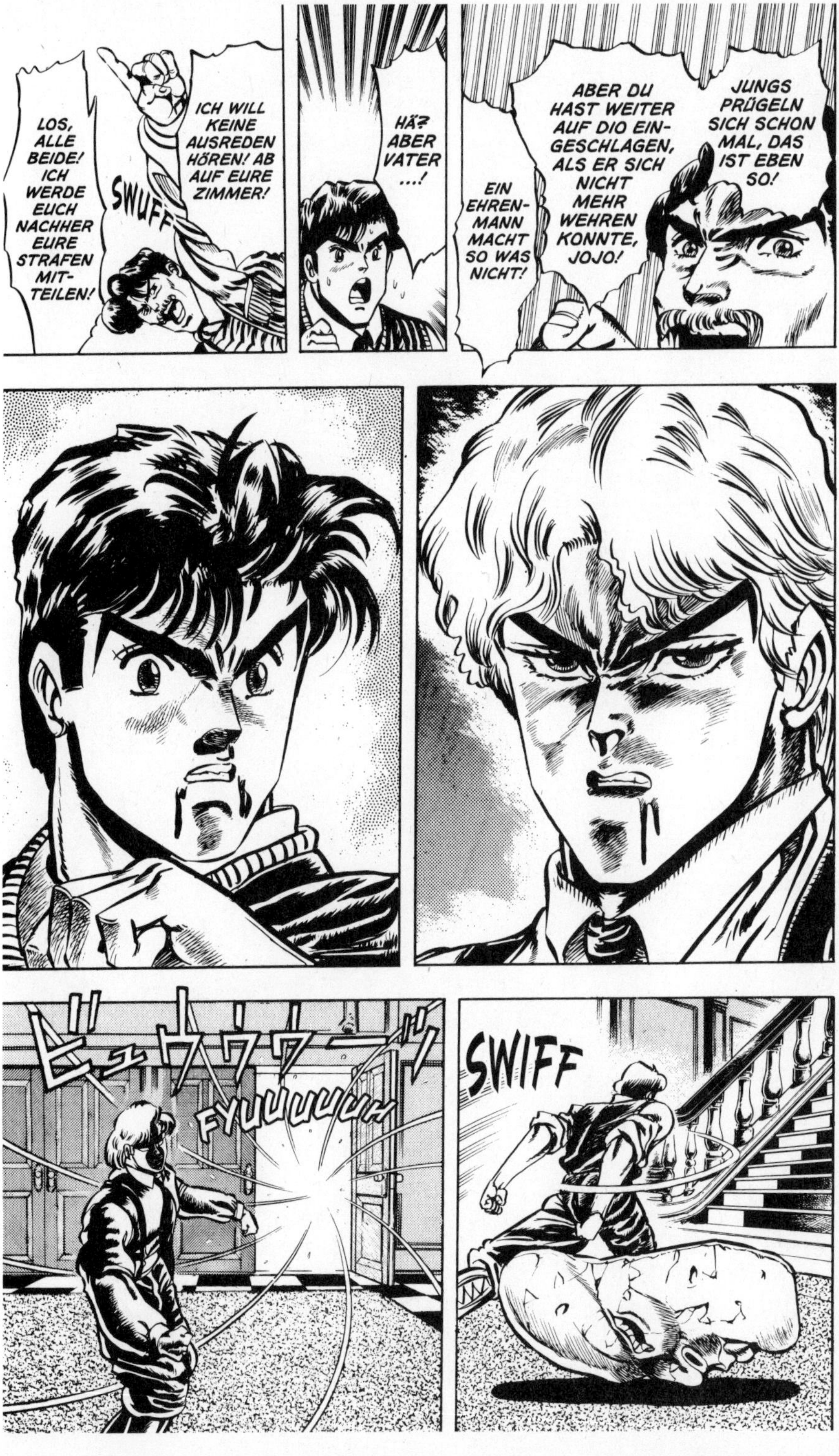
JUNGS PRÜGELN SICH SCHON MAL, DAS IST EBEN SO!
ABER DU HAST WEITER AUF DIO EIN-GESCHLAGEN, ALS ER SICH NICHT MEHR WEHREN KONNTE, JOJO!
EIN EHREN-MANN MACHT SO WAS NICHT!
HÄ? ABER VATER ...!
ICH WILL KEINE AUSREDEN HÖREN! AB AUF EURE ZIMMER!
SWUFF
LOS, ALLE BEIDE! ICH WERDE EUCH NACHHER EURE STRAFEN MIT-TEILEN!
SWIFF
ビュウウウーッ
FYUUUUUUH

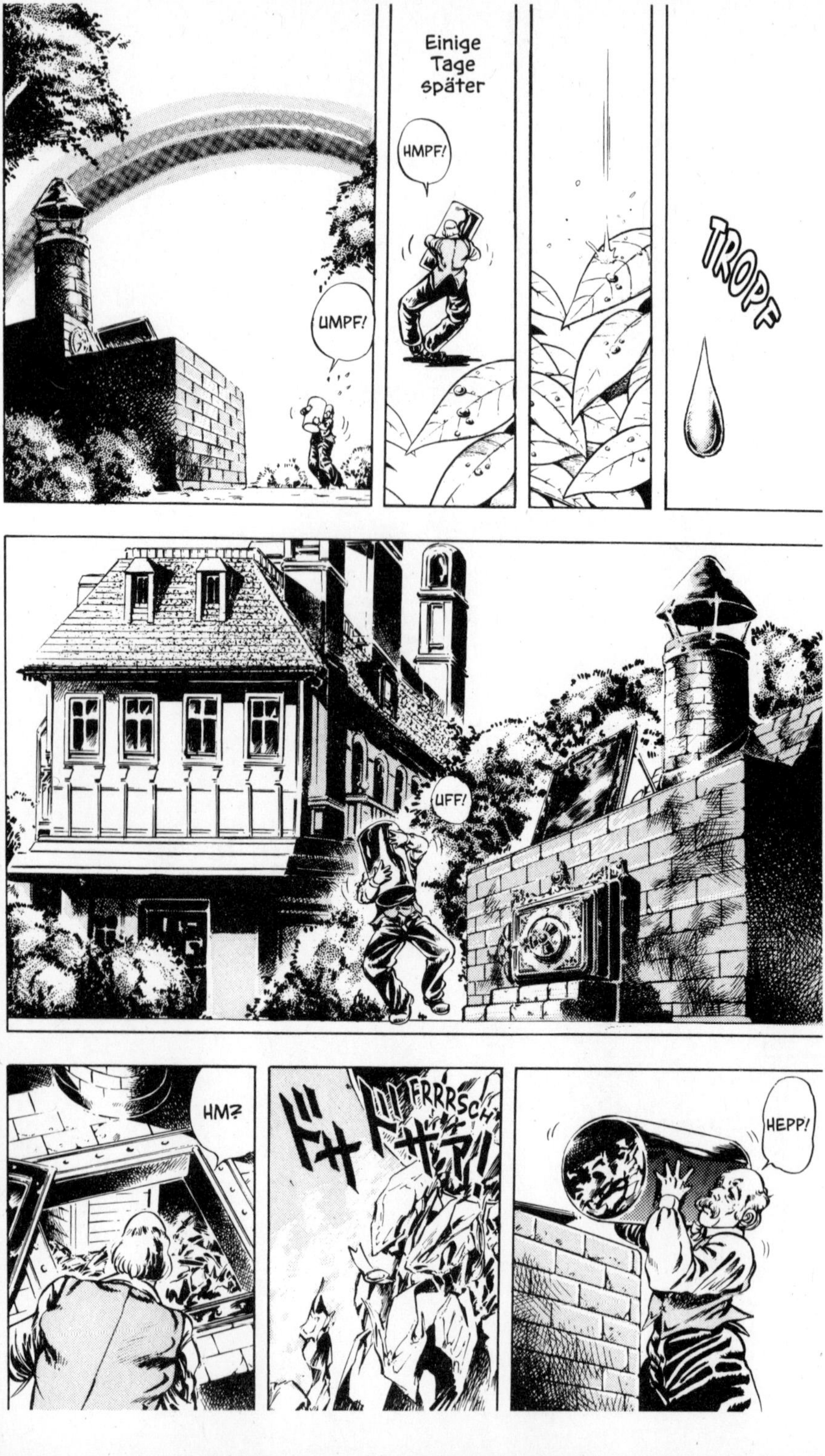
UMPF!
Einige Tage später
HMPF!
TROPF
UFF!
HM?
FRRRSCH
HEPP!

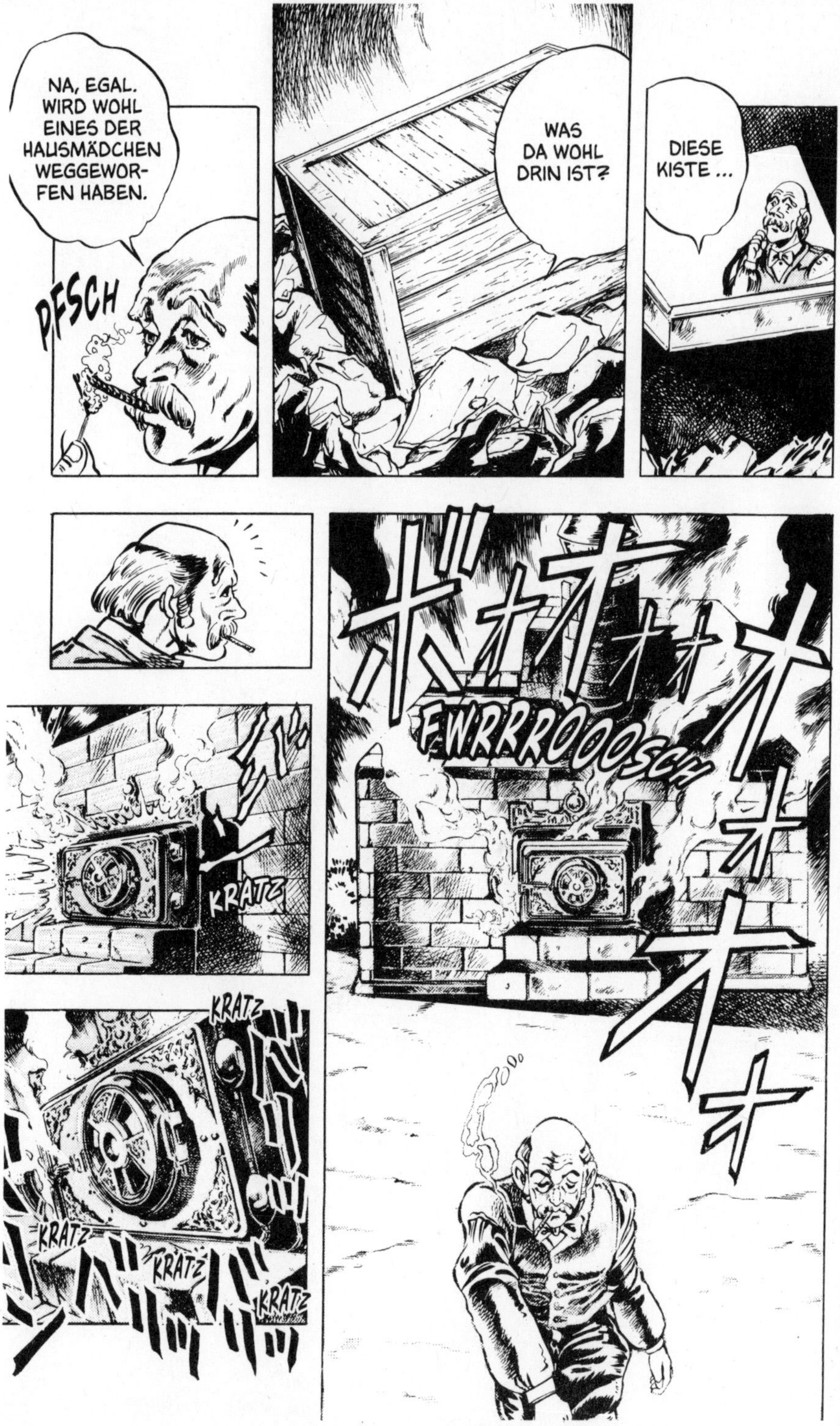
DIESE KISTE ...
WAS DA WOHL DRIN IST?
NA, EGAL. WIRD WOHL EINES DER HAUSMÄDCHEN WEGGEWORFEN HABEN.
PFSCH
FWRRROOOSCH
KRATZ
KRATZ
KRATZ
KRATZ
KRATZ

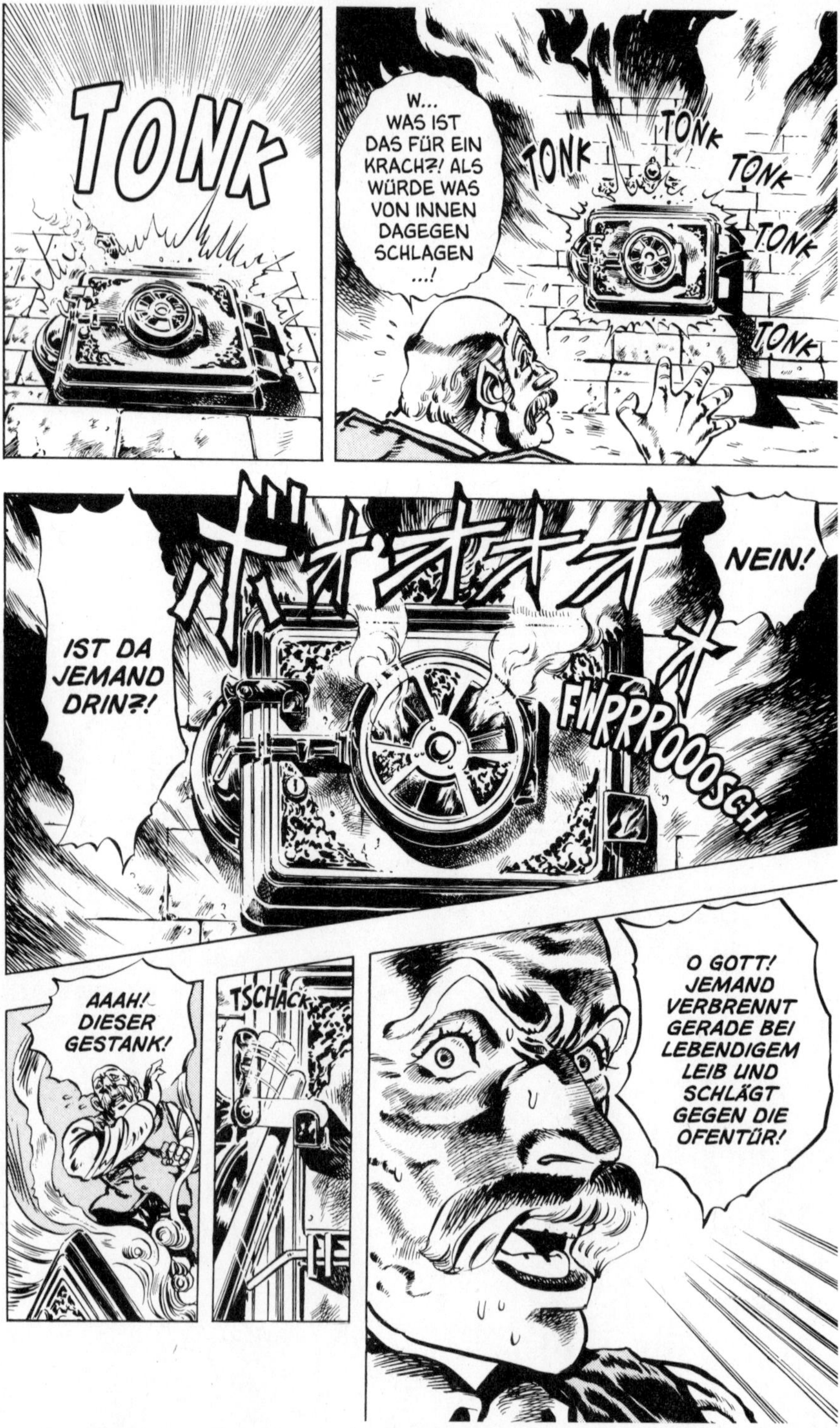

TONK
W... WAS IST DAS FÜR EIN KRACH?! ALS WÜRDE WAS VON INNEN DAGEGEN SCHLAGEN ...!
TONK
TONK
TONK
TONK
TONK
NEIN!
ボォオオオオ
FWRRROOOSCH
IST DA JEMAND DRIN?!
O GOTT! JEMAND VERBRENNT GERADE BEI LEBENDIGEM LEIB UND SCHLÄGT GEGEN DIE OFENTÜR!
TSCHACK
AAAH! DIESER GESTANK!

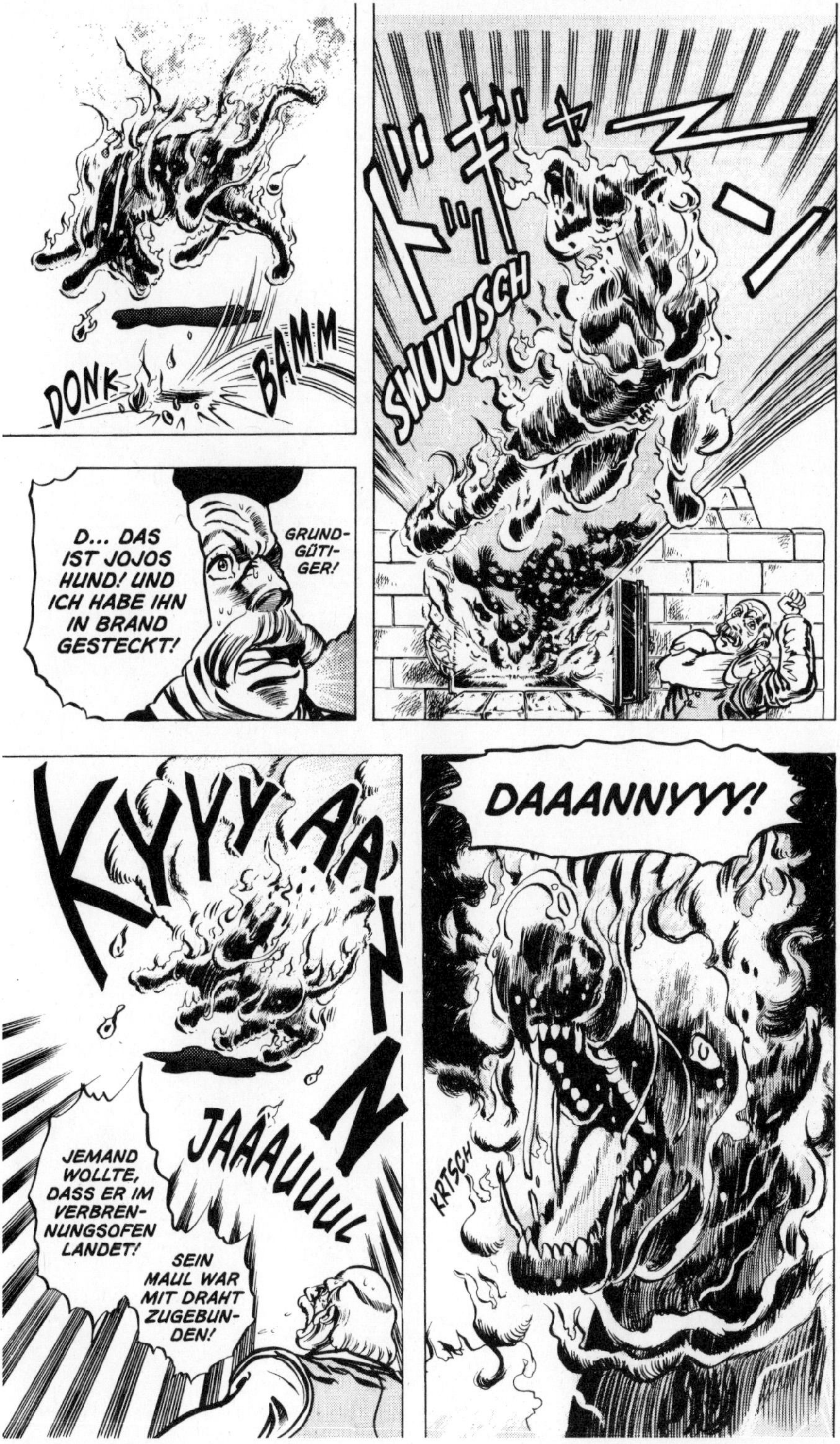
DONK
BAMM
ドギャーン
SWUUUSCH
D... DAS IST JOJOS HUND! UND ICH HABE IHN IN BRAND GESTECKT!
GRUND-GÜTI-GER!
KYYYAAAN
JAAAUUUL
JEMAND WOLLTE, DASS ER IM VERBREN-NUNGSOFEN LANDET!
SEIN MAUL WAR MIT DRAHT ZUGEBUN-DEN!
DAAANNYYY!
KRTSCH

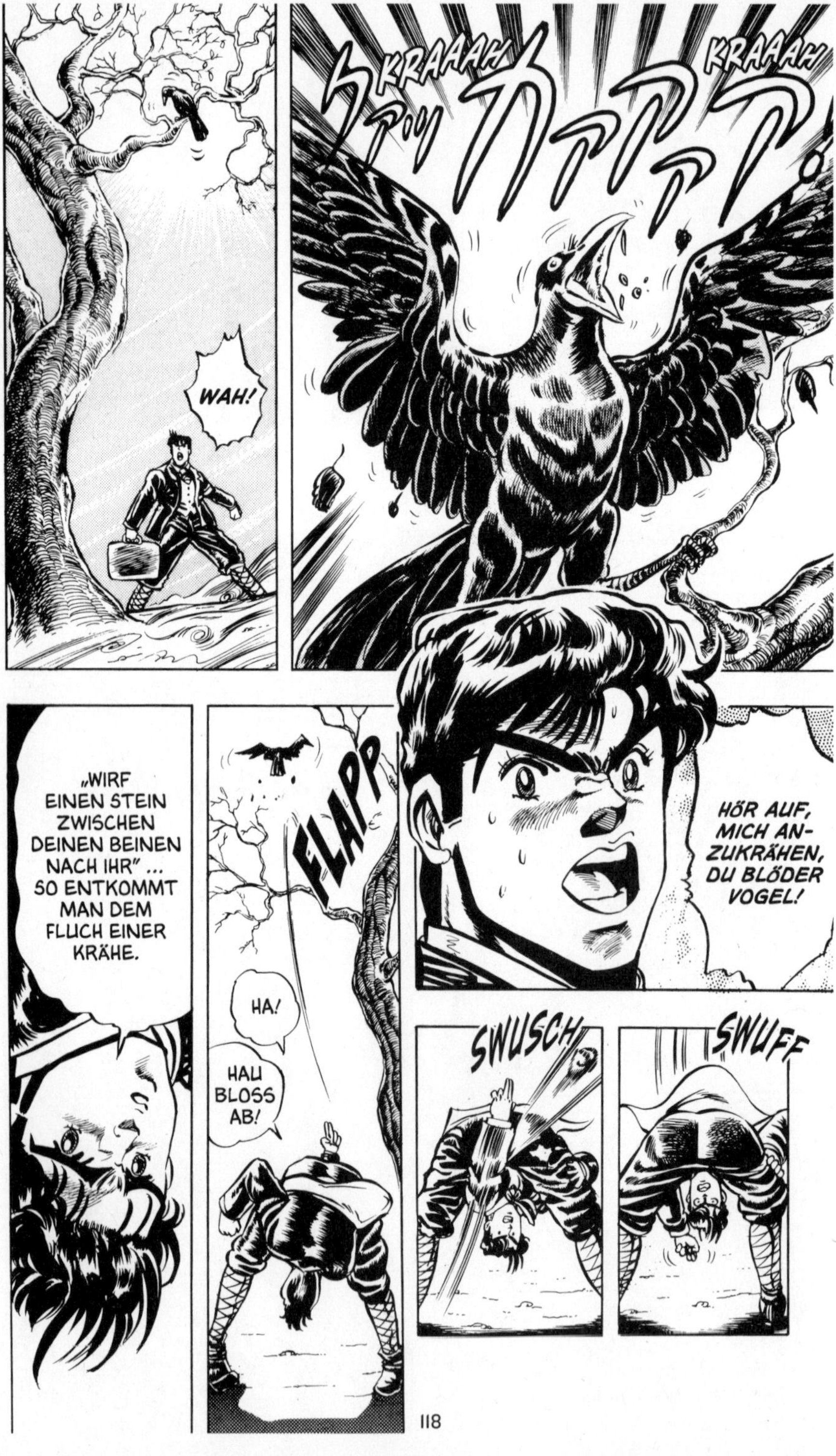
WAH!
KRAAAH
KRAAAH
HÖR AUF, MICH AN-ZUKRÄHEN, DU BLÖDER VOGEL!
FLAPP
HA!
HAU BLOSS AB!
„WIRF EINEN STEIN ZWISCHEN DEINEN BEINEN NACH IHR“ ... SO ENTKOMMT MAN DEM FLUCH EINER KRÄHE.
SWUSCH
SWUFF

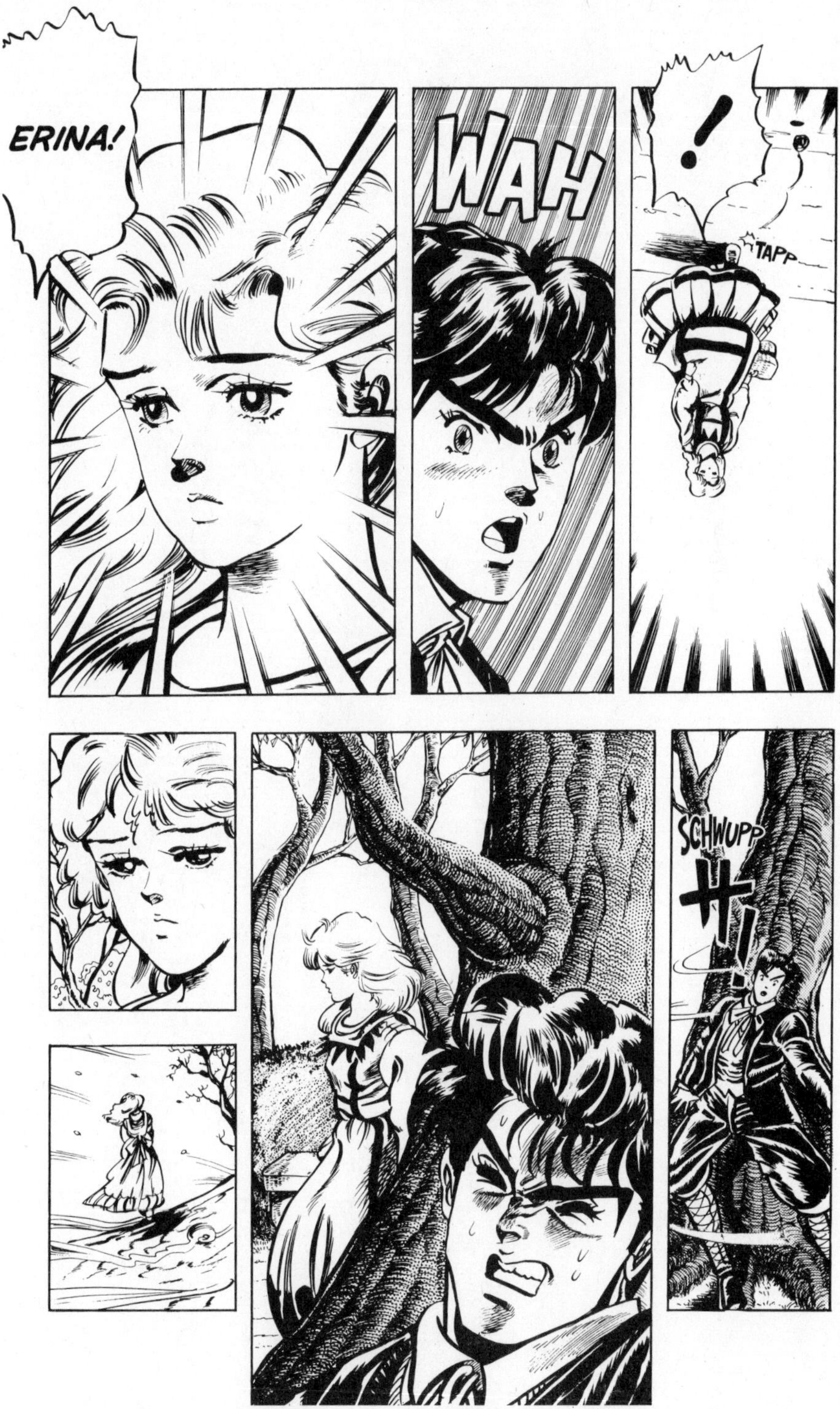
ERINA!
WAH
!
TAPP
SCHWUPP

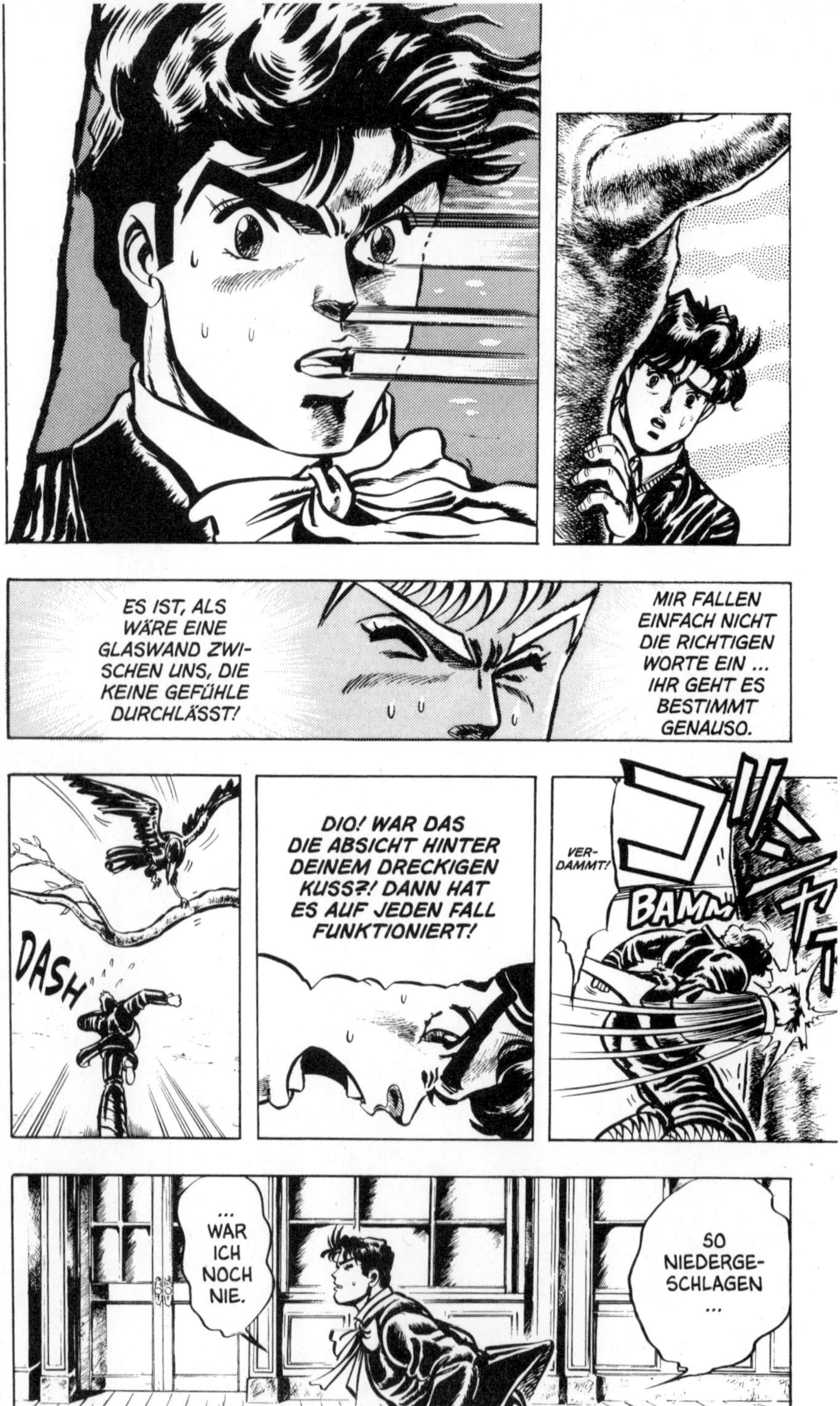
MIR FALLEN EINFACH NICHT DIE RICHTIGEN WORTE EIN ... IHR GEHT ES BESTIMMT GENAUSO.
ES IST, ALS WÄRE EINE GLASWAND ZWISCHEN UNS, DIE KEINE GEFÜHLE DURCHLÄSST!
VERDAMMT!
BAMM
DIO! WAR DAS DIE ABSICHT HINTER DEINEM DRECKIGEN KUSS?! DANN HAT ES AUF JEDEN FALL FUNKTIONIERT!
DASH
SO NIEDERGESCHLAGEN ...
... WAR ICH NOCH NIE.

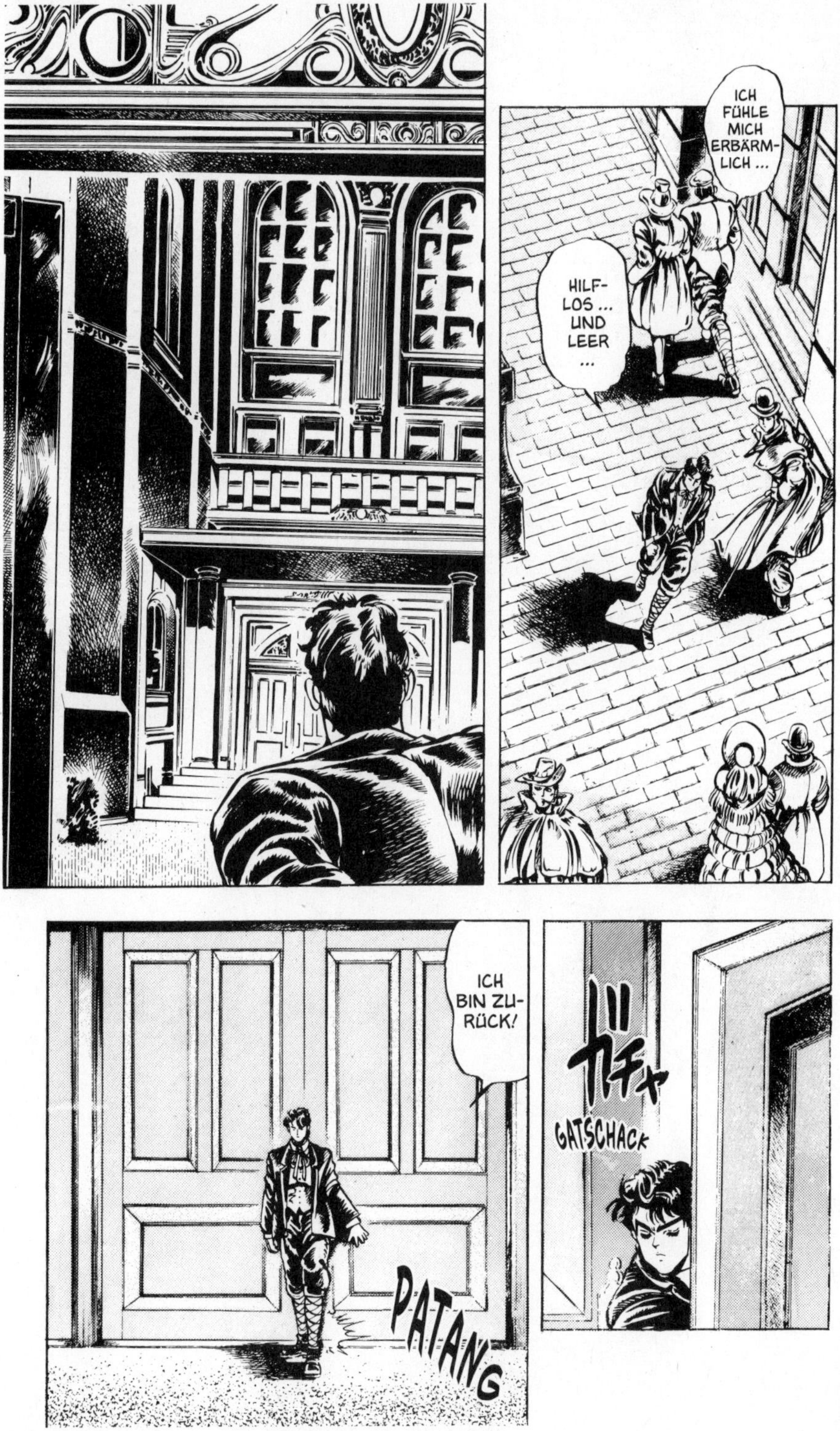

ICH FÜHLE MICH ERBÄRM-LICH ...
HILF-LOS ... UND LEER ...
GATSCHACK
ICH BIN ZU-RÜCK!
PATANG

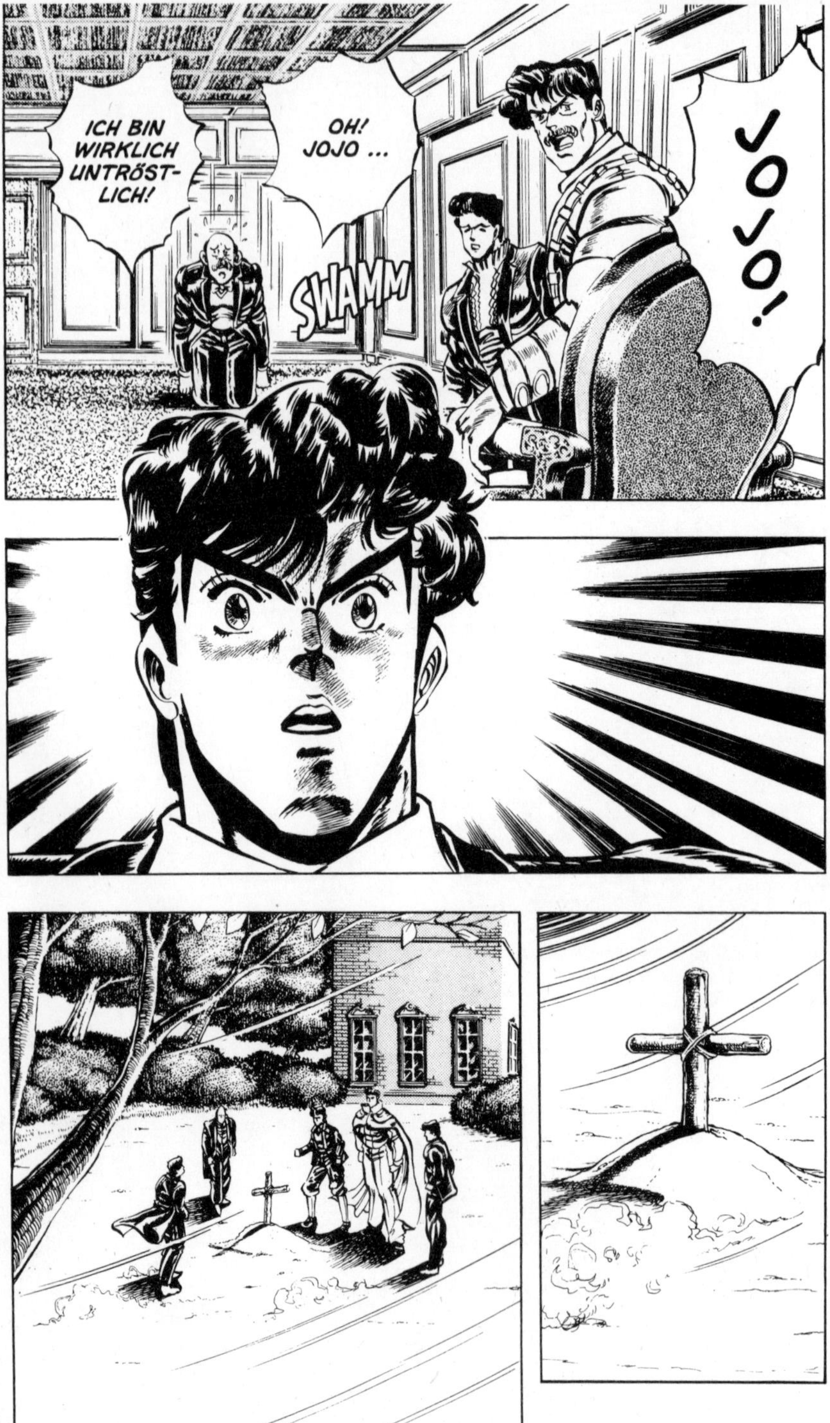
JOJO!
OH! JOJO ...
ICH BIN WIRKLICH UNTRÖSTLICH!
SWAMM

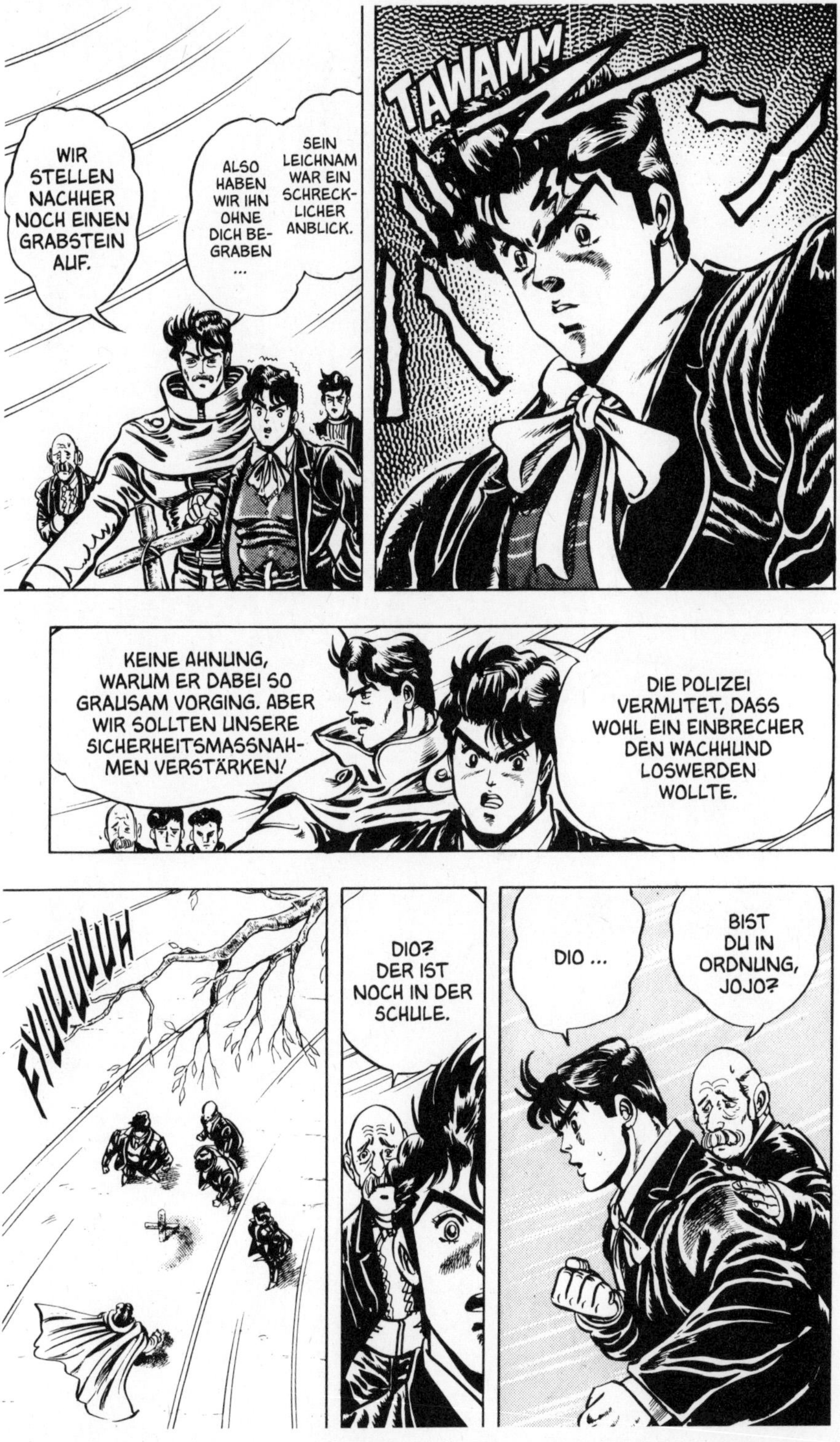
TAWAMM
SEIN LEICHNAM WAR EIN SCHRECKLICHER ANBLICK.
ALSO HABEN WIR IHN OHNE DICH BEGRABEN ...
WIR STELLEN NACHHER NOCH EINEN GRABSTEIN AUF.
DIE POLIZEI VERMUTET, DASS WOHL EIN EINBRECHER DEN WACHHUND LOSWERDEN WOLLTE.
KEINE AHNUNG, WARUM ER DABEI SO GRAUSAM VORGING. ABER WIR SOLLTEN UNSERE SICHERHEITSMASSNAHMEN VERSTÄRKEN!
BIST DU IN ORDNUNG, JOJO?
DIO ...
DIO? DER IST NOCH IN DER SCHULE.
FYUUUUH

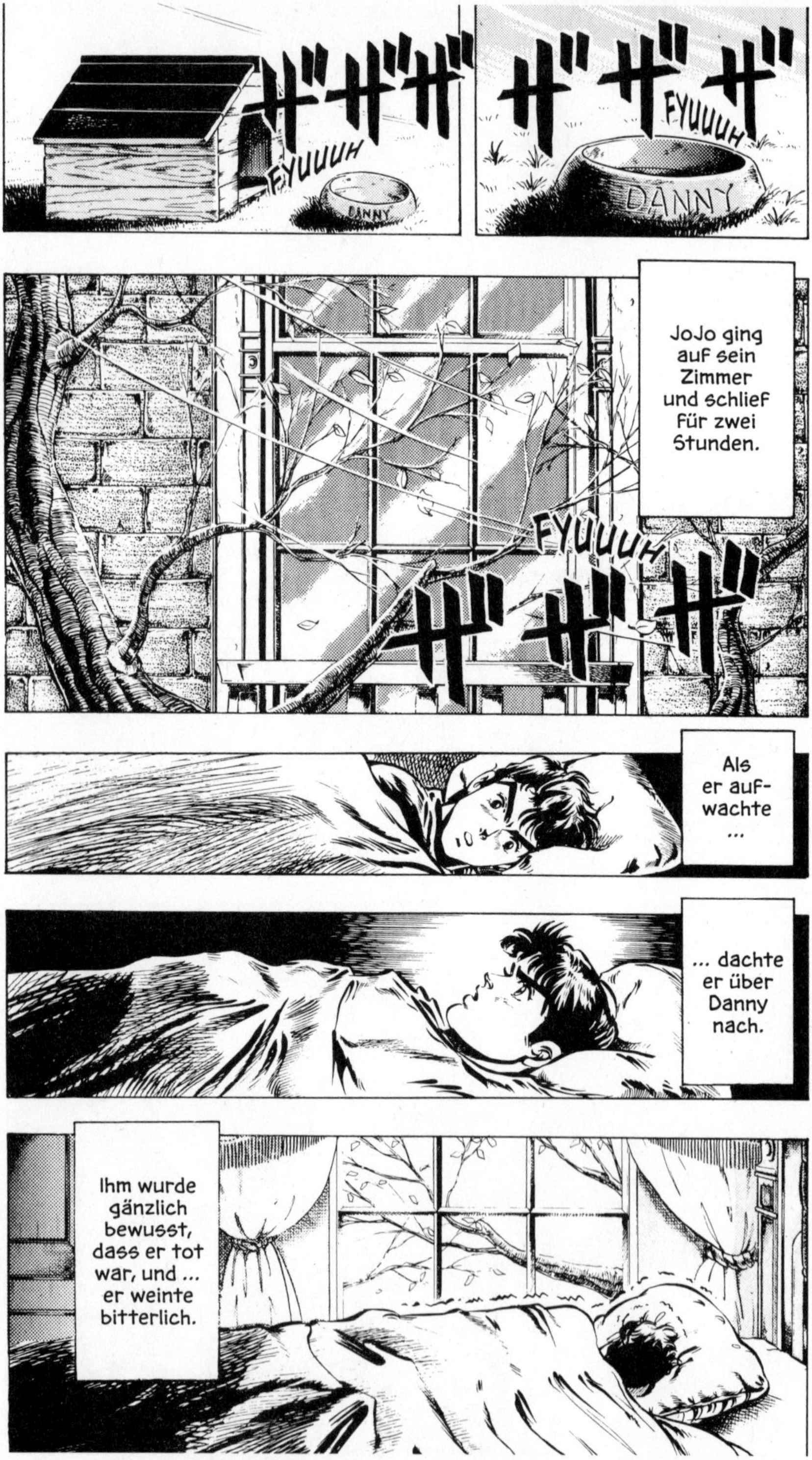
ザザザ
FYUUUH
DANNY
ザザザ
FYUUUH
DANNY
JoJo ging auf sein Zimmer und schlief für zwei Stunden.
FYUUUH
ザザザ
Als er auf-wachte ...
... dachte er über Danny nach.
Ihm wurde gänzlich bewusst, dass er tot war, und ... er weinte bitterlich.

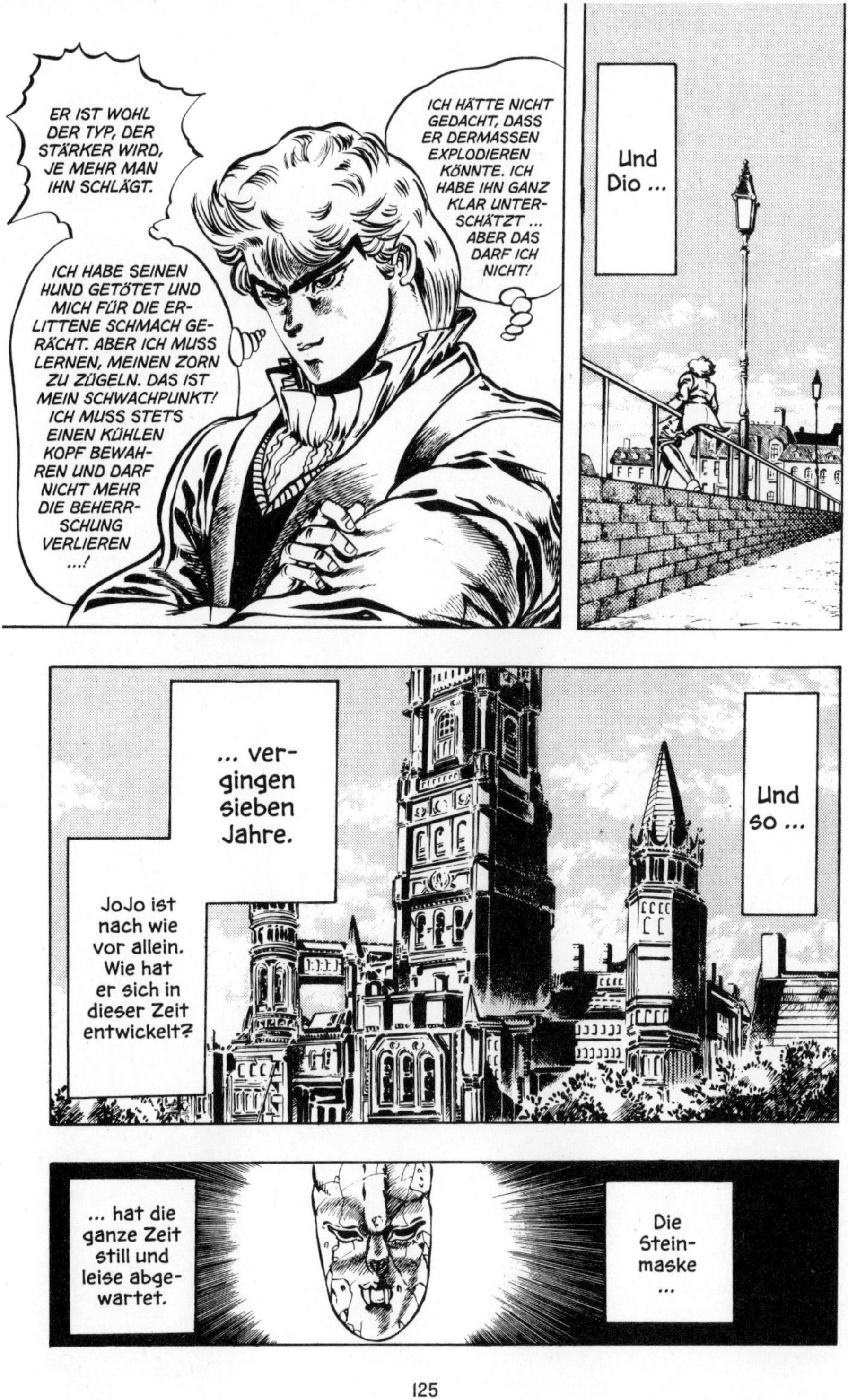
Und Dio ...
ICH HÄTTE NICHT GEDACHT, DASS ER DERMASSEN EXPLODIEREN KÖNNTE. ICH HABE IHN GANZ KLAR UNTERSCHÄTZT ... ABER DAS DARF ICH NICHT!
ER IST WOHL DER TYP, DER STÄRKER WIRD, JE MEHR MAN IHN SCHLÄGT.
ICH HABE SEINEN HUND GETÖTET UND MICH FÜR DIE ERLITTENE SCHMACH GERÄCHT. ABER ICH MUSS LERNEN, MEINEN ZORN ZU ZÜGELN. DAS IST MEIN SCHWACHPUNKT! ICH MUSS STETS EINEN KÜHLEN KOPF BEWAHREN UND DARF NICHT MEHR DIE BEHERRSCHUNG VERLIEREN ...!
Und so ...
... vergingen sieben Jahre.
JoJo ist nach wie vor allein. Wie hat er sich in dieser Zeit entwickelt?
Die Steinmaske ...
... hat die ganze Zeit still und leise abgewartet.

JOJO'S BIZARRE ADVENTURE

PART 1

PHANTOM BLOOD

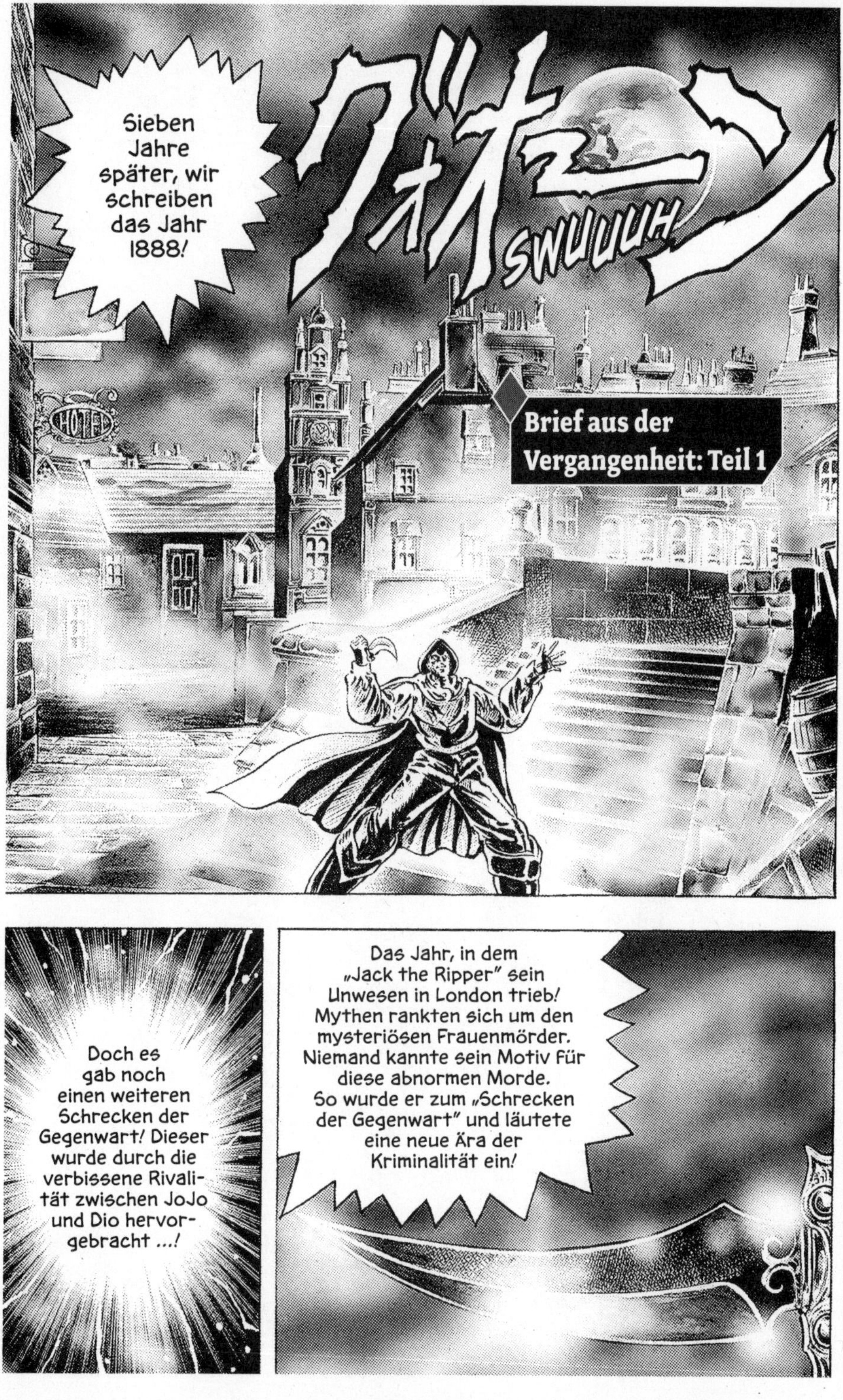

クオォーン
SWUUUH
Brief aus der Vergangenheit: Teil 1
Sieben Jahre später, wir schreiben das Jahr 1888!
Das Jahr, in dem „Jack the Ripper" sein Unwesen in London trieb! Mythen rankten sich um den mysteriösen Frauenmörder. Niemand kannte sein Motiv für diese abnormen Morde. So wurde er zum „Schrecken der Gegenwart" und läutete eine neue Ära der Kriminalität ein!
Doch es gab noch einen weiteren Schrecken der Gegenwart! Dieser wurde durch die verbissene Rivalität zwischen JoJo und Dio hervorgebracht ...!

Brief aus der Vergangenheit: Teil 1

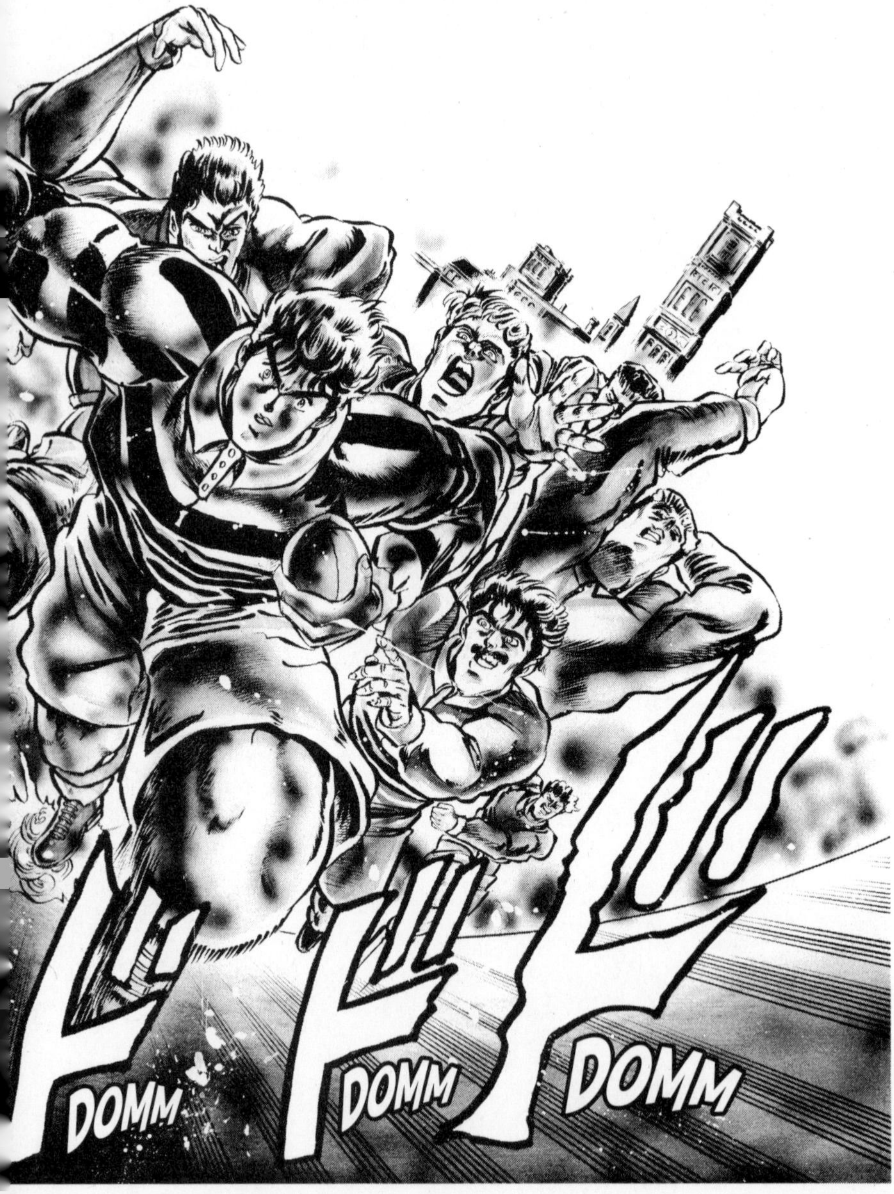

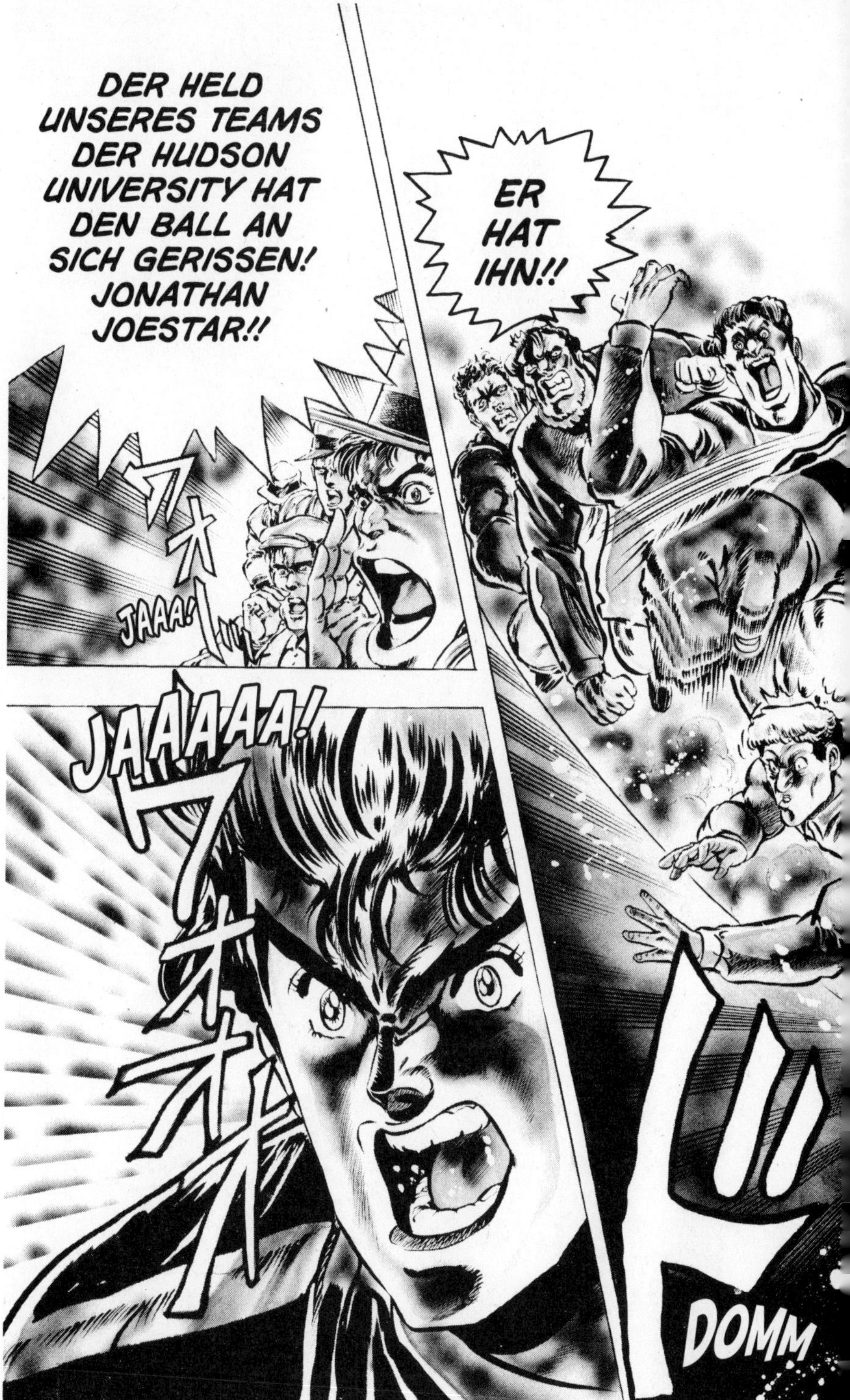
ER
HAT
IHN!!
DER HELD
UNSERES TEAMS
DER HUDSON
UNIVERSITY HAT
DEN BALL AN
SICH GERISSEN!
JONATHAN
JOESTAR!!
JAAA!
JAAAAA!
DOMM

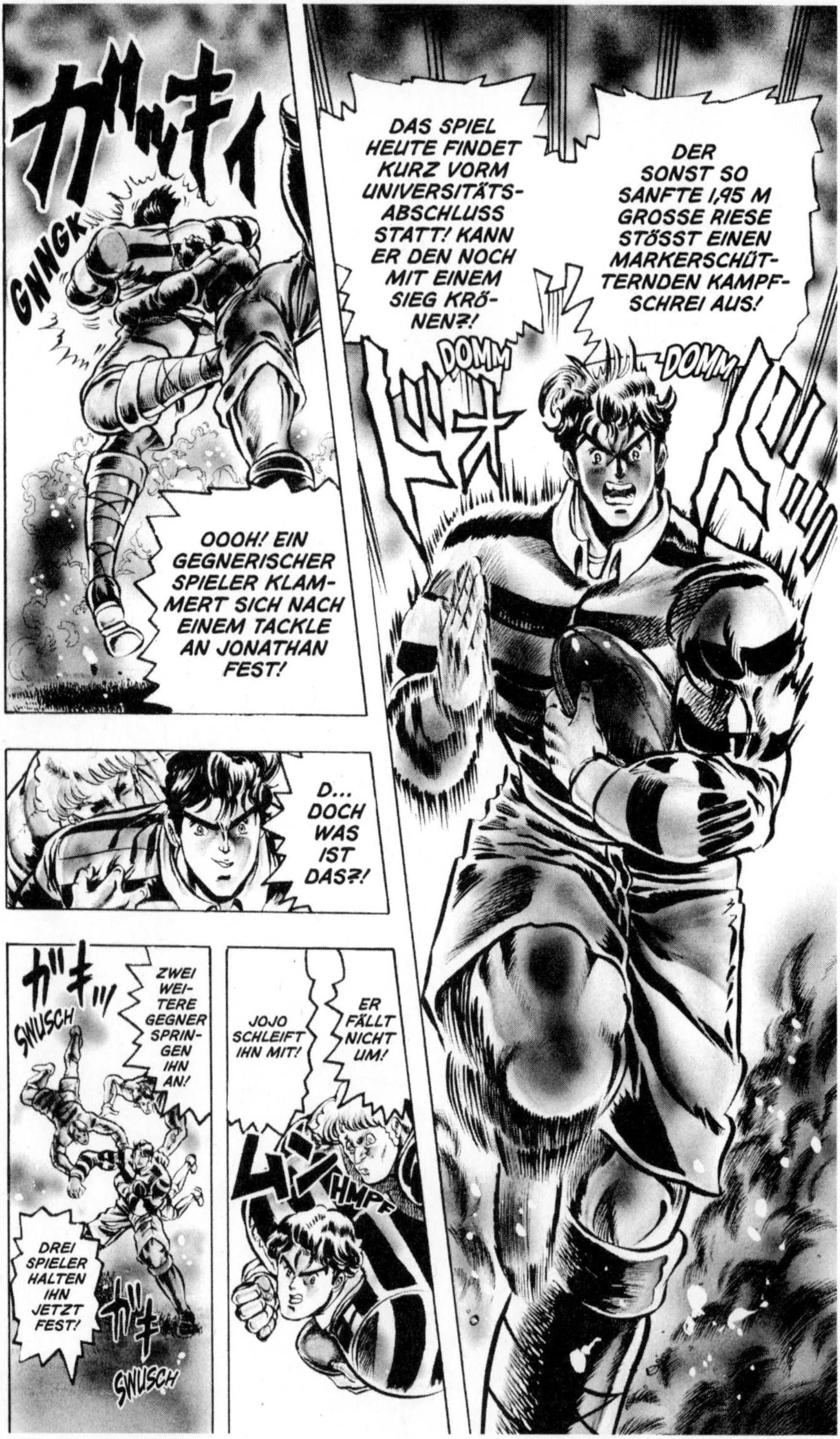
DER SONST SO SANFTE 1,95 M GROSSE RIESE STÖSST EINEN MARKERSCHÜTTERNDEN KAMPFSCHREI AUS!
DAS SPIEL HEUTE FINDET KURZ VORM UNIVERSITÄTSABSCHLUSS STATT! KANN ER DEN NOCH MIT EINEM SIEG KRÖNEN?!
DOMM
DOMM
GNNGK
OOOH! EIN GEGNERISCHER SPIELER KLAMMERT SICH NACH EINEM TACKLE AN JONATHAN FEST!
D... DOCH WAS IST DAS?!
ER FÄLLT NICHT UM!
JOJO SCHLEIFT IHN MIT!
HMPF
ZWEI WEITERE GEGNER SPRINGEN IHN AN!
SWUSCH
DREI SPIELER HALTEN IHN JETZT FEST!
SWUSCH

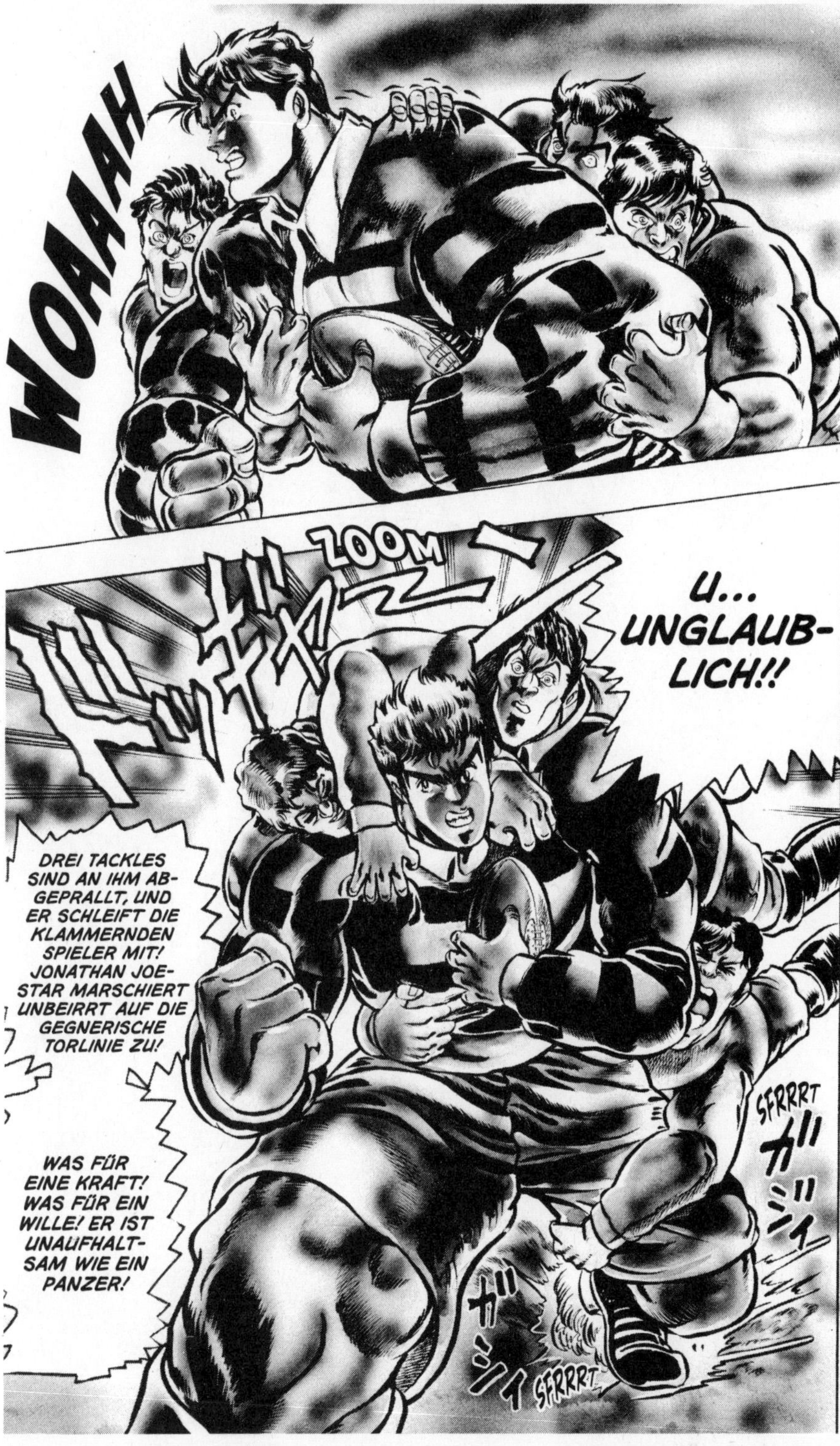
WOAAAH
ZOOM
U... UNGLAUB-LICH!!
DREI TACKLES SIND AN IHM ABGEPRALLT, UND ER SCHLEIFT DIE KLAMMERNDEN SPIELER MIT! JONATHAN JOESTAR MARSCHIERT UNBEIRRT AUF DIE GEGNERISCHE TORLINIE ZU!
WAS FÜR EINE KRAFT! WAS FÜR EIN WILLE! ER IST UNAUFHALTSAM WIE EIN PANZER!
SFRRRT
SFRRRT

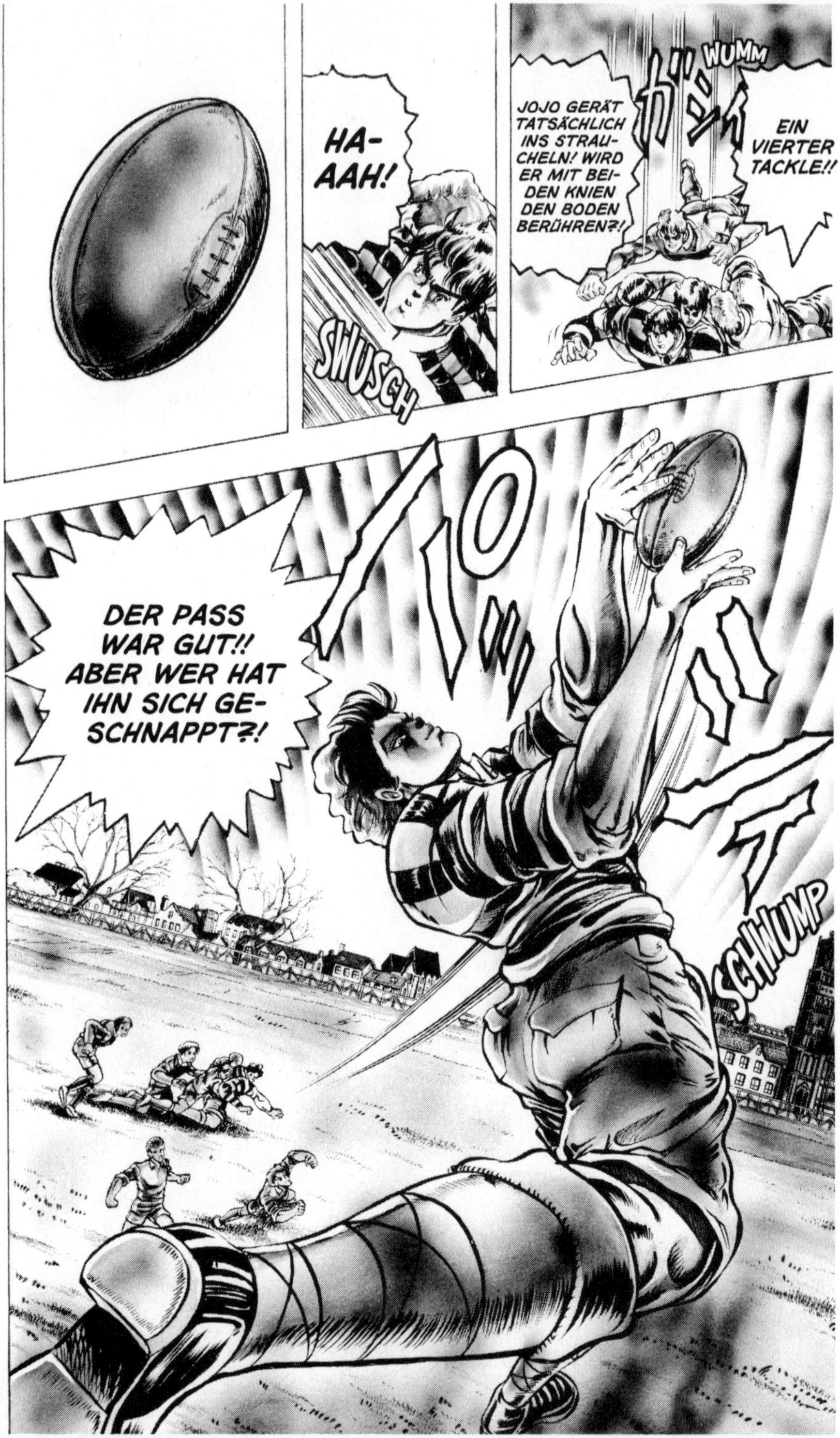

HA-
AAH!
SWUSCH
WUMM
JOJO GERÄT TATSÄCHLICH INS STRAUCHELN! WIRD ER MIT BEIDEN KNIEN DEN BODEN BERÜHREN?!
EIN VIERTER TACKLE!!
DER PASS WAR GUT!! ABER WER HAT IHN SICH GESCHNAPPT?!
SCHWUMP

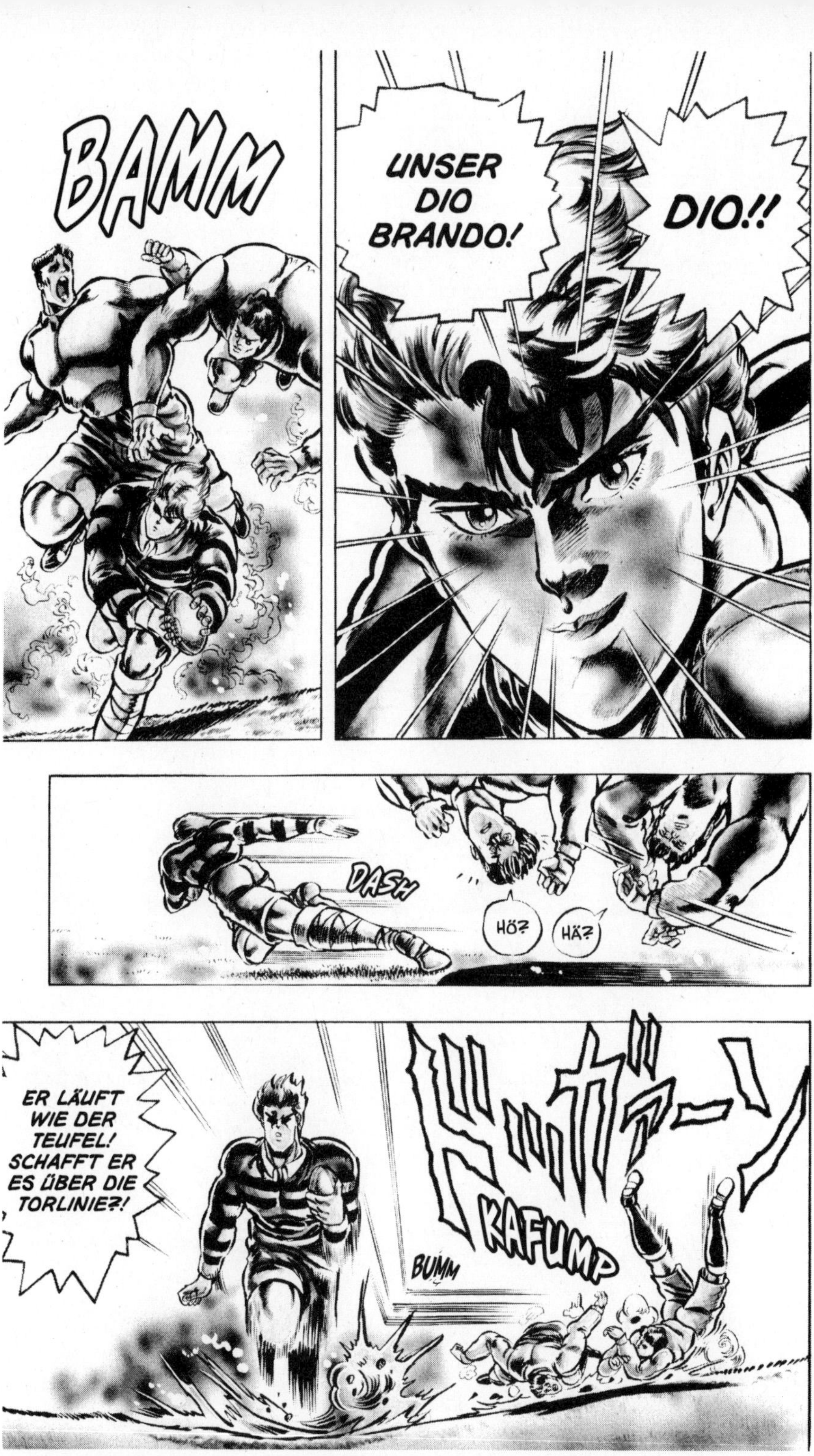
DIO!!
UNSER DIO BRANDO!
BAMM
HÄ?
HÖ?
DASH
KAFUMP
BUMM
ER LÄUFT WIE DER TEUFEL! SCHAFFT ER ES ÜBER DIE TORLINIE?!

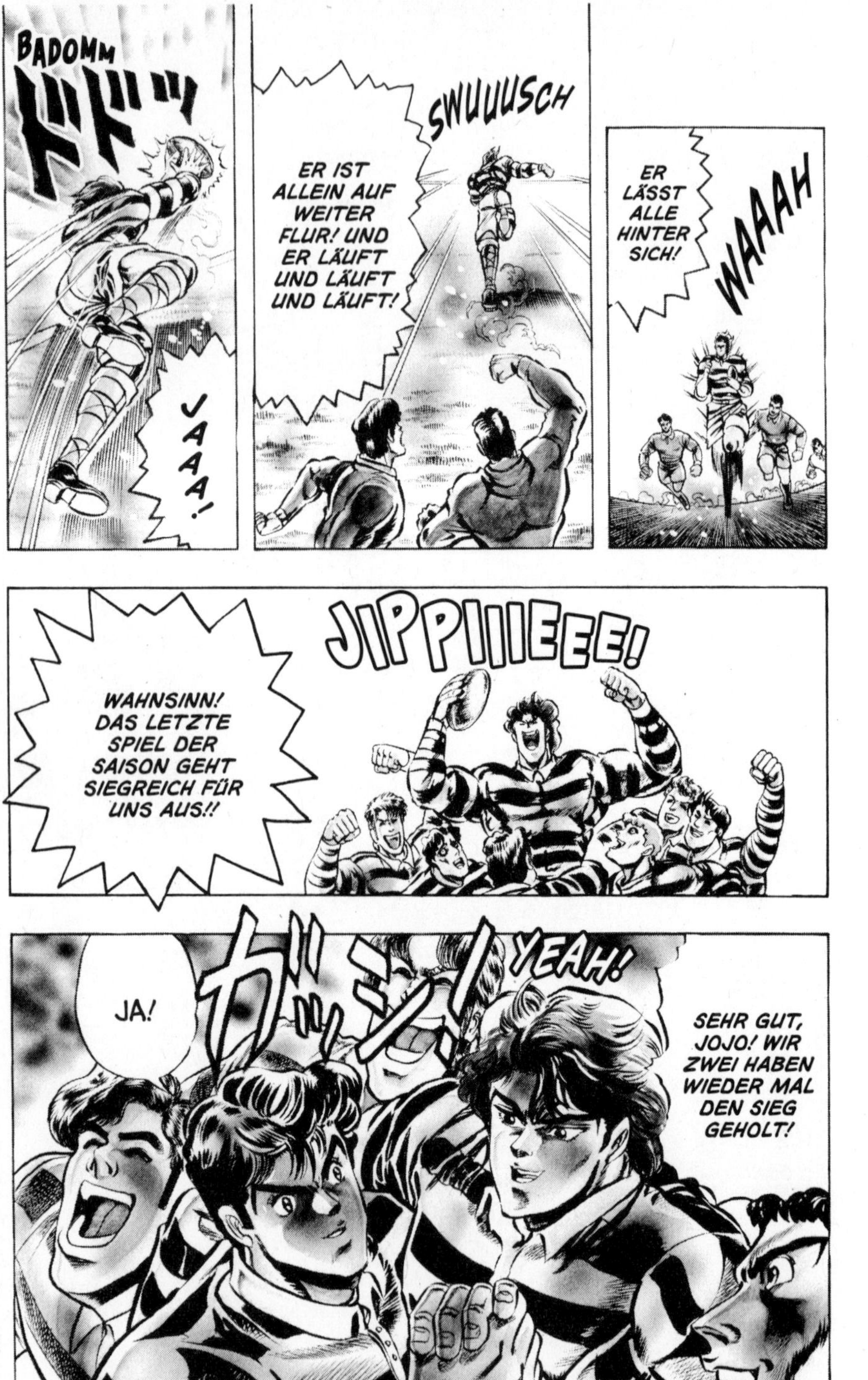
ER LÄSST ALLE HINTER SICH!
WAAAH
SWUUUSCH
ER IST ALLEIN AUF WEITER FLUR! UND ER LÄUFT UND LÄUFT UND LÄUFT!
BADOMM
JAAAA!
JIPPIIIEEE!
WAHNSINN! DAS LETZTE SPIEL DER SAISON GEHT SIEGREICH FÜR UNS AUS!!
SEHR GUT, JOJO! WIR ZWEI HABEN WIEDER MAL DEN SIEG GEHOLT!
YEAH!
JA!

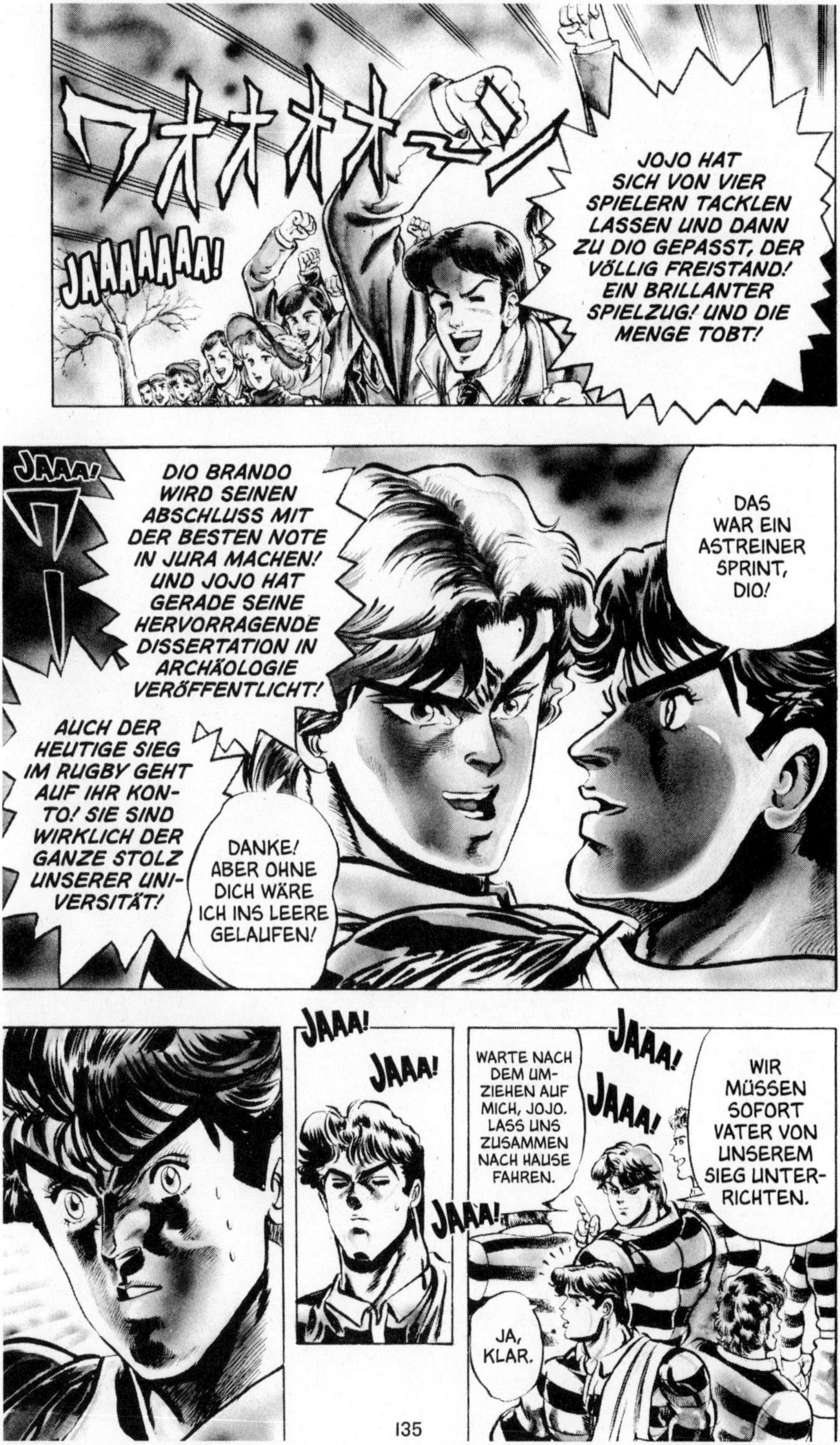
ワオオオオーーン
JAAAAAAA!
JOJO HAT SICH VON VIER SPIELERN TACKLEN LASSEN UND DANN ZU DIO GEPASST, DER VÖLLIG FREISTAND! EIN BRILLANTER SPIELZUG! UND DIE MENGE TOBT!
DAS WAR EIN ASTREINER SPRINT, DIO!
JAAA!
DIO BRANDO WIRD SEINEN ABSCHLUSS MIT DER BESTEN NOTE IN JURA MACHEN! UND JOJO HAT GERADE SEINE HERVORRAGENDE DISSERTATION IN ARCHÄOLOGIE VERÖFFENTLICHT!
DANKE! ABER OHNE DICH WÄRE ICH INS LEERE GELAUFEN!
AUCH DER HEUTIGE SIEG IM RUGBY GEHT AUF IHR KONTO! SIE SIND WIRKLICH DER GANZE STOLZ UNSERER UNIVERSITÄT!
WIR MÜSSEN SOFORT VATER VON UNSEREM SIEG UNTERRICHTEN.
WARTE NACH DEM UMZIEHEN AUF MICH, JOJO. LASS UNS ZUSAMMEN NACH HAUSE FAHREN.
JAAA!
JAAA!
JA, KLAR.
JAAA!
JAAA!
JAAA!

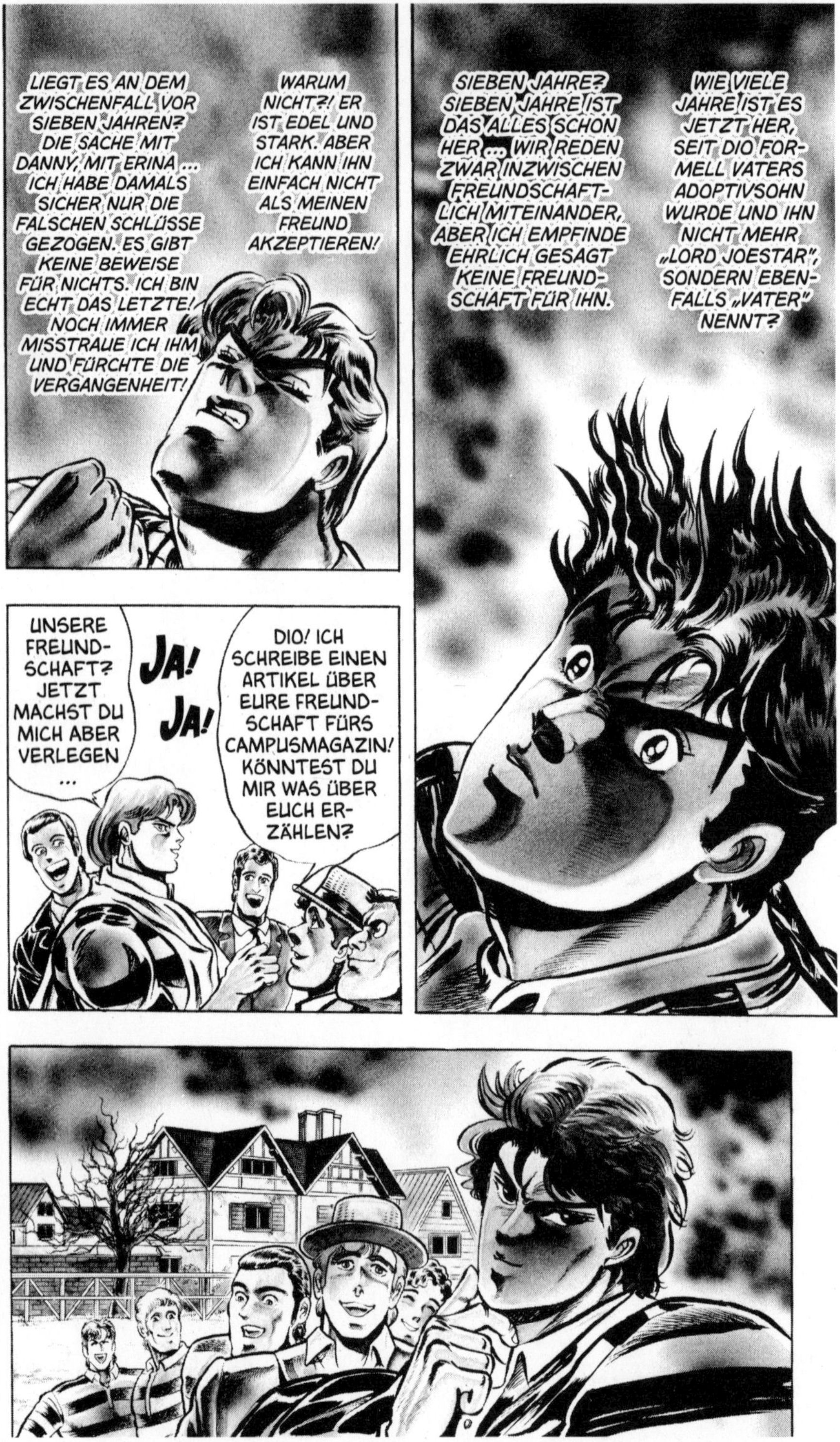
WIE VIELE JAHRE IST ES JETZT HER, SEIT DIO FORMELL VATERS ADOPTIVSOHN WURDE UND IHN NICHT MEHR „LORD JOESTAR", SONDERN EBENFALLS „VATER" NENNT?
SIEBEN JAHRE? SIEBEN JAHRE IST DAS ALLES SCHON HER ... WIR REDEN ZWAR INZWISCHEN FREUNDSCHAFTLICH MITEINANDER, ABER ICH EMPFINDE EHRLICH GESAGT KEINE FREUNDSCHAFT FÜR IHN.
WARUM NICHT?! ER IST EDEL UND STARK. ABER ICH KANN IHN EINFACH NICHT ALS MEINEN FREUND AKZEPTIEREN!
LIEGT ES AN DEM ZWISCHENFALL VOR SIEBEN JAHREN? DIE SACHE MIT DANNY, MIT ERINA ... ICH HABE DAMALS SICHER NUR DIE FALSCHEN SCHLÜSSE GEZOGEN. ES GIBT KEINE BEWEISE FÜR NICHTS. ICH BIN ECHT DAS LETZTE! NOCH IMMER MISSTRAUE ICH IHM UND FÜRCHTE DIE VERGANGENHEIT!
DIO! ICH SCHREIBE EINEN ARTIKEL ÜBER EURE FREUNDSCHAFT FÜRS CAMPUSMAGAZIN! KÖNNTEST DU MIR WAS ÜBER EUCH ERZÄHLEN?
JA! JA!
UNSERE FREUNDSCHAFT? JETZT MACHST DU MICH ABER VERLEGEN ...

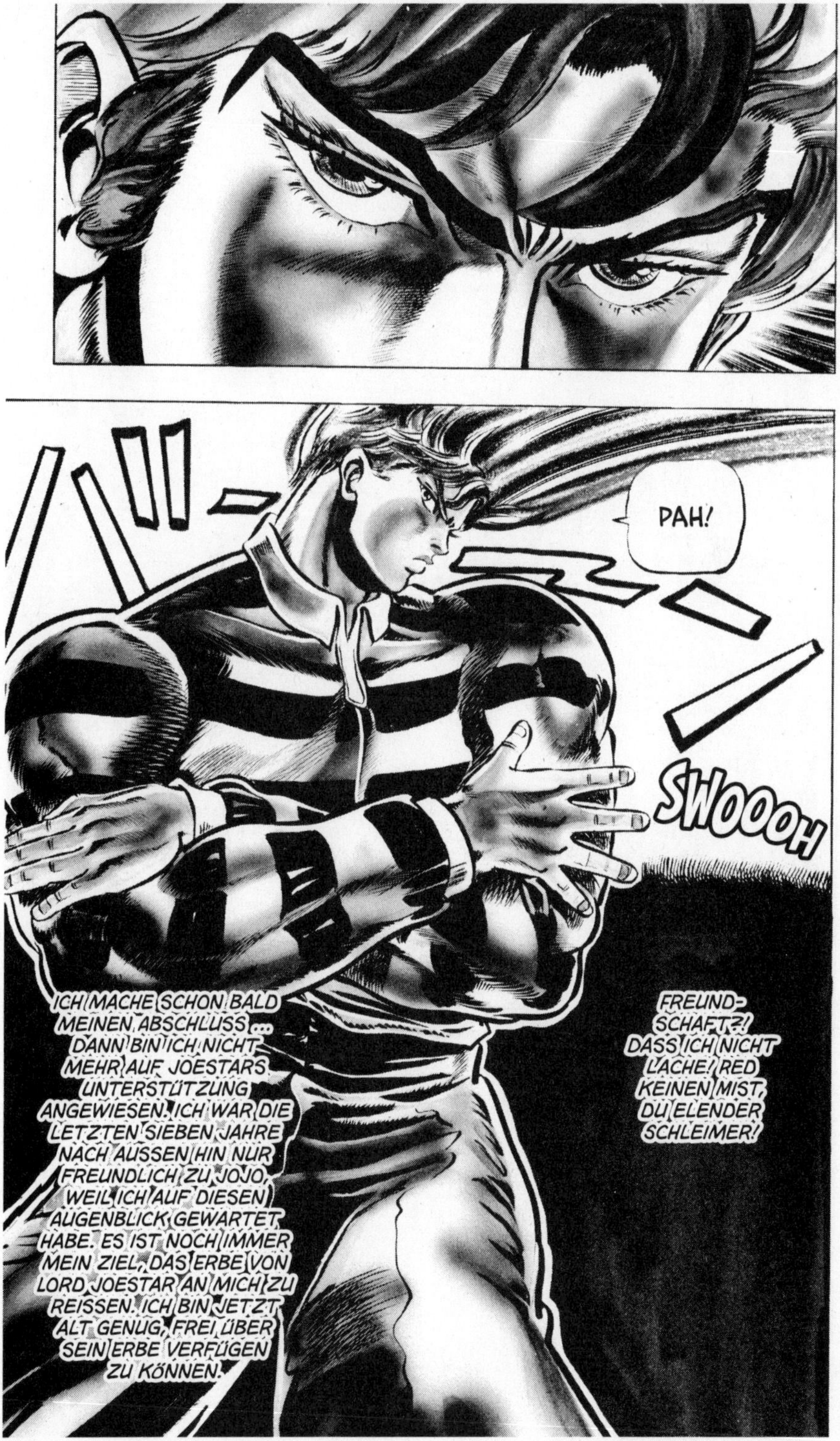
PAH!
SWOOOH
FREUND-SCHAFT?! DASS ICH NICHT LACHE! RED KEINEN MIST, DU ELENDER SCHLEIMER!
ICH MACHE SCHON BALD MEINEN ABSCHLUSS ... DANN BIN ICH NICHT MEHR AUF JOESTARS UNTERSTÜTZUNG ANGEWIESEN. ICH WAR DIE LETZTEN SIEBEN JAHRE NACH AUSSEN HIN NUR FREUNDLICH ZU JOJO, WEIL ICH AUF DIESEN AUGENBLICK GEWARTET HABE. ES IST NOCH IMMER MEIN ZIEL, DAS ERBE VON LORD JOESTAR AN MICH ZU REISSEN. ICH BIN JETZT ALT GENUG, FREI ÜBER SEIN ERBE VERFÜGEN ZU KÖNNEN.

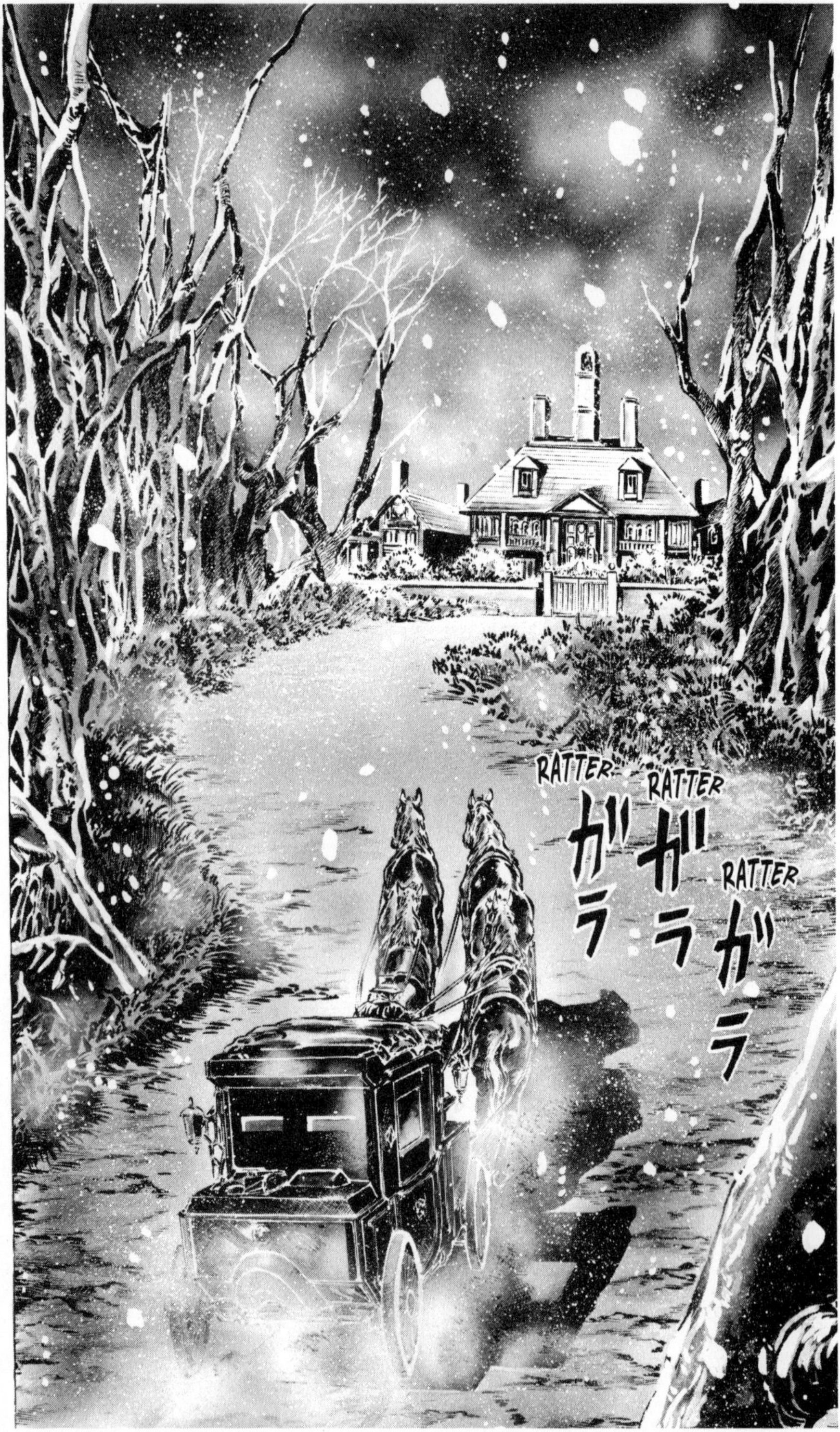
RATTER
ガラ
RATTER
ガラ
RATTER
ガラ

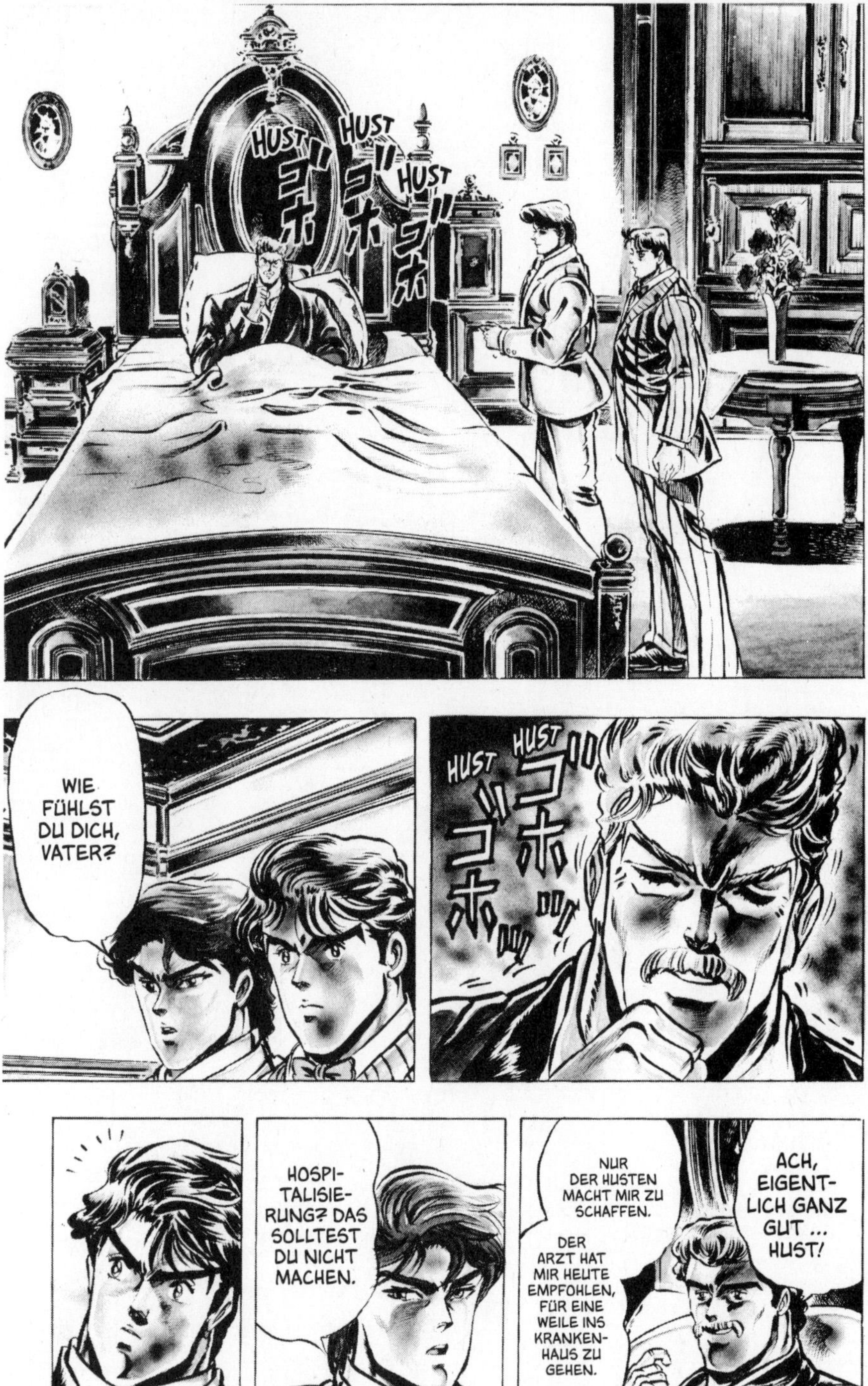
HUST
HUST
HUST
HUST
HUST
WIE FÜHLST DU DICH, VATER?
ACH, EIGENTLICH GANZ GUT ... HUST!
NUR DER HUSTEN MACHT MIR ZU SCHAFFEN.
DER ARZT HAT MIR HEUTE EMPFOHLEN, FÜR EINE WEILE INS KRANKENHAUS ZU GEHEN.
HOSPITALISIERUNG? DAS SOLLTEST DU NICHT MACHEN.

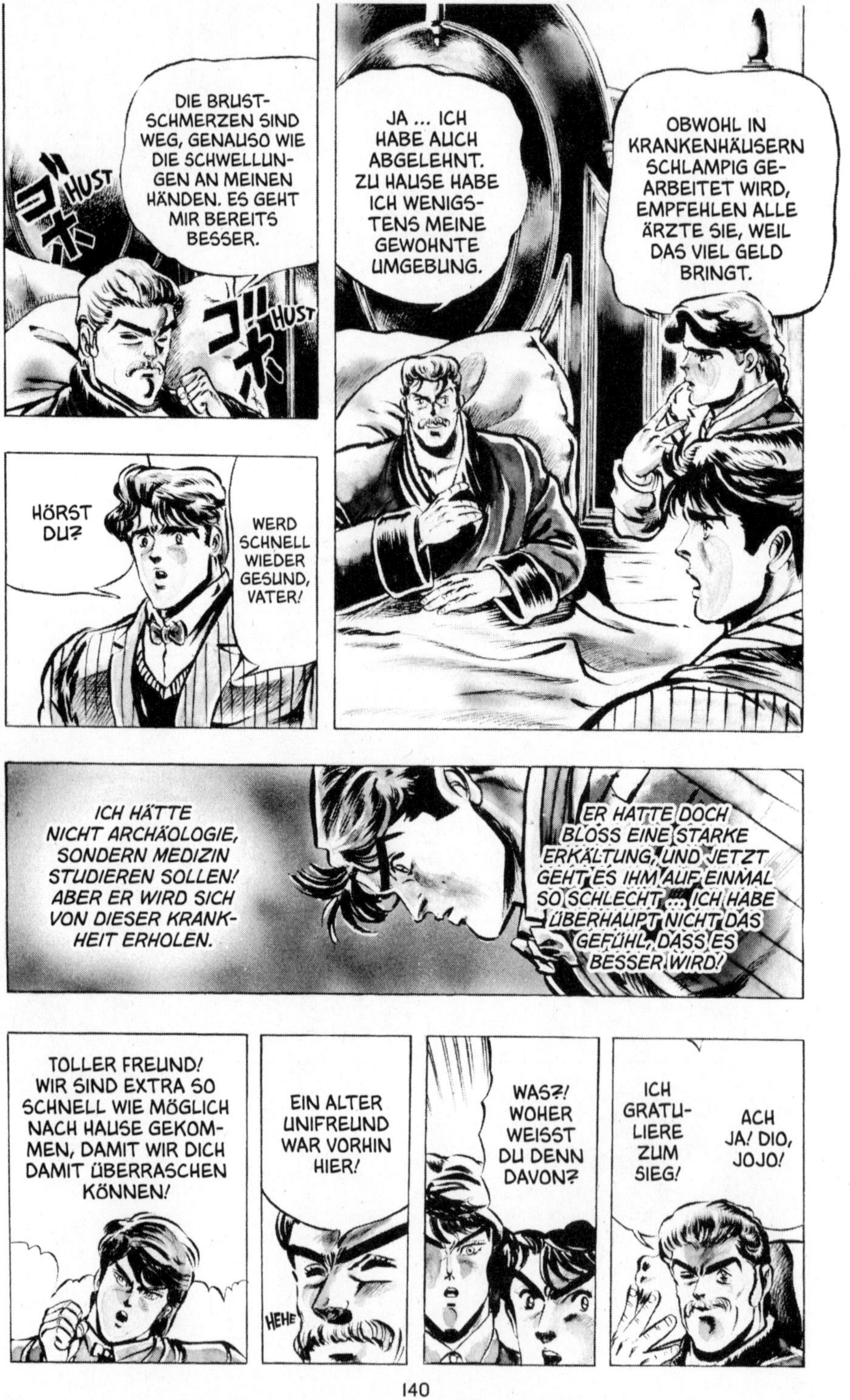
OBWOHL IN KRANKENHÄUSERN SCHLAMPIG GEARBEITET WIRD, EMPFEHLEN ALLE ÄRZTE SIE, WEIL DAS VIEL GELD BRINGT.
JA ... ICH HABE AUCH ABGELEHNT. ZU HAUSE HABE ICH WENIGSTENS MEINE GEWOHNTE UMGEBUNG.
HUST
HUST
DIE BRUSTSCHMERZEN SIND WEG, GENAUSO WIE DIE SCHWELLUNGEN AN MEINEN HÄNDEN. ES GEHT MIR BEREITS BESSER.
WERD SCHNELL WIEDER GESUND, VATER!
HÖRST DU?
ER HATTE DOCH BLOSS EINE STARKE ERKÄLTUNG, UND JETZT GEHT ES IHM AUF EINMAL SO SCHLECHT ... ICH HABE ÜBERHAUPT NICHT DAS GEFÜHL, DASS ES BESSER WIRD!
ICH HÄTTE NICHT ARCHÄOLOGIE, SONDERN MEDIZIN STUDIEREN SOLLEN! ABER ER WIRD SICH VON DIESER KRANKHEIT ERHOLEN.
ACH JA! DIO, JOJO!
ICH GRATULIERE ZUM SIEG!
WAS?! WOHER WEISST DU DENN DAVON?
HEHE
EIN ALTER UNIFREUND WAR VORHIN HIER!
TOLLER FREUND! WIR SIND EXTRA SO SCHNELL WIE MÖGLICH NACH HAUSE GEKOMMEN, DAMIT WIR DICH DAMIT ÜBERRASCHEN KÖNNEN!

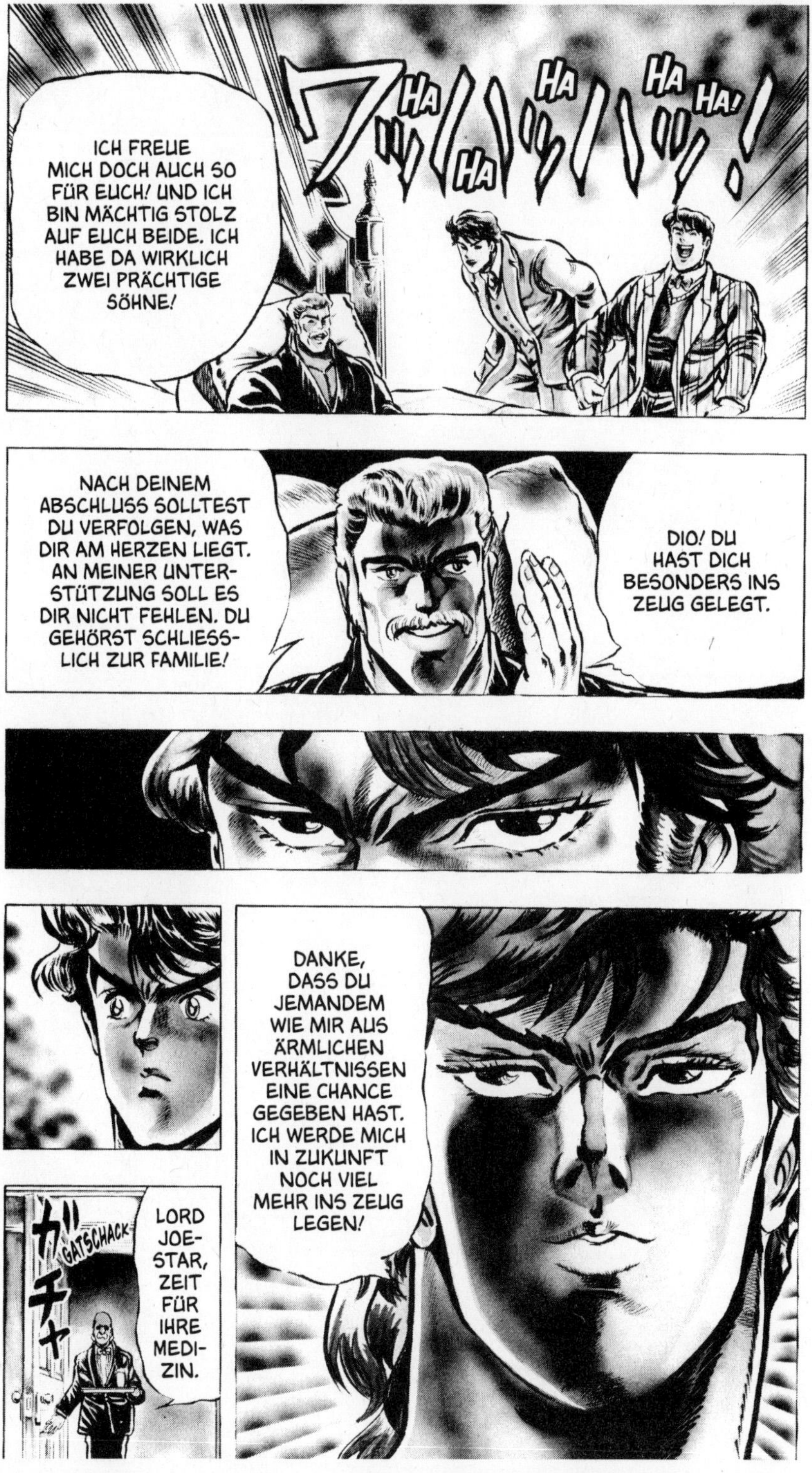
HA HA HA HA HA!
ICH FREUE MICH DOCH AUCH SO FÜR EUCH! UND ICH BIN MÄCHTIG STOLZ AUF EUCH BEIDE. ICH HABE DA WIRKLICH ZWEI PRÄCHTIGE SÖHNE!
DIO! DU HAST DICH BESONDERS INS ZEUG GELEGT.
NACH DEINEM ABSCHLUSS SOLLTEST DU VERFOLGEN, WAS DIR AM HERZEN LIEGT. AN MEINER UNTER-STÜTZUNG SOLL ES DIR NICHT FEHLEN. DU GEHÖRST SCHLIESS-LICH ZUR FAMILIE!
DANKE, DASS DU JEMANDEM WIE MIR AUS ÄRMLICHEN VERHÄLTNISSEN EINE CHANCE GEGEBEN HAST. ICH WERDE MICH IN ZUKUNFT NOCH VIEL MEHR INS ZEUG LEGEN!
GATSCHACK
LORD JOE-STAR, ZEIT FÜR IHRE MEDI-ZIN.

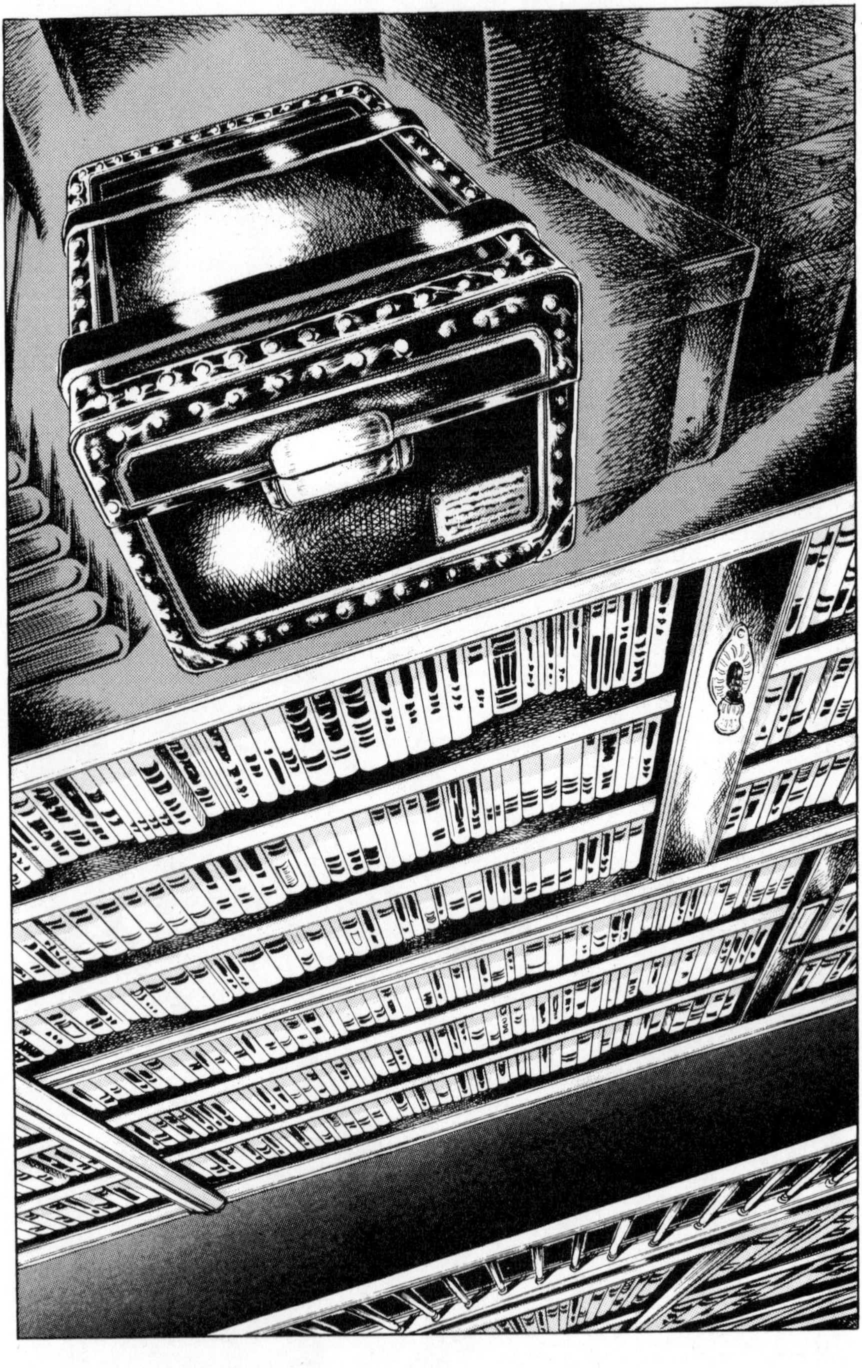

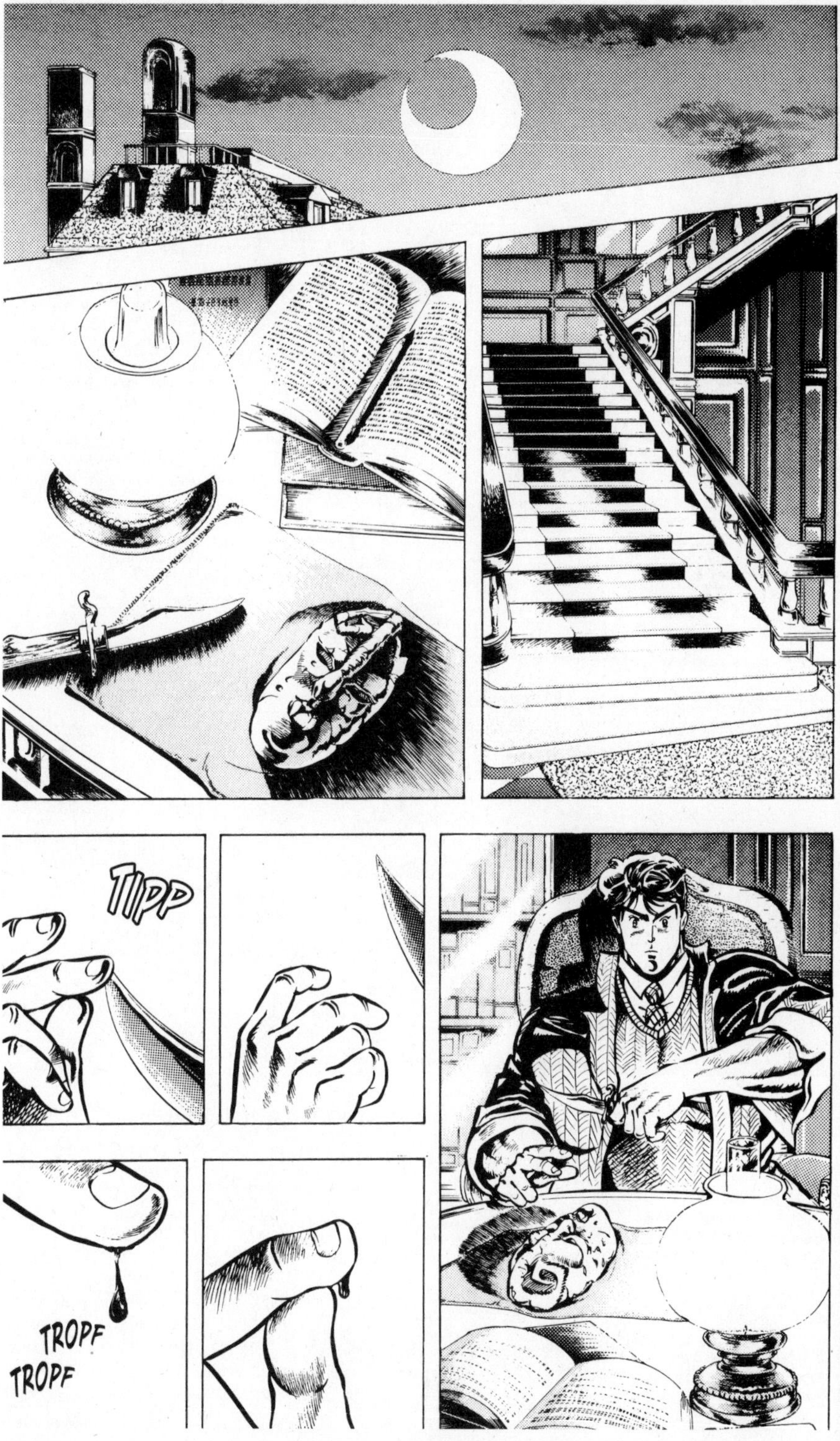
TIPP
TROPF
TROPF

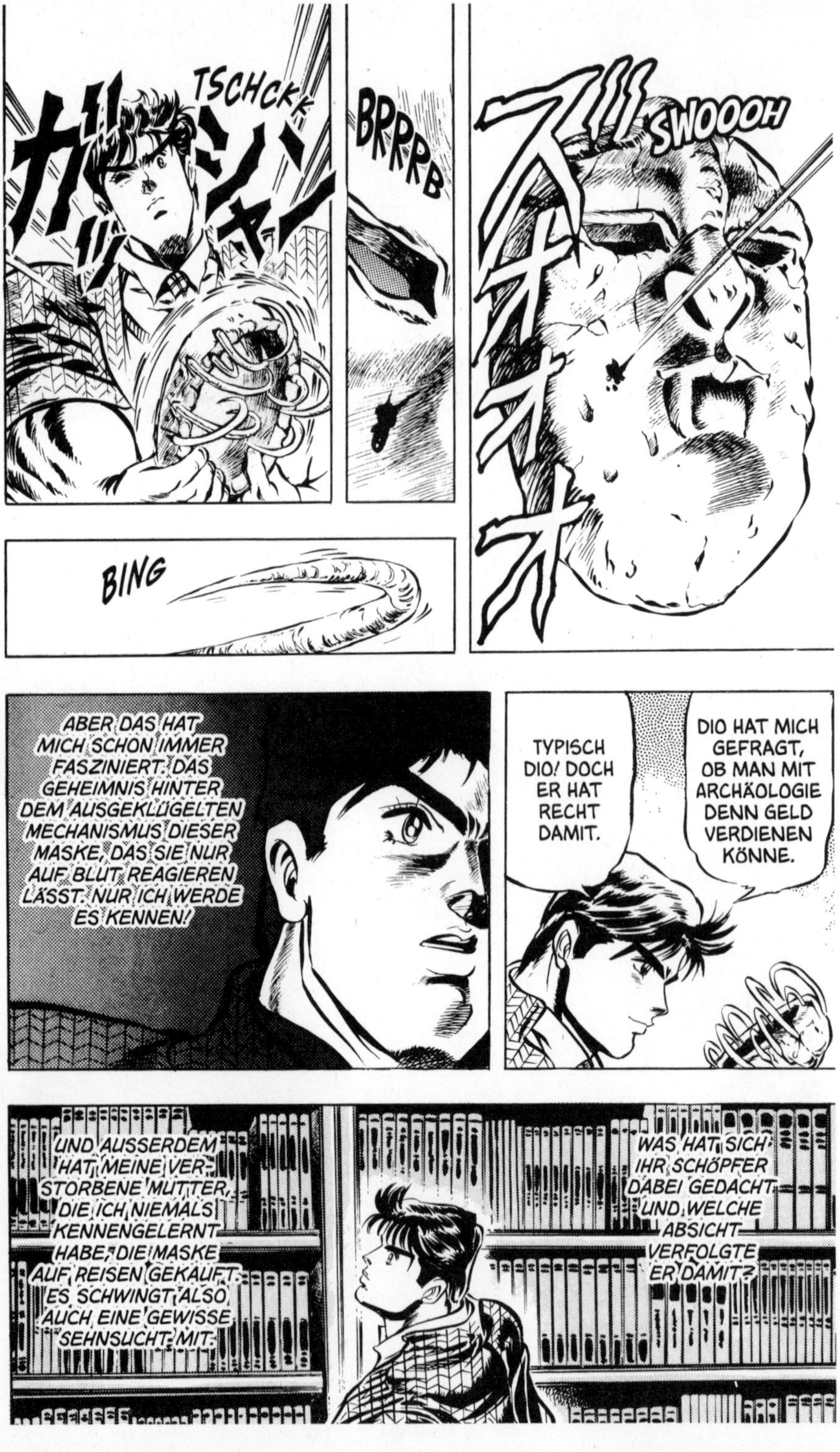
SWOOOH
BRRRB
TSCHCKK
BING
DIO HAT MICH GEFRAGT, OB MAN MIT ARCHÄOLOGIE DENN GELD VERDIENEN KÖNNE.
TYPISCH DIO! DOCH ER HAT RECHT DAMIT.
ABER DAS HAT MICH SCHON IMMER FASZINIERT. DAS GEHEIMNIS HINTER DEM AUSGEKLÜGELTEN MECHANISMUS DIESER MASKE, DAS SIE NUR AUF BLUT REAGIEREN LÄSST. NUR ICH WERDE ES KENNEN!
WAS HAT SICH IHR SCHÖPFER DABEI GEDACHT UND WELCHE ABSICHT VERFOLGTE ER DAMIT?
UND AUSSERDEM HAT MEINE VERSTORBENE MUTTER, DIE ICH NIEMALS KENNENGELERNT HABE, DIE MASKE AUF REISEN GEKAUFT. ES SCHWINGT ALSO AUCH EINE GEWISSE SEHNSUCHT MIT.

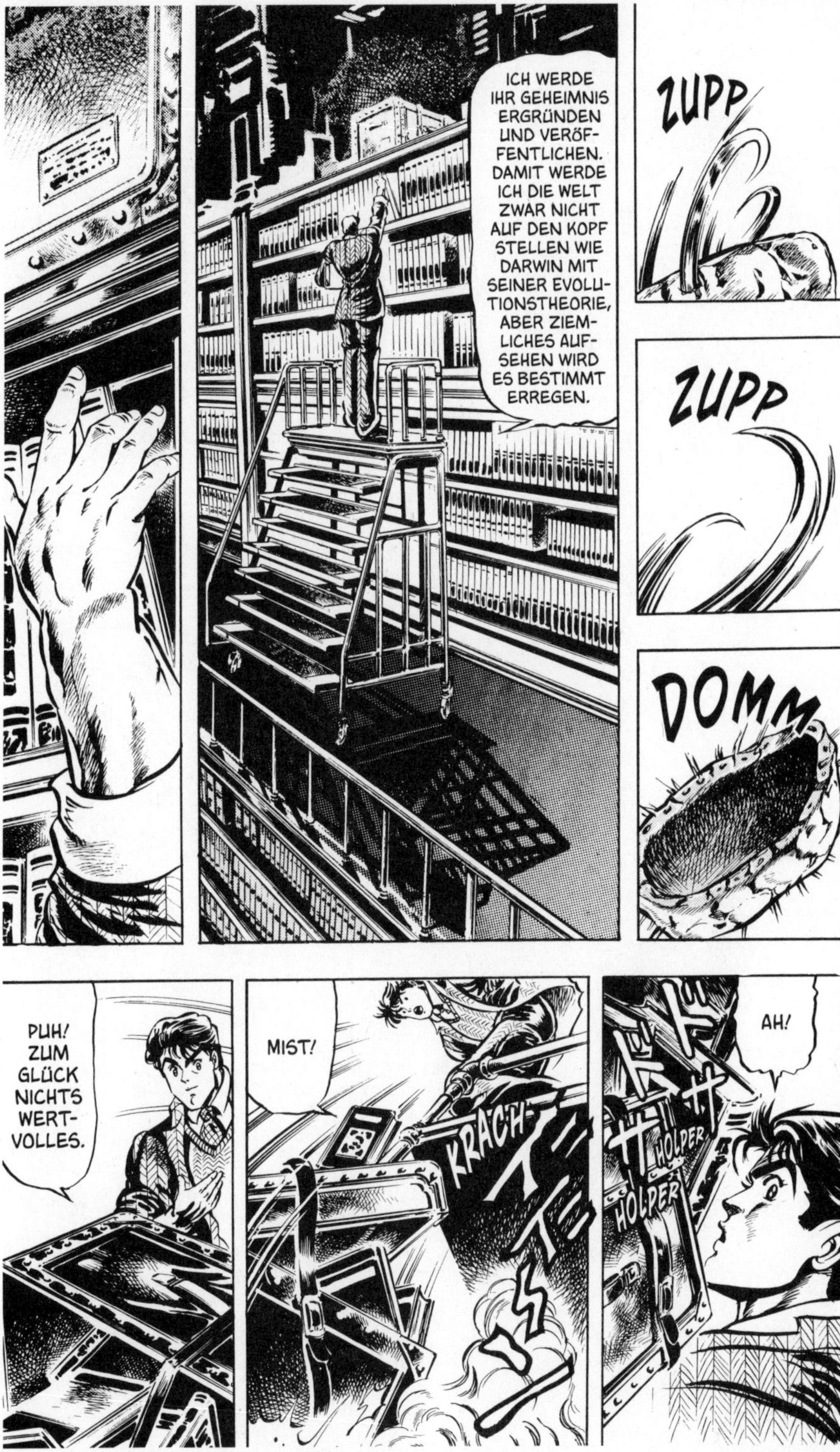
ZUPP
ZUPP
DOMM
ICH WERDE IHR GEHEIMNIS ERGRÜNDEN UND VERÖFFENTLICHEN. DAMIT WERDE ICH DIE WELT ZWAR NICHT AUF DEN KOPF STELLEN WIE DARWIN MIT SEINER EVOLUTIONSTHEORIE, ABER ZIEMLICHES AUFSEHEN WIRD ES BESTIMMT ERREGEN.
AH!
HOLPER
HOLPER
MIST!
KRACH
PUH! ZUM GLÜCK NICHTS WERTVOLLES.

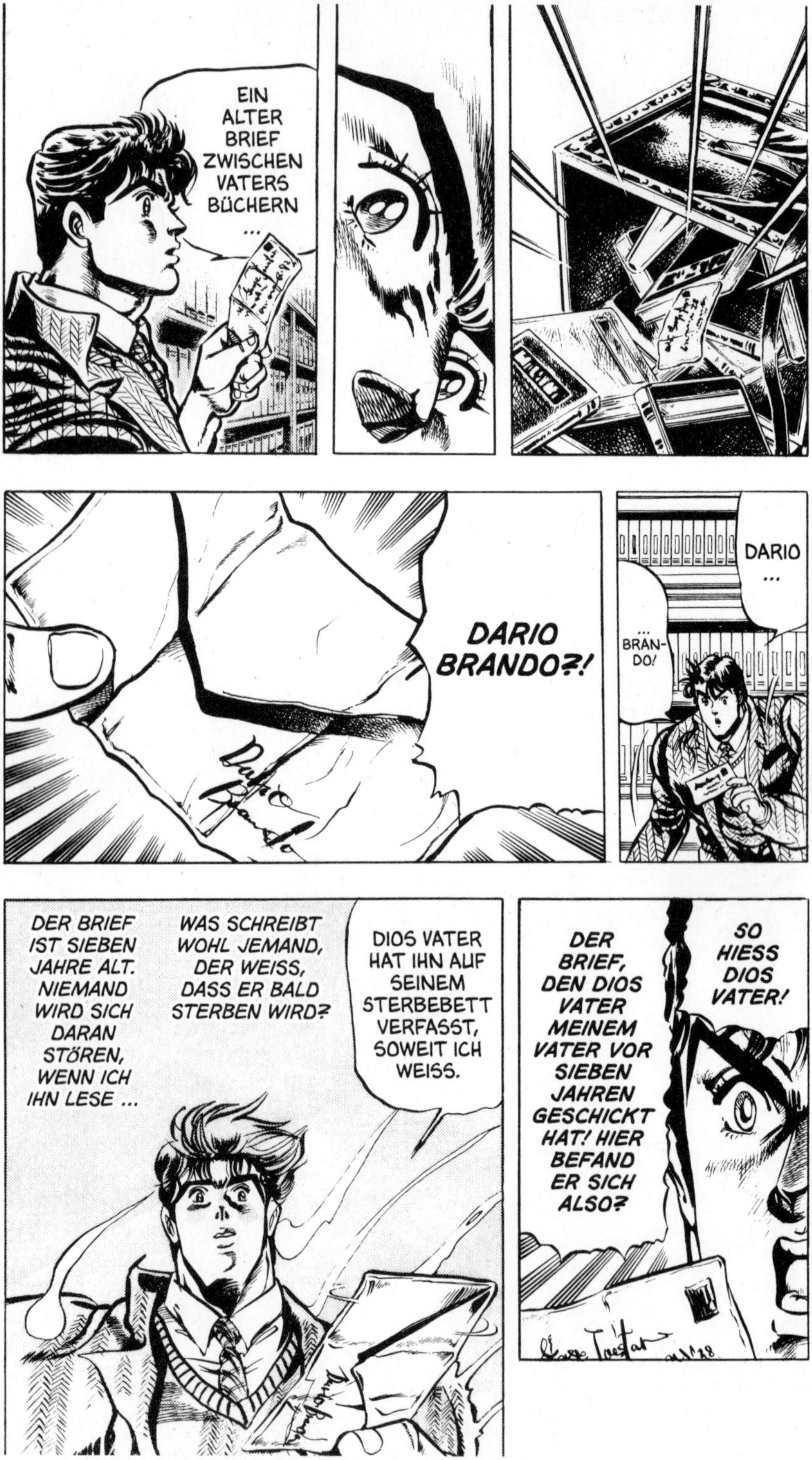
EIN ALTER BRIEF ZWISCHEN VATERS BÜCHERN …
DARIO BRANDO?!
DARIO …
… BRANDO!
SO HIESS DIOS VATER!
DER BRIEF, DEN DIOS VATER MEINEM VATER VOR SIEBEN JAHREN GESCHICKT HAT! HIER BEFAND ER SICH ALSO?
DIOS VATER HAT IHN AUF SEINEM STERBEBETT VERFASST, SOWEIT ICH WEISS.
WAS SCHREIBT WOHL JEMAND, DER WEISS, DASS ER BALD STERBEN WIRD?
DER BRIEF IST SIEBEN JAHRE ALT. NIEMAND WIRD SICH DARAN STÖREN, WENN ICH IHN LESE …

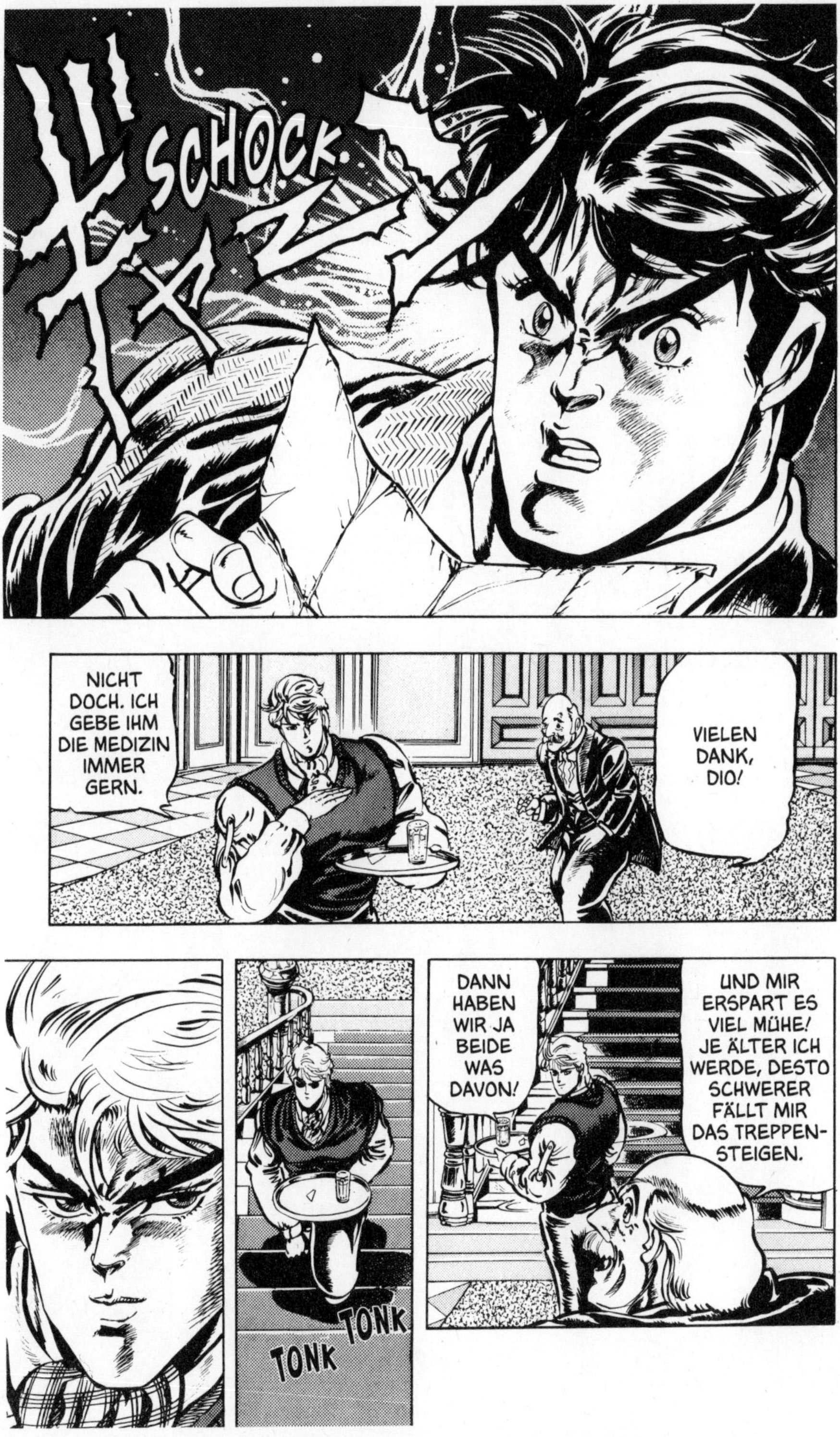
SCHOCK
NICHT DOCH. ICH GEBE IHM DIE MEDIZIN IMMER GERN.
VIELEN DANK, DIO!
TONK
TONK
DANN HABEN WIR JA BEIDE WAS DAVON!
UND MIR ERSPART ES VIEL MÜHE! JE ÄLTER ICH WERDE, DESTO SCHWERER FÄLLT MIR DAS TREPPEN-STEIGEN.

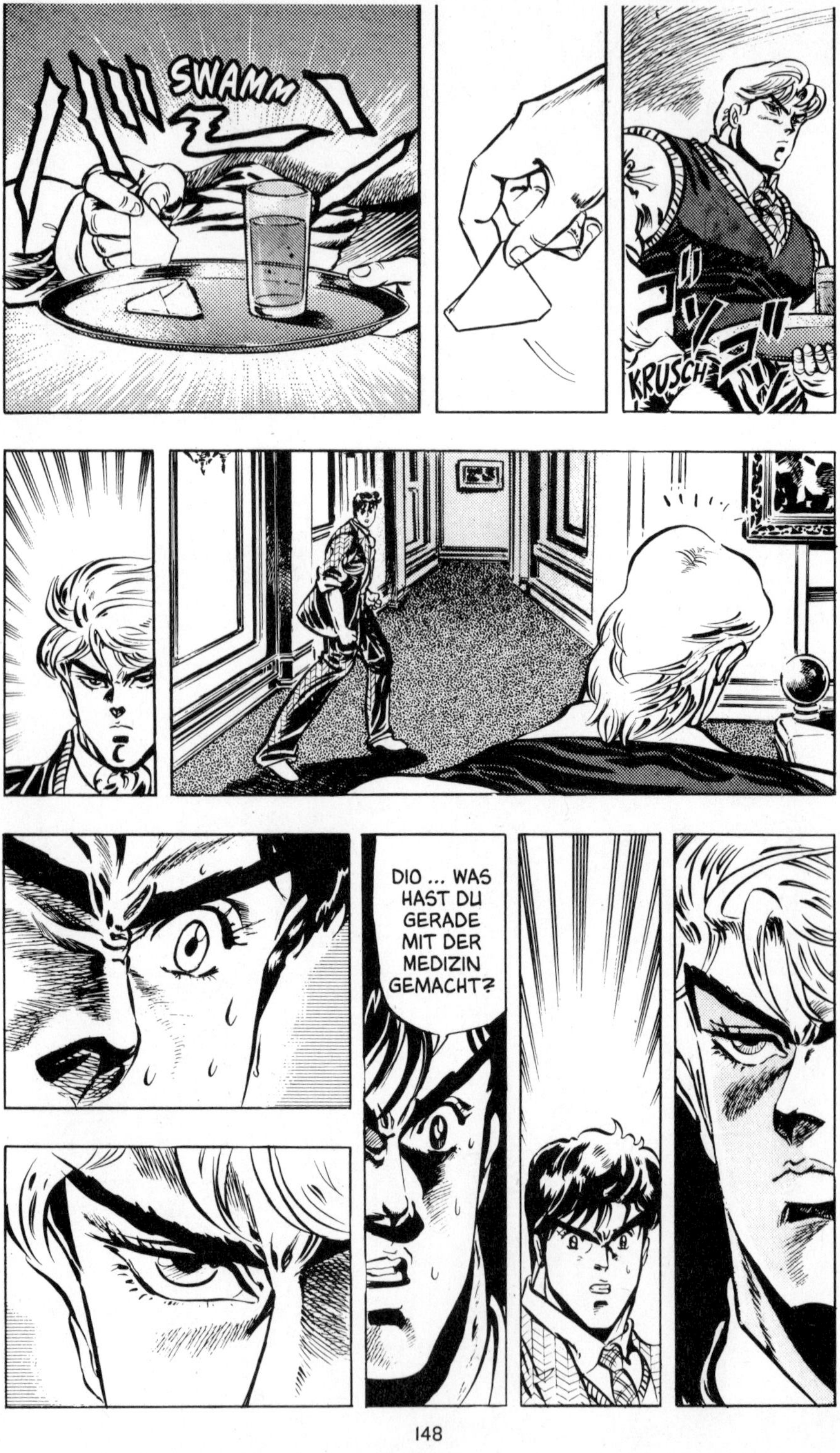
SWAMM
KRUSCH
DIO ... WAS HAST DU GERADE MIT DER MEDIZIN GEMACHT?

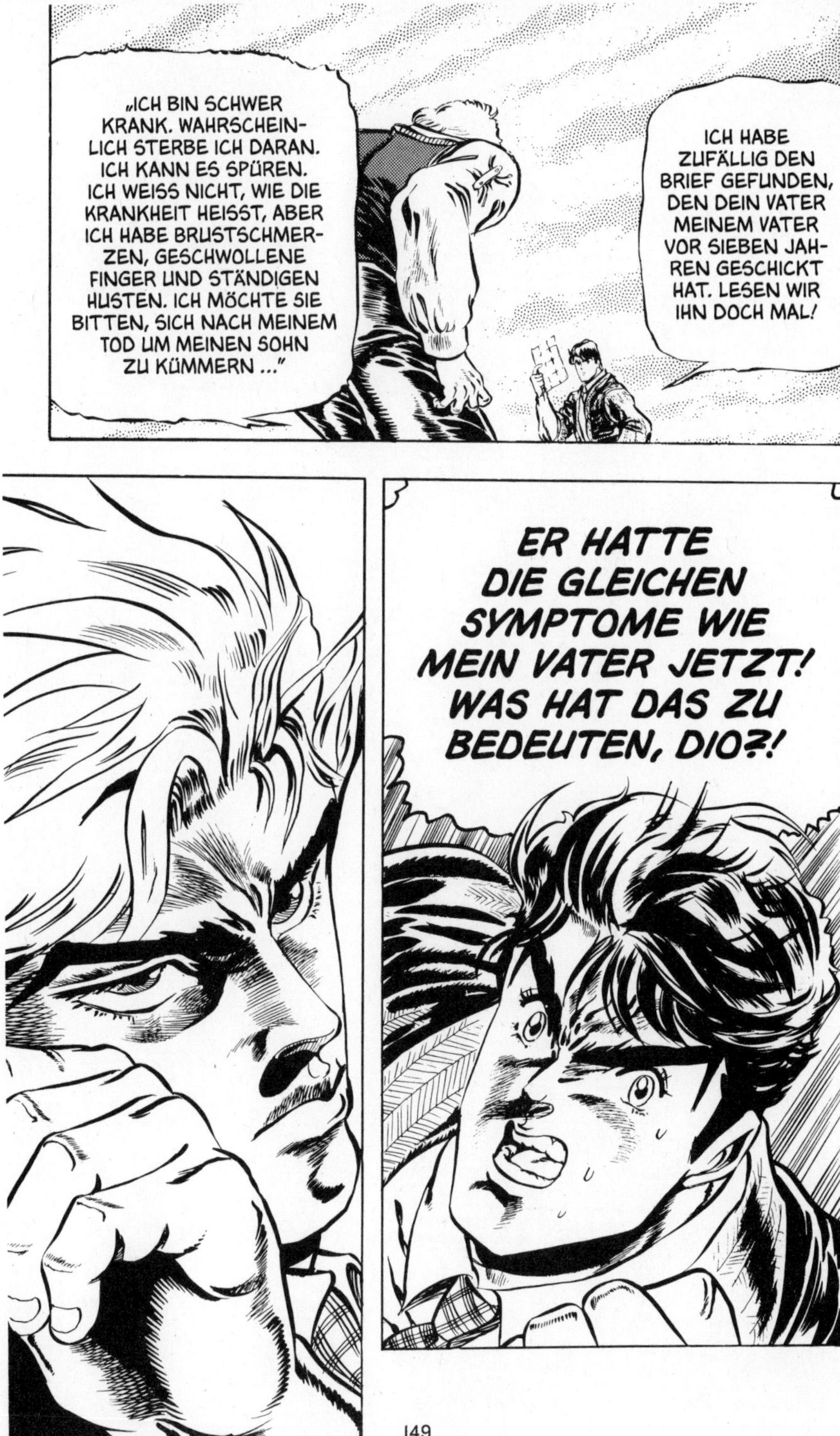
„ICH BIN SCHWER KRANK. WAHRSCHEINLICH STERBE ICH DARAN. ICH KANN ES SPÜREN. ICH WEISS NICHT, WIE DIE KRANKHEIT HEISST, ABER ICH HABE BRUSTSCHMERZEN, GESCHWOLLENE FINGER UND STÄNDIGEN HUSTEN. ICH MÖCHTE SIE BITTEN, SICH NACH MEINEM TOD UM MEINEN SOHN ZU KÜMMERN ..."
ICH HABE ZUFÄLLIG DEN BRIEF GEFUNDEN, DEN DEIN VATER MEINEM VATER VOR SIEBEN JAHREN GESCHICKT HAT. LESEN WIR IHN DOCH MAL!
ER HATTE DIE GLEICHEN SYMPTOME WIE MEIN VATER JETZT! WAS HAT DAS ZU BEDEUTEN, DIO?!

JOJO'S
BIZARRE ADVENTURE
PART 1
PHANTOM BLOOD

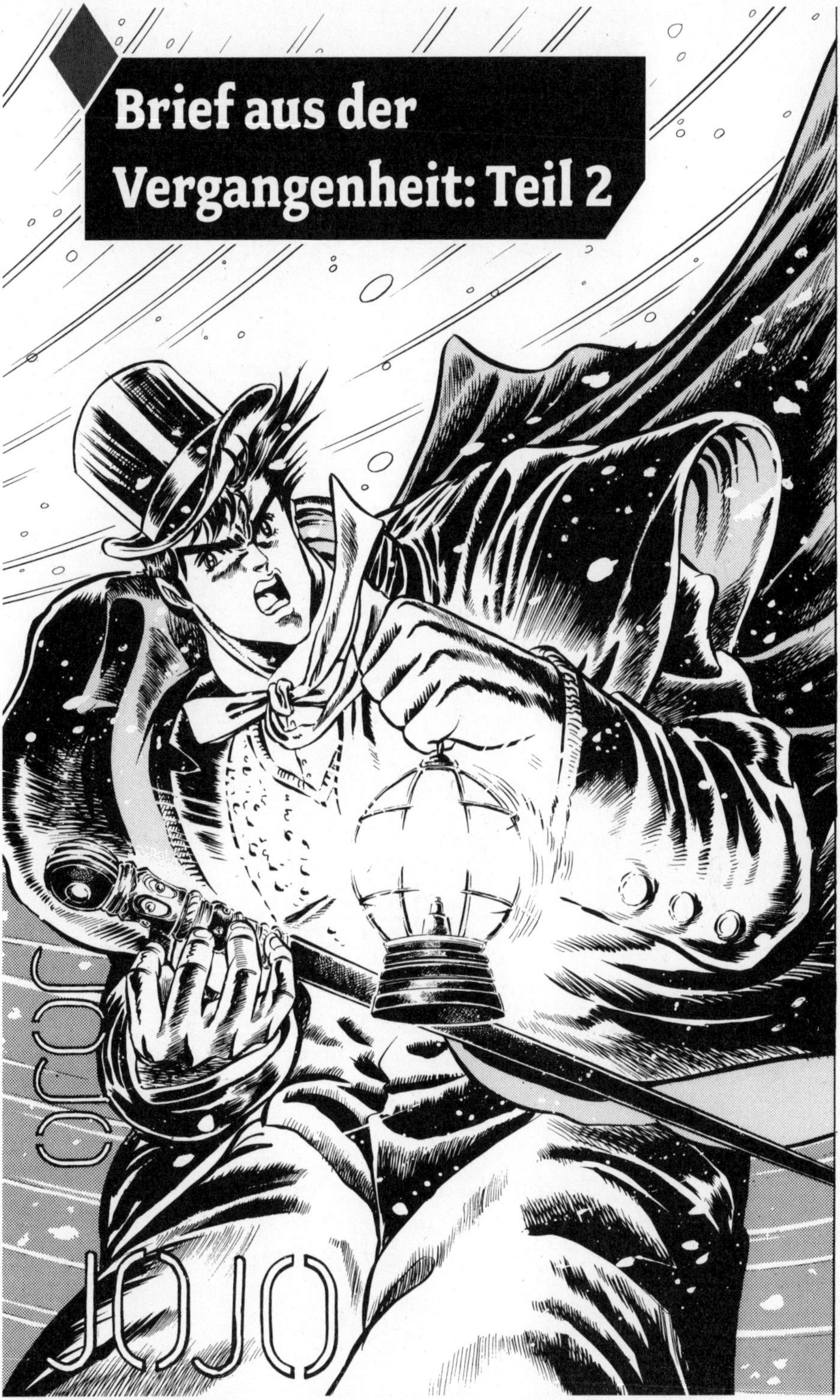
Brief aus der Vergangenheit: Teil 2
JOJO

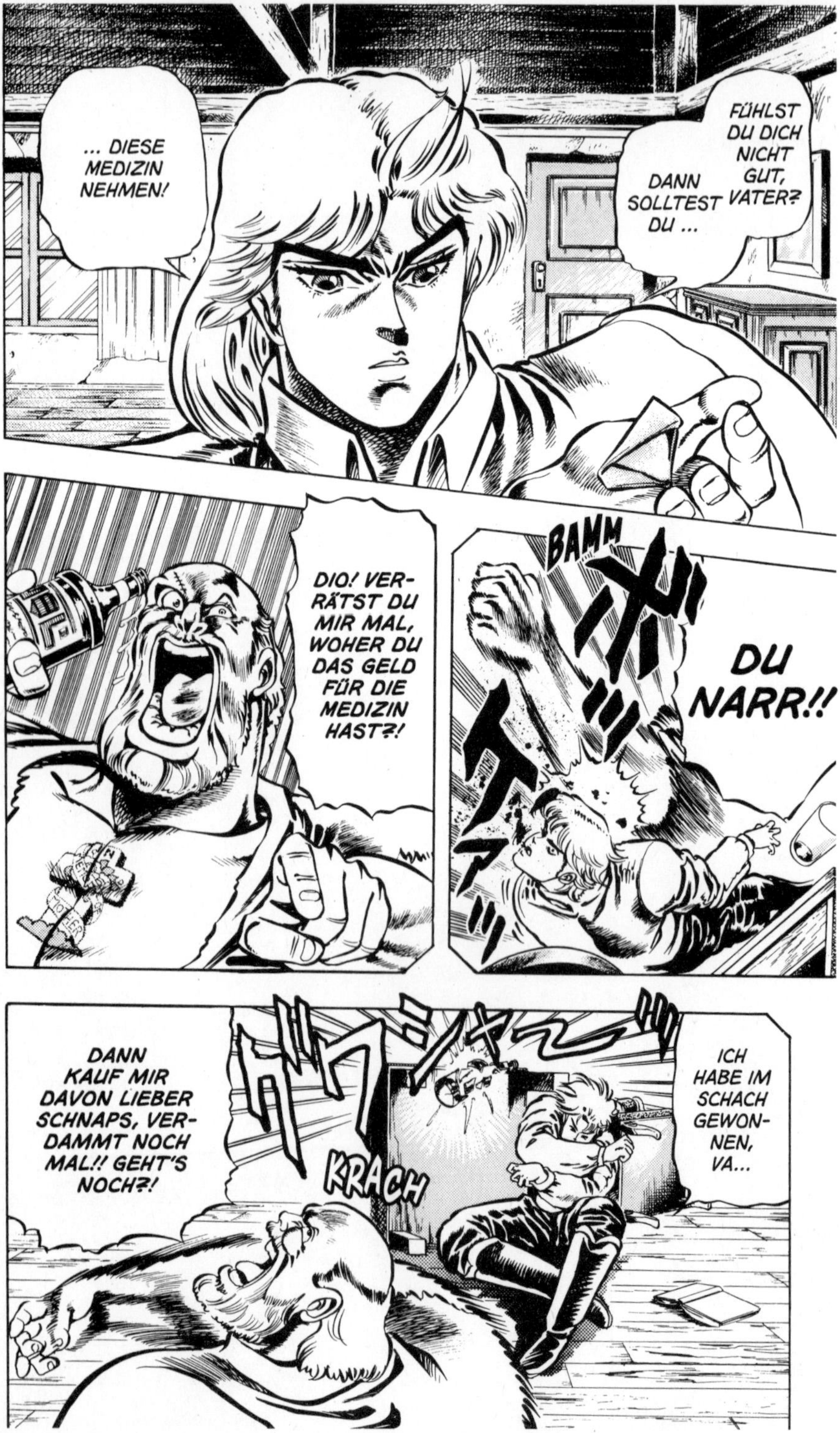
FÜHLST DU DICH NICHT GUT, VATER?
DANN SOLLTEST DU ...
... DIESE MEDIZIN NEHMEN!
DIO! VERRÄTST DU MIR MAL, WOHER DU DAS GELD FÜR DIE MEDIZIN HAST?!
BAMM
DU NARR!!
ICH HABE IM SCHACH GEWONNEN, VA...
DANN KAUF MIR DAVON LIEBER SCHNAPS, VERDAMMT NOCH MAL!! GEHT'S NOCH?!
KRACH

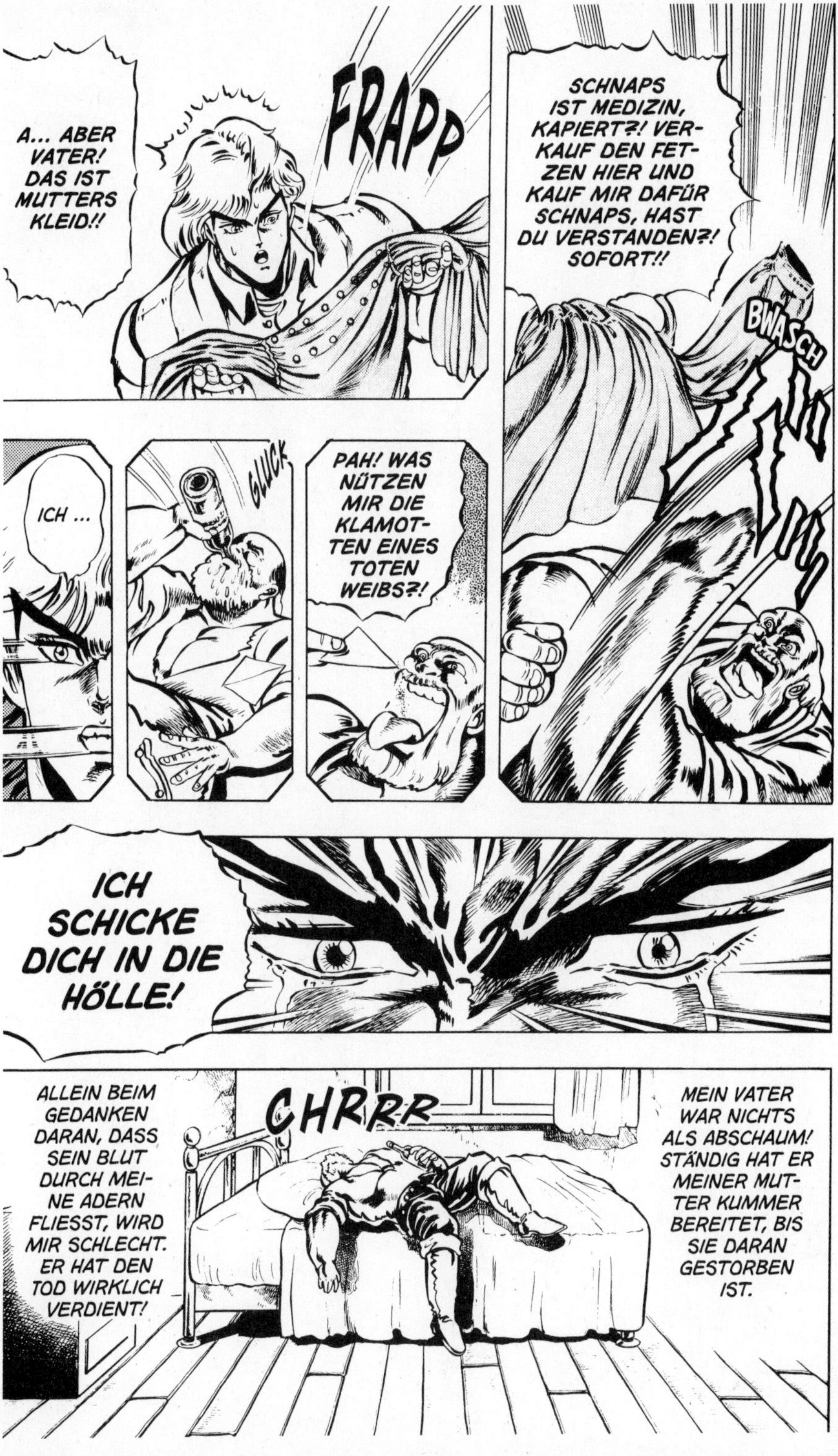

A... ABER VATER! DAS IST MUTTERS KLEID!!
FRAPP
SCHNAPS IST MEDIZIN, KAPIERT?! VERKAUF DEN FETZEN HIER UND KAUF MIR DAFÜR SCHNAPS, HAST DU VERSTANDEN?! SOFORT!!
BWASCH
ICH ...
GLUCK
PAH! WAS NÜTZEN MIR DIE KLAMOTTEN EINES TOTEN WEIBS?!
ICH SCHICKE DICH IN DIE HÖLLE!
ALLEIN BEIM GEDANKEN DARAN, DASS SEIN BLUT DURCH MEINE ADERN FLIESST, WIRD MIR SCHLECHT. ER HAT DEN TOD WIRKLICH VERDIENT!
CHRRR
MEIN VATER WAR NICHTS ALS ABSCHAUM! STÄNDIG HAT ER MEINER MUTTER KUMMER BEREITET, BIS SIE DARAN GESTORBEN IST.

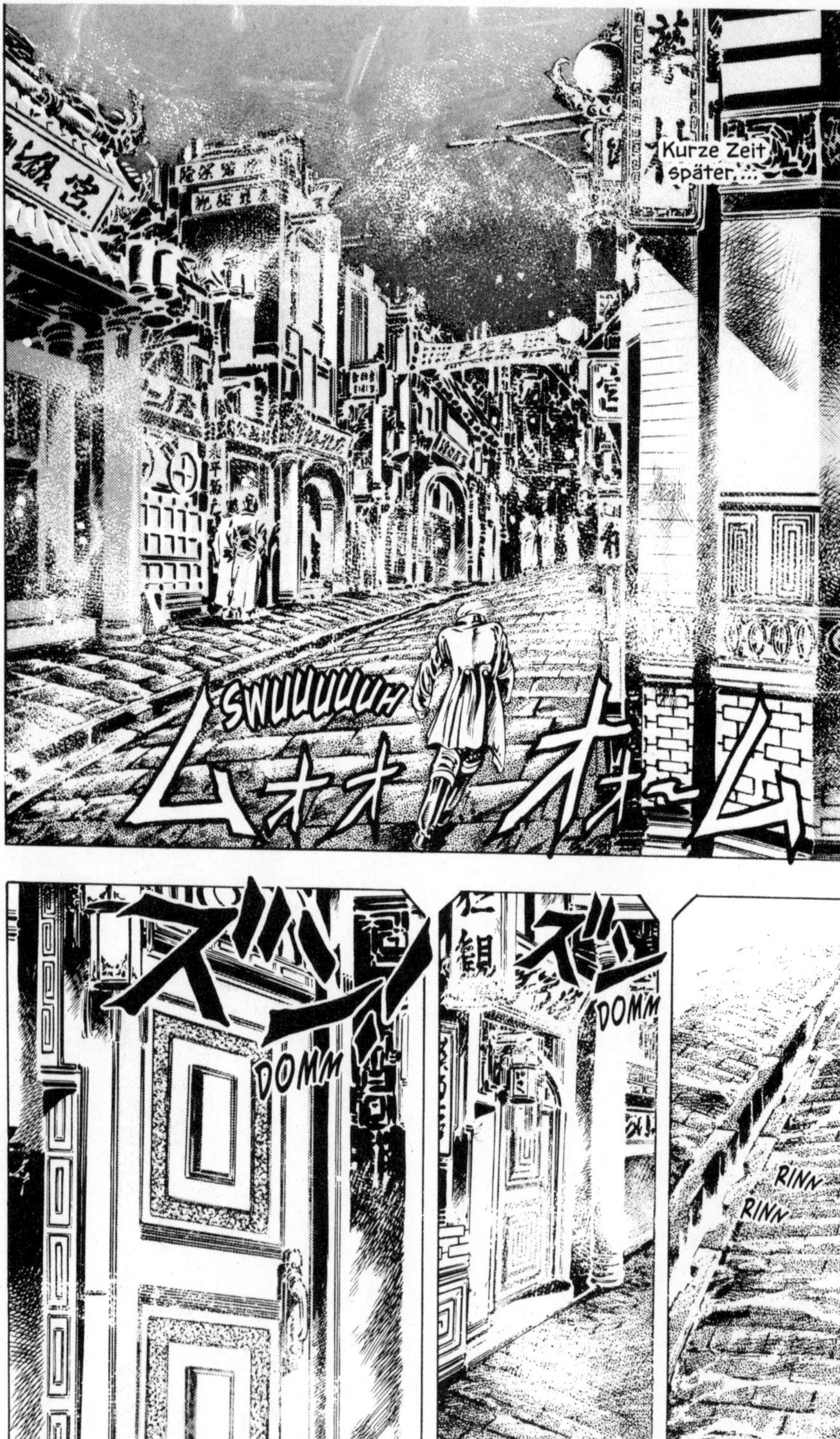
Kurze Zeit später ...
SWUUUUUH
DOMM
DOMM
RINN
RINN

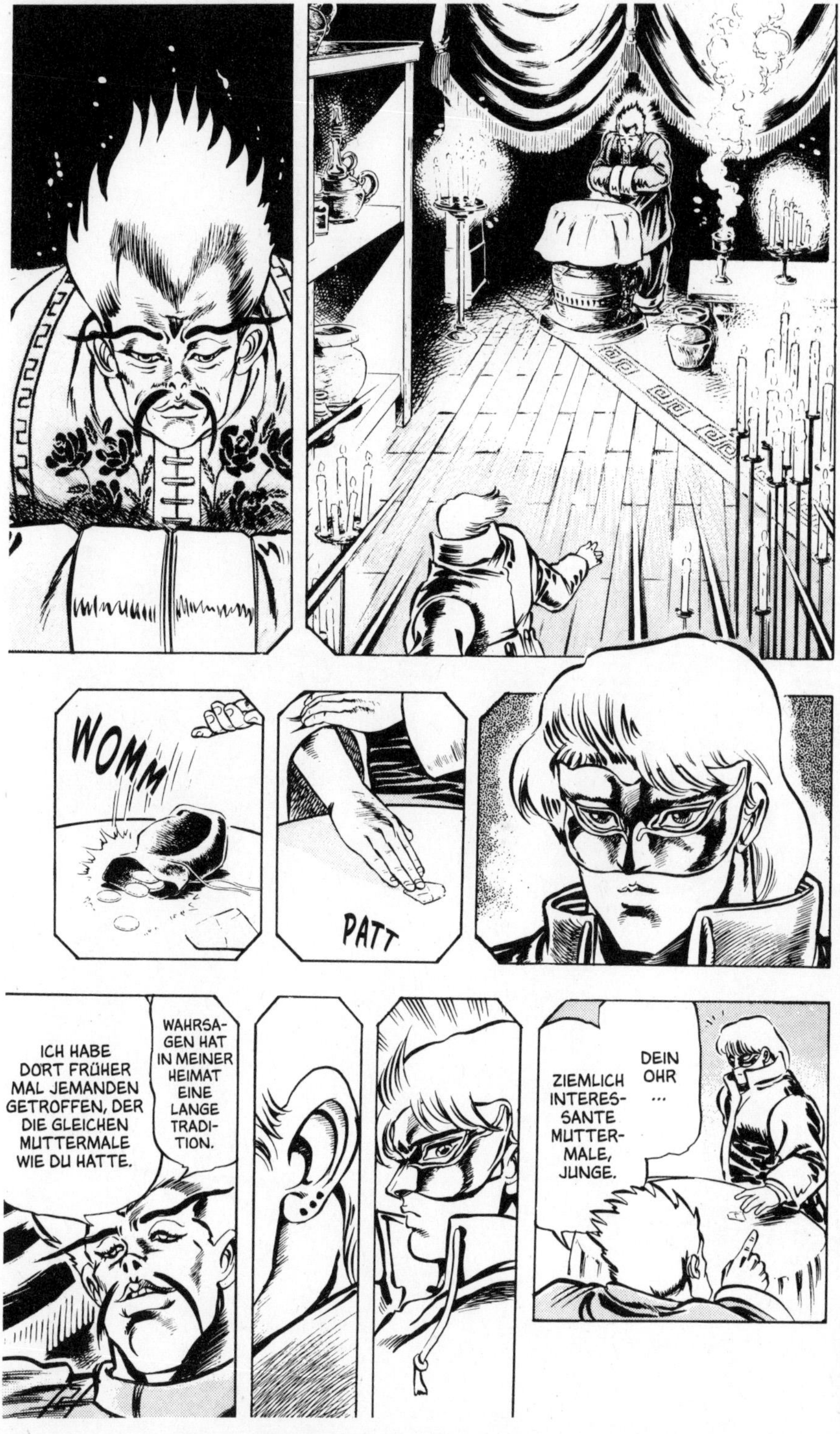

PATT
WOMM
DEIN OHR ...
ZIEMLICH INTERESSANTE MUTTERMALE, JUNGE.
WAHRSAGEN HAT IN MEINER HEIMAT EINE LANGE TRADITION.
ICH HABE DORT FRÜHER MAL JEMANDEN GETROFFEN, DER DIE GLEICHEN MUTTERMALE WIE DU HATTE.

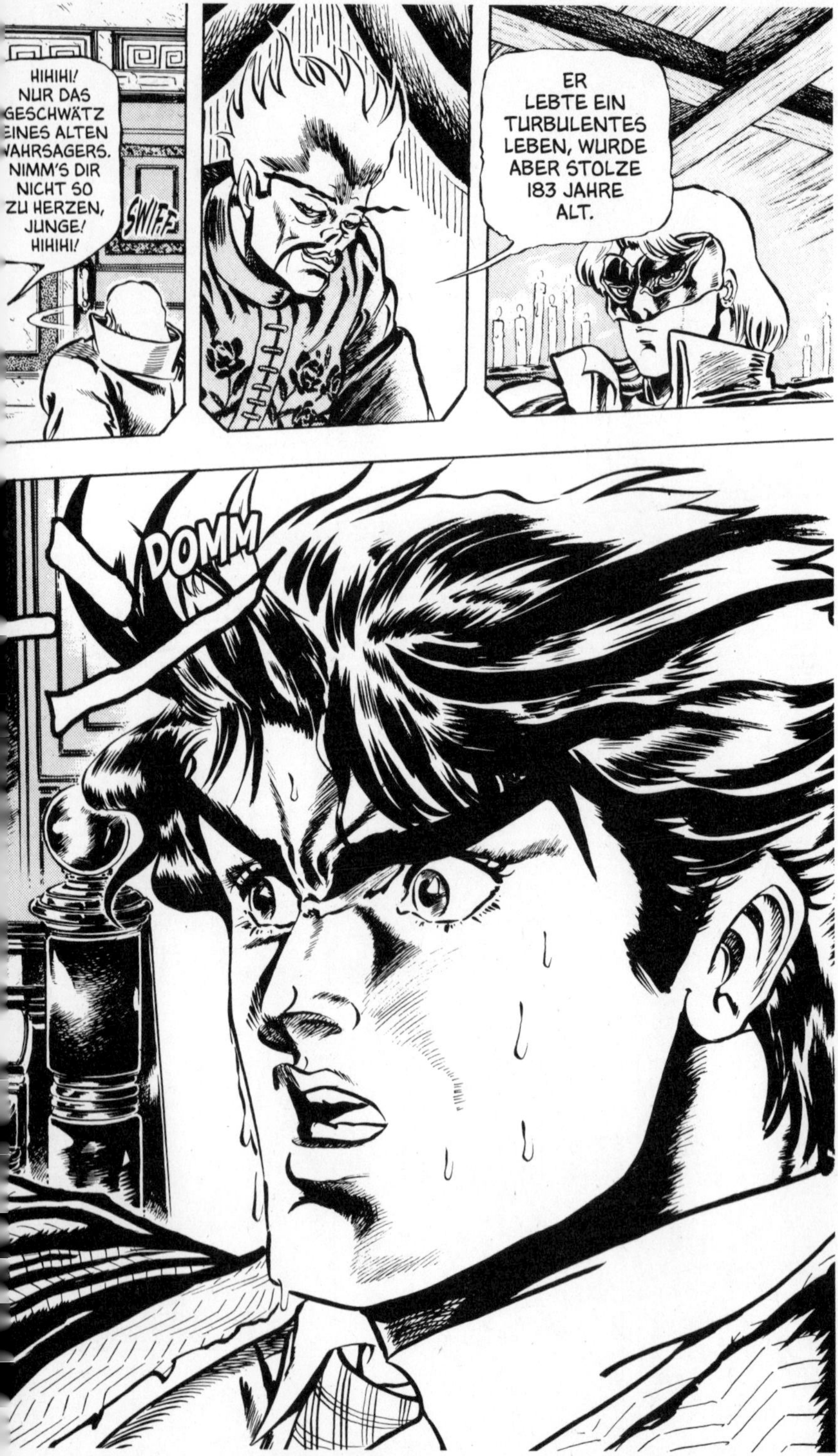
HIHIHI!
NUR DAS
GESCHWÄTZ
EINES ALTEN
WAHRSAGERS.
NIMM'S DIR
NICHT SO
ZU HERZEN,
JUNGE!
HIHIHI!
SWIFF
ER
LEBTE EIN
TURBULENTES
LEBEN, WURDE
ABER STOLZE
183 JAHRE
ALT.
DOMM

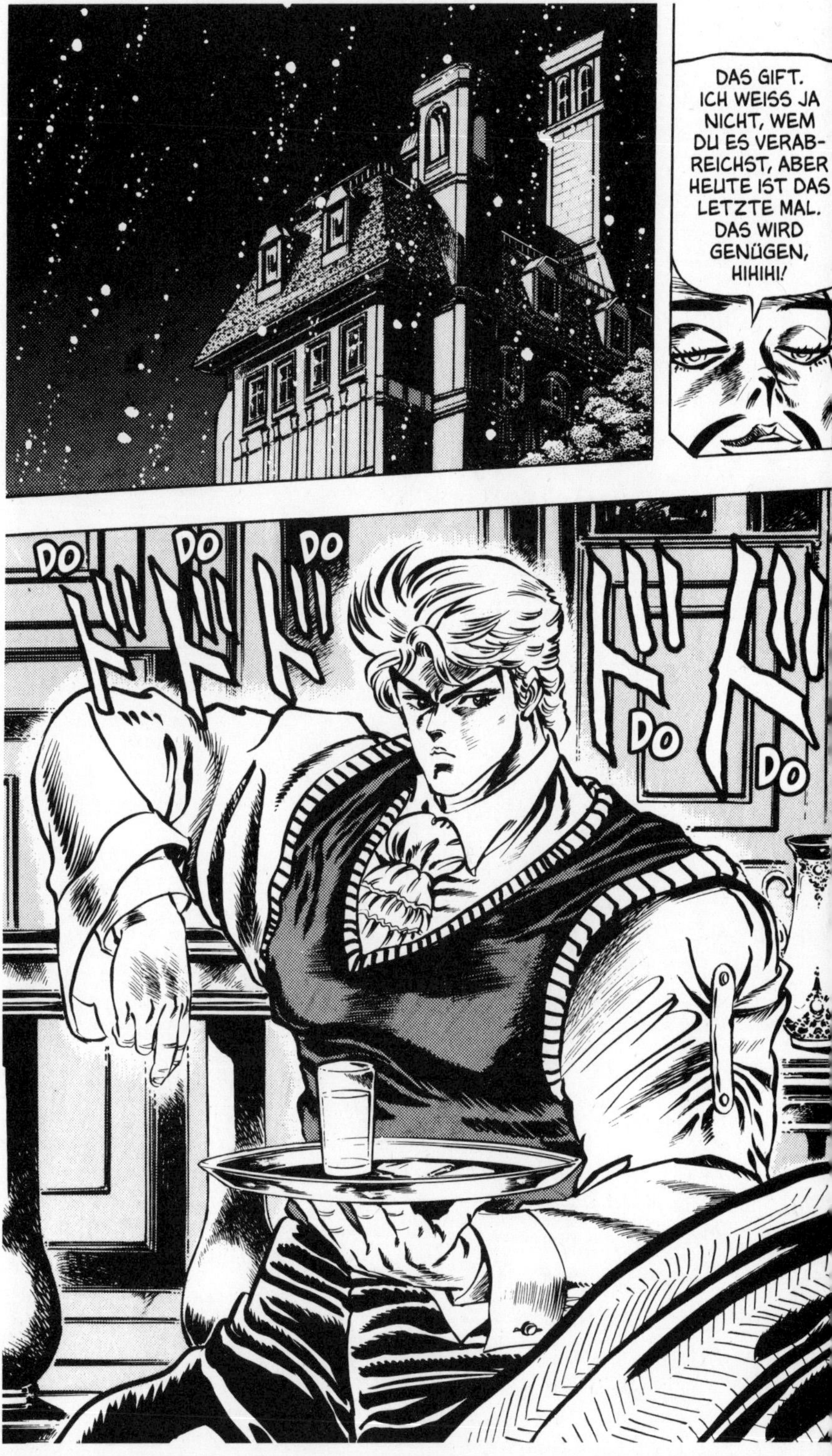
DAS GIFT.
ICH WEISS JA NICHT, WEM DU ES VERAB-REICHST, ABER HEUTE IST DAS LETZTE MAL. DAS WIRD GENÜGEN, HIHIHI!
DO DO DO
DO DO

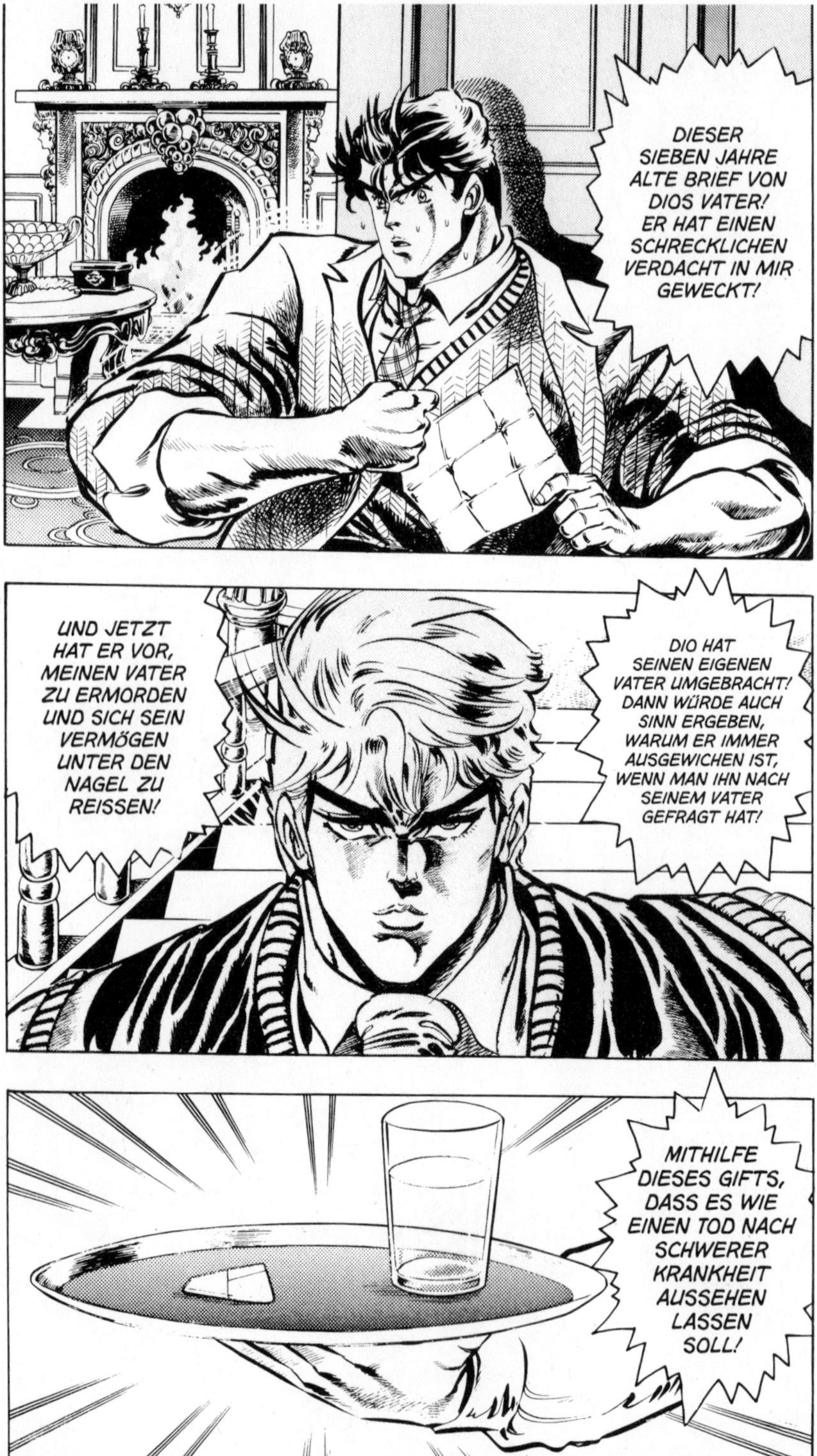
DIESER SIEBEN JAHRE ALTE BRIEF VON DIOS VATER! ER HAT EINEN SCHRECKLICHEN VERDACHT IN MIR GEWECKT!
DIO HAT SEINEN EIGENEN VATER UMGEBRACHT! DANN WÜRDE AUCH SINN ERGEBEN, WARUM ER IMMER AUSGEWICHEN IST, WENN MAN IHN NACH SEINEM VATER GEFRAGT HAT!
UND JETZT HAT ER VOR, MEINEN VATER ZU ERMORDEN UND SICH SEIN VERMÖGEN UNTER DEN NAGEL ZU REISSEN!
MITHILFE DIESES GIFTS, DASS ES WIE EINEN TOD NACH SCHWERER KRANKHEIT AUSSEHEN LASSEN SOLL!

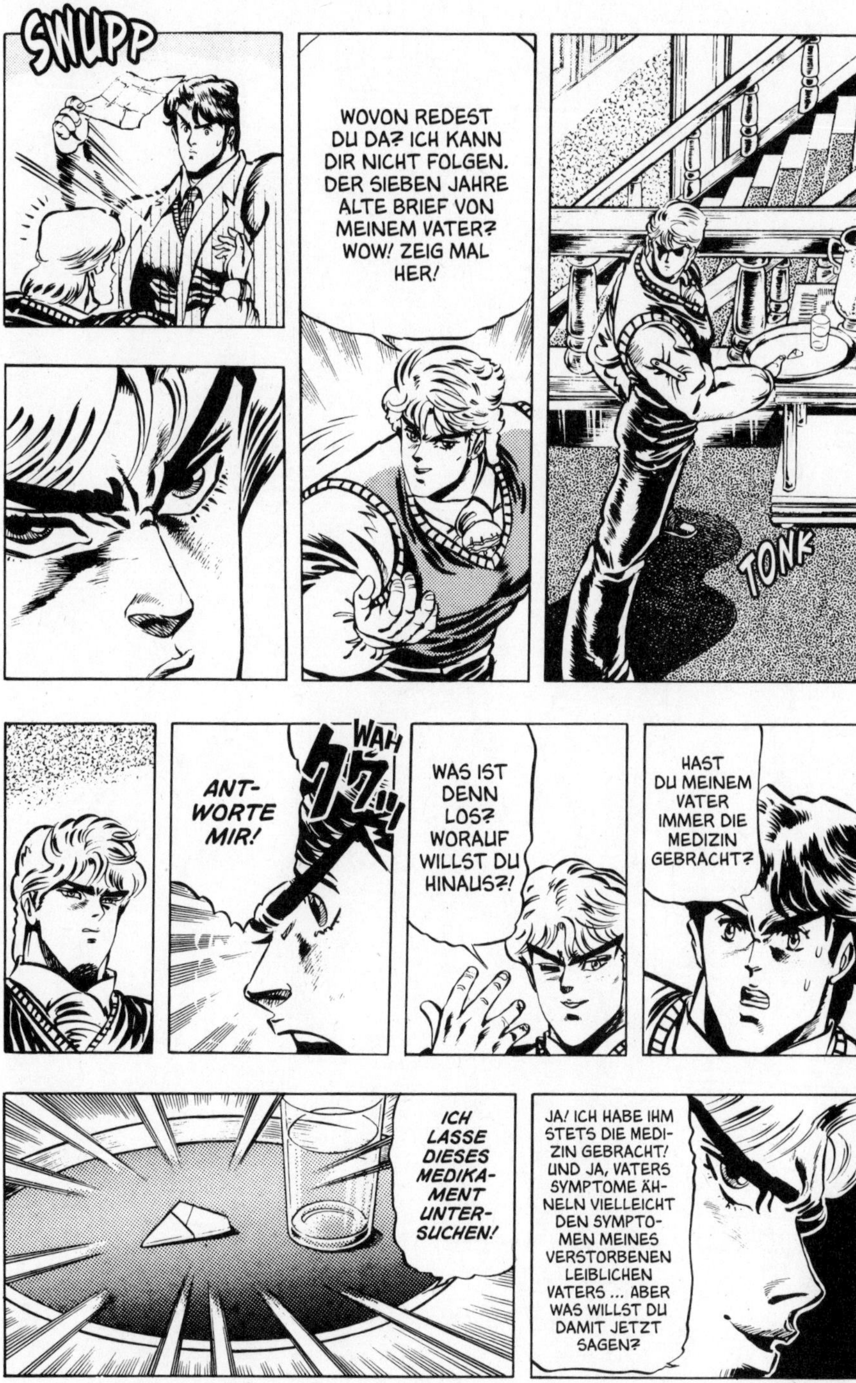
SWUPP
WOVON REDEST DU DA? ICH KANN DIR NICHT FOLGEN. DER SIEBEN JAHRE ALTE BRIEF VON MEINEM VATER? WOW! ZEIG MAL HER!
TONK
ANT-WORTE MIR!
WAH
WAS IST DENN LOS? WORAUF WILLST DU HINAUS?!
HAST DU MEINEM VATER IMMER DIE MEDIZIN GEBRACHT?
ICH LASSE DIESES MEDIKA-MENT UNTER-SUCHEN!
JA! ICH HABE IHM STETS DIE MEDI-ZIN GEBRACHT! UND JA, VATERS SYMPTOME ÄH-NELN VIELLEICHT DEN SYMPTO-MEN MEINES VERSTORBENEN LEIBLICHEN VATERS ... ABER WAS WILLST DU DAMIT JETZT SAGEN?

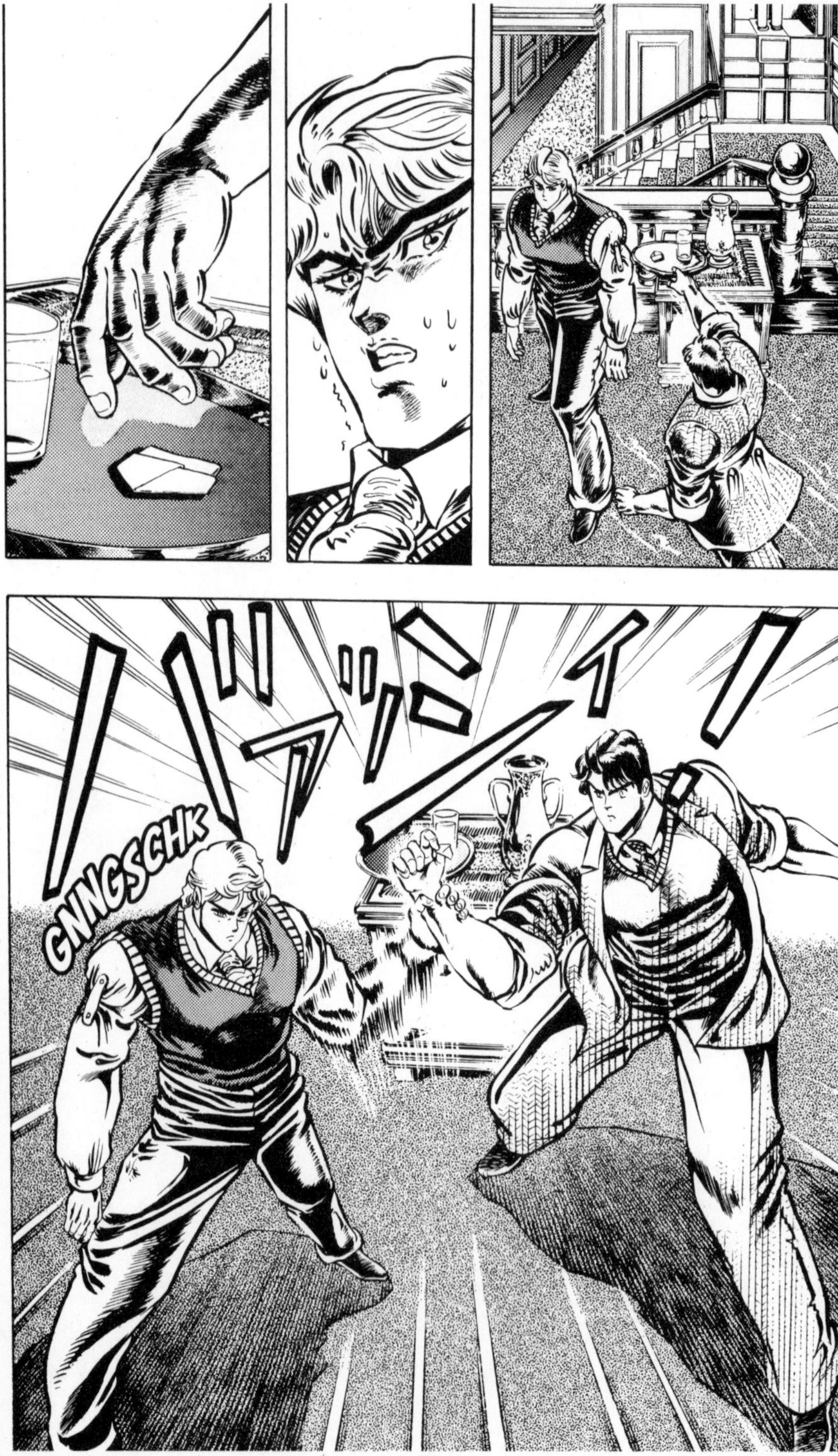
GNNGSCHK

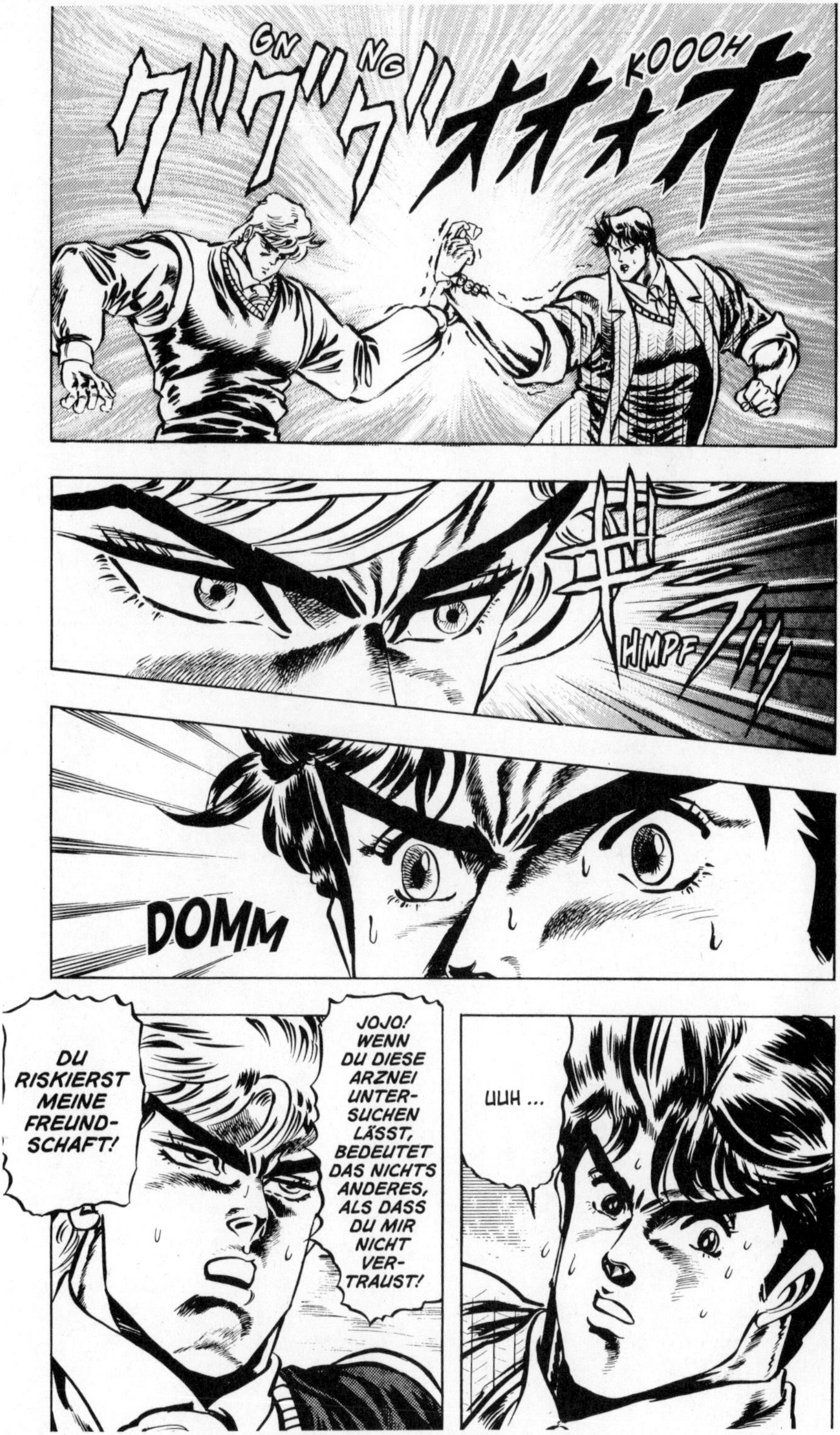
KOOOH
GN NG
HMPF
DOMM
JOJO! WENN DU DIESE ARZNEI UNTERSUCHEN LÄSST, BEDEUTET DAS NICHTS ANDERES, ALS DASS DU MIR NICHT VERTRAUST!
DU RISKIERST MEINE FREUNDSCHAFT!
UUH ...

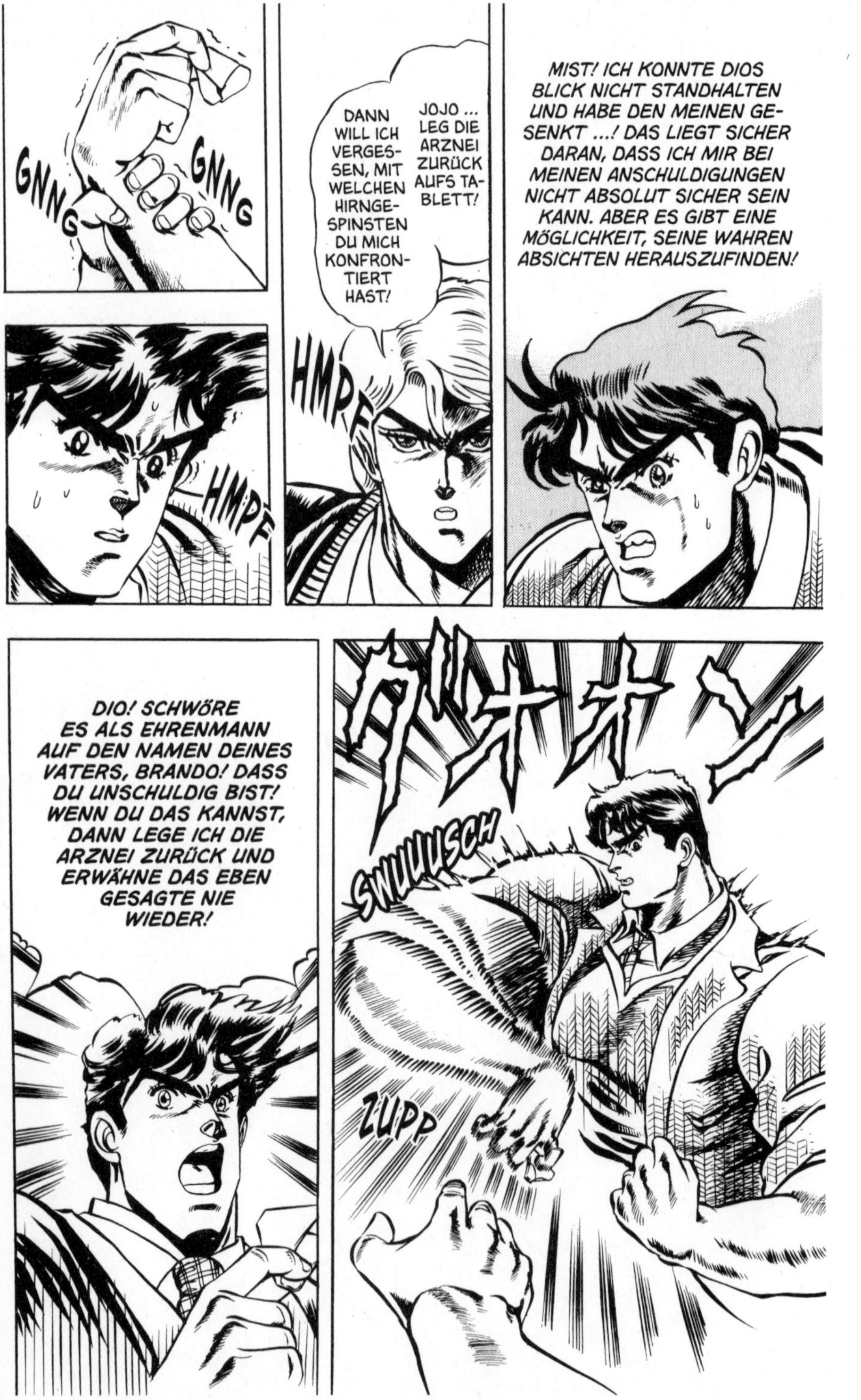
MIST! ICH KONNTE DIOS BLICK NICHT STANDHALTEN UND HABE DEN MEINEN GESENKT ...! DAS LIEGT SICHER DARAN, DASS ICH MIR BEI MEINEN ANSCHULDIGUNGEN NICHT ABSOLUT SICHER SEIN KANN. ABER ES GIBT EINE MÖGLICHKEIT, SEINE WAHREN ABSICHTEN HERAUSZUFINDEN!
JOJO ... LEG DIE ARZNEI ZURÜCK AUFS TABLETT!
DANN WILL ICH VERGESSEN, MIT WELCHEN HIRNGESPINSTEN DU MICH KONFRONTIERT HAST!
HMPF
GNNG GNNG
HMPF
DIO! SCHWÖRE ES ALS EHRENMANN AUF DEN NAMEN DEINES VATERS, BRANDO! DASS DU UNSCHULDIG BIST! WENN DU DAS KANNST, DANN LEGE ICH DIE ARZNEI ZURÜCK UND ERWÄHNE DAS EBEN GESAGTE NIE WIEDER!
SWUUUSCH
ZUPP

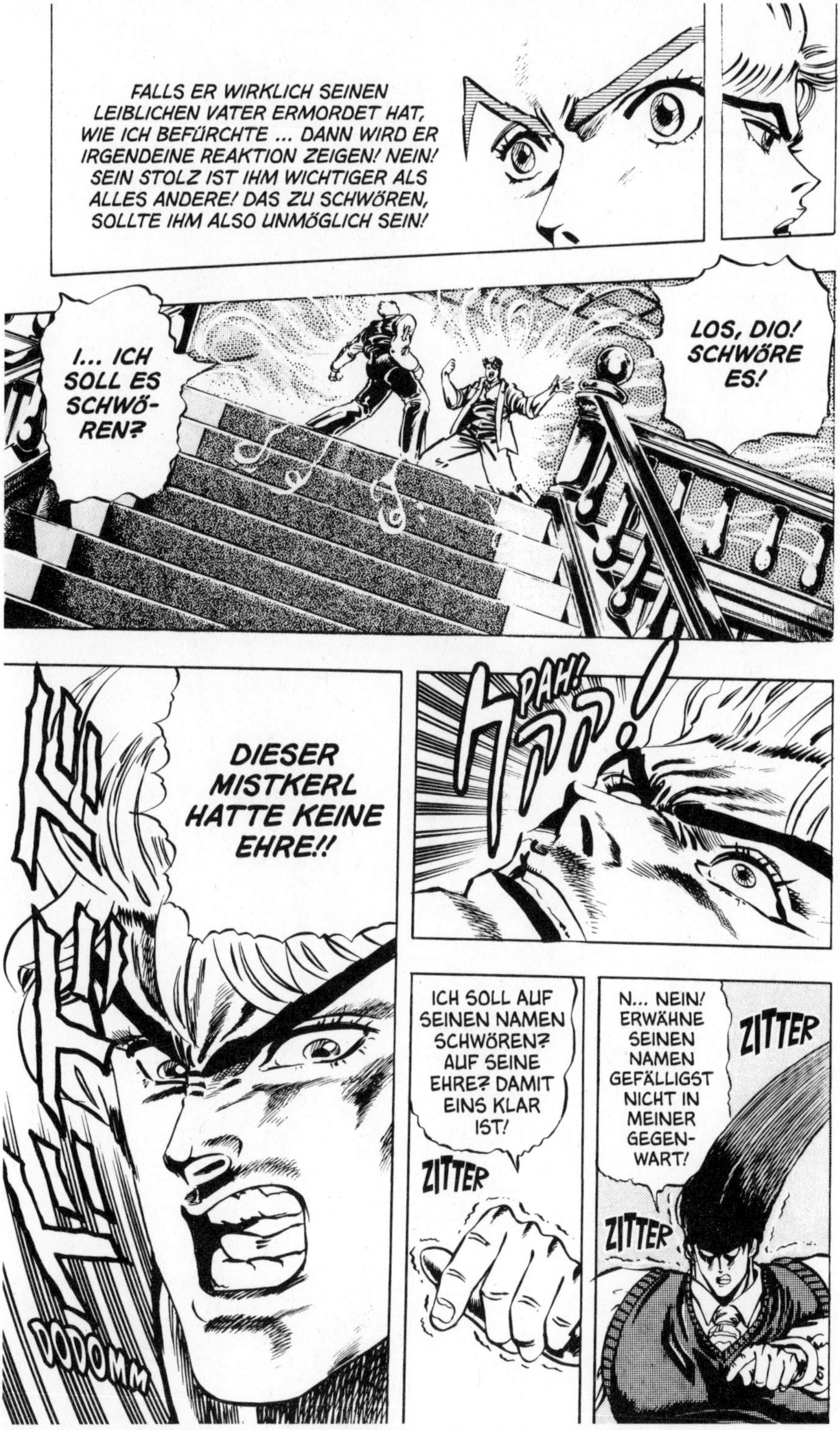
FALLS ER WIRKLICH SEINEN LEIBLICHEN VATER ERMORDET HAT, WIE ICH BEFÜRCHTE ... DANN WIRD ER IRGENDEINE REAKTION ZEIGEN! NEIN! SEIN STOLZ IST IHM WICHTIGER ALS ALLES ANDERE! DAS ZU SCHWÖREN, SOLLTE IHM ALSO UNMÖGLICH SEIN!
LOS, DIO! SCHWÖRE ES!
I... ICH SOLL ES SCHWÖ-REN?
PAH!
DIESER MISTKERL HATTE KEINE EHRE!!
DODOMM
N... NEIN! ERWÄHNE SEINEN NAMEN GEFÄLLIGST NICHT IN MEINER GEGEN-WART!
ZITTER
ZITTER
ICH SOLL AUF SEINEN NAMEN SCHWÖREN? AUF SEINE EHRE? DAMIT EINS KLAR IST!
ZITTER

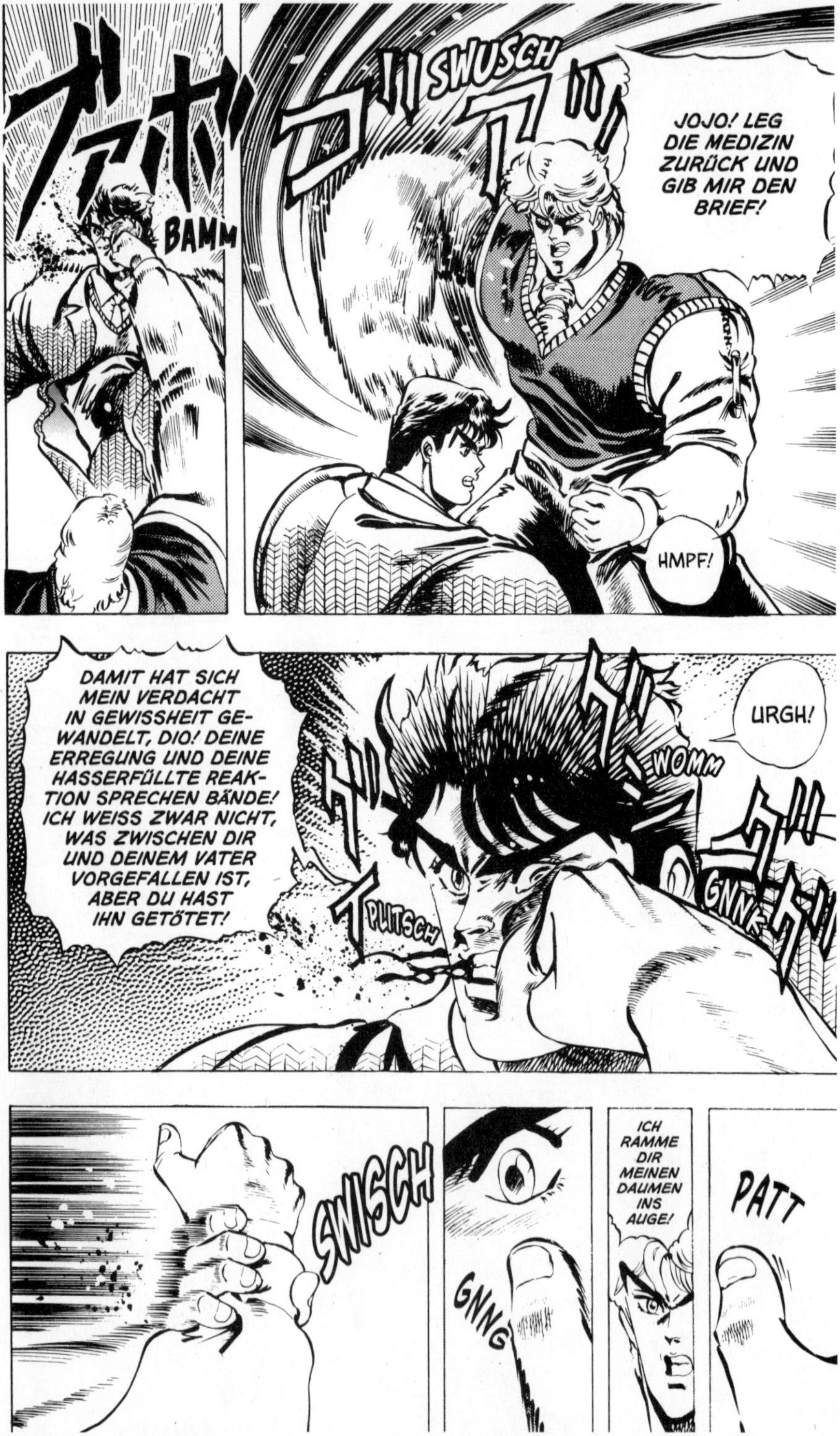
SWUSCH
BAMM
JOJO! LEG DIE MEDIZIN ZURÜCK UND GIB MIR DEN BRIEF!
HMPF!
DAMIT HAT SICH MEIN VERDACHT IN GEWISSHEIT GE-WANDELT, DIO! DEINE ERREGUNG UND DEINE HASSERFÜLLTE REAK-TION SPRECHEN BÄNDE! ICH WEISS ZWAR NICHT, WAS ZWISCHEN DIR UND DEINEM VATER VORGEFALLEN IST, ABER DU HAST IHN GETÖTET!
WOMM
URGH!
GNNK
PLITSCH
SWISCH
GNNG
ICH RAMME DIR MEINEN DAUMEN INS AUGE!
PATT

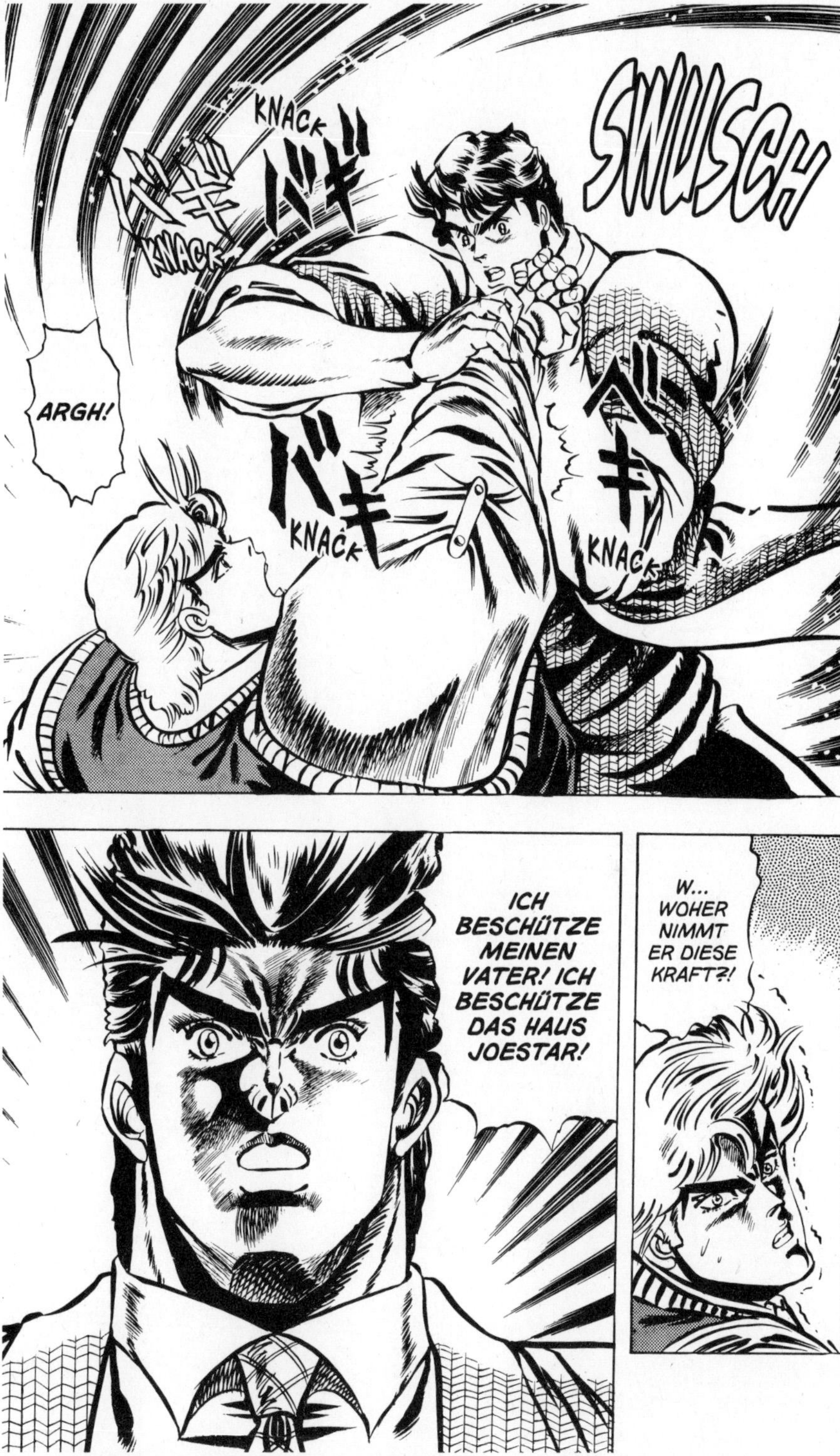
SWUSCH
KNACK
KNACK
KNACK
KNACK
ARGH!
W... WOHER NIMMT ER DIESE KRAFT?!
ICH BESCHÜTZE MEINEN VATER! ICH BESCHÜTZE DAS HAUS JOESTAR!

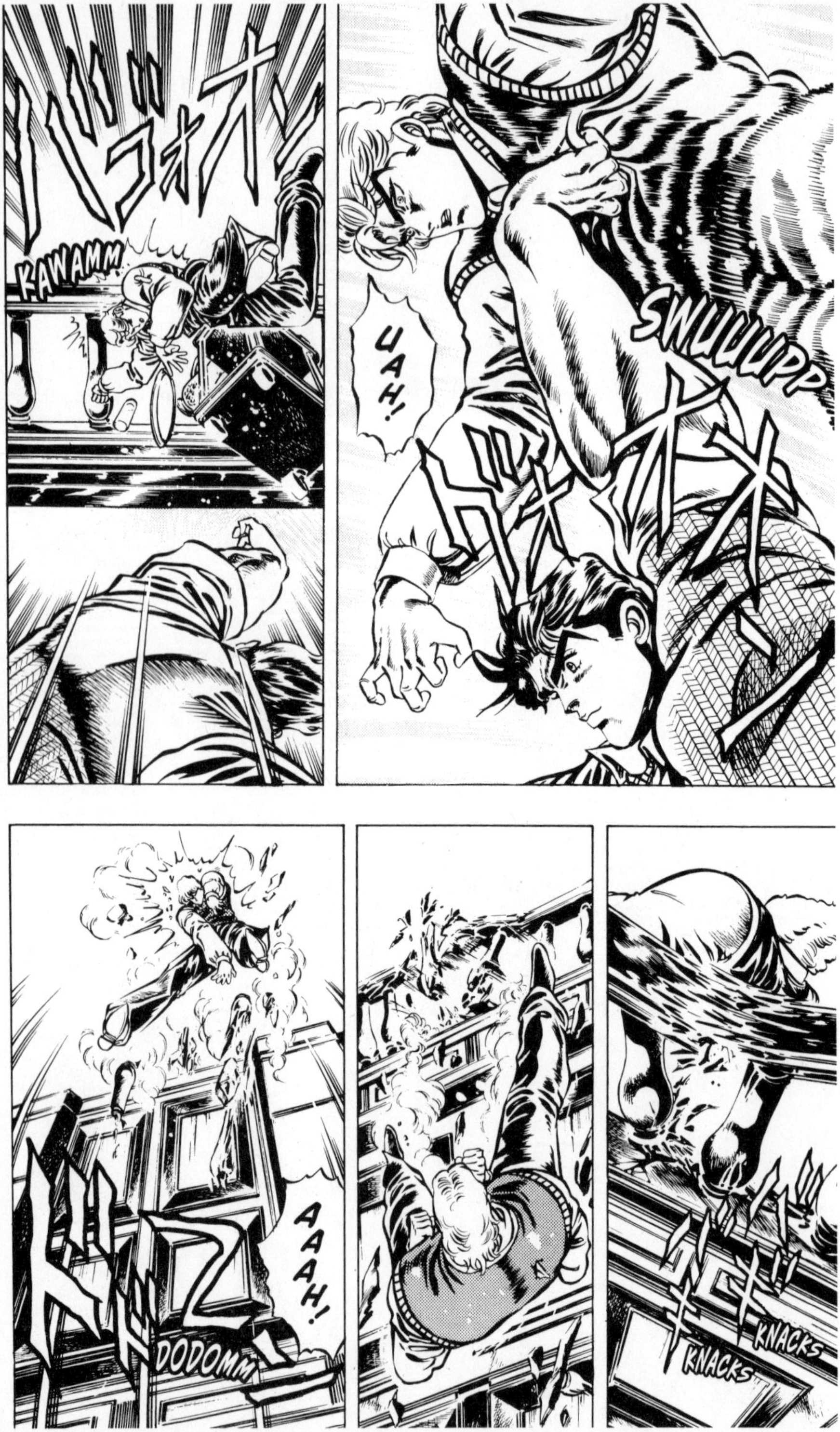
UAH!
SWUUUPP
KAWAMM
KNACKS
KNACKS
AAAH!
DODOMM

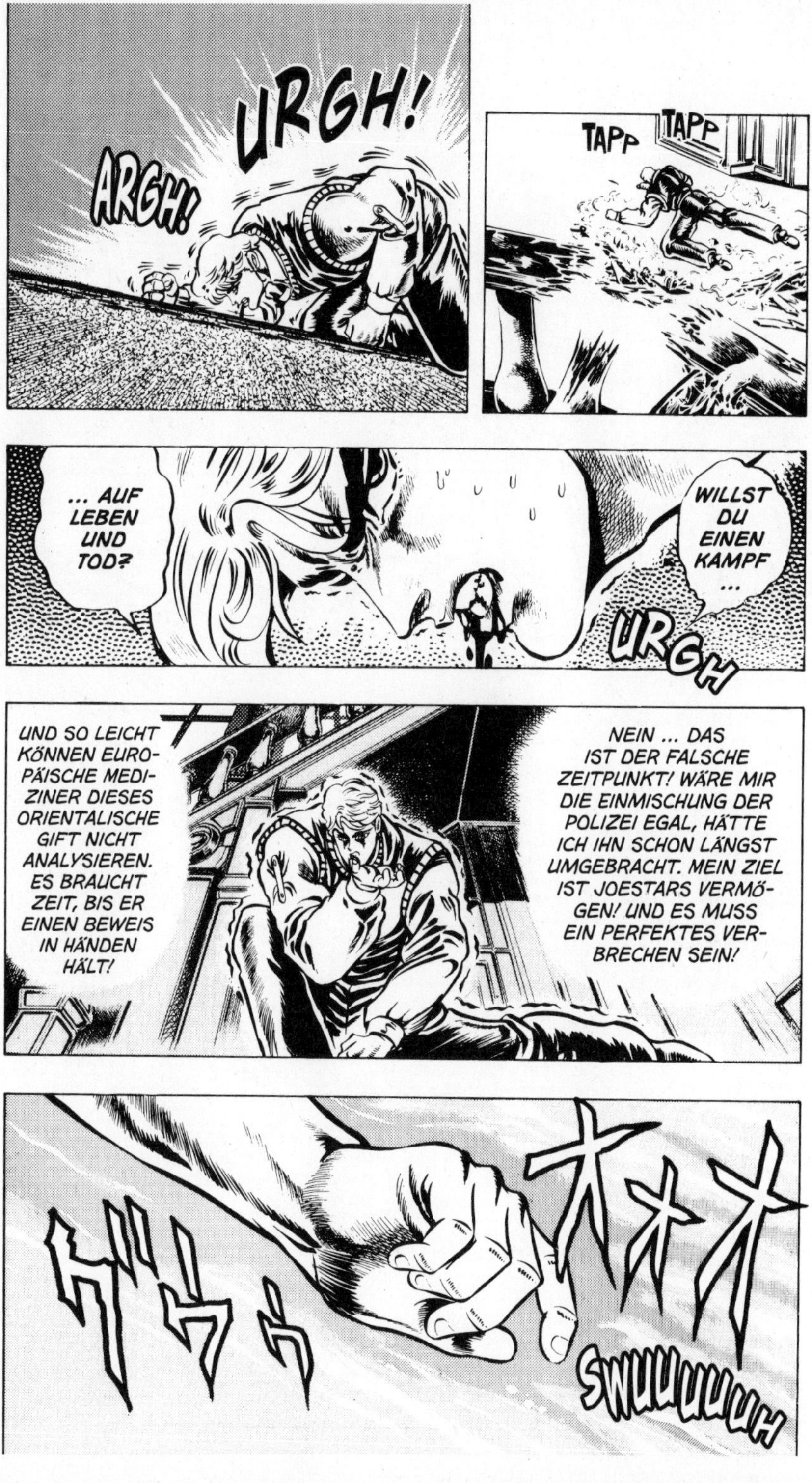
TAPP
TAPP
URGH!
ARGH!
WILLST DU EINEN KAMPF ...
... AUF LEBEN UND TOD?
URGH
NEIN ... DAS IST DER FALSCHE ZEITPUNKT! WÄRE MIR DIE EINMISCHUNG DER POLIZEI EGAL, HÄTTE ICH IHN SCHON LÄNGST UMGEBRACHT. MEIN ZIEL IST JOESTARS VERMÖGEN! UND ES MUSS EIN PERFEKTES VERBRECHEN SEIN!
UND SO LEICHT KÖNNEN EUROPÄISCHE MEDIZINER DIESES ORIENTALISCHE GIFT NICHT ANALYSIEREN. ES BRAUCHT ZEIT, BIS ER EINEN BEWEIS IN HÄNDEN HÄLT!
SWUUUUUUH

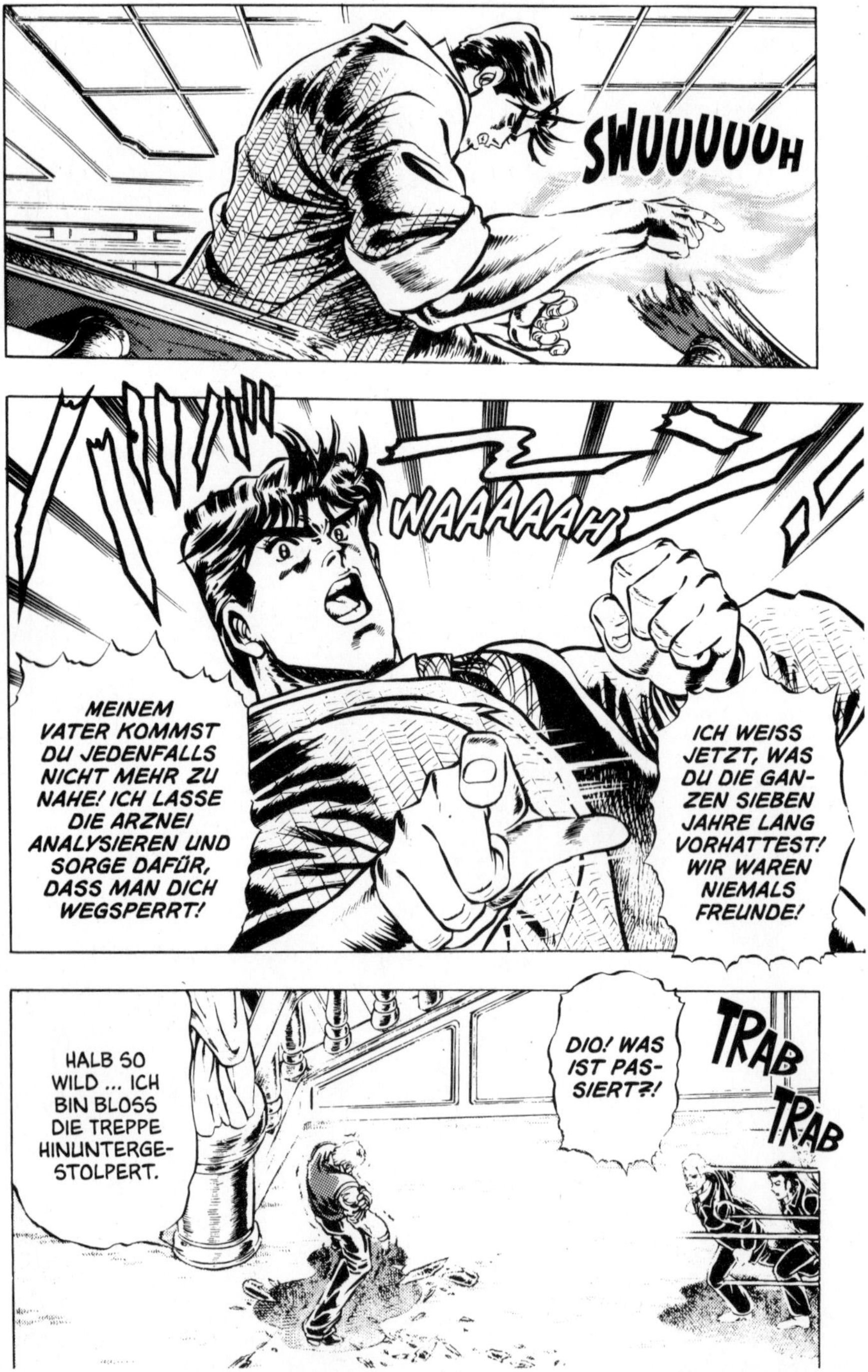
SWUUUUUH
WAAAAAAH
ICH WEISS JETZT, WAS DU DIE GANZEN SIEBEN JAHRE LANG VORHATTEST! WIR WAREN NIEMALS FREUNDE!
MEINEM VATER KOMMST DU JEDENFALLS NICHT MEHR ZU NAHE! ICH LASSE DIE ARZNEI ANALYSIEREN UND SORGE DAFÜR, DASS MAN DICH WEGSPERRT!
TRAB TRAB
DIO! WAS IST PASSIERT?!
HALB SO WILD ... ICH BIN BLOSS DIE TREPPE HINUNTERGESTOLPERT.

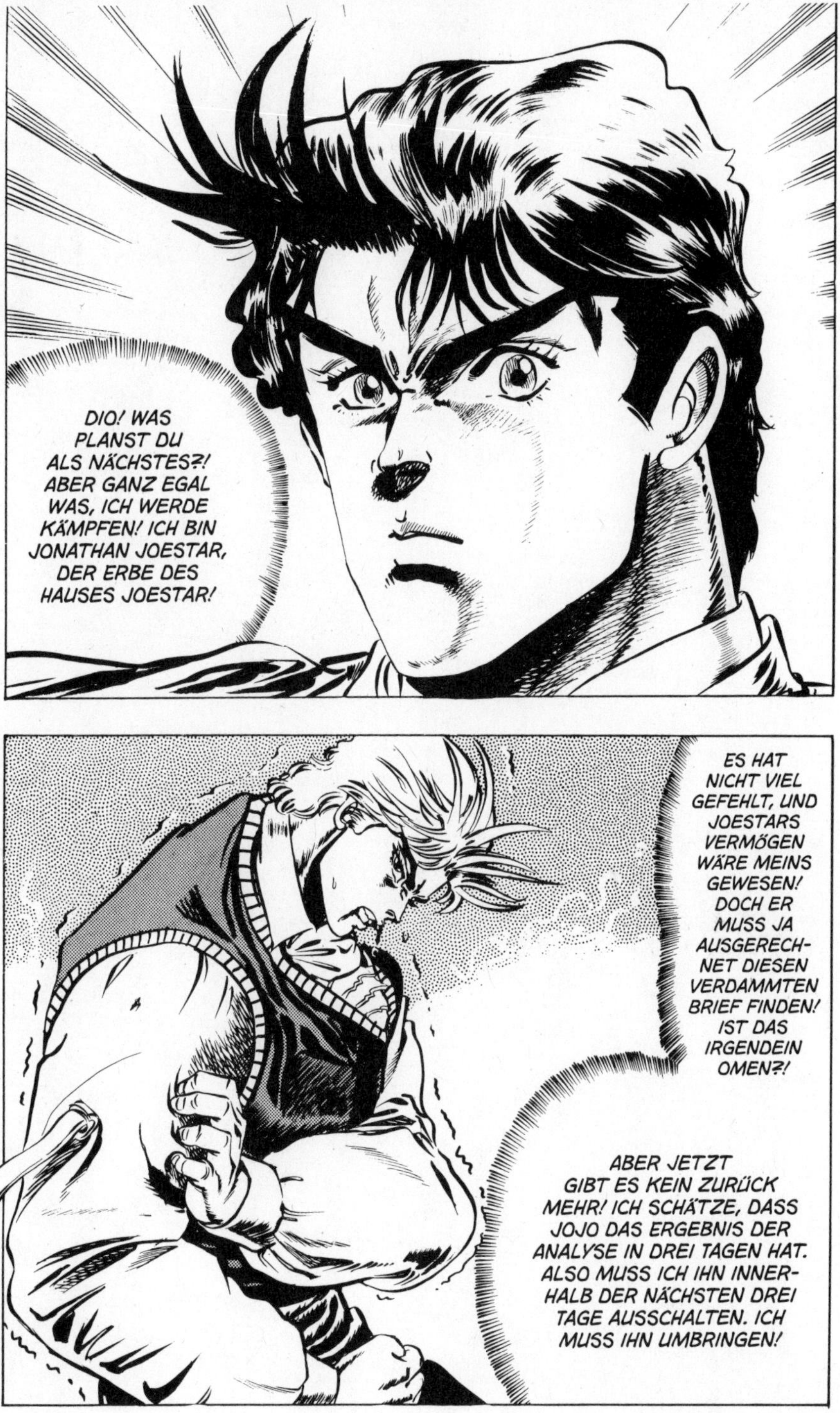
DIO! WAS PLANST DU ALS NÄCHSTES?! ABER GANZ EGAL WAS, ICH WERDE KÄMPFEN! ICH BIN JONATHAN JOESTAR, DER ERBE DES HAUSES JOESTAR!
ES HAT NICHT VIEL GEFEHLT, UND JOESTARS VERMÖGEN WÄRE MEINS GEWESEN! DOCH ER MUSS JA AUSGERECHNET DIESEN VERDAMMTEN BRIEF FINDEN! IST DAS IRGENDEIN OMEN?!
ABER JETZT GIBT ES KEIN ZURÜCK MEHR! ICH SCHÄTZE, DASS JOJO DAS ERGEBNIS DER ANALYSE IN DREI TAGEN HAT. ALSO MUSS ICH IHN INNERHALB DER NÄCHSTEN DREI TAGE AUSSCHALTEN. ICH MUSS IHN UMBRINGEN!

JoJo's Bizarre Adventure

Part 1

Phantom Blood

Die Steinmaske: Teil 1

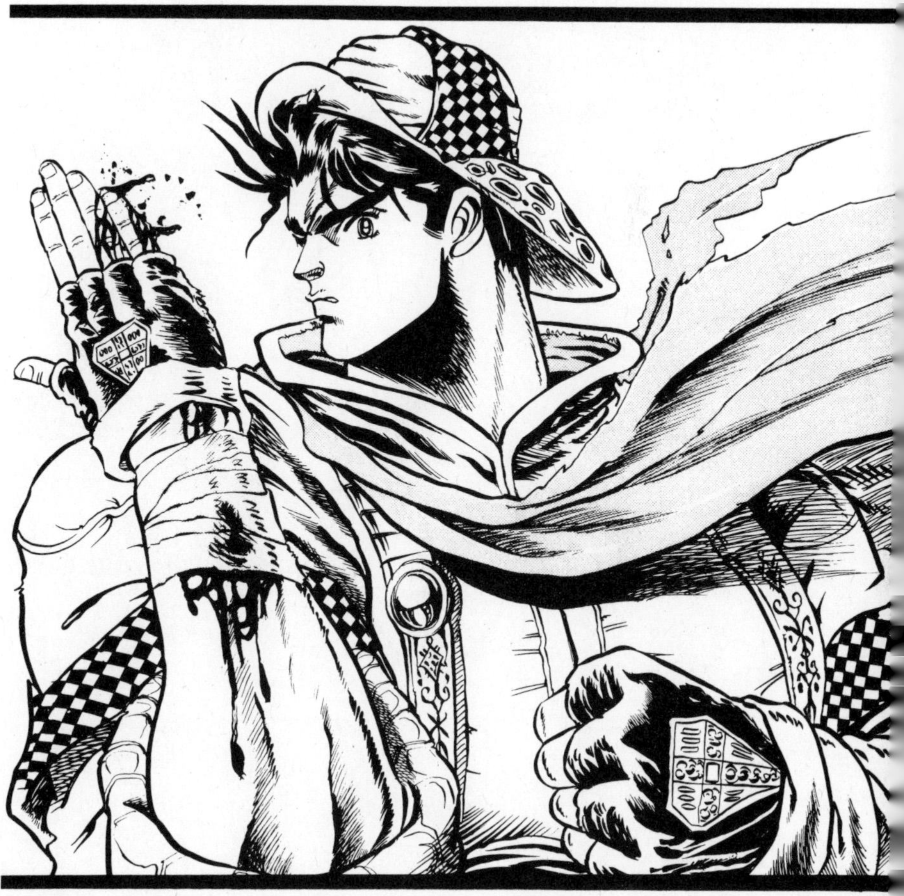

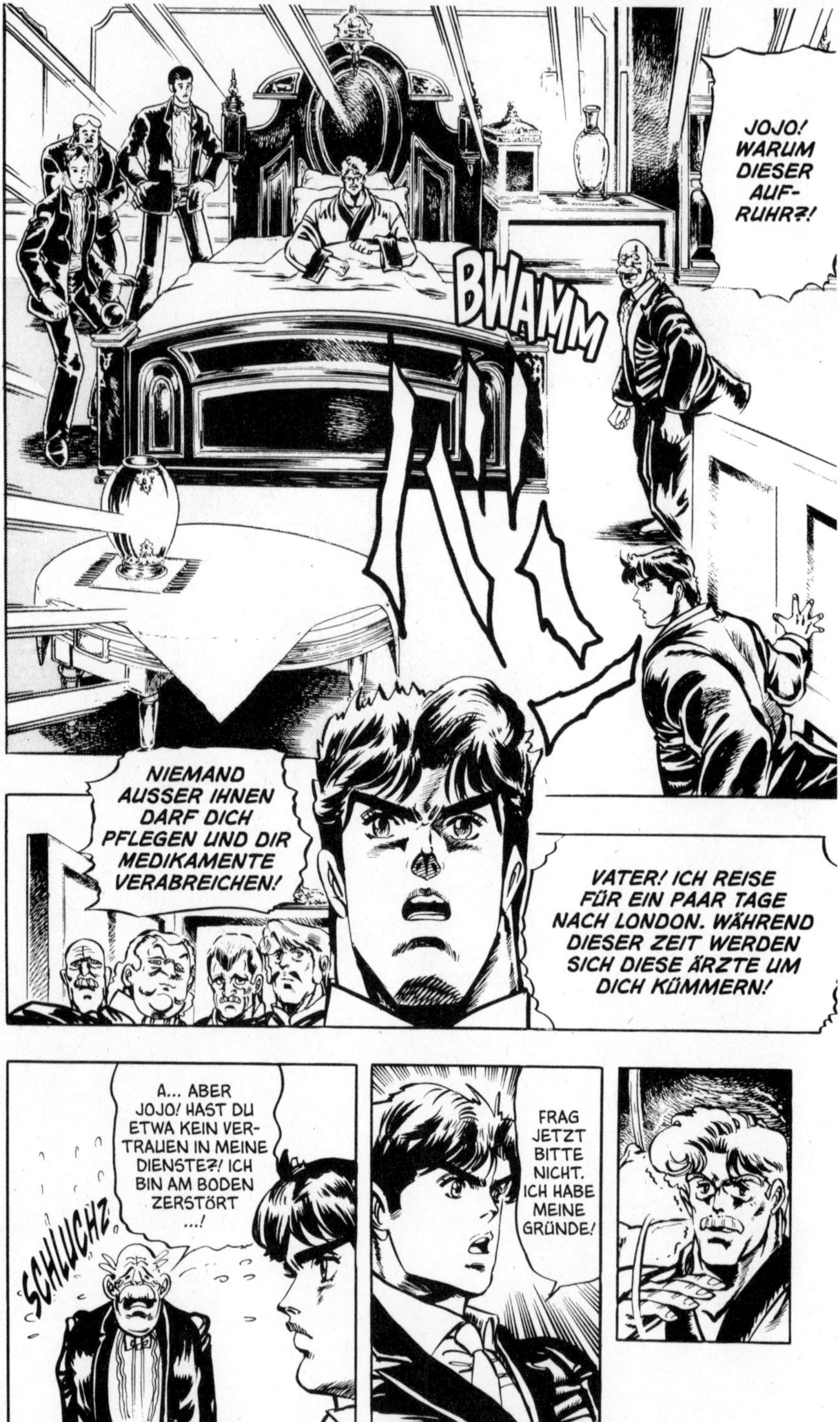
JOJO! WARUM DIESER AUF-RUHR?!
BWAMM
VATER! ICH REISE FÜR EIN PAAR TAGE NACH LONDON. WÄHREND DIESER ZEIT WERDEN SICH DIESE ÄRZTE UM DICH KÜMMERN!
NIEMAND AUSSER IHNEN DARF DICH PFLEGEN UND DIR MEDIKAMENTE VERABREICHEN!
A... ABER JOJO! HAST DU ETWA KEIN VER-TRAUEN IN MEINE DIENSTE?! ICH BIN AM BODEN ZERSTÖRT ...!
SCHLUCHZ
FRAG JETZT BITTE NICHT. ICH HABE MEINE GRÜNDE!

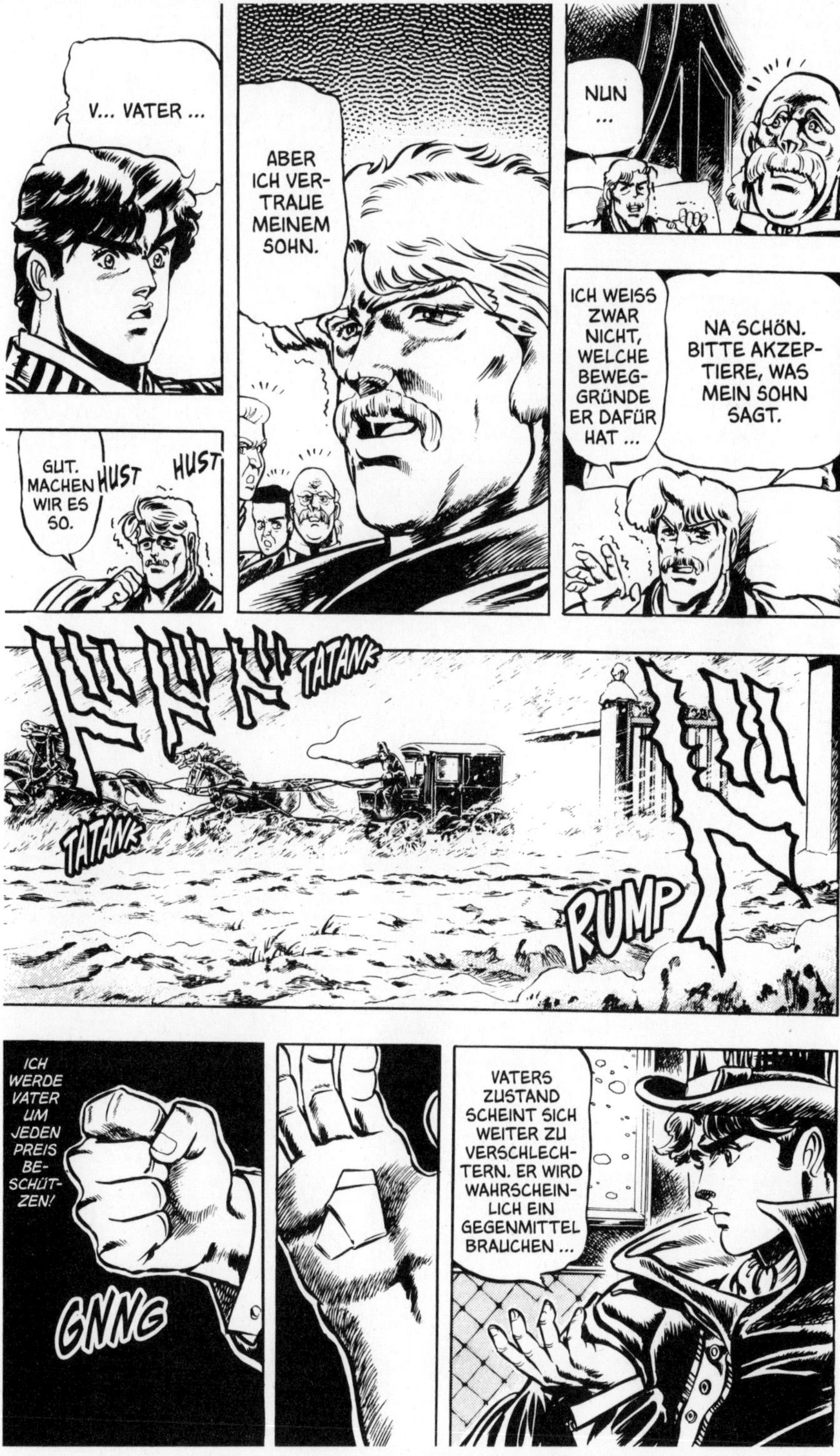

V… VATER …
ABER ICH VERTRAUE MEINEM SOHN.
NUN …
ICH WEISS ZWAR NICHT, WELCHE BEWEGGRÜNDE ER DAFÜR HAT …
NA SCHÖN. BITTE AKZEPTIERE, WAS MEIN SOHN SAGT.
GUT. MACHEN WIR ES SO.
HUST
HUST
TATANK
TATANK
RUMP
ICH WERDE VATER UM JEDEN PREIS BESCHÜTZEN!
GNNG
VATERS ZUSTAND SCHEINT SICH WEITER ZU VERSCHLECHTERN. ER WIRD WAHRSCHEINLICH EIN GEGENMITTEL BRAUCHEN …

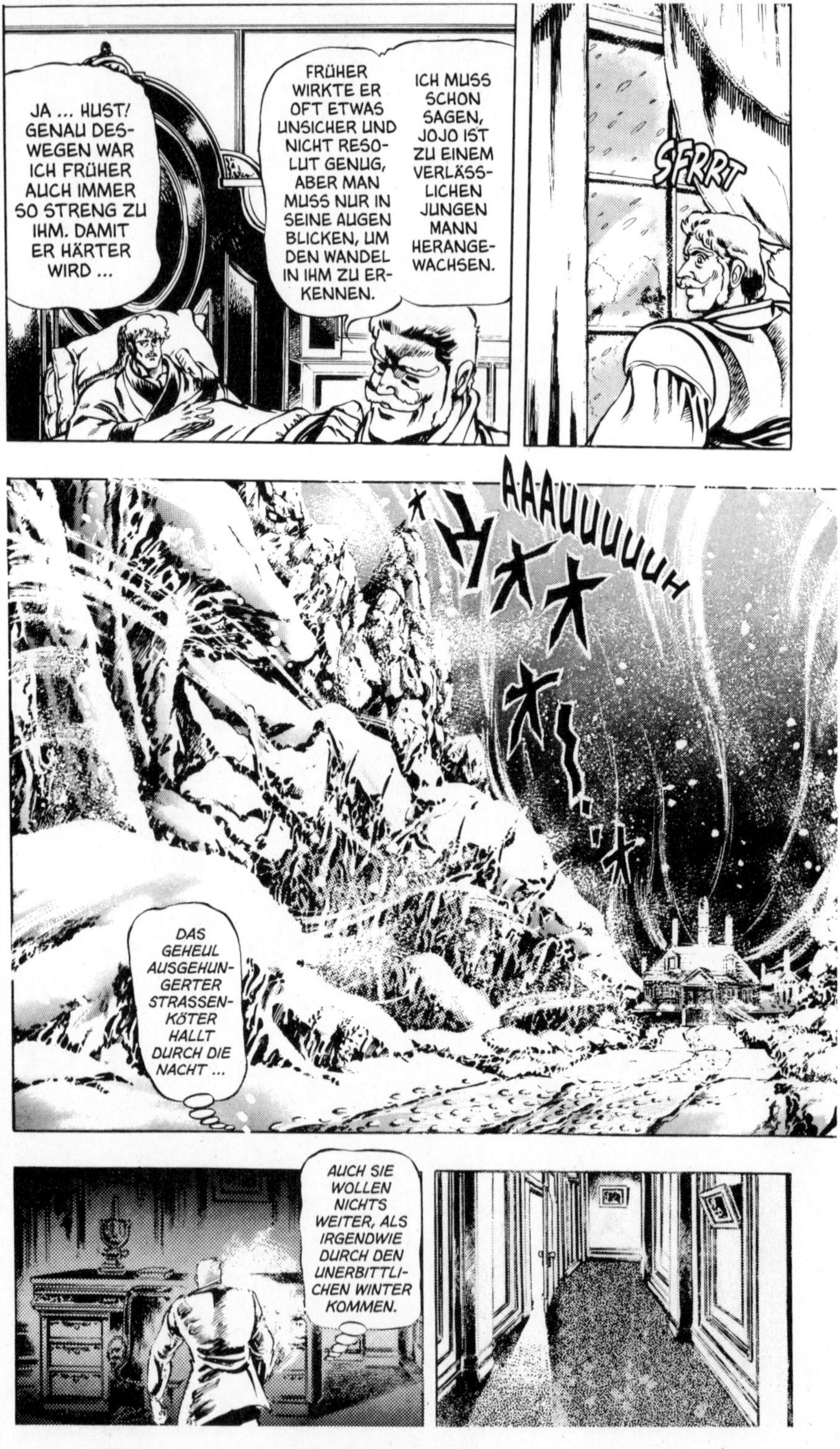
ICH MUSS SCHON SAGEN, JOJO IST ZU EINEM VERLÄSSLICHEN JUNGEN MANN HERANGEWACHSEN.
FRÜHER WIRKTE ER OFT ETWAS UNSICHER UND NICHT RESOLUT GENUG, ABER MAN MUSS NUR IN SEINE AUGEN BLICKEN, UM DEN WANDEL IN IHM ZU ERKENNEN.
JA … HUST! GENAU DESWEGEN WAR ICH FRÜHER AUCH IMMER SO STRENG ZU IHM. DAMIT ER HÄRTER WIRD …
SFRRT
AAAUUUUUUH
DAS GEHEUL AUSGEHUNGERTER STRASSENKÖTER HALLT DURCH DIE NACHT …
AUCH SIE WOLLEN NICHTS WEITER, ALS IRGENDWIE DURCH DEN UNERBITTLICHEN WINTER KOMMEN.

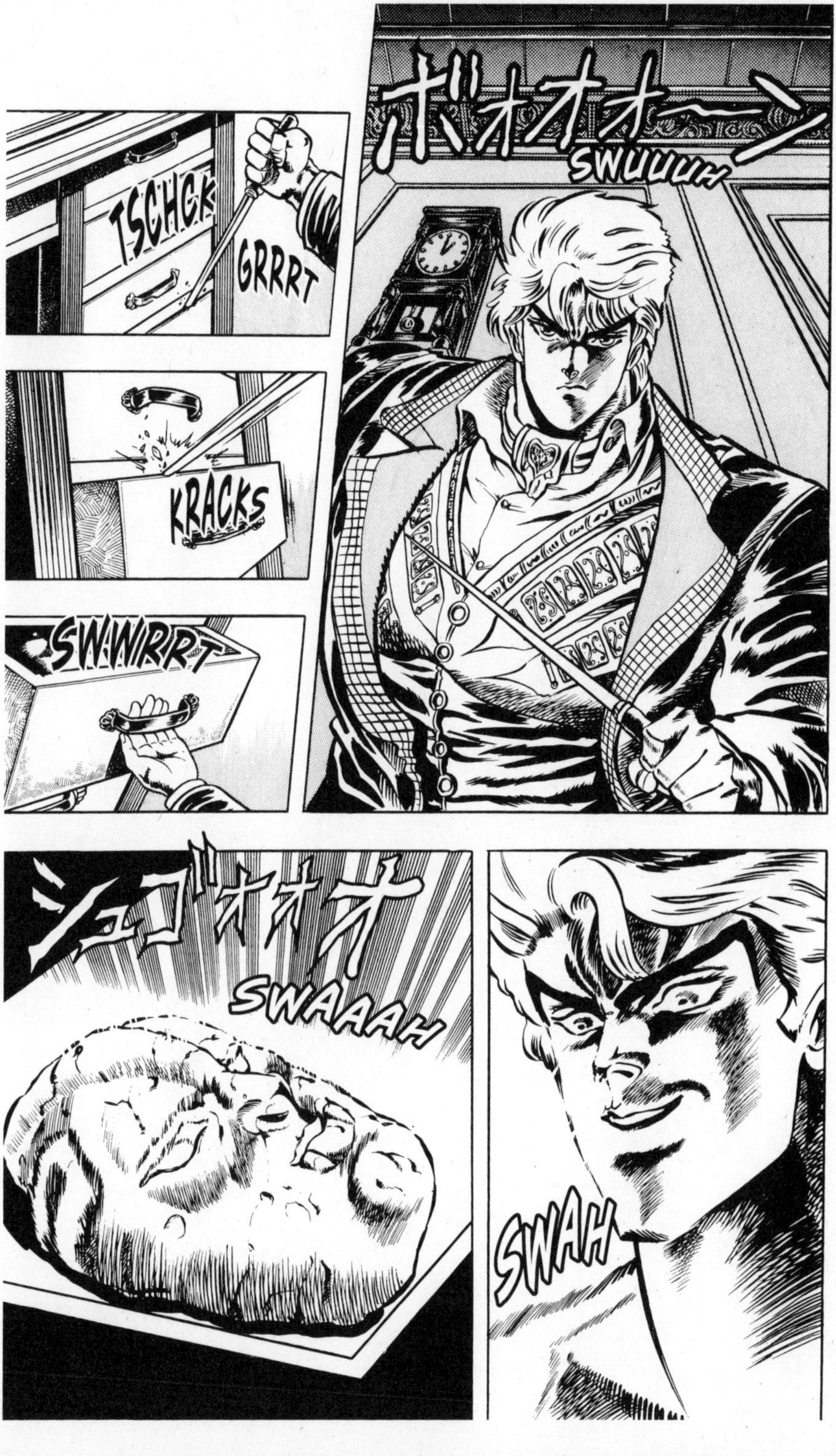
ボォオオーン
SWUUUH
TSCHCK
GRRRT
KRACKS
SWWIRRT
SWAH
シュゴオオオ
SWAAAH

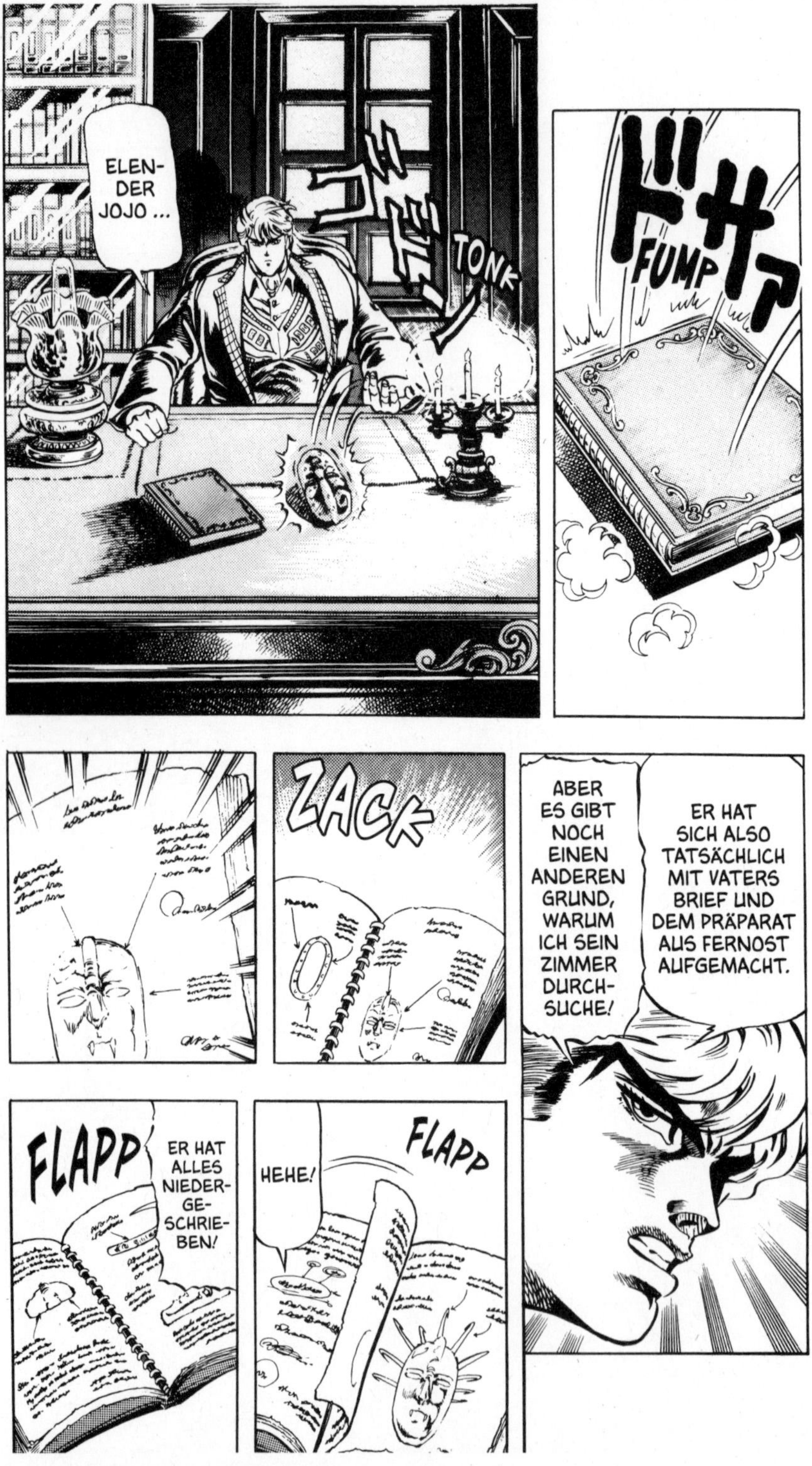

ELEN-
DER
JOJO ...
TONK
FUMP
ER HAT
SICH ALSO
TATSÄCHLICH
MIT VATERS
BRIEF UND
DEM PRÄPARAT
AUS FERNOST
AUFGEMACHT.
ABER
ES GIBT
NOCH
EINEN
ANDEREN
GRUND,
WARUM
ICH SEIN
ZIMMER
DURCH-
SUCHE!
ZACK
FLAPP
HEHE!
FLAPP
ER HAT
ALLES
NIEDER-
GE-
SCHRIE-
BEN!

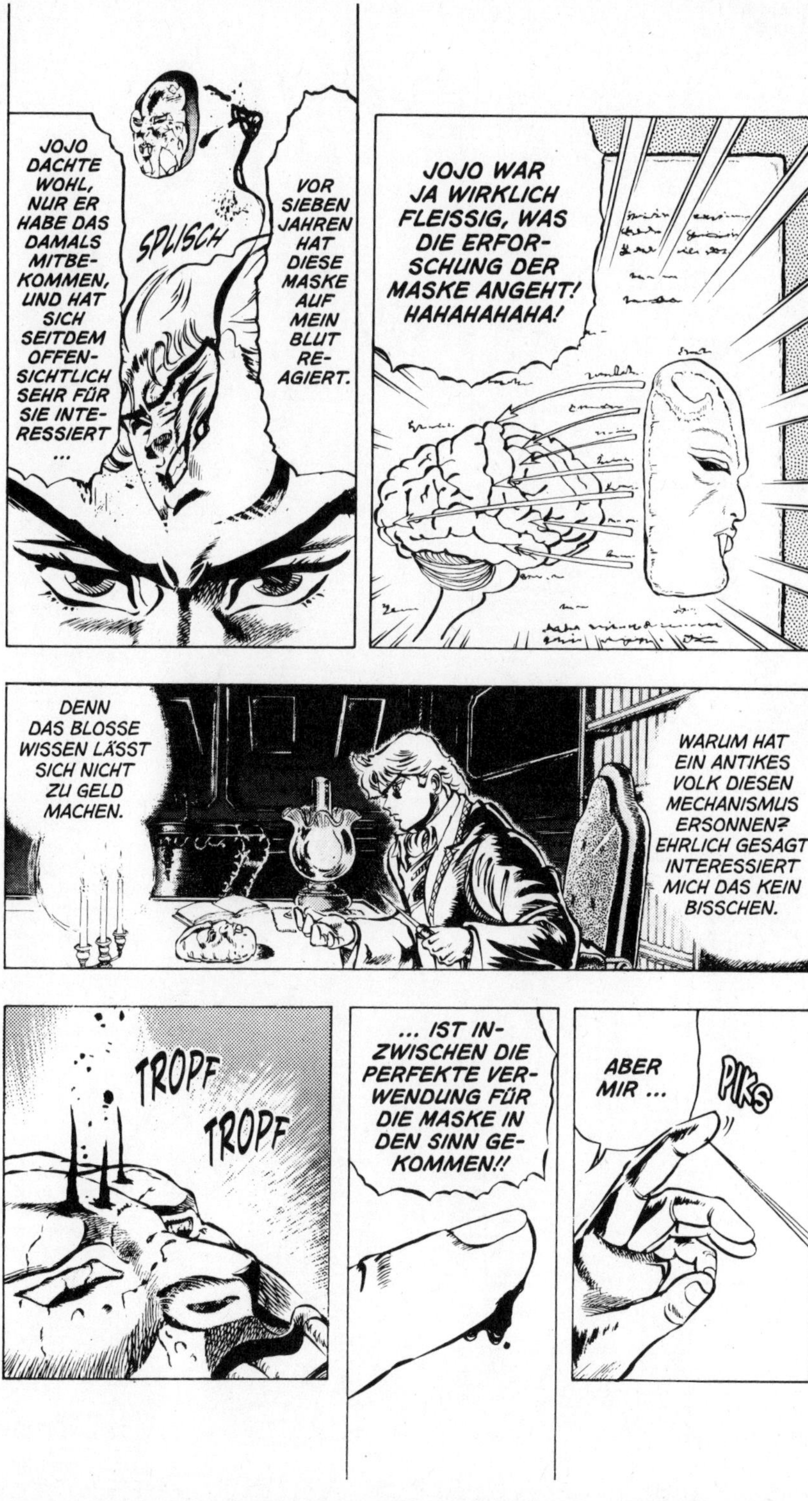
JOJO WAR JA WIRKLICH FLEISSIG, WAS DIE ERFORSCHUNG DER MASKE ANGEHT! HAHAHAHAHA!
VOR SIEBEN JAHREN HAT DIESE MASKE AUF MEIN BLUT REAGIERT.
SPLISCH
JOJO DACHTE WOHL, NUR ER HABE DAS DAMALS MITBEKOMMEN, UND HAT SICH SEITDEM OFFENSICHTLICH SEHR FÜR SIE INTERESSIERT ...
WARUM HAT EIN ANTIKES VOLK DIESEN MECHANISMUS ERSONNEN? EHRLICH GESAGT INTERESSIERT MICH DAS KEIN BISSCHEN.
DENN DAS BLOSSE WISSEN LÄSST SICH NICHT ZU GELD MACHEN.
ABER MIR ...
PIKS
... IST INZWISCHEN DIE PERFEKTE VERWENDUNG FÜR DIE MASKE IN DEN SINN GEKOMMEN!!
TROPF
TROPF

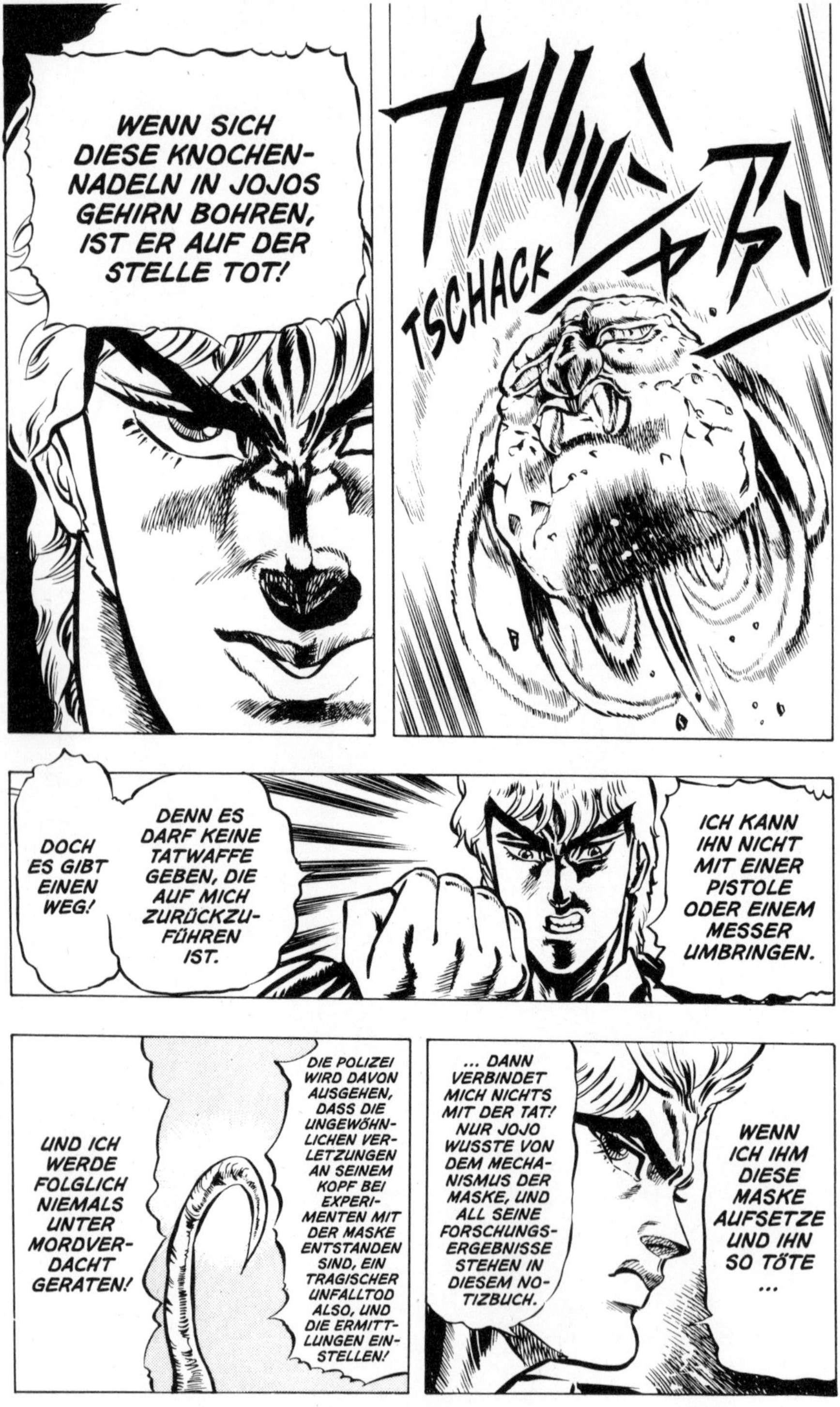
TSCHACK
WENN SICH DIESE KNOCHEN-NADELN IN JOJOS GEHIRN BOHREN, IST ER AUF DER STELLE TOT!
ICH KANN IHN NICHT MIT EINER PISTOLE ODER EINEM MESSER UMBRINGEN.
DENN ES DARF KEINE TATWAFFE GEBEN, DIE AUF MICH ZURÜCKZU-FÜHREN IST.
DOCH ES GIBT EINEN WEG!
WENN ICH IHM DIESE MASKE AUFSETZE UND IHN SO TÖTE ...
... DANN VERBINDET MICH NICHTS MIT DER TAT! NUR JOJO WUSSTE VON DEM MECHA-NISMUS DER MASKE, UND ALL SEINE FORSCHUNGS-ERGEBNISSE STEHEN IN DIESEM NO-TIZBUCH.
DIE POLIZEI WIRD DAVON AUSGEHEN, DASS DIE UNGEWÖHN-LICHEN VER-LETZUNGEN AN SEINEM KOPF BEI EXPERI-MENTEN MIT DER MASKE ENTSTANDEN SIND, EIN TRAGISCHER UNFALLTOD ALSO, UND DIE ERMITT-LUNGEN EIN-STELLEN!
UND ICH WERDE FOLGLICH NIEMALS UNTER MORDVER-DACHT GERATEN!

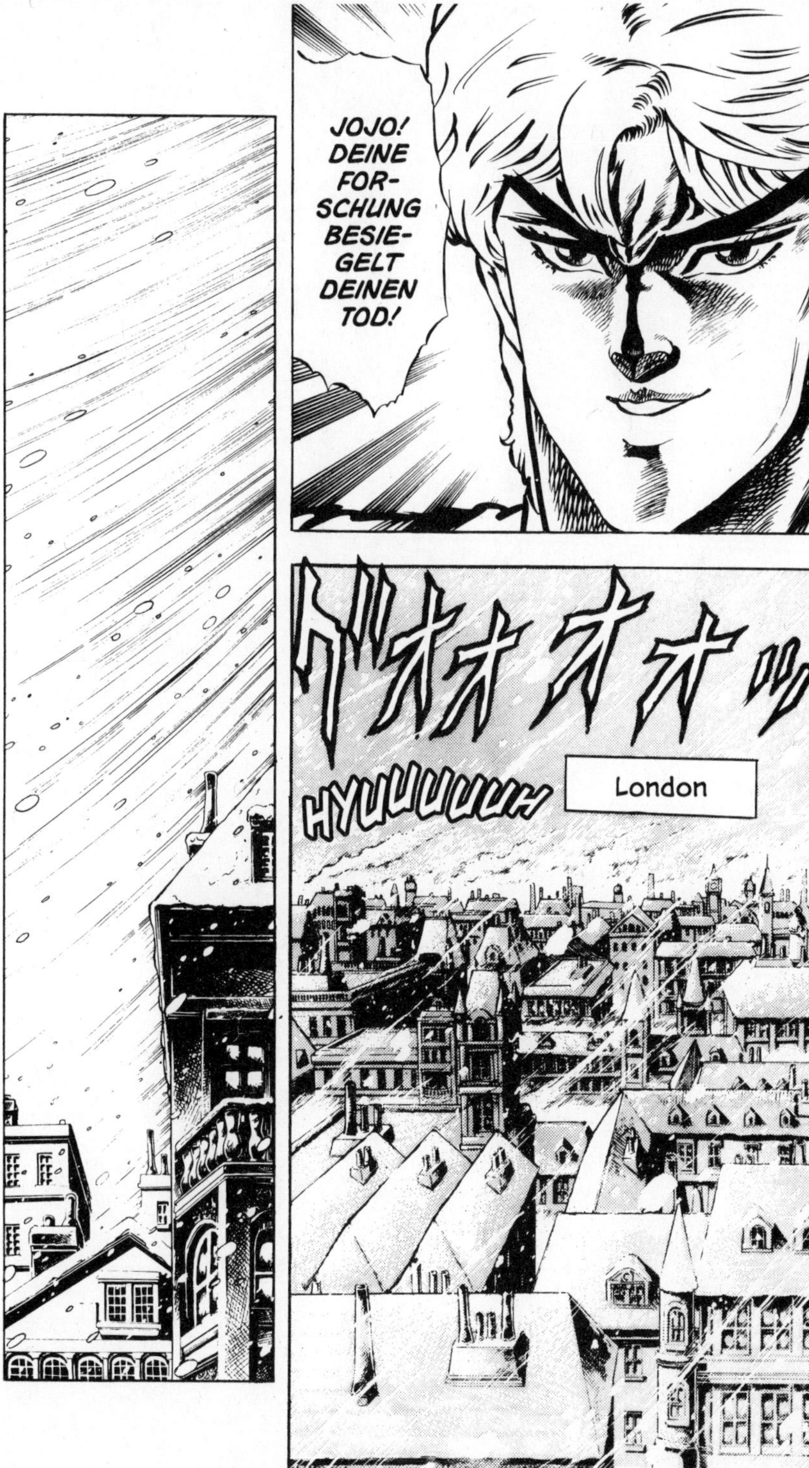
JOJO! DEINE FOR-SCHUNG BESIE-GELT DEINEN TOD!
HYUUUUUUH
London

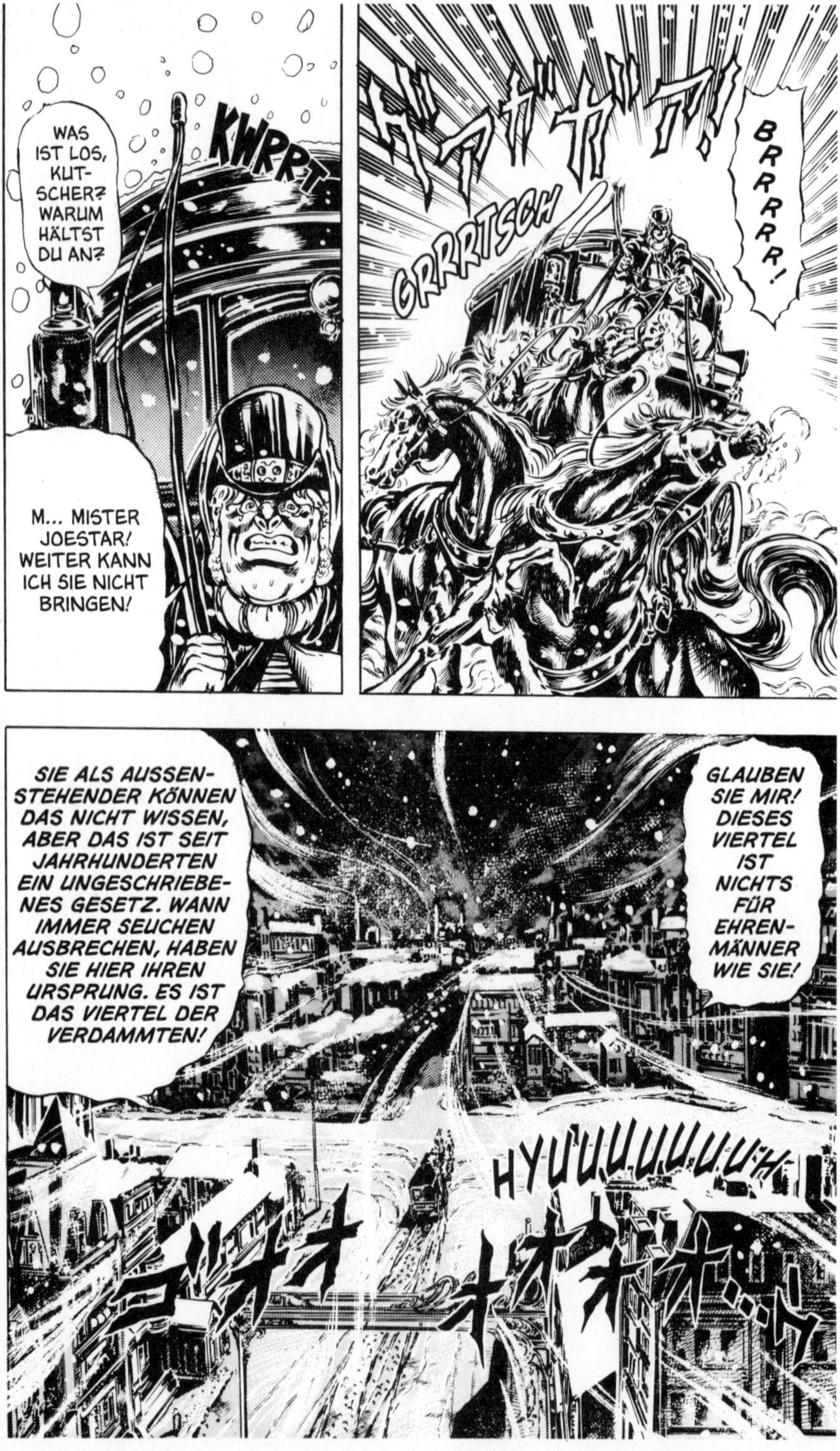
BRRRRRR!
GRRRTSCH
WAS IST LOS, KUT-SCHER? WARUM HÄLTST DU AN?
KWRRT
M... MISTER JOESTAR! WEITER KANN ICH SIE NICHT BRINGEN!
GLAUBEN SIE MIR! DIESES VIERTEL IST NICHTS FÜR EHREN-MÄNNER WIE SIE!
SIE ALS AUSSEN-STEHENDER KÖNNEN DAS NICHT WISSEN, ABER DAS IST SEIT JAHRHUNDERTEN EIN UNGESCHRIEBE-NES GESETZ. WANN IMMER SEUCHEN AUSBRECHEN, HABEN SIE HIER IHREN URSPRUNG. ES IST DAS VIERTEL DER VERDAMMTEN!
HYUUUUUUUUUH

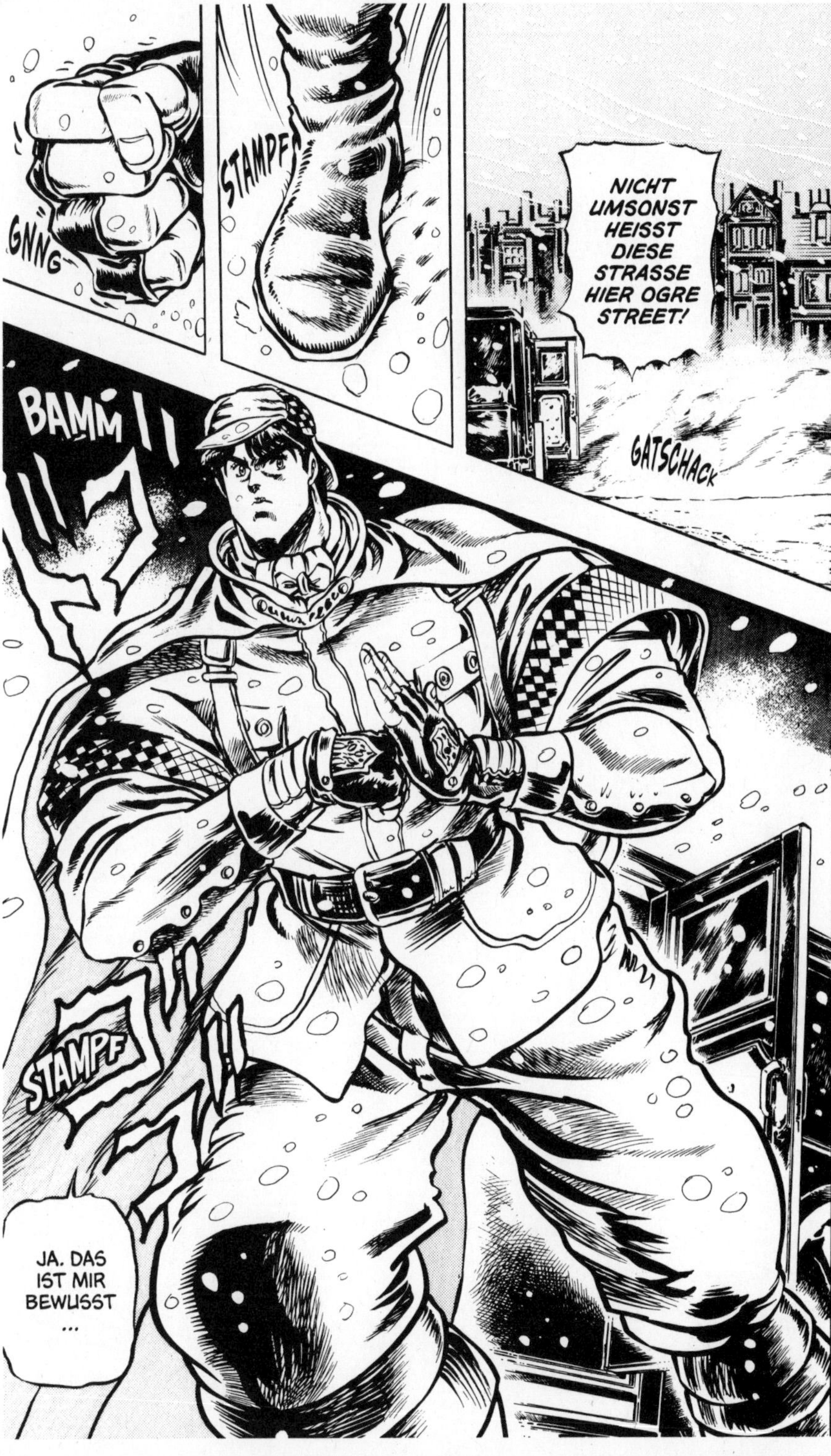
GNNG
STAMPF
NICHT UMSONST HEISST DIESE STRASSE HIER OGRE STREET!
GATSCHACK
BAMM
STAMPF
JA. DAS IST MIR BEWUSST ...

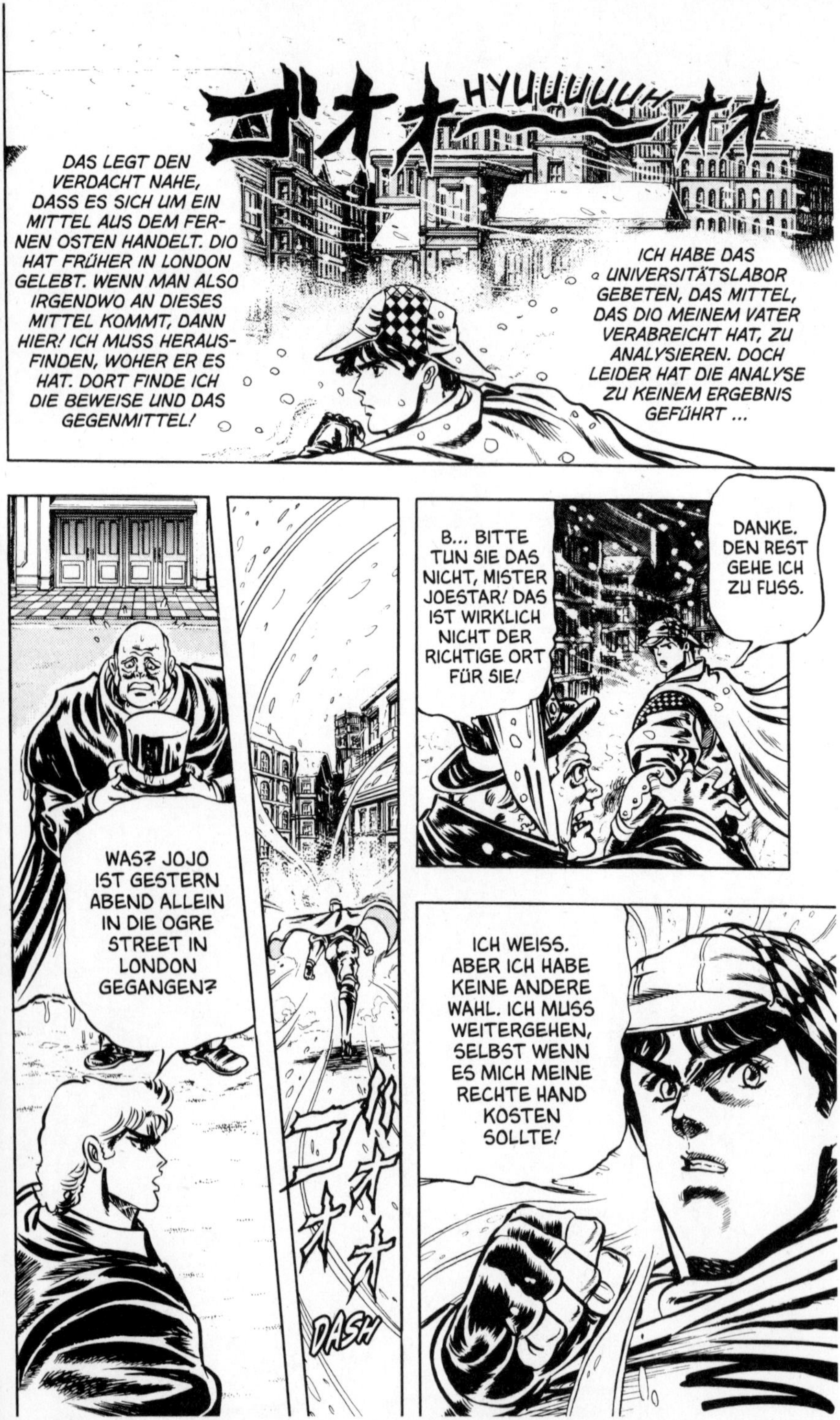
HYUUUUUUH
ICH HABE DAS UNIVERSITÄTSLABOR GEBETEN, DAS MITTEL, DAS DIO MEINEM VATER VERABREICHT HAT, ZU ANALYSIEREN. DOCH LEIDER HAT DIE ANALYSE ZU KEINEM ERGEBNIS GEFÜHRT ...
DAS LEGT DEN VERDACHT NAHE, DASS ES SICH UM EIN MITTEL AUS DEM FERNEN OSTEN HANDELT. DIO HAT FRÜHER IN LONDON GELEBT. WENN MAN ALSO IRGENDWO AN DIESES MITTEL KOMMT, DANN HIER! ICH MUSS HERAUSFINDEN, WOHER ER ES HAT. DORT FINDE ICH DIE BEWEISE UND DAS GEGENMITTEL!
DANKE. DEN REST GEHE ICH ZU FUSS.
B... BITTE TUN SIE DAS NICHT, MISTER JOESTAR! DAS IST WIRKLICH NICHT DER RICHTIGE ORT FÜR SIE!
ICH WEISS. ABER ICH HABE KEINE ANDERE WAHL. ICH MUSS WEITERGEHEN, SELBST WENN ES MICH MEINE RECHTE HAND KOSTEN SOLLTE!
DASH
WAS? JOJO IST GESTERN ABEND ALLEIN IN DIE OGRE STREET IN LONDON GEGANGEN?

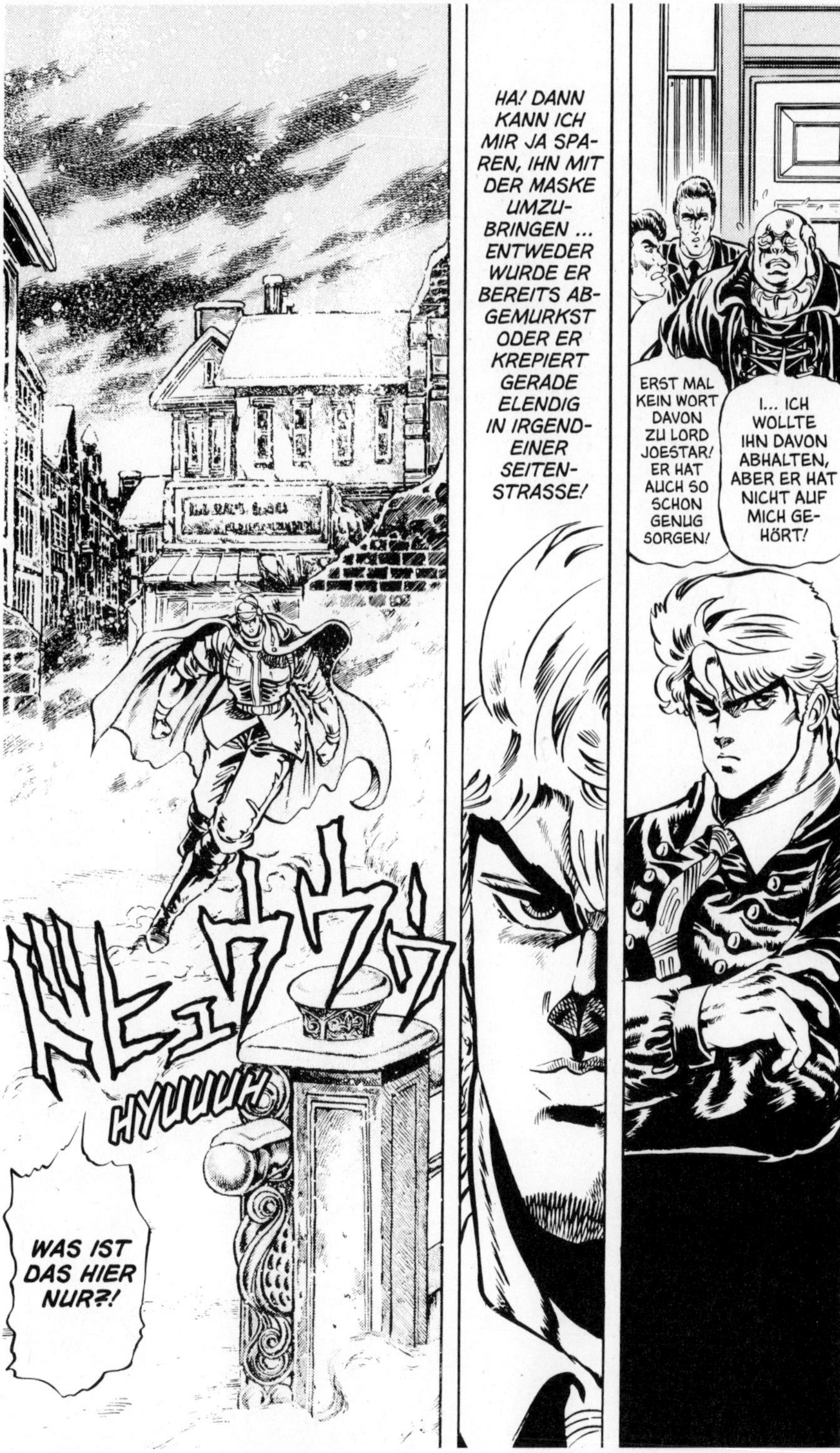
I... ICH WOLLTE IHN DAVON ABHALTEN, ABER ER HAT NICHT AUF MICH GEHÖRT!
ERST MAL KEIN WORT DAVON ZU LORD JOESTAR! ER HAT AUCH SO SCHON GENUG SORGEN!
HA! DANN KANN ICH MIR JA SPAREN, IHN MIT DER MASKE UMZUBRINGEN ... ENTWEDER WURDE ER BEREITS ABGEMURKST ODER ER KREPIERT GERADE ELENDIG IN IRGENDEINER SEITENSTRASSE!
HYUUUH
WAS IST DAS HIER NUR?!

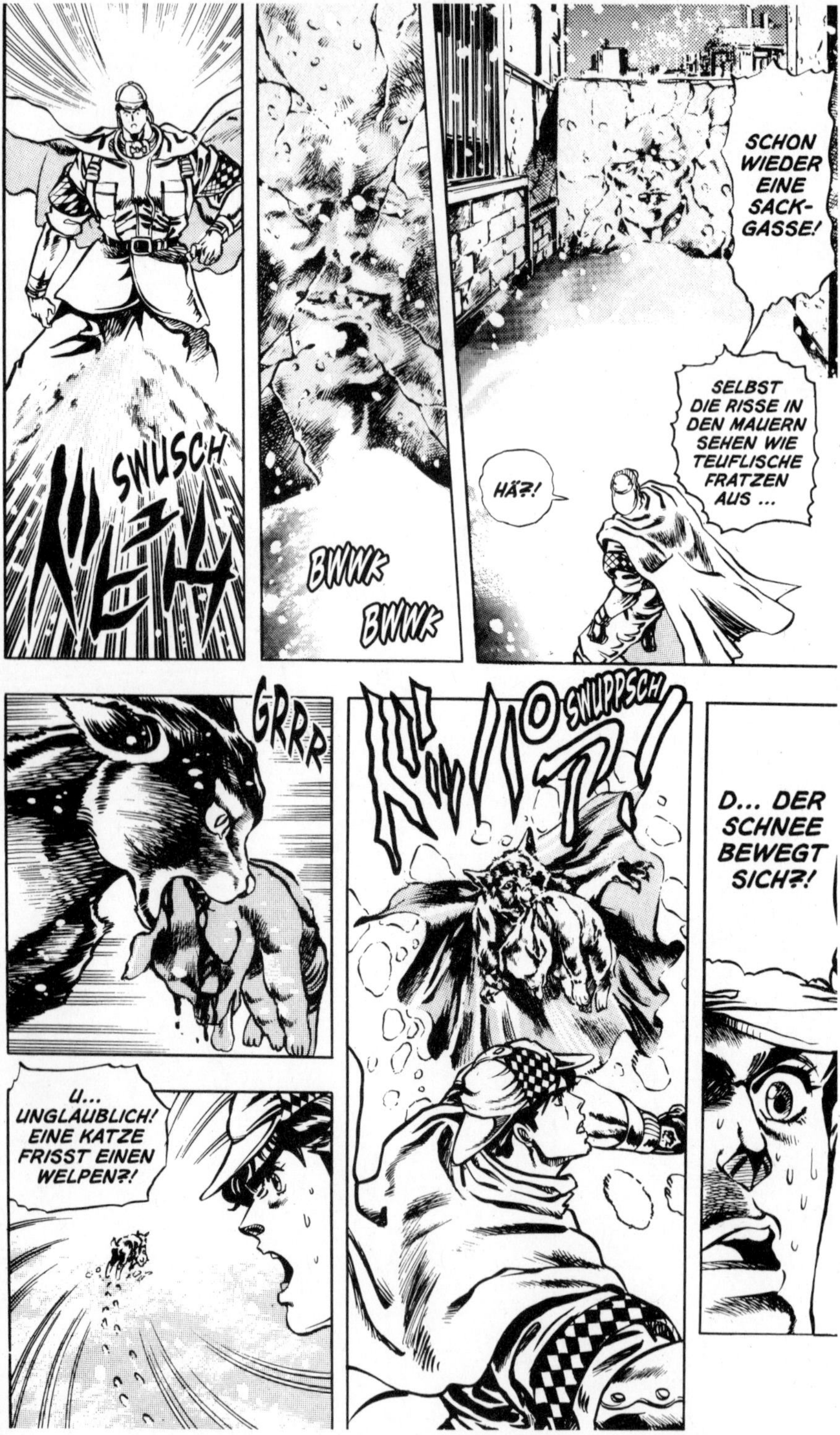
SCHON WIEDER EINE SACK-GASSE!
SELBST DIE RISSE IN DEN MAUERN SEHEN WIE TEUFLISCHE FRATZEN AUS ...
HÄ?!
BWWK
BWWK
SWUSCH
D... DER SCHNEE BEWEGT SICH?!
SWUPPSCH
GRRR
U... UNGLAUBLICH! EINE KATZE FRISST EINEN WELPEN?!

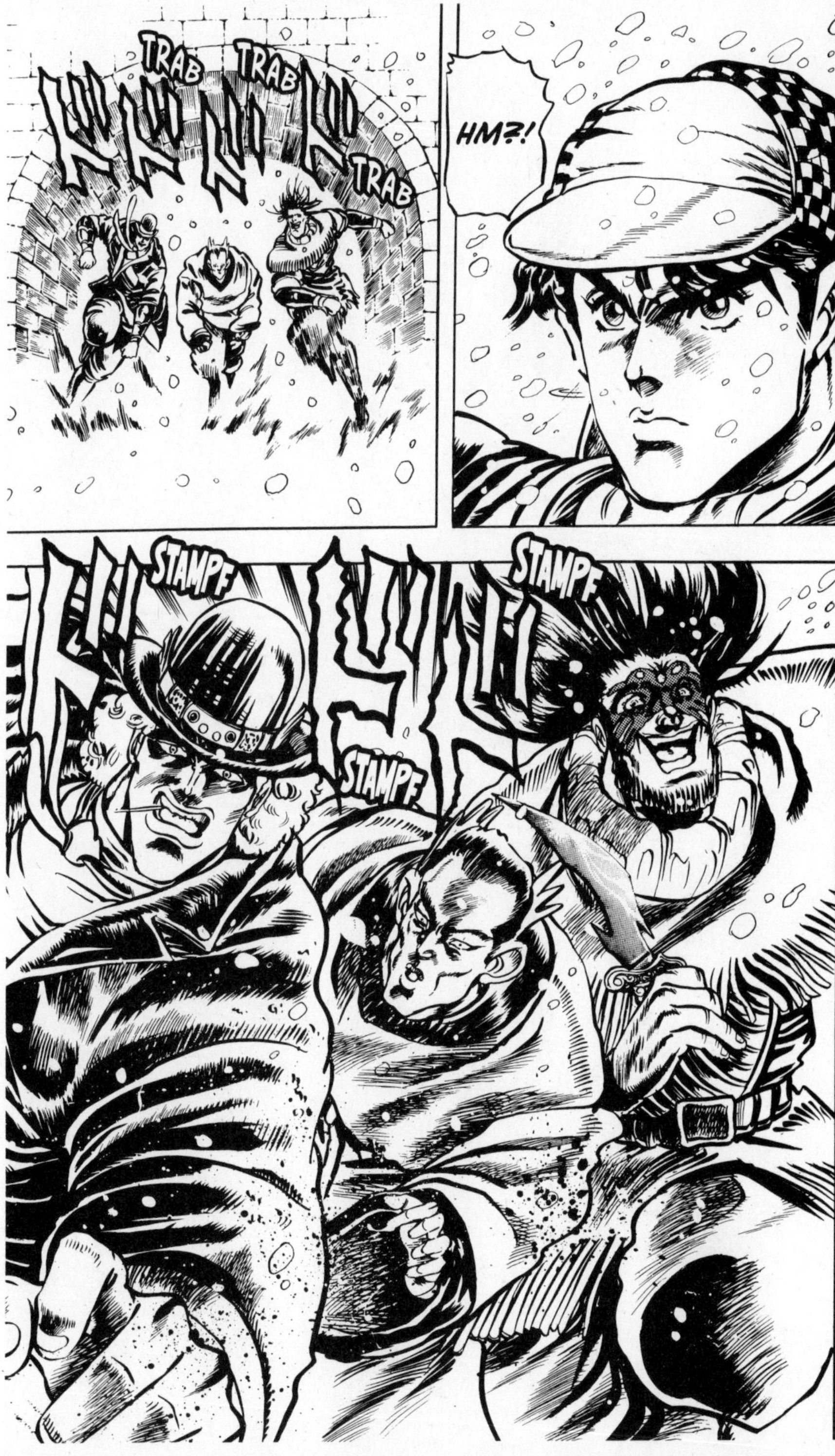
HM?!
TRAB
TRAB
TRAB
STAMPF
STAMPF
STAMPF

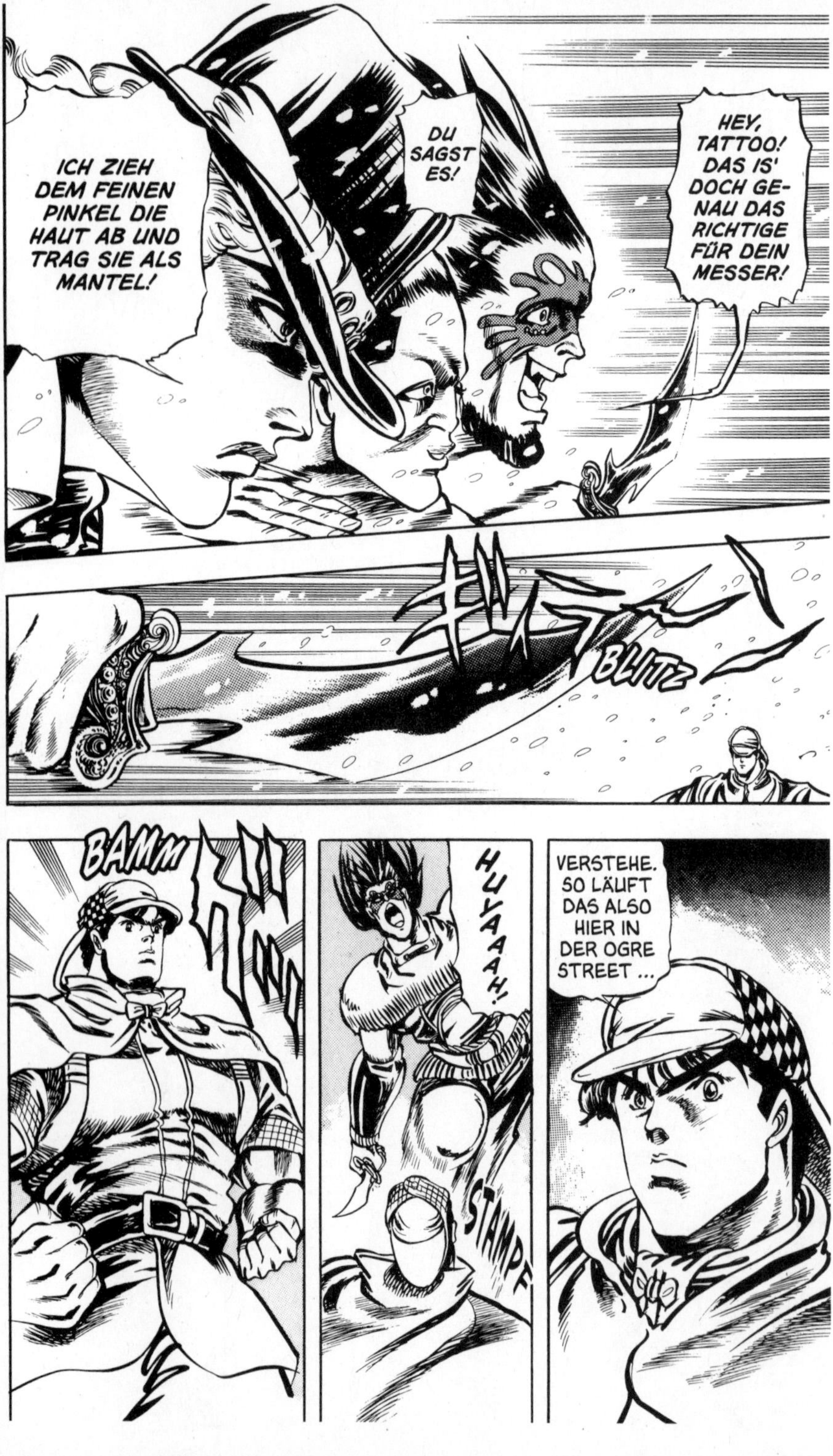
HEY, TATTOO! DAS IS' DOCH GENAU DAS RICHTIGE FÜR DEIN MESSER!
DU SAGST ES!
ICH ZIEH DEM FEINEN PINKEL DIE HAUT AB UND TRAG SIE ALS MANTEL!
BLITZ
BAMM
HUYAAAH!
STAMPF
VERSTEHE. SO LÄUFT DAS ALSO HIER IN DER OGRE STREET ...

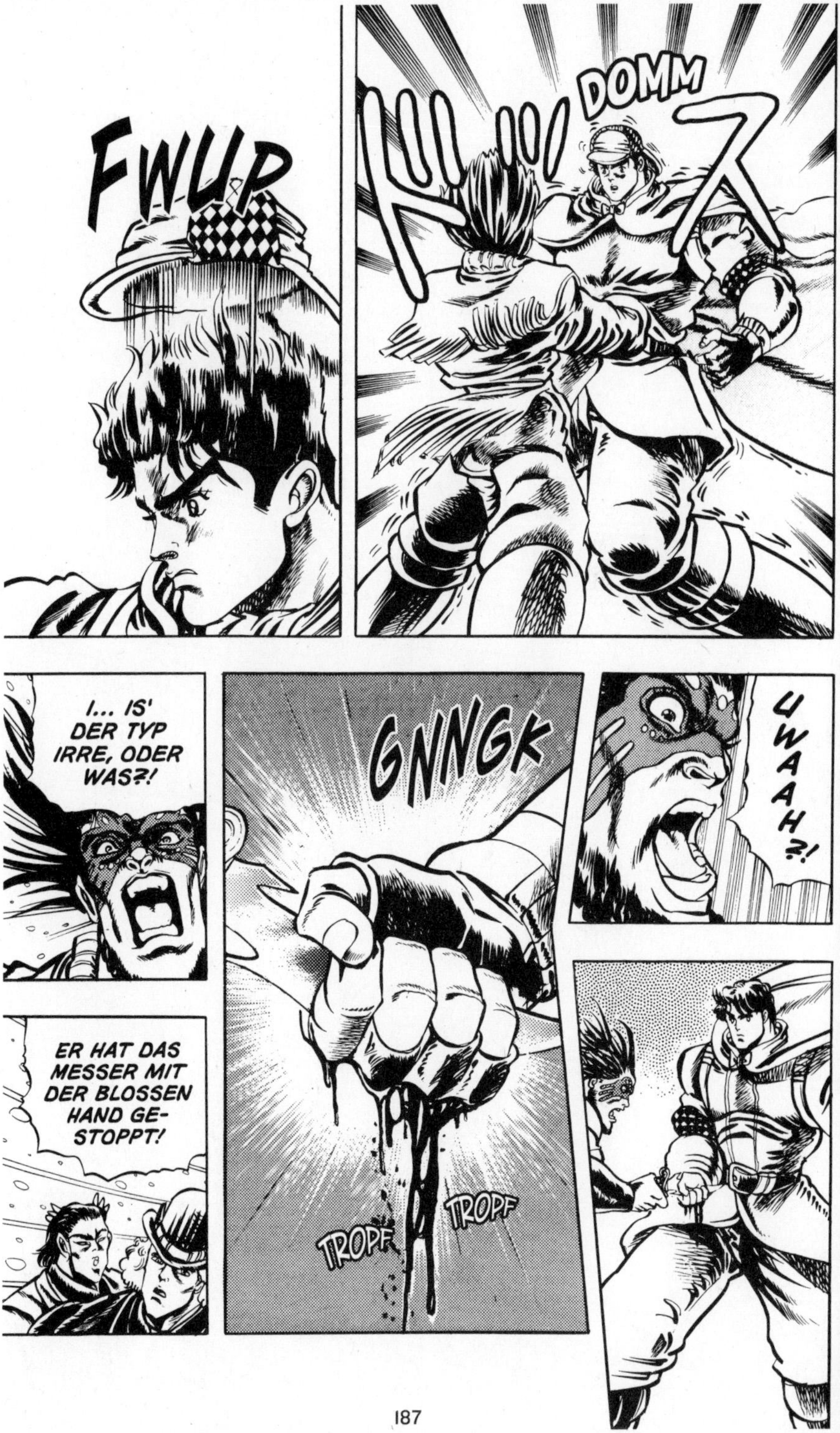
DOMM
FWUP
UWAAAH?!
GNNGK
I... IS' DER TYP IRRE, ODER WAS?!
ER HAT DAS MESSER MIT DER BLOSSEN HAND GESTOPPT!
TROPF
TROPF

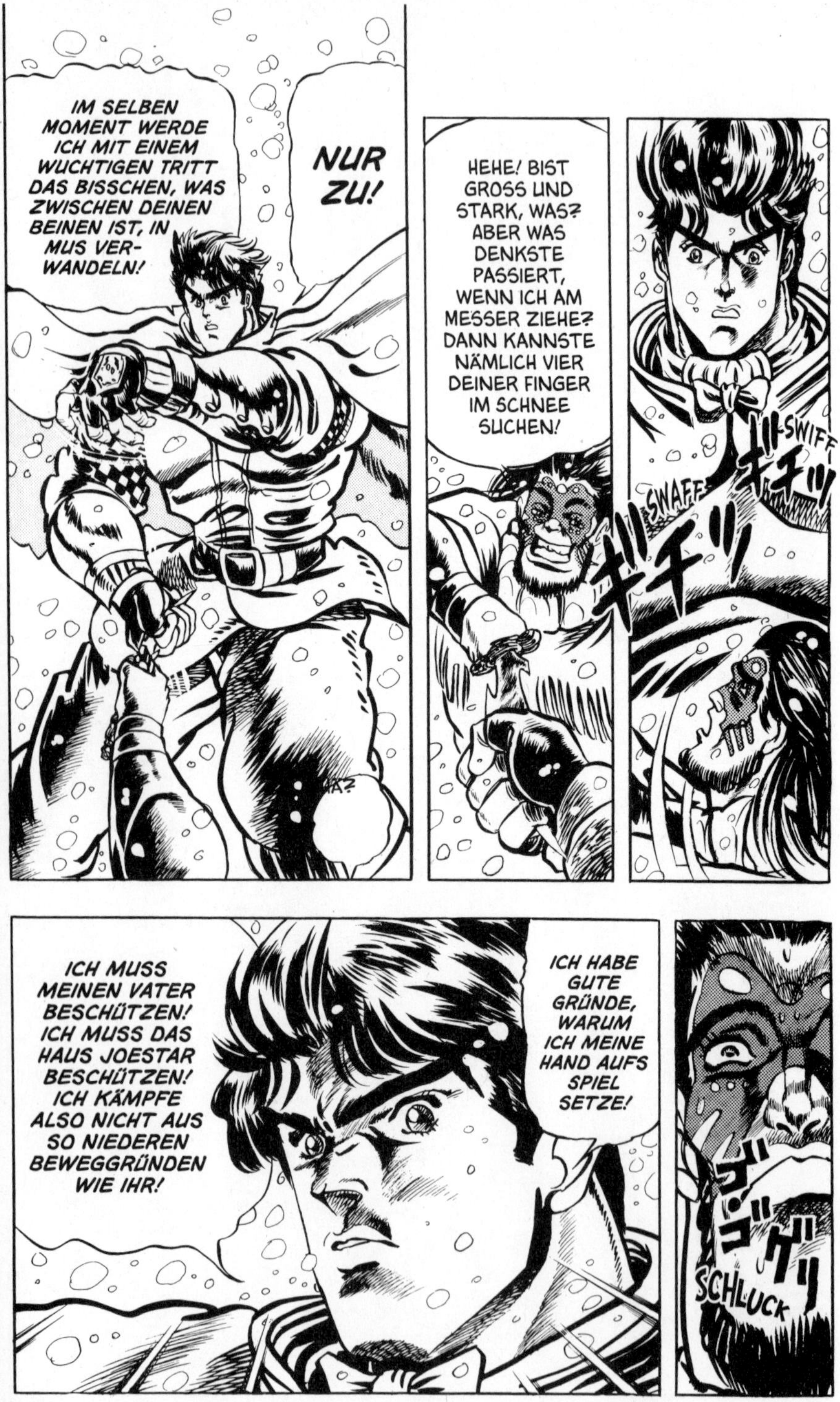
SWIFF
SWAFF
HEHE! BIST GROSS UND STARK, WAS? ABER WAS DENKSTE PASSIERT, WENN ICH AM MESSER ZIEHE? DANN KANNSTE NÄMLICH VIER DEINER FINGER IM SCHNEE SUCHEN!
NUR ZU!
IM SELBEN MOMENT WERDE ICH MIT EINEM WUCHTIGEN TRITT DAS BISSCHEN, WAS ZWISCHEN DEINEN BEINEN IST, IN MUS VERWANDELN!
SCHLUCK
ICH HABE GUTE GRÜNDE, WARUM ICH MEINE HAND AUFS SPIEL SETZE!
ICH MUSS MEINEN VATER BESCHÜTZEN! ICH MUSS DAS HAUS JOESTAR BESCHÜTZEN! ICH KÄMPFE ALSO NICHT AUS SO NIEDEREN BEWEGGRÜNDEN WIE IHR!

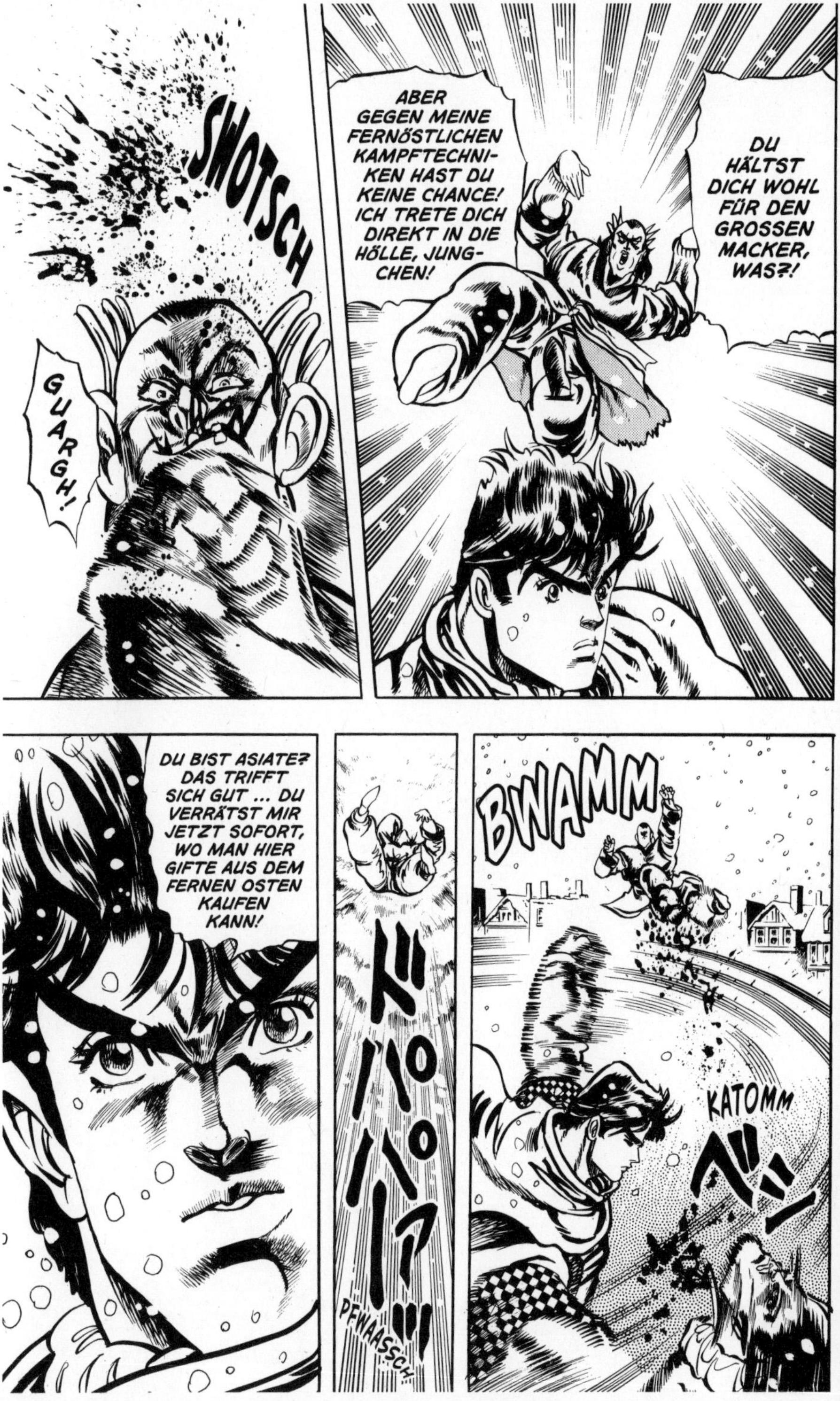
DU HÄLTST DICH WOHL FÜR DEN GROSSEN MACKER, WAS?!
ABER GEGEN MEINE FERNÖSTLICHEN KAMPFTECHNIKEN HAST DU KEINE CHANCE! ICH TRETE DICH DIREKT IN DIE HÖLLE, JUNGCHEN!
SHOTSCH
GUARGH!
BWAMM
KATOMM
PFWAASCH
DU BIST ASIATE? DAS TRIFFT SICH GUT ... DU VERRÄTST MIR JETZT SOFORT, WO MAN HIER GIFTE AUS DEM FERNEN OSTEN KAUFEN KANN!

JOJO'S BIZARRE ADVENTURE
PART 1
PHANTOM BLOOD

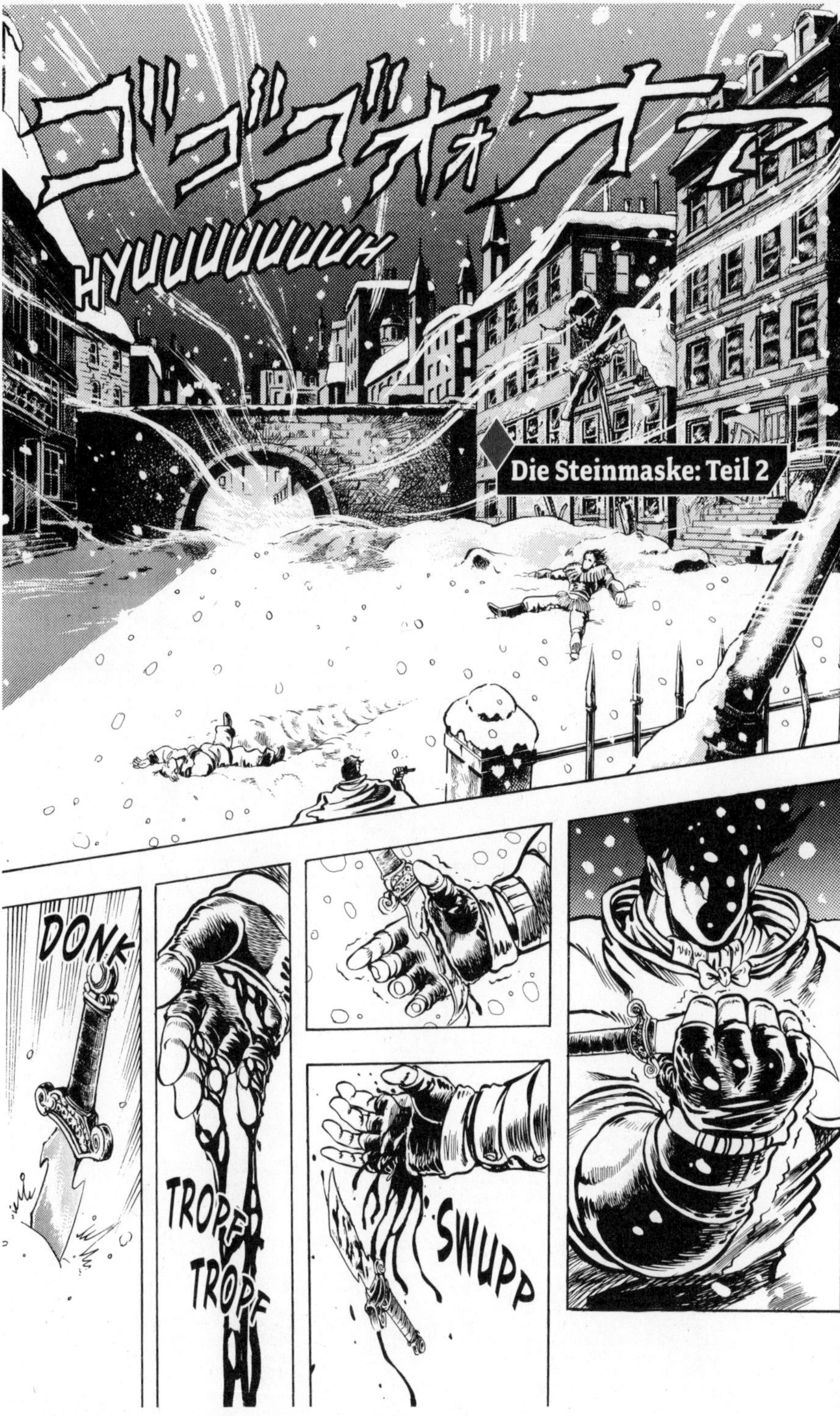
HYUUUUUUUUH
Die Steinmaske: Teil 2
SWUPP
TROPF
TROPF
DONK

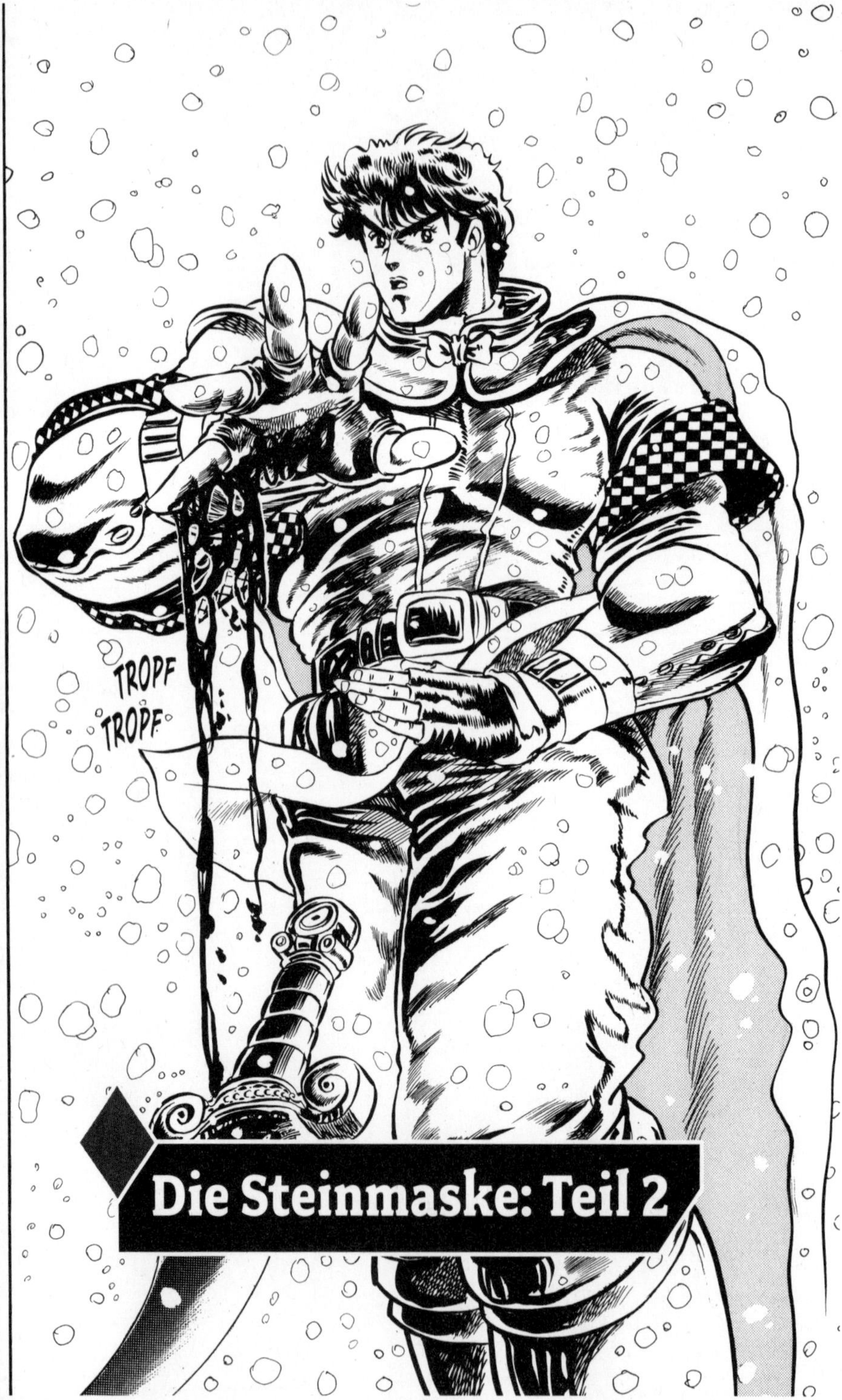

Die Steinmaske: Teil 2

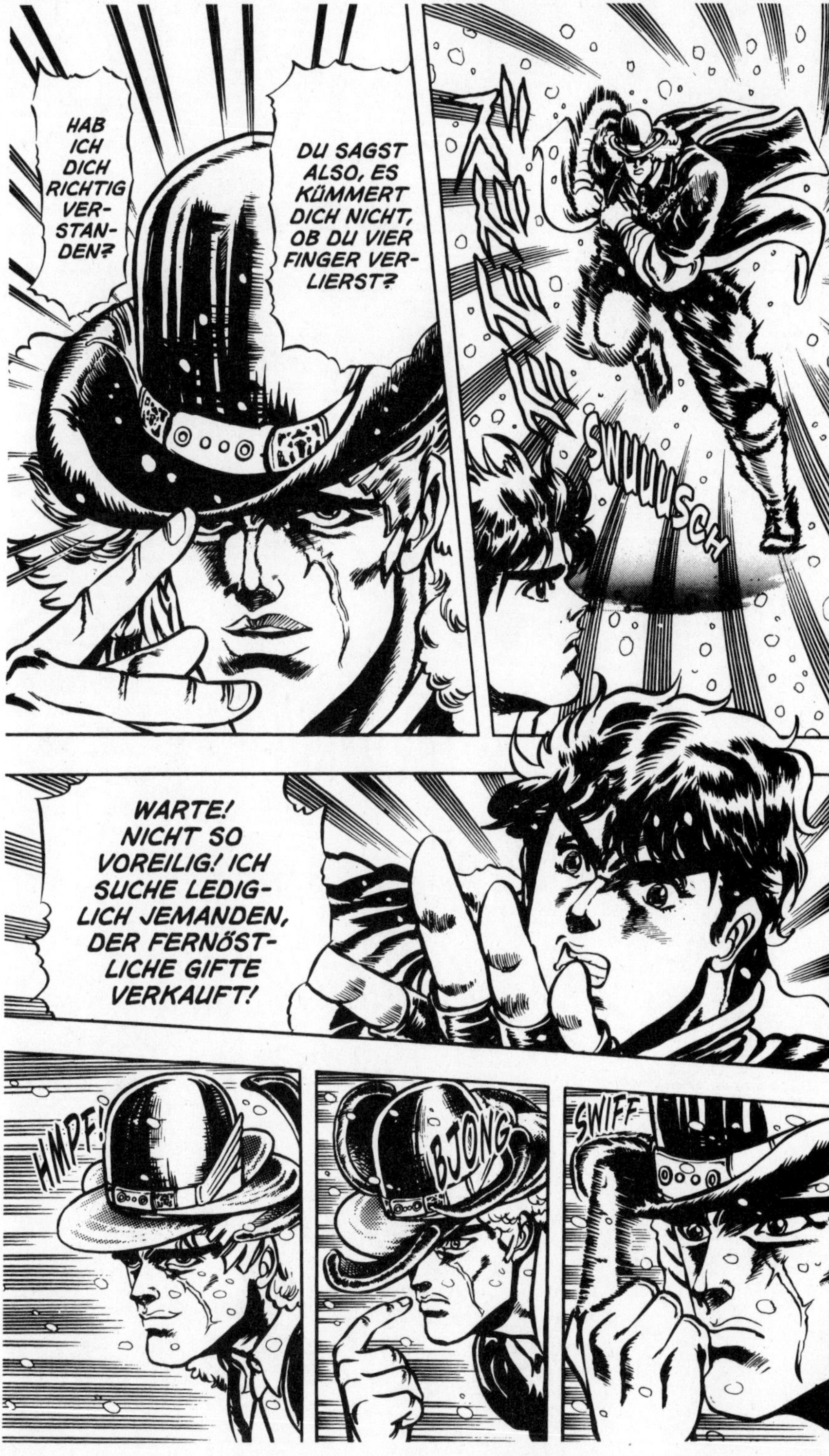

HAB ICH DICH RICHTIG VERSTANDEN?
DU SAGST ALSO, ES KÜMMERT DICH NICHT, OB DU VIER FINGER VERLIERST?
SWUUUSCH
WARTE! NICHT SO VOREILIG! ICH SUCHE LEDIGLICH JEMANDEN, DER FERNÖSTLICHE GIFTE VERKAUFT!
HMPF!
BJONG
SWIFF

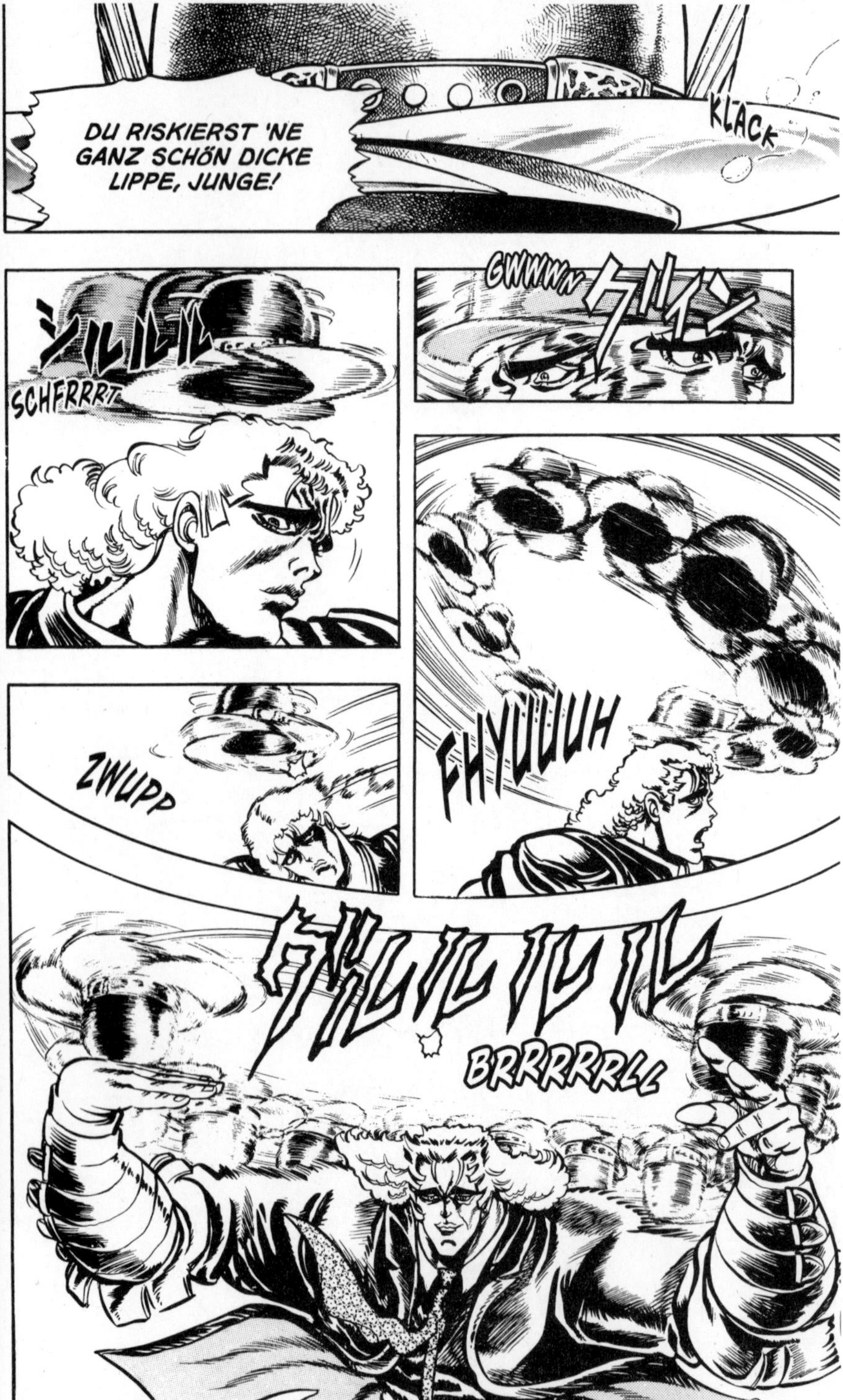
DU RISKIERST 'NE GANZ SCHÖN DICKE LIPPE, JUNGE!
KLACK
シルルル
SCHFRRRT
GWWWN
クルイン
ZWUPP
FHYUUUH
クルルルル
BRRRRRLL

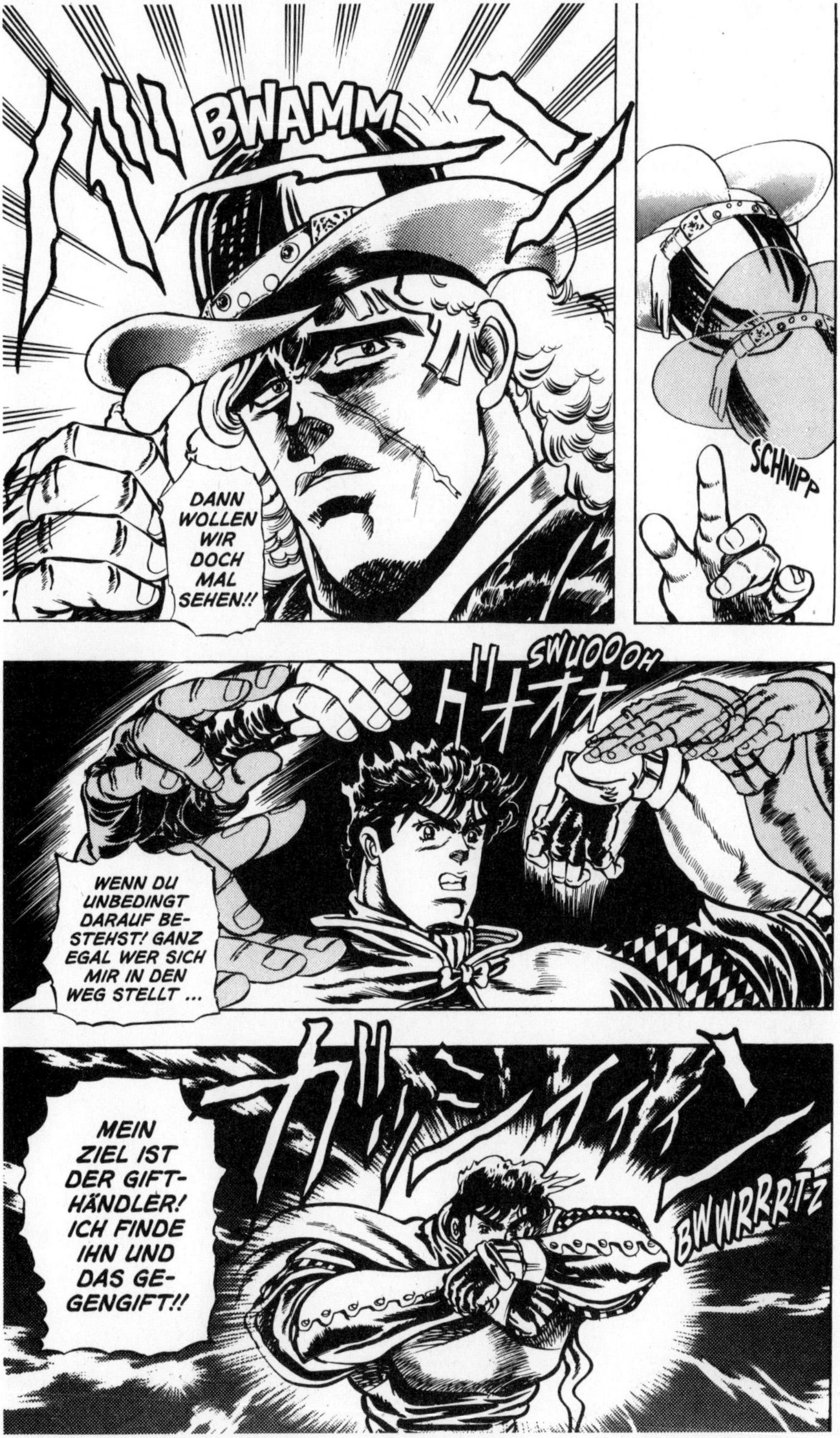
SCHNIPP
BWAMM
DANN WOLLEN WIR DOCH MAL SEHEN!!
SWUOOOH
WENN DU UNBEDINGT DARAUF BESTEHST! GANZ EGAL WER SICH MIR IN DEN WEG STELLT ...
BWWRRRTZ
MEIN ZIEL IST DER GIFT-HÄNDLER! ICH FINDE IHN UND DAS GEGENGIFT!!

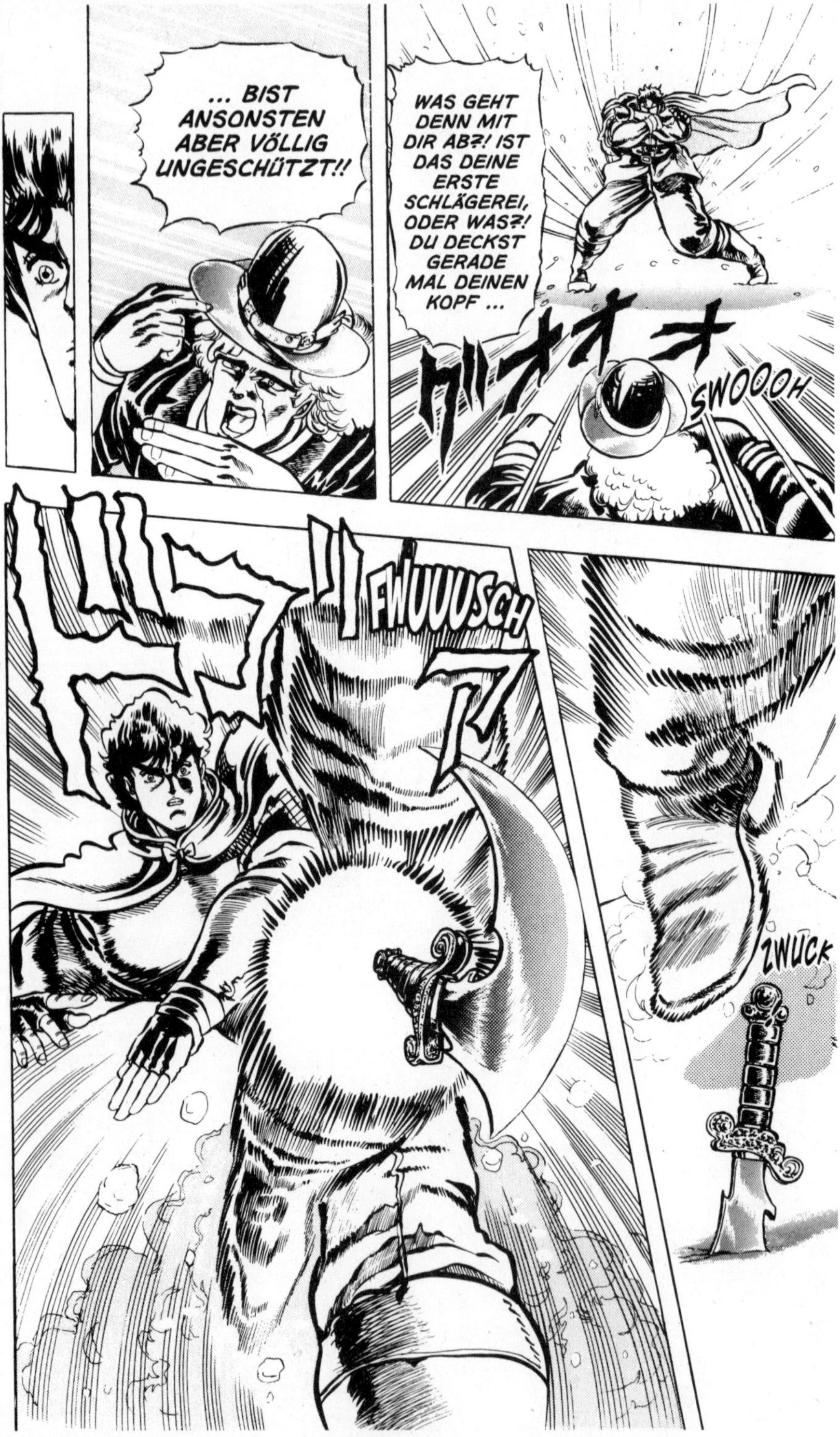
WAS GEHT DENN MIT DIR AB?! IST DAS DEINE ERSTE SCHLÄGEREI, ODER WAS?! DU DECKST GERADE MAL DEINEN KOPF ...
... BIST ANSONSTEN ABER VÖLLIG UNGESCHÜTZT!!
クォオオ
SWOOOH
FWUUUSCH
ZWUCK

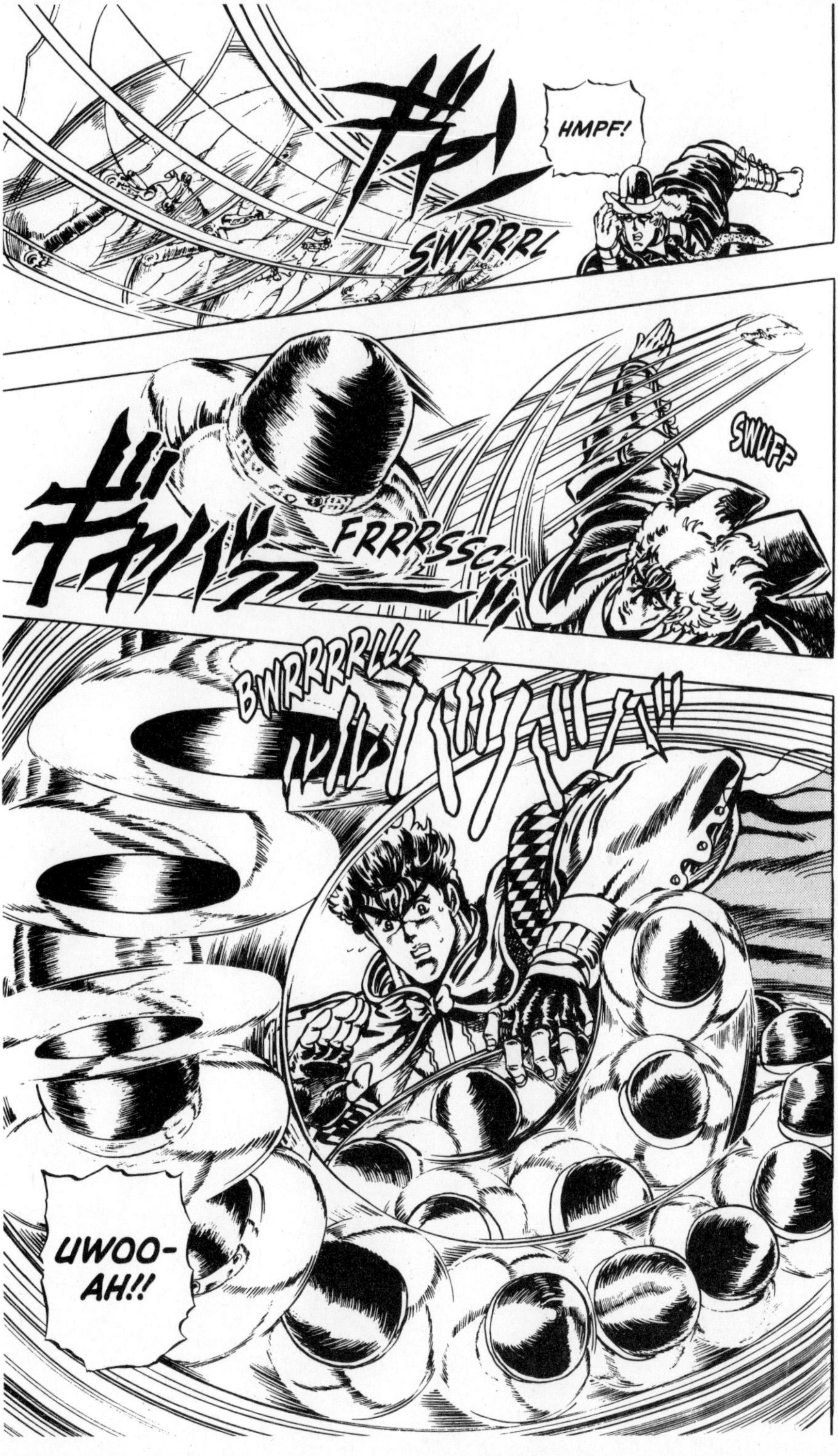

HMPF!
SWRRRL
SWUFF
FRRRSSCH
BWRRRRLLL
UWOO-AH!!

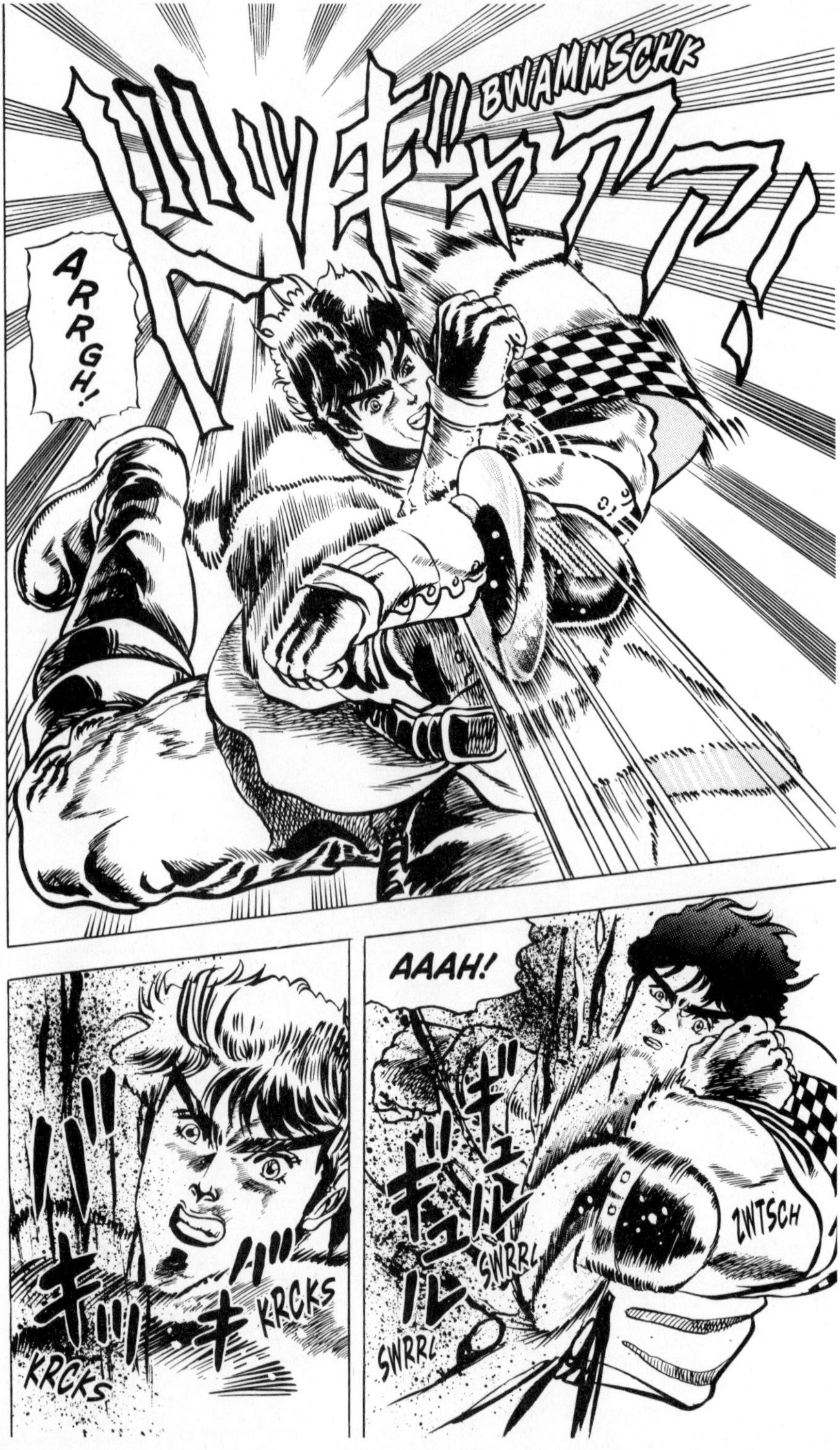

ドッギャアア!
BWAMMSCHK
ARRGH!
AAAH!
ギュルギュル
SWRRL
SWRRL
ZWTSCH
バキッ
KRCKS
バキ
KRCKS

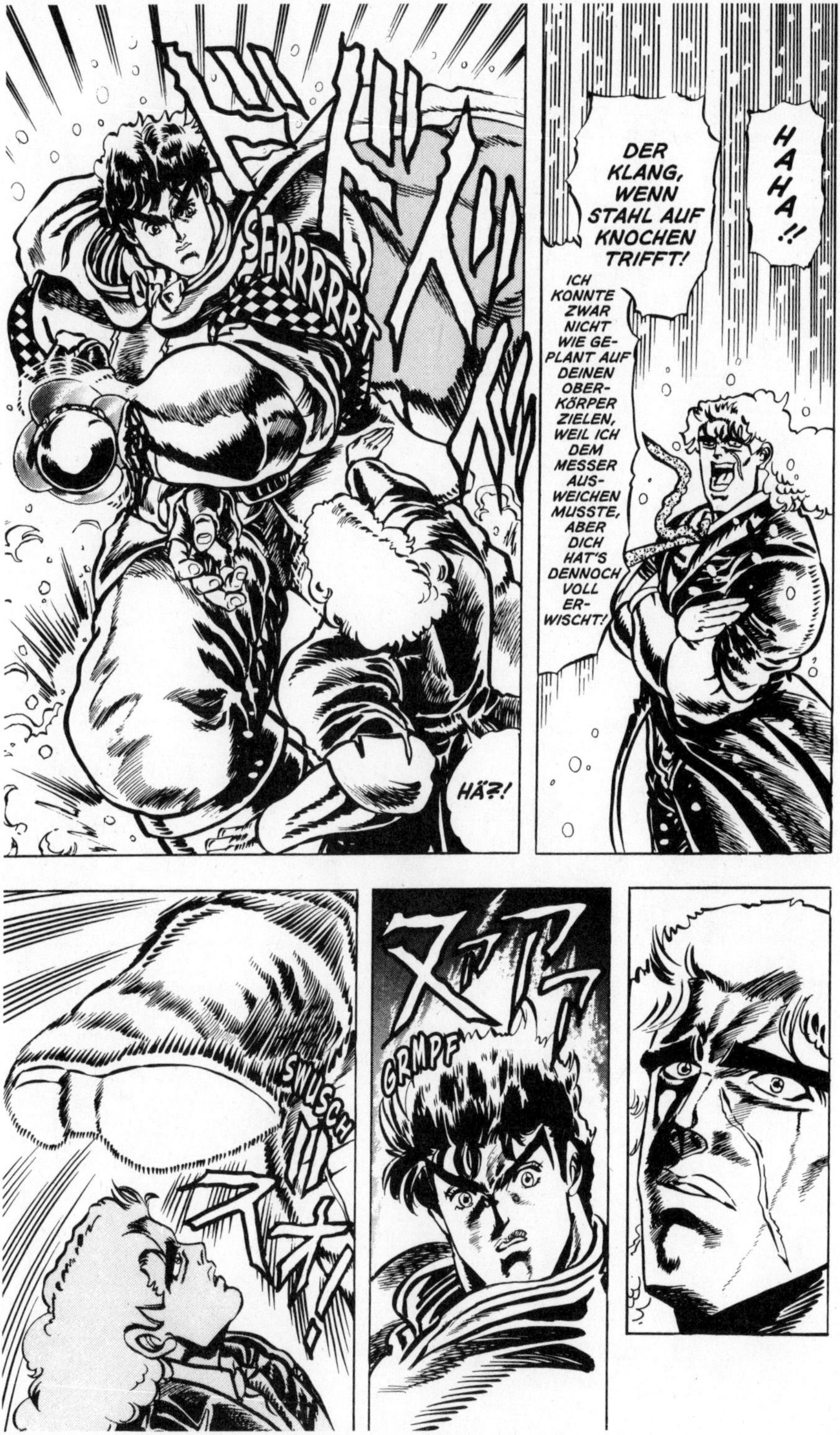
SFRRRRRRT
HÄ?!
HAHA!!
DER KLANG, WENN STAHL AUF KNOCHEN TRIFFT!
ICH KONNTE ZWAR NICHT WIE GEPLANT AUF DEINEN OBERKÖRPER ZIELEN, WEIL ICH DEM MESSER AUSWEICHEN MUSSTE, ABER DICH HAT'S DENNOCH VOLL ERWISCHT!
SWUSCH
GRMPF

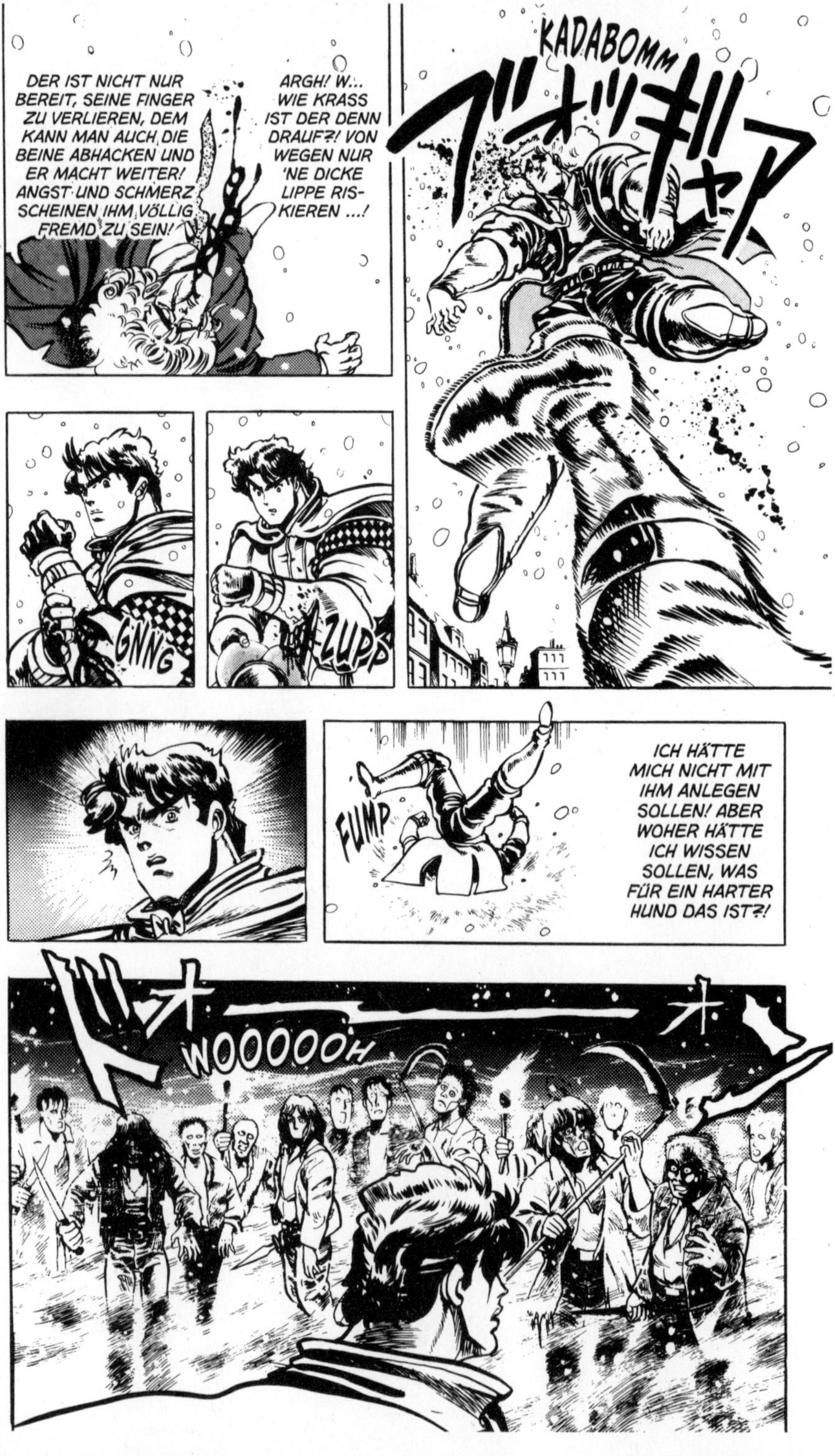
KADABOMM
ARGH! W... WIE KRASS IST DER DENN DRAUF?! VON WEGEN NUR 'NE DICKE LIPPE RISKIEREN ...!
DER IST NICHT NUR BEREIT, SEINE FINGER ZU VERLIEREN, DEM KANN MAN AUCH DIE BEINE ABHACKEN UND ER MACHT WEITER! ANGST UND SCHMERZ SCHEINEN IHM VÖLLIG FREMD ZU SEIN!
ZUPP
GNNG
ICH HÄTTE MICH NICHT MIT IHM ANLEGEN SOLLEN! ABER WOHER HÄTTE ICH WISSEN SOLLEN, WAS FÜR EIN HARTER HUND DAS IST?!
FUMP
WOOOOOH

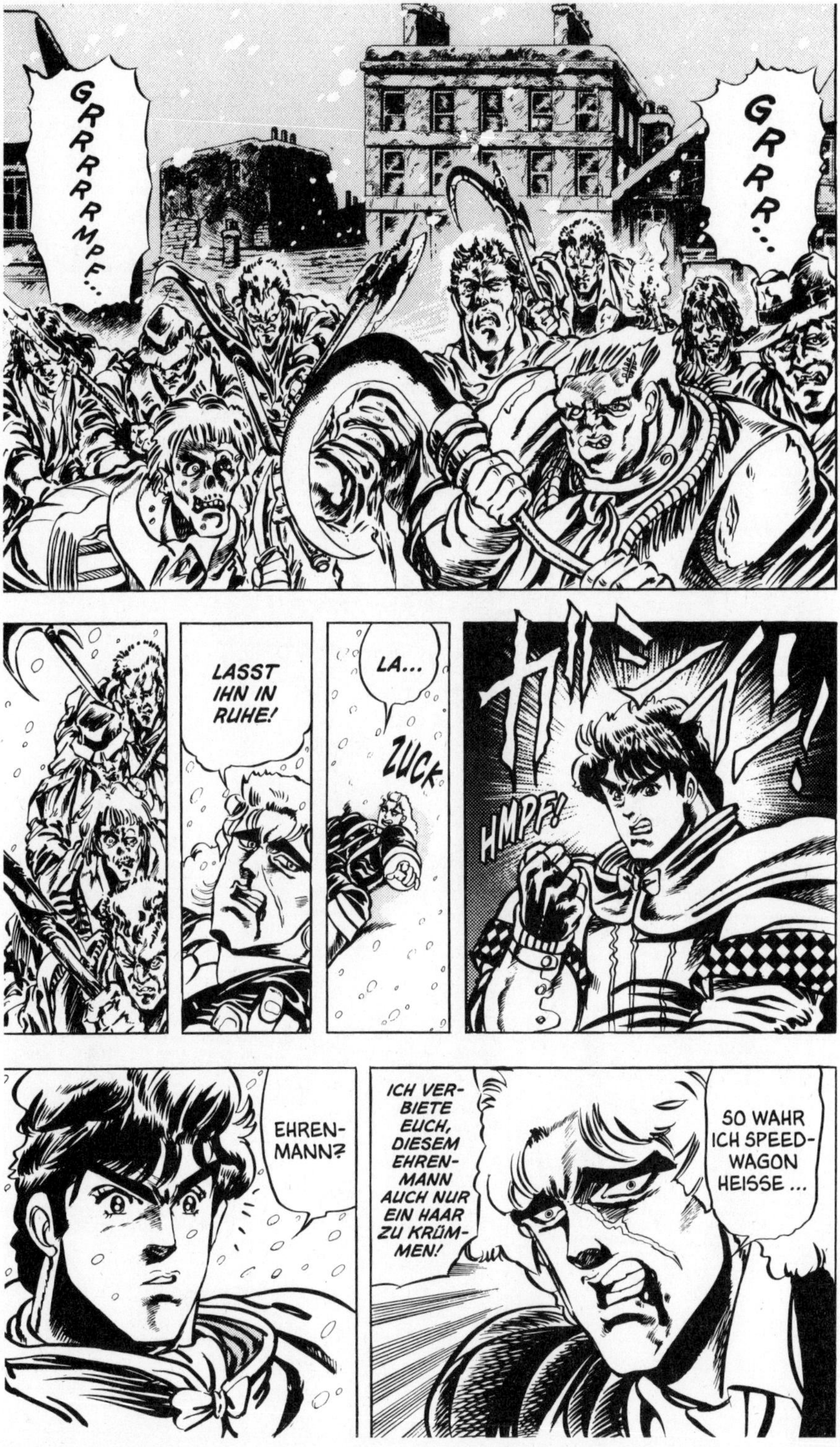
GRRR...
GRRRRRMPF...
HMPF!
ZUCK
LA...
LASST IHN IN RUHE!
SO WAHR ICH SPEED-WAGON HEISSE ...
ICH VERBIETE EUCH, DIESEM EHRENMANN AUCH NUR EIN HAAR ZU KRÜMMEN!
EHREN-MANN?

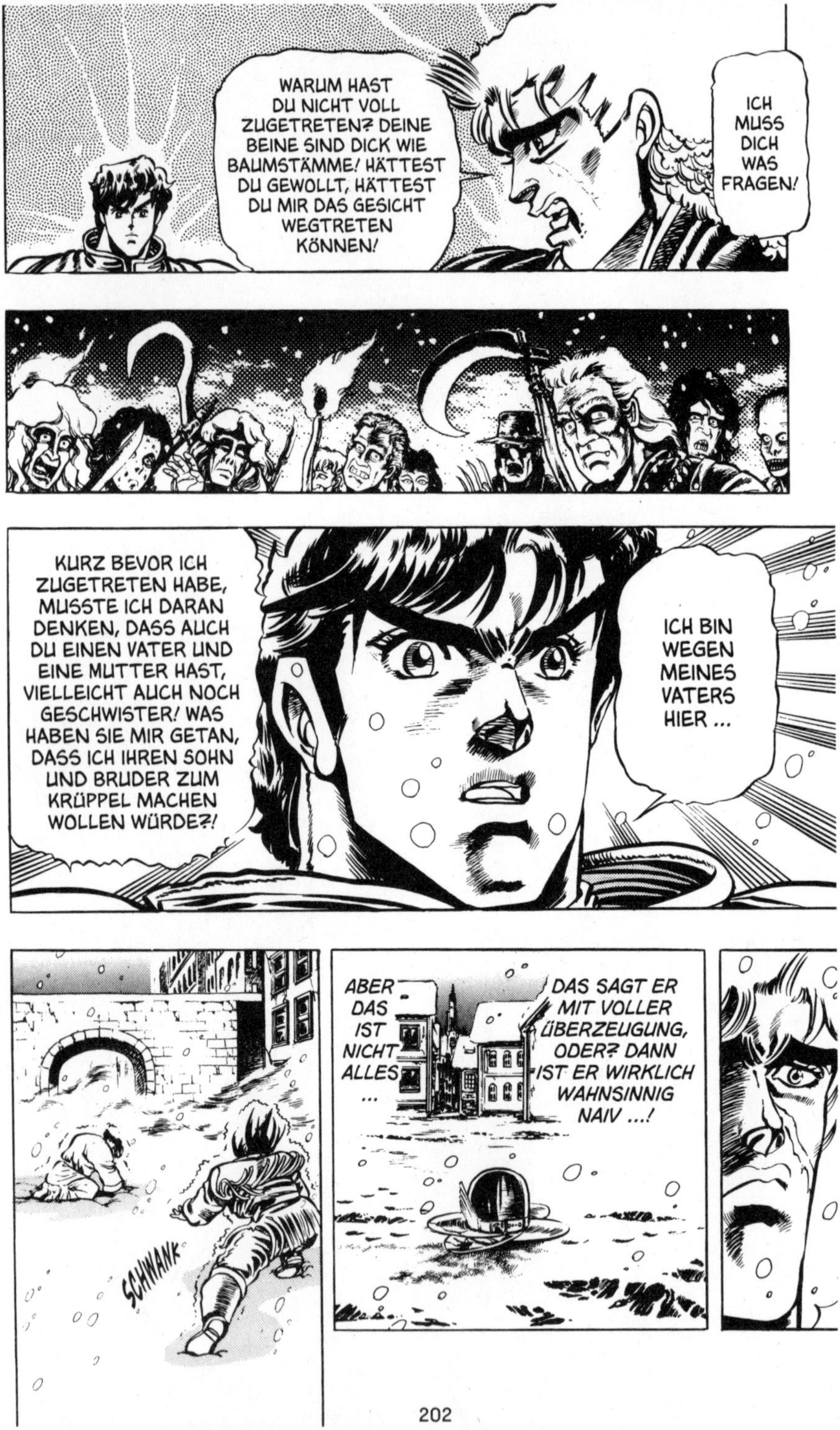
ICH MUSS DICH WAS FRAGEN!
WARUM HAST DU NICHT VOLL ZUGETRETEN? DEINE BEINE SIND DICK WIE BAUMSTÄMME! HÄTTEST DU GEWOLLT, HÄTTEST DU MIR DAS GESICHT WEGTRETEN KÖNNEN!
ICH BIN WEGEN MEINES VATERS HIER ...
KURZ BEVOR ICH ZUGETRETEN HABE, MUSSTE ICH DARAN DENKEN, DASS AUCH DU EINEN VATER UND EINE MUTTER HAST, VIELLEICHT AUCH NOCH GESCHWISTER! WAS HABEN SIE MIR GETAN, DASS ICH IHREN SOHN UND BRUDER ZUM KRÜPPEL MACHEN WOLLEN WÜRDE?!
DAS SAGT ER MIT VOLLER ÜBERZEUGUNG, ODER? DANN IST ER WIRKLICH WAHNSINNIG NAIV ...!
ABER DAS IST NICHT ALLES ...
SCHWANK

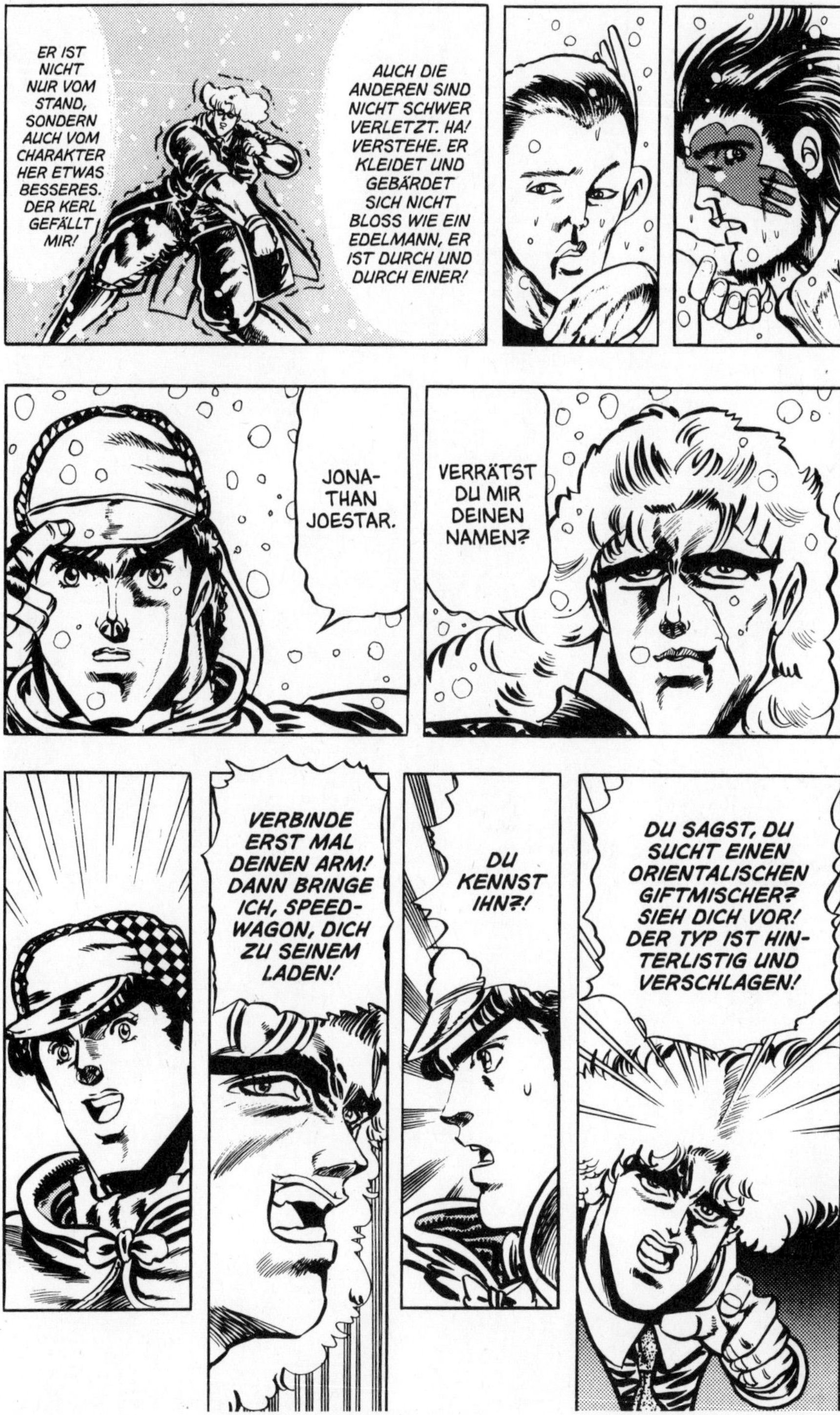
AUCH DIE ANDEREN SIND NICHT SCHWER VERLETZT. HA! VERSTEHE. ER KLEIDET UND GEBÄRDET SICH NICHT BLOSS WIE EIN EDELMANN, ER IST DURCH UND DURCH EINER!
ER IST NICHT NUR VOM STAND, SONDERN AUCH VOM CHARAKTER HER ETWAS BESSERES. DER KERL GEFÄLLT MIR!
VERRÄTST DU MIR DEINEN NAMEN?
JONA-THAN JOESTAR.
DU SAGST, DU SUCHT EINEN ORIENTALISCHEN GIFTMISCHER? SIEH DICH VOR! DER TYP IST HIN-TERLISTIG UND VERSCHLAGEN!
DU KENNST IHN?!
VERBINDE ERST MAL DEINEN ARM! DANN BRINGE ICH, SPEED-WAGON, DICH ZU SEINEM LADEN!

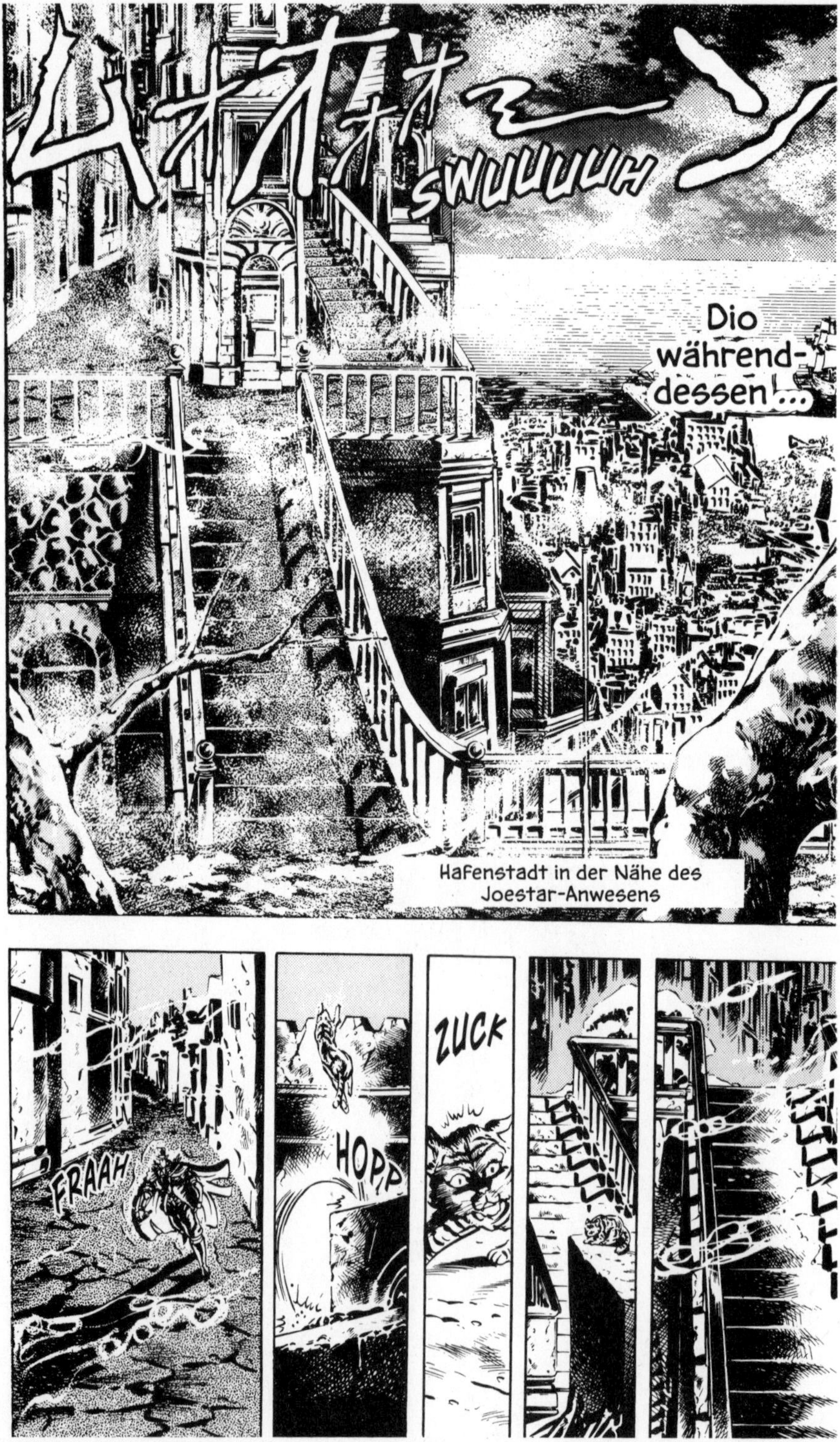
SWUUUUUH
Dio währenddessen ...
Hafenstadt in der Nähe des Joestar-Anwesens
FRAAH
HOPP
ZUCK

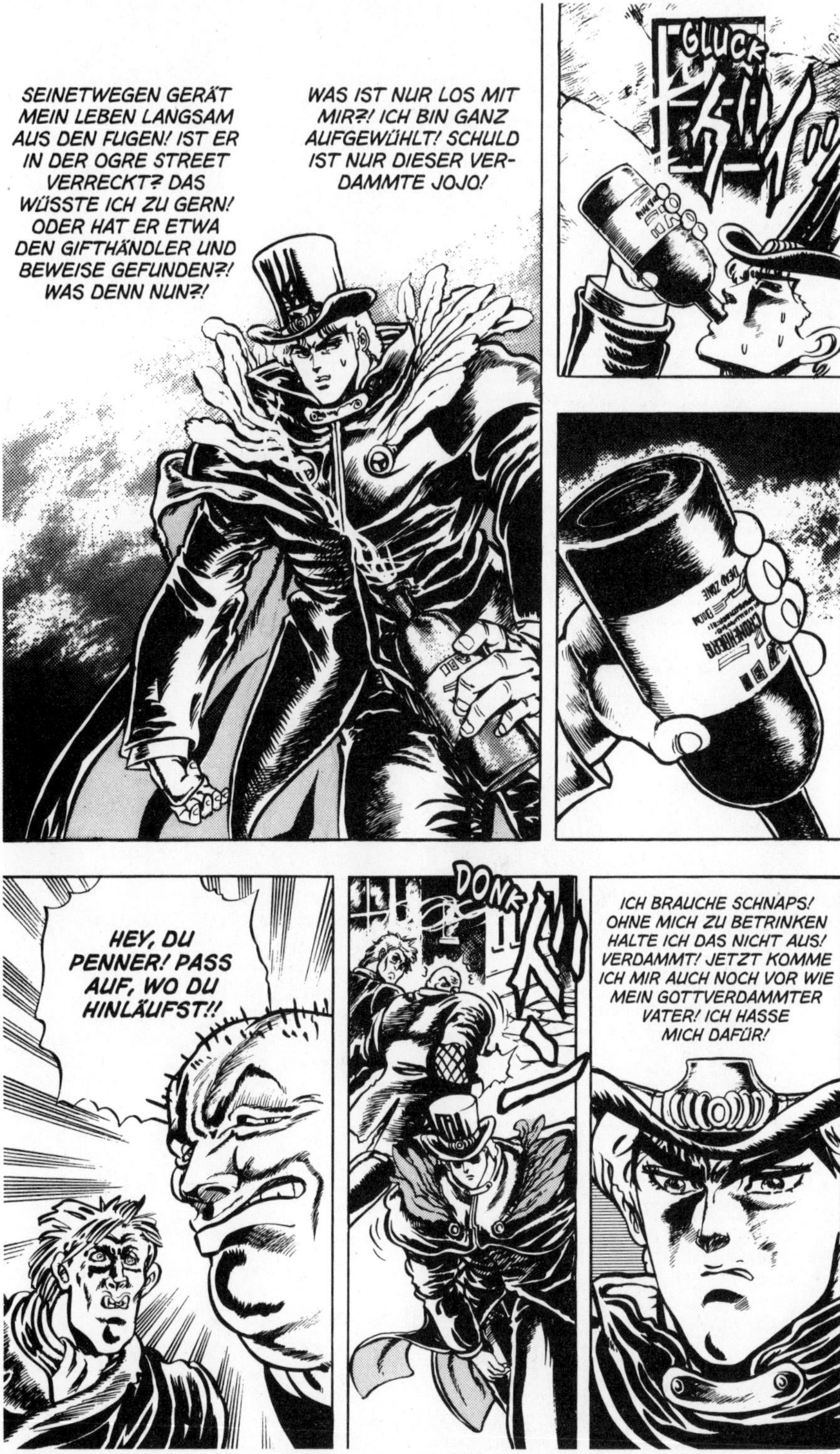
GLUCK
WAS IST NUR LOS MIT MIR?! ICH BIN GANZ AUFGEWÜHLT! SCHULD IST NUR DIESER VER-DAMMTE JOJO!
SEINETWEGEN GERÄT MEIN LEBEN LANGSAM AUS DEN FUGEN! IST ER IN DER OGRE STREET VERRECKT? DAS WÜSSTE ICH ZU GERN! ODER HAT ER ETWA DEN GIFTHÄNDLER UND BEWEISE GEFUNDEN?! WAS DENN NUN?!
ICH BRAUCHE SCHNAPS! OHNE MICH ZU BETRINKEN HALTE ICH DAS NICHT AUS! VERDAMMT! JETZT KOMME ICH MIR AUCH NOCH VOR WIE MEIN GOTTVERDAMMTER VATER! ICH HASSE MICH DAFÜR!
DONK
HEY, DU PENNER! PASS AUF, WO DU HINLÄUFST!!

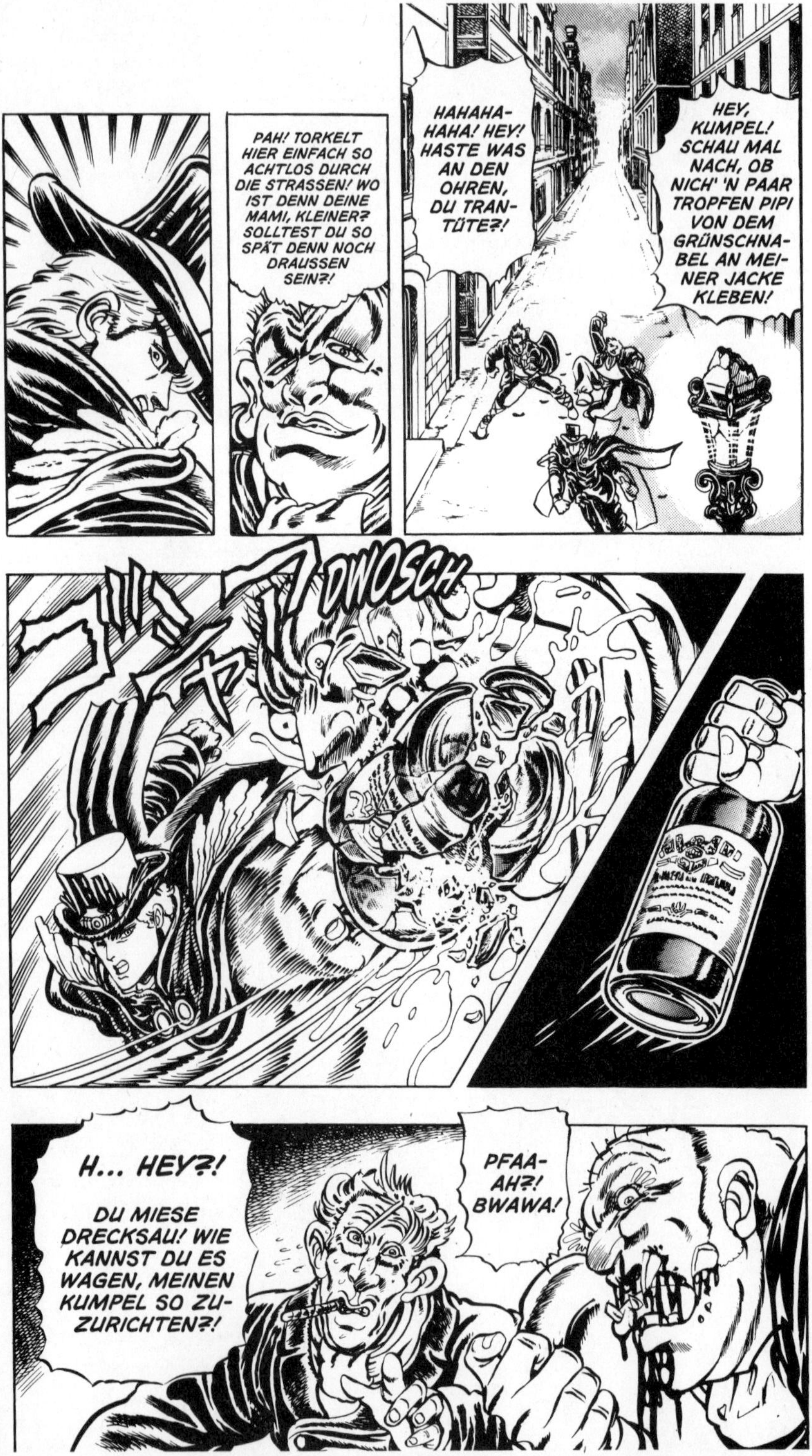
HEY, KUMPEL! SCHAU MAL NACH, OB NICH' 'N PAAR TROPFEN PIPI VON DEM GRÜNSCHNABEL AN MEINER JACKE KLEBEN!
HAHAHA-HAHA! HEY! HASTE WAS AN DEN OHREN, DU TRAN-TÜTE?!
PAH! TORKELT HIER EINFACH SO ACHTLOS DURCH DIE STRASSEN! WO IST DENN DEINE MAMI, KLEINER? SOLLTEST DU SO SPÄT DENN NOCH DRAUSSEN SEIN?!
DWOSCH
PFAA-AH?! BWAWA!
H... HEY?!
DU MIESE DRECKSAU! WIE KANNST DU ES WAGEN, MEINEN KUMPEL SO ZU-ZURICHTEN?!

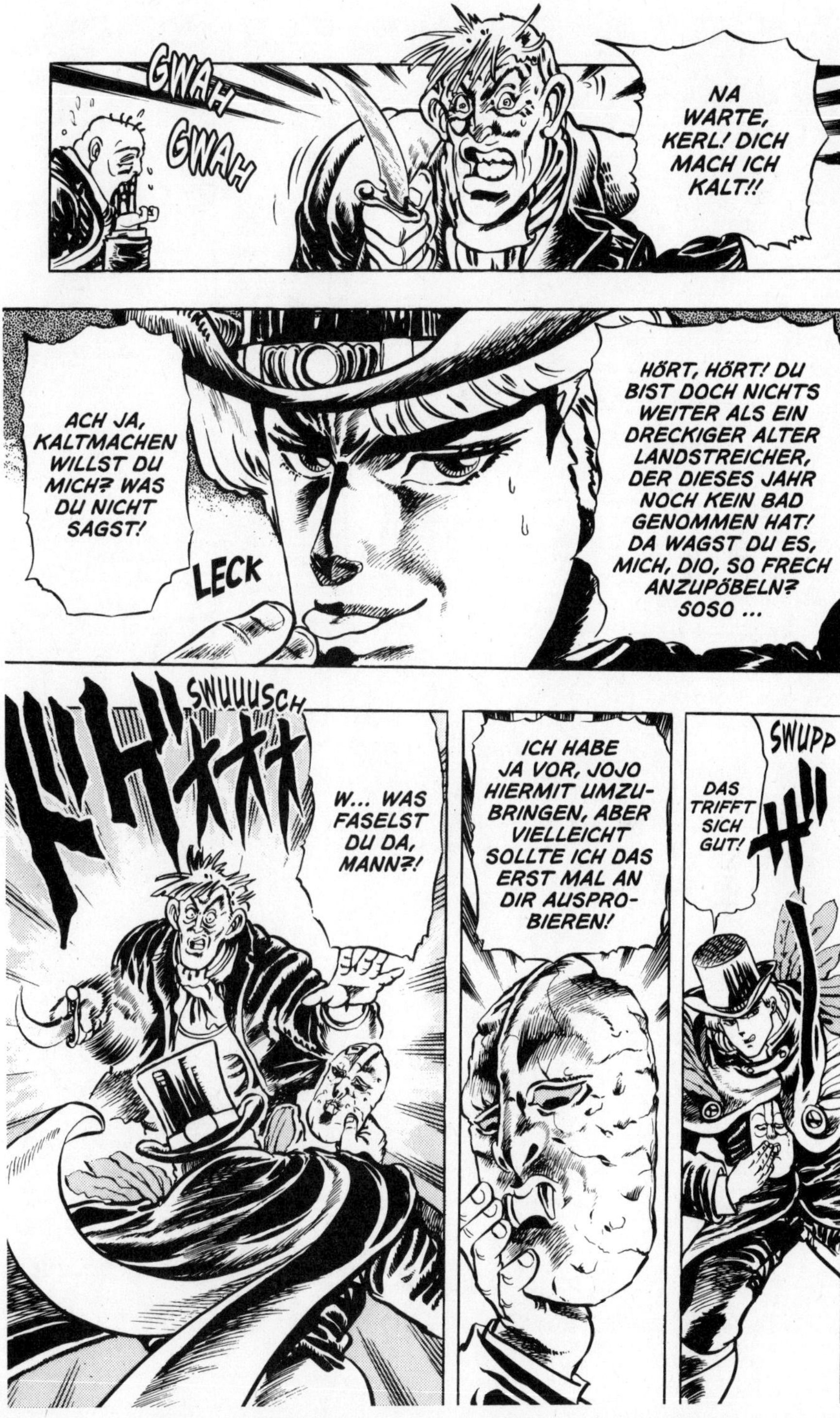
NA WARTE, KERL! DICH MACH ICH KALT!!
GWAH
GWAH
HÖRT, HÖRT! DU BIST DOCH NICHTS WEITER ALS EIN DRECKIGER ALTER LANDSTREICHER, DER DIESES JAHR NOCH KEIN BAD GENOMMEN HAT! DA WAGST DU ES, MICH, DIO, SO FRECH ANZUPÖBELN? SOSO ...
ACH JA, KALTMACHEN WILLST DU MICH? WAS DU NICHT SAGST!
LECK
SWUPP
DAS TRIFFT SICH GUT!
ICH HABE JA VOR, JOJO HIERMIT UMZUBRINGEN, ABER VIELLEICHT SOLLTE ICH DAS ERST MAL AN DIR AUSPROBIEREN!
W... WAS FASELST DU DA, MANN?!
SWUUUSCH

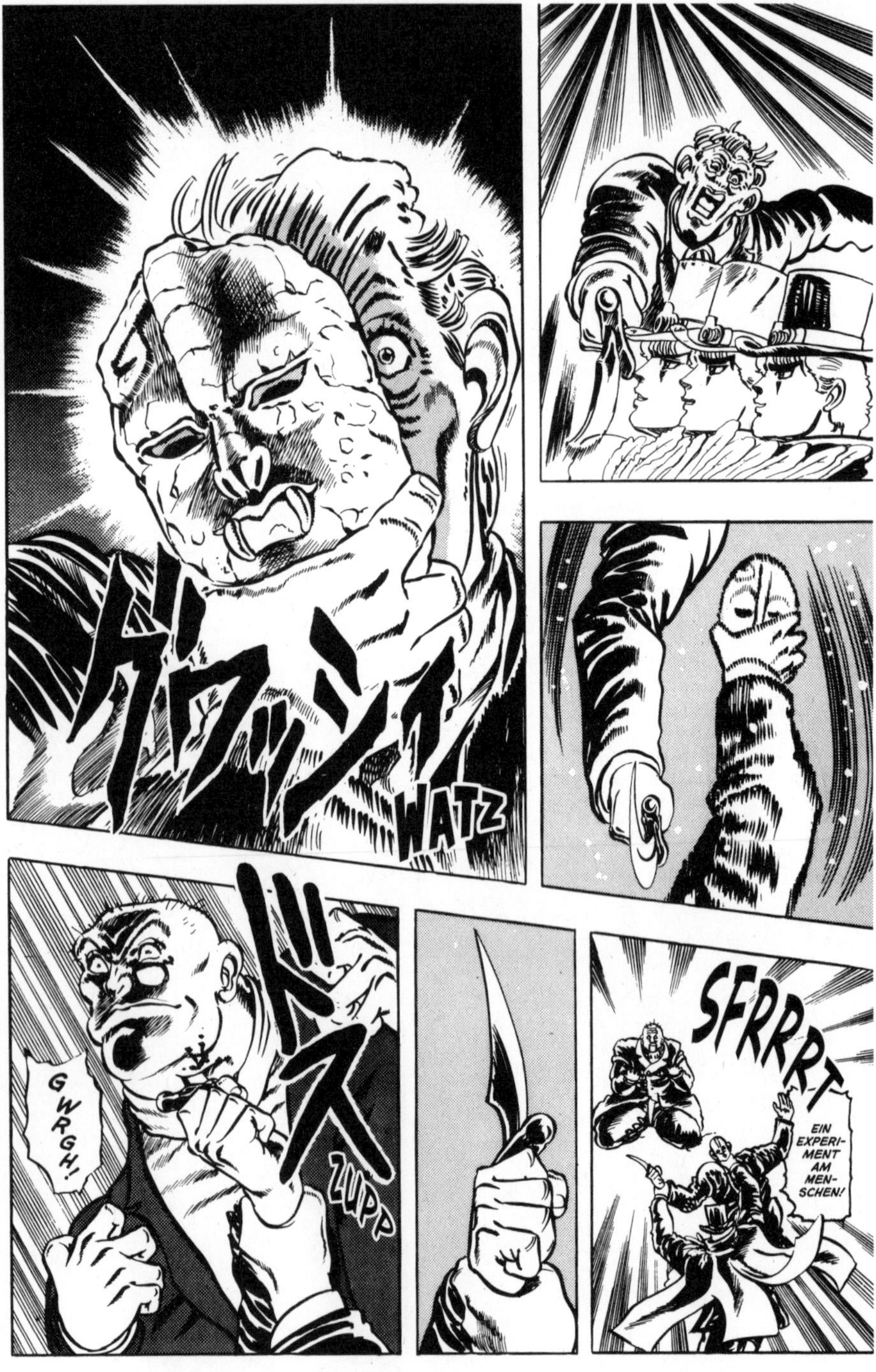

ドグッシァ
WATZ
SFRRRT
EIN EXPERIMENT AM MENSCHEN!
ドス
ZUPP
GWRGH!

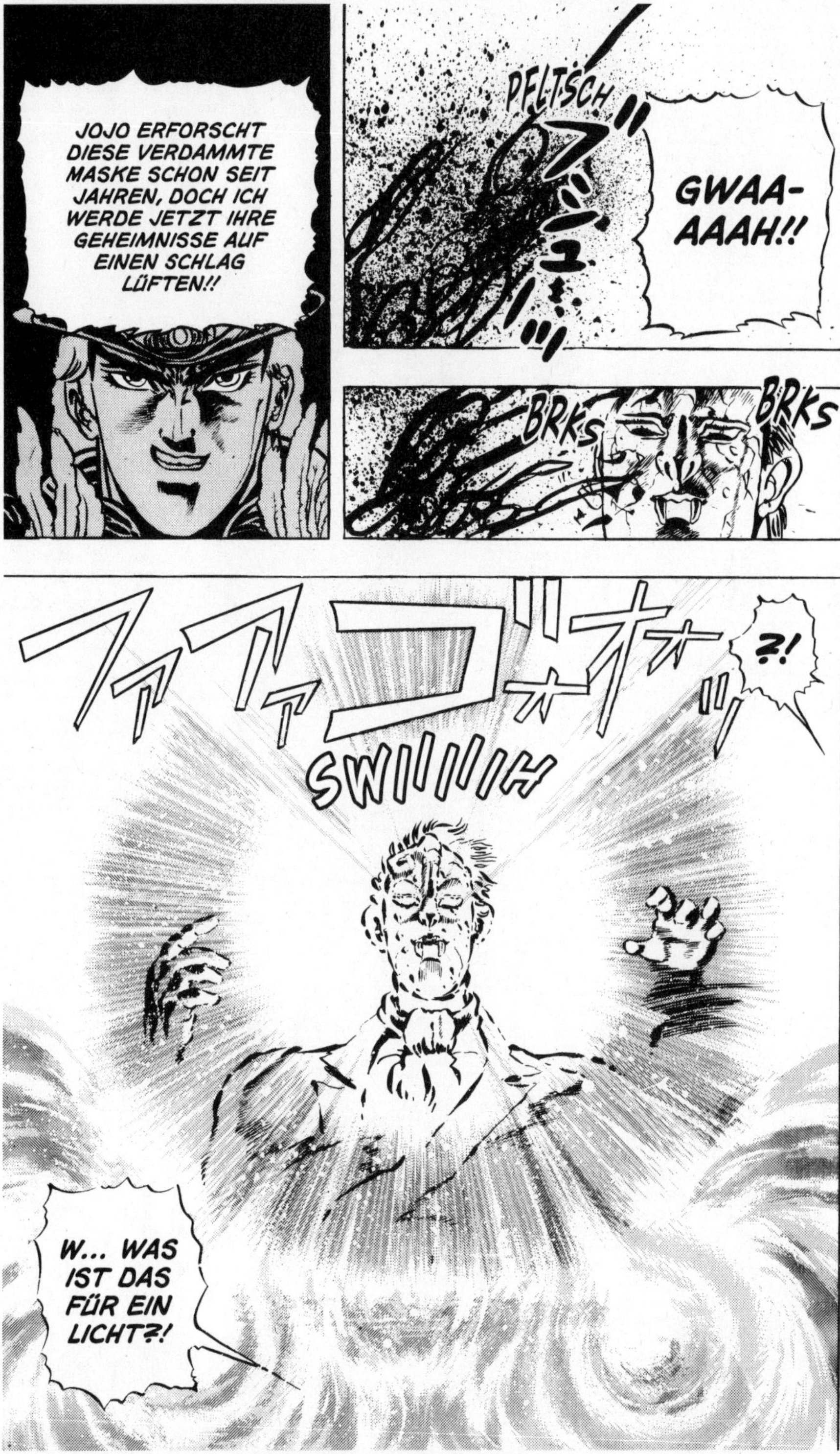
JOJO ERFORSCHT DIESE VERDAMMTE MASKE SCHON SEIT JAHREN, DOCH ICH WERDE JETZT IHRE GEHEIMNISSE AUF EINEN SCHLAG LÜFTEN!!
PFLTSCH
GWAA-AAAH!!
BRKS
BRKS
ファァゴォオォッ
SWIIIIIH
?!
W... WAS IST DAS FÜR EIN LICHT?!

JOJO'S BIZARRE ADVENTURE

PART 1

PHANTOM BLOOD

Die Steinmaske: Teil 3

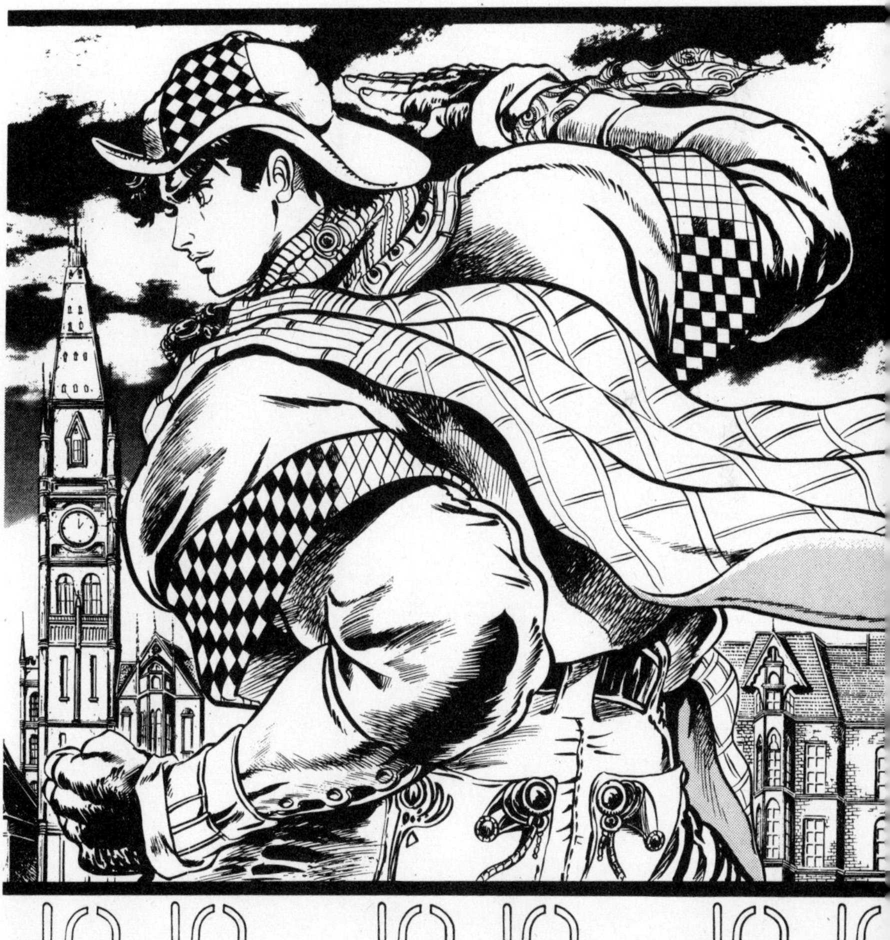

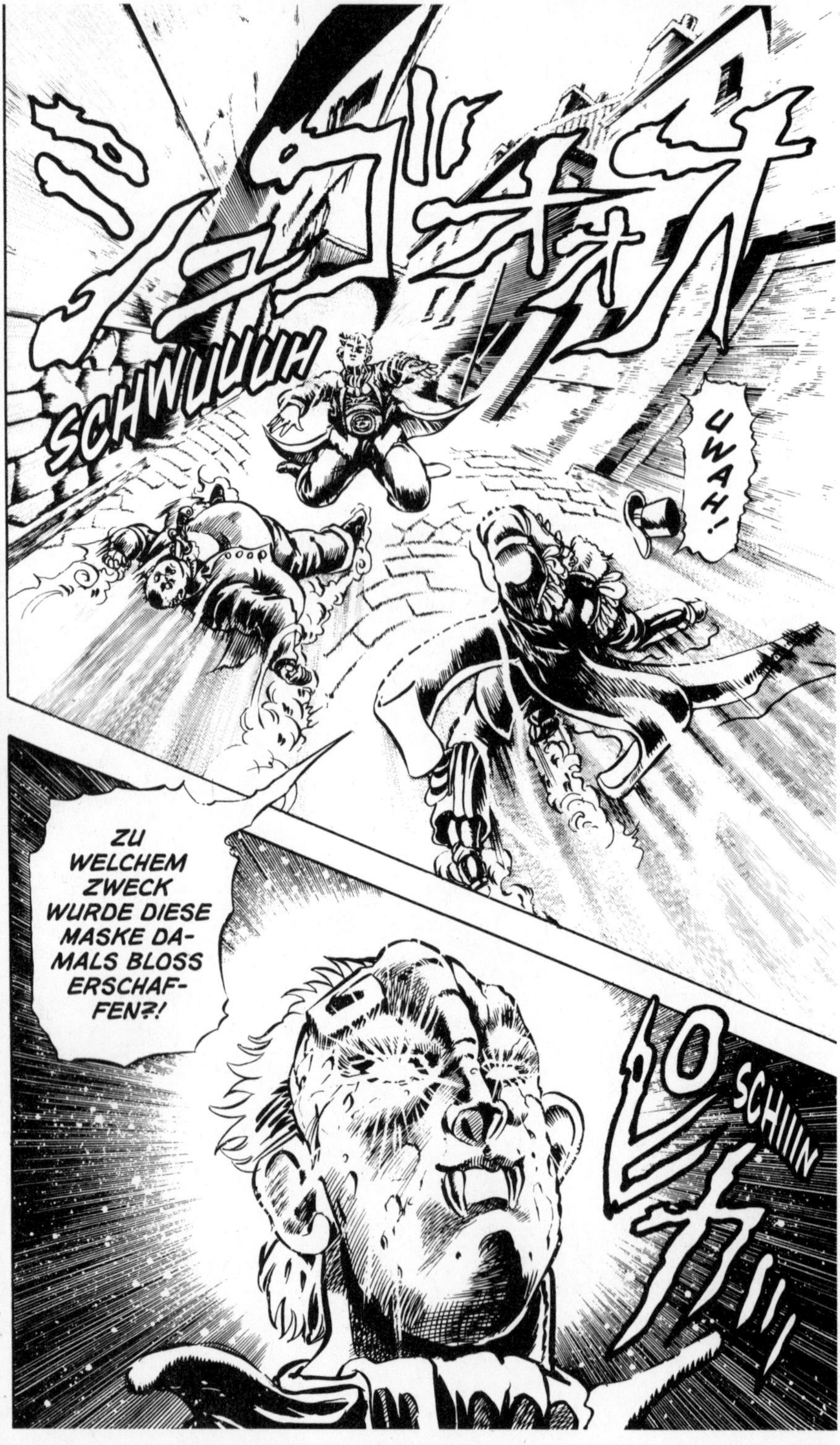

SCHWUUUH
UWAH!
ZU WELCHEM ZWECK WURDE DIESE MASKE DAMALS BLOSS ERSCHAFFEN?!
SCHIIIN

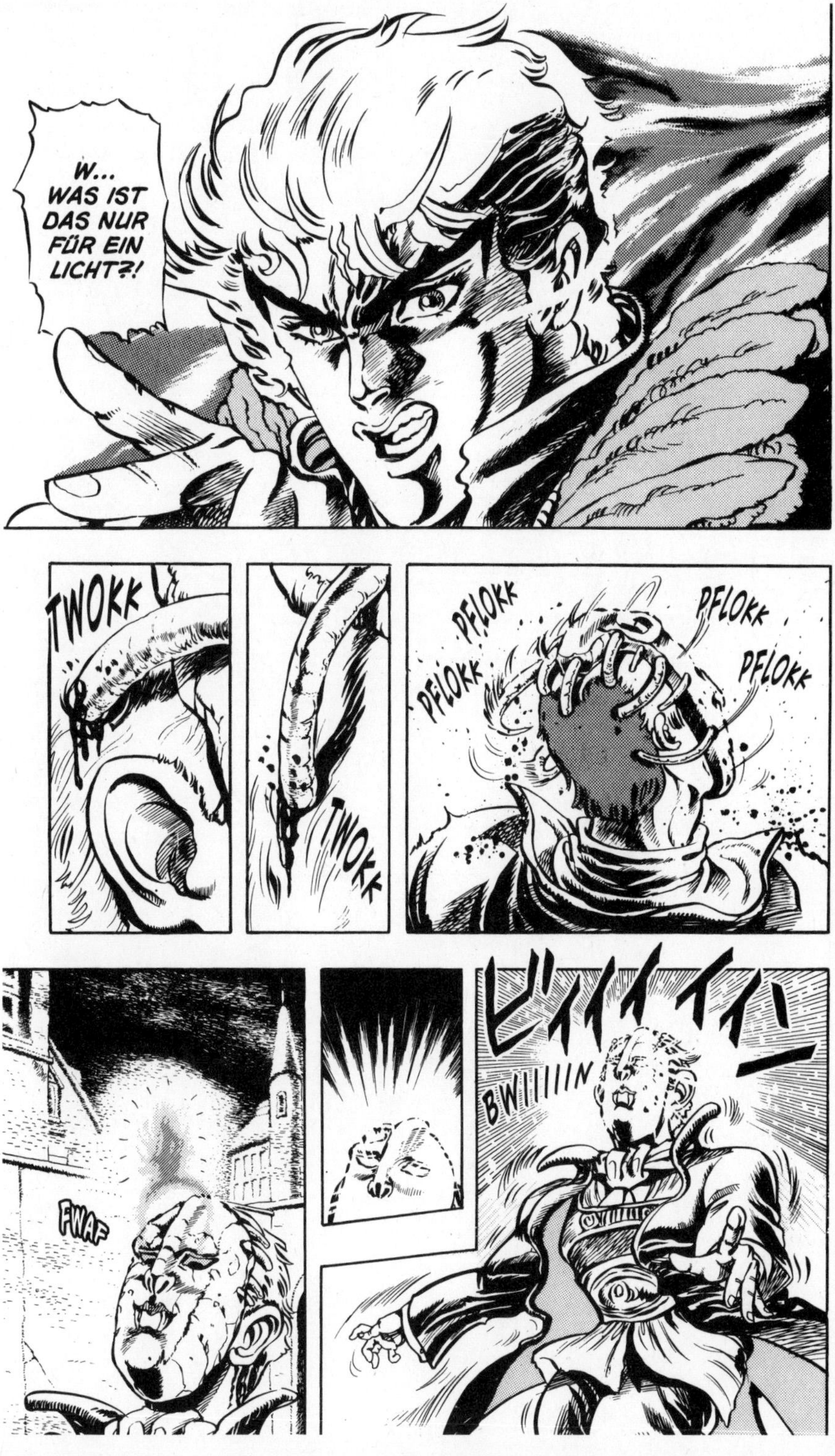
W... WAS IST DAS NUR FÜR EIN LICHT?!
TWOKK
TWOKK
PFLOKK
PFLOKK
PFLOKK
PFLOKK
ビィィィィン
BWIIIIIN
FWAF

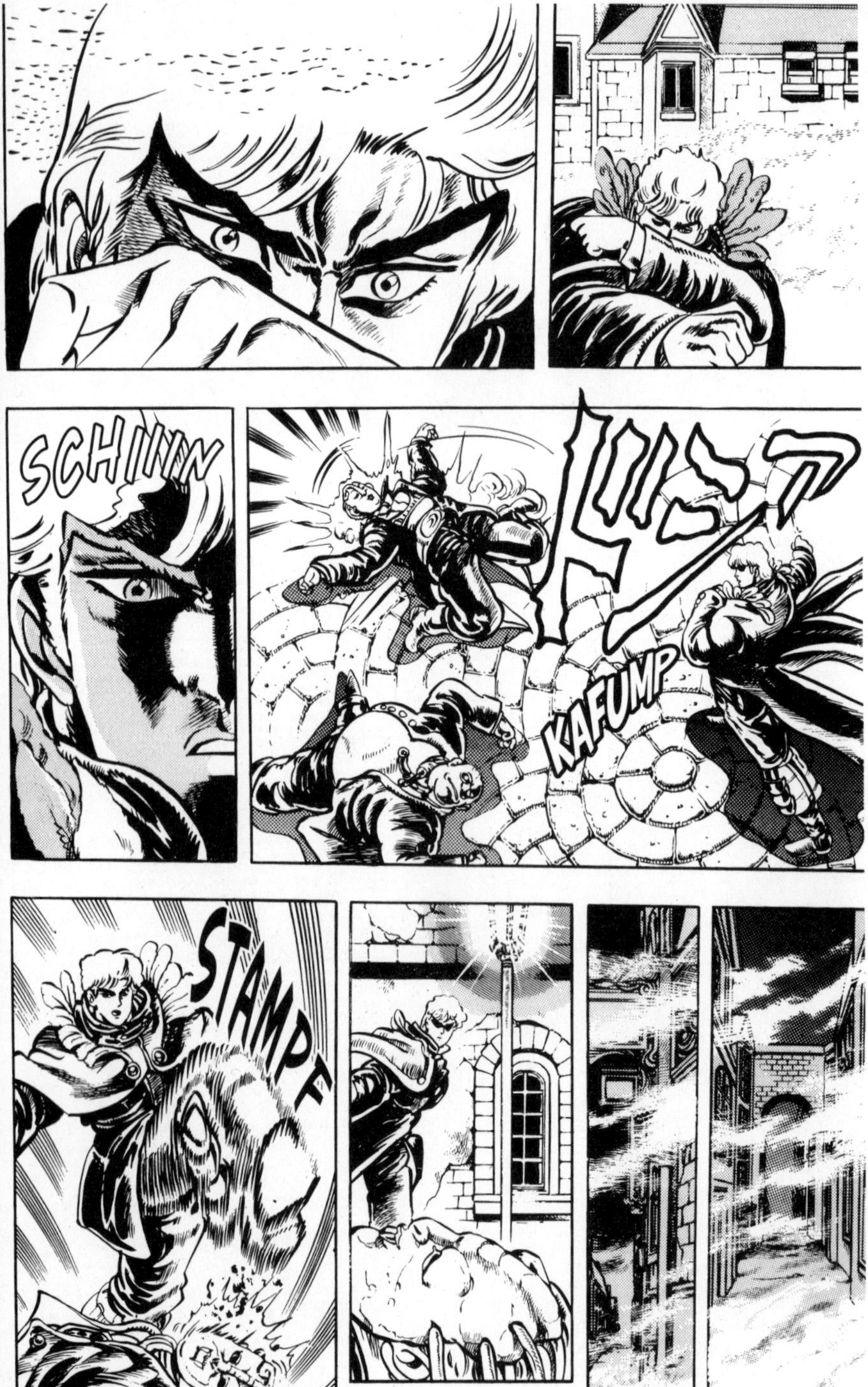
SCHIIIN
KAFUMP
STAMPF

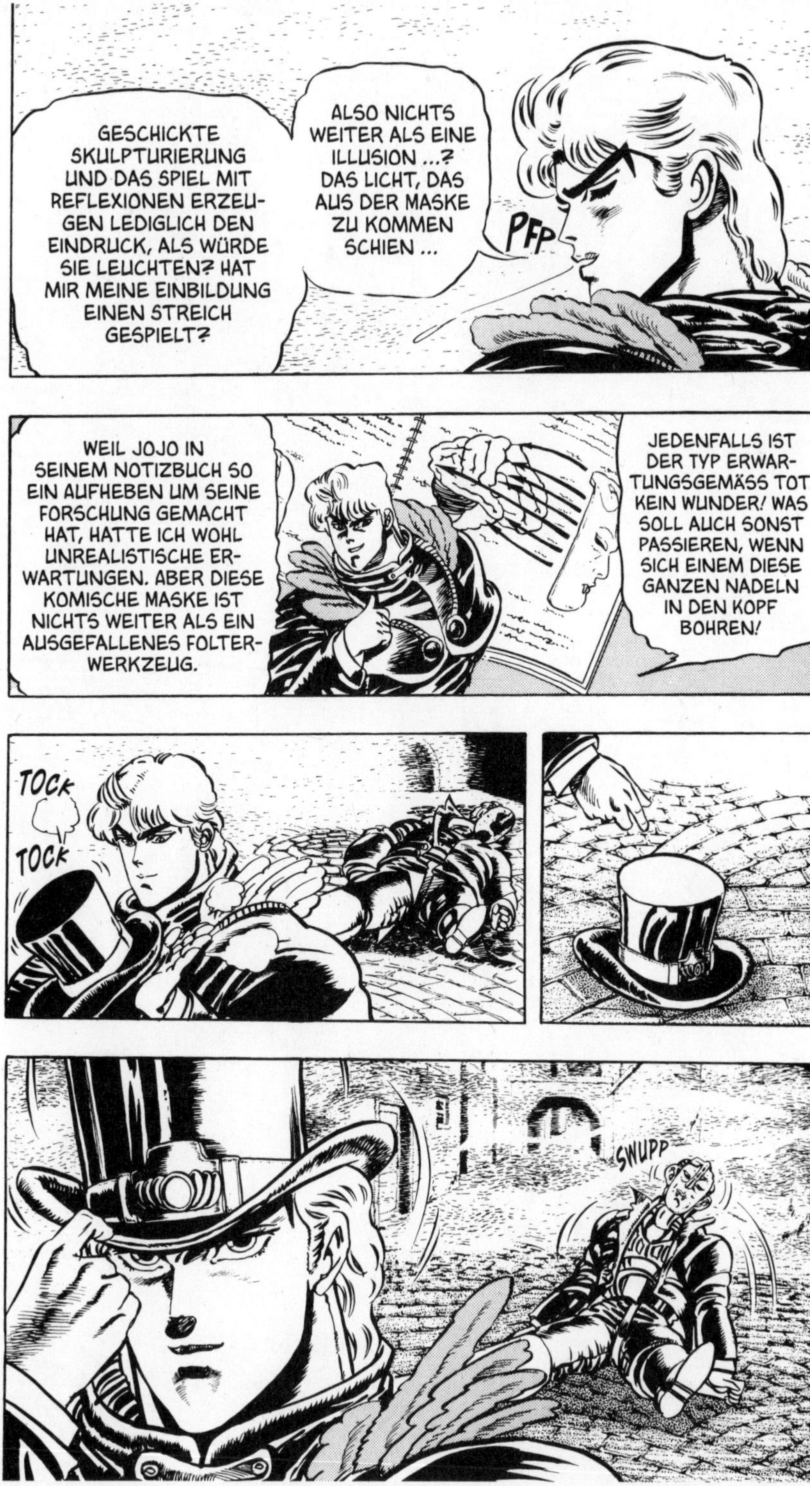
ALSO NICHTS WEITER ALS EINE ILLUSION ...? DAS LICHT, DAS AUS DER MASKE ZU KOMMEN SCHIEN ...
PFP
GESCHICKTE SKULPTURIERUNG UND DAS SPIEL MIT REFLEXIONEN ERZEUGEN LEDIGLICH DEN EINDRUCK, ALS WÜRDE SIE LEUCHTEN? HAT MIR MEINE EINBILDUNG EINEN STREICH GESPIELT?
JEDENFALLS IST DER TYP ERWARTUNGSGEMÄSS TOT. KEIN WUNDER! WAS SOLL AUCH SONST PASSIEREN, WENN SICH EINEM DIESE GANZEN NADELN IN DEN KOPF BOHREN!
WEIL JOJO IN SEINEM NOTIZBUCH SO EIN AUFHEBEN UM SEINE FORSCHUNG GEMACHT HAT, HATTE ICH WOHL UNREALISTISCHE ERWARTUNGEN. ABER DIESE KOMISCHE MASKE IST NICHTS WEITER ALS EIN AUSGEFALLENES FOLTERWERKZEUG.
TOCK
TOCK
SWUPP

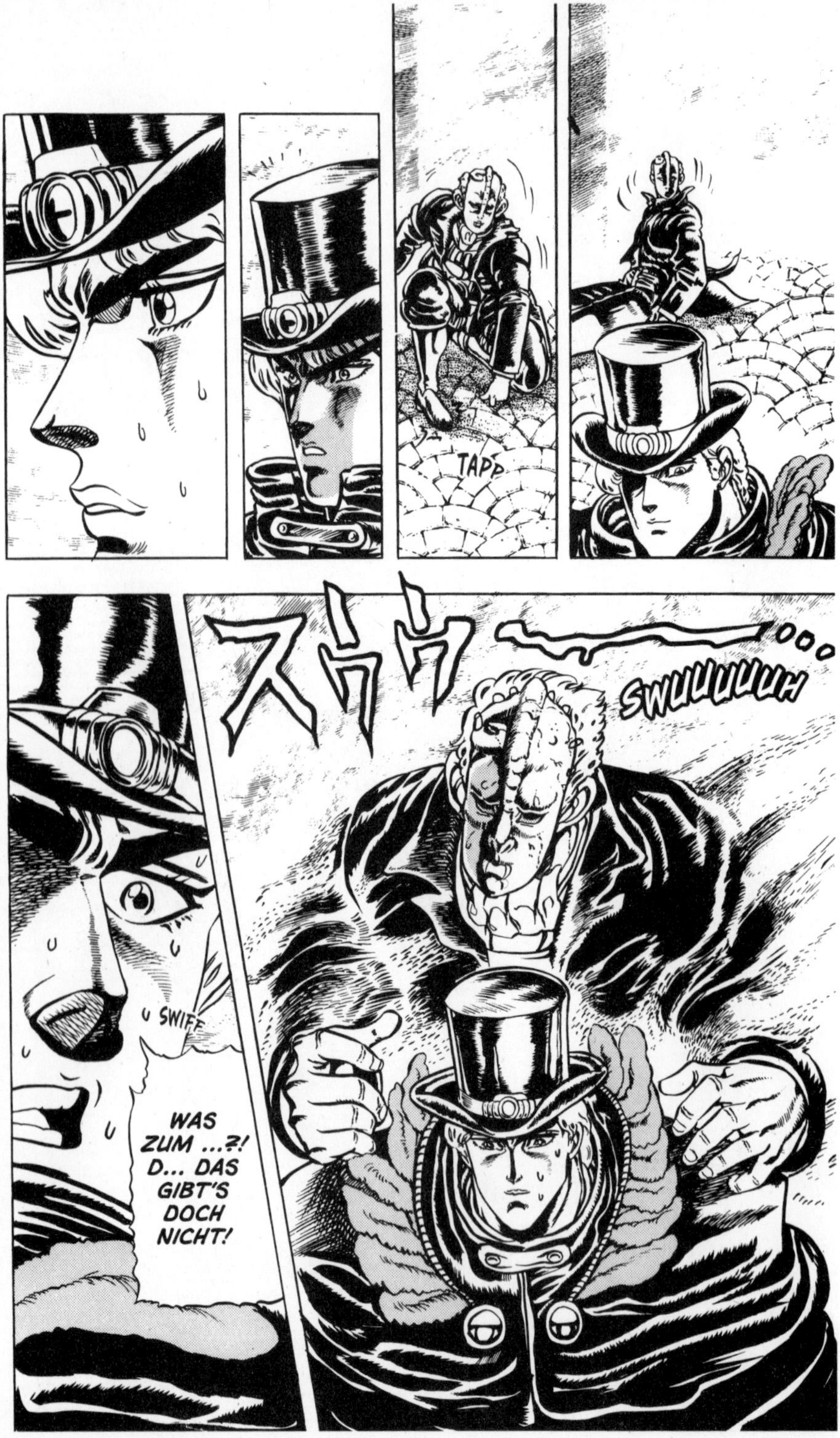
TAPP
スウウー
SWUUUUUH
SWIFF
WAS ZUM ...?! D... DAS GIBT'S DOCH NICHT!

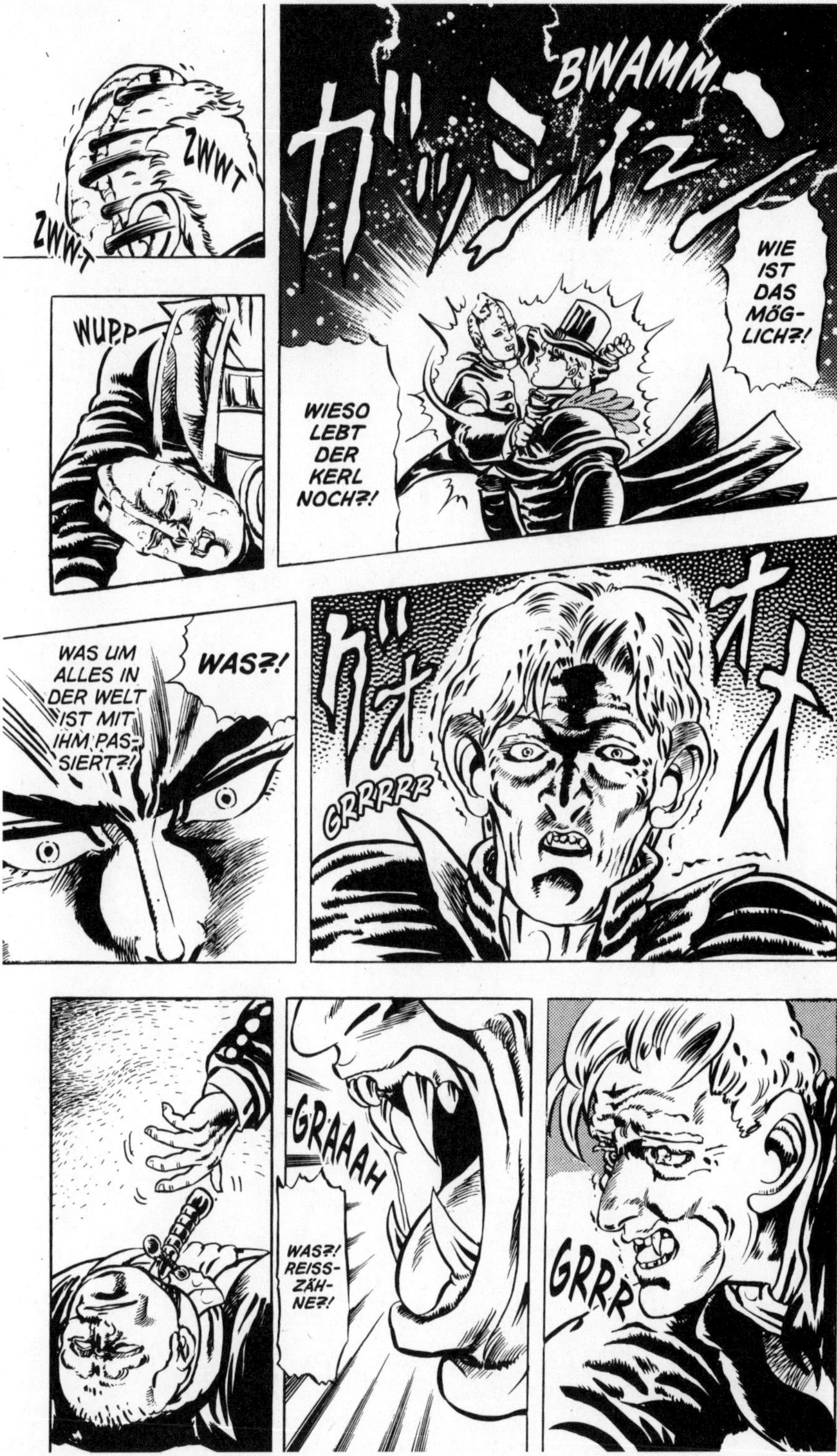
BWAMM
WIE IST DAS MÖGLICH?!
WIESO LEBT DER KERL NOCH?!
ZWWT
ZWWT
WUPP
GRRRRR
WAS?!
WAS UM ALLES IN DER WELT IST MIT IHM PASSIERT?!
GRRR
GRAAAH
WAS?! REISSZÄHNE?!

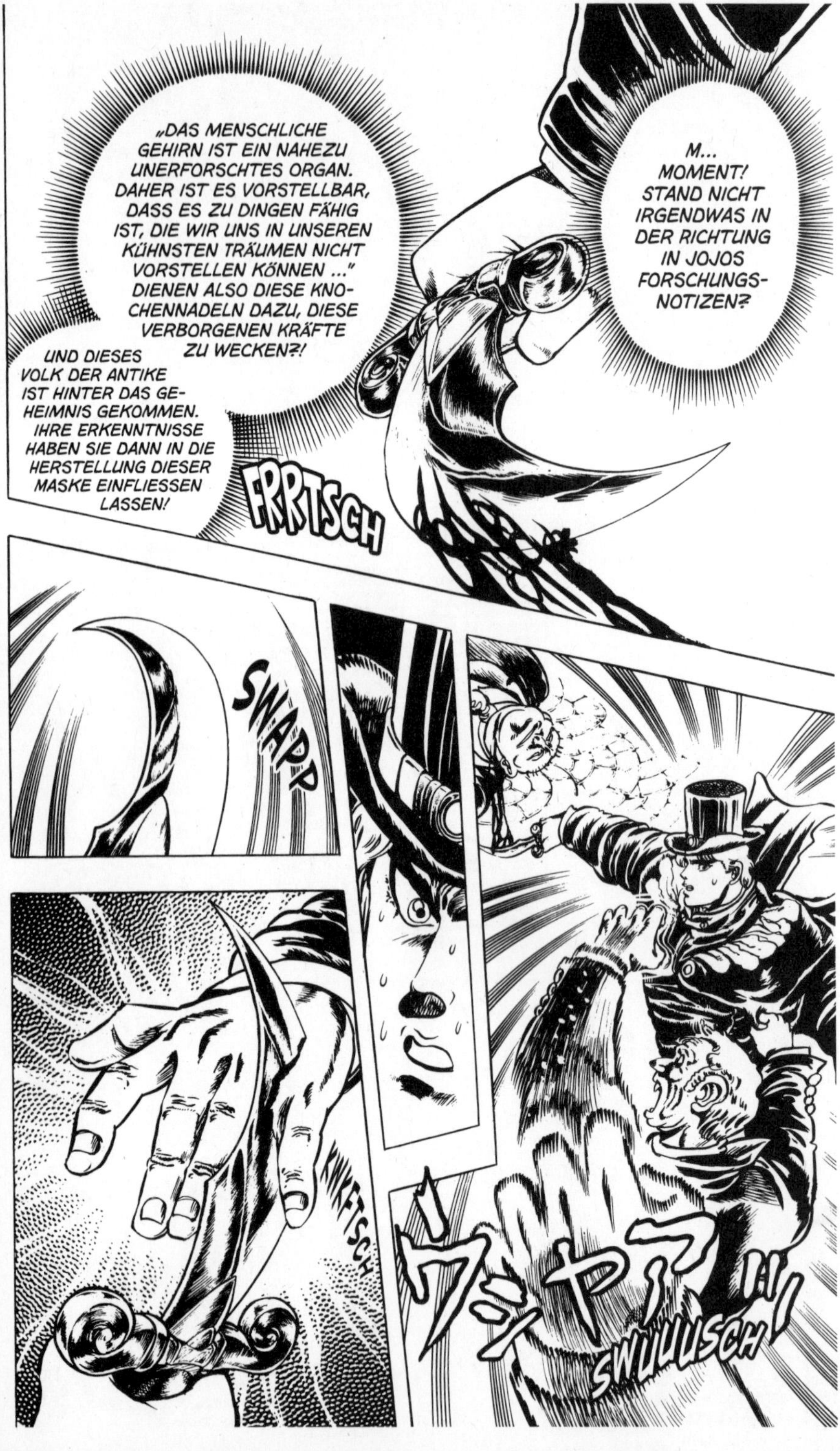
M... MOMENT! STAND NICHT IRGENDWAS IN DER RICHTUNG IN JOJOS FORSCHUNGS-NOTIZEN?
„DAS MENSCHLICHE GEHIRN IST EIN NAHEZU UNERFORSCHTES ORGAN. DAHER IST ES VORSTELLBAR, DASS ES ZU DINGEN FÄHIG IST, DIE WIR UNS IN UNSEREN KÜHNSTEN TRÄUMEN NICHT VORSTELLEN KÖNNEN ...“ DIENEN ALSO DIESE KNOCHENNADELN DAZU, DIESE VERBORGENEN KRÄFTE ZU WECKEN?!
UND DIESES VOLK DER ANTIKE IST HINTER DAS GEHEIMNIS GEKOMMEN. IHRE ERKENNTNISSE HABEN SIE DANN IN DIE HERSTELLUNG DIESER MASKE EINFLIESSEN LASSEN!
FRRTSCH
SWAPP
KNKFTSCH
SWUUUSCH

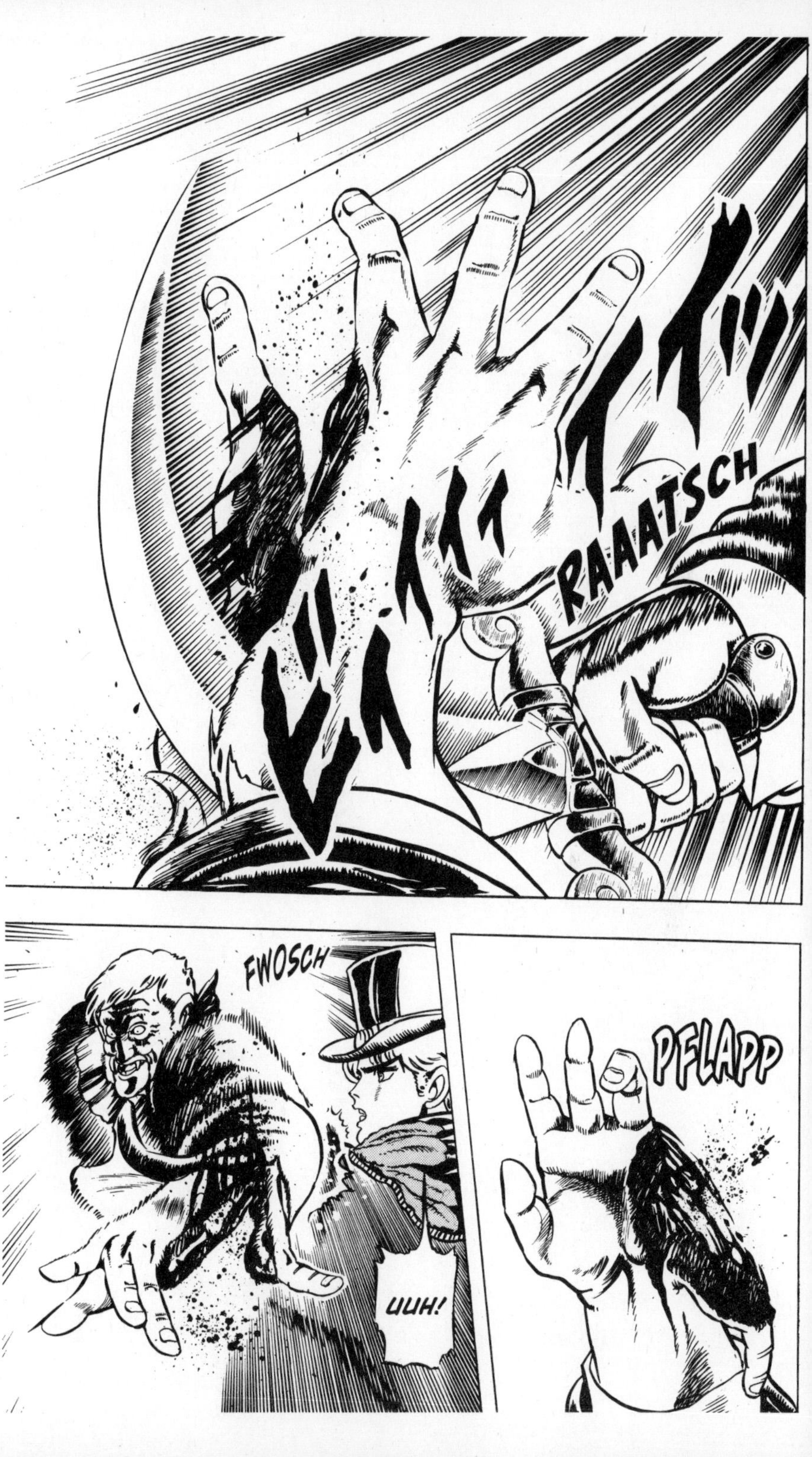
RAAATSCH
PFLAPP
FWOSCH
UUH!

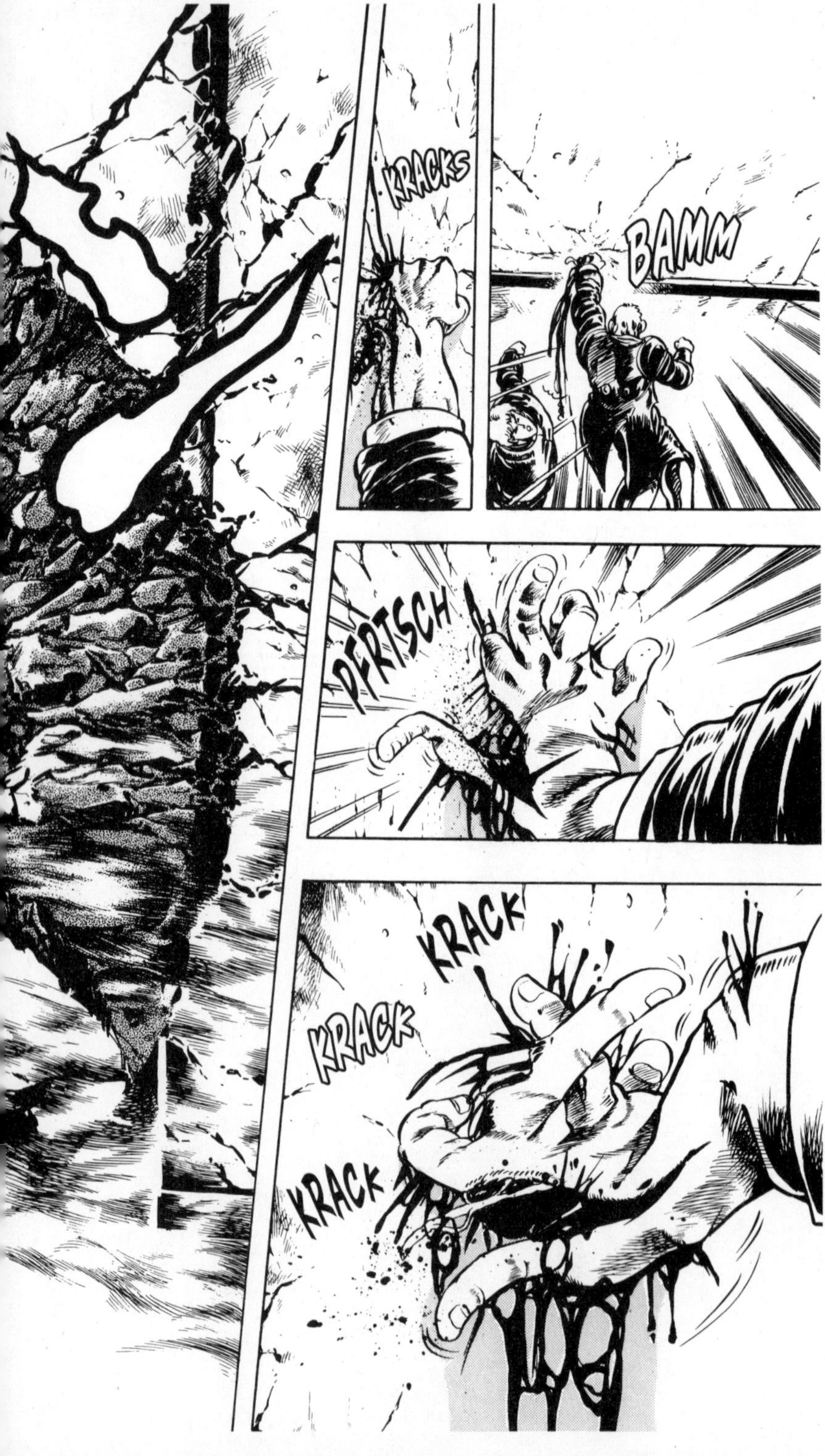
BAMM
KRACKS
DERTSCH
KRACK
KRACK
KRACK

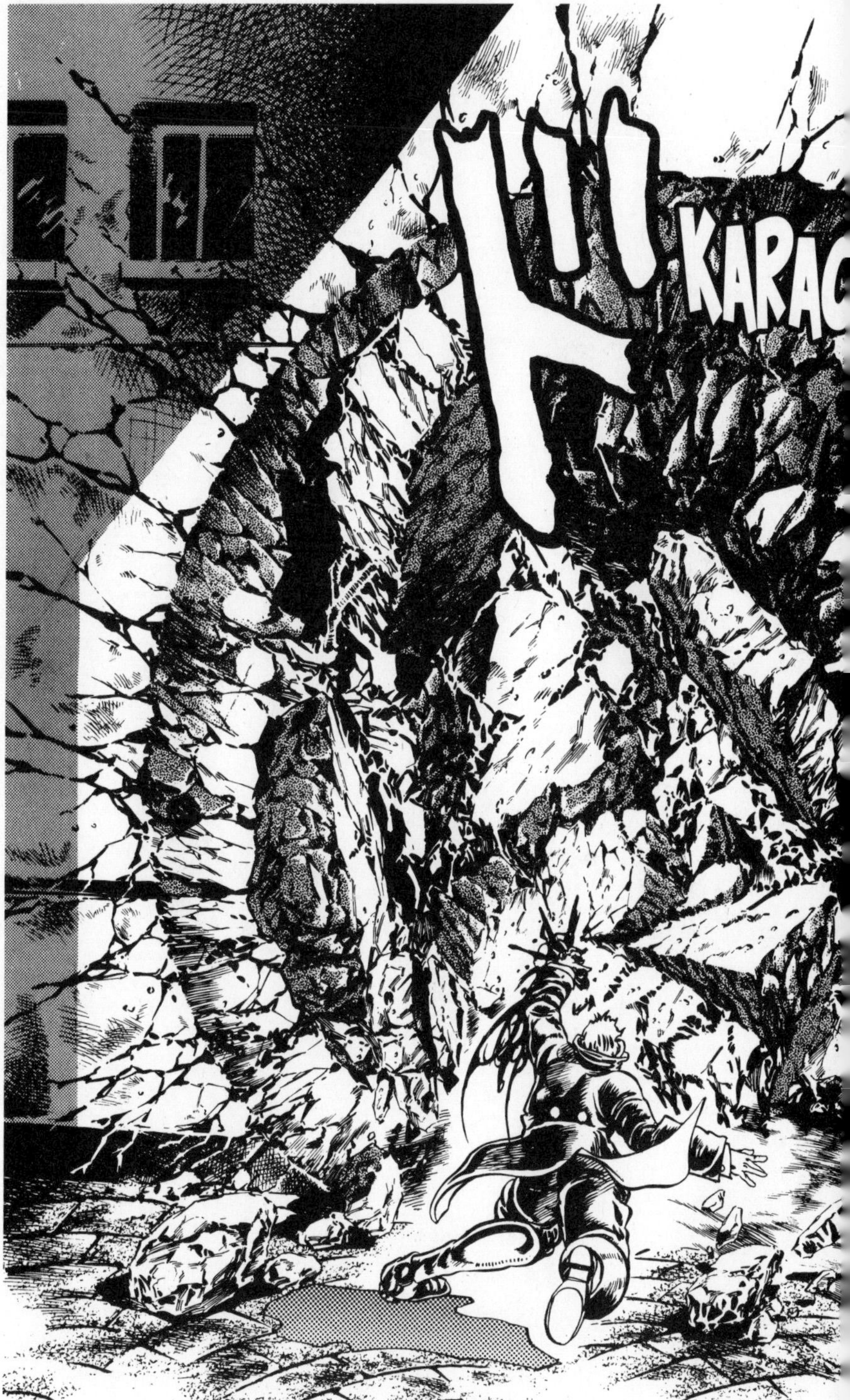
KARAC

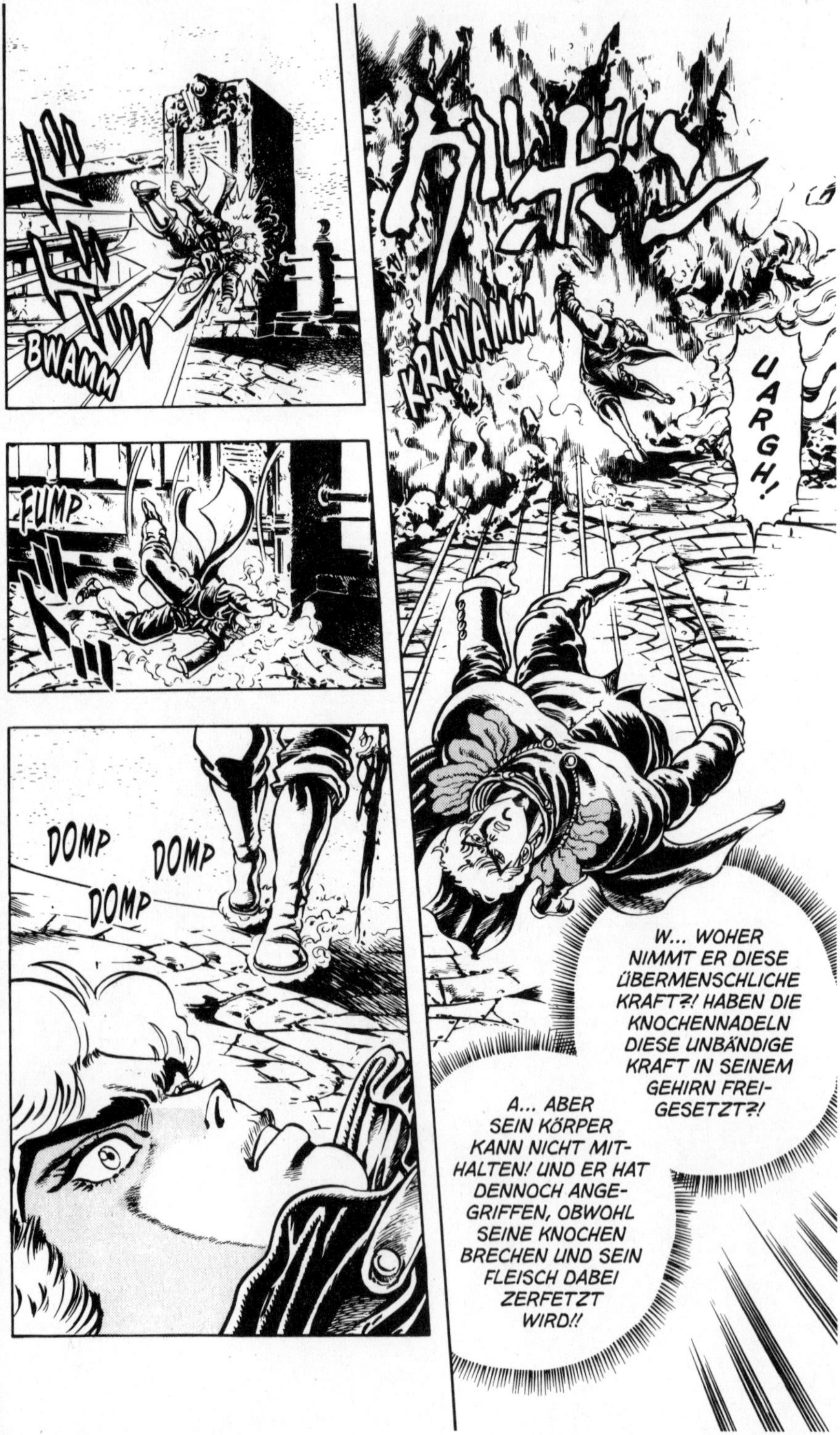
KRAWAMM
UARGH!
W... WOHER NIMMT ER DIESE ÜBERMENSCHLICHE KRAFT?! HABEN DIE KNOCHENNADELN DIESE UNBÄNDIGE KRAFT IN SEINEM GEHIRN FREI-GESETZT?!
A... ABER SEIN KÖRPER KANN NICHT MIT-HALTEN! UND ER HAT DENNOCH ANGE-GRIFFEN, OBWOHL SEINE KNOCHEN BRECHEN UND SEIN FLEISCH DABEI ZERFETZT WIRD!!
BWAMM
FUMP
DOMP
DOMP
DOMP

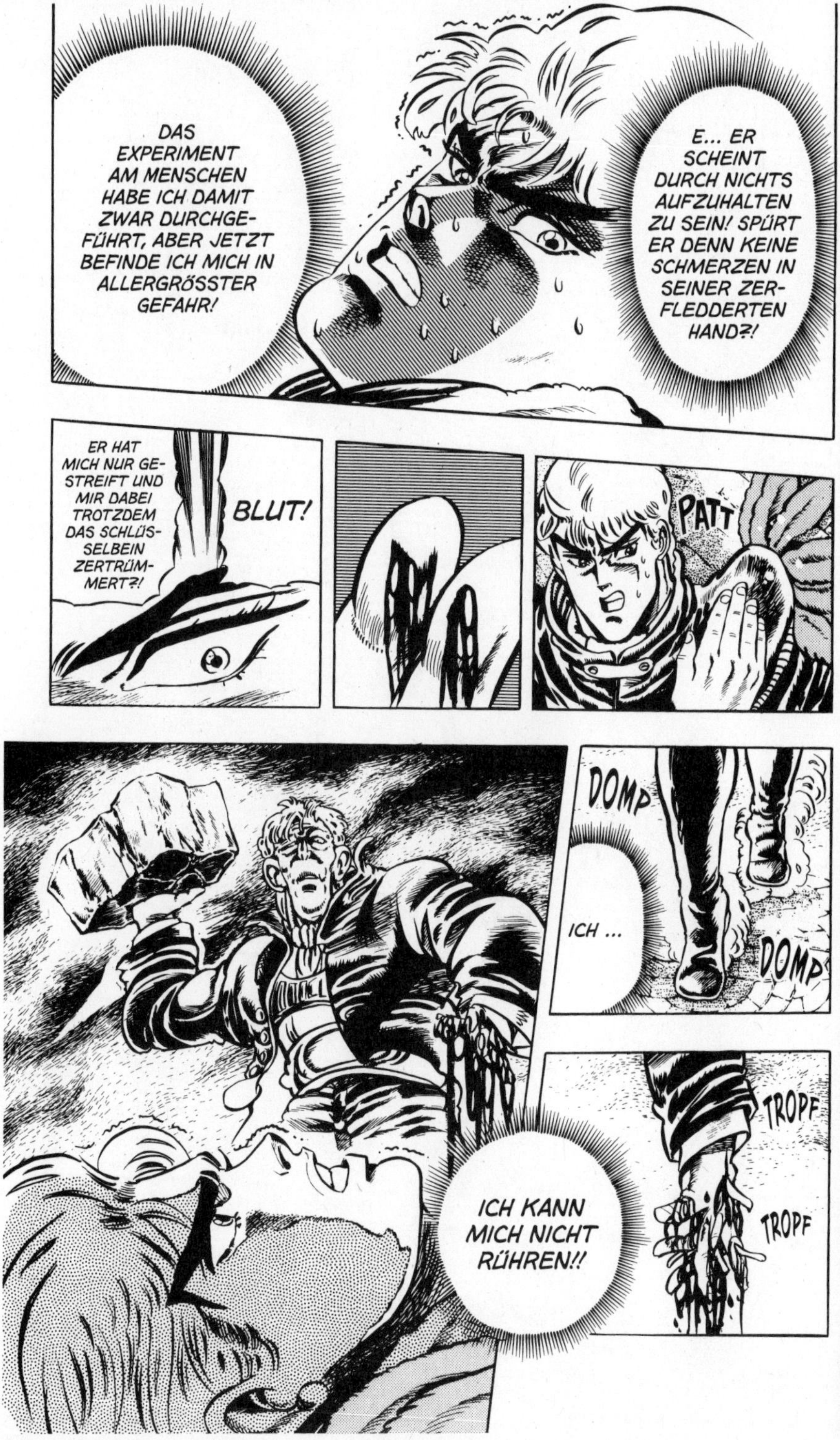
E... ER SCHEINT DURCH NICHTS AUFZUHALTEN ZU SEIN! SPÜRT ER DENN KEINE SCHMERZEN IN SEINER ZERFLEDDERTEN HAND?!
DAS EXPERIMENT AM MENSCHEN HABE ICH DAMIT ZWAR DURCHGEFÜHRT, ABER JETZT BEFINDE ICH MICH IN ALLERGRÖSSTER GEFAHR!
PATT
BLUT!
ER HAT MICH NUR GESTREIFT UND MIR DABEI TROTZDEM DAS SCHLÜSSELBEIN ZERTRÜMMERT?!
DOMP
DOMP
ICH ...
TROPF
TROPF
ICH KANN MICH NICHT RÜHREN!!

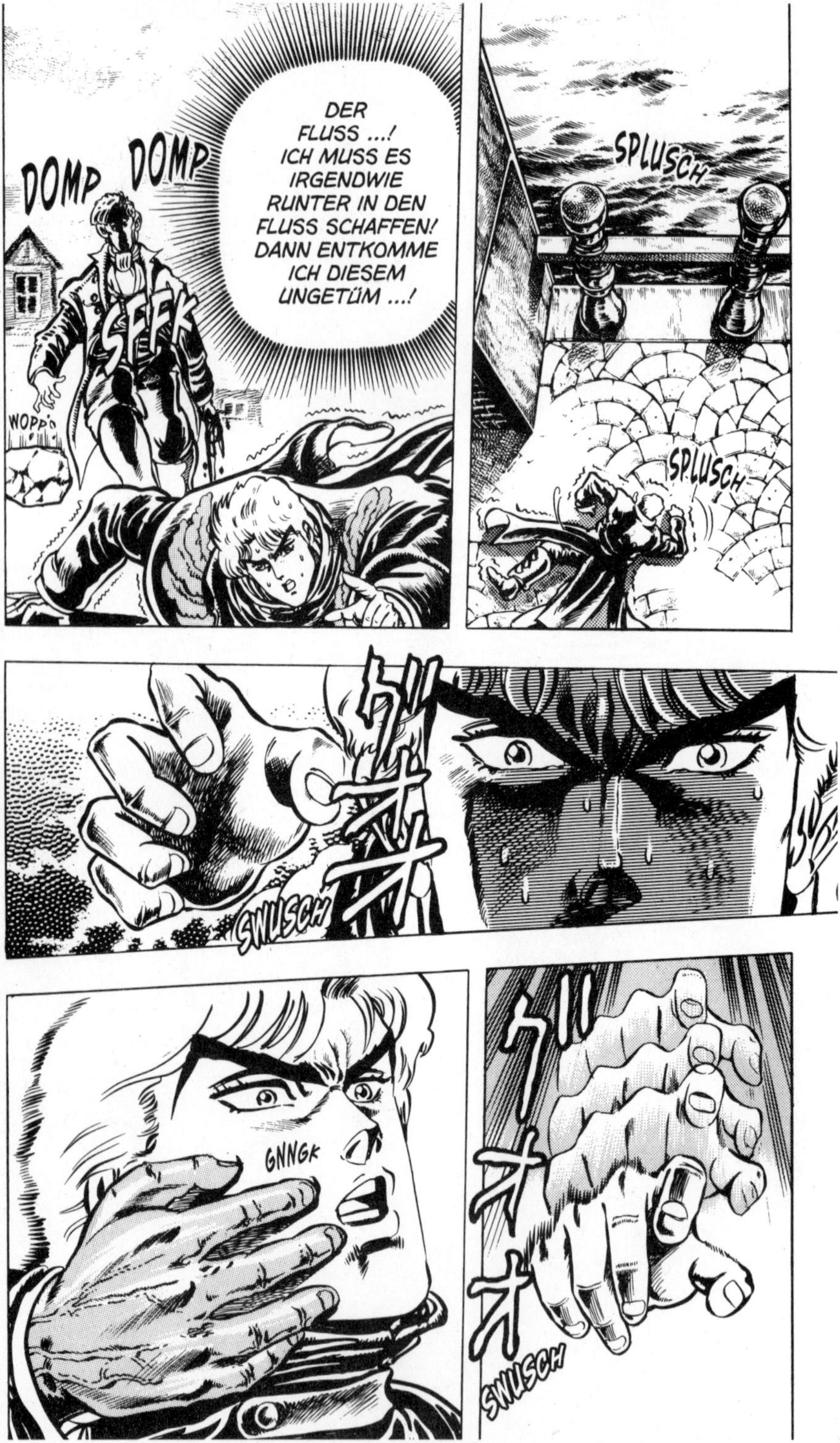
DER FLUSS ...! ICH MUSS ES IRGENDWIE RUNTER IN DEN FLUSS SCHAFFEN! DANN ENTKOMME ICH DIESEM UNGETÜM ...!
DOMP
DOMP
SFFK
WOPP
SPLUSCH
SPLUSCH
SWUSCH
GNNGK
SWUSCH

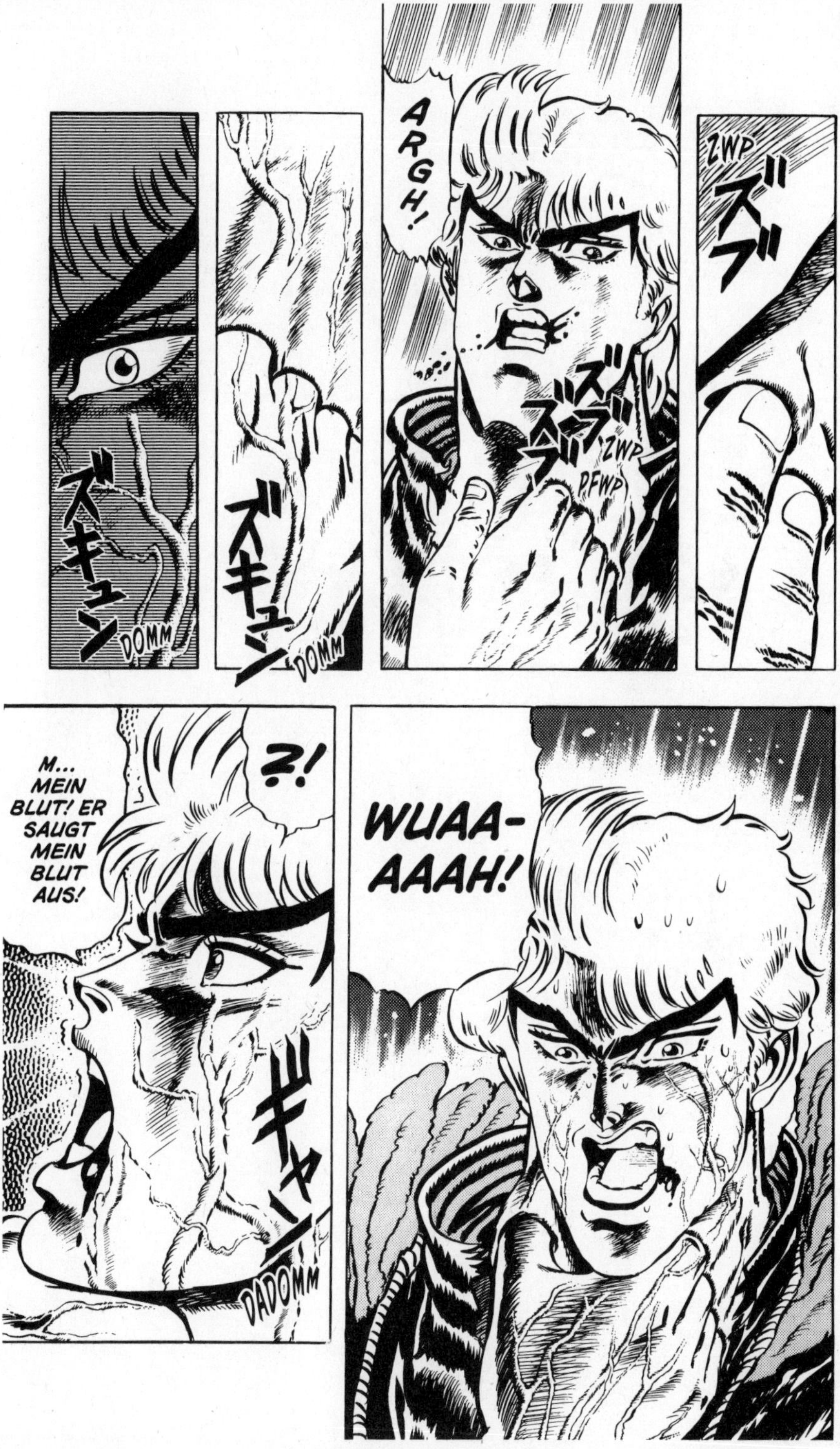
ズブ
ZWP
ARGH!
ズブズブ
ZWP
DFWP
ズキュン
DOMM
ズキュン
DOMM
WUAAA-
AAAH!
?!
M...
MEIN
BLUT! ER
SAUGT
MEIN
BLUT
AUS!
ギャン
DADOMM

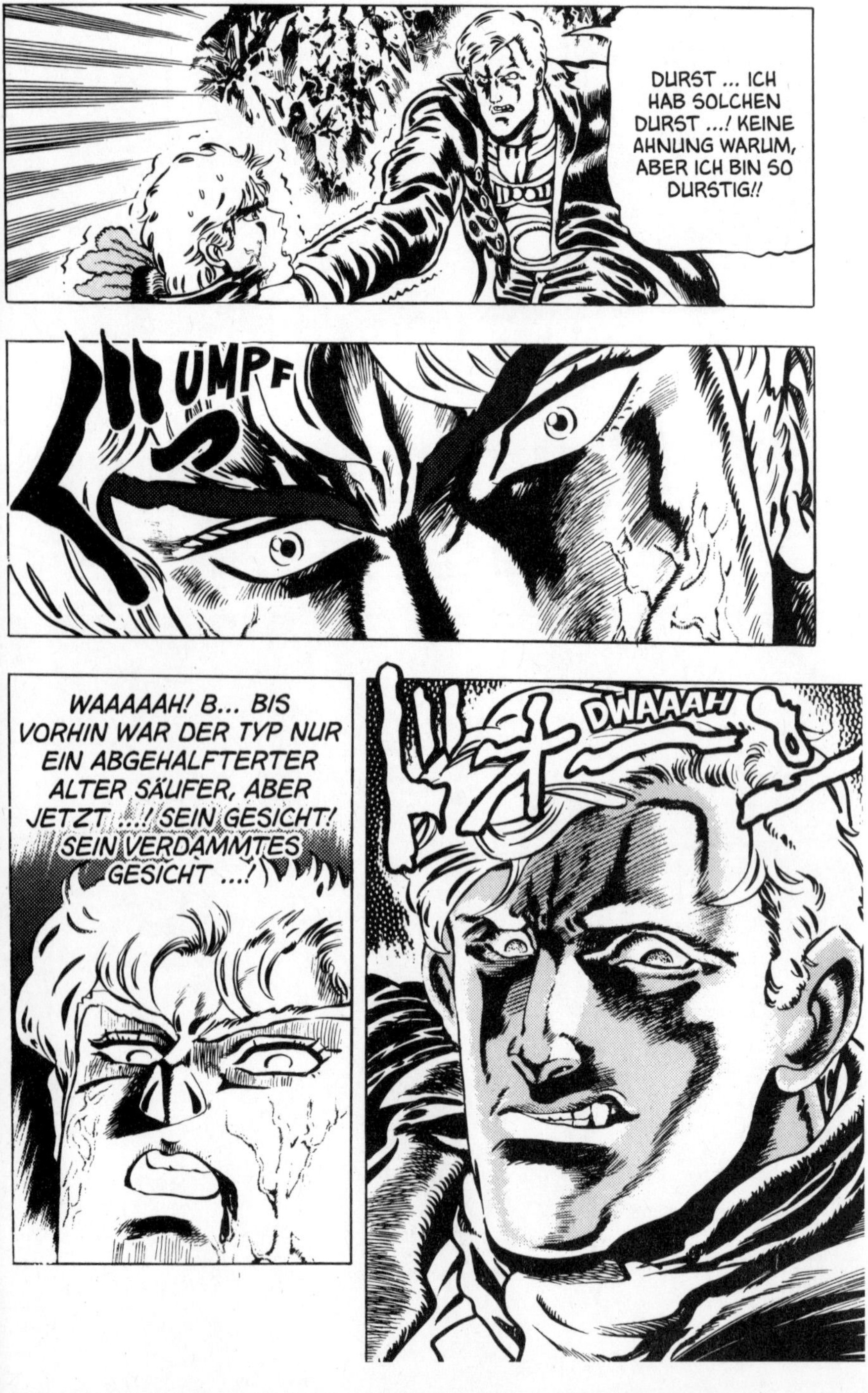
DURST ... ICH HAB SOLCHEN DURST ...! KEINE AHNUNG WARUM, ABER ICH BIN SO DURSTIG!!
UMPF
DWAAAAH
WAAAAAH! B... BIS VORHIN WAR DER TYP NUR EIN ABGEHALFTERTER ALTER SÄUFER, ABER JETZT ...! SEIN GESICHT! SEIN VERDAMMTES GESICHT ...!

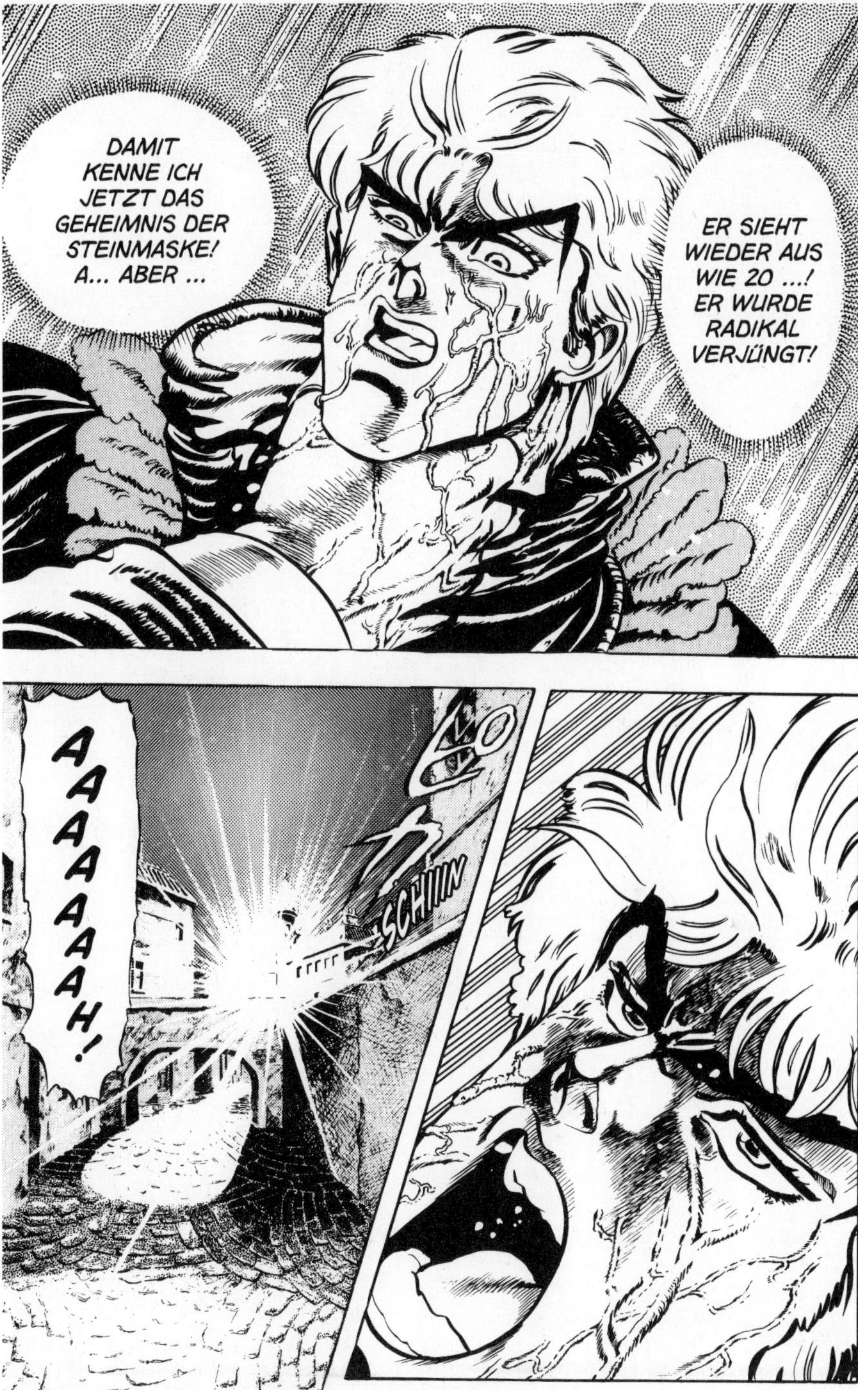

ER SIEHT WIEDER AUS WIE 20 ...! ER WURDE RADIKAL VERJÜNGT!
DAMIT KENNE ICH JETZT DAS GEHEIMNIS DER STEINMASKE! A... ABER ...
SCHIIIN
AAAAAAAH!

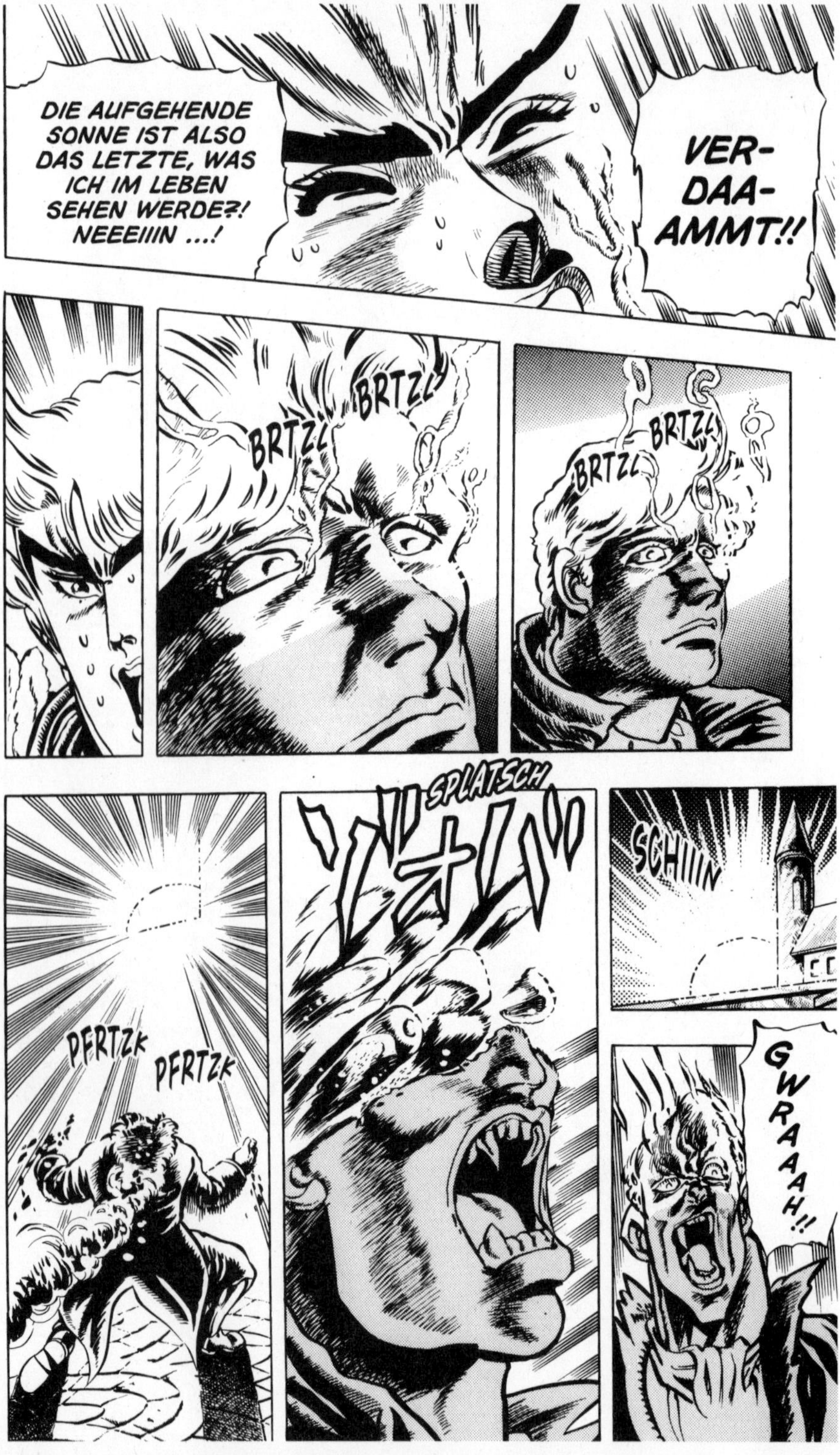
VER-
DAA-
AMMT!!
DIE AUFGEHENDE SONNE IST ALSO DAS LETZTE, WAS ICH IM LEBEN SEHEN WERDE?! NEEEIIIN ...!
BRTZL
BRTZL
BRTZL
BRTZL
SCHIIIN
SPLATSCH
PFRTZK
PFRTZK
GWRAAAAH!!

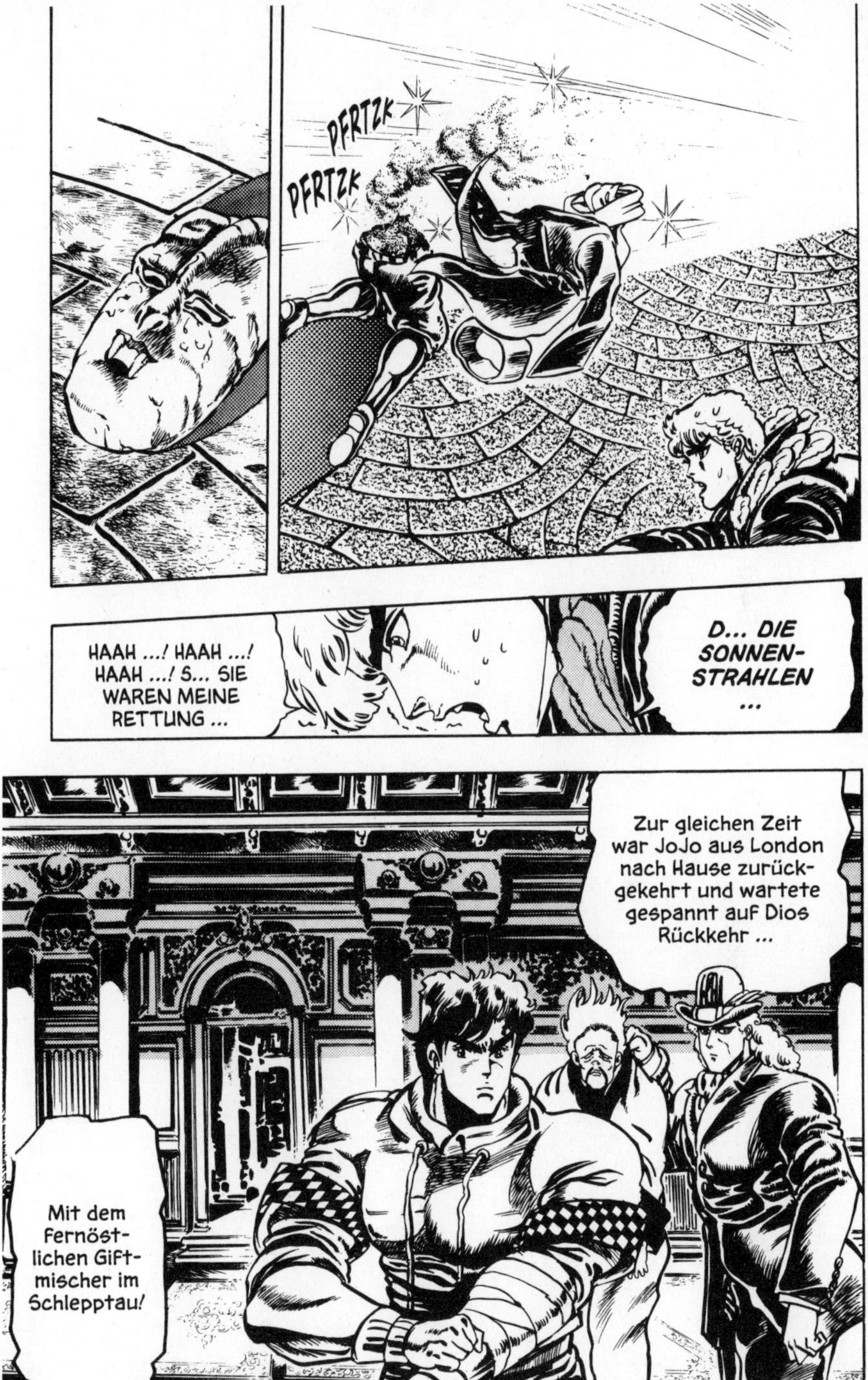
PFRTZK
PFRTZK
HAAH ...! HAAH ...! HAAH ...! S... SIE WAREN MEINE RETTUNG ...
D... DIE SONNEN-STRAHLEN ...
Zur gleichen Zeit war JoJo aus London nach Hause zurück-gekehrt und wartete gespannt auf Dios Rückkehr ...
Mit dem Fernöst-lichen Gift-mischer im Schlepptau!

JOJO'S BIZARRE ADVENTURE

PART 1

PHANTOM BLOOD

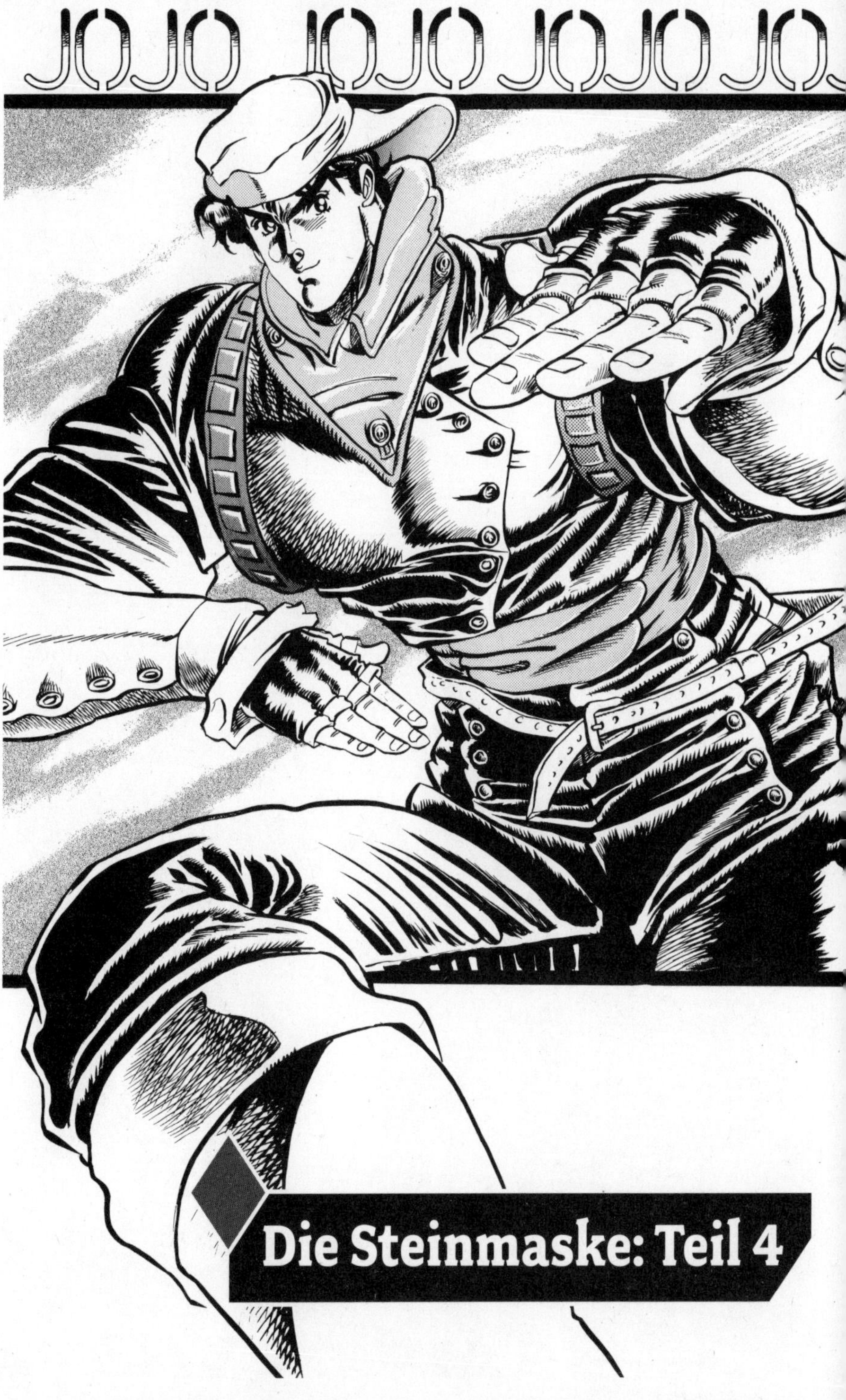
JOJO JOJO JOJO JOJ
Die Steinmaske: Teil 4

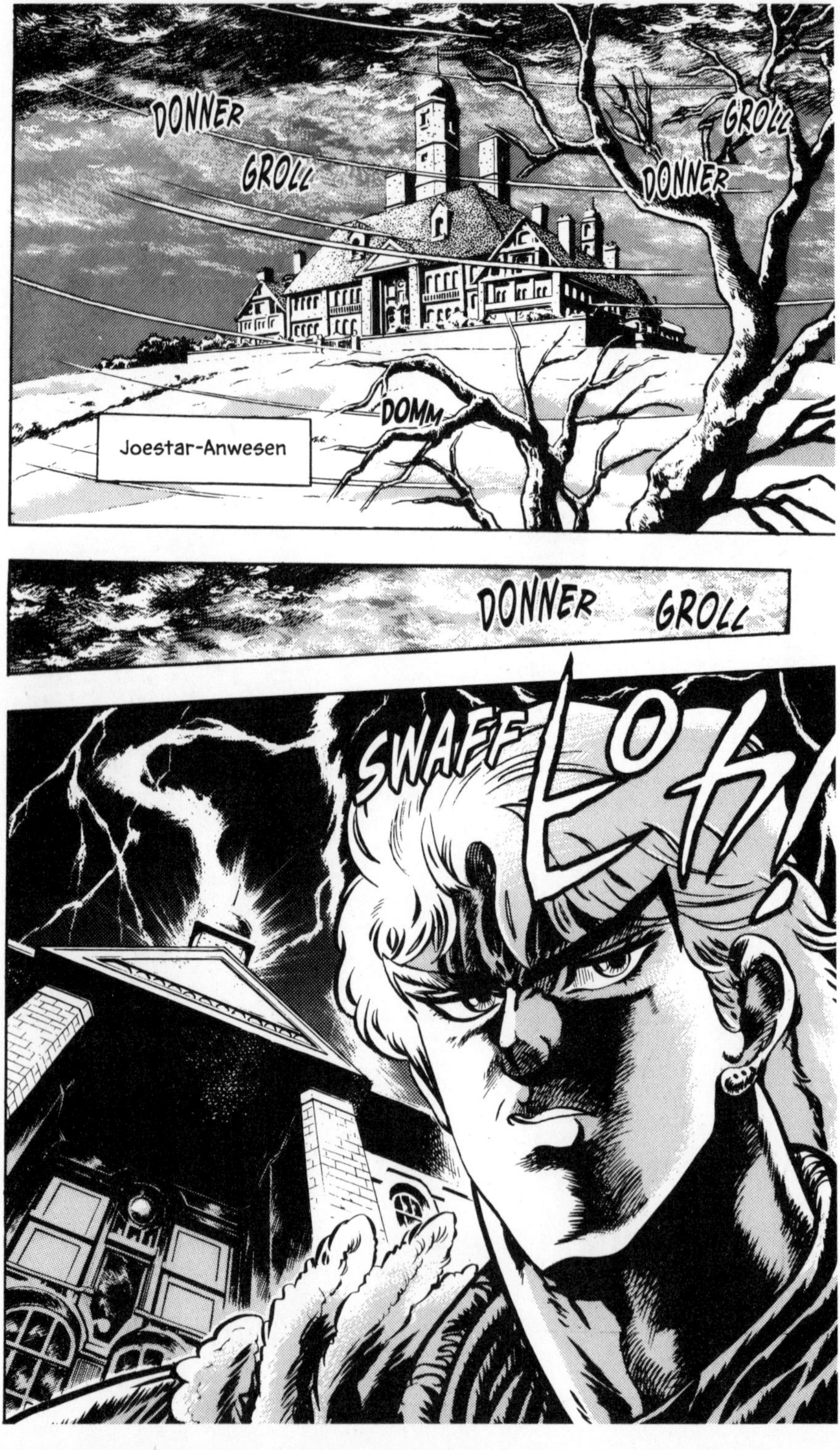
DONNER
GROLL
GROLL
DONNER
DOMM
Joestar-Anwesen
DONNER
GROLL
SWAFF

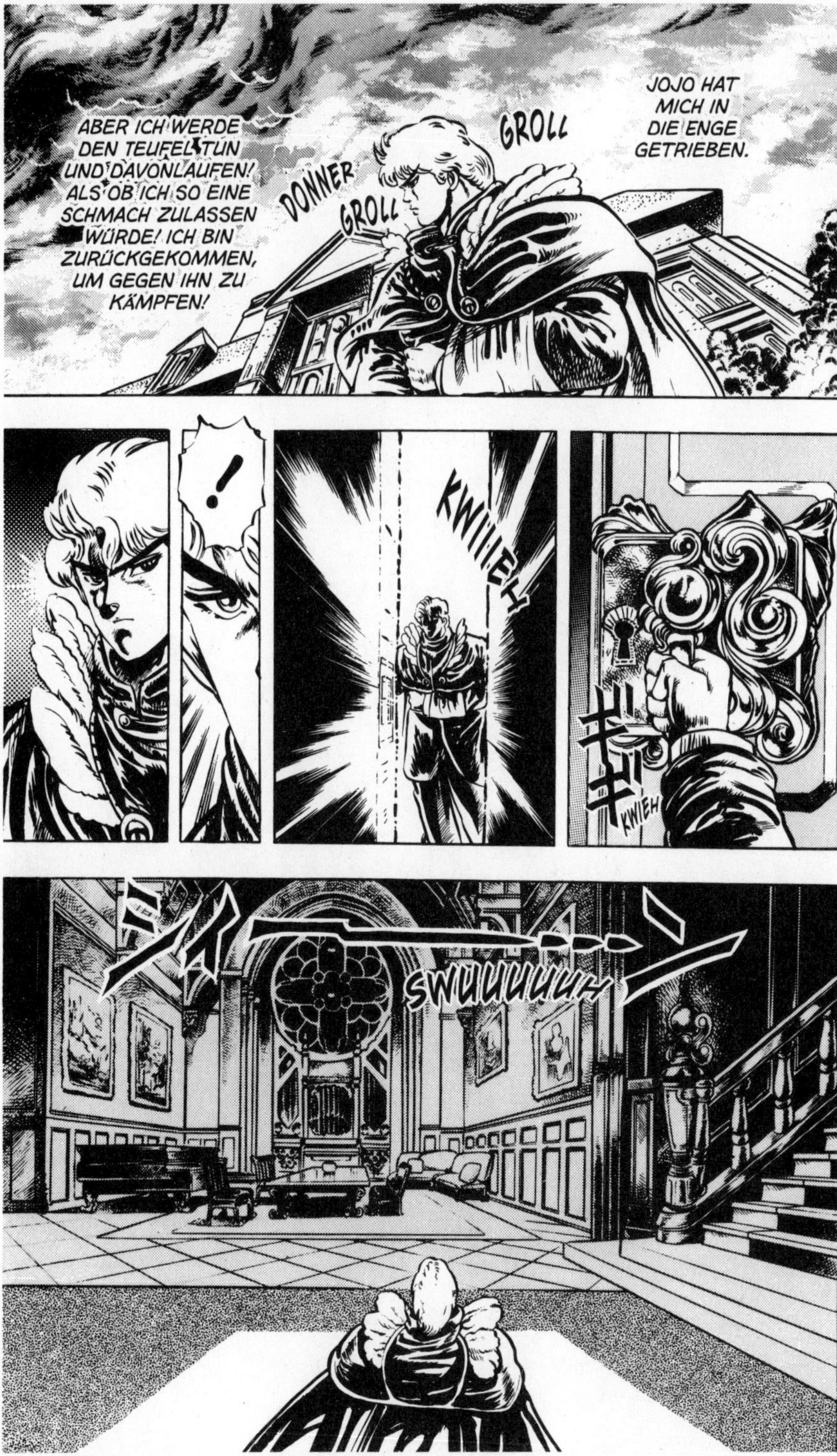
JOJO HAT MICH IN DIE ENGE GETRIEBEN.
GROLL
DONNER
GROLL
ABER ICH WERDE DEN TEUFEL TUN UND DAVONLAUFEN! ALS OB ICH SO EINE SCHMACH ZULASSEN WÜRDE! ICH BIN ZURÜCKGEKOMMEN, UM GEGEN IHN ZU KÄMPFEN!
KWIEH
KWIIIEH
!
SWUUUUUH

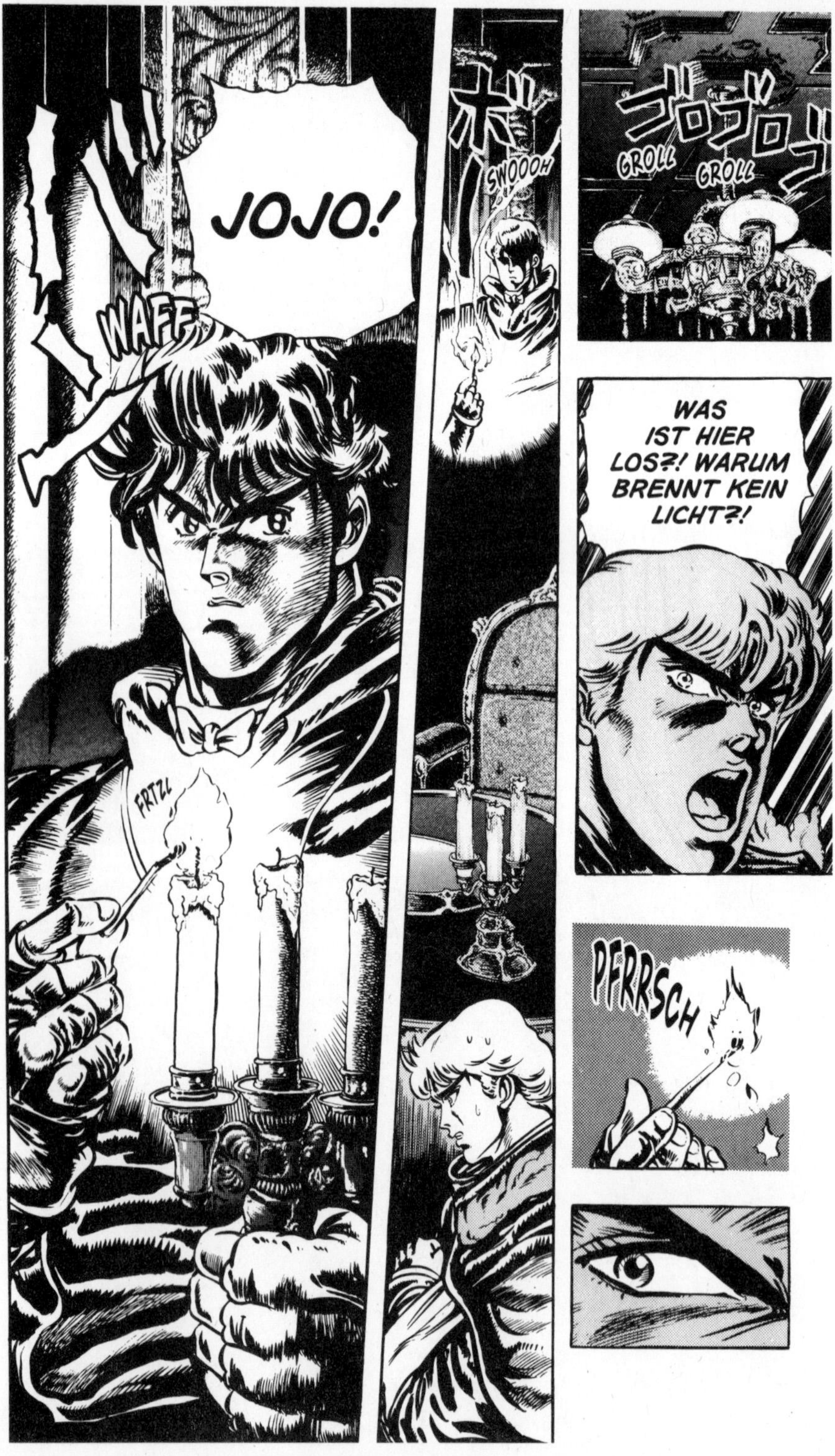
GROLL GROLL
SWOOOH
JOJO!
WAFF
FRTZL
WAS IST HIER LOS?! WARUM BRENNT KEIN LICHT?!
PFRRSCH

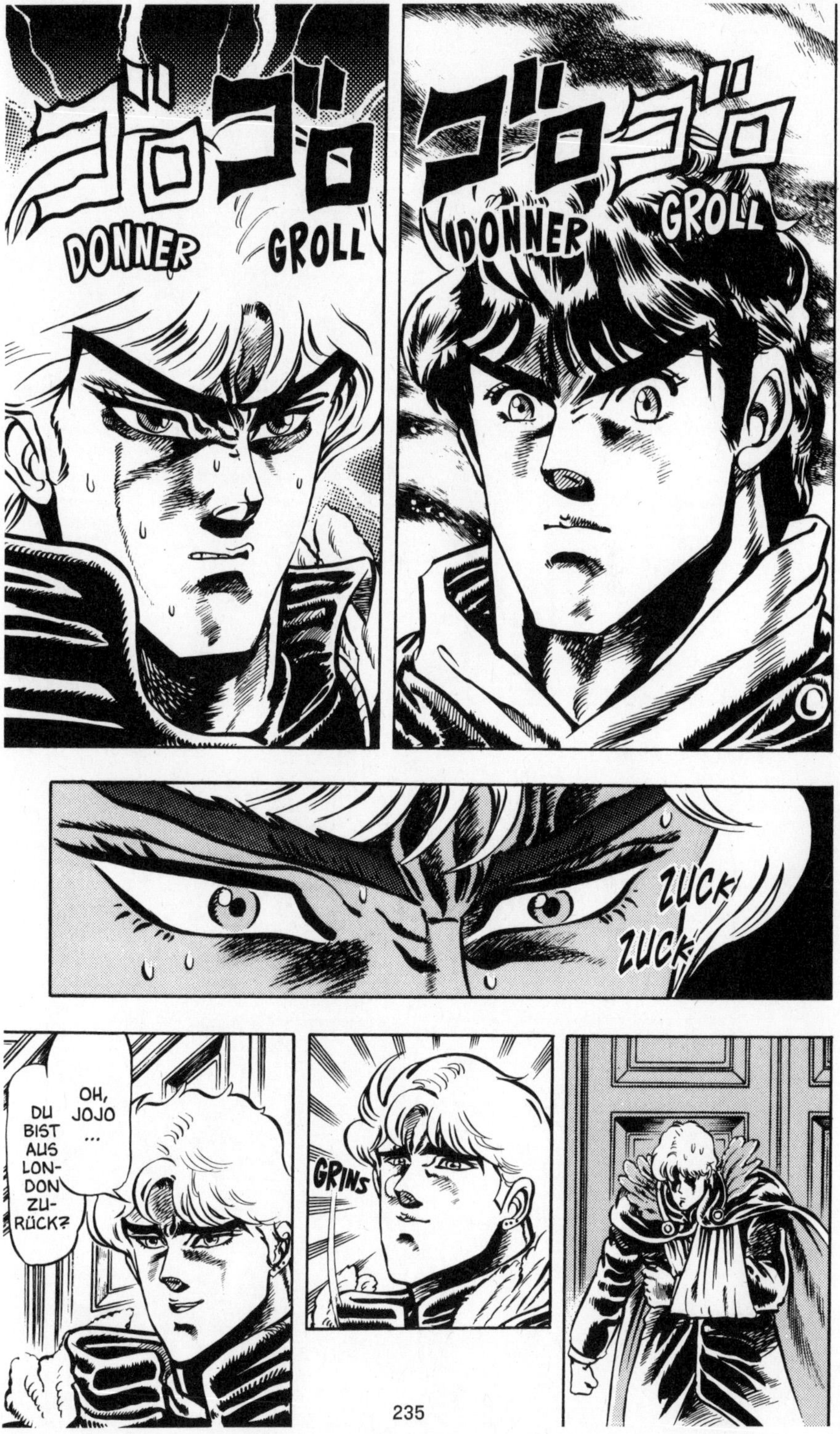
ゴロゴロ
DONNER
GROLL
ゴロゴロ
DONNER
GROLL
ZUCK
ZUCK
OH, JOJO ...
DU BIST AUS LON-DON ZU-RÜCK?
GRINS

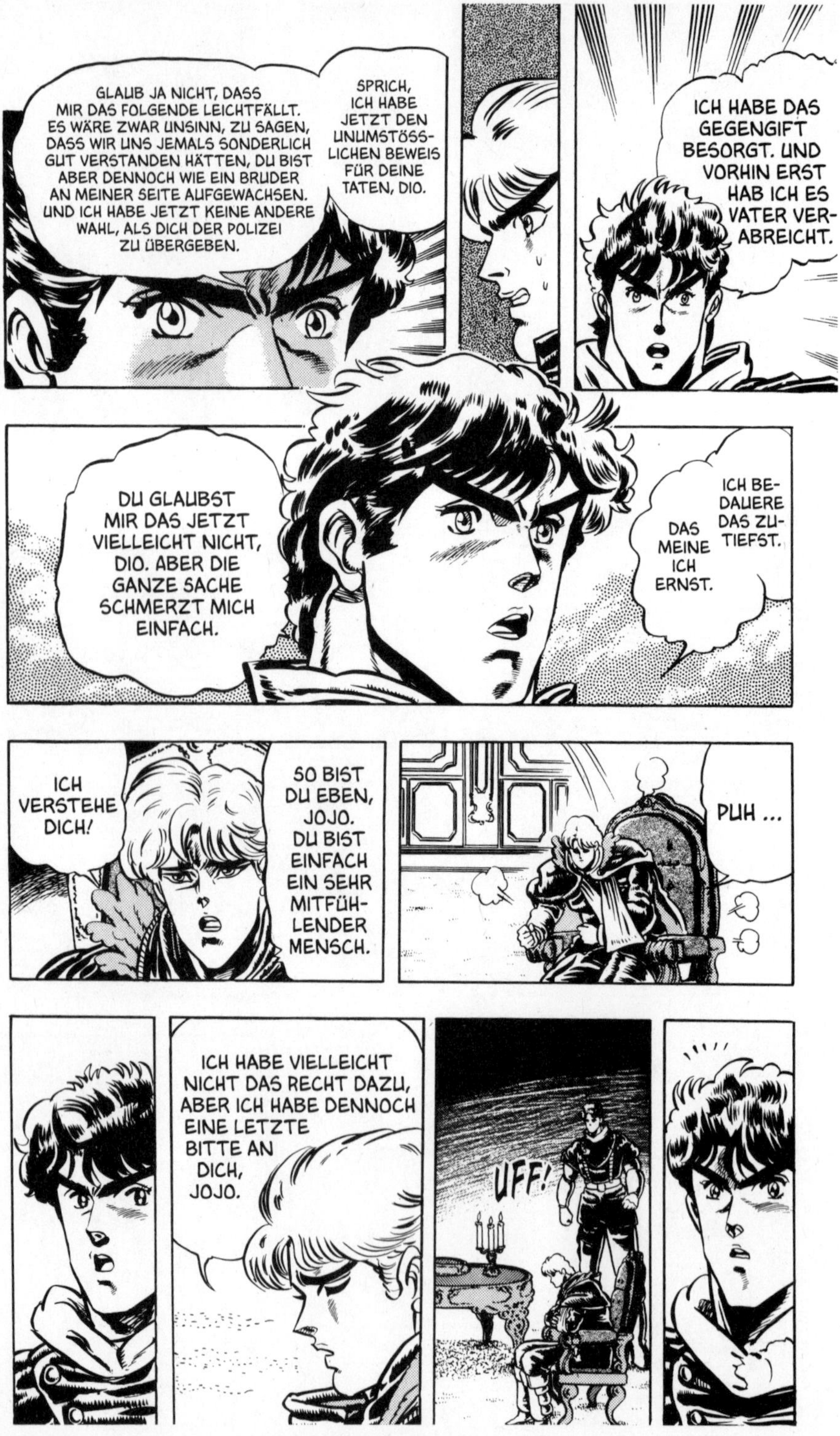
ICH HABE DAS GEGENGIFT BESORGT. UND VORHIN ERST HAB ICH ES VATER VERABREICHT.
SPRICH, ICH HABE JETZT DEN UNUMSTÖSSLICHEN BEWEIS FÜR DEINE TATEN, DIO.
GLAUB JA NICHT, DASS MIR DAS FOLGENDE LEICHTFÄLLT. ES WÄRE ZWAR UNSINN, ZU SAGEN, DASS WIR UNS JEMALS SONDERLICH GUT VERSTANDEN HÄTTEN, DU BIST ABER DENNOCH WIE EIN BRUDER AN MEINER SEITE AUFGEWACHSEN. UND ICH HABE JETZT KEINE ANDERE WAHL, ALS DICH DER POLIZEI ZU ÜBERGEBEN.
ICH BEDAUERE DAS ZUTIEFST.
DAS MEINE ICH ERNST.
DU GLAUBST MIR DAS JETZT VIELLEICHT NICHT, DIO. ABER DIE GANZE SACHE SCHMERZT MICH EINFACH.
PUH ...
SO BIST DU EBEN, JOJO. DU BIST EINFACH EIN SEHR MITFÜHLENDER MENSCH.
ICH VERSTEHE DICH!
UFF!
ICH HABE VIELLEICHT NICHT DAS RECHT DAZU, ABER ICH HABE DENNOCH EINE LETZTE BITTE AN DICH, JOJO.

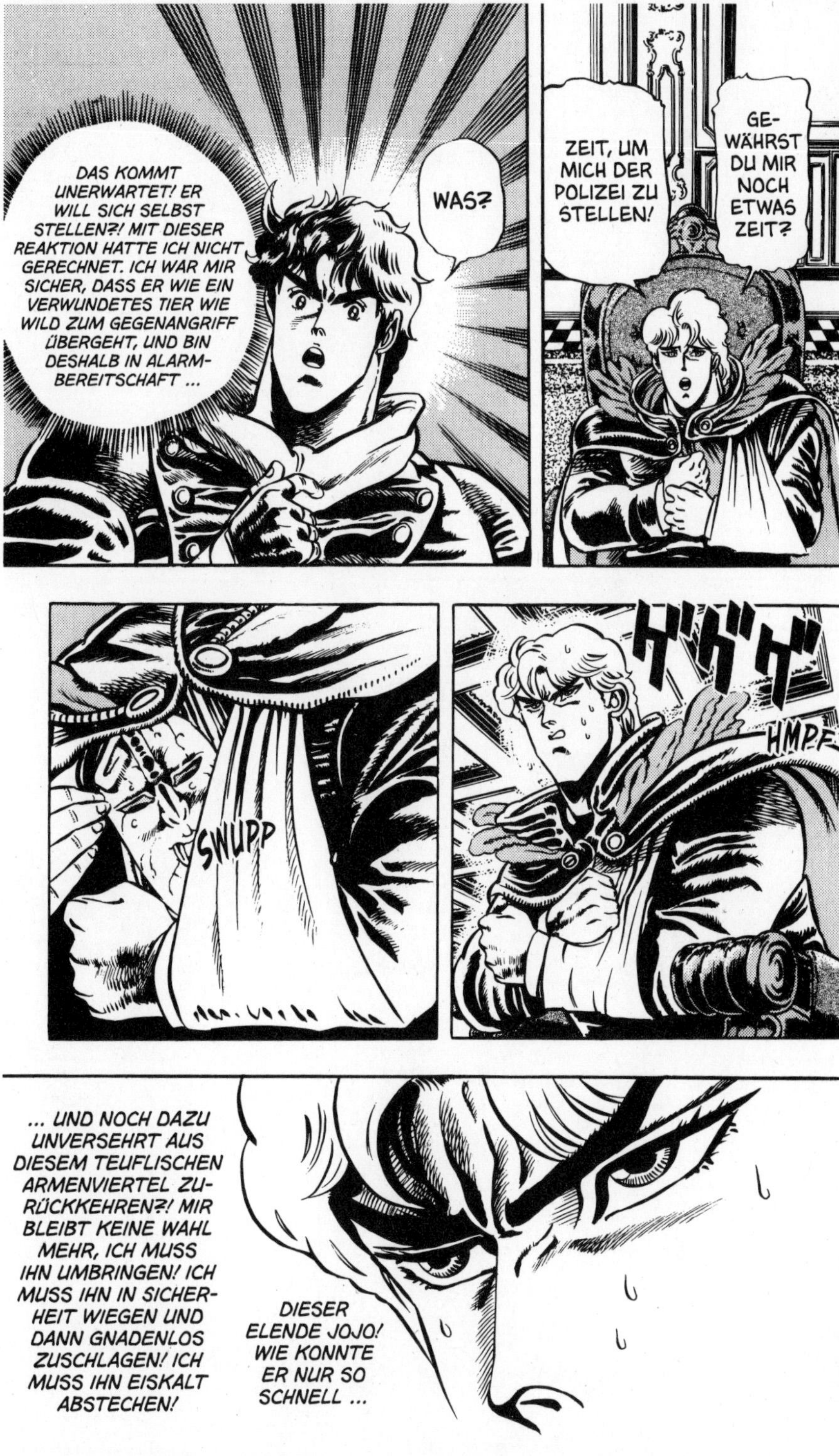
GE-
WÄHRST
DU MIR
NOCH
ETWAS
ZEIT?
ZEIT, UM
MICH DER
POLIZEI ZU
STELLEN!
WAS?
DAS KOMMT
UNERWARTET! ER
WILL SICH SELBST
STELLEN?! MIT DIESER
REAKTION HATTE ICH NICHT
GERECHNET. ICH WAR MIR
SICHER, DASS ER WIE EIN
VERWUNDETES TIER WIE
WILD ZUM GEGENANGRIFF
ÜBERGEHT, UND BIN
DESHALB IN ALARM-
BEREITSCHAFT …
HMPF
SWUPP
DIESER
ELENDE JOJO!
WIE KONNTE
ER NUR SO
SCHNELL …
… UND NOCH DAZU
UNVERSEHRT AUS
DIESEM TEUFLISCHEN
ARMENVIERTEL ZU-
RÜCKKEHREN?! MIR
BLEIBT KEINE WAHL
MEHR, ICH MUSS
IHN UMBRINGEN! ICH
MUSS IHN IN SICHER-
HEIT WIEGEN UND
DANN GNADENLOS
ZUSCHLAGEN! ICH
MUSS IHN EISKALT
ABSTECHEN!

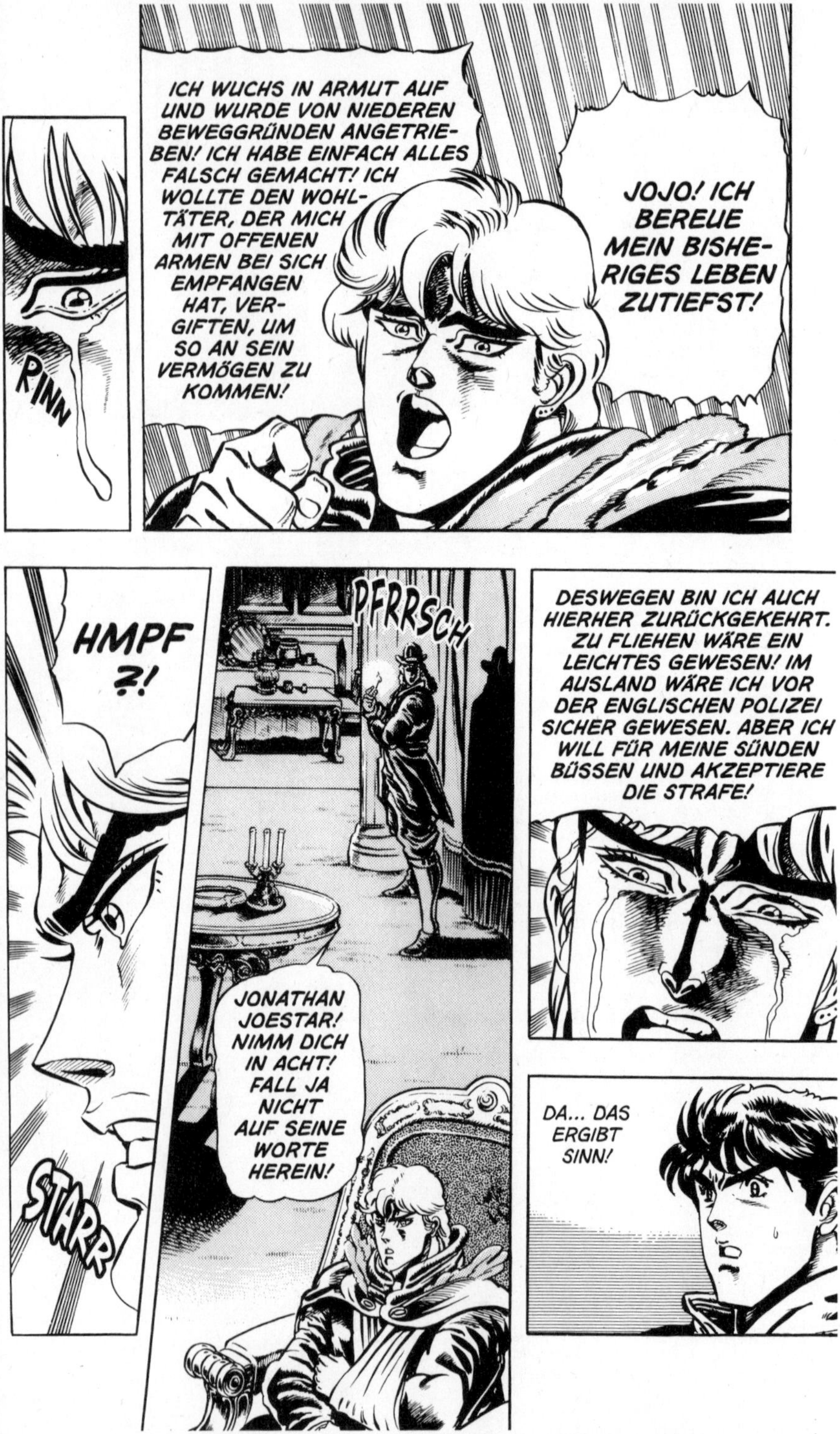
JOJO! ICH BEREUE MEIN BISHERIGES LEBEN ZUTIEFST!
ICH WUCHS IN ARMUT AUF UND WURDE VON NIEDEREN BEWEGGRÜNDEN ANGETRIEBEN! ICH HABE EINFACH ALLES FALSCH GEMACHT! ICH WOLLTE DEN WOHLTÄTER, DER MICH MIT OFFENEN ARMEN BEI SICH EMPFANGEN HAT, VERGIFTEN, UM SO AN SEIN VERMÖGEN ZU KOMMEN!
RINN
DESWEGEN BIN ICH AUCH HIERHER ZURÜCKGEKEHRT. ZU FLIEHEN WÄRE EIN LEICHTES GEWESEN! IM AUSLAND WÄRE ICH VOR DER ENGLISCHEN POLIZEI SICHER GEWESEN. ABER ICH WILL FÜR MEINE SÜNDEN BÜSSEN UND AKZEPTIERE DIE STRAFE!
DA... DAS ERGIBT SINN!
PFRRSCH
JONATHAN JOESTAR! NIMM DICH IN ACHT! FALL JA NICHT AUF SEINE WORTE HEREIN!
HMPF
?!
STARR

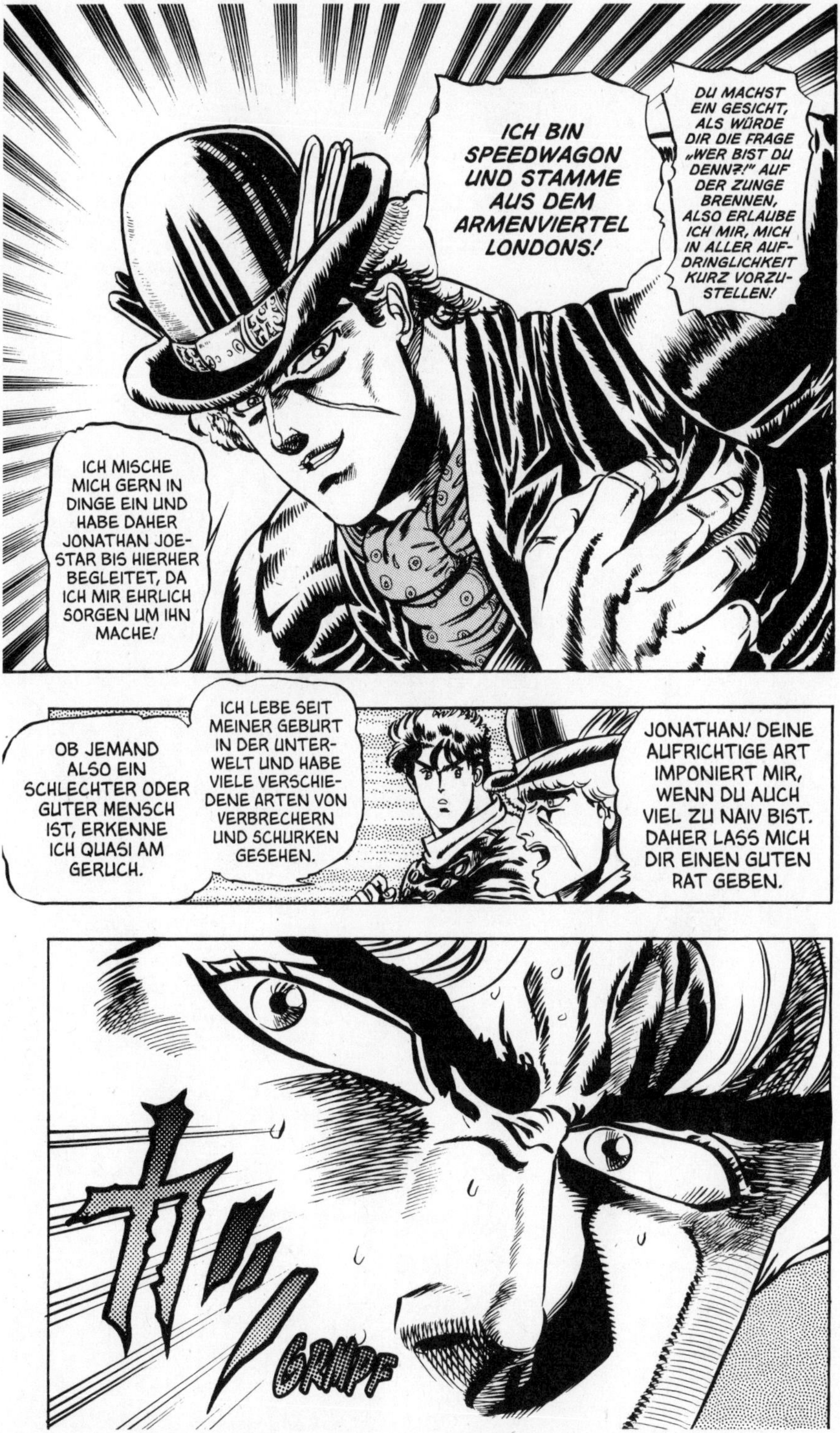
DU MACHST EIN GESICHT, ALS WÜRDE DIR DIE FRAGE „WER BIST DU DENN?!“ AUF DER ZUNGE BRENNEN, ALSO ERLAUBE ICH MIR, MICH IN ALLER AUFDRINGLICHKEIT KURZ VORZUSTELLEN!
ICH BIN SPEEDWAGON UND STAMME AUS DEM ARMENVIERTEL LONDONS!
ICH MISCHE MICH GERN IN DINGE EIN UND HABE DAHER JONATHAN JOESTAR BIS HIERHER BEGLEITET, DA ICH MIR EHRLICH SORGEN UM IHN MACHE!
JONATHAN! DEINE AUFRICHTIGE ART IMPONIERT MIR, WENN DU AUCH VIEL ZU NAIV BIST. DAHER LASS MICH DIR EINEN GUTEN RAT GEBEN.
ICH LEBE SEIT MEINER GEBURT IN DER UNTERWELT UND HABE VIELE VERSCHIEDENE ARTEN VON VERBRECHERN UND SCHURKEN GESEHEN.
OB JEMAND ALSO EIN SCHLECHTER ODER GUTER MENSCH IST, ERKENNE ICH QUASI AM GERUCH.

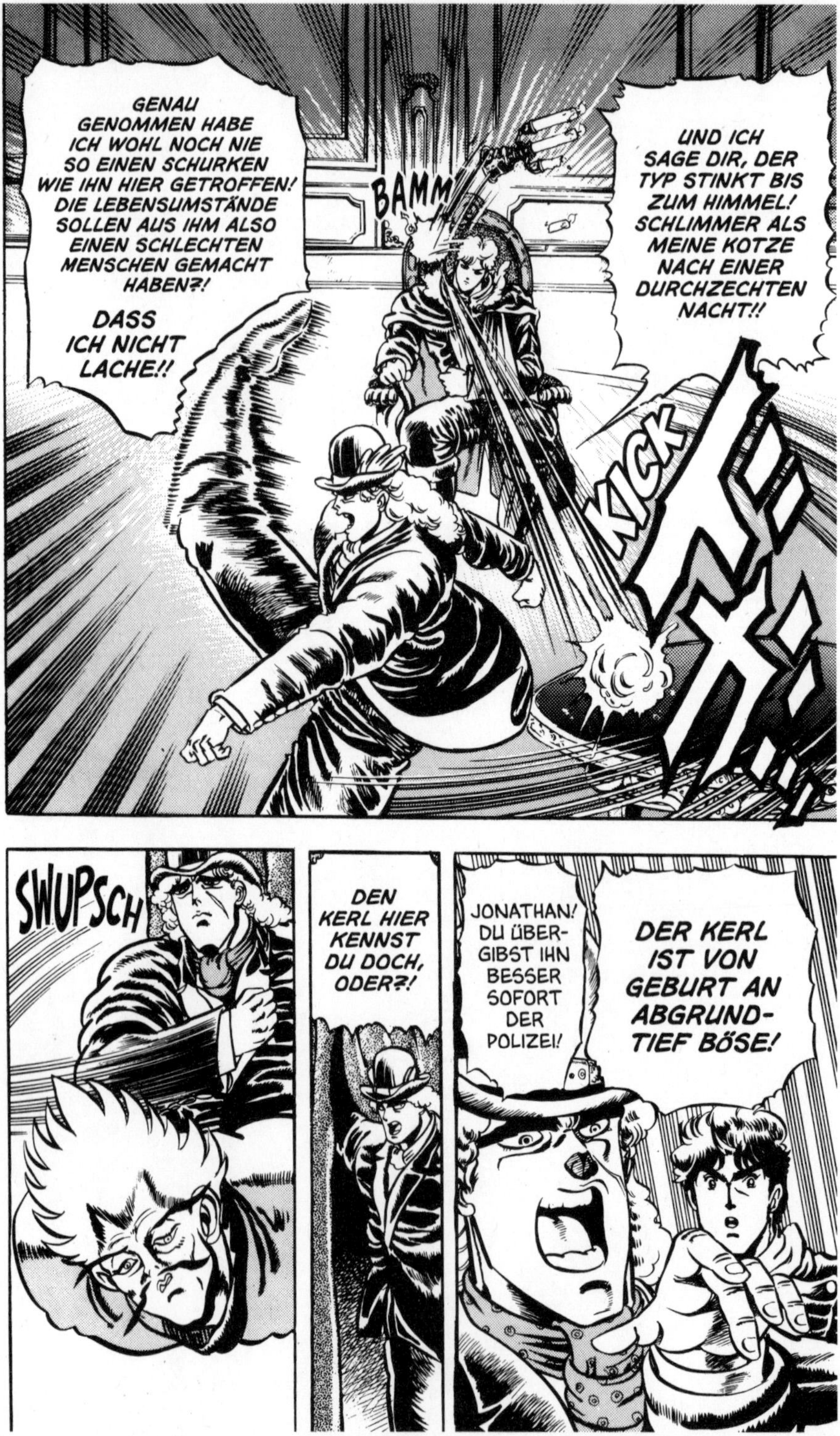
UND ICH SAGE DIR, DER TYP STINKT BIS ZUM HIMMEL! SCHLIMMER ALS MEINE KOTZE NACH EINER DURCHZECHTEN NACHT!!
GENAU GENOMMEN HABE ICH WOHL NOCH NIE SO EINEN SCHURKEN WIE IHN HIER GETROFFEN! DIE LEBENSUMSTÄNDE SOLLEN AUS IHM ALSO EINEN SCHLECHTEN MENSCHEN GEMACHT HABEN?!
DASS ICH NICHT LACHE!!
BAMM
KICK
DER KERL IST VON GEBURT AN ABGRUND-TIEF BÖSE!
JONATHAN! DU ÜBER-GIBST IHN BESSER SOFORT DER POLIZEI!
DEN KERL HIER KENNST DU DOCH, ODER?!
SWUPSCH

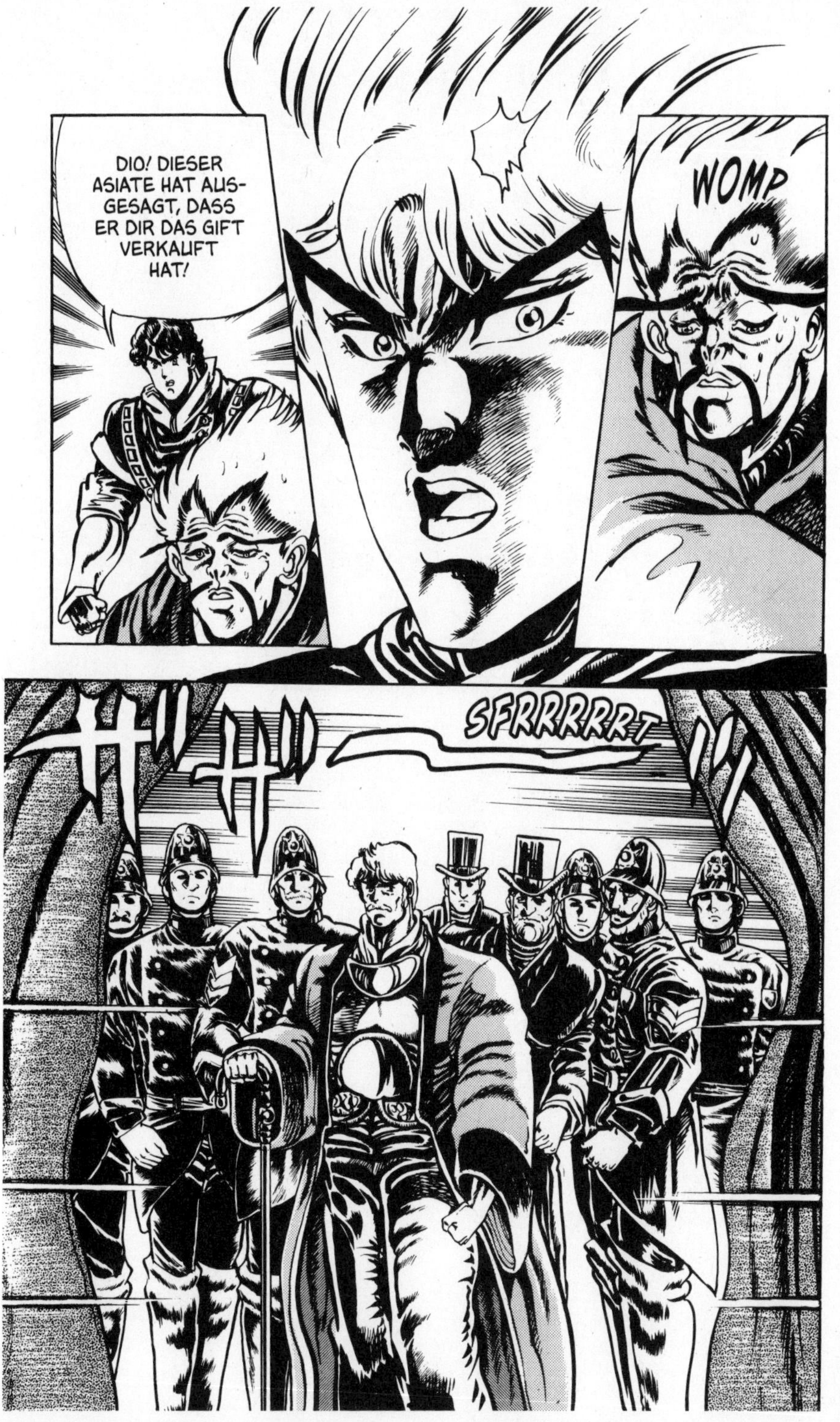
WOMP
DIO! DIESER ASIATE HAT AUS-GESAGT, DASS ER DIR DAS GIFT VERKAUFT HAT!
SFRRRRRRT

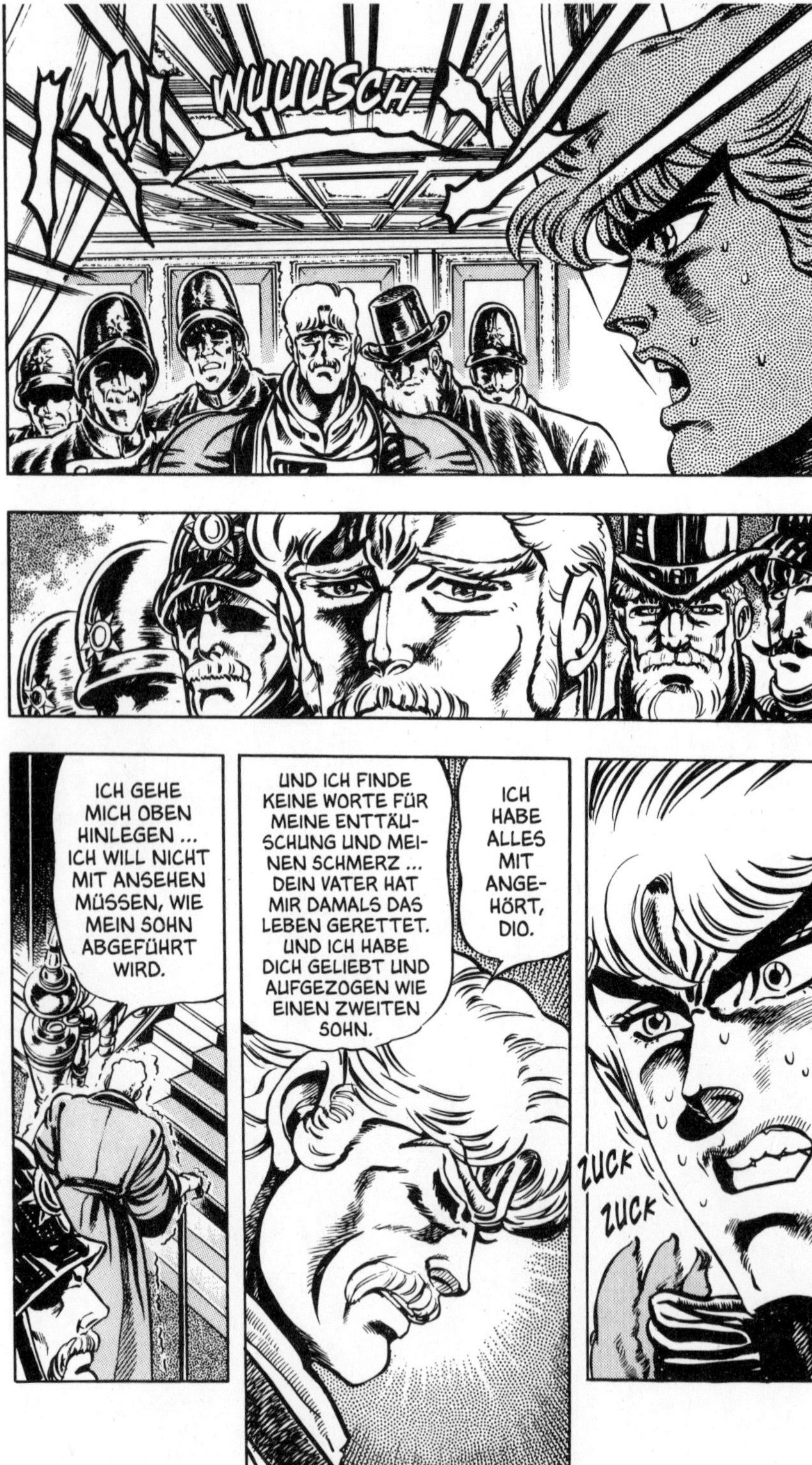

WUUUSCH
ICH HABE ALLES MIT ANGEHÖRT, DIO.
UND ICH FINDE KEINE WORTE FÜR MEINE ENTTÄUSCHUNG UND MEINEN SCHMERZ ... DEIN VATER HAT MIR DAMALS DAS LEBEN GERETTET. UND ICH HABE DICH GELIEBT UND AUFGEZOGEN WIE EINEN ZWEITEN SOHN.
ICH GEHE MICH OBEN HINLEGEN ... ICH WILL NICHT MIT ANSEHEN MÜSSEN, WIE MEIN SOHN ABGEFÜHRT WIRD.
ZUCK
ZUCK

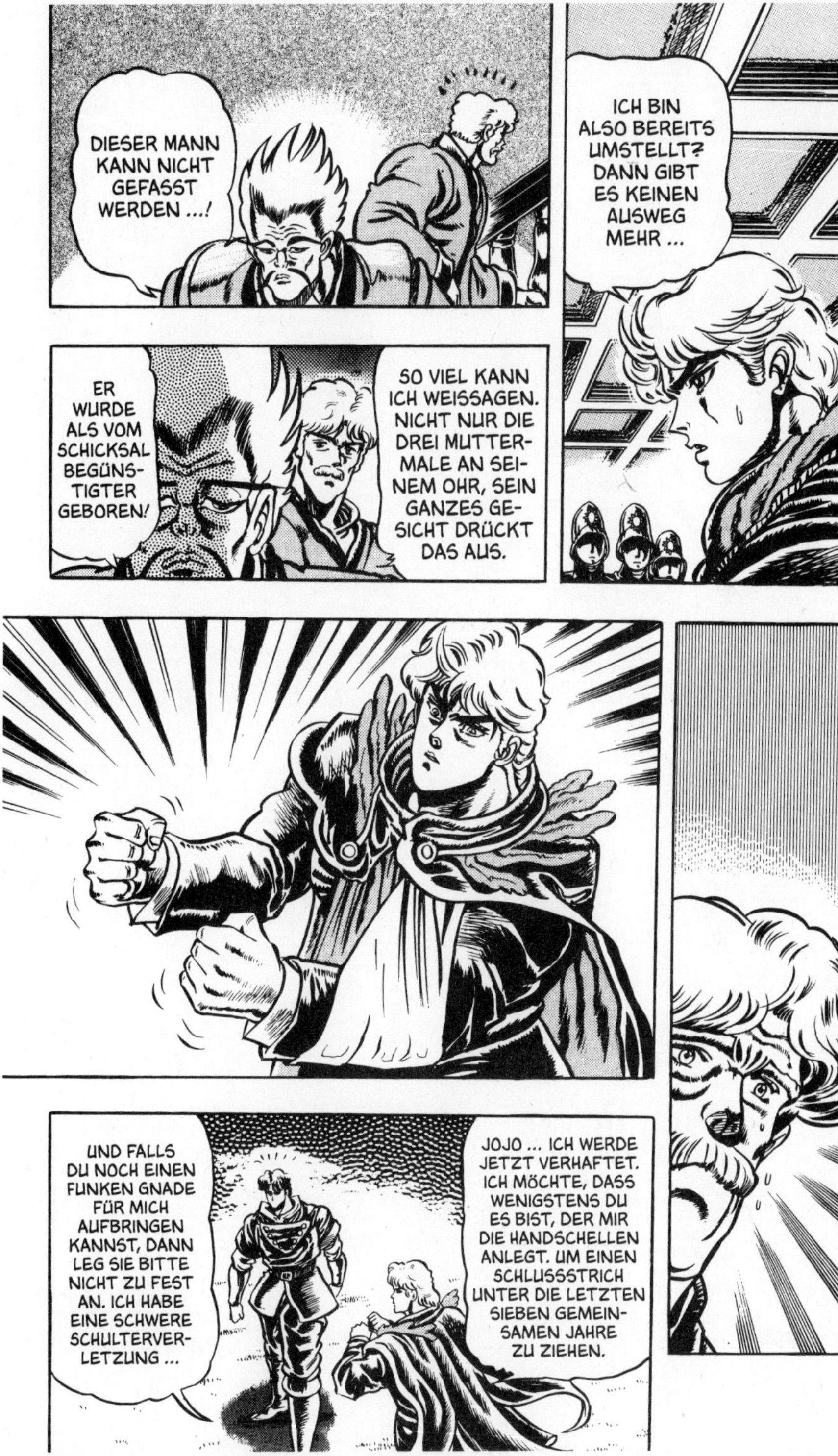
ICH BIN ALSO BEREITS UMSTELLT? DANN GIBT ES KEINEN AUSWEG MEHR ...
DIESER MANN KANN NICHT GEFASST WERDEN ...!
SO VIEL KANN ICH WEISSAGEN. NICHT NUR DIE DREI MUTTER-MALE AN SEI-NEM OHR, SEIN GANZES GE-SICHT DRÜCKT DAS AUS.
ER WURDE ALS VOM SCHICKSAL BEGÜNS-TIGTER GEBOREN!
JOJO ... ICH WERDE JETZT VERHAFTET. ICH MÖCHTE, DASS WENIGSTENS DU ES BIST, DER MIR DIE HANDSCHELLEN ANLEGT. UM EINEN SCHLUSSSTRICH UNTER DIE LETZTEN SIEBEN GEMEIN-SAMEN JAHRE ZU ZIEHEN.
UND FALLS DU NOCH EINEN FUNKEN GNADE FÜR MICH AUFBRINGEN KANNST, DANN LEG SIE BITTE NICHT ZU FEST AN. ICH HABE EINE SCHWERE SCHULTERVER-LETZUNG ...

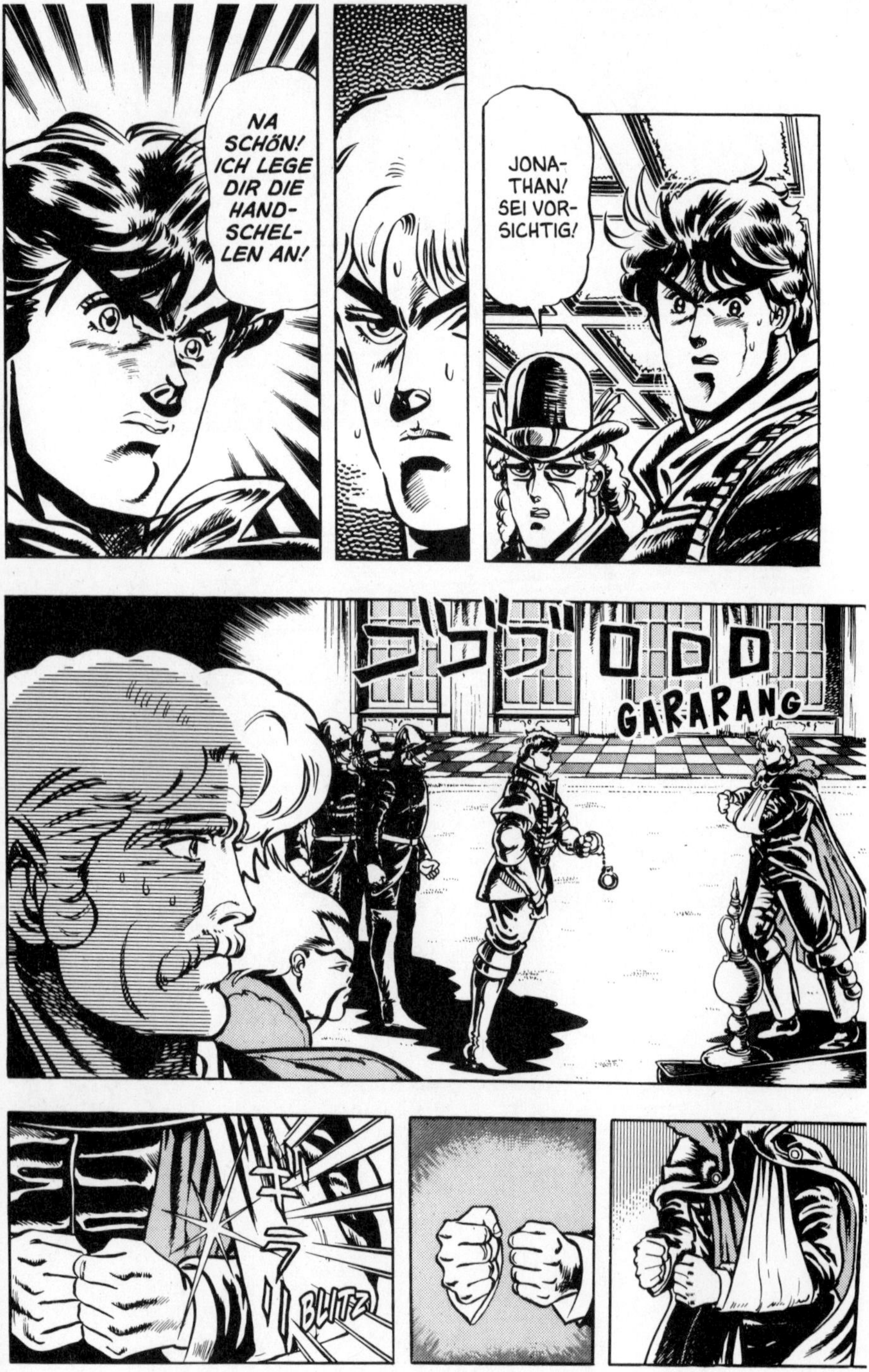

NA SCHÖN! ICH LEGE DIR DIE HAND-SCHEL-LEN AN!
JONA-THAN! SEI VOR-SICHTIG!
GARARANG
BLITZ

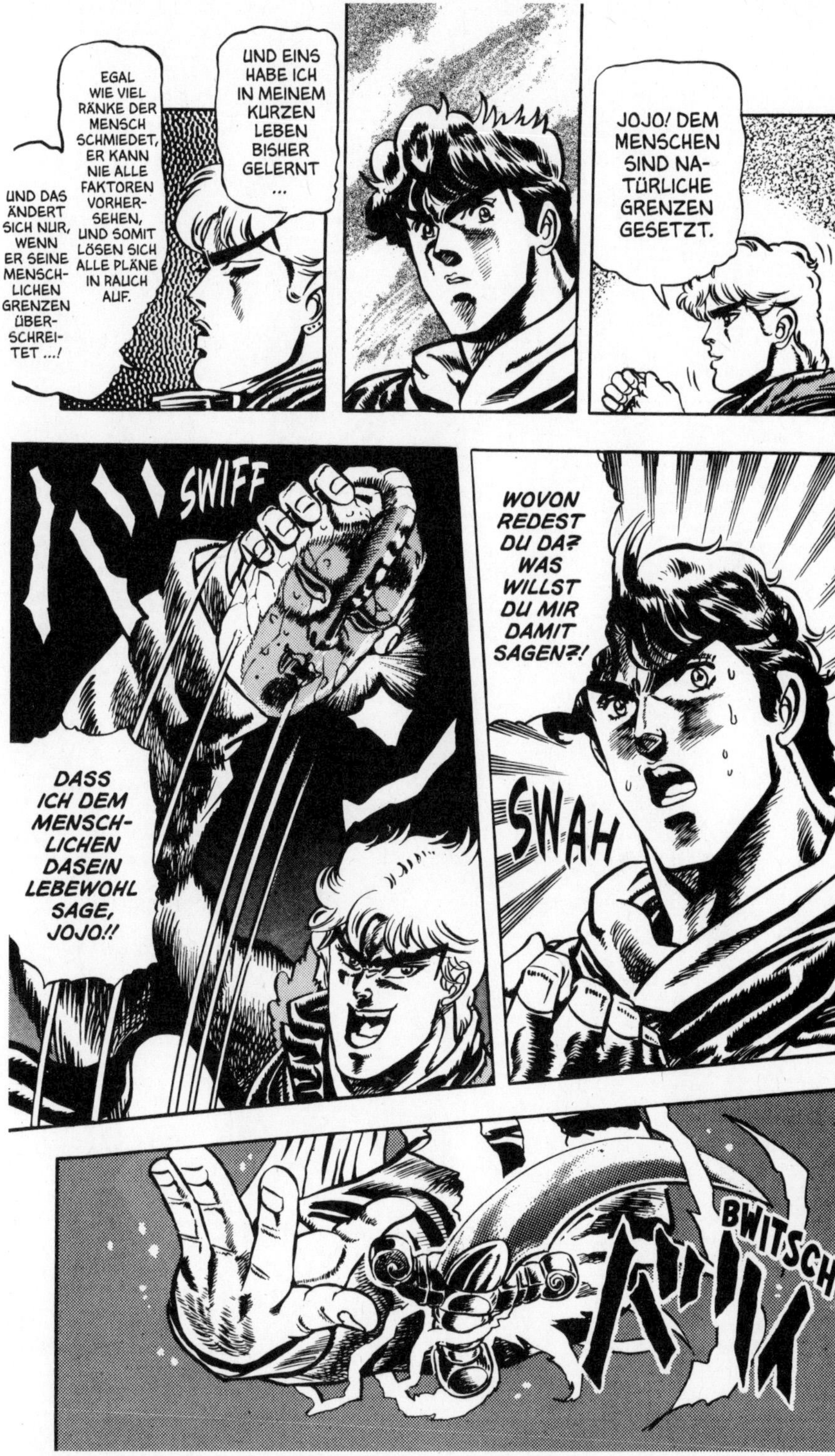
JOJO! DEM MENSCHEN SIND NATÜRLICHE GRENZEN GESETZT.
UND EINS HABE ICH IN MEINEM KURZEN LEBEN BISHER GELERNT ...
EGAL WIE VIEL RÄNKE DER MENSCH SCHMIEDET, ER KANN NIE ALLE FAKTOREN VORHERSEHEN, UND SOMIT LÖSEN SICH ALLE PLÄNE IN RAUCH AUF.
UND DAS ÄNDERT SICH NUR, WENN ER SEINE MENSCHLICHEN GRENZEN ÜBERSCHREITET ...!
WOVON REDEST DU DA? WAS WILLST DU MIR DAMIT SAGEN?!
SWAH
SWIFF
DASS ICH DEM MENSCHLICHEN DASEIN LEBEWOHL SAGE, JOJO!!
BWITSCH

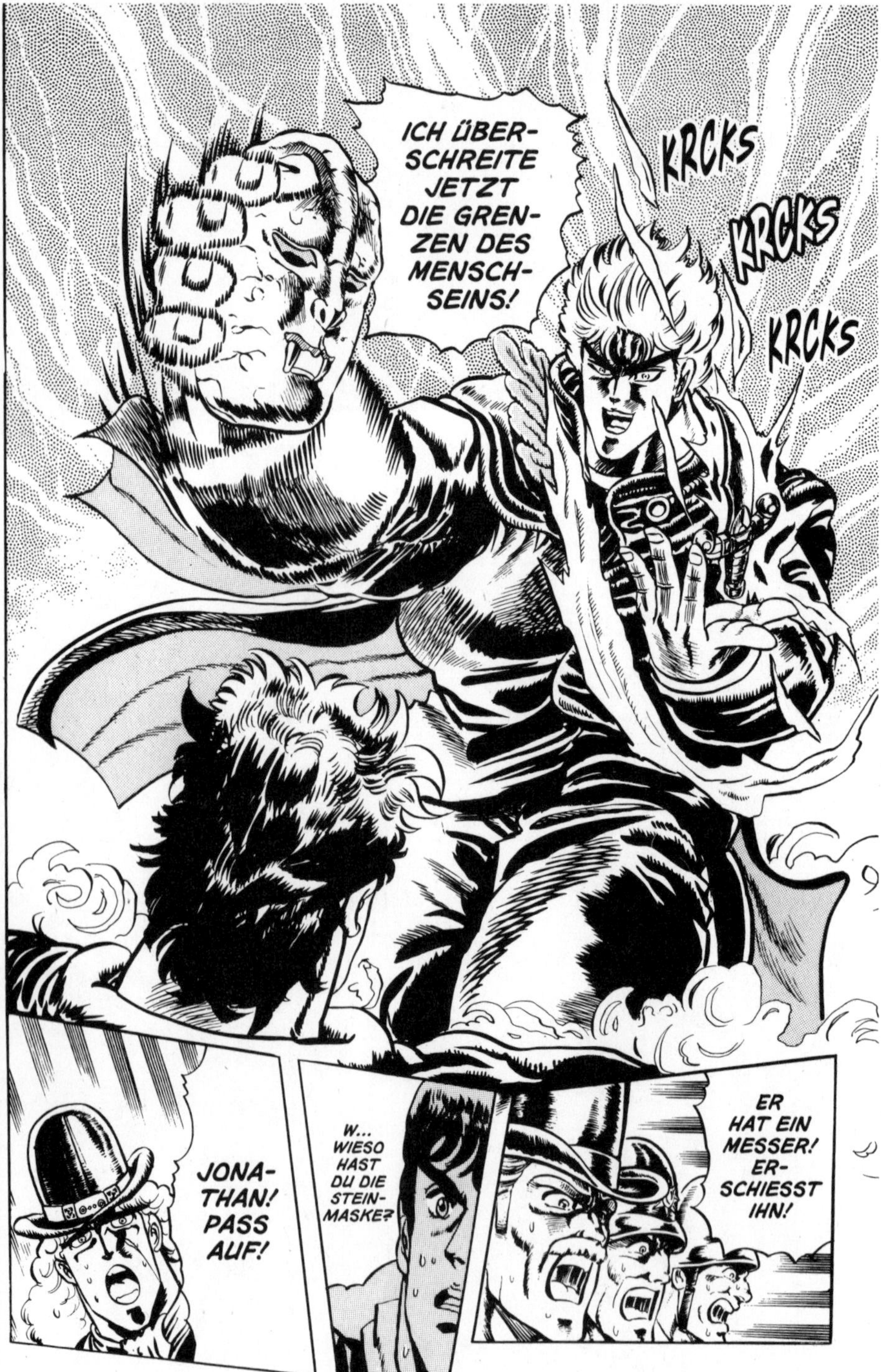
ICH ÜBER-SCHREITE JETZT DIE GRENZEN DES MENSCHSEINS!
KRCKS
KRCKS
KRCKS
ER HAT EIN MESSER! ER-SCHIESST IHN!
W... WIESO HAST DU DIE STEIN-MASKE?
JONA-THAN! PASS AUF!

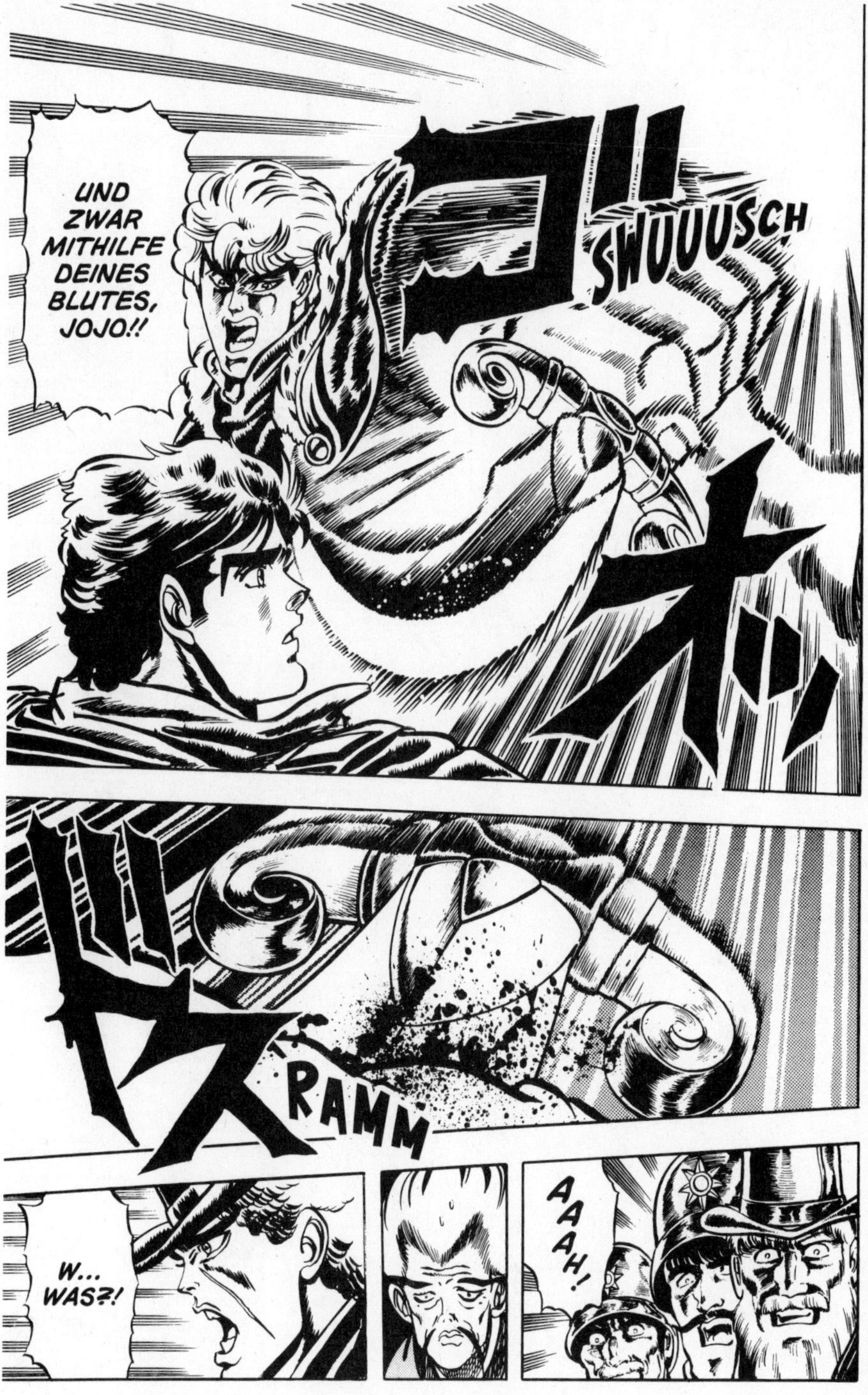
UND ZWAR MITHILFE DEINES BLUTES, JOJO!!
SWUUUSCH
RAMM
AAAH!
W... WAS?!

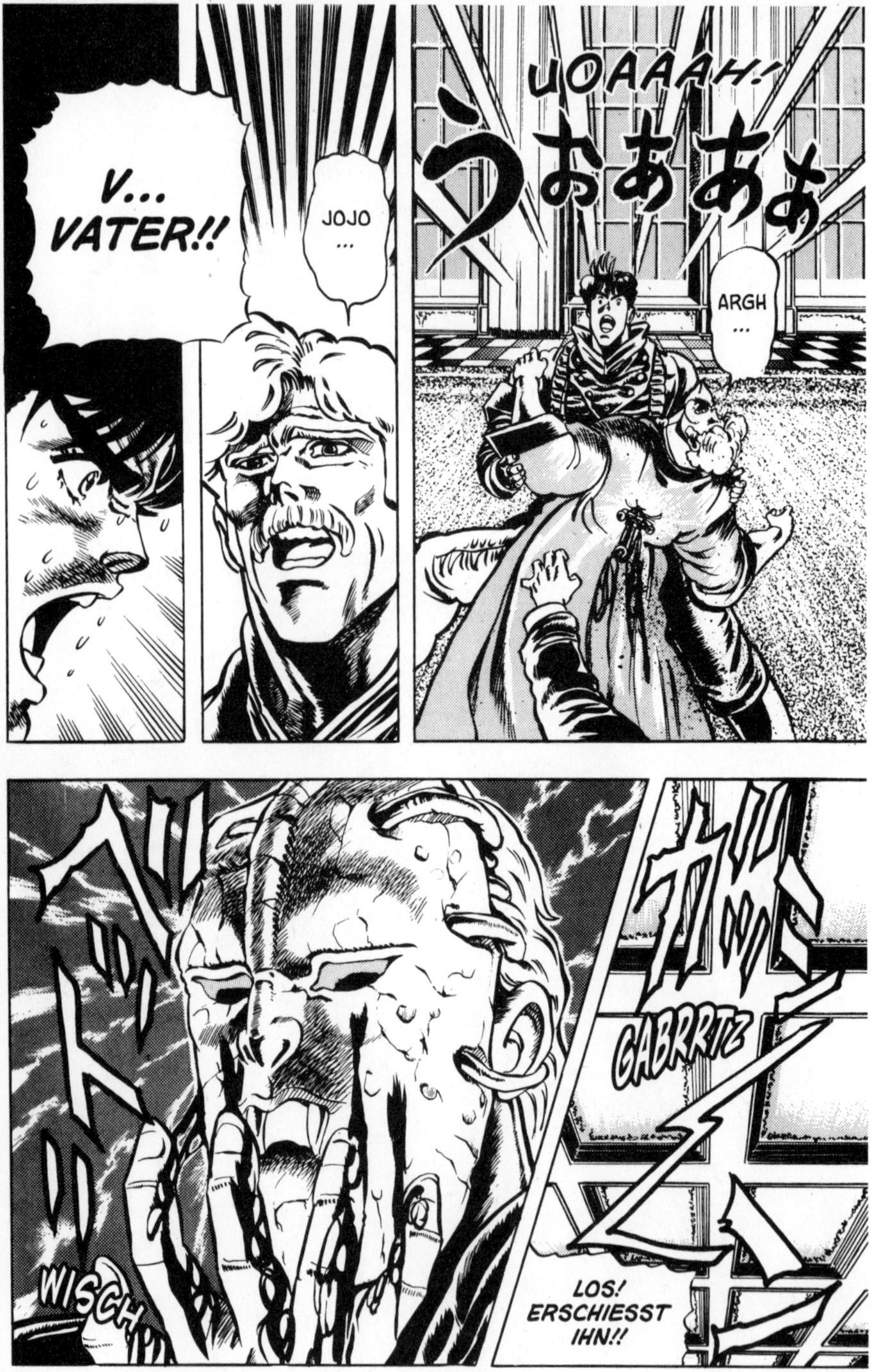
UOAAAH!
ARGH ...
JOJO ...
V... VATER!!
GABRRTZ
LOS! ERSCHIESST IHN!!
WISCH

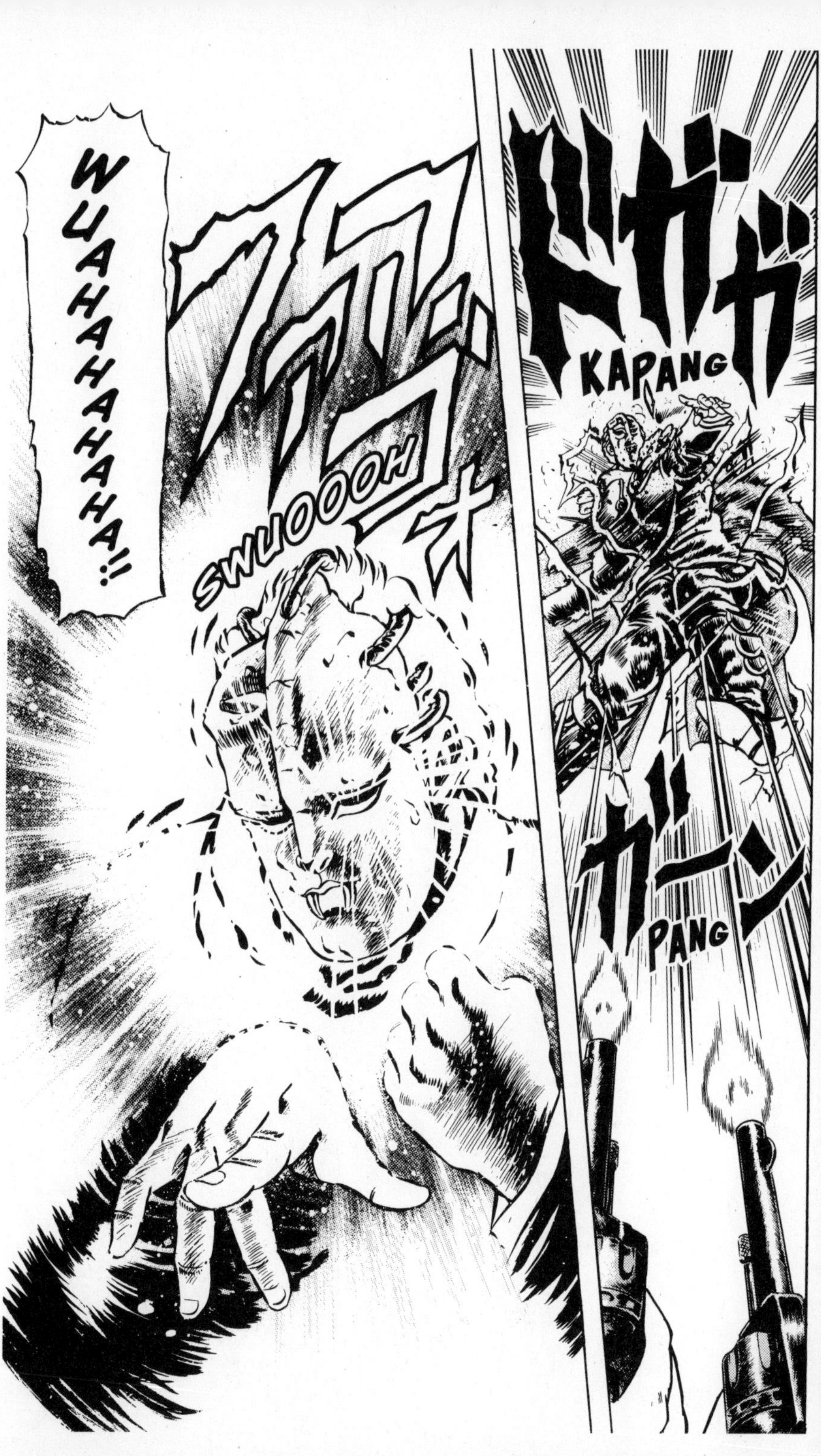
KAPANG
PANG
SWUOOOH
WUAHAHAHAHA!!

JoJo's Bizarre Adventure
Part 1
Phantom Blood

Jugendjahre mit Dio: Teil 1

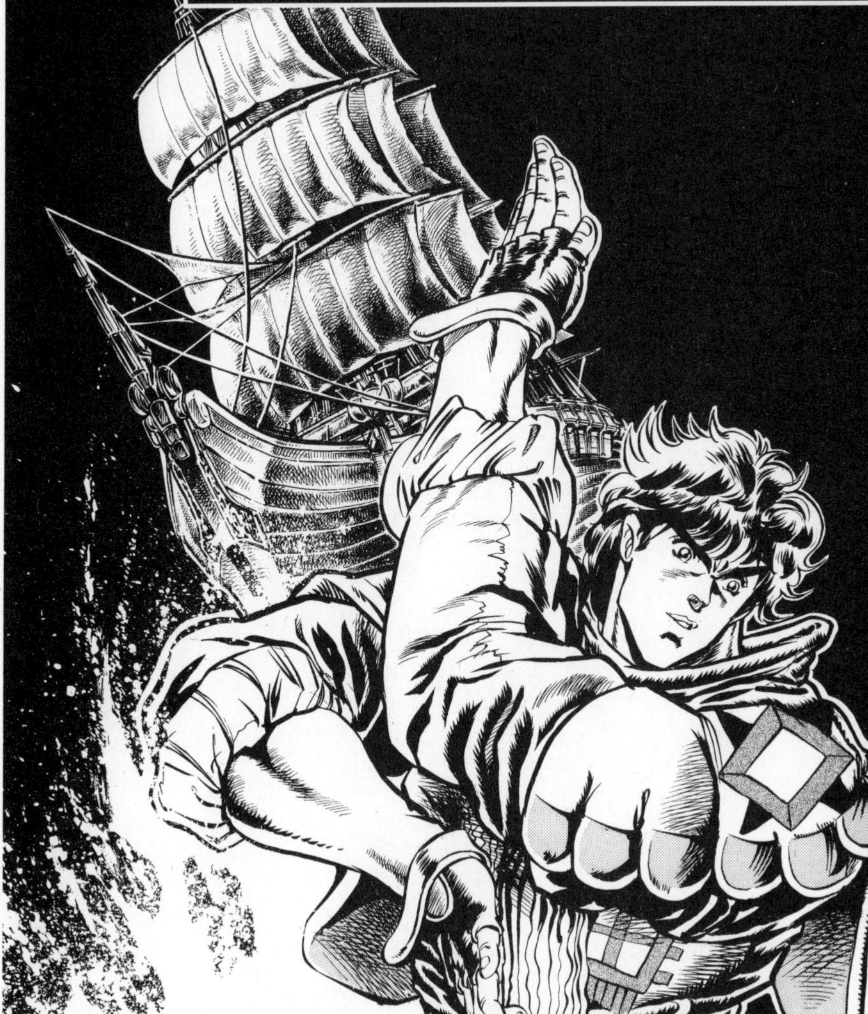

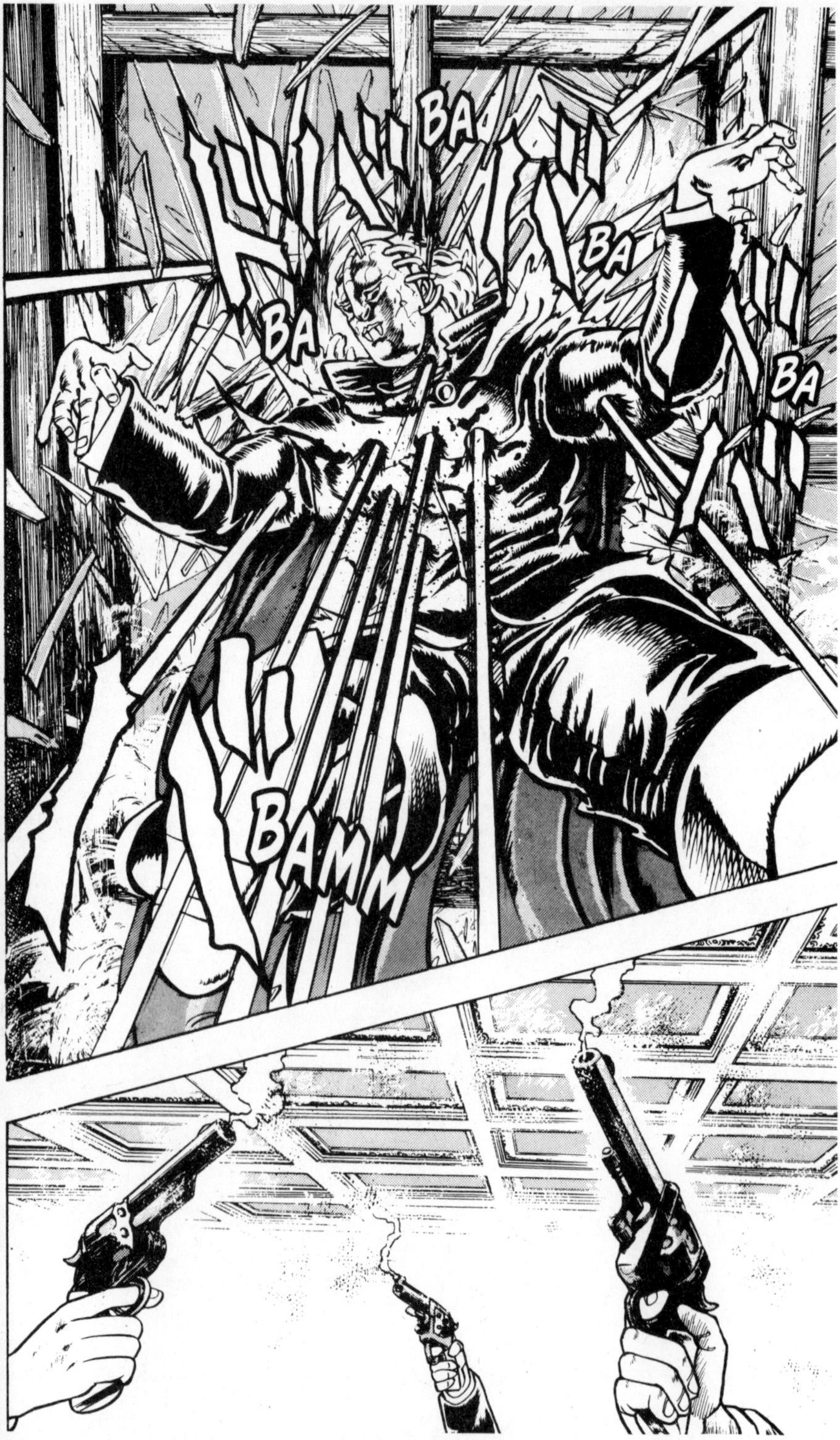
BA
BA
BA
BA
BAMM

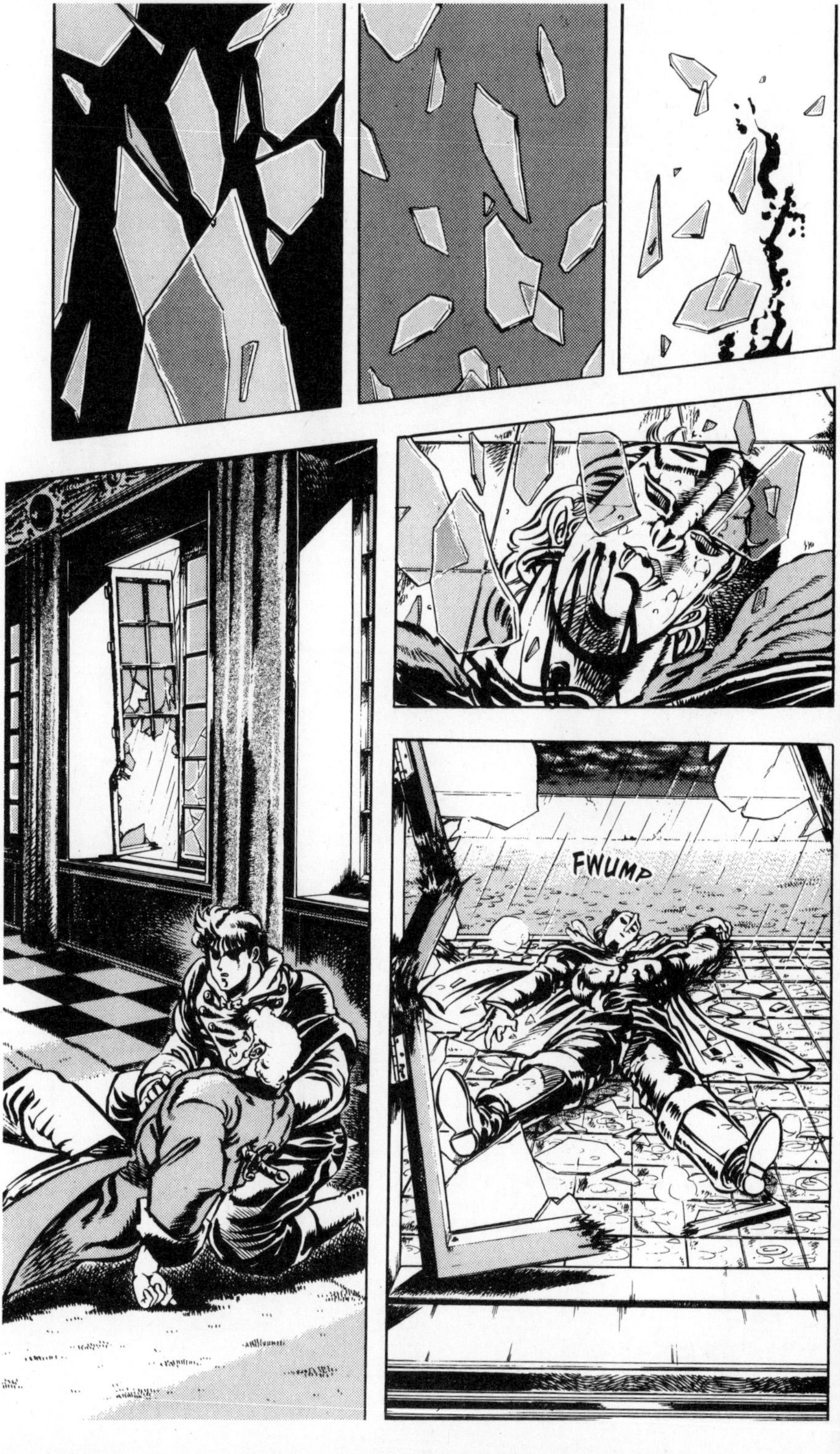
FWUMP

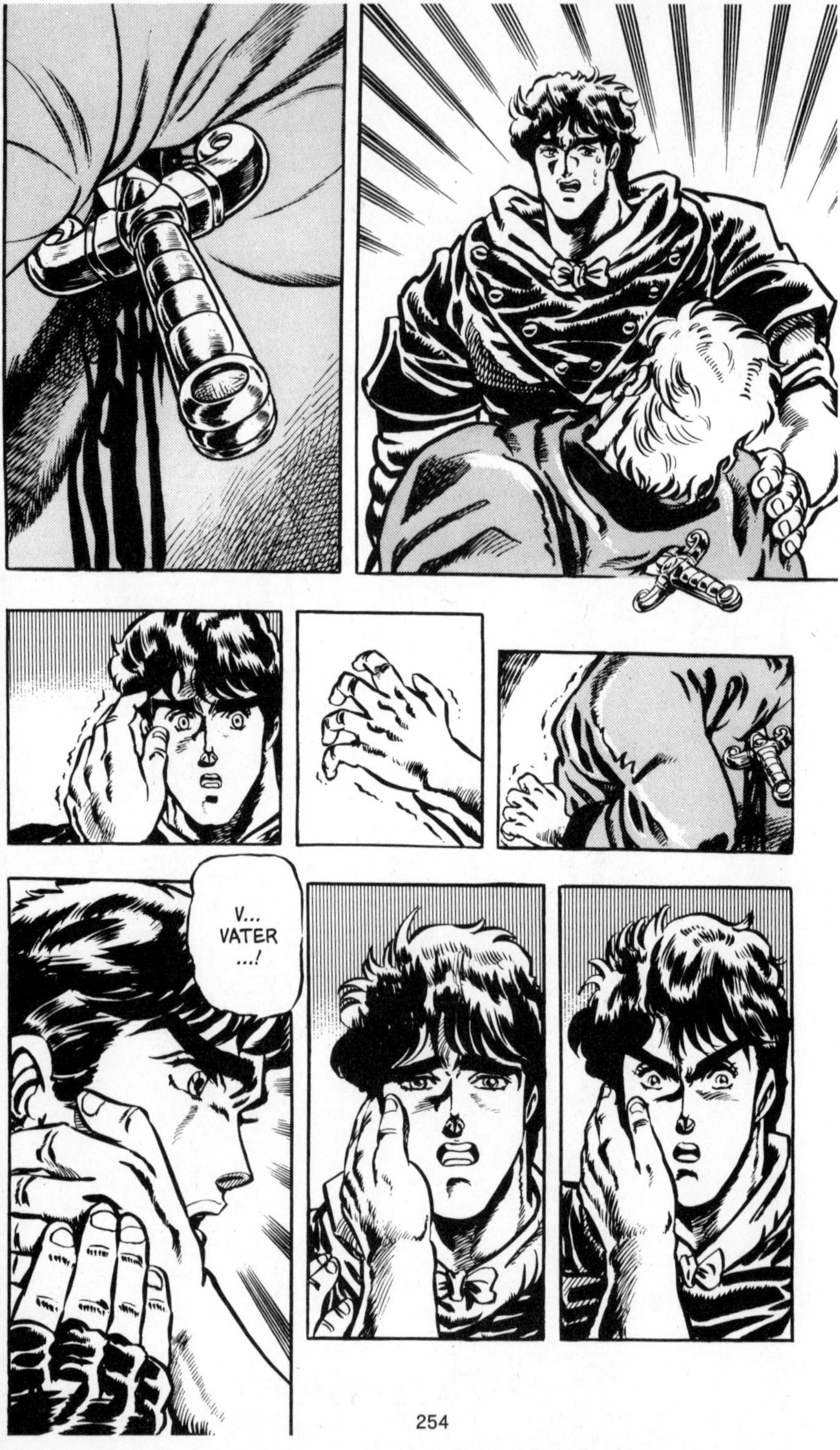
V...
VATER
...!

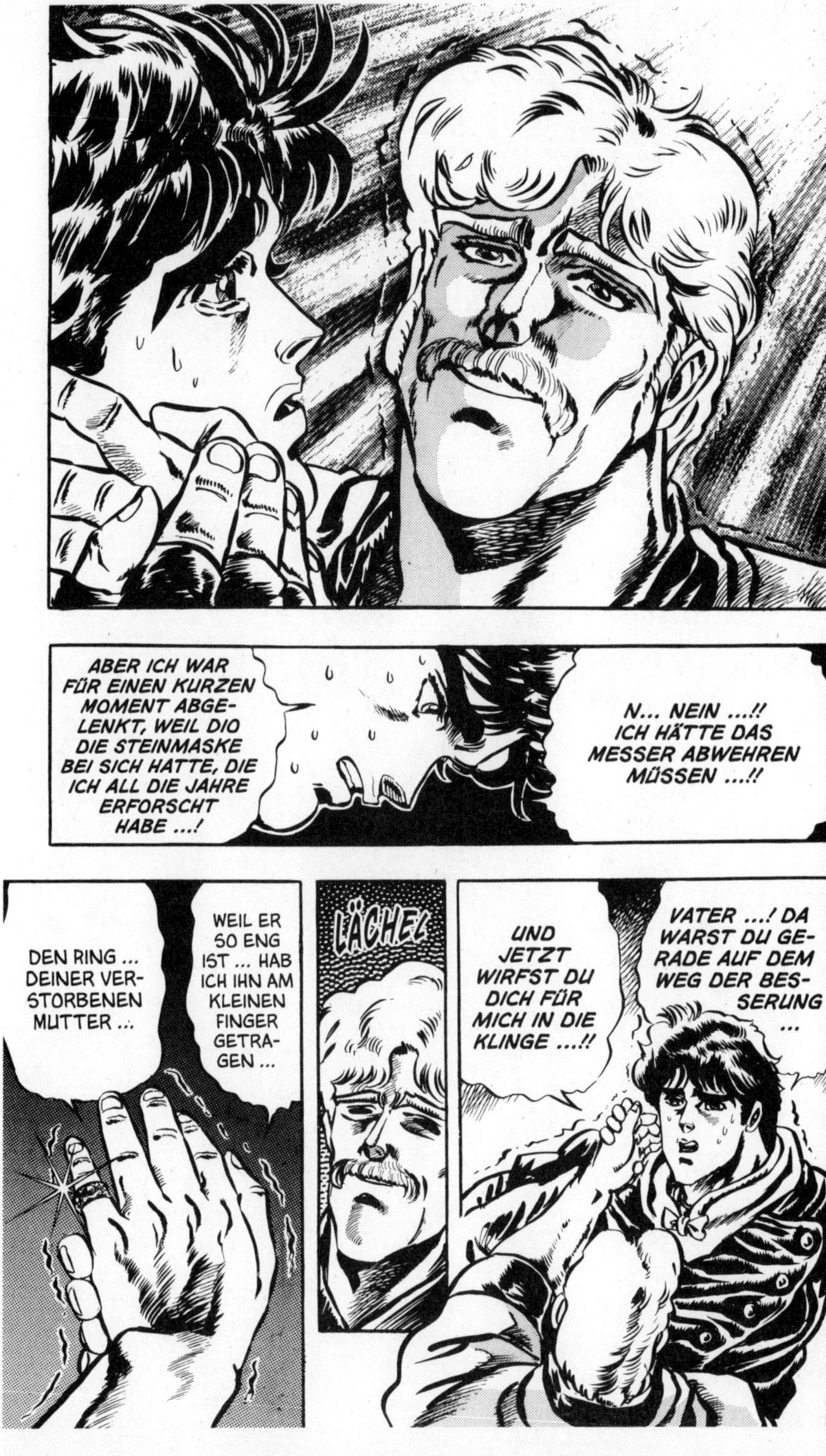

N... NEIN ...!! ICH HÄTTE DAS MESSER ABWEHREN MÜSSEN ...!!
ABER ICH WAR FÜR EINEN KURZEN MOMENT ABGELENKT, WEIL DIO DIE STEINMASKE BEI SICH HATTE, DIE ICH ALL DIE JAHRE ERFORSCHT HABE ...!
VATER ...! DA WARST DU GERADE AUF DEM WEG DER BESSERUNG ...
UND JETZT WIRFST DU DICH FÜR MICH IN DIE KLINGE ...!!
LÄCHEL
DEN RING ... DEINER VERSTORBENEN MUTTER ...
WEIL ER SO ENG IST ... HAB ICH IHN AM KLEINEN FINGER GETRAGEN ...

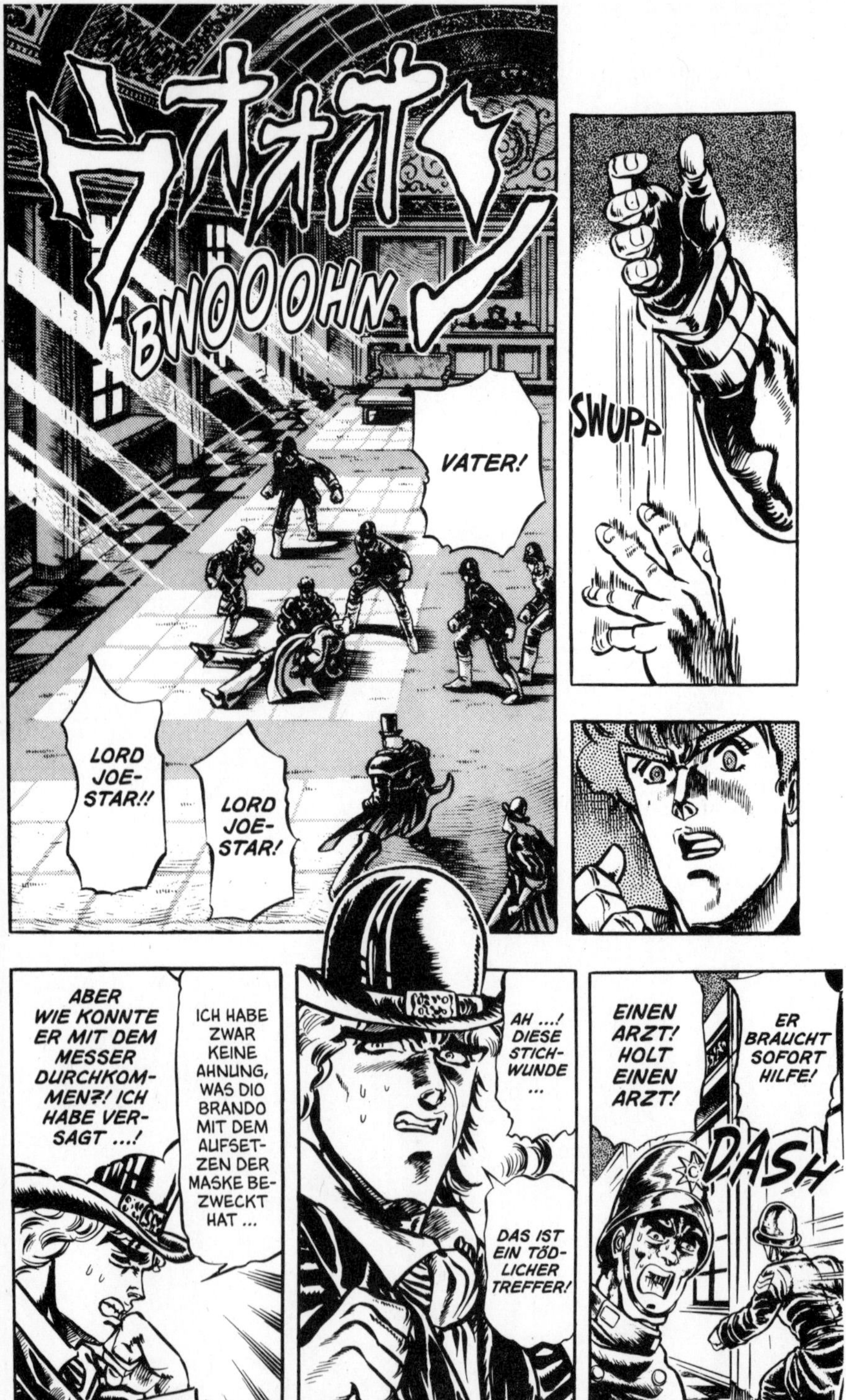
ドオオオン
BWOOOHN
VATER!
LORD JOE-STAR!
LORD JOE-STAR!!
SWUPP
ER BRAUCHT SOFORT HILFE!
EINEN ARZT! HOLT EINEN ARZT!
DASH
AH ...! DIESE STICH-WUNDE ...
DAS IST EIN TÖD-LICHER TREFFER!
ICH HABE ZWAR KEINE AHNUNG, WAS DIO BRANDO MIT DEM AUFSET-ZEN DER MASKE BE-ZWECKT HAT ...
ABER WIE KONNTE ER MIT DEM MESSER DURCHKOM-MEN?! ICH HABE VER-SAGT ...!

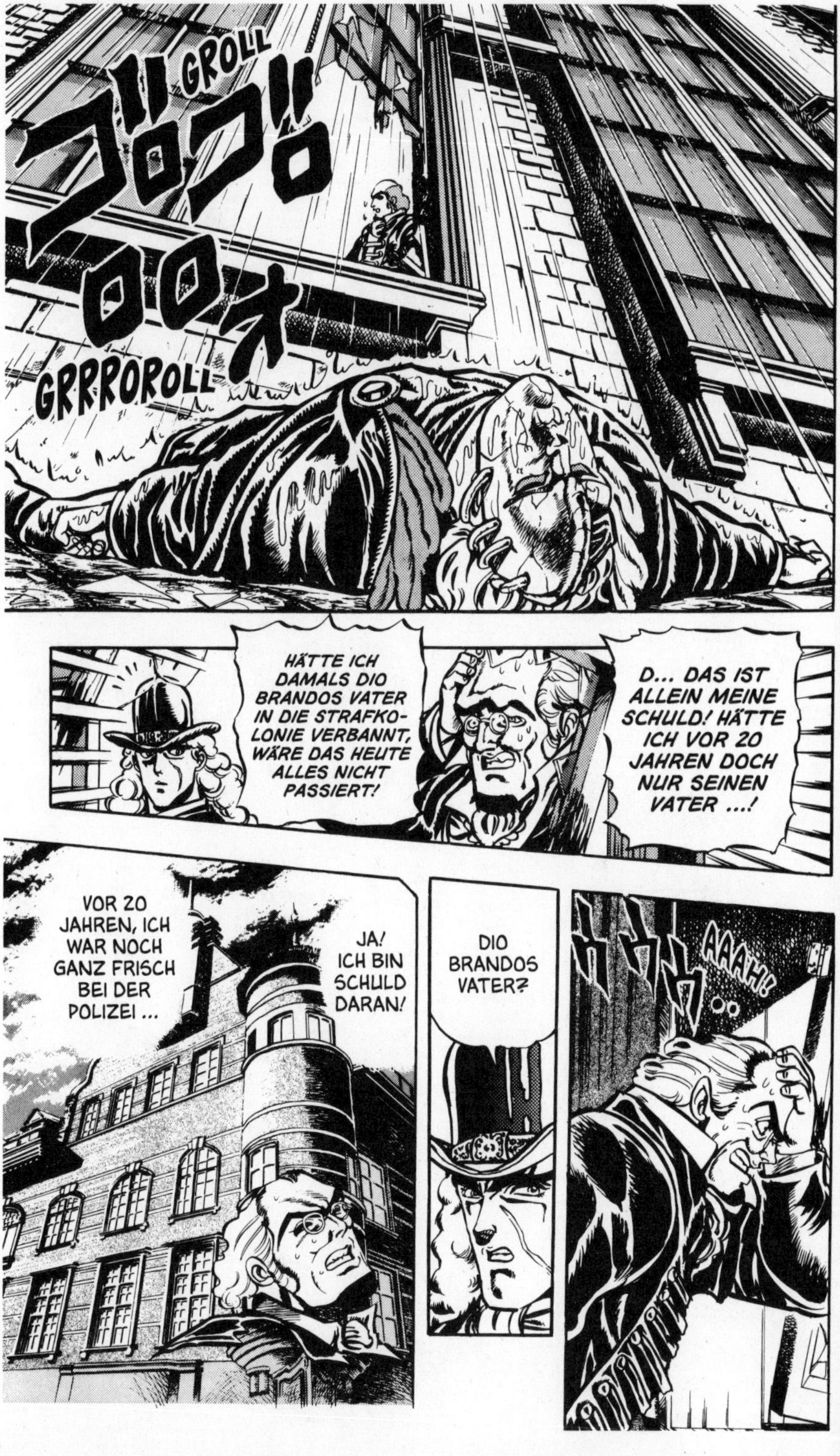
GROLL
GRRROROLL
D... DAS IST ALLEIN MEINE SCHULD! HÄTTE ICH VOR 20 JAHREN DOCH NUR SEINEN VATER ...!
HÄTTE ICH DAMALS DIO BRANDOS VATER IN DIE STRAFKOLONIE VERBANNT, WÄRE DAS HEUTE ALLES NICHT PASSIERT!
AAAAH!
DIO BRANDOS VATER?
JA! ICH BIN SCHULD DARAN!
VOR 20 JAHREN, ICH WAR NOCH GANZ FRISCH BEI DER POLIZEI ...

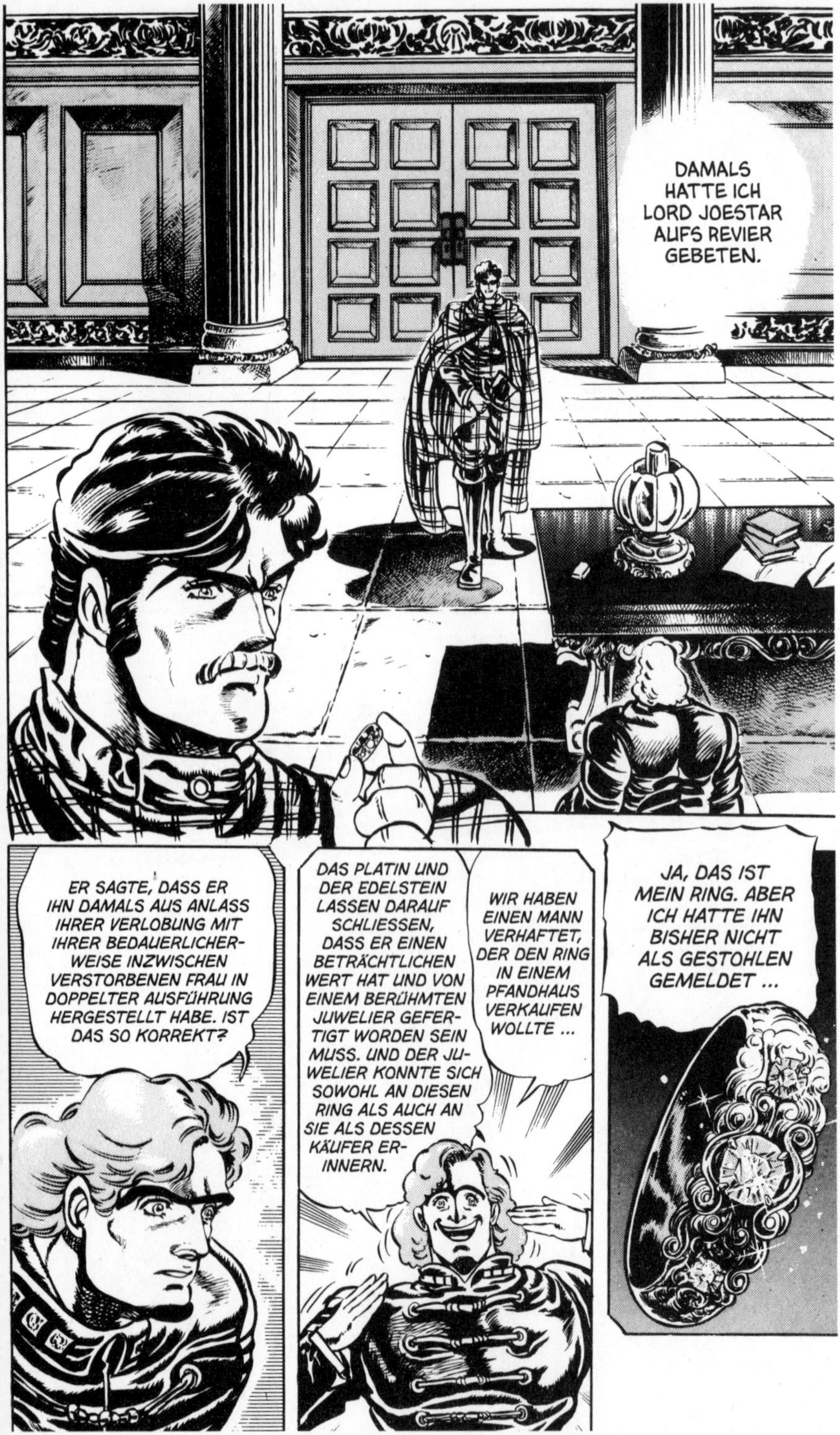
DAMALS HATTE ICH LORD JOESTAR AUFS REVIER GEBETEN.
ER SAGTE, DASS ER IHN DAMALS AUS ANLASS IHRER VERLOBUNG MIT IHRER BEDAUERLICHERWEISE INZWISCHEN VERSTORBENEN FRAU IN DOPPELTER AUSFÜHRUNG HERGESTELLT HABE. IST DAS SO KORREKT?
WIR HABEN EINEN MANN VERHAFTET, DER DEN RING IN EINEM PFANDHAUS VERKAUFEN WOLLTE ...
DAS PLATIN UND DER EDELSTEIN LASSEN DARAUF SCHLIESSEN, DASS ER EINEN BETRÄCHTLICHEN WERT HAT UND VON EINEM BERÜHMTEN JUWELIER GEFERTIGT WORDEN SEIN MUSS. UND DER JUWELIER KONNTE SICH SOWOHL AN DIESEN RING ALS AUCH AN SIE ALS DESSEN KÄUFER ERINNERN.
JA, DAS IST MEIN RING. ABER ICH HATTE IHN BISHER NICHT ALS GESTOHLEN GEMELDET ...

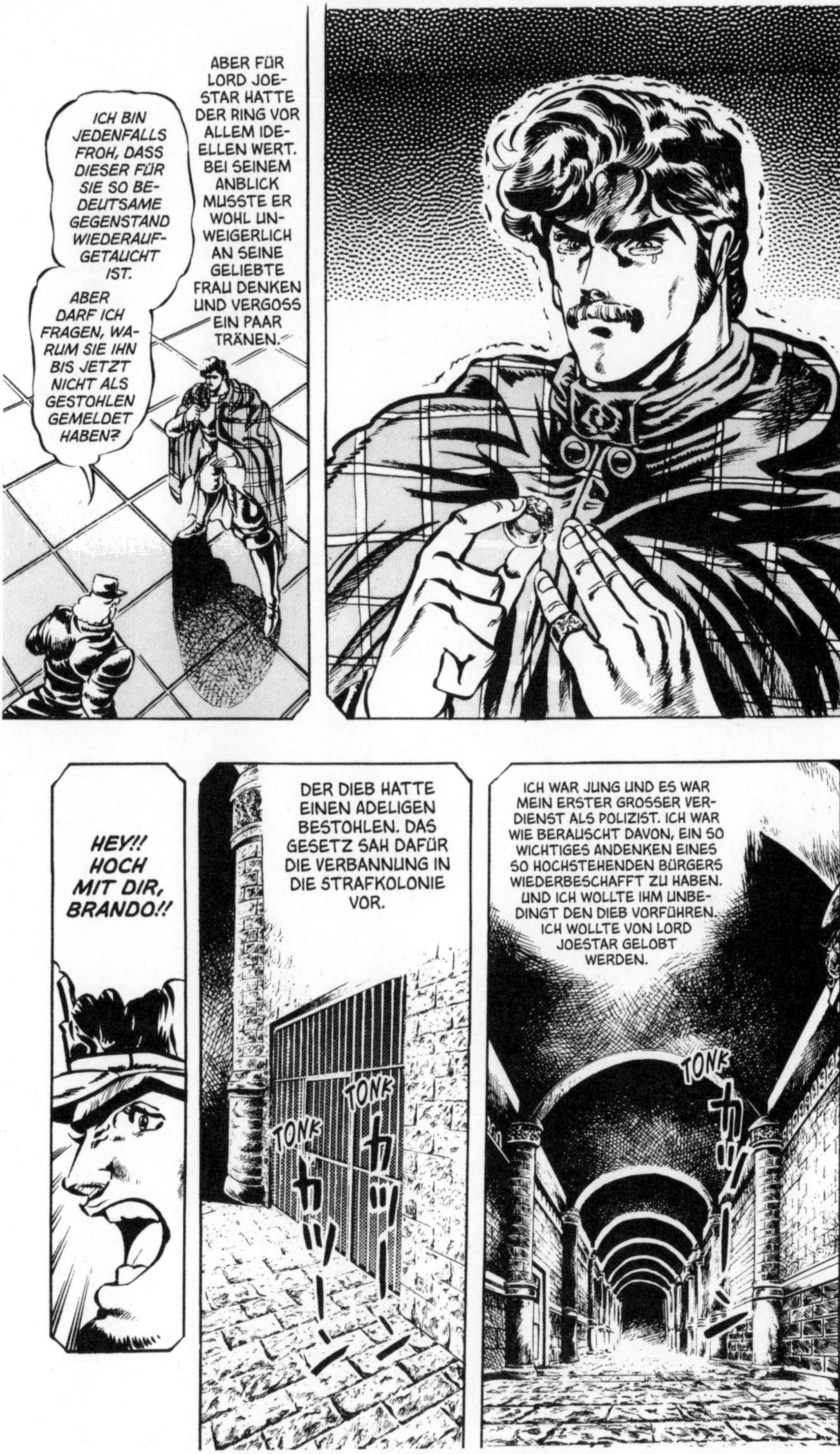
ABER FÜR LORD JOESTAR HATTE DER RING VOR ALLEM IDEELLEN WERT. BEI SEINEM ANBLICK MUSSTE ER WOHL UNWEIGERLICH AN SEINE GELIEBTE FRAU DENKEN UND VERGOSS EIN PAAR TRÄNEN.
ICH BIN JEDENFALLS FROH, DASS DIESER FÜR SIE SO BEDEUTSAME GEGENSTAND WIEDERAUFGETAUCHT IST.
ABER DARF ICH FRAGEN, WARUM SIE IHN BIS JETZT NICHT ALS GESTOHLEN GEMELDET HABEN?
ICH WAR JUNG UND ES WAR MEIN ERSTER GROSSER VERDIENST ALS POLIZIST. ICH WAR WIE BERAUSCHT DAVON, EIN SO WICHTIGES ANDENKEN EINES SO HOCHSTEHENDEN BÜRGERS WIEDERBESCHAFFT ZU HABEN. UND ICH WOLLTE IHM UNBEDINGT DEN DIEB VORFÜHREN. ICH WOLLTE VON LORD JOESTAR GELOBT WERDEN.
TONK
DER DIEB HATTE EINEN ADELIGEN BESTOHLEN. DAS GESETZ SAH DAFÜR DIE VERBANNUNG IN DIE STRAFKOLONIE VOR.
TONK
TONK
HEY!! HOCH MIT DIR, BRANDO!!

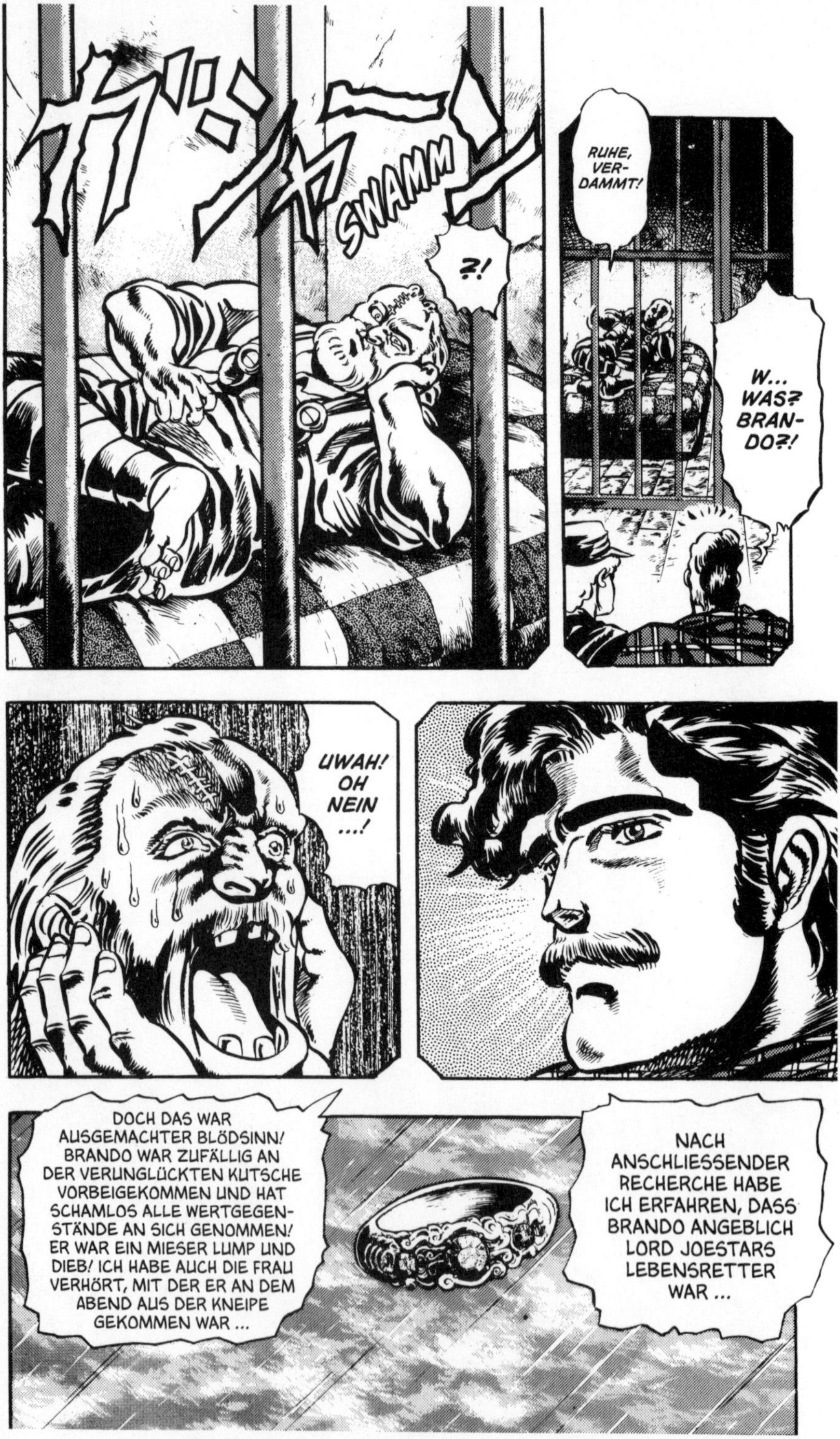
RUHE, VERDAMMT!
W... WAS? BRANDO?!
SWAMM
?!
UWAH! OH NEIN ...!
NACH ANSCHLIESSENDER RECHERCHE HABE ICH ERFAHREN, DASS BRANDO ANGEBLICH LORD JOESTARS LEBENSRETTER WAR ...
DOCH DAS WAR AUSGEMACHTER BLÖDSINN! BRANDO WAR ZUFÄLLIG AN DER VERUNGLÜCKTEN KUTSCHE VORBEIGEKOMMEN UND HAT SCHAMLOS ALLE WERTGEGENSTÄNDE AN SICH GENOMMEN! ER WAR EIN MIESER LUMP UND DIEB! ICH HABE AUCH DIE FRAU VERHÖRT, MIT DER ER AN DEM ABEND AUS DER KNEIPE GEKOMMEN WAR ...

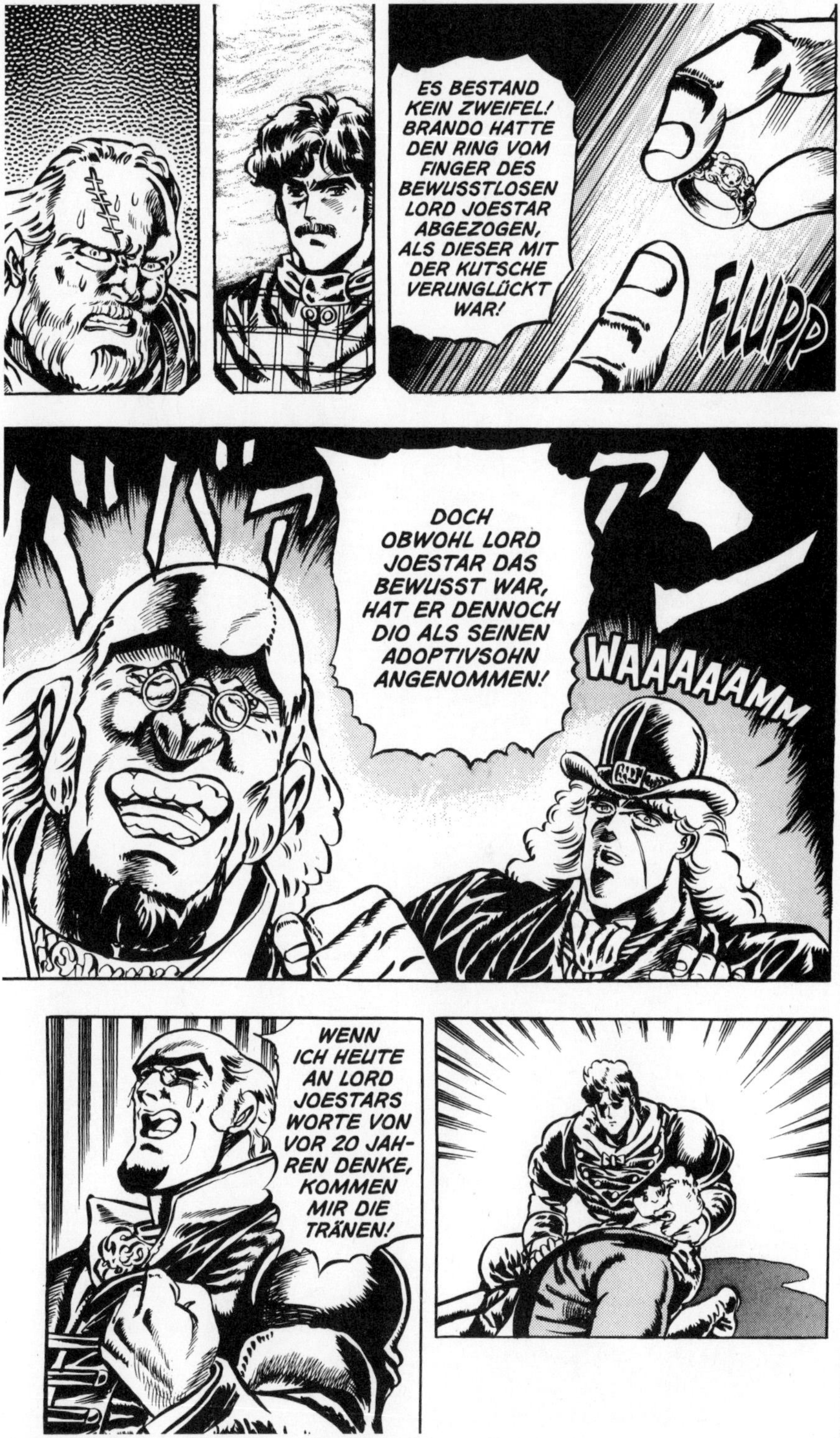
ES BESTAND KEIN ZWEIFEL! BRANDO HATTE DEN RING VOM FINGER DES BEWUSSTLOSEN LORD JOESTAR ABGEZOGEN, ALS DIESER MIT DER KUTSCHE VERUNGLÜCKT WAR!
FLUPP
DOCH OBWOHL LORD JOESTAR DAS BEWUSST WAR, HAT ER DENNOCH DIO ALS SEINEN ADOPTIVSOHN ANGENOMMEN!
WAAAAAAMM
WENN ICH HEUTE AN LORD JOESTARS WORTE VON VOR 20 JAHREN DENKE, KOMMEN MIR DIE TRÄNEN!

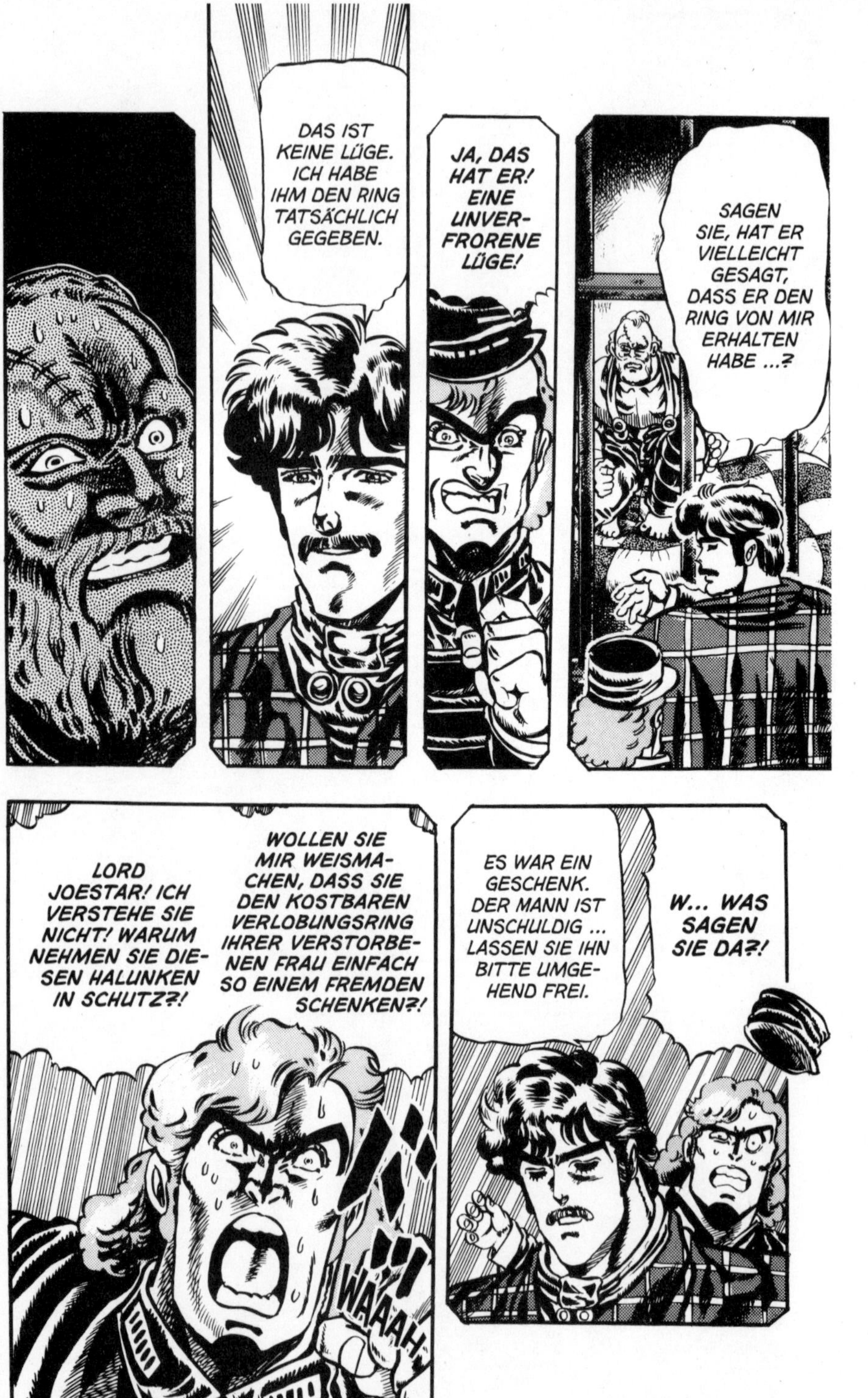
DAS IST KEINE LÜGE. ICH HABE IHM DEN RING TATSÄCHLICH GEGEBEN.
JA, DAS HAT ER! EINE UNVERFRORENE LÜGE!
SAGEN SIE, HAT ER VIELLEICHT GESAGT, DASS ER DEN RING VON MIR ERHALTEN HABE ...?
LORD JOESTAR! ICH VERSTEHE SIE NICHT! WARUM NEHMEN SIE DIESEN HALUNKEN IN SCHUTZ?!
WOLLEN SIE MIR WEISMACHEN, DASS SIE DEN KOSTBAREN VERLOBUNGSRING IHRER VERSTORBENEN FRAU EINFACH SO EINEM FREMDEN SCHENKEN?!
WAAAAH
ES WAR EIN GESCHENK. DER MANN IST UNSCHULDIG ... LASSEN SIE IHN BITTE UMGEHEND FREI.
W... WAS SAGEN SIE DA?!

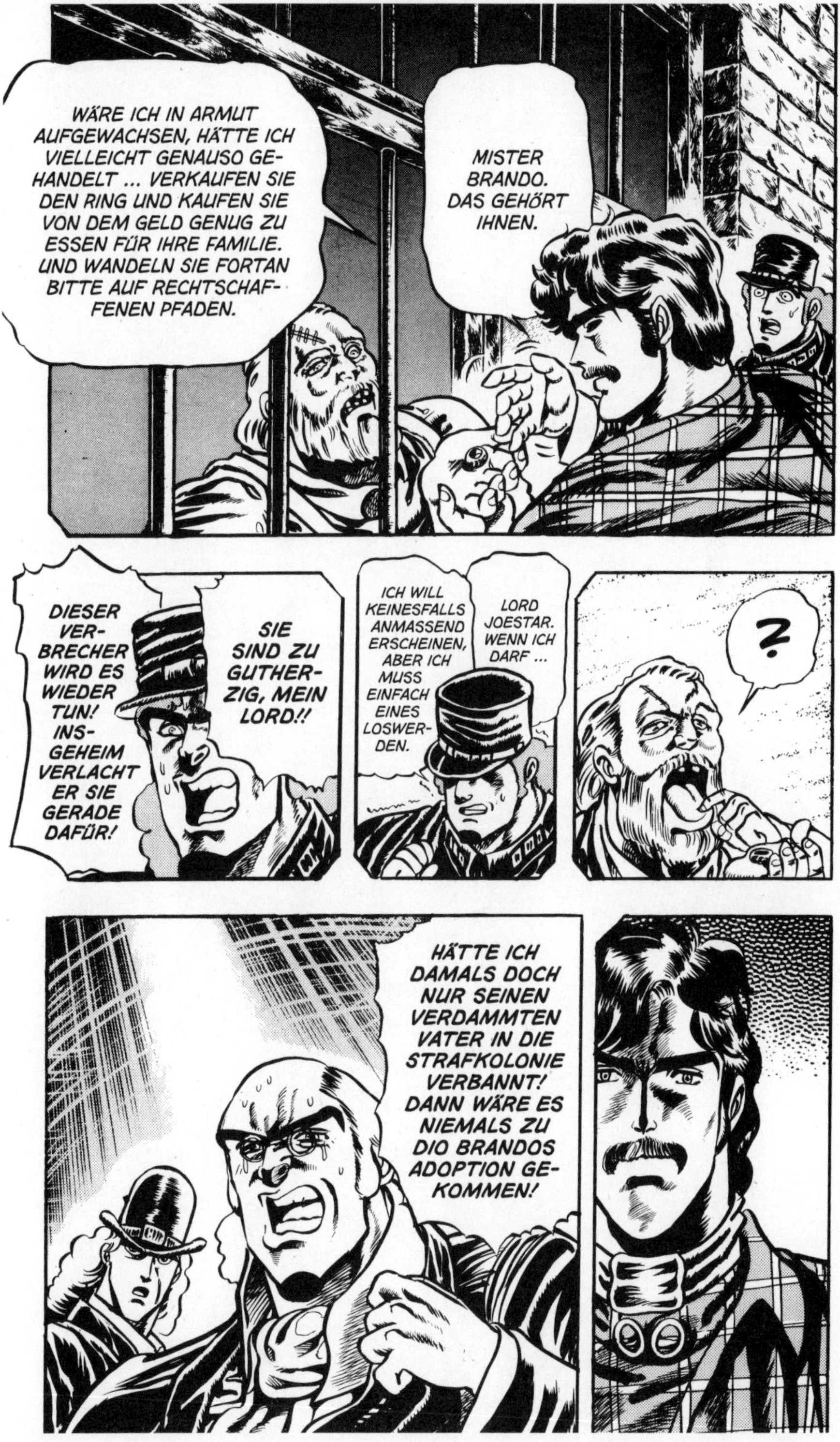
MISTER BRANDO. DAS GEHÖRT IHNEN.
WÄRE ICH IN ARMUT AUFGEWACHSEN, HÄTTE ICH VIELLEICHT GENAUSO GEHANDELT ... VERKAUFEN SIE DEN RING UND KAUFEN SIE VON DEM GELD GENUG ZU ESSEN FÜR IHRE FAMILIE. UND WANDELN SIE FORTAN BITTE AUF RECHTSCHAFFENEN PFADEN.
?
LORD JOESTAR. WENN ICH DARF ...
ICH WILL KEINESFALLS ANMASSEND ERSCHEINEN, ABER ICH MUSS EINFACH EINES LOSWERDEN.
SIE SIND ZU GUTHERZIG, MEIN LORD!!
DIESER VERBRECHER WIRD ES WIEDER TUN! INSGEHEIM VERLACHT ER SIE GERADE DAFÜR!
HÄTTE ICH DAMALS DOCH NUR SEINEN VERDAMMTEN VATER IN DIE STRAFKOLONIE VERBANNT! DANN WÄRE ES NIEMALS ZU DIO BRANDOS ADOPTION GEKOMMEN!

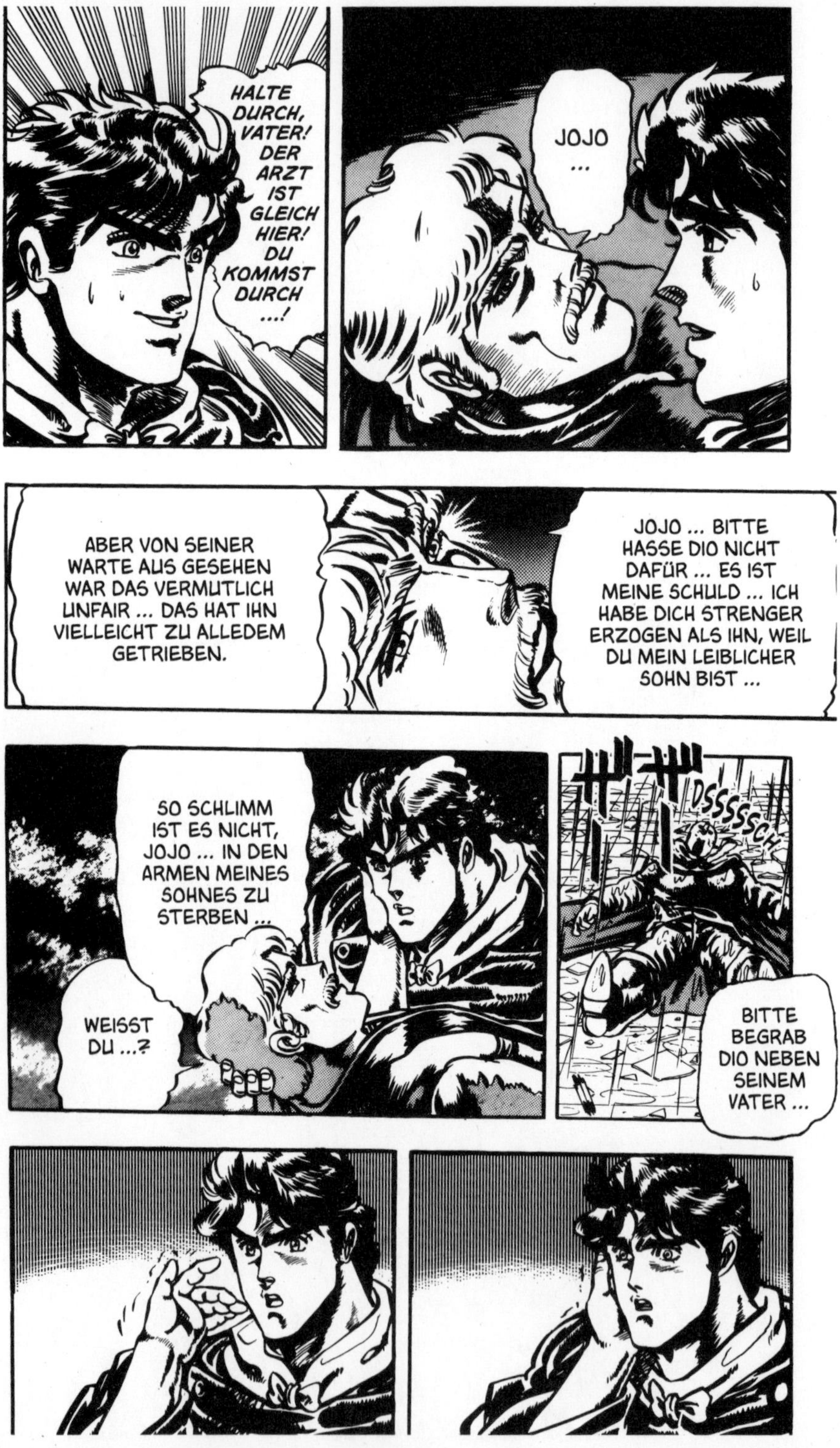
JOJO ...
HALTE DURCH, VATER! DER ARZT IST GLEICH HIER! DU KOMMST DURCH ...!
JOJO ... BITTE HASSE DIO NICHT DAFÜR ... ES IST MEINE SCHULD ... ICH HABE DICH STRENGER ERZOGEN ALS IHN, WEIL DU MEIN LEIBLICHER SOHN BIST ...
ABER VON SEINER WARTE AUS GESEHEN WAR DAS VERMUTLICH UNFAIR ... DAS HAT IHN VIELLEICHT ZU ALLEDEM GETRIEBEN.
DSSSSSCH
SO SCHLIMM IST ES NICHT, JOJO ... IN DEN ARMEN MEINES SOHNES ZU STERBEN ...
WEISST DU ...?
BITTE BEGRAB DIO NEBEN SEINEM VATER ...

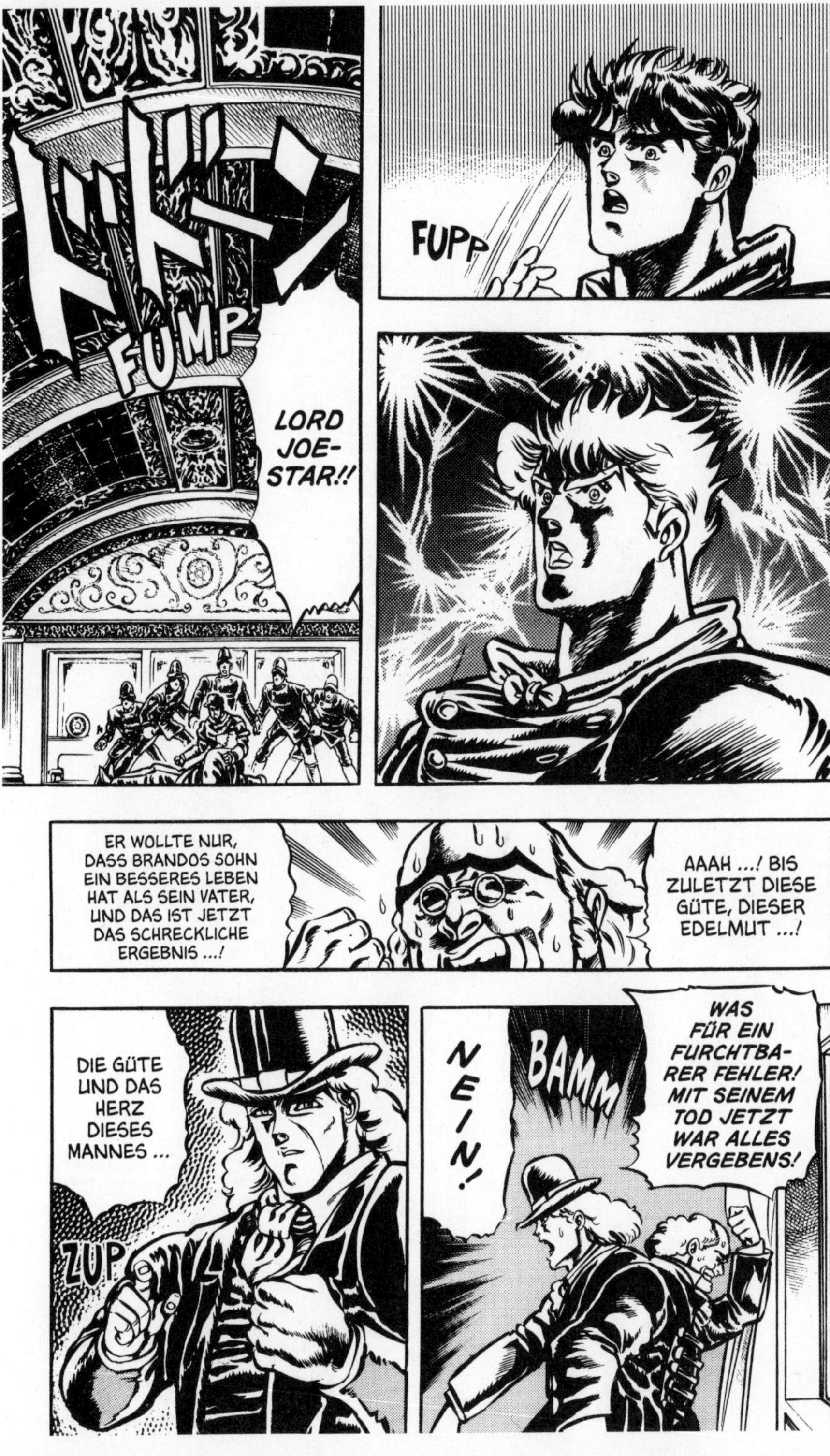
FUPP
FUMP
LORD JOE-STAR!!
AAAH ...! BIS ZULETZT DIESE GÜTE, DIESER EDELMUT ...!
ER WOLLTE NUR, DASS BRANDOS SOHN EIN BESSERES LEBEN HAT ALS SEIN VATER, UND DAS IST JETZT DAS SCHRECKLICHE ERGEBNIS ...!
WAS FÜR EIN FURCHTBARER FEHLER! MIT SEINEM TOD JETZT WAR ALLES VERGEBENS!
BAMM
NEIN!
DIE GÜTE UND DAS HERZ DIESES MANNES ...
ZUP

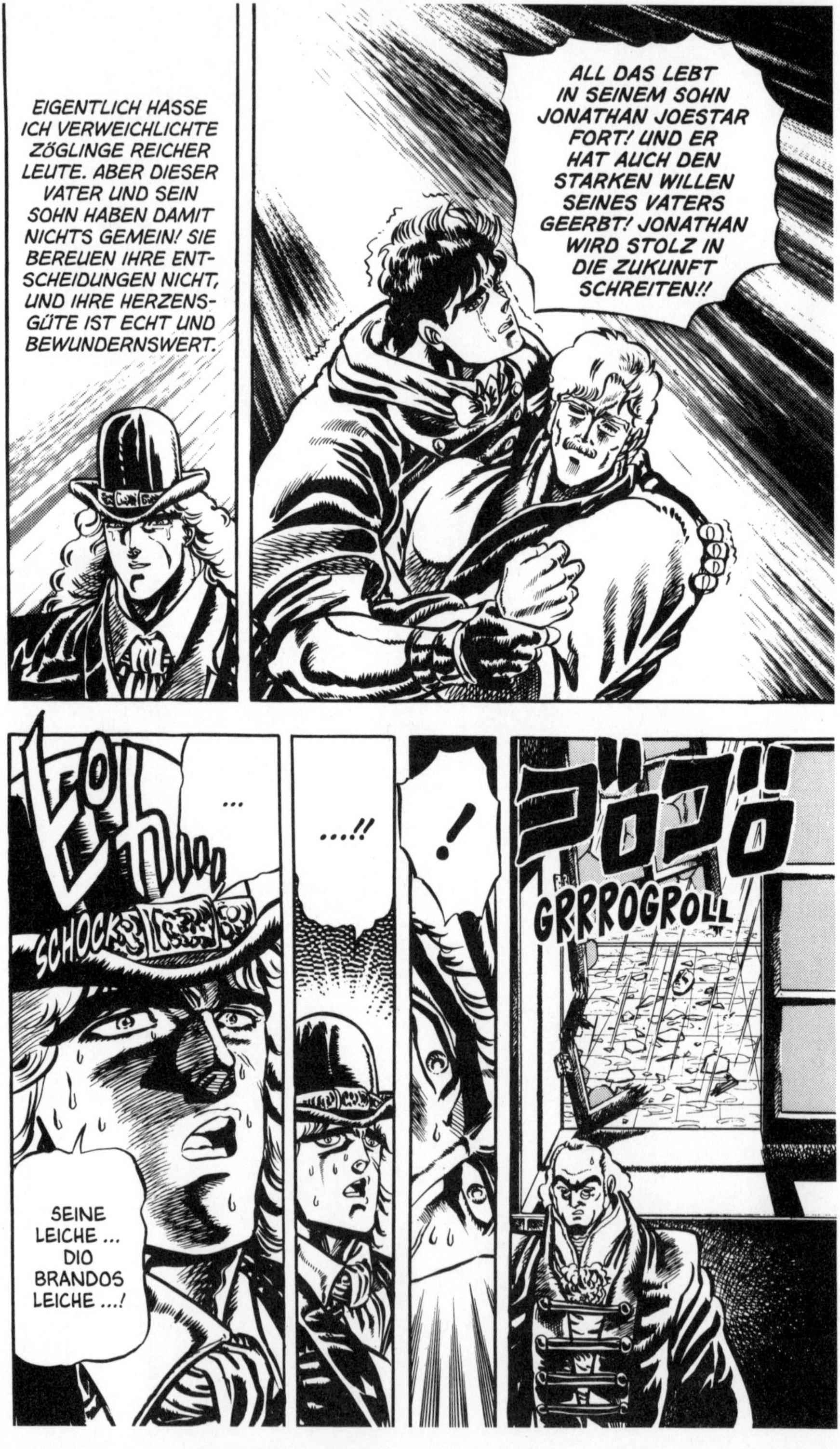
ALL DAS LEBT IN SEINEM SOHN JONATHAN JOESTAR FORT! UND ER HAT AUCH DEN STARKEN WILLEN SEINES VATERS GEERBT! JONATHAN WIRD STOLZ IN DIE ZUKUNFT SCHREITEN!!
EIGENTLICH HASSE ICH VERWEICHLICHTE ZÖGLINGE REICHER LEUTE. ABER DIESER VATER UND SEIN SOHN HABEN DAMIT NICHTS GEMEIN! SIE BEREUEN IHRE ENTSCHEIDUNGEN NICHT, UND IHRE HERZENSGÜTE IST ECHT UND BEWUNDERNSWERT.
GRRROGROLL
!
...!!
...
SCHOCK
SEINE LEICHE ... DIO BRANDOS LEICHE ...!

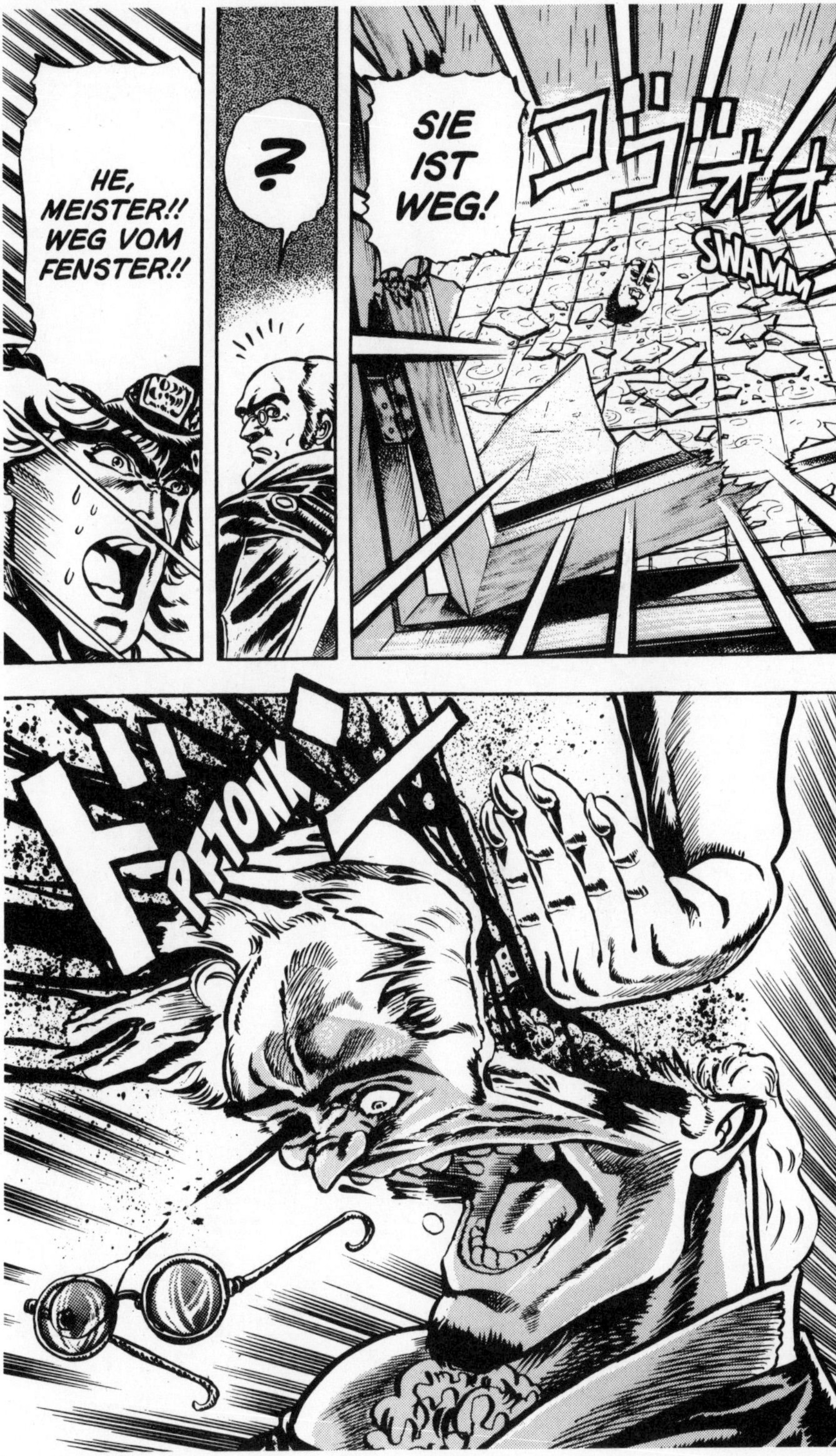
SIE IST WEG!
SWAMM
?
HE, MEISTER!! WEG VOM FENSTER!!
PFTONK

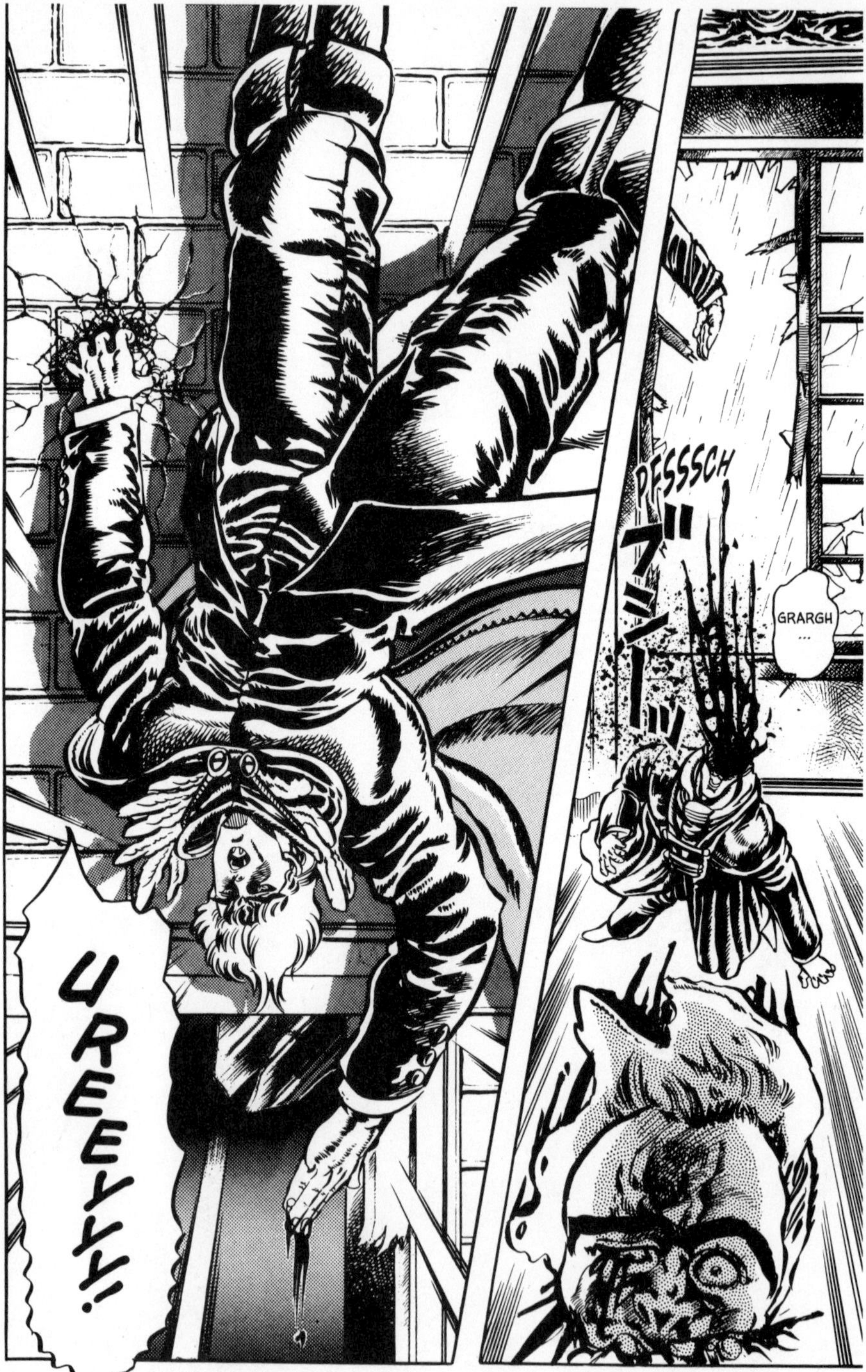
GRARGH ...
PFSSSCH
ブシュ―ッ
UREEYYY!!

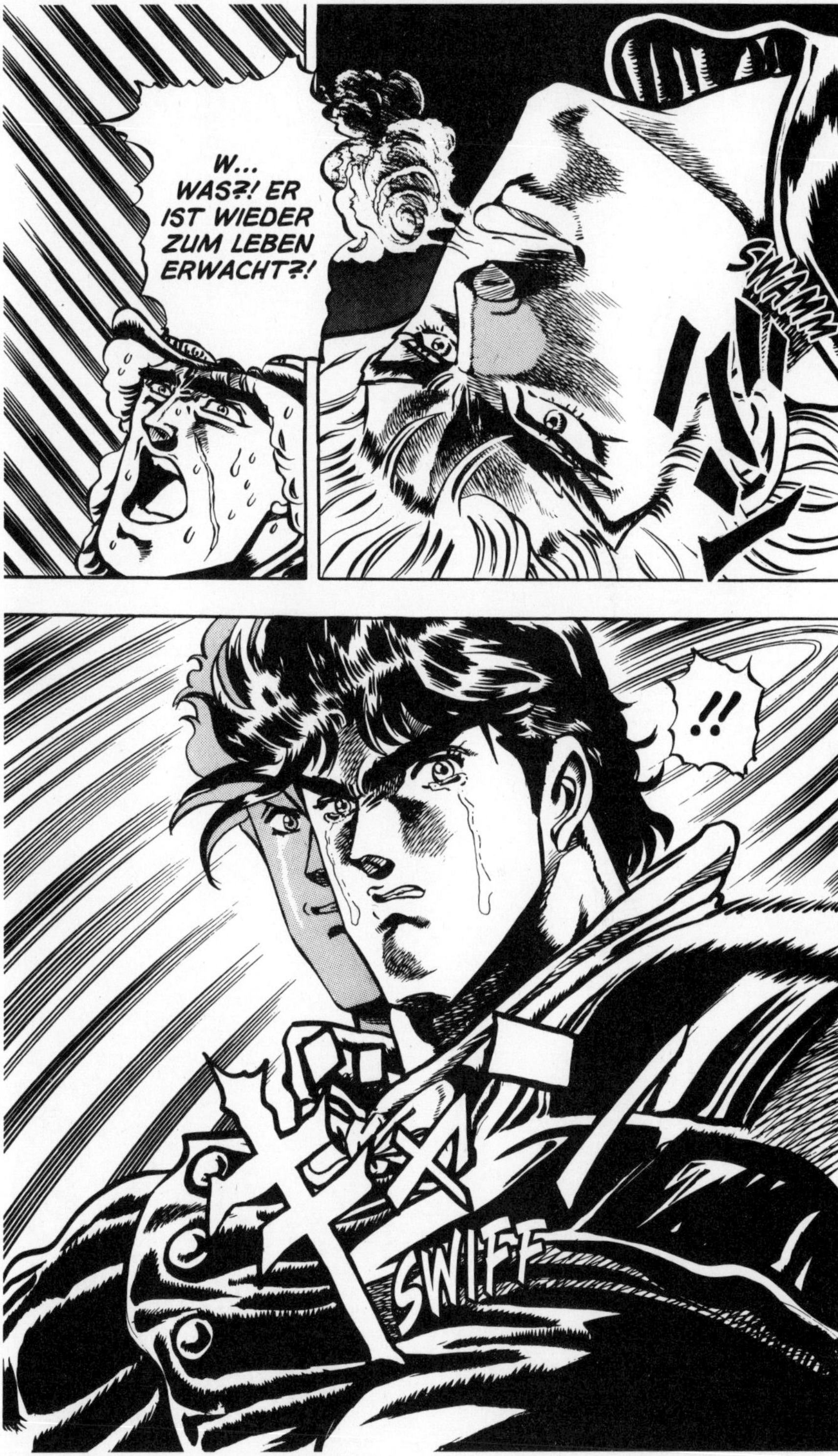
SWAMM
W... WAS?! ER IST WIEDER ZUM LEBEN ERWACHT?!
!!
SWIFF

JOJO'S BIZARRE ADVENTURE PART 1

PHANTOM BLOOD

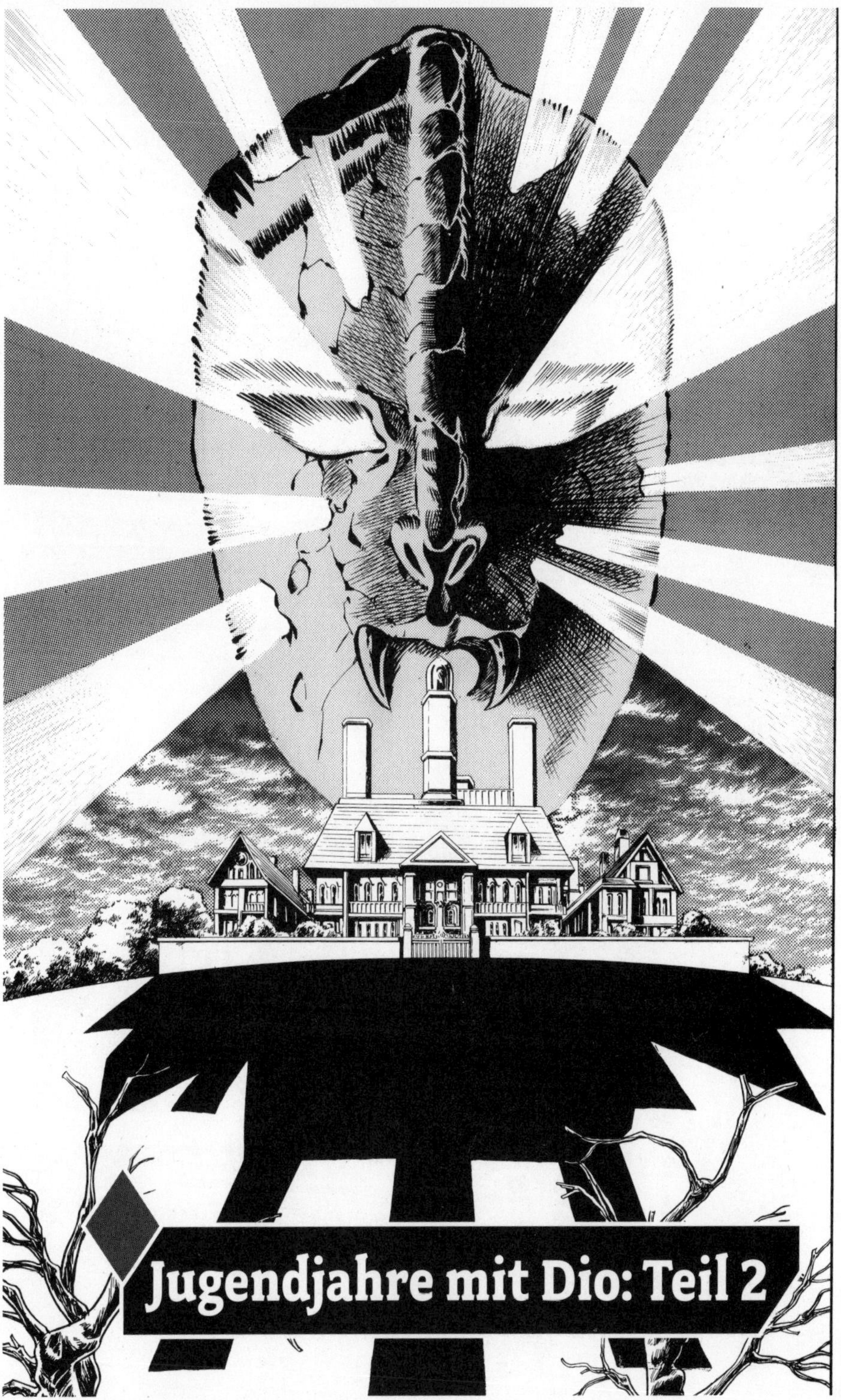
Jugendjahre mit Dio: Teil 2

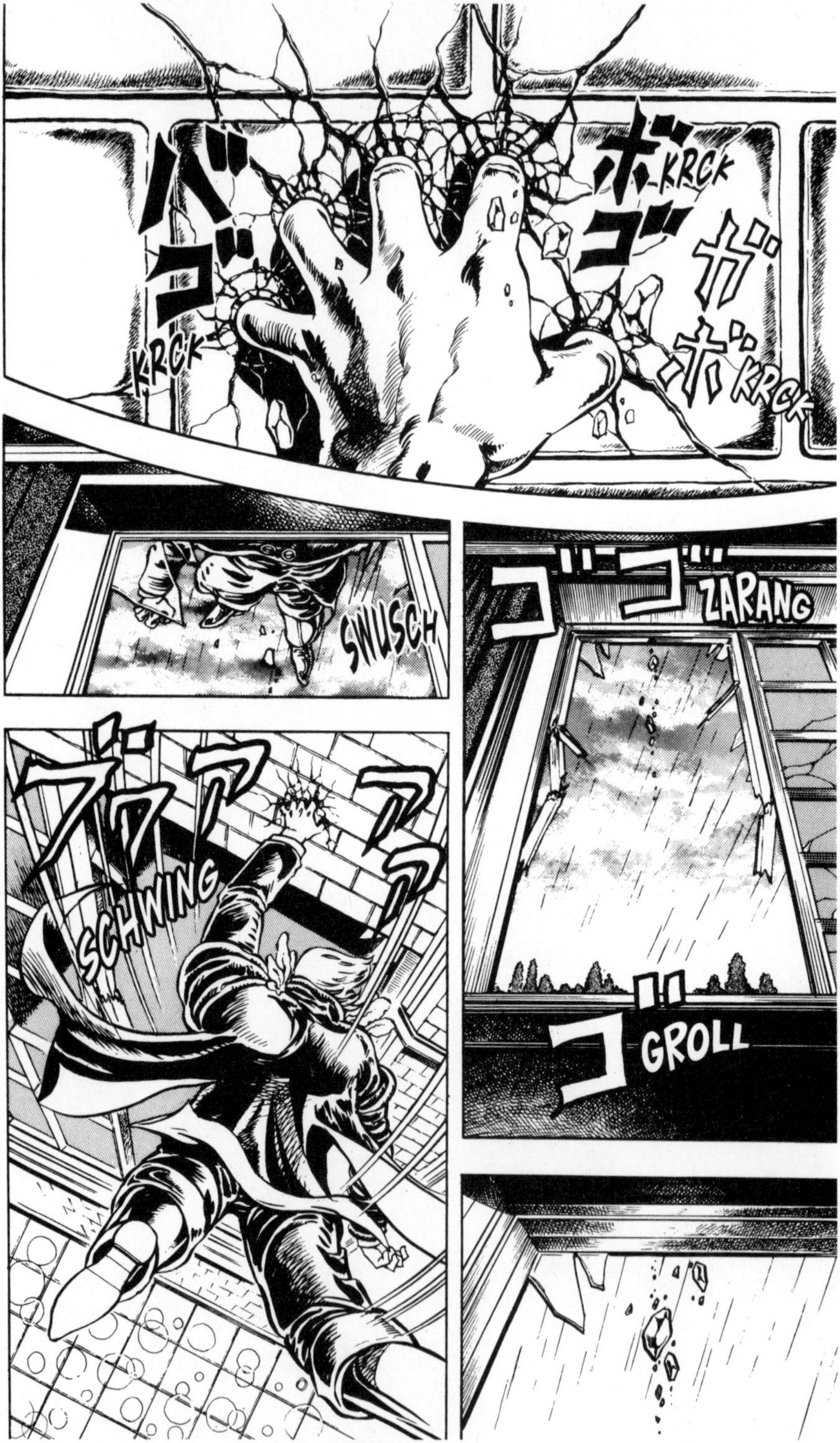

ボゴ
KRCK
ガボ
KRCK
バゴ
KRCK
ゴゴ
ZARANG
SWUSCH
ゴ
GROLL
ヴァア
SCHWING
アア

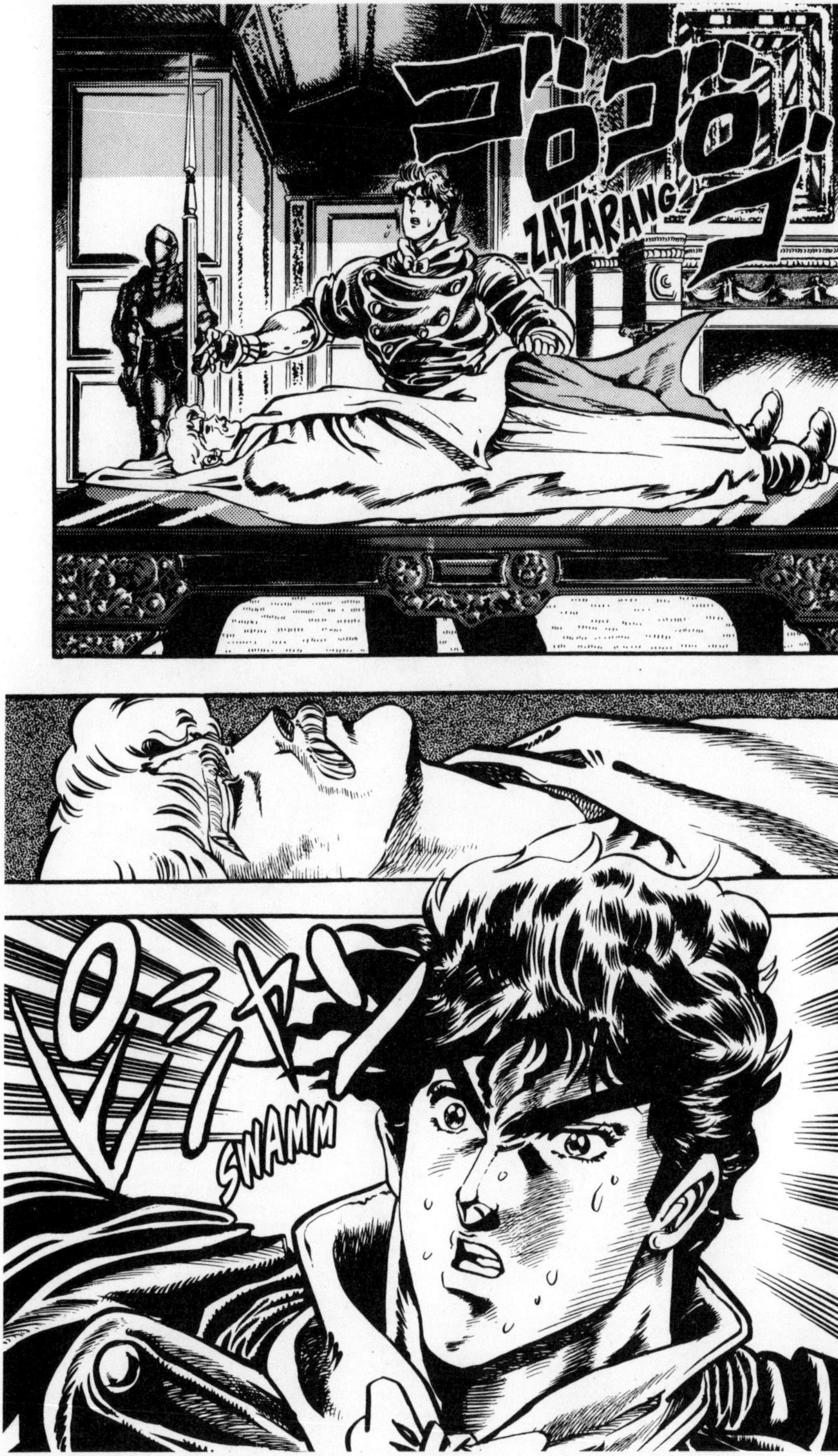
ZAZARANG
SWAMM

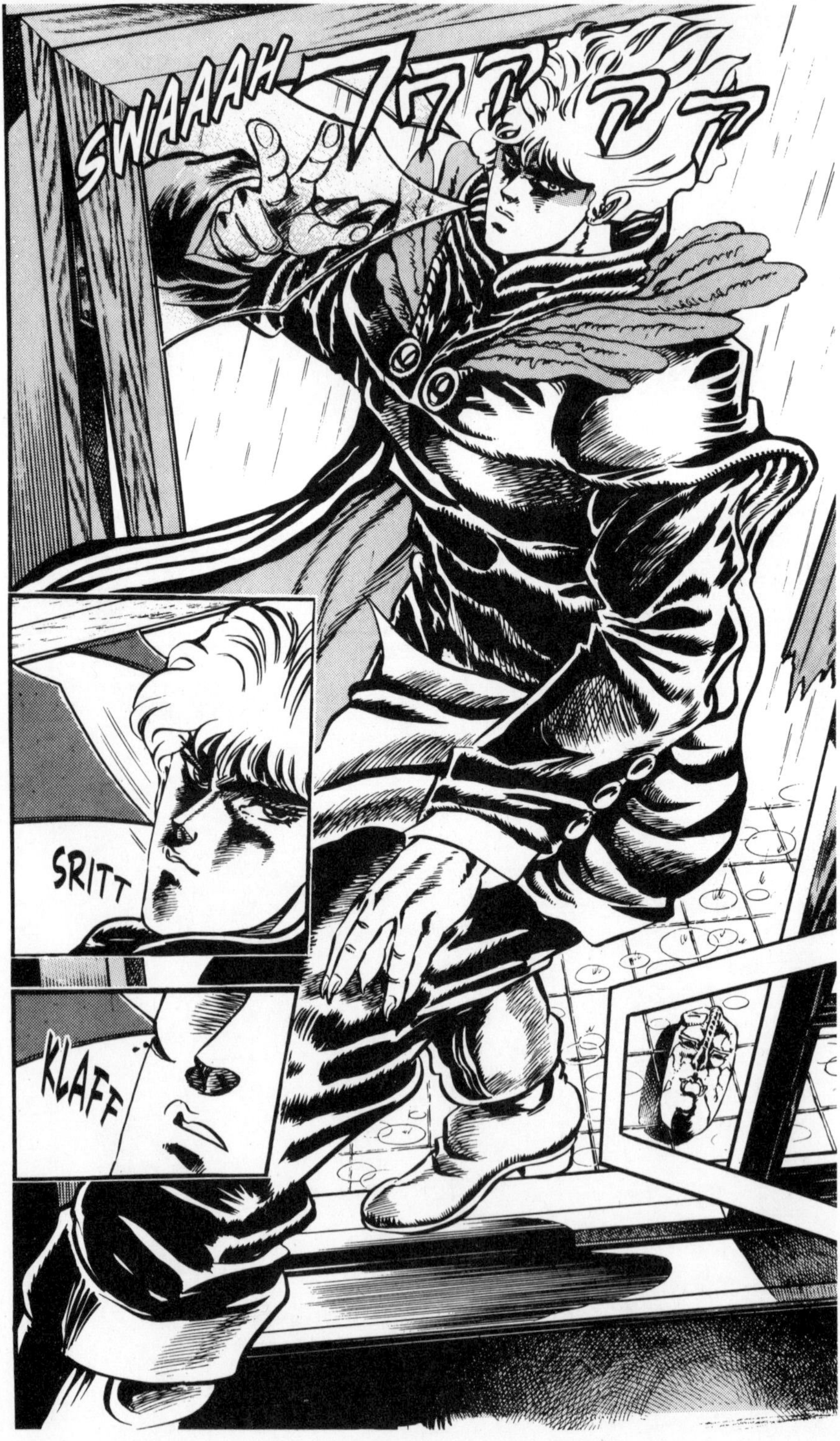
SWAAAH フワァァァ
SRITT
KLAFF

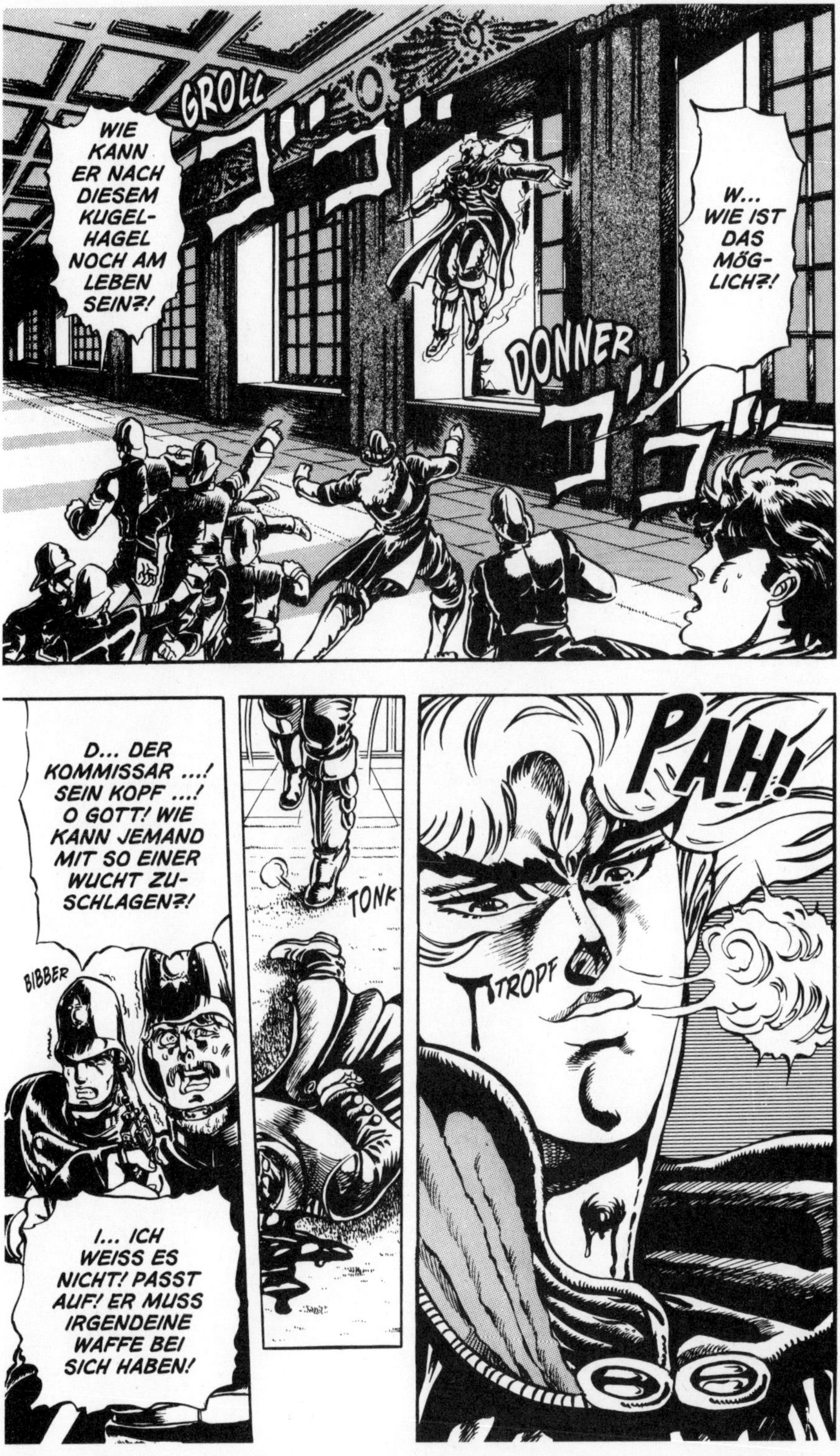
W... WIE IST DAS MÖGLICH?!
WIE KANN ER NACH DIESEM KUGELHAGEL NOCH AM LEBEN SEIN?!
GROLL
DONNER
PAH!
TROPF
TONK
D... DER KOMMISSAR ...! SEIN KOPF ...! O GOTT! WIE KANN JEMAND MIT SO EINER WUCHT ZUSCHLAGEN?!
BIBBER
I... ICH WEISS ES NICHT! PASST AUF! ER MUSS IRGENDEINE WAFFE BEI SICH HABEN!

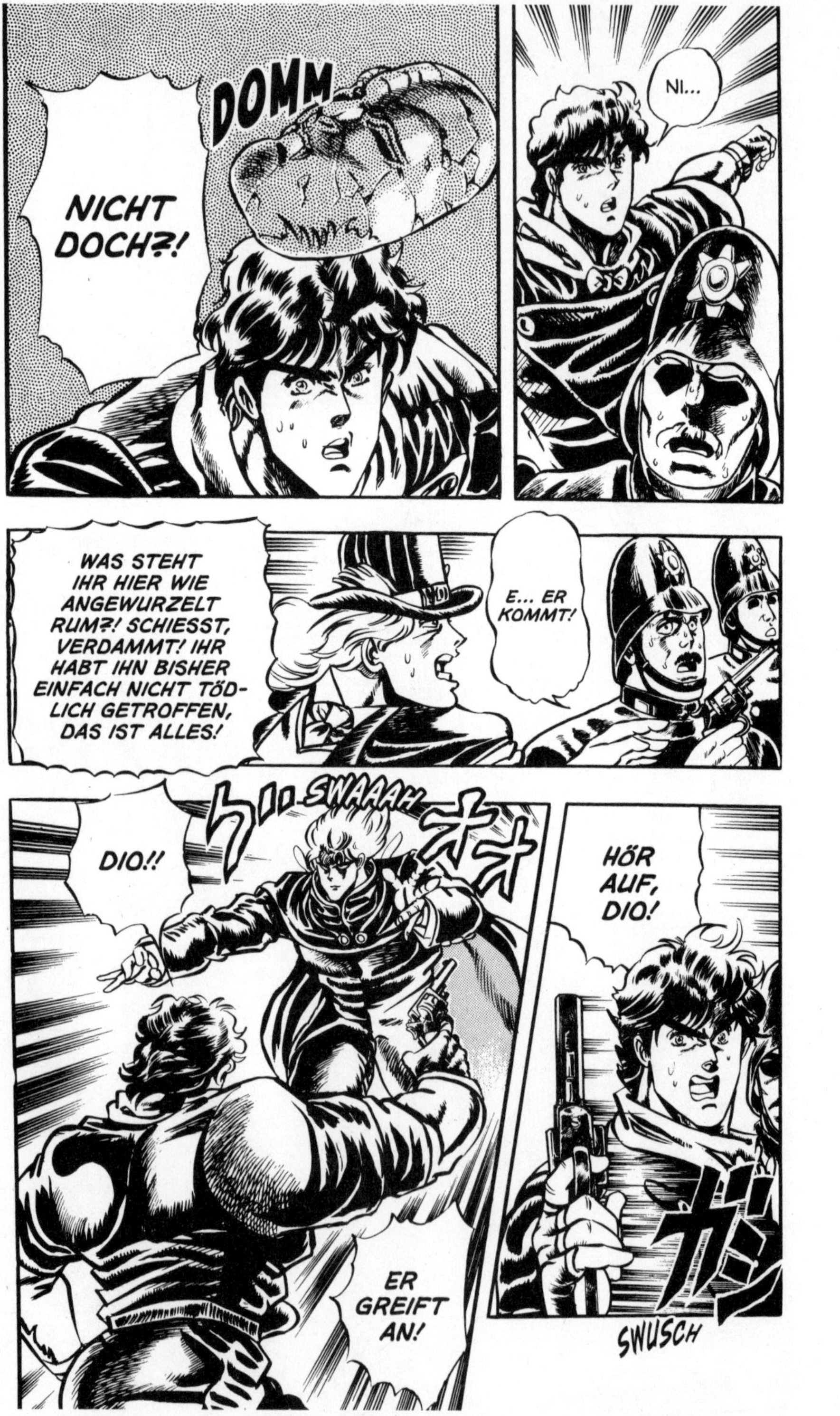
DOMM
NICHT DOCH?!
NI...
WAS STEHT IHR HIER WIE ANGEWURZELT RUM?! SCHIESST, VERDAMMT! IHR HABT IHN BISHER EINFACH NICHT TÖDLICH GETROFFEN, DAS IST ALLES!
E... ER KOMMT!
SWAAAH
DIO!!
ER GREIFT AN!
HÖR AUF, DIO!
SWUSCH

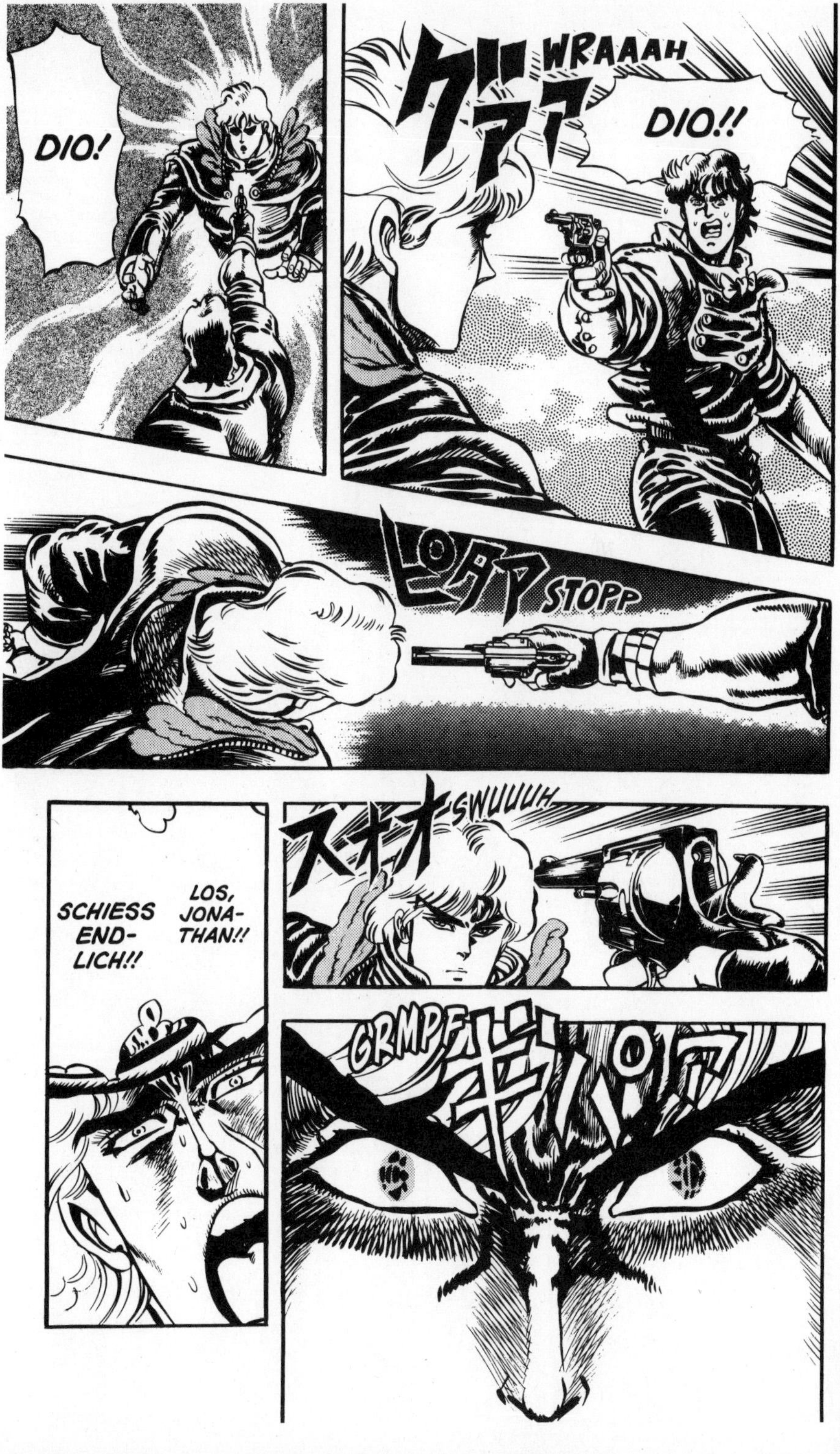
WRAAAH
DIO!!
DIO!
STOPP
SWUUUH
LOS, JONA-THAN!!
SCHIESS END-LICH!!
GRMPF

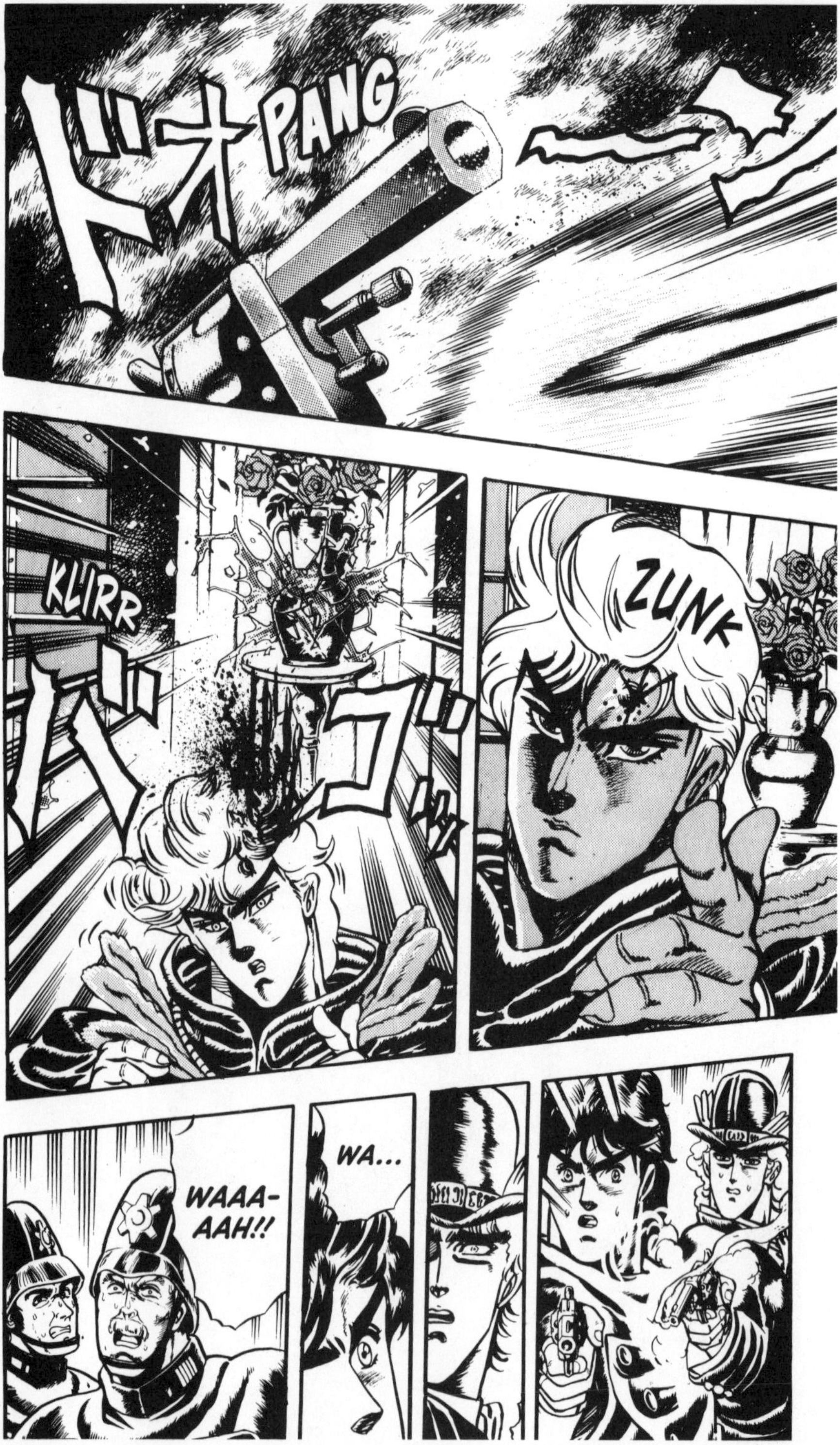
ドオ
PANG
KLIRR
バゴッ
ZUNK
WAAA-
AAH!!
WA...

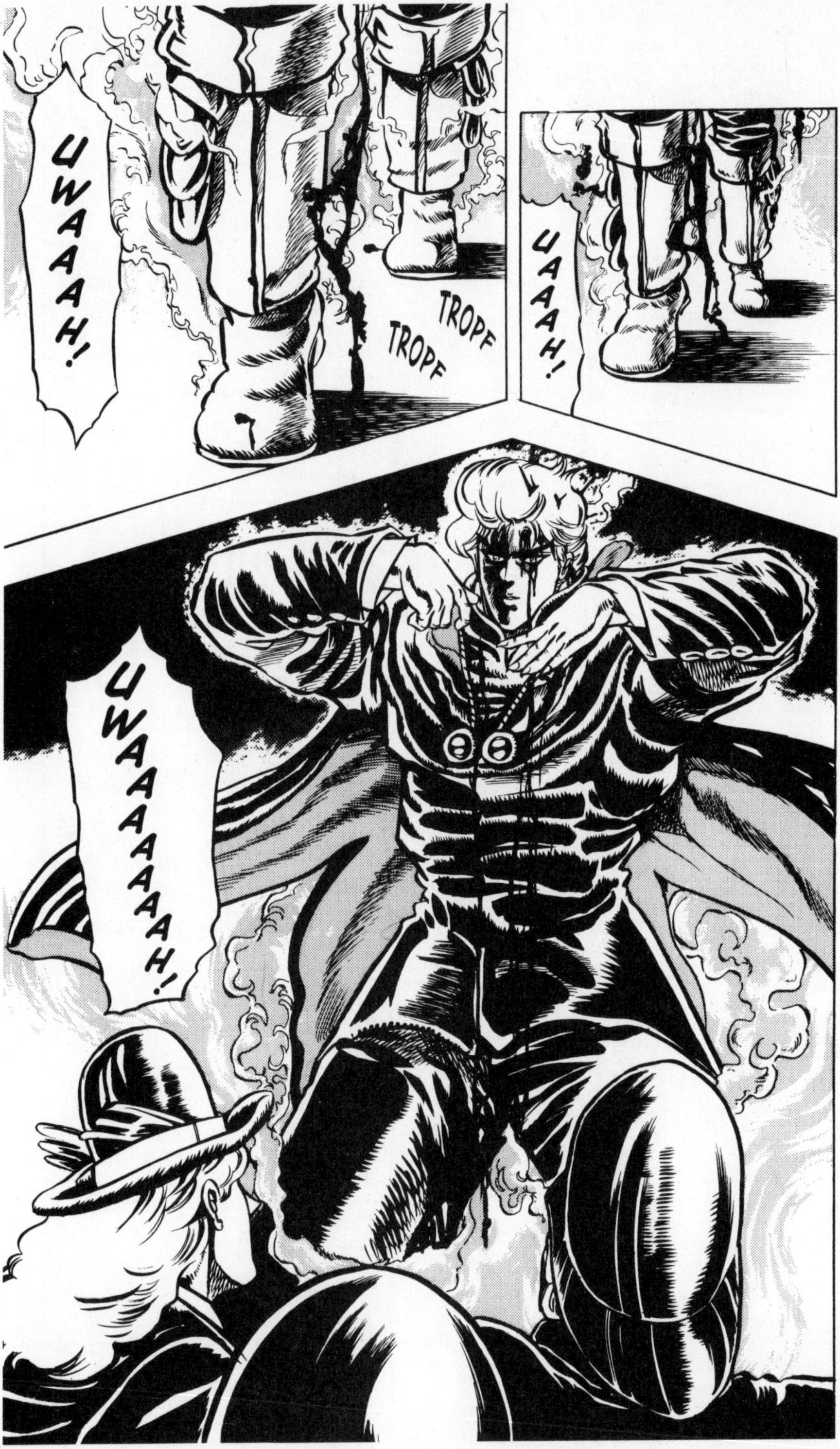
UAAAAH!
TROPF
TROPF
UWAAAAH!
UWAAAAAAAAAH!

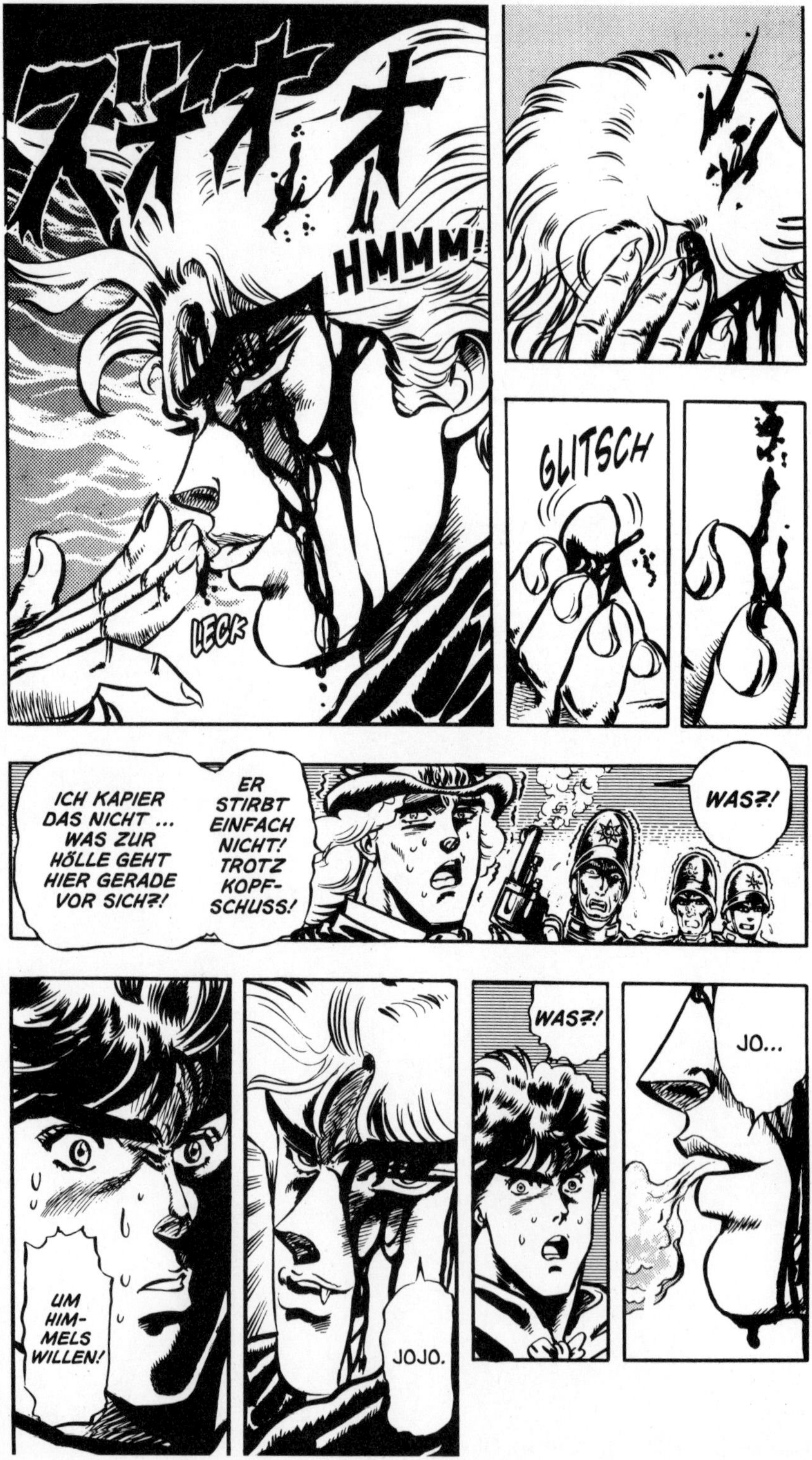HMMM!
LECK
GLITSCH
WAS?!
ER STIRBT EINFACH NICHT! TROTZ KOPF-SCHUSS!
ICH KAPIER DAS NICHT ... WAS ZUR HÖLLE GEHT HIER GERADE VOR SICH?!
JO...
WAS?!
JOJO.
UM HIMMELS WILLEN!

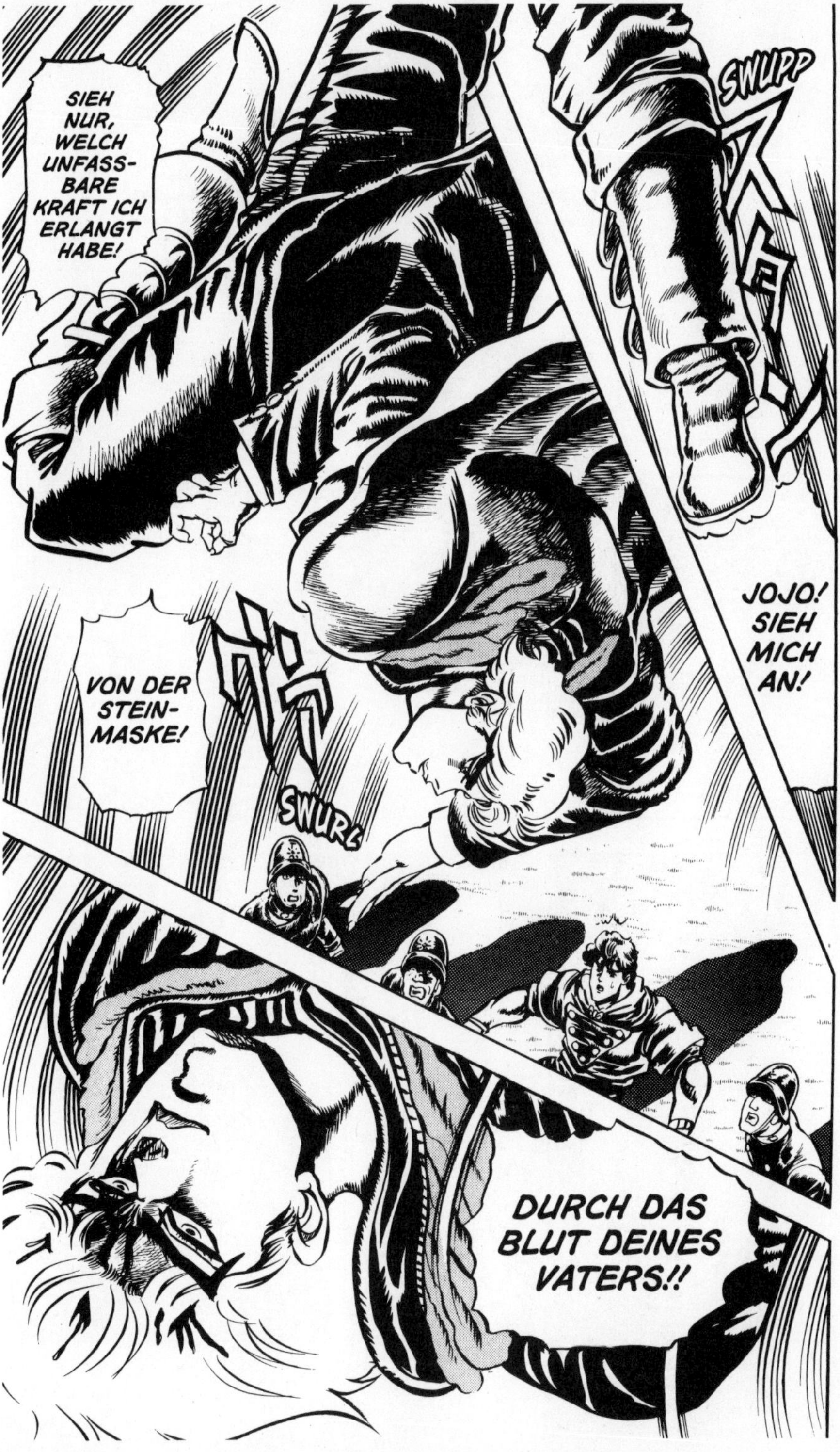
SWUPP
SIEH NUR, WELCH UNFASSBARE KRAFT ICH ERLANGT HABE!
JOJO! SIEH MICH AN!
VON DER STEINMASKE!
SWURL
DURCH DAS BLUT DEINES VATERS!!

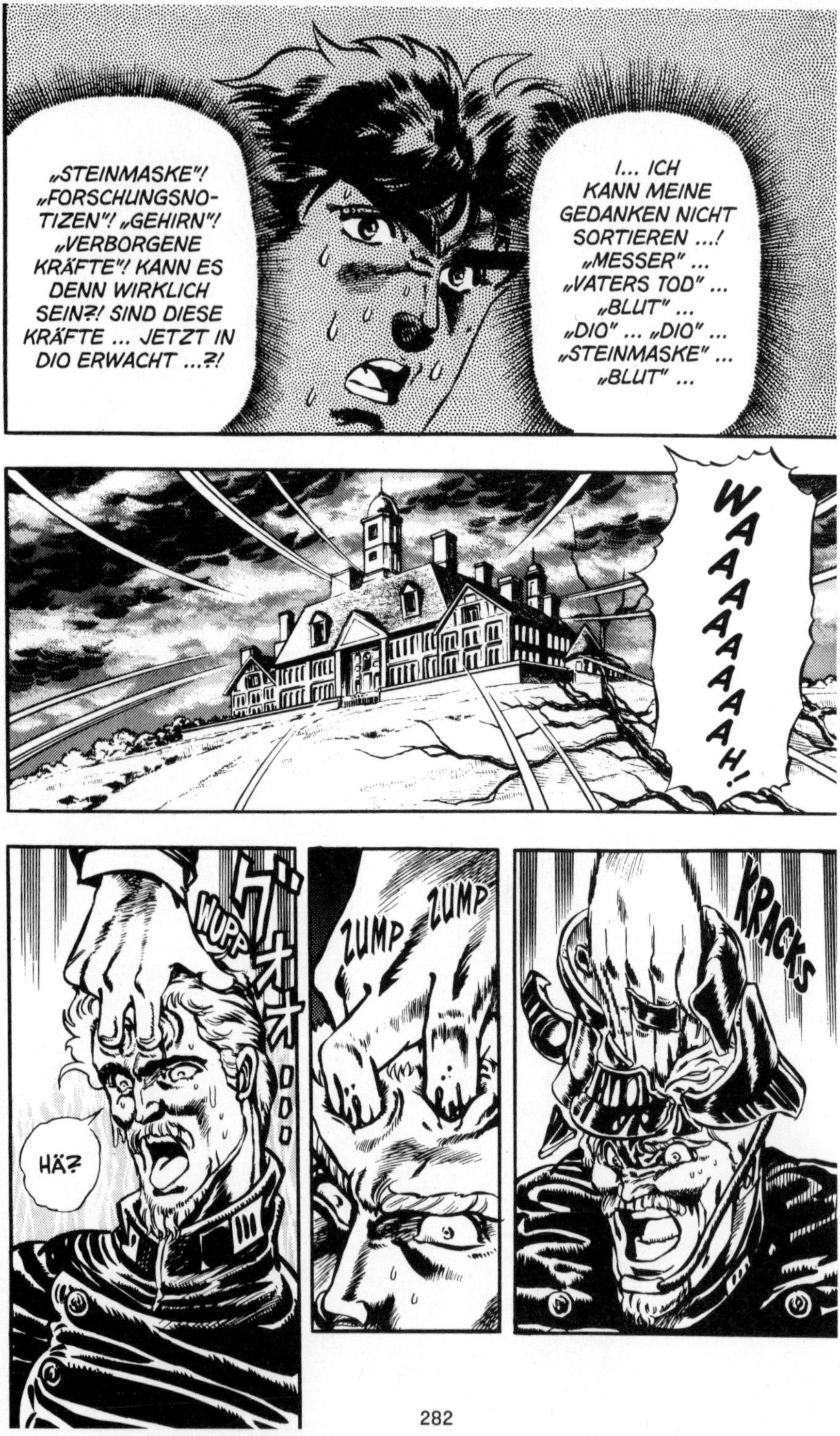
I… ICH KANN MEINE GEDANKEN NICHT SORTIEREN …! „MESSER" … „VATERS TOD" … „BLUT" … „DIO" … „DIO" … „STEINMASKE" … „BLUT" …
„STEINMASKE"! „FORSCHUNGSNOTIZEN"! „GEHIRN"! „VERBORGENE KRÄFTE"! KANN ES DENN WIRKLICH SEIN⁈ SIND DIESE KRÄFTE … JETZT IN DIO ERWACHT …⁈
WAAAAAAAAAAH!
WUPP
HÄ?
ZUMP
ZUMP
KRACKS

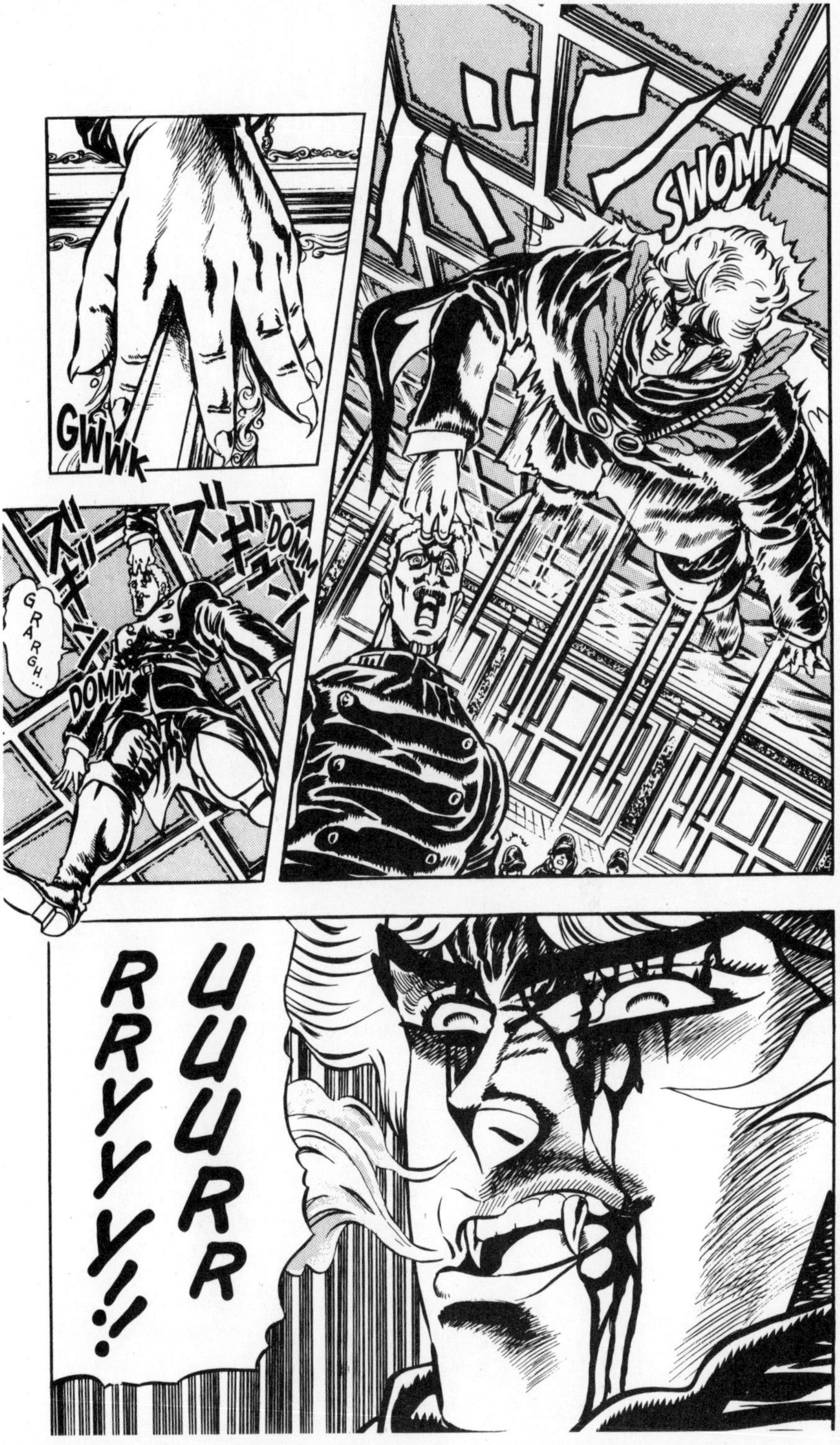
SWOMM
GWWK
DOMM
DOMM
GRARGH...
UURR
RRYYYY!!!

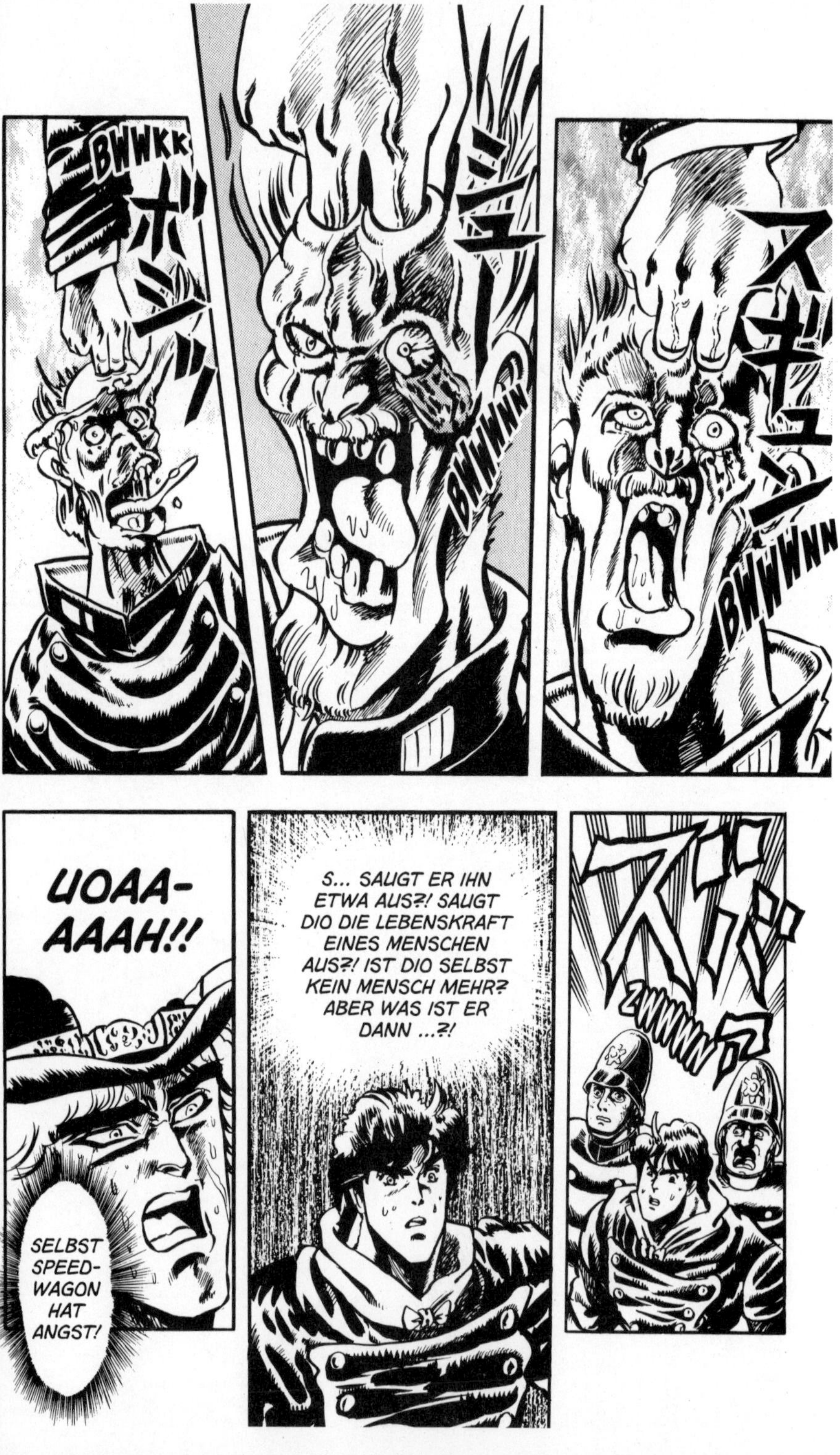
BWWWNN
BWWWNN
BWWKK
ZWWWNN
S... SAUGT ER IHN ETWA AUS?! SAUGT DIO DIE LEBENSKRAFT EINES MENSCHEN AUS?! IST DIO SELBST KEIN MENSCH MEHR? ABER WAS IST ER DANN ...?!
UOAA-AAAH!!
SELBST SPEED-WAGON HAT ANGST!

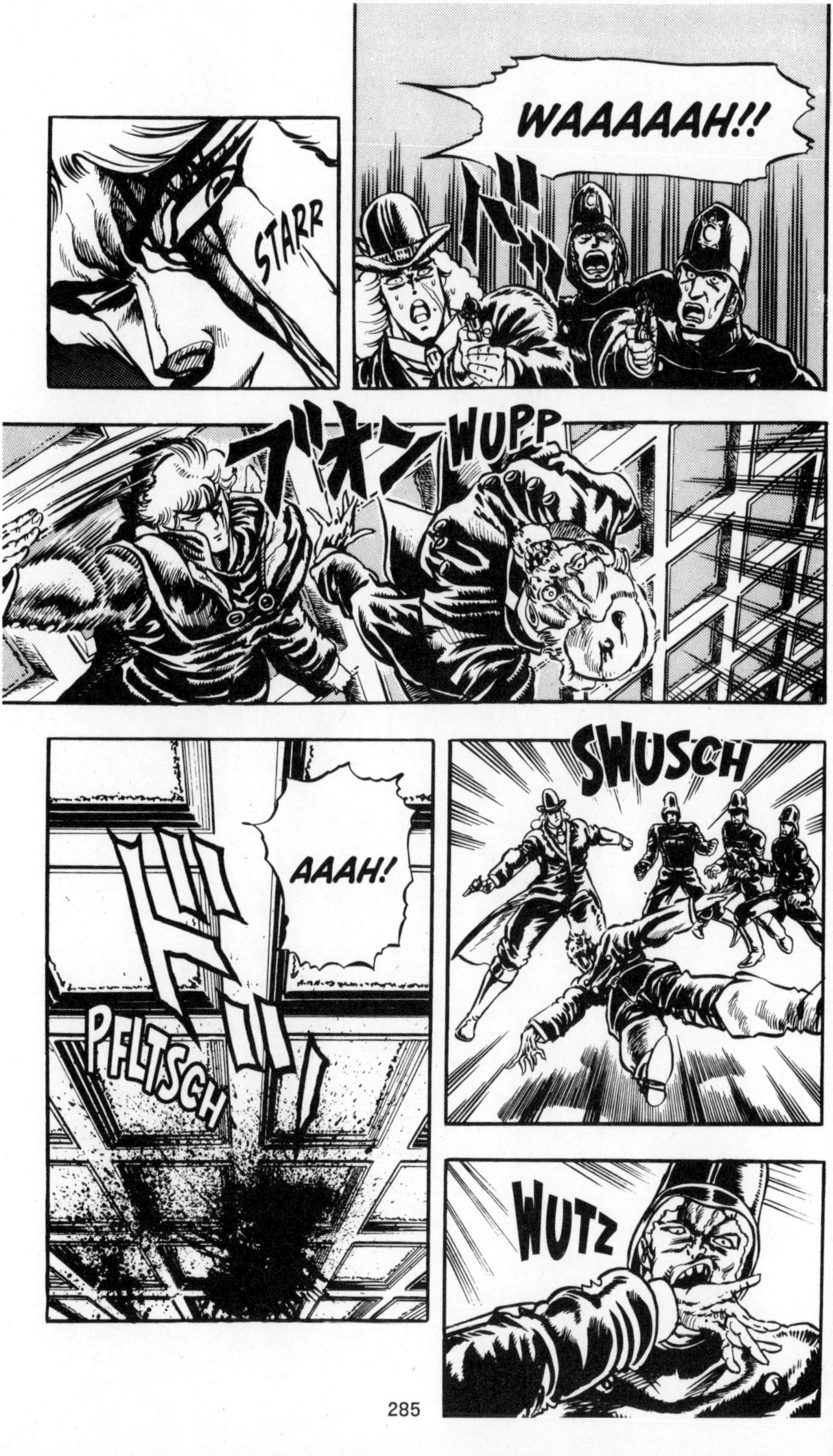
WAAAAAH!!
STARR
ブオン
WUPP
SWUSCH
AAAH!
PFLTSCH
WUTZ

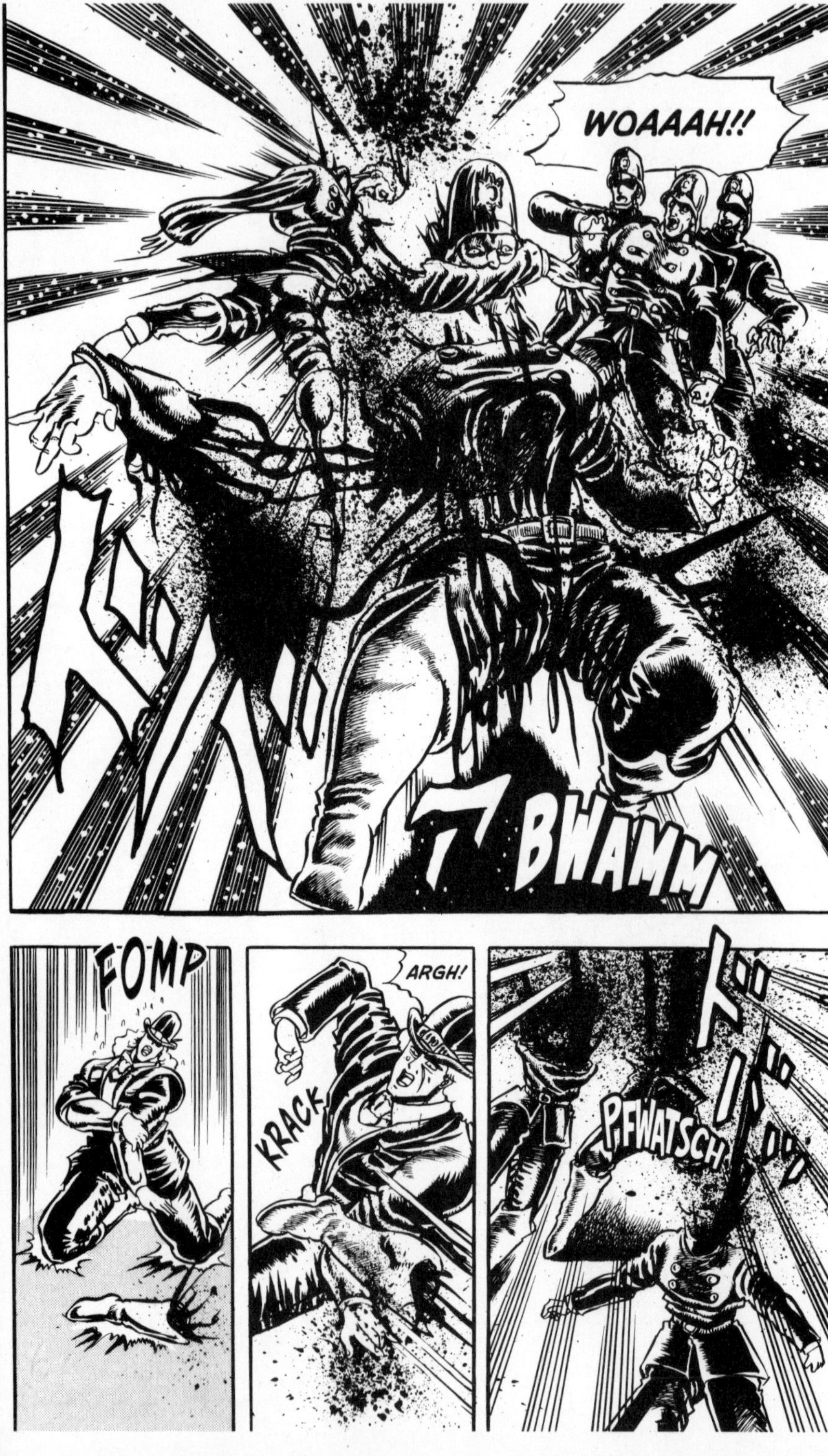
WOAAAH!!
BWAMM
FOMP
ARGH!
KRACK
PFWATSCH

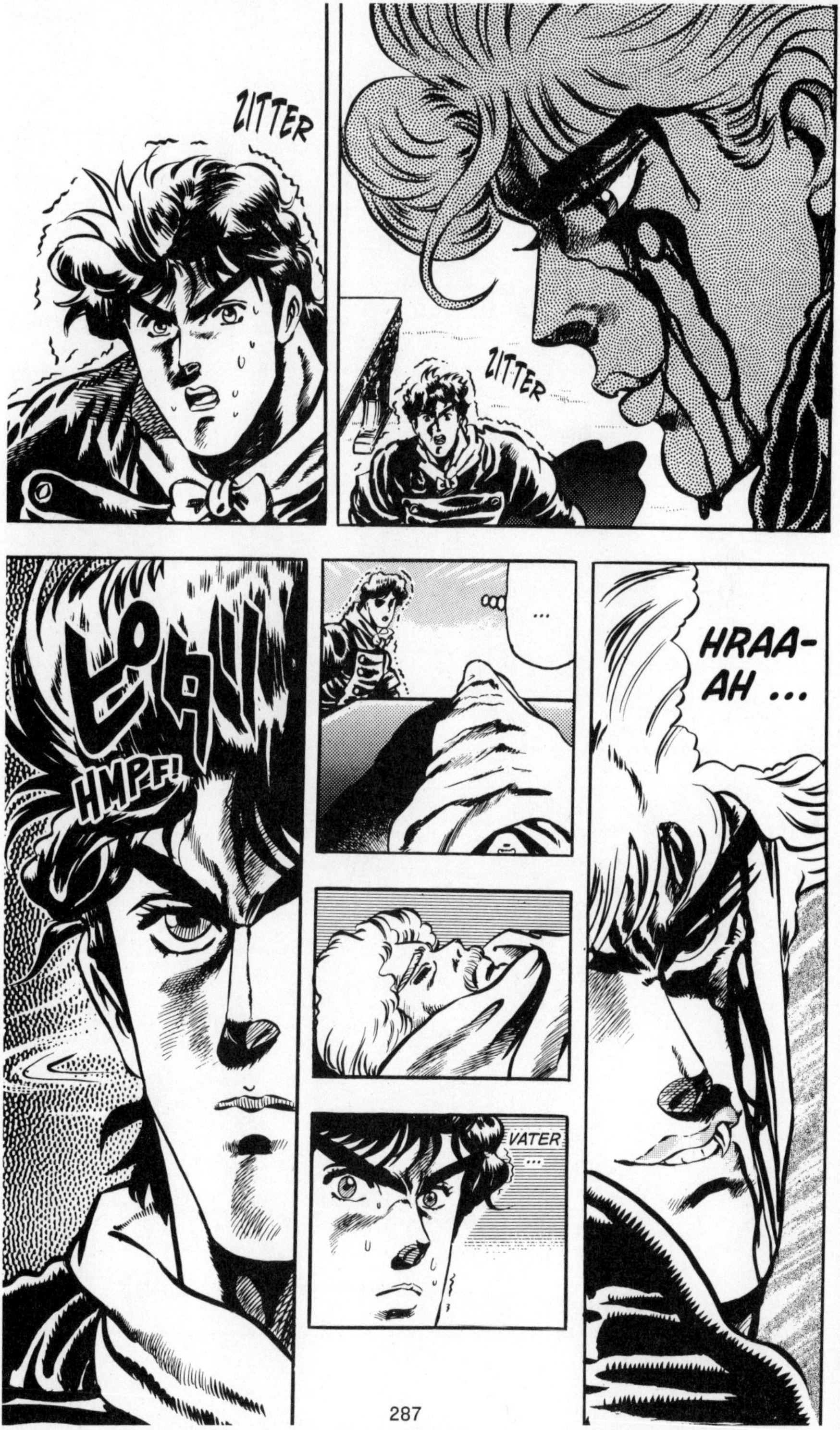
ZITTER
ZITTER
HRAA-
AH ...
...
VATER
...
ピタリ
HMPF!

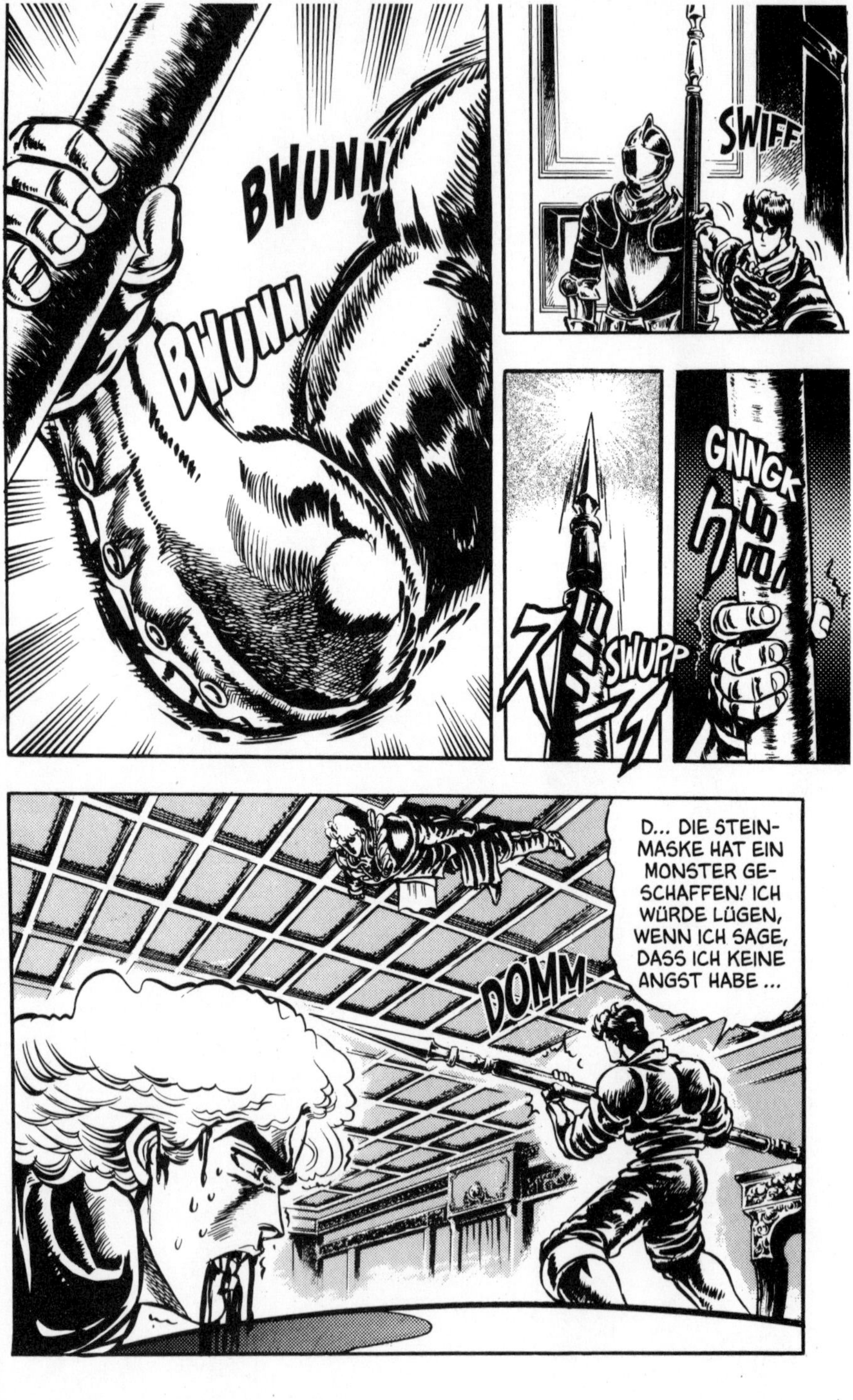
BWUNN
BWUNN
SWIFF
GNNGK
SWUPP
DOMM
D… DIE STEIN-
MASKE HAT EIN
MONSTER GE-
SCHAFFEN! ICH
WÜRDE LÜGEN,
WENN ICH SAGE,
DASS ICH KEINE
ANGST HABE …

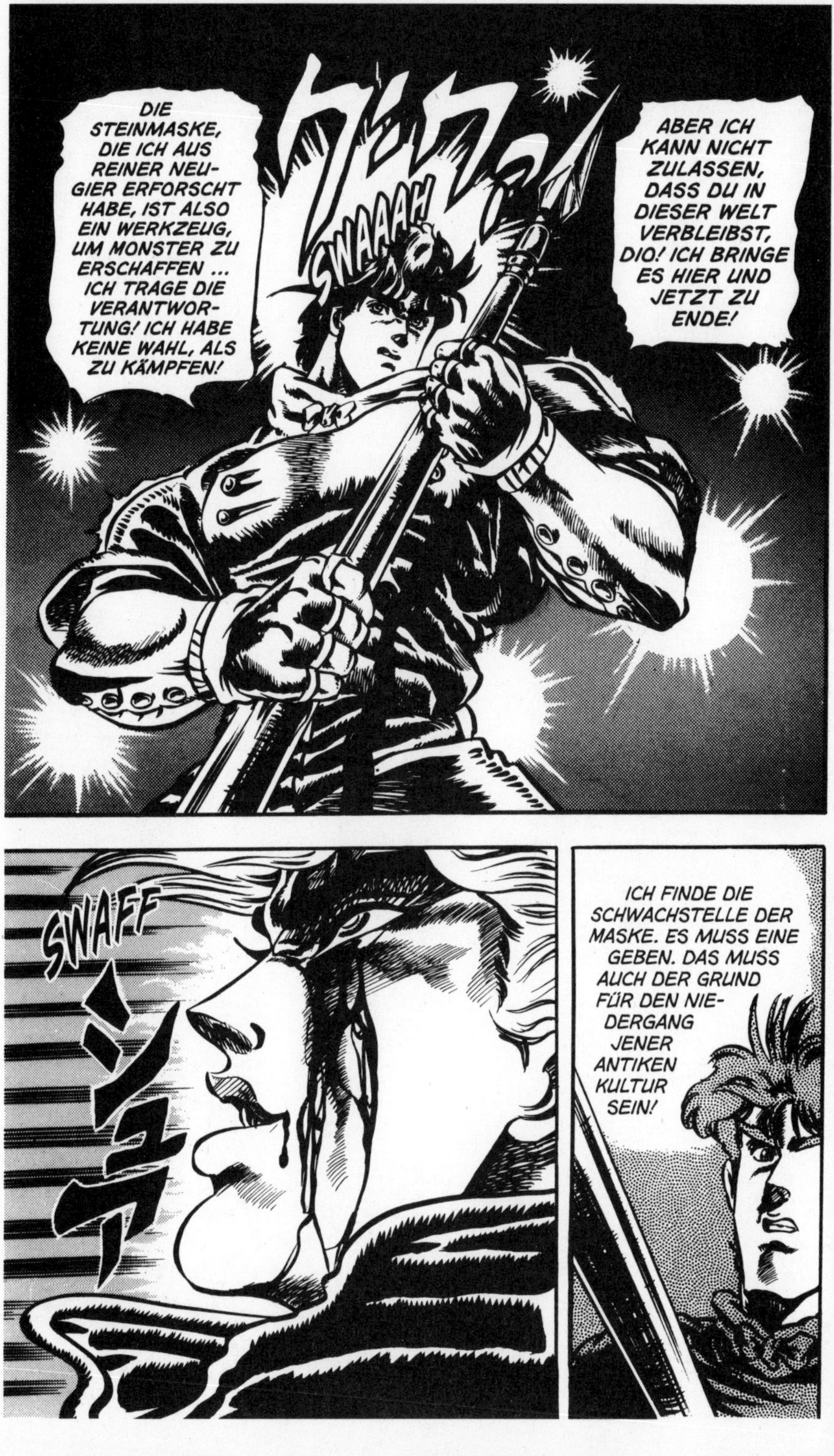
DIE STEINMASKE, DIE ICH AUS REINER NEUGIER ERFORSCHT HABE, IST ALSO EIN WERKZEUG, UM MONSTER ZU ERSCHAFFEN ... ICH TRAGE DIE VERANTWORTUNG! ICH HABE KEINE WAHL, ALS ZU KÄMPFEN!
SWAAAH
ABER ICH KANN NICHT ZULASSEN, DASS DU IN DIESER WELT VERBLEIBST, DIO! ICH BRINGE ES HIER UND JETZT ZU ENDE!
ICH FINDE DIE SCHWACHSTELLE DER MASKE. ES MUSS EINE GEBEN. DAS MUSS AUCH DER GRUND FÜR DEN NIEDERGANG JENER ANTIKEN KULTUR SEIN!
SWAFF

JOJO'S BIZARRE ADVENTURE
PART 1
PHANTOM BLOOD

Jugendjahre mit Dio: Teil 3

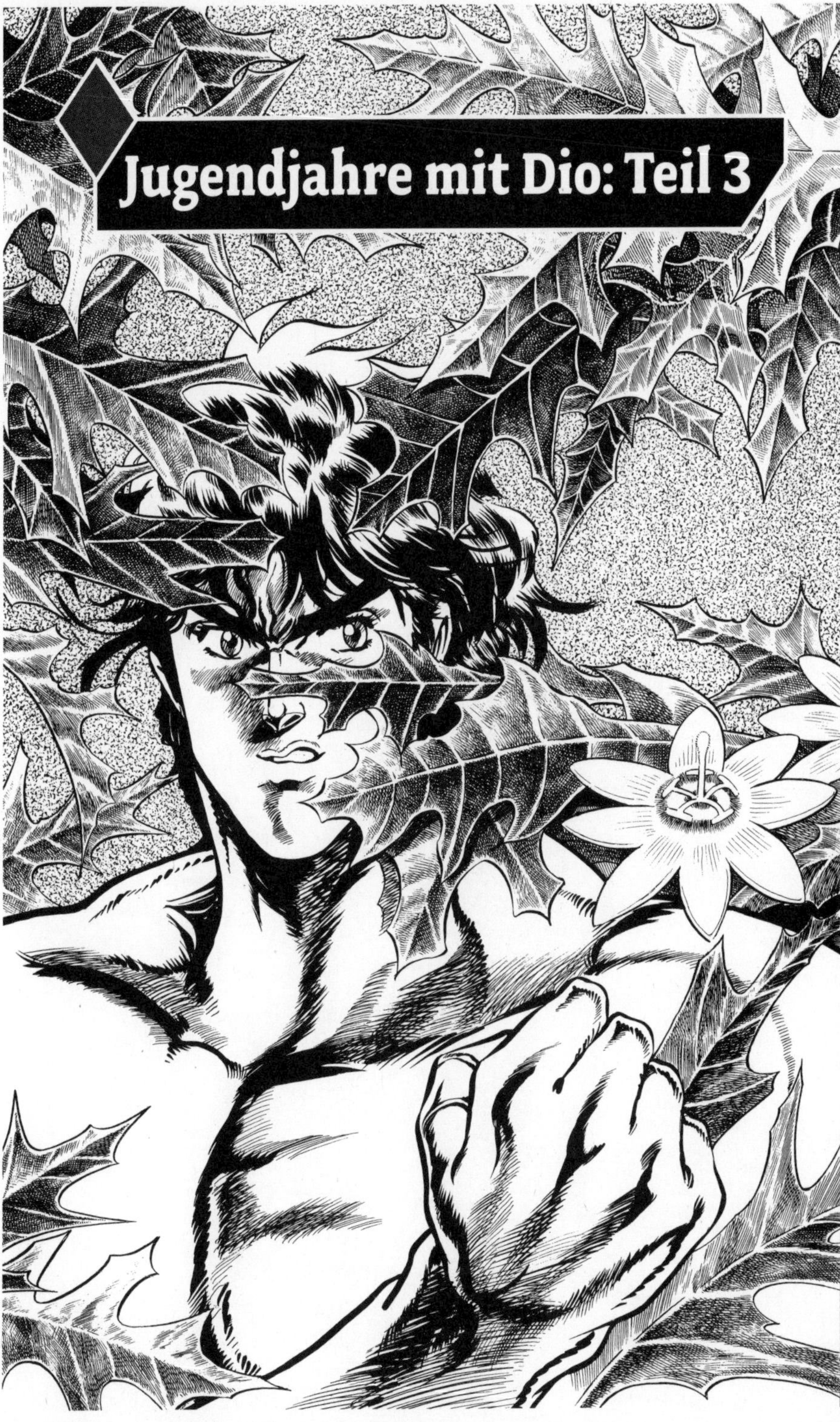

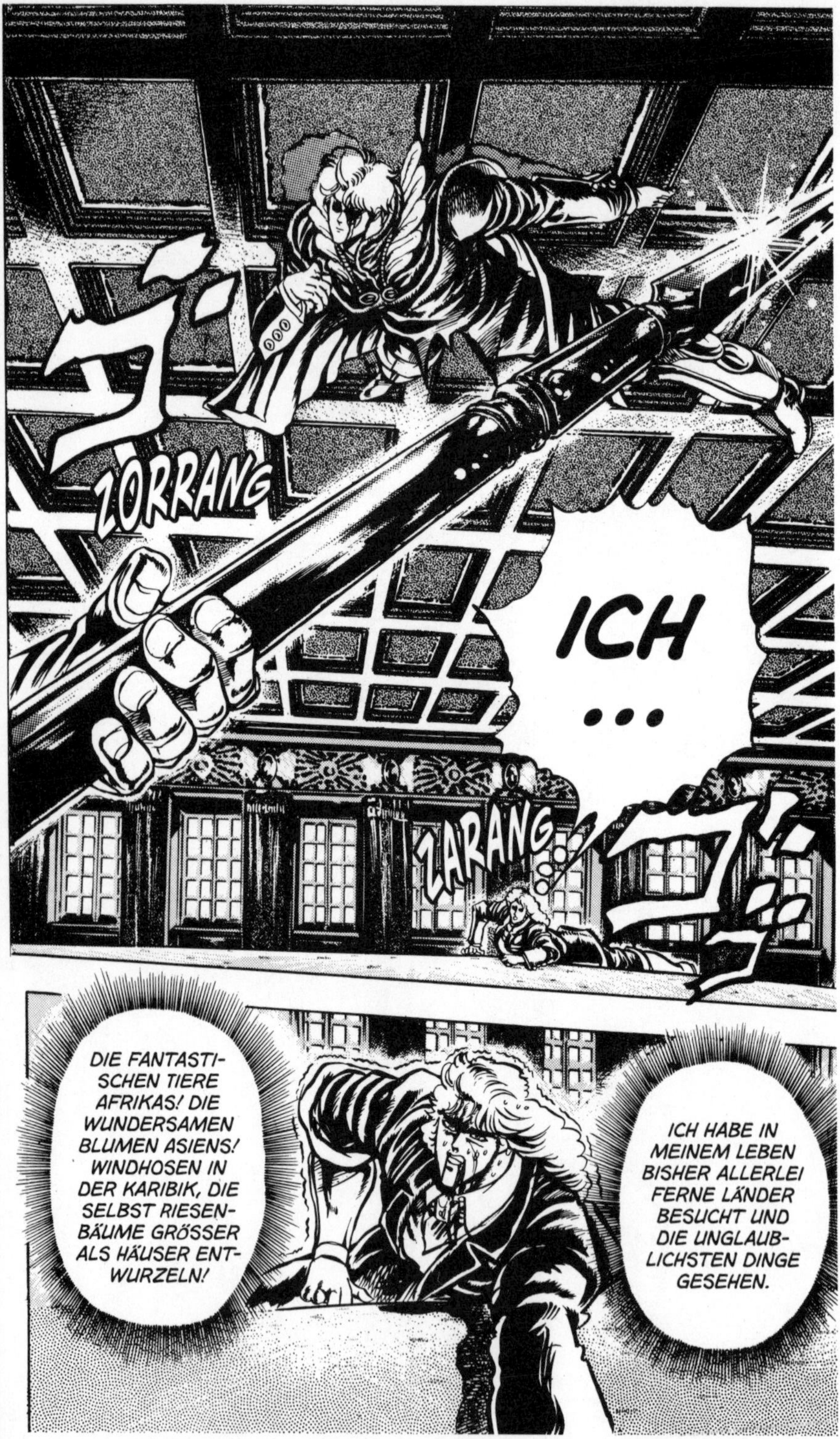
ZORRANG
ICH ...
ZARANG
ICH HABE IN MEINEM LEBEN BISHER ALLERLEI FERNE LÄNDER BESUCHT UND DIE UNGLAUB-LICHSTEN DINGE GESEHEN.
DIE FANTASTI-SCHEN TIERE AFRIKAS! DIE WUNDERSAMEN BLUMEN ASIENS! WINDHOSEN IN DER KARIBIK, DIE SELBST RIESEN-BÄUME GRÖSSER ALS HÄUSER ENT-WURZELN!

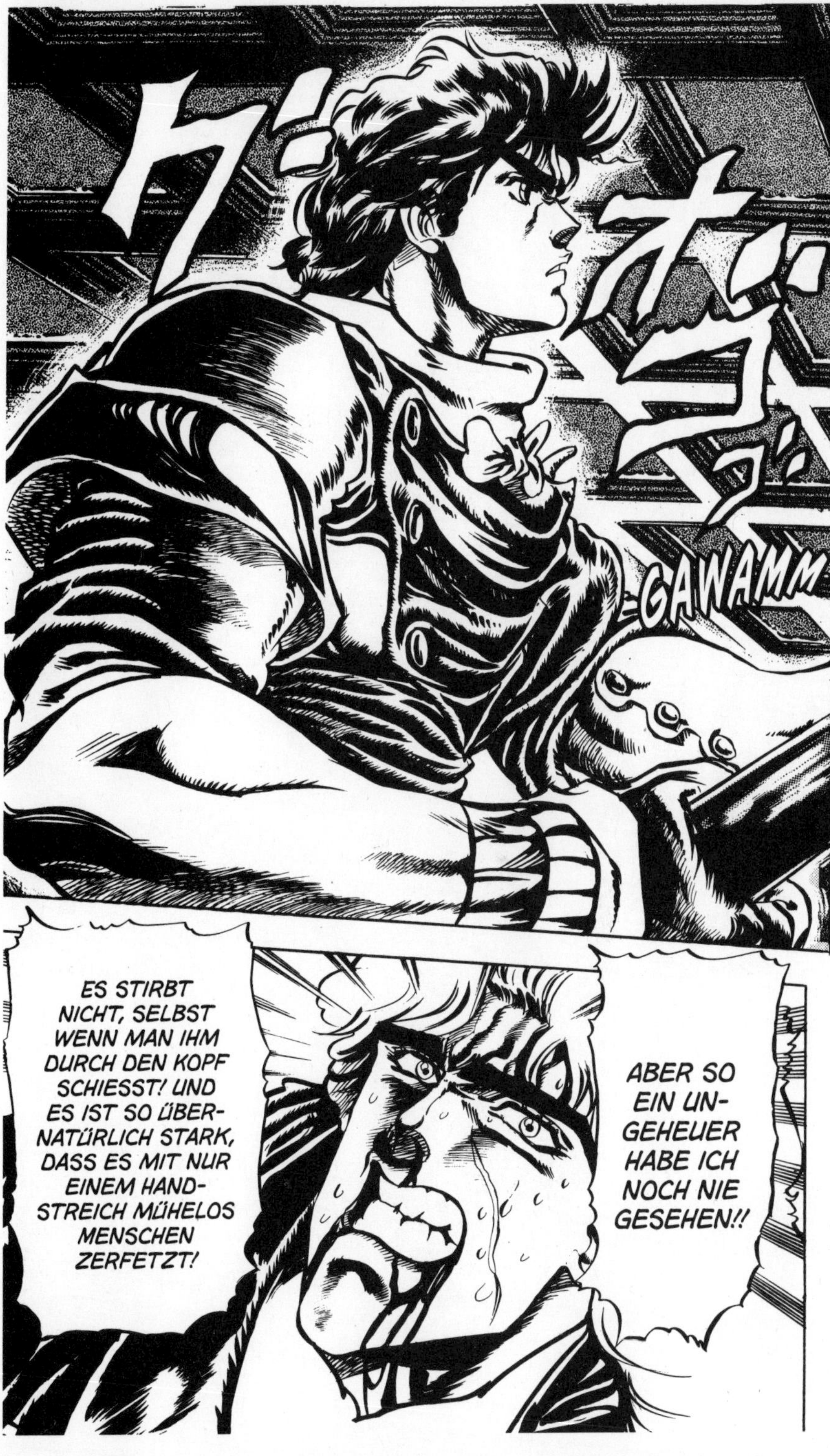
GAWAMM
ABER SO EIN UN-GEHEUER HABE ICH NOCH NIE GESEHEN!!
ES STIRBT NICHT, SELBST WENN MAN IHM DURCH DEN KOPF SCHIESST! UND ES IST SO ÜBER-NATÜRLICH STARK, DASS ES MIT NUR EINEM HAND-STREICH MÜHELOS MENSCHEN ZERFETZT!

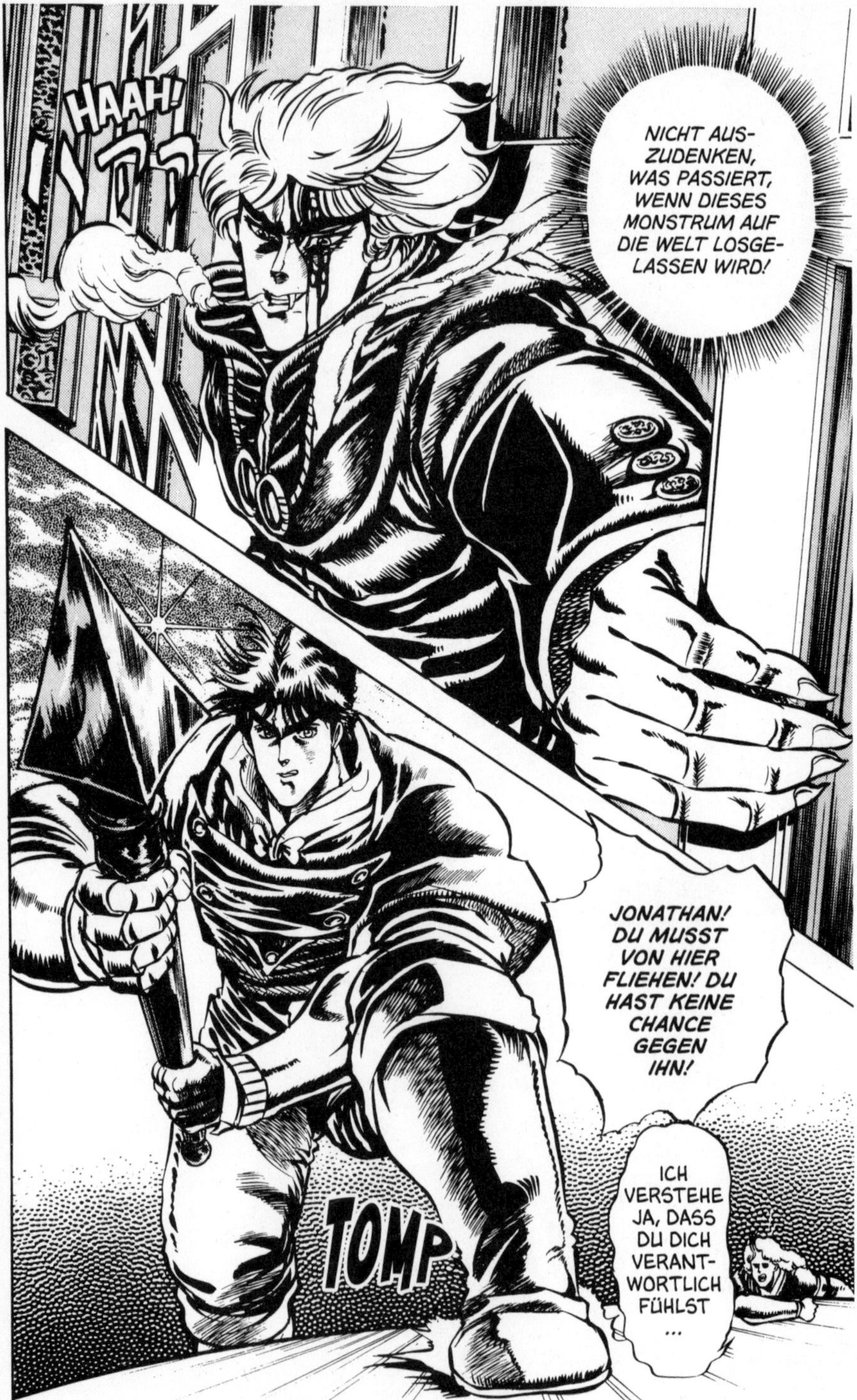
HAAH!
ハァァ
NICHT AUS-
ZUDENKEN,
WAS PASSIERT,
WENN DIESES
MONSTRUM AUF
DIE WELT LOSGE-
LASSEN WIRD!
JONATHAN!
DU MUSST
VON HIER
FLIEHEN! DU
HAST KEINE
CHANCE
GEGEN
IHN!
ICH
VERSTEHE
JA, DASS
DU DICH
VERANT-
WORTLICH
FÜHLST
...
TOMP

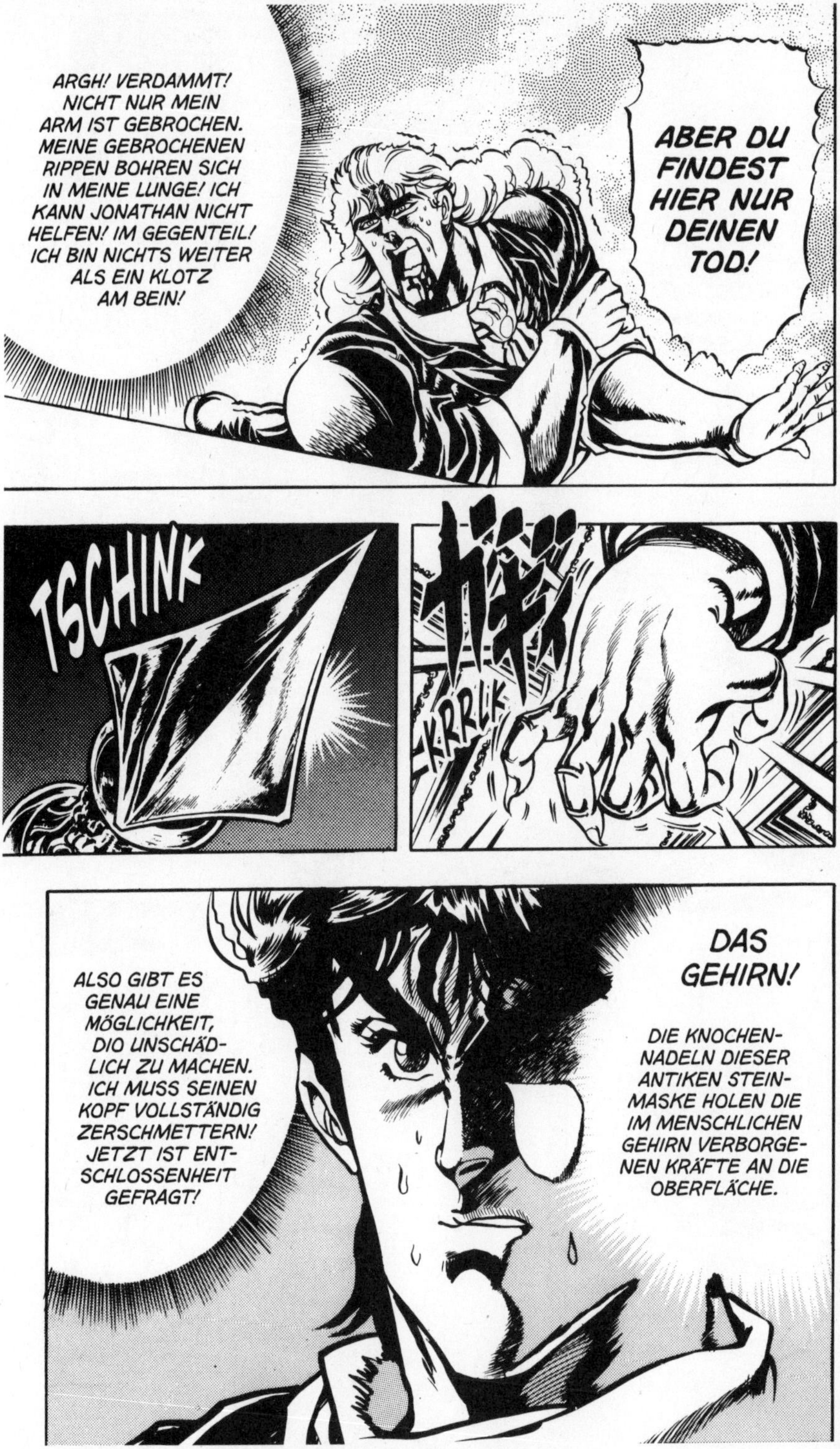
ABER DU FINDEST HIER NUR DEINEN TOD!
ARGH! VERDAMMT! NICHT NUR MEIN ARM IST GEBROCHEN. MEINE GEBROCHENEN RIPPEN BOHREN SICH IN MEINE LUNGE! ICH KANN JONATHAN NICHT HELFEN! IM GEGENTEIL! ICH BIN NICHTS WEITER ALS EIN KLOTZ AM BEIN!
KRRLIK
TSCHINK
DAS GEHIRN!
DIE KNOCHEN-NADELN DIESER ANTIKEN STEIN-MASKE HOLEN DIE IM MENSCHLICHEN GEHIRN VERBORGE-NEN KRÄFTE AN DIE OBERFLÄCHE.
ALSO GIBT ES GENAU EINE MÖGLICHKEIT, DIO UNSCHÄD-LICH ZU MACHEN. ICH MUSS SEINEN KOPF VOLLSTÄNDIG ZERSCHMETTERN! JETZT IST ENT-SCHLOSSENHEIT GEFRAGT!

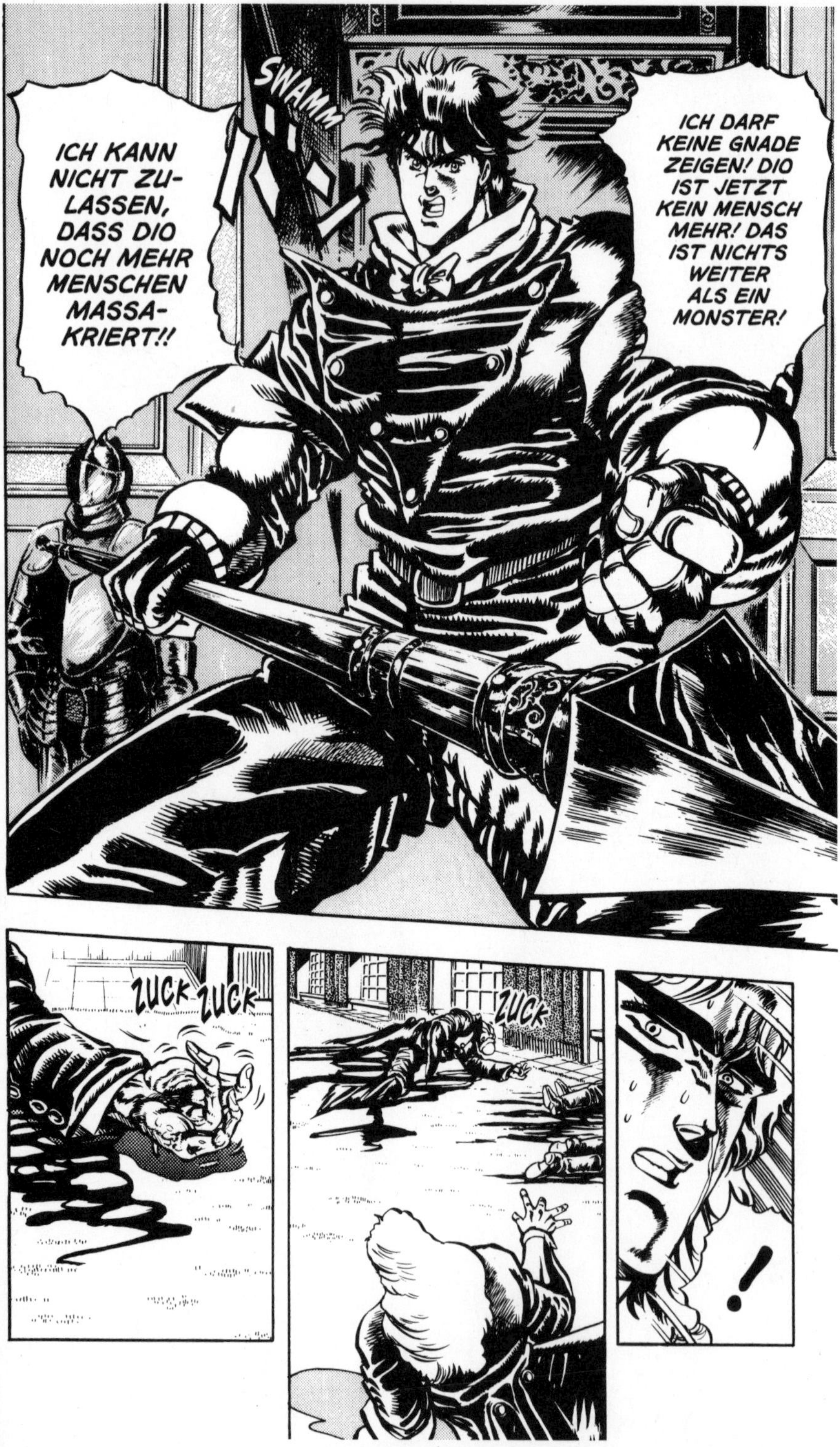
ICH DARF KEINE GNADE ZEIGEN! DIO IST JETZT KEIN MENSCH MEHR! DAS IST NICHTS WEITER ALS EIN MONSTER!
SWAMM
ICH KANN NICHT ZULASSEN, DASS DIO NOCH MEHR MENSCHEN MASSAKRIERT!!
ZUCK ZUCK
ZUCK
!

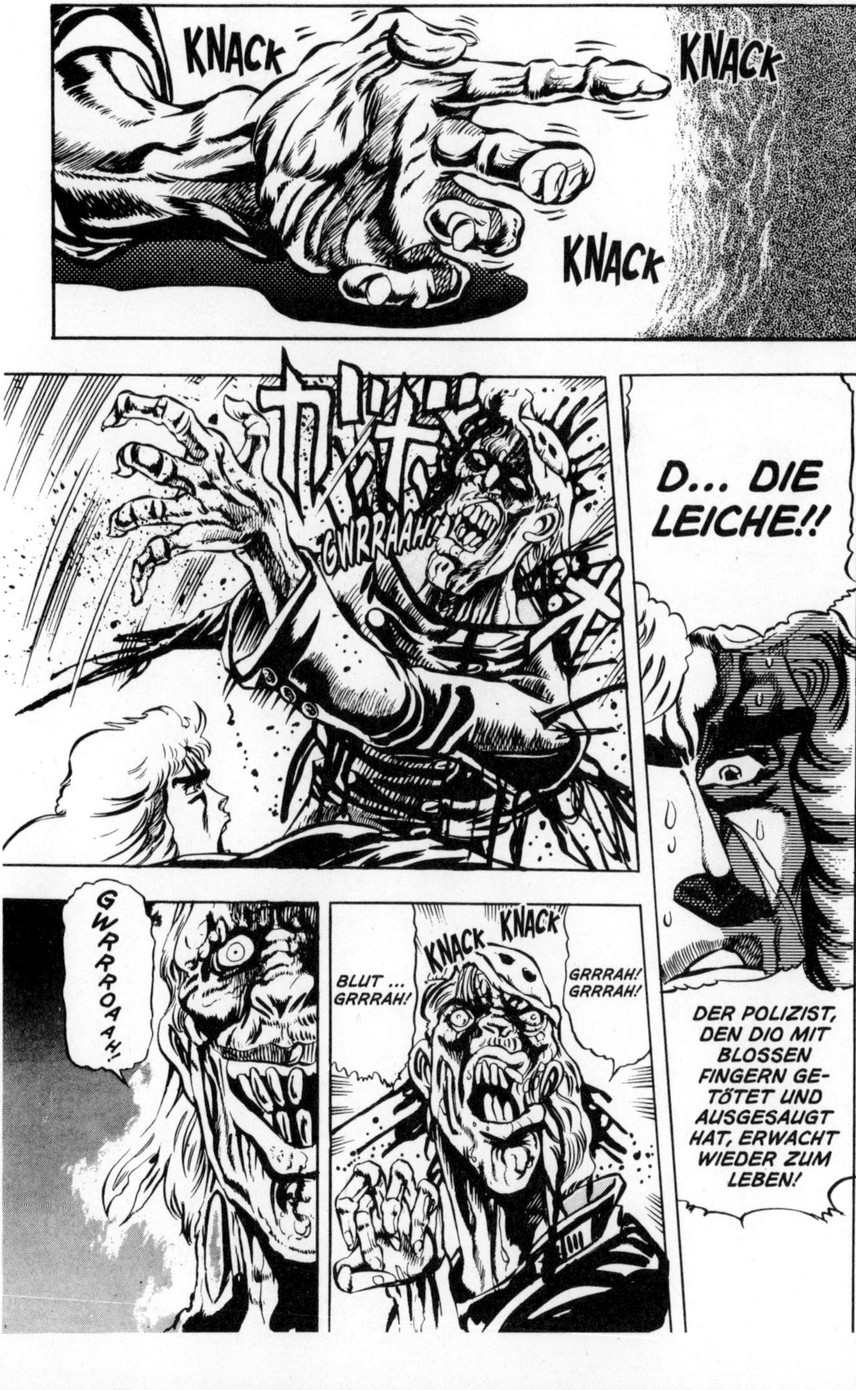
KNACK
KNACK
KNACK
D... DIE LEICHE!!
DER POLIZIST, DEN DIO MIT BLOSSEN FINGERN GE-TÖTET UND AUSGESAUGT HAT, ERWACHT WIEDER ZUM LEBEN!
GWRRAAH!
KNACK
KNACK
GRRRAH! GRRRAH!
BLUT ... GRRRAH!
GWRRROAAAH!

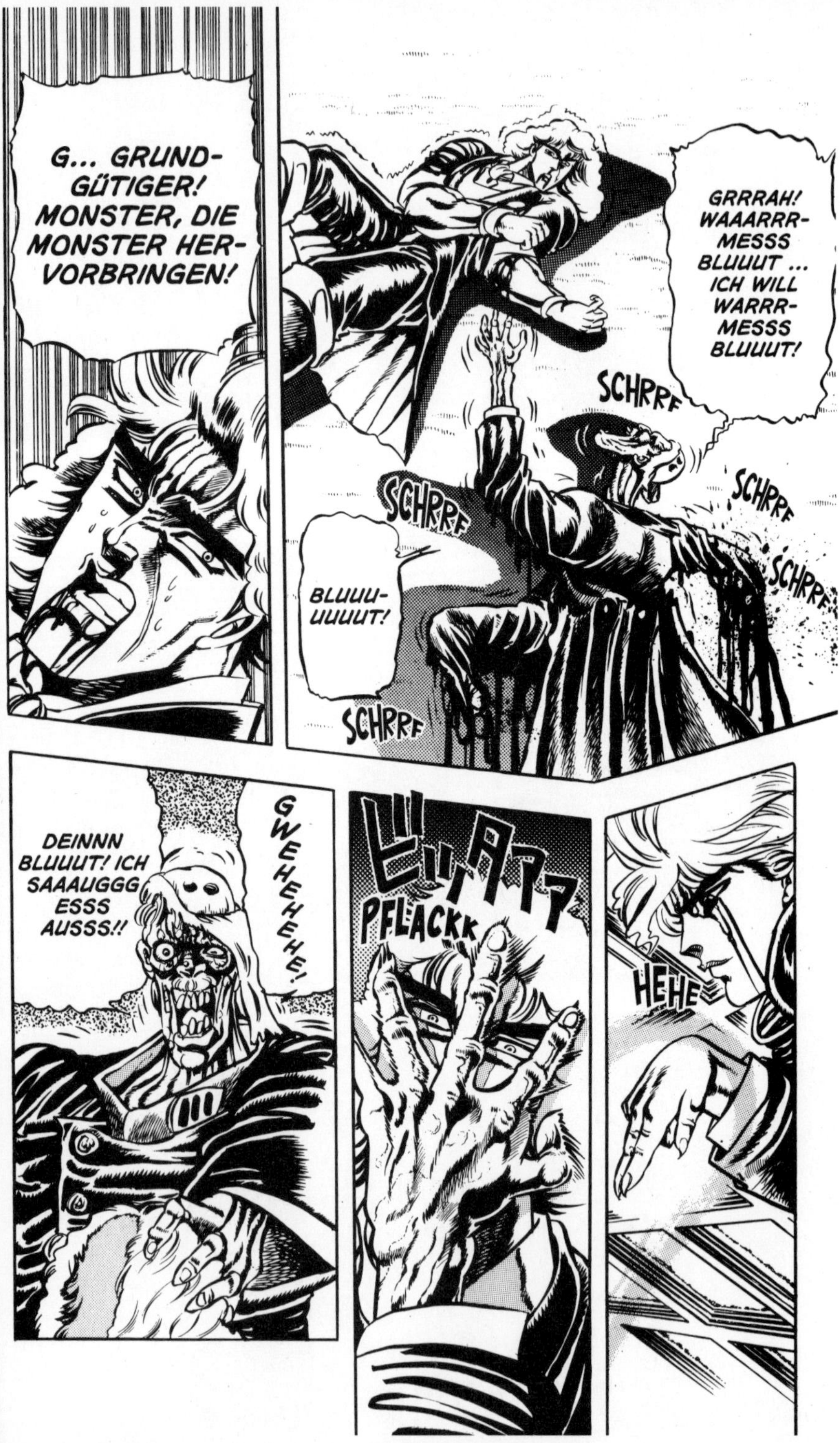
G... GRUND-GÜTIGER! MONSTER, DIE MONSTER HERVORBRINGEN!
GRRRAH! WAAARRR-MESSS BLUUUT ... ICH WILL WARRR-MESSS BLUUUT!
SCHRRF
SCHRRF
SCHRRF
SCHRRF
BLUUU-UUUUT!
SCHRRF
GWEHEHEHE!
DEINNN BLUUUT! ICH SAAAUGGG ESSS AUSSS!!
PFLACKK
HEHE

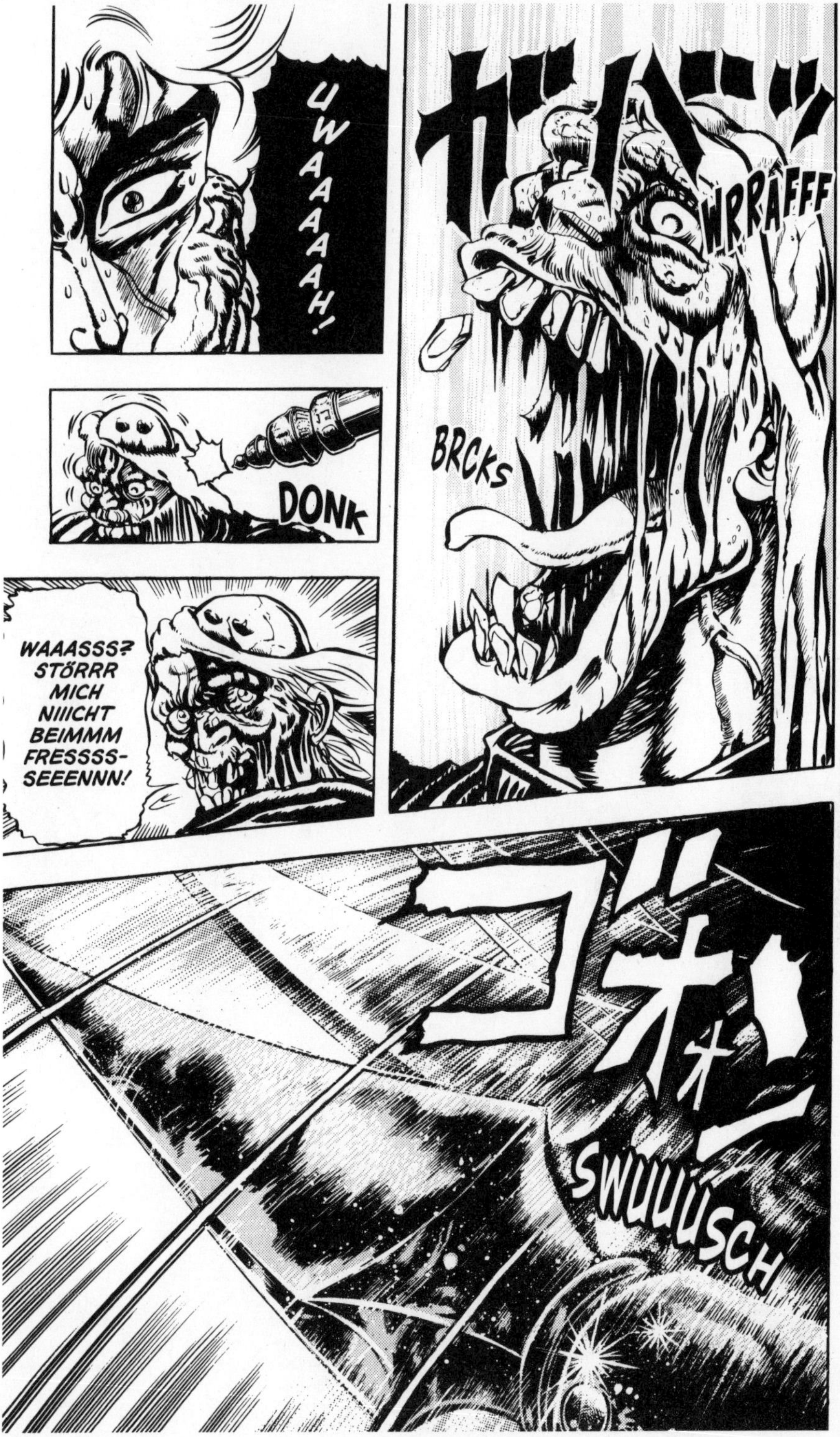
WRRAFFF
BRCKS
UWAAAAAAAH!
DONK
WAAASSS? STÖRRR MICH NIIICHT BEIMMM FRESSSS-SEEENNN!
SWUUUSCH

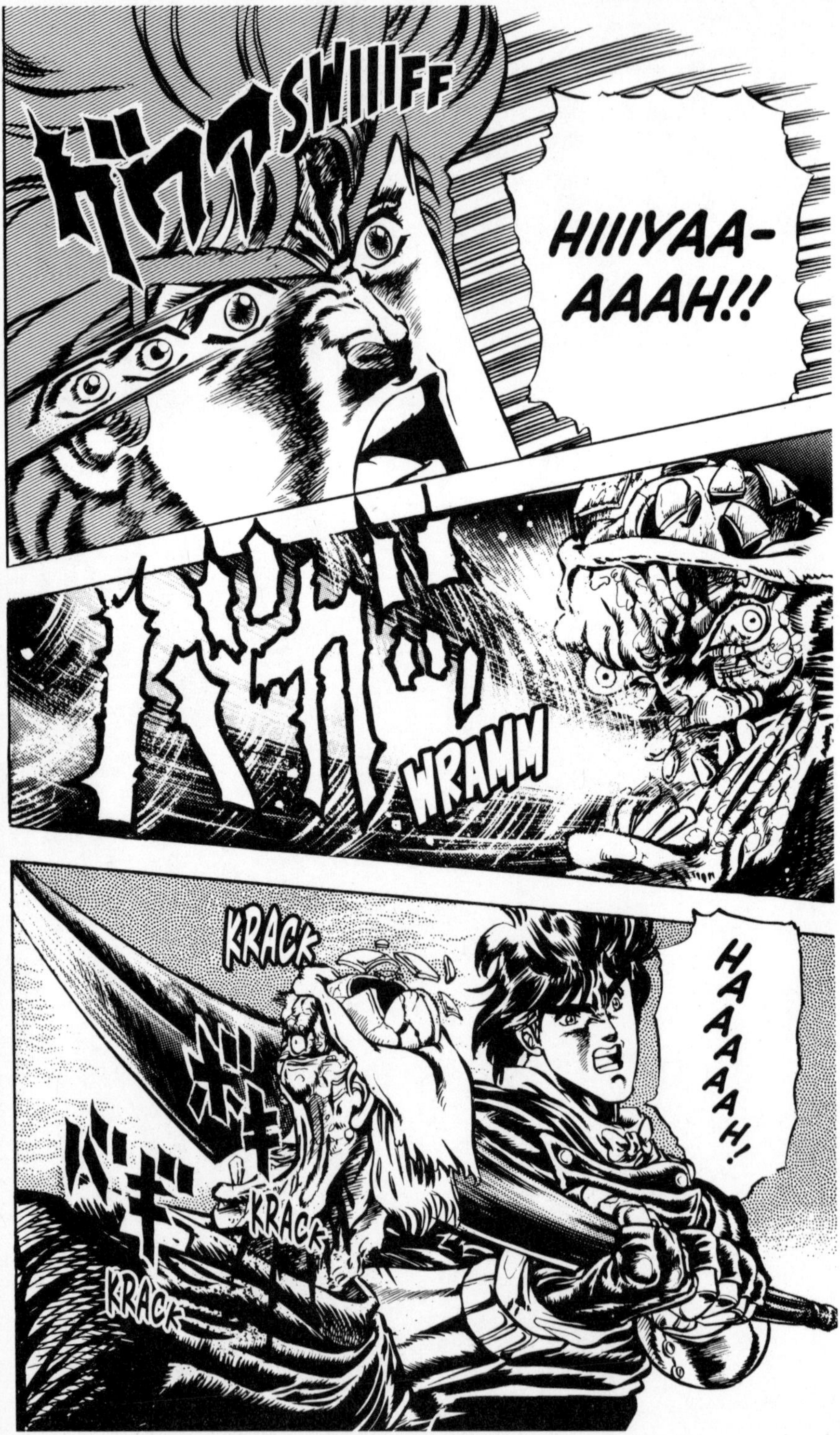
SWIIIIFF
HIIIYAA-AAAH!!
WRAMM
KRACK
HAAAAAAH!
KRACK
KRACK

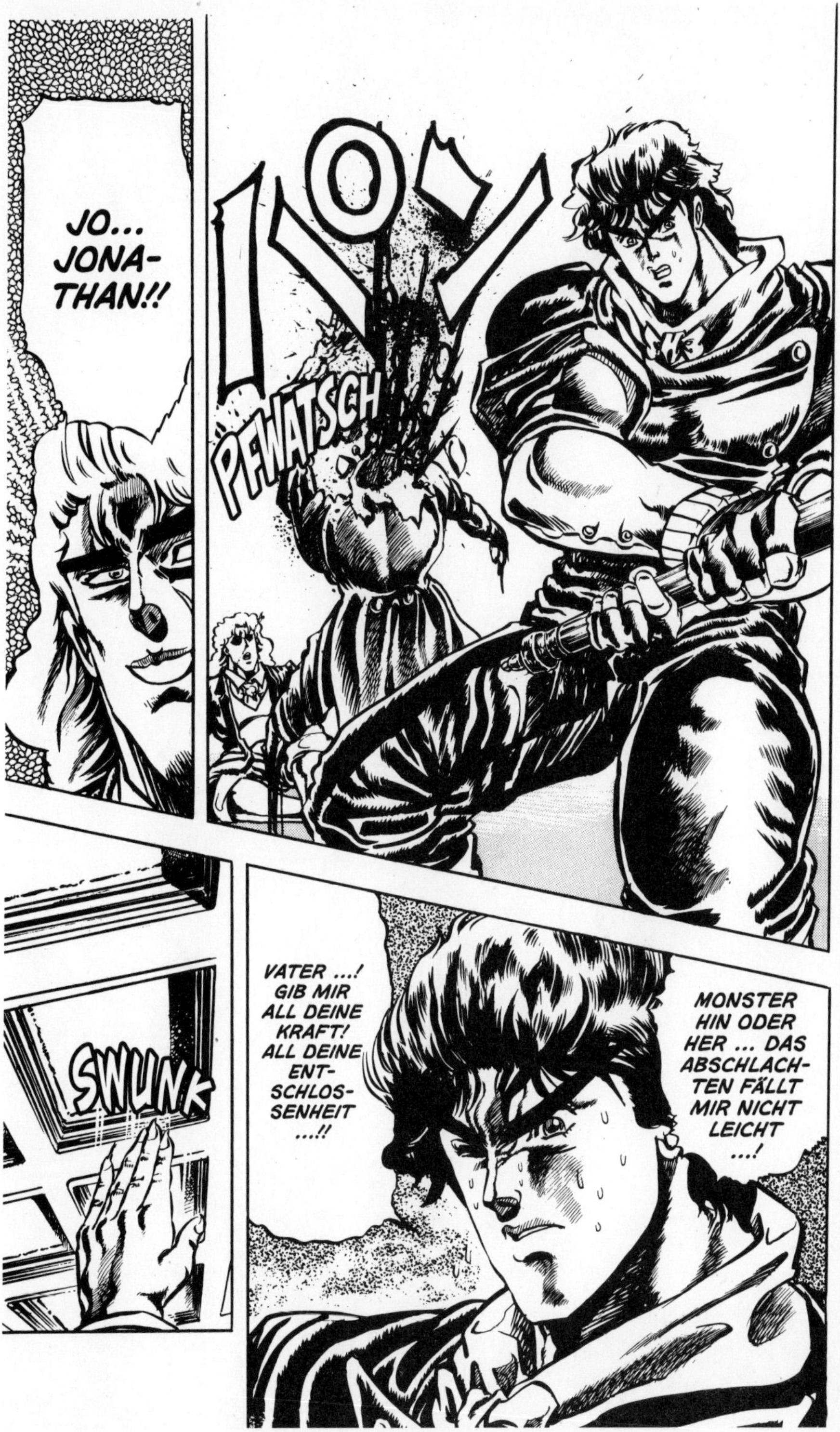
JO... JONA-THAN!!
PFWATSCH
SWUNK
MONSTER HIN ODER HER ... DAS ABSCHLACH-TEN FÄLLT MIR NICHT LEICHT ...!
VATER ...! GIB MIR ALL DEINE KRAFT! ALL DEINE ENT-SCHLOS-SENHEIT ...!!

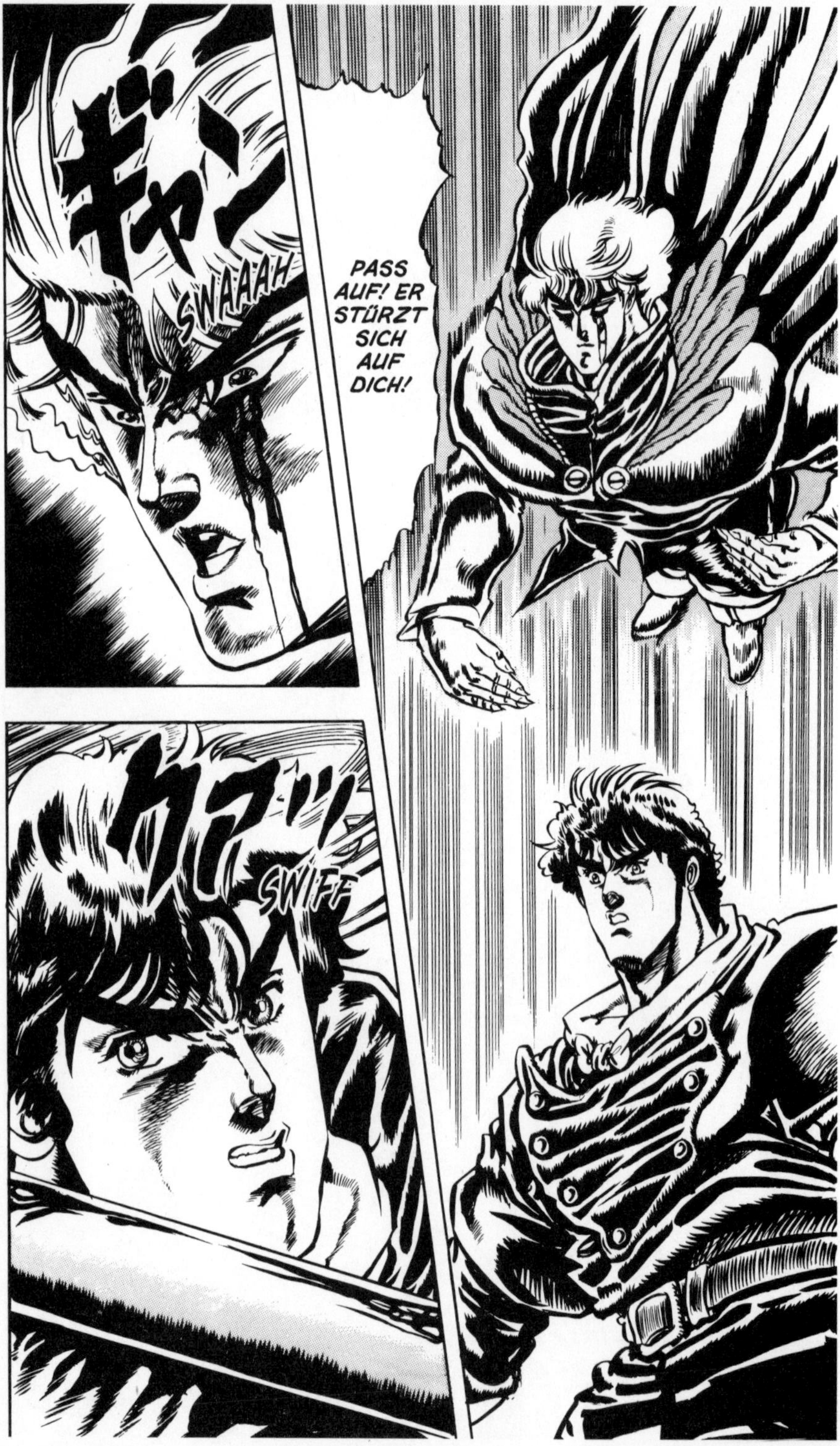
PASS AUF! ER STÜRZT SICH AUF DICH!
ギャン
SWAAAH
SWIFF

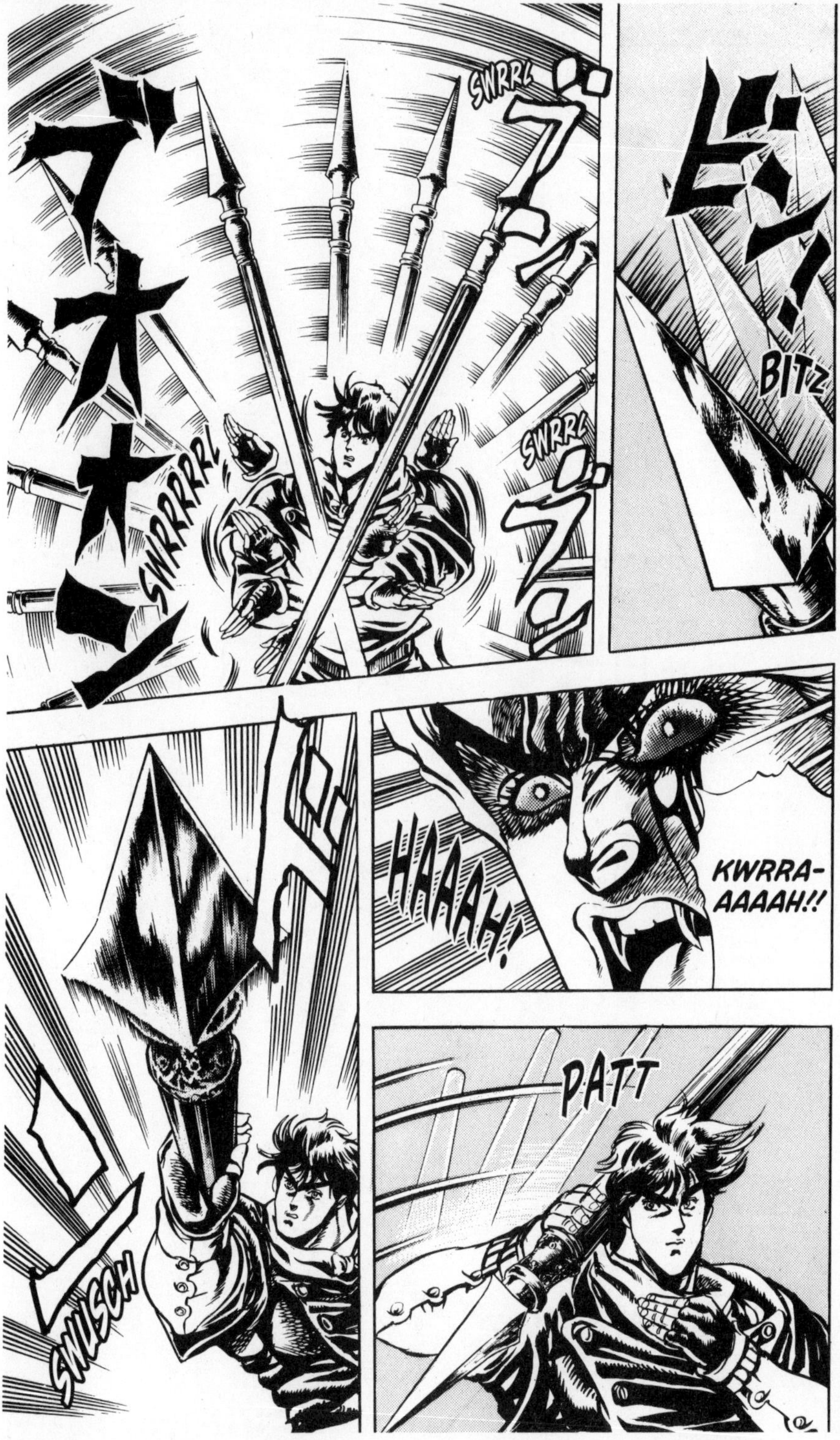
BITZ
SWRRL
SWRRL
SWRRRRL
KWRRA-
AAAAH!!
HAAAAH!
PATT
SWUSCH

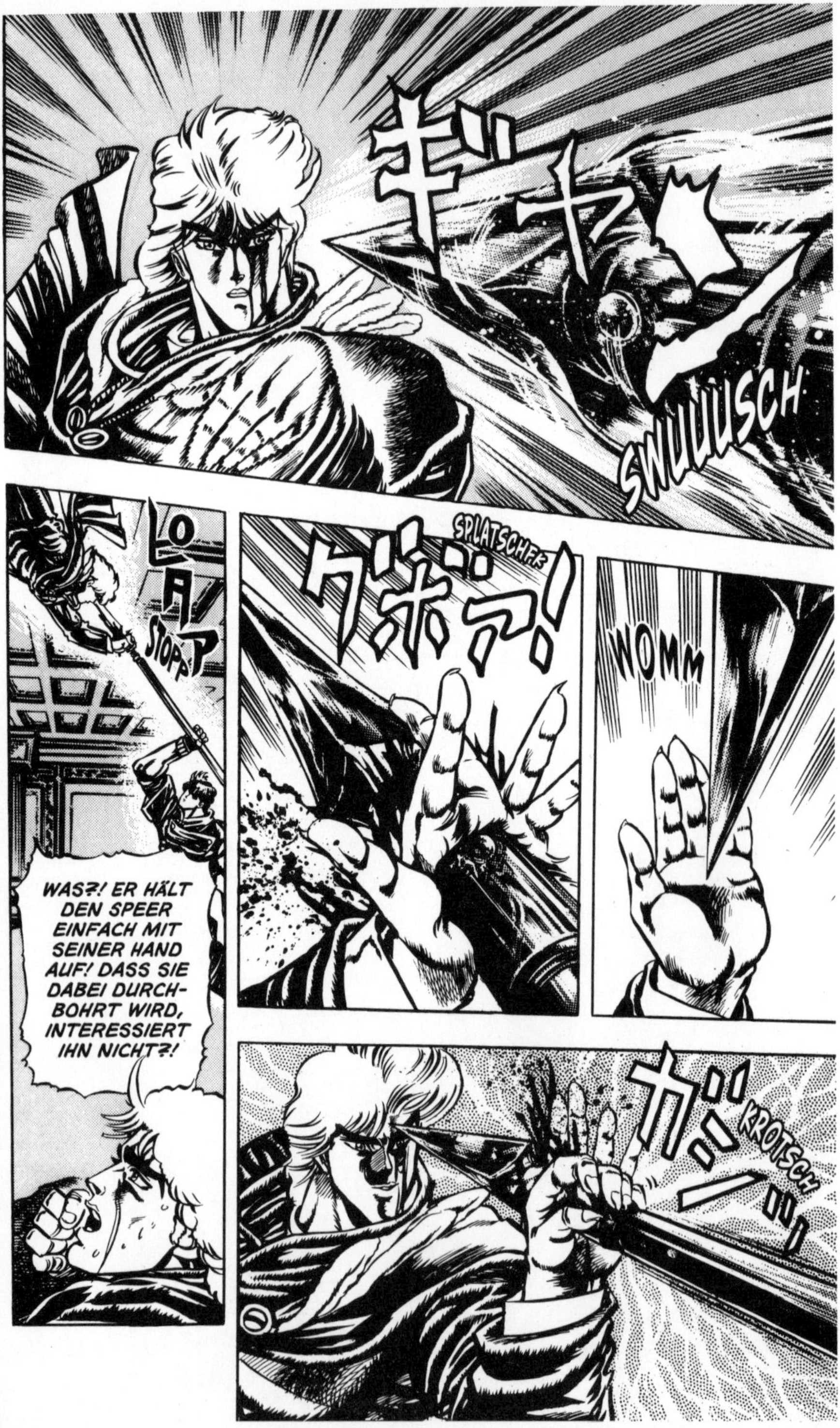
SWUUUSCH
WOMM
SPLATSCH
STOPP
WAS?! ER HÄLT DEN SPEER EINFACH MIT SEINER HAND AUF! DASS SIE DABEI DURCHBOHRT WIRD, INTERESSIERT IHN NICHT?!
KROTSCH

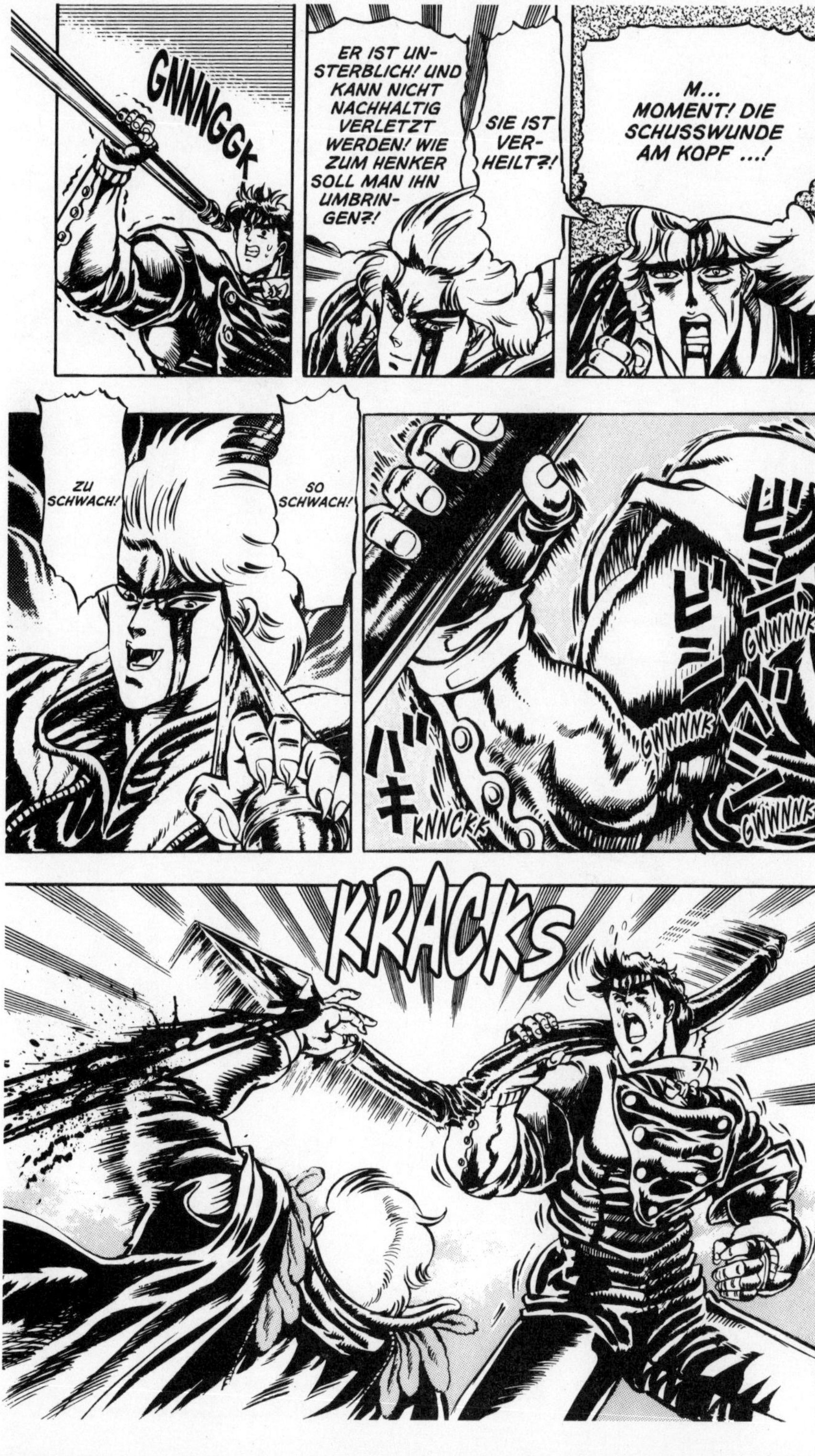
GNNNGGK
ER IST UNSTERBLICH! UND KANN NICHT NACHHALTIG VERLETZT WERDEN! WIE ZUM HENKER SOLL MAN IHN UMBRINGEN?!
SIE IST VERHEILT?!
M... MOMENT! DIE SCHUSSWUNDE AM KOPF ...!
ZU SCHWACH!
SO SCHWACH!
GWWNNK
GWWNNK
GWWNNK
KNNCKK
KRACKS

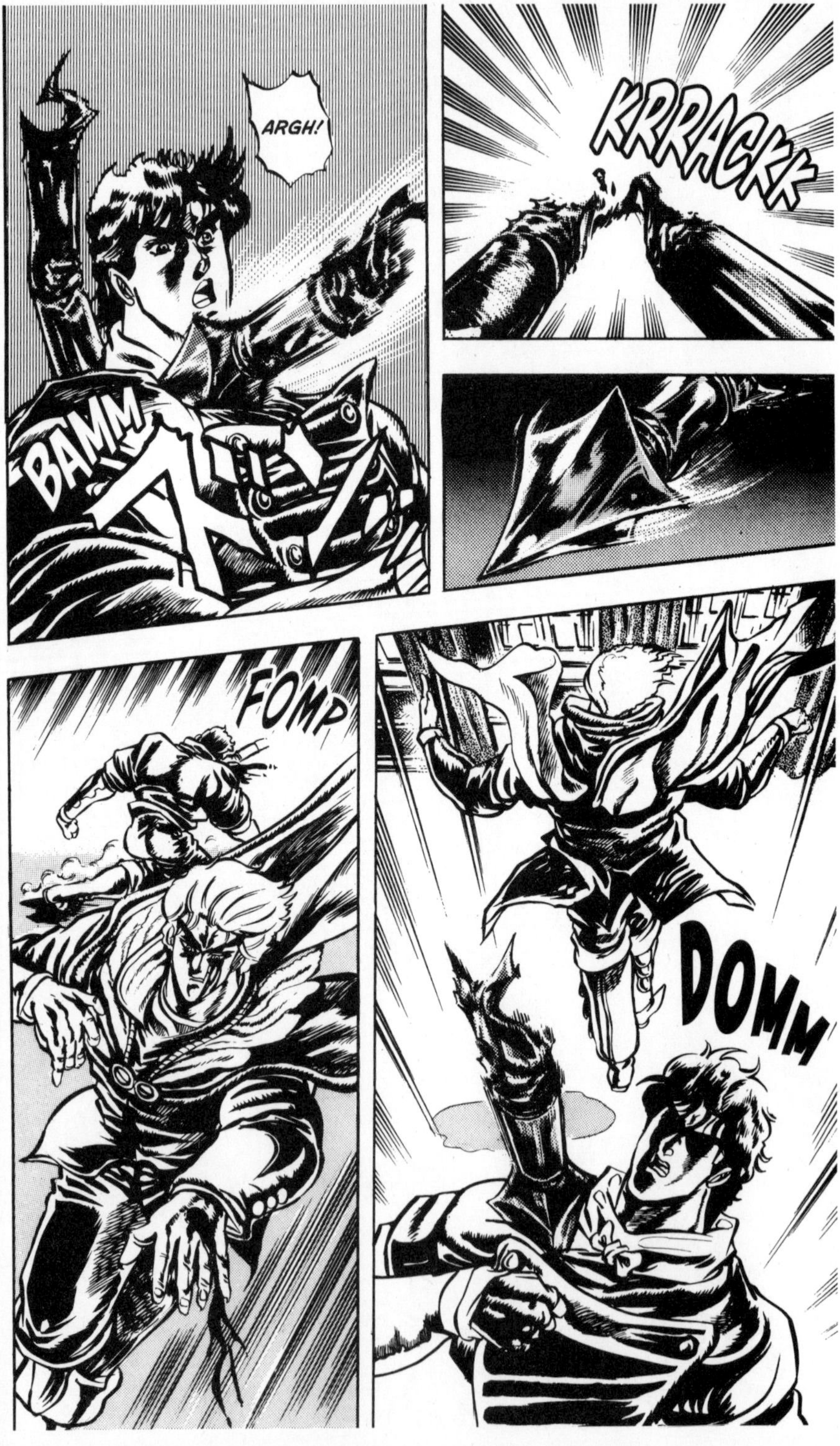
KRRACKK
ARGH!
BAMM
FOMP
DOMM

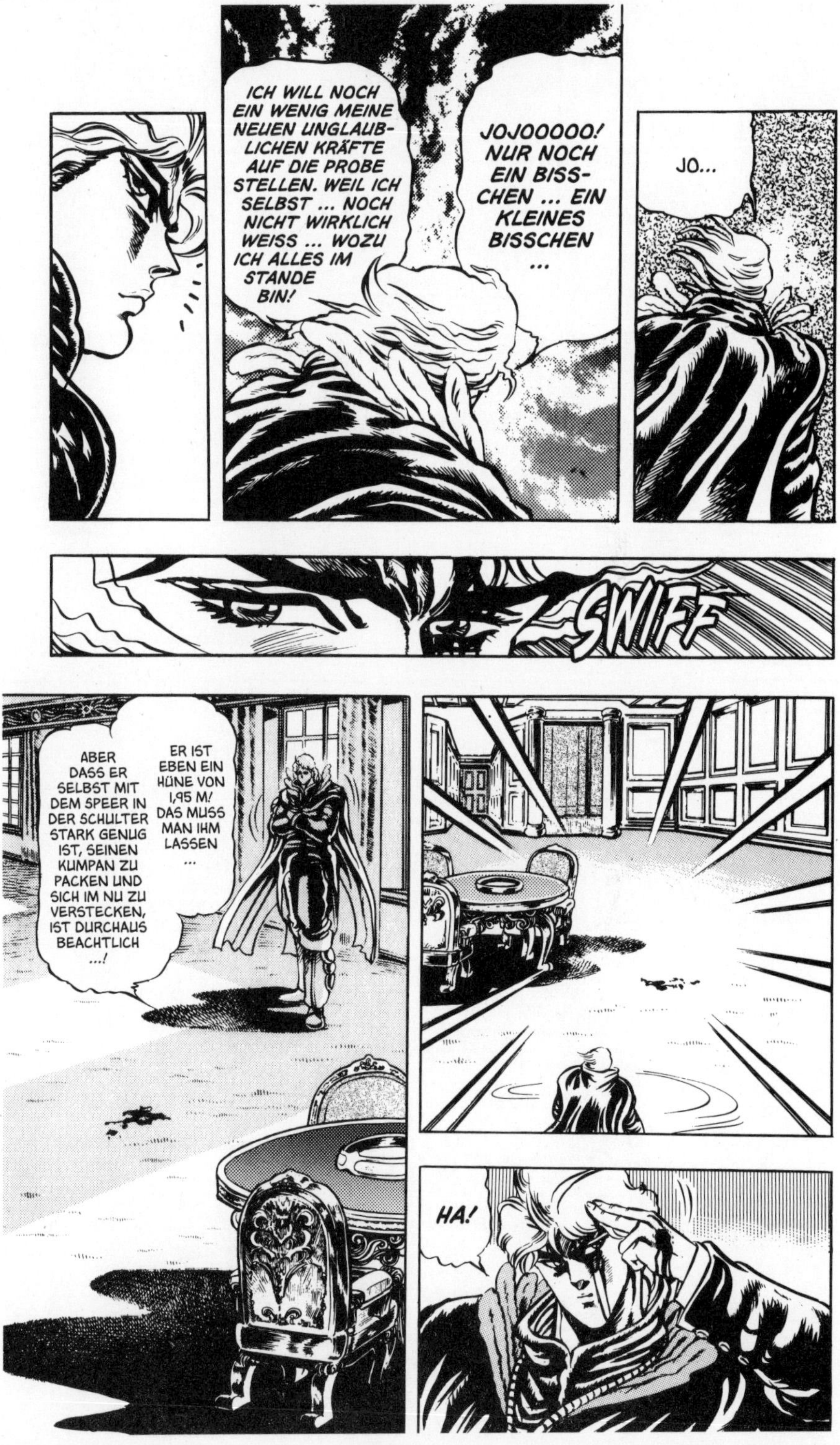
ICH WILL NOCH EIN WENIG MEINE NEUEN UNGLAUBLICHEN KRÄFTE AUF DIE PROBE STELLEN. WEIL ICH SELBST ... NOCH NICHT WIRKLICH WEISS ... WOZU ICH ALLES IM STANDE BIN!
JOJOOOOO! NUR NOCH EIN BISSCHEN ... EIN KLEINES BISSCHEN ...
JO...
SWIFF
ABER DASS ER SELBST MIT DEM SPEER IN DER SCHULTER STARK GENUG IST, SEINEN KUMPAN ZU PACKEN UND SICH IM NU ZU VERSTECKEN, IST DURCHAUS BEACHTLICH ...!
ER IST EBEN EIN HÜNE VON 1,95 M! DAS MUSS MAN IHM LASSEN ...
HA!

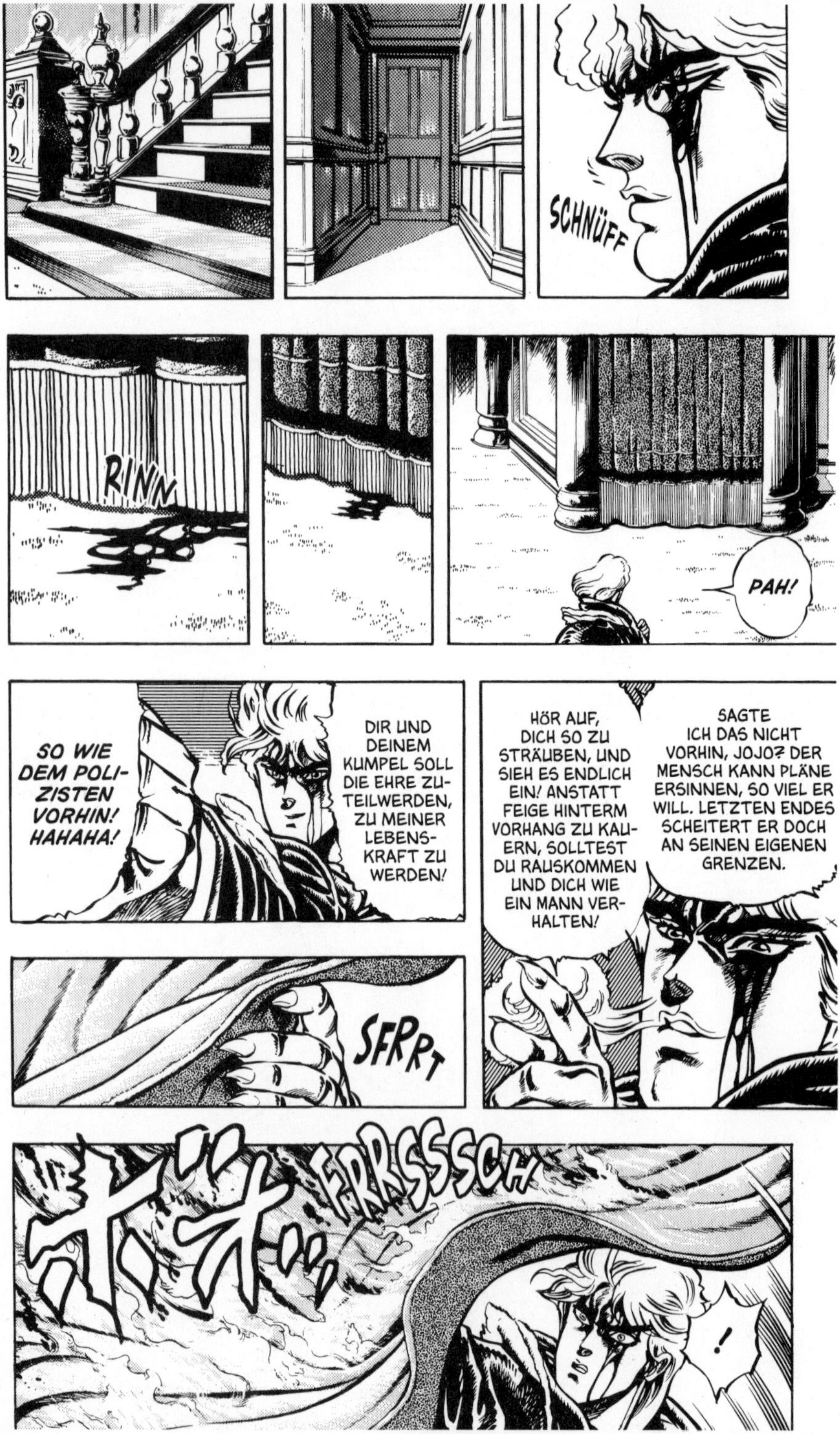
SCHNÜFF
RINN
PAH!
SO WIE DEM POLIZISTEN VORHIN! HAHAHA!
DIR UND DEINEM KUMPEL SOLL DIE EHRE ZUTEILWERDEN, ZU MEINER LEBENSKRAFT ZU WERDEN!
SAGTE ICH DAS NICHT VORHIN, JOJO? DER MENSCH KANN PLÄNE ERSINNEN, SO VIEL ER WILL. LETZTEN ENDES SCHEITERT ER DOCH AN SEINEN EIGENEN GRENZEN.
HÖR AUF, DICH SO ZU STRÄUBEN, UND SIEH ES ENDLICH EIN! ANSTATT FEIGE HINTERM VORHANG ZU KAUERN, SOLLTEST DU RAUSKOMMEN UND DICH WIE EIN MANN VERHALTEN!
SFRRT
FRRSSSCH
!

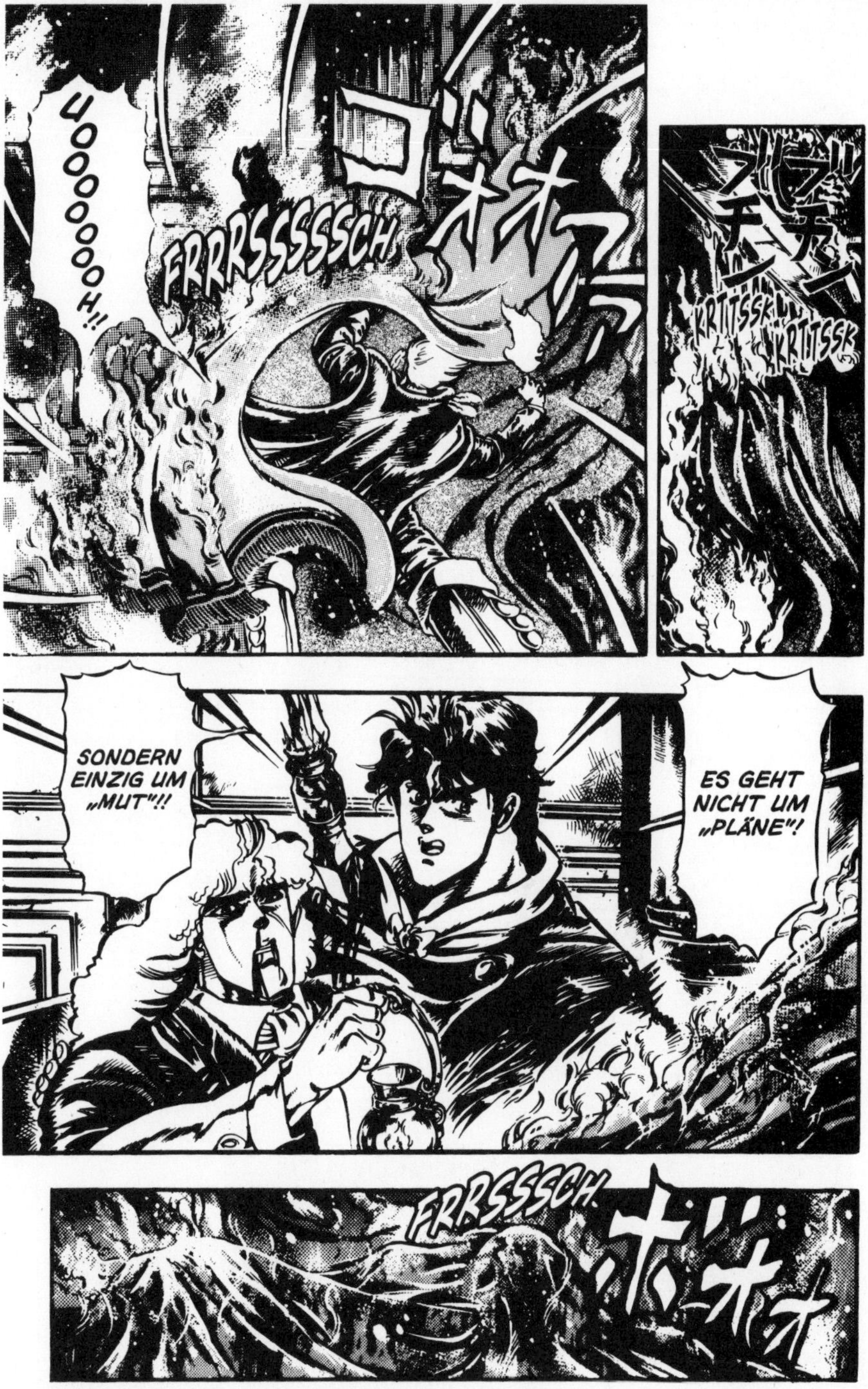

JoJo's Bizarre Adventure Part 01 Band 01 – ENDE

Zur Doppelband-Veröffentlichung

„JoJo's Bizarre Adventure“ ist in sechs Parts unterteilt. Jeder Part hat einen anderen Protagonisten, auch wenn sie alle blutsverwandt sind, und spinnt die Geschichte fort. Und bereits in der Ursprungsveröffentlichung sollte jeder davon einen eigenen Untertitel tragen.

Untertitel

Part 1: Phantom Blood
Abgeschlossen in 3 Bänden
Protagonist: Jonathan Joestar

Part 2: Battle Tendency
Abgeschlossen in 4 Bänden
Protagonist: Joseph Joestar

Part 3: Stardust Crusaders
Abgeschlossen in 10 Bänden
Protagonist: Jotaro Kujo

Part 4: Diamond Is Unbreakable
Abgeschlossen in 12 Bänden
Protagonist: Josuke Higashikata

Part 5: Vento Aureo
Abgeschlossen in 10 Bänden
Protagonist: Giorno Giovanna

Part 6: Stone Ocean
Abgeschlossen in 11 Bänden
Protagonistin: Jolyne Kujo

Bereits während der Arbeit an Part 3 kam mir der Gedanke, Untertitel hinzuzufügen, doch die Redaktion merkte an, dass dann eine Diskrepanz zu den normalen Veröffentlichungen bestünde, die einige Leser verwirren könnte, so dass ich letztlich von der Idee absah. Doch als dann irgendwann Part 6 anstand, wollte die Redaktion, dass wir die Serie unter dem Titel „Stone Ocean" veröffentlichen – sprich, der Titel „JoJo's Bizarre Adventure" sollte Geschichte sein.

Als Autor war ich davon nicht unbedingt begeistert. Für mich war der Titel klar: „JoJo's Bizarre Adventure, Part 6: Stone Ocean". Als Kompromiss haben wir uns dann darauf geeinigt, dass der Untertitel „Stone Ocean" einen größeren Font bekommt. Man kann es vielleicht mit „Indiana Jones" und „Star Wars" vergleichen: Bei „Indiana Jones" ist immer der Haupttitel größer, bei „Star Wars" sind es die Episodentitel. Im Zuge der Doppelband-Veröffentlichung war es mir auch endlich möglich, die einzelnen Untertitel hinzuzufügen, die ich schon seit Langem im Kopf hatte. Und natürlich wurde auch darauf geachtet, dass ein Teil nicht mitten in einem Doppelband endet, sondern dass der Abschluss auf ein Buchende fällt.

Das Thema der ganzen Serie ist übrigens „Lobgesang auf den Menschen". Alle vorkommenden Akteure, egal ob Freund oder Feind, blicken stets nach vorn. In keinem einzigen Band sollte, soweit ich es überblicken kann, jemand auftauchen, der am Sinn des Lebens zweifelt oder gar verzweifelt. Und die Helden bekommen es mit ebenso willensstarken Gegnern zu tun, die es zu überwinden gilt, um selbst zu wachsen. Das gilt natürlich auch für alle Leser*innen! Was wir alle brauchen, ist Mut!

Der Inhalt dieses Bandes
erschien zuerst im Weekly Shonen Jump,
Doppelausgabe 1/2 bis Ausgabe 16
des Jahres 1987.

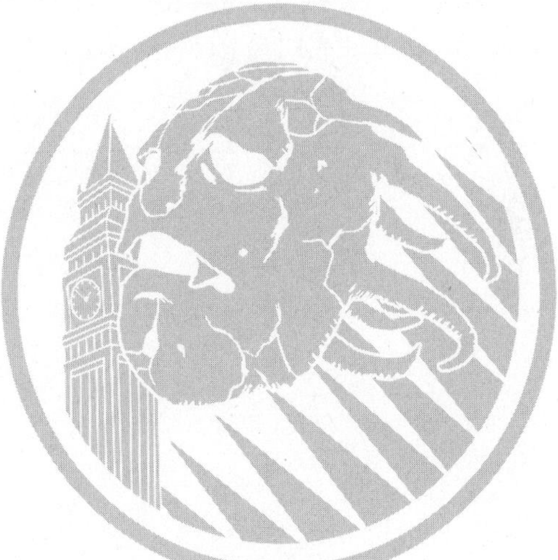

(Dieser Doppelband wurde vom Verlag Shueisha unter dem Label Jump Comics
ursprünglich in zwei Einzelbänden im August 1987 und Januar 1988 publiziert.)

manga 漫画 Cult

MANGA CULT Checkliste

CELLS AT WORK! BLACK
von Shigemitsu Harada & Issey Hatsuyoshiya & Akane Shimizu
☐ Band 01 ISBN: 978-3-96433-230-1
☐ Band 02 ISBN: 978-3-96433-243-1
☐ Band 03 ISBN: 978-3-96433-253-0
☐ Band 04 ISBN: 978-3-96433-292-9
☐ Band 05 ISBN: 978-3-96433-323-0
☐ Band 06 ISBN: 978-3-96433-425-1
☐ Band 07 ISBN: 978-3-96433-449-7 September 2021
☐ Band 08 ISBN: 978-3-96433-510-4 Februar 2022
14x21 | SC | Action | Science | 16+
€ 10,– (D)

Cutie and the Beast
von Yuhi Azumi
☐ Band 01 ISBN: 978-3-96433-390-2
☐ Band 02 ISBN: 978-3-96433-391-9
☐ Band 03 ISBN: 978-3-96433-392-6
14x21 | SC | Romance | 13+
€ 7,99 (D)

Das Land der Juwelen
von Haruko Ichikawa
☐ Band 01 ISBN: 978-3-96433-104-5
☐ Band 02 ISBN: 978-3-96433-108-3
☐ Band 03 ISBN: 978-3-96433-112-0
☐ Band 04 ISBN: 978-3-96433-124-3
☐ Band 05 ISBN: 978-3-96433-162-5
☐ Band 06 ISBN: 978-3-96433-194-6
☐ Band 07 ISBN: 978-3-96433-223-3
☐ Band 08 ISBN: 978-3-96433-236-3
☐ Band 09 ISBN: 978-3-96433-245-5
☐ Band 10 ISBN: 978-3-96433-288-2
☐ Band 11 ISBN: 978-3-96433-438-1
14x21 | SC mit Klappen | Fantasy | 12+
€ 10,– (D)

DEMON SLAYER – Kimetsu no Yaiba
von Koyoharu Gotouge
☐ Band 01 ISBN: 978-3-96433-280-6
☐ Band 02 ISBN: 978-3-96433-281-3
☐ Band 03 ISBN: 978-3-96433-282-0
☐ Band 04 ISBN: 978-3-96433-283-7
☐ Band 05 ISBN: 978-3-96433-284-4
☐ Band 06 ISBN: 978-3-96433-406-0
☐ Band 07 ISBN: 978-3-96433-407-7
☐ Band 08 ISBN: 978-3-96433-408-4
☐ Band 08 ISBN: 978-3-96433-462-6 + Schuber | € 15,– (D)
☐ Band 09 ISBN: 978-3-96433-409-1
☐ Band 10 ISBN: 978-3-96433-410-7 Oktober 2021
☐ Band 11 ISBN: 978-3-96433-411-4 Dezember 2021
☐ Band 12 ISBN: 978-3-96433-412-1 Februar 2022
14x21 | SC | Action | 13+
€ 10,– (D)

BLAME! 0: NOiSE Master Edition
von Tsutomu Nihei
☐ Einzelband ISBN: 978-3-96433-140-3
16x24 | HC | Science-Fiction | 16+
€ 20,– (D) | **Abgeschlossen**

BLAME! Master Edition
von Tsutomu Nihei
☐ Band 01 ISBN: 978-3-95981-445-4
☐ Band 02 ISBN: 978-3-95981-449-2
☐ Band 03 ISBN: 978-3-95981-453-9
☐ Band 04 ISBN: 978-3-95981-457-7
☐ Band 05 ISBN: 978-3-95981-461-4
☐ Band 06 ISBN: 978-3-95981-714-1
16x24 | HC | Science-Fiction | 16+
€ 28,– (D) | **Abgeschlossen**

BLAME! +: Die Flucht der Elektrofischer Master Edition
von Koutarou Sekine & Tsutomu Nihei & BLAME! Production Committee
☐ Einzelband ISBN: 978-3-96433-320-9
16x24 | HC | Science-Fiction | 16+
€ 20,– (D) **Abgeschlossen**

BLUE PERIOD
von Tsubasa Yamaguchi
☐ Band 01 ISBN: 978-3-96433-302-5
☐ Band 02 ISBN: 978-3-96433-312-4
☐ Band 03 ISBN: 978-3-96433-368-1
☐ Band 04 ISBN: 978-3-96433-369-8
☐ Band 05 ISBN: 978-3-96433-370-4
☐ Band 06 ISBN: 978-3-96433-419-0
☐ Band 07 ISBN: 978-3-96433-437-4
☐ Band 08 ISBN: 978-3-96433-446-6
☐ Band 09 ISBN: 978-3-96433-566-1 November 2021
14x21 | SC | Special | 15+
€ 10,– (D)

CELLS AT WORK!
von Akane Shimizu
☐ Band 01 ISBN: 978-3-96433-128-1
☐ Band 02 ISBN: 978-3-96433-158-8
☐ Band 03 ISBN: 978-3-96433-190-8
☐ Band 04 ISBN: 978-3-96433-222-6
☐ Band 05 ISBN: 978-3-96433-235-6
☐ Band 06 ISBN: 978-3-96433-511-1 November 2021
14x21 | SC mit Klappen | Comedy | 13+
€ 10,– (D)

CELLS AT WORK! An die Arbeit, Blutplättchen!
von Yuko Kakihara & Yasu & Akane Shimizu
☐ Band 01 ISBN: 978-3-96433-401-5
☐ Band 02 ISBN: 978-3-96433-402-2
☐ Band 03 ISBN: 978-3-96433-403-9 März 2022
14x21 | SC | Comedy | Science | 13+
€ 7,99 (D)

6th Bullet
von Yusuke Osawa
☐ Einzelband ISBN: 978-3-96433-088-8
14x21 | SC | Science-Fiction | 16+
€ 15,– (D) | **Abgeschlossen**

A Man and his Cat
von Umi Sakurai
☐ Band 01 ISBN: 978-3-96433-512-8 Oktober 2021
☐ Band 02 ISBN: 978-3-96433-523-4 Dezember 2021
☐ Band 03 ISBN: 978-3-96433-524-1 Februar 2022
14x21 | SC | Slice of Life | 15+
€ 10,– (D)

Afterimage Slow Motion
von Jyanome
☐ Einzelband ISBN: 978-3-96433-503-6 Dezember 2021
14x21 | SC | Boys Love | 16+
€ 10,– (D)

APOSIMZ
von Tsutomu Nihei
☐ Band 01 ISBN: 978-3-95981-706-6
☐ Band 02 ISBN: 978-3-96433-068-0
☐ Band 03 ISBN: 978-3-96433-116-8
☐ Band 04 ISBN: 978-3-96433-220-2
☐ Band 05 ISBN: 978-3-96433-291-2
☐ Band 06 ISBN: 978-3-96433-431-2
☐ Band 07 ISBN: 978-3-96433-432-9 Oktober 2021
14x21 | SC mit Klappen | Science-Fiction
15+ | € 10,– (D)

APOSIMZ Full Color Master Edition
von Tsutomu Nihei
☐ Band 01 ISBN: 978-3-96433-324-7
16x24 | HC | Farbe | Science-Fiction | 15+
€ 30,– (D)

AYANASHI
von Yukihiro Kajimoto
☐ Band 01 ISBN: 978-3-96433-100-7
☐ Band 02 ISBN: 978-3-96433-182-3
☐ Band 03 ISBN: 978-3-96433-215-8
☐ Band 04 ISBN: 978-3-96433-231-8
14x21 | SC | Science Fiction | Action | 12+
€ 10,– (D) | **Abgeschlossen**

Basilisk Master Edition
von Futarō Yamada & Masaki Segawa
☐ Band 01 ISBN: 978-3-95981-465-2
☐ Band 02 ISBN: 978-3-95981-469-0
16x24 | HC | Fantasy | History | 16+
€ 28,– (D) | **Abgeschlossen**

BLADE of the Immortal Perfect Edition 2in1
von Hiroaki Samura
☐ Band 01 ISBN: 978-3-96433-371-1
☐ Band 02 ISBN: 978-3-96433-372-8
☐ Band 03 ISBN: 978-3-96433-373-5
☐ Band 04 ISBN: 978-3-96433-374-2 Oktober 2021
☐ Band 05 ISBN: 978-3-96433-375-9 Januar 2022
14x21 | SC mit Schutzumschlag | Action | 16+
€ 25,– (D)

MANGA CULT Checkliste

Heavenly Delusion – Das verlorene Paradies
von Masakazu Ishiguro

- ☐ Band 01 ISBN: 978-3-96433-255-4
- ☐ Band 02 ISBN: 978-3-96433-295-0
- ☐ Band 03 ISBN: 978-3-96433-307-0
- ☐ Band 04 ISBN: 978-3-96433-445-9
- ☐ Band 05 ISBN: 978-3-96433-567-8 März 2022

14x21 | SC | Science-Fiction | 13+
€ 10,– (D)

HI SCORE GIRL
von Rensuke Oshikiri

- ☐ Band 01 ISBN: 978-3-96433-254-7
- ☐ Band 02 ISBN: 978-3-96433-290-5
- ☐ Band 03 ISBN: 978-3-96433-304-9
- ☐ Band 04 ISBN: 978-3-96433-317-9
- ☐ Band 05 ISBN: 978-3-96433-378-0
- ☐ Band 06 ISBN: 978-3-96433-379-7
- ☐ Band 07 ISBN: 978-3-96433-380-3
- ☐ Band 08 ISBN: 978-3-96433-381-0
- ☐ Band 09 ISBN: 978-3-96433-382-7
- ☐ Band 10 ISBN: 978-3-96433-383-4 September 2021

14x21 | SC | Slice of Life | 13+
€ 10,– (D)

I'm Standing on a Million Lives
von Naoki Yamakawa & Akinari Nao

- ☐ Band 01 ISBN: 978-3-96433-463-3
- ☐ Band 02 ISBN: 978-3-96433-464-0
- ☐ Band 03 ISBN: 978-3-96433-466-4 September 2021
- ☐ Band 04 ISBN: 978-3-96433-467-1 November 2021
- ☐ Band 05 ISBN: 978-3-96433-468-8 Januar 2022
- ☐ Band 06 ISBN: 978-3-96433-545-6 März 2022

14x21 | SC | Fantasy | 13+
€ 10,– (D)

Ich bin eine Spinne, na und?
von Okina Baba & Asahiro Kakashi

- ☐ Band 01 ISBN: 978-3-96433-132-8
- ☐ Band 02 ISBN: 978-3-96433-154-0
- ☐ Band 03 ISBN: 978-3-96433-186-1
- ☐ Band 04 ISBN: 978-3-96433-221-9
- ☐ Band 05 ISBN: 978-3-96433-234-9
- ☐ Band 06 ISBN: 978-3-96433-249-3
- ☐ Band 07 ISBN: 978-3-96433-287-5
- ☐ Band 08 ISBN: 978-3-96433-303-2
- ☐ Band 09 ISBN: 978-3-96433-451-0 September 2021

14x21 | SC | Fantasy | Action | 13+
€ 10,– (D)

Ich bin eine Spinne, na und? Die vier Schwestern
von Okina Baba & Gratinbird

- ☐ Band 01 ISBN: 978-3-96433-533-3 Februar 2022

14x21 | SC | Fantasy | Action | 13+
€ 10,– (D)

GANTZ – Perfect Edition 3in1
von Hiroya Oku

- ☐ Band 01 ISBN: 978-3-96433-000-0
- ☐ Band 02 ISBN: 978-3-96433-004-8
- ☐ Band 03 ISBN: 978-3-96433-008-6
- ☐ Band 04 ISBN: 978-3-96433-012-3
- ☐ Band 05 ISBN: 978-3-96433-233-2
- ☐ Band 06 ISBN: 978-3-96433-248-6
- ☐ Band 07 ISBN: 978-3-96433-298-1
- ☐ Band 08 ISBN: 978-3-96433-316-2
- ☐ Band 09 ISBN: 978-3-96433-032-1
- ☐ Band 10 ISBN: 978-3-96433-036-9
- ☐ Band 11 ISBN: 978-3-96433-040-6
- ☐ Band 12 ISBN: 978-3-96433-044-4 September 2021

14x21 | SC mit Klappen | Science-Fiction
16+| € 20,– (D) | ab Band 09 € 25,– (D)

GANTZ:E
von Hiroya Oku & Jin Kagetsu

- ☐ Band 01 ISBN: 978-3-96433-476-3 September 2021
- ☐ Band 02 ISBN: 978-3-96433-568-5 Februar 2022

14x21 | SC | Science-Fiction | 16+
€ 10,– (D)

GANTZ:G – Perfect Edition 3in1
von Hiroya Oku & Keita Ijika

- ☐ Einzelband ISBN: 978-3-96433-571-5 Februar 2022

14x21 | SC | Science-Fiction
16+| € 25,– (D)

GOLDEN KAMUY
von Satoru Noda

- ☐ Band 01 ISBN: 978-3-96433-256-1
- ☐ Band 02 ISBN: 978-3-96433-228-8
- ☐ Band 03 ISBN: 978-3-96433-241-7
- ☐ Band 04 ISBN: 978-3-96433-250-9
- ☐ Band 05 ISBN: 978-3-96433-294-3
- ☐ Band 06 ISBN: 978-3-96433-305-6
- ☐ Band 07 ISBN: 978-3-96433-318-6
- ☐ Band 08 ISBN: 978-3-96433-227-1
- ☐ Band 09 ISBN: 978-3-96433-240-0
- ☐ Band 10 ISBN: 978-3-96433-326-1
- ☐ Band 11 ISBN: 978-3-96433-436-7
- ☐ Band 12 ISBN: 978-3-96433-444-2 September 2021
- ☐ Band 13 ISBN: 978-3-96433-450-3 November 2021
- ☐ Band 14 ISBN: 978-3-96433-389-6 Januar 2022
- ☐ Band 15 ISBN: 978-3-96433-493-0 März 2022

14x21 | SC | Action | History | 16+
€ 10,– (D)

GREEN WORLDZ
von Yusuke Osawa

- ☐ Band 01 ISBN: 978-3-95981-674-8
- ☐ Band 02 ISBN: 978-3-95981-678-6
- ☐ Band 03 ISBN: 978-3-95981-682-3
- ☐ Band 04 ISBN: 978-3-96433-048-2
- ☐ Band 05 ISBN: 978-3-96433-052-9
- ☐ Band 06 ISBN: 978-3-96433-056-7
- ☐ Band 07 ISBN: 978-3-96433-060-4
- ☐ Band 08 ISBN: 978-3-96433-064-2

14x21 | SC mit Klappen | Survival Horror
16+| € 10,– (D) | **Abgeschlossen**

Die Blumen des Bösen – Aku no Hana
von Shuzo Oshimi

- ☐ Band 01 ISBN: 978-3-96433-528-9 November 2021 | 3in1
- ☐ Band 02 ISBN: 978-3-96433-529-6 Januar 2022 | 2in1
- ☐ Band 03 ISBN: 978-3-96433-530-2 März 2022 | 2in1

14x21 | SC | Drama | 15+
Band 1 € 20,– (D) | ab Band 2 € 15,– (D)

Die Tagebücher der Apothekerin – Geheimnisse am Kaiserhof
von Natsu Hyuuga & Ikki Nanao & Nekokurage

- ☐ Band 01 ISBN: 978-3-96433-557-9 November 2021
- ☐ Band 02 ISBN: 978-3-96433-558-6 Januar 2022
- ☐ Band 03 ISBN: 978-3-96433-559-3 März 2022

14x21 | SC | Mystery | 15+
€ 10,– (D)

Dorohedoro 2in1 Edition
von Q Hayashida

- ☐ Band 01 ISBN: 978-3-96433-465-7 3in1 Edition
- ☐ Band 02 ISBN: 978-3-96433-483-1 Oktober 2021 | 2in1
- ☐ Band 03 ISBN: 978-3-96433-484-8 Dezember 2021 | 2in1
- ☐ Band 04 ISBN: 978-3-96433-485-5 Februar 2022 | 2in1

14x21 | SC | Fantasy | 16+
€ 15,– (D)

Dou kyu sei – Verliebt in meinen Mitschüler
von Asumiko Nakamura

- ☐ Einzelband ISBN: 978-3-96433-206-6

14x21 | SC | Boys Love | 15+
€ 10,– (D) | **Abgeschlossen**

EX-ARM
von HiRock & Shin-ya Komi

- ☐ Band 01 ISBN: 978-3-96433-145-8
- ☐ Band 02 ISBN: 978-3-96433-178-6
- ☐ Band 03 ISBN: 978-3-96433-207-3
- ☐ Band 04 ISBN: 978-3-96433-229-5
- ☐ Band 05 ISBN: 978-3-96433-242-4
- ☐ Band 06 ISBN: 978-3-96433-251-6
- ☐ Band 07 ISBN: 978-3-96433-296-7
- ☐ Band 08 ISBN: 978-3-96433-306-3
- ☐ Band 09 ISBN: 978-3-96433-319-3
- ☐ Band 10 ISBN: 978-3-96433-384-1
- ☐ Band 11 ISBN: 978-3-96433-385-8
- ☐ Band 12 ISBN: 978-3-96433-386-5
- ☐ Band 13 ISBN: 978-3-96433-387-2
- ☐ Band 14 ISBN: 978-3-96433-388-9

14x21 | SC mit Klappen | Science-Fiction
16+| € 10,– (D) | ab Band 13 € 12,– (D)
Abgeschlossen

Änderungen und Irrtümer vorbehalten. Stand 05/2021

MANGA CULT Checkliste

MUSHISHI
Perfect Edition
von Yuki Urushibara
- Band 01 ISBN: 978-3-96433-301-8
- Band 02 ISBN: 978-3-96433-314-8
- Band 03 ISBN: 978-3-96433-342-1
- Band 04 ISBN: 978-3-96433-343-8
- Band 05 ISBN: 978-3-96433-344-5
- Band 06 ISBN: 978-3-96433-345-2
- Band 07 ISBN: 978-3-96433-346-9
- Band 08 ISBN: 978-3-96433-347-6
- Band 09 ISBN: 978-3-96433-348-3 Oktober 2021
- Band 10 ISBN: 978-3-96433-349-0 Dezember 2021

14x21 | SC | Fantasy | 15+
€ 15,– (D)

My Next Life as a VILLAINESS: Wie überlebe ich in einem DATING-GAME?
von Satoru Yamaguchi & Nami Hidaka
- Band 01 ISBN: 978-3-96433-325-4
- Band 02 ISBN: 978-3-96433-354-4
- Band 03 ISBN: 978-3-96433-355-1
- Band 04 ISBN: 978-3-96433-356-8
- Band 05 ISBN: 978-3-96433-447-3
- Band 06 ISBN: 978-3-96433-556-2 Oktober 2021

14x21 | SC | Fantasy | 15+
€ 10,– (D)

PARATAXIS
Master Edition
von Shintaro Kago
- Einzelband ISBN: 978-3-95981-750-9

16x24 | HC | Science-Fiction | 16+
€ 20,– (D) | **Abgeschlossen**

Quin Zaza – Die letzten Drachenfänger
von Taku Kuwabara
- Band 01 ISBN: 978-3-96433-072-7
- Band 02 ISBN: 978-3-96433-076-5
- Band 03 ISBN: 978-3-96433-166-3
- Band 04 ISBN: 978-3-96433-198-4
- Band 05 ISBN: 978-3-96433-224-0
- Band 06 ISBN: 978-3-96433-237-0
- Band 07 ISBN: 978-3-96433-293-6
- Band 08 ISBN: 978-3-96433-358-2
- Band 09 ISBN: 978-3-96433-359-9
- Band 10 ISBN: 978-3-96433-360-5 März 2022

14x21 | SC mit Klappen | Fantasy | 15+
€ 10,– (D)

RG VEDA
Master Edition
von CLAMP
- Band 01 ISBN: 978-3-96433-149-6
- Band 02 ISBN: 978-3-96433-150-2
- Band 03 ISBN: 978-3-96433-151-9
- Band 04 ISBN: 978-3-96433-257-8
- Band 05 ISBN: 978-3-96433-153-3

16x24 | HC | Fantasy | 12+
€ 28,– (D) | **Abgeschlossen**

LAID-BACK CAMP
von afro
- Band 01 ISBN: 978-3-96433-309-4
- Band 02 ISBN: 978-3-96433-322-3
- Band 03 ISBN: 978-3-96433-335-3
- Band 04 ISBN: 978-3-96433-336-0
- Band 05 ISBN: 978-3-96433-337-7
- Band 06 ISBN: 978-3-96433-426-8
- Band 07 ISBN: 978-3-96433-427-5
- Band 08 ISBN: 978-3-96433-428-2 September 2021
- Band 09 ISBN: 978-3-96433-429-9 November 2021
- Band 10 ISBN: 978-3-96433-430-5 Januar 2022
- Band 11 ISBN: 978-3-96433-537-1 März 2022

14x21 | SC | Slice of Life | 13+
€ 10,– (D)

LAYLA UND DAS BIEST, DAS STERBEN MÖCHTE
von Asato Konami & Eziwa Saito
- Band 01 ISBN: 978-3-96433-080-2
- Band 02 ISBN: 978-3-96433-084-0
- Band 03 ISBN: 978-3-96433-141-0
- Band 04 ISBN: 978-3-96433-170-0

14x21 | SC mit Klappen | Abenteuer | 12+
€ 10,– (D) | **Abgeschlossen**

Life Lessons with Uramichi
von Gaku Kuze
- Band 01 ISBN: 978-3-96433-550-0 November 2021
- Band 02 ISBN: 978-3-96433-551-7 Januar 2022
- Band 03 ISBN: 978-3-96433-552-4 März 2022

14x21 | SC | Comedy | 15+
€ 7,99 (D)

MEIN SCHULGEIST HANAKO
von AidaIro
- Band 01 ISBN: 978-3-96433-313-1
- Band 02 ISBN: 978-3-96433-331-5
- Band 03 ISBN: 978-3-96433-332-2
- Band 04 ISBN: 978-3-96433-333-9
- Band 05 ISBN: 978-3-96433-334-6
- Band 06 ISBN: 978-3-96433-439-8
- Band 07 ISBN: 978-3-96433-440-4
- Band 08 ISBN: 978-3-96433-441-1 Oktober 2021
- Band 09 ISBN: 978-3-96433-442-8 Dezember 2021
- Band 00 ISBN: 978-3-96433-544-9 Dezember 2021
- Band 10 ISBN: 978-3-96433-443-5 Februar 2022

14x21 | SC | Fantasy | 13+
€ 7,99 (D)

IT'S MY LIFE
von Imomushi Narita
- Band 01 ISBN: 978-3-96433-202-8
- Band 02 ISBN: 978-3-96433-225-7
- Band 03 ISBN: 978-3-96433-238-7
- Band 04 ISBN: 978-3-96433-246-2
- Band 05 ISBN: 978-3-96433-285-1
- Band 06 ISBN: 978-3-96433-299-8
- Band 07 ISBN: 978-3-96433-310-0
- Band 08 ISBN: 978-3-96433-339-1
- Band 09 ISBN: 978-3-96433-340-7
- Band 10 ISBN: 978-3-96433-341-4
- Band 11 ISBN: 978-3-96433-418-3

14x21 | SC | Fantasy | 13+
€ 10,– (D) | **Abgeschlossen**

JoJo's Bizarre Adventure – Part 1: Phantom Blood
von Hirohiko Araki
- Band 01 ISBN: 978-3-96433-395-7
- Band 02 ISBN: 978-3-96433-396-4 Oktober 2021
- Band 03 ISBN: 978-3-96433-397-1 Dezember 2021

14x21 | SC | Action | 16+
€ 12,– (D)

JoJo's Bizarre Adventure – Part 2: Battle Tendency
von Hirohiko Araki
- Band 01 ISBN: 978-3-96433-398-8 Februar 2022

14x21 | SC | Action | 16+
€ 12,– (D)

Kanojo mo Kanojo – Gelegenheit macht Liebe
von Hiroyuki
- Band 01 ISBN: 978-3-96433-538-8 Oktober 2021
- Band 02 ISBN: 978-3-96433-539-5 Dezember 2021
- Band 03 ISBN: 978-3-96433-540-1 Februar 2022

14x21 | SC | Comedy | Romance | 13+
€ 7,99 (D)

Knights of Sidonia
Master Edition
von Tsutomu Nihei
- Band 01 ISBN: 978-3-96433-361-2
- Band 02 ISBN: 978-3-96433-362-9
- Band 03 ISBN: 978-3-96433-363-6 Oktober 2021
- Band 04 ISBN: 978-3-96433-364-3 Januar 2022

16x24 | HC | Science-Fiction | 16+
€ 28,– (D)

Kuhime
von Hideo Takenaka
- Band 01 ISBN: 978-3-95981-718-9
- Band 02 ISBN: 978-3-95981-722-6
- Band 03 ISBN: 978-3-96433-092-5
- Band 04 ISBN: 978-3-96433-113-7

14x21 | SC mit Klappen | Horror | 16+
€ 10,– (D) | **Abgeschlossen**

Änderungen und Irrtümer vorbehalten. Stand 05/2021

TONIKAWA – Fly me to the Moon
von Kenjiro Hata
☐ Band 01 ISBN: 978-3-96433-452-7
☐ Band 02 ISBN: 978-3-96433-453-4 September 2021
☐ Band 03 ISBN: 978-3-96433-454-1 November 2021
☐ Band 04 ISBN: 978-3-96433-455-8 Januar 2022
☐ Band 05 ISBN: 978-3-96433-456-5 März 2022
14x21 | SC | Romance | 13+
€ 7,99 (D)

Twilight Outfocus
von Jyanome
☐ Band 01 ISBN: 978-3-96433-469-5
☐ Band 02 ISBN: 978-3-96433-470-1
14x21 | SC | Boys Love | 16+
€ 10,– (D) | **Abgeschlossen**

Twittering Birds Never Fly
von Kou Yoneda
☐ Band 01 ISBN: 978-3-96433-315-5
☐ Band 02 ISBN: 978-3-96433-327-8
☐ Band 03 ISBN: 978-3-96433-328-5
☐ Band 04 ISBN: 978-3-96433-329-2
☐ Band 05 ISBN: 978-3-96433-330-8
☐ Band 06 ISBN: 978-3-96433-422-0 November 2021
☐ Band 07 ISBN: 978-3-96433-423-7 Februar 2022
14x21 | SC | Boys Love | 16+
Band 1 € 10,– (D) | ab Band 2 € 12,– (D)

SHOJO-MANGAKA NOZAKI-KUN
von Izumi Tsubaki
☐ Band 01 ISBN: 978-3-96433-226-4
☐ Band 02 ISBN: 978-3-96433-239-4
☐ Band 03 ISBN: 978-3-96433-247-9
☐ Band 04 ISBN: 978-3-96433-286-8
☐ Band 05 ISBN: 978-3-96433-300-1
☐ Band 06 ISBN: 978-3-96433-311-7
☐ Band 07 ISBN: 978-3-96433-350-6
☐ Band 08 ISBN: 978-3-96433-351-3
☐ Band 09 ISBN: 978-3-96433-352-0
☐ Band 10 ISBN: 978-3-96433-353-7 September 2021
☐ Band 11 ISBN: 978-3-96433-448-0 November 2021
☐ Band 12 ISBN: 978-3-96433-543-2 Januar 2022
14x21 | SC | Comedy | 13+
€ 7,99 (D)

SOMALI UND DER GOTT DES WALDES
von Yako Gureishi
☐ Band 01 ISBN: 978-3-96433-232-5
☐ Band 02 ISBN: 978-3-96433-244-8
☐ Band 03 ISBN: 978-3-96433-252-3
☐ Band 04 ISBN: 978-3-96433-297-4
☐ Band 05 ISBN: 978-3-96433-308-7
☐ Band 06 ISBN: 978-3-96433-321-6
14x21 | SC | Fantasy | 12+
€ 10,– (D)

Sotsu gyo sei – Verliebt in meinen Mitschüler
von Asumiko Nakamura
☐ Band 01 ISBN: 978-3-96433-279-0
☐ Band 02 ISBN: 978-3-96433-289-9
14x21 | SC | Boys Love | **Abgeschlossen**
15+ | € 10,– (D)

SURVIVING WONDERLAND
von Tabasa Iori
☐ Band 01 ISBN: 978-3-96433-096-3
☐ Band 02 ISBN: 978-3-96433-174-8
☐ Band 03 ISBN: 978-3-96433-211-0
14x21 | SC | Horror | Mystery | 16+
€ 10,– (D) | **Abgeschlossen**

TEKKON KINKREET Master Edition
von Taiyō Matsumoto
☐ Einzelband ISBN: 978-3-95981-734-9
16x24 | HC | Science-Fiction | 15+
€ 32,– (D) | **Abgeschlossen**

The Holy Grail of Eris
von Kujira Tokiwa & Hinase Momoyama & Yunagi
☐ Band 01 ISBN: 978-3-96433-471-8 September 2021
☐ Band 02 ISBN: 978-3-96433-472-5 Dezember 2021
☐ Band 03 ISBN: 978-3-96433-473-2 März 2022
14x21 | SC | Mystery | 15+
€ 7,99 (D)

STOPP!

STOPP!
DIES IST DIE LETZTE SEITE!

Dies ist ein Manga, und einen japanischen Comic liest man von hinten nach vorne. Auch die Lesereihenfolge der Bilder und Sprechblasen auf den Seiten ist anders als gewohnt: von rechts oben nach links unten.

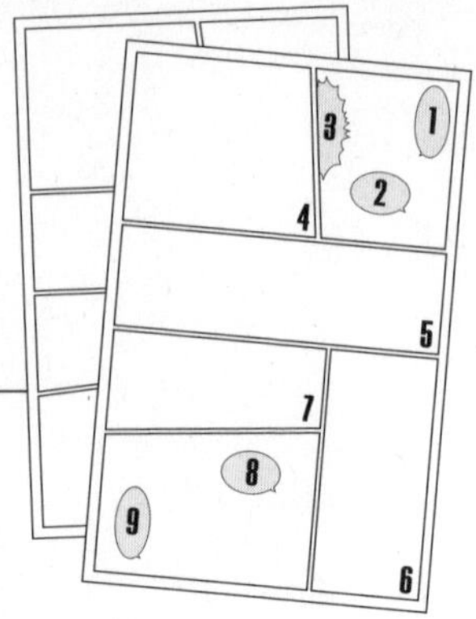

JOJO'S BIZARRE ADVENTURE PART 1
Phantom Blood 01
von Hirohiko Araki

6. Auflage, März 2026
Deutsche Ausgabe/German Edition
Cross Cult Entertainment GmbH | Manga Cult, Teinacher Straße 72, 71634 Ludwigsburg („CCE")
CCE ist ein Unternehmen der Penguin Random House Verlagsgruppe
CCE-Verlagsleitung: Andreas Mergenthaler

Aus dem Japanischen von Josef Shanel

Redaktion: Alexandra Grimsehl
Lektorat: Anna Franziska Horne
Korrektorat: Beatrice Tavares
Grafik/Produktionsleitung: Elke Epple
Layout und Lettering: Manga Cult, Datagrafix GSP GmbH, Berlin
Original Cover Design: Editorial Ivrea+Javier Heredia
Herstellung: Gerald Schmitt
Druck: GGP Media GmbH, Pößneck, Deutschland

produktsicherheit@cross-cult.de
(Vorstehende Angaben sind zugleich Pflichtinformationen nach GPSR)

Print-ISBN: 978-3-96433-395-7

www.manga-cult.de